DICTIONNAIRE

DES DROITS

D'ENREGISTREMENT,

DE TIMBRE,

DE GREFFE ET D'HYPOTHÈQUES.

H. — V.

DICTIONNAIRE

DES DROITS

D'ENREGISTREMENT,

DE TIMBRE,

DE GREFFE ET D'HYPOTHÈQUES;

PAR LES RÉDACTEURS DU JOURNAL DE L'ENREGISTREMENT.

~~~~~~~~~~~~~~~~~~~~~~~~~~~~~~~~~~~

PARIS,

Au Bureau du JOURNAL DE L'ENREGISTREMENT, rue d'Hanôvre, ci-devant Projetée-Choiseul, n°. 1.

DE L'IMPRIMERIE DE MOREAUX, RUE SAINT-HONORÉ, N°. 315.

1810.
~~~~~~~~~~~~~~~~~~~~~~~~~~~~~~~~~~~

H.

HALLES. Les arrêtés des préfectures, portant abandon aux communes, en exécution du décret impérial du 26 mars 1806, des *halles* dépendant du domaine public, ont dû être soumis à la formalité de l'enregistrement dans les vingt jours de leur date, et acquitter le droit de 2 pour 100 sur le montant de l'estimation faite par les experts nommés par l'administration des domaines et par les communes, et par les tiers experts nommés par les préfets en cas de partage : ces procès-verbaux d'expertise ont dû également être assujettis à la formalité du timbre et de l'enregistrement. Inst. gén. du 25 juin 1806, n°. 308.

HÉRITIER. On appelle ainsi celui qui, par la volonté de l'homme ou par l'autorité de la loi, est subrogé à tous les droits d'un défunt.

1. Tout héritier direct, collatéral, contractuel ou testamentaire, est tenu de passer déclaration des biens qu'il a recueillis à ce titre, dans les délais prescrits, et d'en acquitter le droit de mutation, à peine d'un demi-droit en sus. — Voyez *Succession*.

2. Cependant, un héritier présomptif qui n'a pas fait sa déclaration dans les six mois du décès, peut encore, en renonçant à la succession, se dispenser du paiement du droit. Arrêt de la Cour de cassation, du 23 frimaire an 11, confirmatif d'un jugement du tribunal de Bruges; il porte : « Attendu que les articles cités de la loi du 22 frimaire an 7, ne chargent que les héritiers de faire leur déclaration des biens à eux échus ou transmis par succession;

» Attendu que l'héritier présomptif, soit en directe, soit en collatérale, qui renonce (*rebus integris*), est censé légalement n'avoir jamais été *héritier*, suivant cette règle, *n'est héritier qui ne veut;*

» La cour rejette le pourvoi de la régie. »

3. En principe général, les peines sont personnelles, et s'éteignent avec la mort de celui qui les a encourues : en conséquence, le ministre des finances a rendu, le 15 juillet 1806, la décision suivante :

« Le droit principal de la transmission par décès, étant une charge de la succession, et les héritiers étant tenus de l'acquit des dettes dont sont grevés les biens qu'ils recueillent, ils doivent incontestablement acquitter les droits dus par ceux dont ils héritent.

» Quant à la peine du demi-droit, ou le délai de la déclaration à faire par le décédé était expiré au jour de son décès, ou il ne l'était pas.

» Dans le premier cas, la peine était encourue par le décédé; elle est éteinte par sa mort.

» Dans le second, l'héritier est personnellement responsable de la peine, parce que le délai n'était pas expiré au moment où il a recueilli la succession, et il n'a dépendu que de lui de se conformer à la loi, avant l'échéance de ce délai. » (Art. 2352 du J.)

4. Les doubles droits et amendes fixes ne sont pas dus par les héritiers d'un notaire contrevenant, à moins qu'un jugement n'ait prononcé la condamnation du vivant du notaire, ou que cet officier n'ait souscrit une obligation. — Voyez *Notaire*.

HÉRITIER *sous bénéfice d'inventaire*, est celui qui, craignant qu'une succession ne soit onéreuse par les dettes dont elle peut être chargée, ne l'accepte qu'à ce titre.

Cet héritier est tenu des mêmes droits que l'héritier pur et simple, duquel il ne diffère qu'en ce qu'il n'est pas tenu de payer les dettes au-delà des biens qui composent la succession. — Voyez *Bénéfice d'inventaire* et *Succession*.

HOMME *de loi.* Celui qui s'est consacré à l'étude des lois. — V. *Avocats.*

Les consultations, mémoires, observations et précis signés des hommes de loi, doivent être rédigés en papier timbré, art. 12, n°. 1 de la loi du 13 brumaire an 7, à peine de 30 f. d'amende, outre la restitution du droit de timbre. Art. 26, n°. 3. — Voyez *Consultation.*

HOMOLOGATION. Approbation, confirmation par autorité de justice, ou jugement qui ordonne l'exécution de quelque acte, tel qu'un contrat d'union, de direction, d'atermoiement, passé entre des créanciers.

1. L'homologation est indispensable pour la perfection de ces sortes d'actes, et on ne peut les opposer à des créanciers qu'après que cette formalité a été remplie. On fait aussi homologuer un grand nombre d'autres actes, tels que des sentences arbitrales, des avis de parens, etc.

2. L'art. 68, §. 3, n°. 7 de la loi du 22 frimaire an 7, règle à 3 f. fixe le droit d'enregistrement des expéditions de jugement portant homologation d'acte d'union et atermoiement.

3. Il est également dû 3 f. pour l'homologation de l'autorisation donnée à un mineur par le conseil de famille, à l'effet d'être négociant. — Voyez *Actes judiciaires,* §. 7, n°. 54, et §. 11, n°. 5. (Art. 2755 du J.)

HORS *de cour.* C'est, en matière civile, un jugement par lequel les parties sont renvoyées et mises hors de procès. Ces sortes de jugemens se prononcent souvent lorsqu'une demande ne présente qu'un objet sans intérêt ou peu digne d'attention de la justice; ils donnent ouverture au droit fixe d'enregistrement réglé pour les jugemens définitifs.

HOSPICE. 1. Les nominations des commissions administratives des hospices, sont, comme actes d'administration publique, exemptes de la formalité de l'enregistrement.

2. Les donations entre-vifs et testamentaires, en faveur des hospices, ne sont assujetties au droit d'enregistrement qu'à raison de 1 f. fixe. Art. 1er. de l'arrêté du gouvernement du 15 brumaire an 12. Instruction générale du 25 frimaire suivant, n°. 185.

3. Cette disposition se trouve confirmée par la loi du 7 pluviose an 12, qui règle en même tems la quotité du droit d'hypothèque pour la transcription des actes de l'espèce à 1 f. fixe, indépendamment du salaire du conservateur. Inst. gén. du 12 ventose suiv., n°. 209.

4. Des commissions administratives d'établissemens de bienfaisance, ont demandé au ministre des finances que cette exception fût étendue aux actes par lesquels des particuliers abandonnent à un hospice soit l'usufruit, soit la propriété de leurs immeubles, à la charge, par l'établissement, de les nourrir et entretenir pendant leur vie.

Son Excellence a répondu, le 11 août 1807, que les actes d'abandon dont il s'agit, ne peuvent être assimilés à une donation, ni par conséquent jouir de la faveur accordée aux dispositions de pure bienfaisance par l'arrêté du 13 brumaire an 12, mais qu'ils donnent ouverture au droit proportionnel d'enregistrement. Nombre 15 de l'Instruction gén. du 22 février 1808, n°. 366.

5. Il est également dû 4 pour 100, indépendamment du droit fixe de 1 f, pour l'acte par lequel un particulier acquiert des immeubles, et en fait don à l'instant à un hospice. (Art. 2708 du J.)

6. Il ne doit être perçu pour l'enregistrement des actes de donation, legs ou acquisitions, légalement faits en faveur des congrégations hospitalières, qu'un droit fixe de 1 f. Décret impérial du 18 février 1809. (Art. 5159 du J.)

7. L'art. 5 de l'arrêté du gouvernement du 27 prairial an 5, a réglé à 1 f. fixe le droit d'enregistrement des transferts des

rentes faits aux hospices par le gouverne-ment.

8. Cette exception ne peut pas être éten-due; et les transferts faits par les hospices de ces mêmes rentes à leurs créanciers, doivent être soumis au droit proportionnel de 2 pour 100. (Art. 1664 du J.)

9. A l'égard des délibérations, arrêtés et actes des administrations des hospices, voyez *Actes des établissemens publics*, p. 54.

HUISSIER. Officier ministériel établi pour assigner les parties devant les tribu-naux, signifier et mettre à exécution les arrêts, jugemens et autres commissions émanées des juges.

1. Les huissiers ont le droit de procéder, concurremment avec les notaires et grèf-fiers, aux prisées et ventes de meubles dans toute l'étendue de l'Empire, excepté néanmoins dans les villes où des commis-saires priseurs sont établis. — Voyez *Ven-te de meubles*.

2. Les exploits et actes des huissiers doi-vent être enregistrés dans les quatre jours de leur date, sous la peine portée par la loi; à défaut d'enregistrement, ces actes sont déclarés nuls, et les huissiers respon-sables de cette nullité envers les parties. — Voyez *Bureaux*, n°. 7, pag. 133; *Délai*, §. 1er., pag. 212, et *Exploits*, §. 5, pag. 293.

3. Les huissiers doivent acquitter les droits de leurs actes ; ils ne peuvent en atté-nuer ni différer le paiement, sous prétexte de contestation sur la quotité, ni pour quel-qu'autre motif que ce soit, sauf à se pour-voir en restitution, s'il y a lieu. Article 28 de la loi du 22 frimaire an 7. — Voyez en-core *Enregistrement*, n°. 21 et suiv., pag. 268.

4. Il leur est défendu de faire aucun acte ni exploit, en vertu d'actes sous signature-privée non enregistrés. Il y a exception relative-ment aux effets négociables qui peuvent n'être soumis à la formalité qu'avec les pro-tèts qui en auront été faits. — Voyez *Actes sous signature-privée*, §. 6, n°s. 1 et 6, p. 66.

5. Dans les actes qu'ils font en vertu d'ac-tes sous signature-privée ou passés en pays étranger, et qui sont soumis à l'enregistre-ment par la loi, ils sont tenus de faire men-tion de la quittance du droit par une trans-cription littérale et entière de cette quit-tance, à peine de 10 francs d'amende. Ar-ticle 44.

6. Dans le cas où un huissier signifie, d'a-voué à avoué, une requête dans laquelle on a fait usage d'un *acte non enregistré*, il n'encourt pas l'amende : elle est à la charge de l'avoué. — Voyez *Exploit*, §. 6, n°. 6, p. 294.

7. Ils ne peuvent délivrer copie ou expé-dition de leurs actes, ni passer aucun autre acte en conséquence, avant qu'ils aient été enregistrés, quand même le délai pour l'en-registrement ne serait pas encore expiré, à peine de 50 f. d'amende, outre le paiement du droit. Sont néanmoins exceptés les ex-ploits et autres actes de cette nature qui se signifient à parties ou par affiches et procla-mation. Art. 41.

8. Ils sont tenus de mettre à la fin de l'o-riginal et de la copie de leurs exploits, le coût d'icelui à peine d'amende. — Voyez *Exploit*, §. 6, n°. 2, p. 294.

9. Si un huissier faisait sur ses actes une fausse mention d'enregistrement, il devrait être poursuivi par la partie publique, sur la dénonciation du préposé de la régie, et condamné aux peines prononcées pour le faux matériel. Article 46 de la loi du 22 frim. an 7.

10. Les huissiers doivent tenir des réper-toires de leurs actes, les faire viser tous les trois mois par le receveur de l'enregistre-ment, et les communiquer à toute réquisi-tion aux préposés de l'administration. — Voy. *Répertoire*.

11. A l'égard de leurs obligations, rela-tivement au timbre, voyez *Timbre*.

HYPOTHÈQUES *. Le régime actuel des hypothèques qui a remplacé l'édit de juin 1771, les lois des 9 messidor an 3 et 11 brumaire an 7, est établi par le Code Napoléon et par la loi du 21 ventose an 7.

Le Code définit et règle les priviléges et les hypothèques.

La loi de ventose organise la conservation.

Nous suivrons cette division dans l'analyse succinte que nous allons présenter, 1°. du régime hypothécaire, d'après le Code Napoléon (tit. 18, *des Priviléges et hypothèques*), et les lois *spéciales*, ou décrets particuliers à certaines matières;

2°. De l'organisation de la conservation des hypothèques, d'après la loi du 21 ventose.

RÉGIME HYPOTHÉCAIRE.

§. 1er. *Son objet, ses bases. Des priviléges et hypothèques : leur nature. Quels sont les biens susceptibles d'hypothèques; par qui elles peuvent être consenties.*

§. 2. *Indication des diverses inscriptions. Ce que doivent contenir les bordereaux.*

§ 3. *Principes concernant les inscriptions en général.*

§. 4. *Inscriptions d'office.*

§. 5. *Déclaration de changement de domicile.*

§. 6. *De l'extinction des priviléges et hypothèques.*

§. 7. *Des radiations et réductions d'inscriptions.*

§. 8. *De l'effet des priviléges et hypothèques contre le tiers détenteur qui n'a pas purgé sa propriété.*

§. 9. *Des transcriptions hypothécaires; des formalités pour purger les hy-*

pothèques non inscrites des femmes, des mineurs et des interdits.

§. 10. *Publicité par la voie des états, extraits et certificats.*

§. 11. *Des formalités hypothécaires concernant les saisies immobilières.*

§. 12. *De celles en matière de faillite.*

§. 13. *De celles relatives aux comptables du trésor public ou de la couronne.*

§. 14. *De celles tendantes au recouvrement des frais de justice avancés par l'Etat, en matière criminelle, de police correctionnelle et de police, sans partie civile.*

§. 15. *De celles qui ont pour objet les majorats.*

ORGANISATION DE LA CONSERVATION DES HYPOTHÈQUES.

§. 16. *La conservation des hypothèques est remise à l'administration de l'enregistrement et des domaines.*

§. 17. *Etablissement des bureaux; conservateurs; leur prestation de serment; leur cautionnement.*

§. 18. *De l'empêchement des conservateurs et de leur remplacement; de la vacance des bureaux.*

§. 19. *Fonctions et responsabilité des conservateurs.*

§. 20. *Leur domicile, et comment s'instruit le contentieux judiciaire.*

§. 21. *Des droits perçus au profit du trésor public, pour les inscriptions et pour les transcriptions.*

§. 22. *De la prescription des droits d'hypothèques.*

§. 23. *Des traitemens et salaires des conservateurs.*

§. 24. *Des registres, répertoire, tables du répertoire, et des créances hypothécaires inscrites.*

§. 25. *De la comptabilité du timbre des registres des hypothèques.*

---

* Cet article et celui sur les Droits de Greffe, sont de M. Pierrot, chef à l'Administration.

§. 1er. *Objet du régime hypothécaire : ses bases. Des priviléges et hypothèques : leur nature. Quels sont les biens susceptibles d'hypothèques ; par qui elles peuvent être consenties.*

1. Le régime hypothécaire a pour objet, 1°. de conserver les priviléges et les hypothèques ; 2°. de consolider la propriété, en arrêtant le cours des inscriptions, et en purgeant celles qui subsistent par l'accomplissement des formalités prescrites ; 3°. de rendre publiques les saisies immobilières, leur dénonciation aux saisis et la notification aux créanciers inscrits ; 4°. de faciliter la libération des acquéreurs qui paient avec sureté le prix des ventes d'immeubles aux créanciers utilement colloqués en vertu d'ordres.

2. Ses bases sont la spécialité et la publicité.

3. On entend par privilége un droit de préférence accordé par la loi à une créance, à raison de la faveur qu'elle mérite par sa nature. La *cause* et non la *date* en détermine le rang : ainsi le privilége ne dépend pas de l'ordre du tems, mais de sa nature, et il prime les hypothécaires *même plus anciens*.

4. L'hypothèque est un droit réel sur l'immeuble affecté à l'acquittement d'une obligation qui donne au créancier la faculté de suivre cet immeuble, en quelque main qu'il passe, tout le tems qu'il est grevé.

L'hypothèque est de sa nature indivisible, et subsiste en entier sur tous les immeubles affectés, sur chacun et sur chaque portion de ces immeubles.

Sont *seuls* susceptibles d'hypothèques, 1°. les biens immobiliers qui sont dans le commerce, et leurs accessoires réputés immeubles ; 2°. l'usufruit des mêmes biens et accessoires pendant le tems de sa durée. Art. 2118 du C. N. Ainsi, peuvent être hypothéqués les fonds de terre, les bâtimens et les immeubles par destination. Art. 523 et 524 *ibid.* Mais on ne pourrait hypothéquer le domaine public, tel que les chemins, ri-

vières, remparts, etc. Art. 538 et 540. Les biens qui forment la dotation de la couronne, ne peuvent être chargés d'*hypothèques*. Sénatus-consulte du 30 janv. 1810.

Voyez, au surplus, pour connaître ce que l'on doit entendre sous la dénomination d'*immeubles*, le mot *Biens*, pages 124 et 125 de ce Dictionnaire.

5. Parmi les priviléges, il en est qui ne sont assis que sur certains meubles ; d'autres sur les meubles et les immeubles ; d'autres, enfin, sur les immeubles seulement.

6. Il n'est pas ici question des priviléges qui n'affectent que les meubles.

7. Ceux qui s'étendent aux meubles et immeubles, sont :

1°. Les frais de justice, *puisqu'ils ont conservé la chose ;*

[On comprend sous cette dénomination les frais de scellés, d'inventaire, de vente, qui ont pour objet la conservation des biens et la distribution du prix entre les créanciers.]

2°. Les frais funéraires ;

3°. Les frais quelconques de la dernière maladie ;

4°. Les salaires des gens de service, pour l'année échue, et ce qui est dû sur l'année courante ;

5°. Les fournitures de subsistances faites au débiteur et à sa famille, pendant les six derniers mois, par les marchands en détail, tels que boulangers, bouchers et autres ; et pendant la dernière année, par les maitres de pension et marchands en gros. Code Napoléon, art. 2101 et 2104.

Le paiement se fait dans cet ordre et avant les priviléges sur les immeubles, *lorsqu'il n'y a pas de mobilier.* Ces priviléges produisent tout leur effet, quoiqu'il n'ait été fait aucune inscription. *Ibidem*, art. 2105 et 2107.

8. Les créanciers privilégiés sur les immeubles, sont :

1°. Le vendeur sur l'immeuble vendu, pour le paiement du prix.

S'il y a plusieurs ventes successives

dont le prix soit dû en tout ou en partie, le premier vendeur est préféré au second, le deuxième au troisième, et ainsi de suite;

2°. Ceux qui ont fourni les deniers pour l'acquisition d'un immeuble;

3°. Les cohéritiers sur les immeubles de la succession pour la garantie des partages faits entre eux, et des soultes et retours;

4°. Les architectes, entrepreneurs, maçons et autres ouvriers employés pour édifier, reconstruire ou réparer des bâtimens, canaux ou autres ouvrages quelconques;

5°. Ceux qui ont prêté les deniers pour payer ou rembourser les ouvriers.

6°. Les créanciers et légataires demandant la séparation du patrimoine du défunt, etc.

LE TOUT EN REMPLISSANT LES FORMALITÉS PRESCRITES PAR LES ART. 2103, 2108 et suiv.

9. Le privilége du *trésor public* est réglé par des lois spéciales. Art. 2098. — Voyez aussi les §§. 13 et 14 ci-après.

10. Les priviléges ne produisent d'*effet* qu'autant qu'ils sont rendus publics par l'inscription. Art. 2106.

11. Faute de l'accomplissement des conditions imposées par le Code, pour conserver le privilége, la créance ne cesse pas d'être hypothécaire; mais l'hypothèque ne date, à l'égard des tiers, que de *l'époque de l'inscription.* Art. 2113.

12. Il y a trois sortes d'hypothèques: elle est ou légale, ou judiciaire, ou conventionnelle. Art. 2116.

1°. L'hypothèque légale est établie par la *seule force de la loi*, en faveur des femmes sur les biens de leurs maris; des mineurs, des interdits sur les biens de leurs tuteurs. La nation, les communes et les établissemens publics jouissent aussi d'une hypothèque *légale* sur les biens des receveurs et administrateurs *comptables*, mais à la charge de *l'inscription.* Art. 2117 et 2121. — Voy. le nomb. 13 de ce §.

2°. L'hypothèque judiciaire doit sa naissance à un jugement ou à des actes judiciaires. Art. 2117.

Les sentences arbitrales n'emportent hy-

pothèques qu'autant qu'elles sont rendues exécutoires par une ordonnance judiciaire.

A moins de stipulation dans les lois politiques ou dans les traités, les jugemens rendus en pays étrangers ne produisent hypothèque en France qu'autant qu'ils sont rendus exécutoires par un tribunal français. Art. 2123.

3°. L'hypothèque conventionnelle dépend des conventions et de la forme extérieure des actes et des contrats. Art. 2117.

Les contrats passés en pays *étrangers* ne peuvent donner d'hypothèque sur les biens de France, s'il n'y a des dispositions contraires à ce principe dans les lois politiques ou dans les traités. Art. 2128.

13. Les hypothèques n'ont de *rang* que du *jour de l'inscription*, à l'exception toutefois de l'hypothèque légale des mineurs, des interdits sur les biens de leurs tuteurs, et de celle des femmes sur les immeubles de leurs maris, lesquelles sont maintenues, *quoiqu'il n'y ait pas d'inscription*, sauf la responsabilité des maris et des tuteurs. Art. 2134, 2135 et 2136 du C. N. — Voyez aussi les art. 2137, 2138 et suiv., qui indiquent ceux qui, en cas de négligence, sont appelés à requérir ces inscriptions, et comment on doit agir lorsqu'elles sont restreintes par la convention.

14. L'hypothèque légale peut s'exercer sur tous les immeubles du débiteur et sur ceux qui pourront lui appartenir dans la suite, sauf les limitations ou réductions dans les cas prévus par le Code. S'il est pris une inscription légale, son effet s'étend *sur tous les immeubles situés dans l'arrondissement de la conservation.* Art. 2122 et 2148, nomb. 5.

15. L'hypothèque judiciaire peut grever les immeubles *actuels* du débiteur, et ceux qu'il pourra acquérir, en prenant *alors* une inscription *dans chaque arrondissement de bureau de conservation des hypothèques de la situation des biens.* Art. 2123 et 2148, nomb. 5.

16. L'hypothèque conventionnelle ne

t être consentie que par ceux qui ont *la* …acité d'aliéner, et en vertu d'un acte pas- …n forme authentique devant deux notai- …, ou devant un notaire et deux témoins, …tenant la déclaration *spéciale* de la na- …e et de la situation de chacun des im- …ubles qui appartiennent au débiteur, *et* …lesquels il consent *l'hypothèque de la* …ance. L'inscription ne grève que *ces* …meubles. Art. 2127 et 2129.

17. Les biens *à venir* ne peuvent pas …e hypothéqués; mais si les biens présens …ibres sont reconnus insuffisans, *en l'ex-* *mant*, le débiteur peut consentir que …x qu'il acquerra par la suite, soient af- …tés à mesure des acquisitions; et il faudra …ndre une nouvelle inscription sur ces …meubles, le cas échéant. Articles 2129 et …30.

18. Si les biens ont péri ou éprouvé des …gradations qui les rendent insuffisans …ur la sureté du créancier, il pourra pour- …vre son remboursement ou obtenir un …plément d'hypothèque. Art. 2131.

19. Pour la validité de l'hypothèque con- …tionnelle, la somme doit être certaine *déterminée* par l'acte; si la créance est …nditionnelle pour son existence ou indé- …minée dans sa valeur, l'inscription ne …ut être requise que jusqu'à concurrence …ne valeur estimative déclarée expressé- …nt par le créancier, et dont le débiteur …urra demander, s'il y a lieu, la réduc- …n. Art. 2132.

20. «Ceux qui n'ont sur l'immeuble …un droit suspendu par une condition, ou …oluble dans certains cas, ou sujet à res- …ion, ne peuvent consentir qu'une hypo- …que soumise aux mêmes conditions ou à …même rescision.» Art. 2125.

21. «Les biens des mineurs, des inter- …s et ceux des absens, tant que la posses- …n n'en est déférée que provisoirement, ne …uvent être hypothéqués que pour les …uses et dans les formes établies par la …, ou en vertu de jugemens.» Article …26.

§. 2. *Indication des diverses espèces d'ins-* *criptions, et de ce que doivent contenir* *les bordereaux.*

1°. *Des inscriptions.*

1. «Les inscriptions se font au bureau de conservation des hypothèques dans l'arron-dissement duquel sont situés les biens sou-mis au privilége ou à l'hypothèque. Elles ne produisent aucun effet si elles sont prises dans le délai pendant lequel les actes faits avant l'ouverture des faillites sont déclarés nuls.

«Il en est de même entre les créanciers d'une succession, si l'inscription n'a été faite par l'un d'eux que depuis l'ouverture, et dans le cas où la succession n'est acceptée que par bénéfice d'inventaire.» Art. 2146.

2. Tous les créanciers inscrits le même jour, exercent en concurrence une hypo-thèque de la même date, sans distinction entre l'inscription du matin et celle du soir. Art. 2147.

3. Il y a trois sortes d'inscriptions:

1°. Les inscriptions déterminées, dont le requérant est tenu de déclarer la valeur;

2°. Les inscriptions indéfinies pour les-quelles il suffit d'indiquer la nature et l'é-poque du droit éventuel à conserver, sans qu'on soit tenu d'en fixer le montant : telles sont, par exemple, celles sur les compta-bles publics et sur ceux du trésor de la couronne, sur les maris et tuteurs; celles pour le recouvrement des frais de justice en matière criminelle et correctionnelle, lorsque le pourvoi du condamné n'a permis ni la taxe, ni la délivrance des exécu-toires;

3°. Les inscriptions *d'office :* on appelle ainsi celles qui sont faites par le conserva-teur à raison des actes translatifs de proprié-té transcrits dans son bureau, et pour sure-té de ce qui est dû au vendeur ou à celui qui est à ses droits *comme bailleur de fonds.*

4. Les inscriptions ont pour objet des

créances soit antérieures , soit postérieures à la mise en activité de la loi du 11 brumaire an 7, *dans l'ancien territoire français ,* ou du régime hypothécaire *dans les pays réunis postérieurement.*

Dans le premier cas qui concerne les créances antérieures , la représentation du titre n'est pas nécessaire pour l'inscription : celle-ci se fait sur la *simple remise de* DEUX BORDEREAUX *, et sans qu'il soit nécessaire d'indiquer ni la nature ni la situation des immeubles du grevé, lorsqu'il s'agit d'une hypothèque* GÉNÉRALE *qui n'a pas été* RESTREINTE PAR LES CONVENTIONS DES PARTIES.

Si les créances antérieures ont été inscrites dans le délai accordé par la disposition transitoire de la loi du 11 brumaire an 7, et de celles des 16 pluviose et 17 germinal suivant, qui l'ont prorogé, ou par l'arrêté émané de l'autorité suprême qui a substitué à l'ancien le nouveau régime hypothécaire , les privilèges ou rangs d'hypothèques sont conservés sur les biens *présens et à venir du débiteur situés dans l'arrondissement du bureau;* A DÉFAUT, les privilèges qui dégénèrent en simple hypothèque, n'auraient comme *celles-ci , non inscrites dans le délai,* d'autre rang que celui de *l'inscription.*

5. Les créances conventionnelles ou judiciaires, *postérieures* à la mise en activité du régime hypothécaire , ne peuvent être inscrites que sur la représentation du titre authentique.

2°. *Des bordereaux d'inscriptions.*

1. Suivant l'art. 2148 du Code, « pour opérer l'inscription, le créancier représente, soit par lui-même, soit par un tiers, au conservateur des hypothèques , l'original en brevet, ou une expédition authentique du jugement ou de l'acte qui donne naissance au privilège ou à l'hypothèque.

[La représentation du titre n'est nécessaire ni pour les créances *antérieures* à la mise en activité de la loi du 11 brumaire an 7, voyez le nomb. 4 ci-dessus, ni pour les hypothèques *légales.*]

» Il y joint deux bordereaux écrits sur papier *timbré ,* dont l'un peut être porté sur l'expédition du titre; ils contiennent , 1°. les noms , prénoms , *domicile* du créancier , sa profession , s'il en a une, et l'*élection* d'un domicile pour lui dans un lieu quelconque de l'*arrondissement du bureau;*

[Le *nom du créancier* doit être indiqué, à peine de nullité, car il est de l'essence d'une créance hypothécaire qu'*il y ait un créancier*, et qu'il soit désigné.

Une inscription prise au nom d'une société de commerce, est valide lorsqu'elle énonce *la raison commerciale*, quoiqu'elle ne contienne point les prénoms des principaux associés. Arrêts de la cour d'appel de Paris , du 15 avril 1809, et de la cour de cassation, du 1er. mars 1810.

Une erreur dans les *prénoms* du créancier , ne suffit pas pour annuller une inscription, lorsque ce créancier est d'ailleurs désigné d'une manière certaine. Arrêt de la cour de cassat., du 15 fév. 1810.

La désignation de la *profession* du créancier inscrivant, n'étant pas requise par la loi, à peine de nullité, cette peine ne peut être suppléée par le juge. Arrêt de la même cour, du 1er. octob. 1810.

L'inscription serait nulle si elle ne contenait la mention tant du domicile *réel* du créancier, que du domicile *élu* dans l'arrondissement du bureau de la conservation, ou une énonciation équipollente. Arrêt de la cour de cassat. , du 6 juin 1810.]

» 2°. Les noms , prénoms , *domicile* du débiteur, sa profession , s'il en a une connue , ou une désignation individuelle et spéciale , telle que le conservateur puisse reconnaître et distinguer dans tous les cas l'individu grevé de l'hypothèque;

» 3°. La date et la nature du titre;

[Le cessionnaire d'une créance doit relater

later dans le bordereau , non-seulement l'acte de *cession*, mais encore le titre *originaire* et *sa date*, à peine de nullité. Arrêt de la cour de cassation, du 4 avril 1810.

La *date* du titre donne les moyens d'y recourir et de le vérifier : en indiquant sa *nature*, on sait si le privilége dérive de la vente, d'un partage, de réparations faites à l'immeuble ; s'il s'agit d'une obligation ou d'un contrat de constitution de rente perpétuelle ou viagère. — Voyez l'arrêt de la même cour, du 22 avril 1807, rapporté au §. 3.]

» 4°. Le montant du capital des créances exprimées dans le titre, ou évaluées par l'inscrivant, pour les rentes et prestations, ou pour les droits éventuels, conditionnels ou indéterminés, dans les cas où cette évaluation est ordonnée ; comme aussi le montant des accessoires de ces capitaux, et l'époque de l'exigibilité ;

[La cour de cassation, par un arrêt du 4 frimaire an 14, a déclaré nulle une inscription qui ne contenait pas la mention de l'époque de l'exigibilité. Mêmes principes, loi du 4 septemb. 1807. Inst. gén. du 29 du même mois, n°. 344.

Cette mention n'est pas dans l'esprit de la loi, pour les rentes perpétuelles ; le créancier n'est tenu que de désigner la nature et la date du titre, le capital de la rente; mais l'époque de l'exigibilité doit être désignée pour les arrérages et les condamnations résultant de jugement. Décis. du grand-juge minist. de la justice, et du minist. des fin., des 21 juin et 5 juillet 1808. Inst. gén. du 26 août 1808, n°. 394. Arrêt de la cour de cassation, du 1er. août 1809.

Les *accessoires* sont principalement les *intérêts*; ceux échus et relatés dans le bordereau, sont conservés par l'inscription, indépendamment des deux années et de l'année courante, maintenus sans inscription par l'art. 2151 du C. N.]

» 5°. L'indication de l'espèce et de la situation des biens sur lesquels il entend conserver son privilége ou son hypothèque,

» Cette dernière disposition n'est pas nécessaire dans le cas des hypothèques légales ou judiciaires ; à défaut de convention, une seule inscription pour ces hypothèques frappe tous les immeubles compris dans l'arrondissement du bureau. »

[Même exception pour les créances avec hypothèque générale, lorsqu'elles sont *antérieures* à la publication de la loi du 11 brum. an 7, dans les départemens composés de l'ancien territoire français, ou à la mise en activité du régime hypothécaire dans les pays réunis à la France postérieurement à cette loi.

Pour l'indication de l'espèce et de la situation, on doit faire connaître la commune et l'arrondissement de la situation des biens, désigner l'état de la superficie : par exemple, un corps de domaine situé commune de St.-Germain-en-Laye, arrondissement de Versailles, département de Seine et Oise, consistant en une maison de maître, cour, jardin, bâtiment d'exploitation de la ferme, tant d'hectares de terres labourables, tant d'hectares de prés, bois, vignes, etc.

L'article ne prescrit pas de préciser *chaque pièce* de terre, ni d'en indiquer les *tenants et aboutissants* qui sont dans le cas de changer. Arrêt de la cour d'appel de Paris, du 10 juillet 1810.

Si l'acte *constitutif* n'indiquait pas la *nature* des biens *hypothéqués*, on ne pourrait y suppléer ni par le *bordereau*, ni par l'*inscription*. Arrêt de la cour de cassation, du 20 fév. 1810 : « Vu l'art. 4 de la loi du 11 brumaire an 7 (même disposition art. 2129 du C. N.); et attendu que, d'après cet article, il n'y a d'hypothèque vraiment *spéciale* que celle qui désigne, non-seulement la *situation*, mais encore la *nature* des immeubles affectés à cette hypothèque; attendu que, d'après un certificat produit par le défendeur lui-même, les immeubles hypothéqués par Bertail à Courbon, consislent en *bâtimens, terres labourables, prés, champs, hermes et bois de haute futaye;* qu'en partant de la consistance de ces immeubles, l'hypothèque accordée par Bertail à Courbon, par son obligation notariée du 17 germinal an 7, devait, pour remplir le vœu de la loi, désigner *ce mode d'exploitation;* qu'au lieu de désigner ainsi, dans cette obligation, les immeubles qu'il hypothéquait, Bertail s'est contenté d'énoncer seulement qu'il affectait à cette hypothèque *tous ses biens présens situés dans la commune de Saint-Genest,* sans autre distinction; et qu'une semblable désignation n'indiquait pas, comme le voulait la loi, la *nature* des immeubles que Bertail hypothéquait : d'où il suit que cette hypothèque n'était pas *spéciale* dans le sens de la loi, et qu'en la tenant pour telle et la déclarant valable, l'arrêt attaqué a évidemment violé l'art. 4 de la loi du 11 brumaire an 7; attendu qu'en regardant ensuite ce *défaut de spécialité* comme suffisamment réparé par la *publicité* donnée depuis à cette hypothèque au moyen de l'inscription prise, et qui aura suffisamment donné à connaître, à ceux qui ont traité ultérieurement avec Bertail, quels étaient les immeubles précédemment hypothéqués, et quels étaient, par conséquent, ceux hypothéqués à Courbon, l'arrêt attaqué a supposé nécessairement qu'à défaut de *spécialité,* la *publicité* suffisait; que, par cette supposition, cet arrêt s'est élevé contre le système général du régime hypothécaire; qu'en effet, ce système est de faire reposer l'hypothèque *conventionnelle* sur une double base, savoir, la *spécialité* et la *publicité,* et de faire concourir simultanément l'une et l'autre, de manière que la *spécialité* est insuffisante, si elle n'est pas accompagnée de *publicité,* comme la *publicité* est de nul effet, et doit être regardée comme non avenue, si elle n'est pas elle-même appuyée sur la *spécialité;* attendu que, si l'inscription prise effectivement par Courbon, en vertu de l'obligation susdatée, peut être considérée comme régulière et conforme à la loi, il en résulterait bien que son hypothèque est devenue *publique;* mais il n'en serait pas moins certain que cette hypothèque n'est pas *spéciale,* et manque par conséquent de l'une des deux grandes bases du régime hypothécaire : d'où il suit encore que la considération subsidiairement prise par l'arrêt attaqué, de la *publicité* donnée à cette hypothèque, aurait illégalement servi de motif à cet arrêt, pour déclarer, comme il l'a fait, valable, l'hypothèque dont il s'agit, déjà nulle irrévocablement par le seul défaut de la *spécialité* requise par la loi, comme base première et principale de l'hypothèque; en sorte que, même sous ce rapport, l'arrêt a encore violé la loi : la cour casse, etc. »]

2. « Les inscriptions à faire sur les biens d'une personne décédée, pourront être faites sous la simple désignation du défunt, ainsi qu'il est dit au nombre 2 ci-dessus de l'article précédent. » Art. 2149.

[Les désignations dans le *bordereau* et le *titre,* qui paraissent essentielles à la validité de l'inscription, sont le nom du créancier, le domicile réel et celui élu par l'*inscription* dans l'arrondissement du bureau, l'indication suffisante du débiteur, celle de l'immeuble hypothéqué, la créance déterminée (son évaluation plus forte ou moindre ne rendrait pas l'inscription nulle, sauf la réduction s'il y avait excès, ou la perte que supporterait l'inscrivant si l'estimation était insuffisante), l'*époque de l'exigibilité,* la date et la nature du titre, tel que constitution de rente, obligation, partage, procès-verbaux d'évaluation de réparations, et de réception des ouvrages, etc.

Le contenu au bordereau doit être fidèlement inscrit sur le registre; le copier est le plus prudent : par-là on évite de donner lieu à la responsabilité, et l'on se conforme à l'art. 2150 du C. N.

Le bordereau n'est pas nécessaire pour l'inscription d'*office.* — Voyez le §. 4.]

3. « Les droits d'hypothèque purement
légale de la nation, des communes et des
établissemens publics sur les biens des
comptables, ceux des mineurs ou interdits
sur les tuteurs, des femmes mariées sur leurs
époux, seront inscrits sur la représentation
de deux bordereaux contenant seulement,

» 1°. Les nom, prénom, profession et
domicile *réel* du créancier, et le domicile
qui sera par lui ou pour lui *élu* dans l'*arrondissement;*

» 2°. Les nom, prénom, profession,
domicile ou désignation précise du débiteur;

» 3°. La nature des droits à conserver,
et le montant de leur valeur quant aux objets déterminés, sans être tenu de le fixer
quant à ceux qui sont conditionnels, éventuels ou indéterminés. » Art. 2153.

Ces inscriptions sont *indéfinies*. Loi du
6 messid. an 7. Circul. de l'adm., du 1er.
brum. an 8, n°. 1676.

4. Les bordereaux d'inscriptions requises par l'administration de l'enregistrement
et des domaines, doivent être *faits en son
nom avec indication de son établissement à
Paris*, à la diligence d'un préposé, *avec élection de domicile dans l'arrondissement du
bureau de conservation des hypothèques
où l'inscription doit avoir lieu*. Inst. gén.
du 13 ventose an 11, n°. 123.

5. Il convient que les bordereaux soient
écrits lisiblement; les noms, le montant de
la créance et la désignation principale des
biens, en plus gros caractères; qu'ils soient
datés et signés pour constater d'autant plus
leur identité : la loi ne le dit pas, mais l'u-
tilité de cette mesure doit la faire adopter.

§. 3. *Principes concernant les inscriptions en général.*

1. Les inscriptions se font dans l'ordre
et à la date qui leur ont été donnés sur le
registre de dépôt des bordereaux, tenu en
exécution de l'art. 2200 du C. N. Nomb.
21 de l'Inst. gén. du 26 juillet 1809, n°. 443.

L'inscription fait une partie intégrante
de l'hypothèque, et elle lui donne *seule*

son efficacité : tellement, que les créanciers
hypothécaires qui seraient dans l'un des cas
où ils ne pourraient plus inscrire utilement,
ou qui auraient pris une inscription déclarée nulle pour omission de quelque formalité essentielle, ne formeraient pas une
troisième classe de créanciers préférable à
celle des *chirographaires* : c'est ce qui résulte de la combinaison des art. 2134, 2135
et 2146 du C. N., et d'un arrêt de la cour
de cassation, du 19 décemb. 1809.

2. L'inscription devant faire mention du
contenu aux *bordereaux*, aux termes de
l'art. 2150 du C. N., on se réfère à ce qui a
été dit au §. 2 et au nomb. 22 de l'Inst.
gén. du 26 juillet 1809, n°. 443. Il importe
que l'inscription contienne toutes les indications *substantielles et nécessaires à sa
validité* : il est donc plus sûr et plus régu-
lier que l'inscription soit la *copie ou transcription du bordereau.*

3. Les inscriptions conservent l'hypothèque et le privilége pendant *dix années*, à
compter du jour de leur date; leur effet
cesse, si ces inscriptions n'ont été renouvelées avant l'expiration de ce délai. Article
2154.

4. L'inscription n'interrompt point la
prescription. Art. 2180 du C. N. (Article
1451 du J.)

5. La *date* du titre ou de l'hypothèque
est de *l'essence* d'une inscription. L'indication doit être faite *sur le registre et sur le
bordereau* : cette dernière *seule* serait *insuffisante*. Arrêt contradictoire de la cour
de cassation, du 22 avril 1807 :

« Vu les art. 2, 17 et 18 de la loi du 11
brum. an 7; considérant que les formalités
qui tiennent à la substance des actes, sont
de rigueur, et doivent, même dans le silence de la loi, être observées à peine de
nullité; que ce principe, vrai en toute matière, reçoit plus particulièrement son application dans l'espèce où il s'agit de lois
hypothécaires, dont la stricte exécution intéresse essentiellement l'ordre public; considérant qu'aux termes de l'art. 18 ci-des-

43 *

sus, il faut, pour la validité d'une inscription hypothécaire, que le registre du conservateur *fasse mention du contenu aux bordereaux*, et, par conséquent, mention de ce que les bordereaux contiennent, aux termes de l'art. 17, touchant *la date du titre, et, à défaut de titre*, touchant *l'époque à laquelle l'hypothèque a pris naissance*; considérant que cette énonciation de la date du titre ou de l'hypothèque est de l'essence d'une inscription : car, s'il importe au public de connaître celles qui sont prises sur un immeuble, il ne lui importe pas moins de pouvoir vérifier si elles ont une cause légitime : ce qu'il ne peut faire qu'autant qu'il existe dans un registre public une indication précise, non-seulement du titre de créance, mais de sa date ou de celle de l'hypothèque, à défaut de titre ; considérant que l'inscription faite par Conne sur le registre du conservateur, ne renferme aucune de ces indications prescrites par la loi; considérant que le bordereau de Conne ne peut suppléer à l'insuffisance du registre, puisque, d'une part, l'art. 2 ci-dessus déclare que *l'hypothèque ne prend rang que par son inscription dans le registre du conservateur;* puisque, d'autre part, nul article de la loi n'oblige le conservateur à délivrer copie des bordereaux qu'il détient; considérant qu'il est indifférent que l'arrêt intervenu en l'an 7, entre les parties, ait fait connaître à la demoiselle Lahaye et compagnie, la date de l'hypothèque de Conne : car, dès qu'il est établi que l'inscription de Conne est nulle à l'égard des créanciers régulièrement inscrits, elle ne peut être validée par aucune considération; la cour casse et annulle, etc. »

6. Le vendeur, même par acte sous seing-privé, *dûment enregistré*, peut prendre *inscription*, et conserver son *privilège* sur l'immeuble vendu, sans qu'il soit tenu de faire faire la transcription du titre. Arrêt de la cour de cass., du 6 juillet 1807, rapporté nomb. 4 du §. 4 de l'*Inscription d'office*.

7. Un acte passé en forme authentique, en pays étranger, ne peut être *inscrit* en France qu'après y avoir été reconnu contradictoirement devant notaire, ou rendu exécutoire par un jugement, s'il n'y a des dispositions contraires à ce principe dans les lois politiques ou dans les traités. Art. 2128 du C. N. (Art. 1148 du J.)

8. Tout acte passé dans *les colonies françaises*, quoiqu'en forme, suivant les lois du pays, ne devient authentique en France que lorsqu'il a été revêtu de la formalité de l'enregistrement. Ainsi il doit être timbré et enregistré pour servir de base à une *inscription*. Décis. du minist. des fin., du 22 ventose an 12. Arrêt de la cour de cass., du 7 déc. 1807. (Art. 2135 et 2818 du J.)

9. Les *inscriptions* pour rentes perpétuelles doivent indiquer la nature, la date du titre et le montant du capital de la rente; quant aux arrérages conservés par des inscriptions, il faut indiquer l'époque de leur échéance ou de l'exigibilité. Les créances résultantes de jugement, doivent aussi être inscrites avec l'époque de l'exigibilité. En général, toute créance exigible, quel que soit le titre qui la constitue, doit désigner non-seulement le capital et les accessoires, mais encore l'époque de leur exigibilité, puisque la loi l'ordonne en termes formels. Déc. du grand-juge, du 21 juin 1808. Inst. gén. des 4 vend. an 13, 11 sept. 1806, et 26 août 1808, nos. 255, 316 et 394.

10. On peut inscrire un acte notarié par lequel, en acceptant une lettre de change, on affecte et hypothèque *spécialement* des immeubles au paiement : c'est ce qui résulte d'un arrêt de la cour de cassat., du 17 prairial an 12.

11. L'inscription sur le registre de formalité est la seule pièce que les intéressés soient appelés à consulter; et, s'il y a été commis DES ERREURS OU IRRÉGULARITÉS, on ne peut les rectifier que par une *nouvelle* inscription *à la date courante*. Avis du Conseil d'État, du 11 décemb. 1810. Inst. gén. du 22 janv. 1811, n°. 505. — Voyez le texte de cet avis au §. 19.

12. « Les actions auxquelles les inscriptions peuvent donner lieu contre les créanciers, seront intentées devant le tribunal compétent, par exploits faits à leur personne, ou au dernier des domiciles élus sur le registre ; et ce, nonobstant le décès soit des créanciers, soit de ceux chez lesquels ils auront fait l'élection de domicile. » Art. 2156.

[Ces actions sont *réelles ;* elles doivent être portées devant le tribunal de la situation des immeubles grevés d'hypothèque.

En matière de succession VACANTE, c'est le tribunal de la *situation des biens,* et non celui du lieu où la succession est ouverte, qui doit connaître de la validité d'une inscription. Arrêt de la cour de cassation, du 7 décemb. 1807.]

». *Inscription des hypothèques antérieures à la loi du 11 brumaire an 7.*

13. L'opposant au sceau des lettres de ratification, lors même qu'elles auraient été scellées à la charge de cette opposition, a dû, pour conserver ses droits, prendre inscription *dans le délai prescrit pour la conservation des anciennes* hypothèques ; à défaut, il n'a rang que du jour de son inscription, et son privilége ou hypothèque ne produit même plus d'effet si l'immeuble a passé à un tiers qui ait fait transcrire, et si le délai de quinzaine, après la transcription, s'est écoulé avant son inscription. Arrêts de la cour d'appel de Paris, du 21 juillet 1807, et de la cour de cassation, du 13 décemb. 1808. (Articles 2709 et 3111 du J.)

14. L'hypothèque *générale* n'a point autorisé à requérir une inscription sur des biens situés en pays de *nantissement,* s'il n'y a pas eu de *réalisation* avant la loi du 11 brum. an 7, attendu que, dans ces lieux, les lois n'admettaient que les hypothèques *spéciales.* Arrêt de la cour de cassation, du 17 mai 1810.

15. Les hypothèques anciennes non inscrites en vertu de la loi du 11 brum. an 7, peuvent l'être même actuellement tout le tems que le contrat d'aliénation des biens *affectés,* n'est pas transcrit, et même dans la quinzaine de cette transcription. Arrêt de la cour de cassat., du 20 frim. an 14. Art. 834 du C. de P. C.

2°. *Inscription des hypothèques postérieures à la loi du 11 brumaire an 7 et aux Codes Napoléon et de Procédure Civile.*

16. Faute de désignation des biens dans le contrat et dans le bordereau pour les créances postérieures à la loi du 11 brumaire an 7, le conservateur peut refuser d'inscrire. Circ. de l'adm., du 13 germ. an 9, n°. 1986. (Art. 776 du J.)

17. Une inscription pour hypothèque *conventionnelle* résultant d'un acte postérieur à la loi du 11 brumaire an 7, serait nulle si elle avait été prise sur les biens que le débiteur possède dans telle commune ou tel arrondissement communal, sans désigner la *nature* et la *situation* de chacun des immeubles, comme le veut l'article 2139 du Code Napoléon. Arrêt de la cour de cassation, du 23 août 1808.

18. Le co-partageant auquel il est dû une soulte, en vertu d'un partage sous seing-privé, peut prendre inscription pour la conservation de son privilége, en faisant enregistrer l'acte. En général, les priviléges susceptibles de l'inscription, doivent être inscrits d'après les seuls actes ou procès-verbaux que les art. 2108, 2109, 2110 et 2111 exigent.

19. Les intérêts ou arrérages de deux années et de l'année courante, pour lesquels le créancier inscrit a droit d'être colloqué, indépendamment de son capital, s'entendent des années *postérieures* à l'inscription; la collocation est acquise de plein droit sans inscription ultérieure pour cet objet : mais tous autres arrérages ne sont conservés que par l'inscription. Art. 2151 du Code Nap. (Article 2136 du J.)

20. L'inscription doit être prise contre le débiteur DIRECT, qui est obligé envers le créancier, par le titre *constitutif* de l'hypo-

thèque, lors même *qu'il a cessé d'être détenteur de l'immeuble grevé*. Arrêt de la
cour de cassation, du 30 floréal an 13, dans
une espèce régie par la loi du 11 brum. an 7.

Il en est de même sous l'empire du Code
Napoléon, puisque les art. 2148 et 2153
prescrivent d'*inscrire* sur le *débiteur*, et
que, d'après l'art. 2182, l'immeuble vendu
n'est transmis à l'acquéreur que sous l'affectation des priviléges et hypothèques dont
le *vendeur* était chargé.

Toutefois, si les créanciers négligeaient
d'user du bénéfice accordé par l'art. 834 du
C. de P. C., qui les autorise à prendre des
inscriptions dans les quinze jours qui suivent la transcription, ce délai expiré, il ne
pourrait plus en être requis utilement que
par les créanciers de l'*acquéreur*, puisque
la formalité de la transcription aurait alors
arrêté le cours des inscriptions du chef des
créanciers *négligens*, sauf la purgation des
hypothèques légales, conformément à l'art.
2194 du C. N., et la conservation du *privilége* du vendeur, que l'art. 2108 maintient
par la *transcription* et l'*inscription d'office*.

C'est donc un principe certain que l'inscription doit être prise sur le *débiteur direct et primordial*, sur sa succession ou ses
héritiers, et non sur l'*acquéreur* : c'est à
celui-ci à se faire représenter *les titres*, et
à vérifier, au moyen du répertoire et des
états hypothécaires, si les vendeurs précédens sont grevés. Quant au créancier, il ne
doit et ne peut connaître que son *débiteur;*
souvent il ignore la mutation et le nom des
acquéreurs qui se succèdent; il lui serait
impossible de requérir l'inscription : *ce qui
ne peut être dans l'esprit de la loi*. A *Paris*, l'inscription se fait sur le débiteur *direct;* mais, lorsque le possesseur *actuel* est
connu du *créancier* par une *délégation*,
une *indication* de paiement, une *convention quelconque*, les avoués et notaires qui
requièrent la formalité, les comprennent
l'un et *l'autre* dans le bordereau : quoique
la loi ne prescrive pas ce mode, il ne peut
qu'être utile de l'adopter.

21. Le créancier d'un *acquéreur* peut,
postérieurement à l'acquisition, prendre
une inscription sur l'objet acquis, quoique
l'acquéreur n'ait pas fait transcrire, sauf à
être primé par le privilége du vendeur; et
par les créanciers antérieurs à la vente, s'ils
inscrivent avant la transcription (ou dans la
quinzaine qui la suit). Arrêt de la cour d'appel de Paris, du 9 messidor an 12. (Art.
1820 du J.)

22. Tout créancier peut prendre inscription pour conserver les droits de son débiteur; mais l'inscription doit être faite *au
nom et par représentation de celui-ci*, en
se procurant *le titre de l'hypothèque*. S'il y
a collocation, le montant s'en distribue
comme chose *mobilière*. Art. 1166 du C.
N., et 778 du C. de P. C. Les conservateurs
doivent faire cette inscription lorsqu'ils en
sont requis, au vu des bordereaux, conformément à l'article 2148 du premier de
ces Codes. Inst. gén. du 3 pluv. an 13, n°.
265. (Article 1896 du J.)

3°. *Inscription des hypothèques administratives concernant une adjudication.*

23. Les actes passés par les autorités administratives, pour des objets de leur compétence, ont toute l'authenticité, toute la
force des actes des notaires, pour produire
l'hypothèque sur les biens désignés; tels
sont, par exemple, les *baux et les ventes*,
lorsqu'il y a lieu à inscription sur des biens
affectés nommément par les preneurs ou
les cautions des acquéreurs. Solut. du min.
des fin., du 27 messidor an 7. Arrêt de la
cour d'appel de Paris, du 4 messidor an 10.
(Art. 215 et 1284 du J.)

24. L'inscription hypothécaire prise par
la caution d'un adjudicataire de coupes de
bois nationaux, doit indiquer la mention du
capital et des *accessoires*, à peine de nullité,
cette indication tenant à la substance de
l'inscription : il ne suffirait donc pas de la
motiver pour *cause de l'adjudication*. Arrêt de la cour de cassation, du 5 septembre

308. (Art. 3114 du J.) — Voyez ci-après nomb. 29 et les *exceptions*.

. Inscription des hypothèques judiciaires.

25. Il ne peut être pris aucune inscription hypothécaire en vertu d'un jugement rendu sur une demande en reconnaissance obligation sous seing-privé, qu'à défaut paiement de l'obligation *après* son échéance ou son exigibilité, *à moins qu'il y ait eu stipulation contraire*. Loi du 3 pt. 1807. Inst. gén. du 29 du même mois, . 344.

26. Il n'est pas nécessaire qu'il y ait hypothèque *spéciale* dans un jugement de juge paix rendu sur la présentation volontaire parties, c'est toujours un jugement qui produit l'hypothèque judiciaire, et le conservateur ne peut refuser de l'inscrire. (Art. 35 du J.)

27. Une sentence arbitrale n'ayant l'autorité d'un jugement que par *le visa* qui la rend exécutoire, n'est susceptible de l'inscription qu'après l'accomplissement de cette formalité. Art. 2123 du C. N. (Art. 682 1522 du J.)

28. Pour le montant des frais d'instance *vile*, l'Etat n'a hypothèque qu'en vertu un exécutoire inscrit, ou d'une évaluation frais constatée par l'inscription. (Art. 3 du J.)

29. La liquidation faite par un tribunal commerce, des sommes dues à la caisse invalides et à celle des gens de mer par armateur, considérée soit comme jugement, soit comme acte administratif, suffit pour requérir une *inscription*, ces sommes ne pouvant être payées par les trésoriers aux marins et autres intéressés, que r les mandats du commissaire principal la marine. Délib. du 30 fructidor an 10. Art. 1315 du J.)

30. L'inscription hypothécaire prise en vertu d'un jugement qui condamne un *associé régisseur* à rendre compte de sa gestion, est valable, puisque la condamnation comprend essentiellement celle d'en payer le reliquat, s'il s'en trouve après la liquidation et l'apurement du compte, et que ces condamnations dérivent toutes deux d'une seule et même obligation contractée par le régisseur. Il suffit d'évaluer le reliquat présumé du compte, ou le droit conditionnel ou indéterminé, et sauf réduction, s'il y a lieu. Arrêt de la cour de cassat., du 21 août 1810.

5°. *Inscription des hypothèques relatives aux émigrés rayés ou amnistiés.*

31. Les créanciers d'individus rayés des listes d'émigrés, ont pu conserver leurs droits d'hypothèque ou de privilége, en prenant une inscription dans les trois mois, à partir du jour de la promulgation de la loi du 16 ventose an 9, et, postérieurement, à compter du jour de l'arrêté de main-levée du séquestre.

32. Un émigré amnistié a pu, avant la délivrance de son certificat d'amnistie, mais depuis le sénatus-consulte du 6 floréal an 10, prendre une inscription hypothécaire. Arrêt de la même cour, du 5 sept. 1810.

6°. *Renouvellement des inscriptions.*

33. Toutes inscriptions doivent être renouvelées avant l'expiration du délai décennal ; à défaut, elles sont *périmées,* sauf l'hypothèque légale des femmes, des mineurs et des interdits, qui subsiste indépendamment de l'inscription. Avis du Conseil d'Etat, des 15 décemb. 1807, et 18 avril 1809. Inst. gén. des 15 avril 1808, et 8 août 1809 ; nᵒˢ. 374 et 445.

34. Les inscriptions pour créances *antérieures* à la loi du 11 brumaire an 7, peuvent être renouvelées sans représentation du titre. Décis. du grand-juge et du minist. des finances, des 31 mars et 11 avril 1809. Nomb. 1 de l'Inst. gén. du 6 juin suivant, nᵒ. 433. (Article 3211 du J.)

Voyez ci-après *Exceptions.*

7°. *Bureaux où les inscriptions doivent être prises.*

35. Les arrondissemens de bureaux de conservations des hypothèques, ayant éprouvé les mêmes changemens que les ressorts des tribunaux, on a demandé dans quel bureau doit se faire le renouvellement d'une inscription prise en l'an 7, dans un bureau des hypothèques qui n'est plus celui de la situation des biens. L'inscription doit être renouvelée dans le bureau de la *situation des immeubles*. Art. 2146 du C. N. (Art. 5259 du J.)

36. L'art. 59 de la loi du 21 ventose an 7, Circ. de l'adm., nᵒˢ. 1559 et 1979, prescrit aux conservateurs de rédiger et d'afficher dans leurs bureaux un tableau à trois colonnes indiquant l'ancien arrondissement et l'arrondissement actuel, et, en cas de morcellement, le bureau où les registres sont déposés : les parties ont donc toute facilité pour requérir des inscriptions là où elles doivent être prises.

Exceptions.

37. Les droits du trésor pour le recouvrement du prix des ventes de domaines nationaux, se conservent sur ces domaines, sans qu'il soit nécessaire de prendre ou de renouveler *d'inscription*, d'après l'instruction décrétée le 3 juillet 1791, sur les ventes de biens nationaux; mais il devrait en être pris ou renouvelé, si des exploitations de coupes de bois, démolition de maisons, bâtimens ou usines, pêche des étangs ou détérioration dans les biens vendus, avaient fait provoquer un cautionnement ou une hypothèque sur les biens personnels de l'acquéreur, et les inscriptions grèveraient alors les biens qui y auraient été affectés. Instruction génér. du 4 mars 1809, nᵒ. 418. Circul. du 22 septemb. 1808.

38. On ne peut prendre inscription, en vertu d'un procès-verbal de conciliation, l'article 54 du C. de P. C. n'accordant aux conventions qu'il contient, que la force d'obligation privée.

39. Celui qui n'était pas créancier HYPOTHÉCAIRE *avant* la vente, lors même qu'elle n'aurait été faite que sous seing-privé, qui le serait devenu *depuis*, ne pourrait inscrire *utilement*, puisque l'immeuble n'appartient plus à son débiteur.

40. Lorsqu'une créance n'était pas hypothécaire dans son principe, l'inscription n'est valide qu'autant qu'elle rappelle la *date* du titre qui l'a rendue hypothécaire.

41. Une contrainte n'établissant pas une condamnation judiciaire, ne peut valider une inscription qui ne pourrait être faite qu'en vertu d'un jugement ou d'un *privilége* accordé par une loi *spéciale*, au trésor public, par exemple, en matière de droit de douanes. Art. 25, tit. 13 de la loi du 2 août 1791. Délibérat. du 22 frim. an 10 (Art. 982 du J.)

§. 4. *Inscription d'office.*

1. L'inscription d'office doit être faite en transcrivant l'acte de vente, lors même que le délai fixé pour le paiement du prix serait expiré, à moins qu'il ne soit justifié au conservateur de la libération de l'acquéreur, ce dont il sera fait mention à la suite de la transcription. (Art. 552 du J.) Une quittance sous seing-privé au pied de l'expédition du contrat de vente, ne dispenserait pas de l'inscription d'office, *faute d'authenticité*. Il en serait autrement si cette quittance était renfermée dans l'acte de vente passé sous seing-privé, et présenté à la transcription, parce qu'alors la vente et la libération seraient constatées simultanément et de la même manière.

2. L'inscription d'office conserve le privilége du vendeur, les droits du propriétaire devant être respectés et conservés par la loi *jusqu'au paiement du prix de la vente*.

3. Il ne doit être fait d'inscription d'office qu'au profit du vendeur, pour ce qui lui reste dû sur le prix de la vente, et au profit du bailleur de fonds pour le paiement du bien

bien acquis, lorsqu'il est subrogé aux droits du vendeur. Arrêt de la cour de cassation, du 22 avril 1807, portant :

« La cour, attendu, sur le premier moyen, que la clause du contrat, relative aux créances des demandeurs, n'est qu'une simple indication du paiement ; qu'ainsi, la cour d'appel de Caën a pu juger, dans l'espèce, et sans violer la loi du contrat, que le sieur Bazin Duclos n'était pas tenu de représenter aux créanciers indiqués, les 12,936 f. qu'il avait donnés au vendeur.

» Sur le second moyen, que, suivant l'art. 29 de la loi du 11 brumaire an 7, les créances que le conservateur doit inscrire, sont, non pas toutes celles mentionnées dans l'acte que l'on présente à la transcription, mais celles-là seulement qui emportent un droit de préférence par leur nature, tel *celui du vendeur pour ce qui lui reste dû du prix* ; tel *celui du prêteur de fonds pour le paiement du bien acquis, et qui est subrogé aux droits du vendeur* ; que, dans l'espèce, les demandeurs, simples créanciers indiqués, n'ont par-là même aucun droit de préférence ; que, dès-lors, en jugeant que les créances des sieurs Hayes et Halbout n'étaient pas dans le cas d'être inscrites d'office, et que l'inscription faite à leur profit par le conservateur ne pouvait leur servir, l'arrêt attaqué n'est en contravention ni à l'art. 29 de la loi du 11 brum. an 7, ni à aucune autre loi. Rejette, etc. » (Art. 2597 du J.)

4. L'inscription d'office doit être faite même en cas de vente sous seing-privé duement enregistrée, l'avis du Conseil d'Etat, du 5 floréal an 13, approuvé par l'Empereur le 12 du même mois, autorisant la transcription de ces ventes. Arrêt de la cour de cassation, du 6 juillet 1807, conçu en ces termes :

« La cour, sur les conclusions conformes de M. Merlin, procureur général ; vu les art. 2 et 29 de la loi du 11 brumaire an 7 ; attendu qu'il suit de l'art. 2, que le précédent propriétaire conserve son privilége

en faisant faire inscription de son titre ; qu'il suit de l'art. 29, qu'à son défaut, le conservateur est tenu de faire inscription de sa créance immédiatement après la transcription du titre d'aliénation, lorsque ce titre constate que le prix lui en est dû, et que la créance n'est pas inscrite ; que la loi permet de transcrire un acte de vente sous signature-privée, dûment enregistré, ce qui est reconnu par l'avis du Conseil d'Etat, du 12 floréal an 13 ; que le conservateur est tenu, sur la représentation d'un tel acte, comme sur celui d'un acte notarié, de faire inscription de la créance non inscrite du précédent propriétaire, et qu'à plus forte raison le précédent propriétaire peut directement ce que peut le conservateur qui, en ce cas, n'est que le mandataire légal et forcé du précédent propriétaire ; que la loi du 11 brumaire an 7 n'exige point que le précédent propriétaire qui prend inscription, présente préalablement à la transcription le titre d'aliénation ; qu'il résulte de l'art. 27, que c'est à l'acquéreur qu'il appartient de faire transcrire le contrat de vente, et que c'est à lui que l'expédition transcrite est remise ; que le tribunal d'appel séant à Agen, en jugeant que, faute de transcription préalable, l'inscription faite de la créance du demandeur est comme non avenue, a violé l'art. 2 et faussement appliqué l'art. 29 de la loi du 11 brum. an 7 ; casse, etc. » (Art. 2790 du J.)

5. Il n'y a pas lieu à l'inscription d'office pour les réserves immobilières de réméré, d'usufruit et de droit d'usage et d'habitation, attendu que ces objets ne font pas partie de l'aliénation. Inst. gén. du 5 avril 1808, n°. 372. (Art. 584 du J.) C'est un droit réel qui n'est pas compris dans la vente.

6. Indépendamment de l'inscription d'office sur l'immeuble vendu, on ne pourrait prendre une inscription sur d'autres immeubles *non* désignés, appartenant à l'acquéreur, pour sureté du prix d'une licitation ou d'une vente sur publication volontaire, parce qu'il n'y a point de condam-

nation judiciaire, point de débiteur contraint par le tribunal. (Art. 942 du J.)

7. Lorsque, *par le contrat de vente*, le conservateur est dispensé de prendre l'inscription d'office pour ce qui est dû sur le prix, le fait étant constaté par cet acte et le registre de transcription, le conservateur peut s'abstenir de faire l'inscription d'office, *sans compromettre sa responsabilité.* (Art. 1314 et 1413 du J.) Le vendeur ne pourrait se plaindre, puisqu'il a restreint ses droits *par la convention.* Quant aux tiers dont les créances sont antérieures à la vente, ils conservent le privilége et le rang d'hypothèque que leur assignent leurs titres et leurs inscriptions. D'ailleurs, l'inscription d'office n'a pour objet que d'empêcher que le vendeur ne soit privé de son privilége pour le prix restant dû, si des créanciers postérieurs à la vente pouvaient le primer par des inscriptions antérieures à la transcription.

8. Dans l'inscription d'office comme dans toutes autres relatives à des hypothèques *conventionnelles*, il faut indiquer *la nature et la situation* des biens grevés, sans pouvoir se référer à l'acte transcrit ou inscrit. (Art. 1379 du J.)

9. Il y a lieu à l'inscription d'office en faveur du vendeur, pour lui assurer la garantie d'une créance éventuelle. (Art. 1437 du J.)

10. L'inscription d'office doit être faite en même tems que la transcription ; mais comme celle-ci assure seule les droits du vendeur, et que l'inscription d'office n'a lieu que pour donner, aux tiers, connaissance du privilége, le conservateur qui l'aurait omise devrait s'empresser de la faire à la date courante du registre des inscriptions, pour mettre à l'abri sa responsabilité, qui ne serait compromise qu'envers ceux qui pourraient réclamer les effets de la priorité de leur inscription. (Article 2299 du J.) — Voyez le nomb. 11 du §. 3.

11. Les inscriptions d'office doivent être renouvelées sur la réquisition des parties avant l'expiration du délai décennal. Avis du Conseil d'Etat, du 15 décembre 1807. Inst. gén. du 13 avril 1808, n°. 374.

§. 5. *Déclaration de changement de domicile.*

1. « Il est loisible à celui qui a requis une inscription, ainsi qu'à ses représentans, ou cessionnaires par acte authentique, de changer sur le registre des hypothèques le domicile par lui élu, à la charge d'en choisir et indiquer un autre dans le même arrondissement. » Art. 2152 du C. N.

2. Les déclarations de changement de domicile doivent être faites et signées sur le registre des hypothèques, en marge de l'inscription, et, faute d'espace, *à la date courante du registre*, en faisant toutefois mention des volumes et numéros, pour que l'on puisse recourir avec facilité aux divers articles.

3. Les déclarans sont tenus de représenter le bordereau de l'inscription : le *changement de domicile y sera mentionné.* S'ils agissent par procuration, ils en remettront une expédition en forme au conservateur ; si c'est en qualité d'héritiers, ils laisseront entre ses mains l'acte de décès de l'inscrit et les titres authentiques qui prouveront qu'ils sont seuls et uniques héritiers ; enfin, s'ils sont cessionnaires, ils déposeront l'expédition de l'acte notarié portant cession et subrogation à l'hypothèque du cédant. Inst. gén. du 15 ventose an 11, n°. 123.

4. Le conservateur fait aussi mention des cessions de priorité d'hypothèque ou de créance hypothécaire, par une déclaration en marge de l'inscription que la cession a pour objet, en indiquant le nouveau domicile élu par le cessionnaire.

« Les cessionnaires exercent, en général, les mêmes droits que leurs cédans : ils peuvent donc, comme ceux-ci en avaient le droit, faire une déclaration de changement de domicile. » Articles 2112 et 2152 du C. N.

§. 6. *De l'extinction des priviléges et hypothèques.*

Les priviléges et hypothèques s'éteignent ,

1°. Par l'extinction de l'obligation principale : ainsi, le paiement de la créance, le décès du créancier viager annullent pour l'avenir le privilége ou l'hypothèque;

2°. Par la renonciation du créancier à l'hypothèque ;

3°. Par l'accomplissement des formalités et conditions prescrites aux tiers détenteurs pour purger les biens par eux acquis. — *Voyez* ci-après, §. 9, *des Transcriptions hypothécaires.*

4°. Par la prescription. On distingue à cet égard, si les biens sont dans les mains du débiteur ou d'un tiers détenteur. Au premier cas, elle est acquise par le tems fixé pour la prescription des actions qui donnent l'hypothèque ou le privilége : par exemple, par trente ans, si l'obligation est personnelle, et si l'inscription a été renouvelée. Art. 2262 du C. N. Au second cas , elle ne l'est que par le tems réglé pour la prescription de la propriété au profit du tiers détenteur ; et, lorsque cette prescription suppose un titre, *elle ne commence à courir que du jour où il a été transcrit sur les registres du conservateur.* Cette prescription, s'il y a contrat de vente et bonne foi de la part de l'acquéreur, est acquise par dix ans , si le propriétaire véritable habite dans le ressort du tribunal d'appel de la situation de l'immeuble, et par vingt ans s'il est domicilié hors du ressort, et si l'inscription a été renouvelée. Art. 2265.

Il faut encore observer que , quelque soit le tems fixé pour la prescription, l'inscription prise par le créancier n'en interromprait pas le cours. Art. 2180.

§. 7. *Radiations et réductions d'inscriptions hypothécaires.*

« Les inscriptions sont rayées du consentement des parties intéressées et ayant capacité à cet effet, ou en vertu d'un jugement en dernier ressort ou passé en force de chose jugée. » Art. 2157 du C. N.

« Dans l'un et l'autre cas, ceux qui requièrent la radiation déposent au bureau du conservateur l'expédition de l'acte authentique portant consentement, ou celle du jugement. » Art. 2158.

« La radiation non consentie est demandée au tribunal dans le ressort duquel l'inscription a été faite , si ce n'est lorsque cette inscription a eu lieu pour sureté d'une condamnation éventuelle ou indéterminée, sur l'exécution ou liquidation de laquelle le débiteur et le créancier prétendu sont en instance ou doivent être jugés dans un autre tribunal , auquel cas la demande en radiation doit y être portée ou renvoyée.

» Cependant la convention faite par le créancier et le débiteur , de porter, en cas de contestation , la demande à un tribunal qu'ils auraient désigné , recevra son exécution entre eux. » Art. 2159.

« La radiation doit être ordonnée par les tribunaux , lorsque l'inscription a été faite sans être fondée ni sur la loi, ni sur un titre, ou lorsqu'elle l'a été en vertu d'un titre soit irrégulier, soit éteint ou soldé , ou lorsque les droits de privilége ou d'hypothèque sont effacés par les voies légales. » Article 2160.

1°. *Des radiations , autres que celles qui ont lieu en vertu de l'autorité judiciaire.*

1. Les expéditions des arrêtés des préfets, portant consentement à la radiation de l'inscription d'une créance *nationale;* celles des décisions des conseils de préfectures , prises sur la proposition formelle de l'administration et de l'avis du comité consultatif établi près de chaque arrondissement communal, qui autorisent les radiations d'inscriptions obtenues pour sureté de créances des *établissemens de bienfaisance et des hospices,* suffisent pour radier, sans qu'un acte notarié soit nécessaire; mais la minute de l'arrêté ou de la décision doit être sur

papier *timbré*, *enregistrée* dans les vingt jours de sa date, et l'expédition sur du papier au timbre de 75 c. Circ. du 2 mess. an 11. Inst. gén. des 5 brum. et 11 mess. an 12, nᵒˢ. 176 et 233. Déc. imp. du 11 thermidor an 12. Nomb. 3 de l'Inst. du 4 vendémiaire an 13, nᵒ. 255. (Art. 2102, 2816 et 2858 du J.) Il convient d'observer que, si les inscriptions pour créances *nationales* avaient été prises sans cause ou pour créances soldées, l'arrêté serait visé pour timbre et enregistré *gratis*.

2. La radiation d'une inscription prise par une *commune*, se fait d'après un acte *notarié* et en vertu d'une décision spéciale du conseil de préfecture, conformément au décret du 11 therm. an 12 pour les hospices. Déc. du min. des fin., du 26 sept. 1809.

3. La radiation des inscriptions prises sur les biens des *comptables*, en général, ou d'autres débiteurs *envers l'Etat*, doit se faire sur la remise d'une expédition en forme, soit d'un *arrêté du préfet*, relatant la décision du ministre, l'arrêt de la cour des comptes autorisant la main-levée, soit d'un *acte notarié* contenant le consentement de l'agent judiciaire du trésor, dûment autorisé par le ministre de ce département, ou de chaque administration financière, *chacune pour ce qui la concerne*. Ces actes doivent établir que les inscriptions n'ont eu pour objet que la sûreté du maniement ou des débets de ceux sur qui elles ont été prises, et que les comptables et débiteurs sont quittes envers le trésor. Inst. gén. des 11 septembre 1806 et 31 janvier 1809, nᵒˢ. 516 et 416. Circ. du 21 vent. an 11. (Art. 1798 et 2166 du J.) — V. le §. 13.

4. Si l'inscription ayant été faite mal à propos sur le comptable, dans un lieu où il n'avait pas de biens, l'autorité administrative en donnait main-levée, il n'y aurait pas lieu au salaire du conservateur. Décis. du minist. des fin., du 19 thermidor an 12. Nomb. 3 de l'Inst. gén. du 4 vendém. an 13, nᵒ. 255.

5. Les inscriptions prises pour le recouvrement des frais de justice, doivent être rayées, sans qu'il soit besoin du concours de MM. les préfets, sur le consentement et la simple déclaration, par acte *authentique*, du directeur des domaines qui aura requis l'inscription; le consentement constatera que le *condamné* a été *acquitté* EN DÉFINITIVE, ou qu'il a payé la totalité des frais mis à sa charge. Décision du grand-juge, du 30 sept. 1808. Inst. gén. du 14 avril 1809, nᵒ. 426.

6. La radiation d'une inscription pour sûreté d'une rente viagère éteinte par le décès du créancier, doit être effectuée sur le consentement par acte en forme des héritiers, relatant l'acte de décès. Nomb. 2 de l'Inst. gén. du 11 janvier 1808, nᵒ. 362.

7. Le tuteur étant administrateur des biens de son mineur, a la capacité légale pour consentir la radiation d'une inscription, lorsque la créance est éteinte par le paiement ou remboursement; mais, s'il s'agissait d'une réduction ou translation d'hypothèque, ou de tout autre acte contenant aliénation des droits du mineur, ou que l'inscription eût été prise sur le tuteur, comme il ne pourrait, dans ces divers cas, donner un consentement valide, il faudrait un avis du conseil de famille, homologué par le tribunal de première instance. Inst. gén. du 3 pluviose an 13, nᵒ. 265. (Art. 1908 du J.)

8. Le conservateur peut rayer l'inscription d'office sur le consentement du vendeur, lorsqu'on n'a ni désigné, ni dénommé les créanciers des rentes qui forment le prix de la vente. (Art. 1415 du J.)

9. Les radiations d'inscriptions requises pendant le *séquestre* par les receveurs des domaines, et subsistant *après qu'il a été levé*, peuvent alors être consenties dans la forme ordinaire par les propriétaires réintégrés dans leurs biens, en justifiant que le *séquestre* n'existe plus, et que la créance n'a pas été exceptée de la restitution faite à leur profit. (Art. 1670 du J.)

10. Les inscriptions prises par les receveurs des saisies réelles sur les biens des

ermiers judiciaires, sont radiées en vertu
e l'*autorisation* du tribunal devant lequel
e bail a été passé, d'après un état certifié
ar le receveur, des quittances de solde de
a totalité du prix du bail, et faisant con-
aître que les clauses qui pourraient donner
uverture à des dommages et intérêts, ont
té exécutées. Les main-levées des inscrip-
ions prises sur les biens saisis dans l'intérêt
u trésor public, ne peuvent être données
que par les préfets. (Art. 3504 du J.)

11. Une inscription peut être régulièrement rayée sur la remise de l'expédition du
onsentement authentique du mandataire,
t de celle de la procuration générale qui
ui donne pouvoir de consentir toute main-
evée d'inscription. Le pouvoir de vendre
ne suffirait pas pour consentir la radiation
e l'inscription d'office. (Art. 2214 et 2291
u J.)

12. Le conservateur ne peut rayer une ins-
ription ni changer l'élection de domicile,
ur la réquisition du fondé de pouvoirs du
essionnaire d'une créance inscrite, qu'au-
ant qu'on lui remet l'expédition en forme
e la procuration et de l'acte de cession.
(Art. 1099 et 1521 du J.)

13. Dans le cas d'un jugement de resci-
ion pour lésion de plus de sept douzièmes,
e conservateur ne peut rayer l'inscription
qu'en vertu du jugement qui l'ordonnerait
ormellement, ou du consentement des
arties : car le conservateur n'est pas juge
e la validité de l'inscription, et d'ailleurs,
e vendeur n'est réintégré qu'en rembour-
ant ce qu'il a reçu de l'acquéreur. (Article
870 du J.) On doit en dire autant en cas
'exercice de réméré. Art. 1673 du C. N.

14. En pays de droit écrit, la femme ne
ouvant renoncer à un droit acquis ni alié-
er le fonds dotal, et n'étant pas seule in-
éressée à la conservation de la *dot*, n'aurait
as, sans l'autorisation d'un conseil de fa-
ille, capacité pour consentir la radiation.
Arrêt de la cour d'appel de Riom, du 26
rairial an 10. (Art. 1264 du J.)

Les immeubles constitués en *dot sous le*

régime dotal, ne peuvent être aliénés ou
hypothéqués pendant le mariage, ni par le
mari, ni par la femme, ni par les deux conjointement, art. 1554 du C. N., sauf quelques cas d'exceptions indiqués par l'article
1555 et suiv., où la femme peut, avec l'*autorisation de son mari*, sur son refus, *avec
permission de justice*, donner ou aliéner
les biens *dotaux*. Ce ne serait donc que
dans les cas prévus, et avec *cette autorisation*, que la radiation serait régulière :
c'est sans doute pour de telles circonstances
qu'a été rendue la Déc. du grand-juge, rapportée dans l'Inst. gén. du 26 niv. an 12, n°.
197, qui décide que la femme peut, *avec
l'autorisation de son mari*, consentir la
main-levée de l'inscription prise sur celui-
ci; et que, s'il s'élève une instance, *les conservateurs doivent se conformer aux jugemens qui interviendront, quels qu'ils soient,
pourvu qu'ils aient la force de chose jugée, sans se rendre eux-mêmes parties.*

2°. *Des radiations d'inscriptions hypothécaires, en vertu de l'autorité judiciaire.*

Arrêts des cours et jugemens des tribunaux.

15. Pour opérer régulièrement la radiation, le jugement doit être rendu en dernier ressort ou passé en force de chose jugée *stable et perpétuelle*. Art. 2157 du C.
N. Art. 457 et 459 du C. de P. C. Arrêt
de la cour d'appel de Paris, du 14 mai
1808.

16. Les jugemens doivent être signifiés au
domicile *réel* de la partie, excepté en matière d'ordre où la signification au domicile
élu suffit. Art. 147, 548 et 763 du Code de
Procéd. C. Décisions du grand-juge minist.
de la just. et du min. des fin., des 21 juin
et 5 juillet 1808. Inst. gén. du 24 août 1808,
n°. 593.

17. *Arrêts contradictoires.* La radiation
s'effectue sur la remise de l'expédition de
l'arrêt signifié à avoué et à personne, ou au
domicile *réel* de la partie condamnée, et

du certificat de l'avoué de la partie poursuivante constatant la date de ces significations. Art. 147 du C. de P. C. Art. 2157 du C. N.

18. *Arrêts par défaut avec constitution d'avoués.* L'opposition n'étant plus recevable après huitaine, à compter du jour de la signification à avoué, l'inscription sera radiée après l'expiration de ce délai sur la remise tant de l'expédition de l'arrêt signifié à avoué et au domicile *réel* de la partie, que du certificat de l'avoué de la partie poursuivante, constatant la date de ces significations et de celui du greffier qui attestera qu'il n'existe aucune opposition. Art. 157, 548 et 470 du C. de P. C.

19. *Arrêts par défaut, sans constitution d'avoué.* L'opposition n'étant plus recevable lorsque l'arrêt a été exécuté dans les six mois de sa date, soit par la vente des meubles saisis, soit par l'emprisonnement ou la recommandation du condamné, soit par la notification qui lui est faite de la saisie d'un ou plusieurs de ses immeubles, soit par le paiement des frais, soit par quelque acte dont il résulte nécessairement que l'exécution de l'arrêt aura été connue du défaillant, le conservateur fera la radiation, 1°. sur la remise de l'expédition de l'arrêt, du certificat de l'avoué de la partie poursuivante, contenant la date de la signification au domicile *réel*, et de l'attestation du greffier, constatant qu'il n'existe contre l'arrêt aucune opposition, *pourvu qu'il lui ait été justifié de l'exécution du jugement comme ci-dessus.* Art. 158 et 159 du C. de P. C.

20. *S'il n'y a pas de meubles pour asseoir l'exécution,* un procès-verbal de carence suffira après le délai de l'opposition, en y joignant le certificat de l'avoué poursuivant et du greffier, comme il a été annoncé précédemment.

21. Si l'arrêt prononce la radiation *sans* AUTRE *condamnation, ni même celle des dépens,* la signification au domicile *réel* suffira pour autoriser cette radiation, après l'expiration du délai pour l'opposition, en

produisant toujours le certificat de l'avoué, l'attestation du greffier, et *une sommation à la partie d'être présente à la radiation.*

22. Si la partie défaillante *n'a pas de domicile connu* en France, l'arrêt sera signifié au lieu de sa RÉSIDENCE ACTUELLE.

Si elle ne réside plus au lieu indiqué dans l'inscription, sans qu'on sache sa nouvelle demeure; si elle habite le territoire français hors du continent, ou enfin si elle est établie chez l'étranger, l'exploit de signification de l'arrêt sera, dans le premier de ces cas, affiché à la principale porte de l'auditoire du tribunal, et une seconde copie en sera donnée à M. le procureur impérial près le tribunal *auquel appartient l'exécution de l'arrêt,* et qui visera l'*original.* Dans les deux derniers cas, la signification sera faite au domicile de ce magistrat, et il visera aussi l'original. Le certificat de l'avoué en fera mention, et l'on produira en outre l'attestation du greffier constatant qu'il n'y a pas eu d'opposition : en un mot, on se conformera à l'art. 69 du C. de P. C., dont les dispositions sont impérieuses et prescrites sous peine de *nullité* par l'art. 70.

Il serait utile aussi, pour ces circonstances extraordinaires, que l'arrêt fût signifié au domicile *élu* dans l'inscription, où il peut exister des moyens de faire connaître à la partie la signification de l'arrêt.

23. *Jugemens rendus en dernier ressort pour les objets non excédant 1,000 francs.* On suivra la même marche que pour les ARRÊTS, sauf à obtempérer aux arrêts de défense rendus par les cours d'appel, en cas d'incompétence, conformément à l'art. 457 du C. de P. C., 2e. alinéa.

24. *Jugemens* CONTRADICTOIRES *sujets à l'appel.* La radiation ne peut être effectuée que trois mois après la signification à avoué et au domicile réel de la partie, et sur les certificats voulus par l'art. 548 du C. de P. C. Art. 457, 1er. alinéa.

25. *Jugemens par défaut, avec constitution d'avoués.* Le conservateur raye l'inscription, 1°. après qu'il lui a été justifié

que l'opposition n'est plus recevable , le délai de huitaine , à partir de la signification à avoué , étant expiré ; 2°. trois mois après le jour où l'opposition n'est plus recevable ; 5°. sur la remise du certificat de l'avoué, constatant la date de la signification à avoué et au domicile réel , et de l'attestation du greffier portant qu'il n'est survenu ni opposition ni appel. Art. 157 et 548 du C. de P. C.

26. *Jugemens par défaut, sans constitution d'avoués*. La radiation ne s'effectue , 1°. qu'en justifiant comme il a été dit pour les *arrêts par défaut, sans constitution d'avoués* , que l'opposition n'est plus recevable , parce que le jugement a été exécuté *dans les six mois de sa date* ; 2°. après le délai de trois mois , à partir du jour où l'opposition n'est plus recevable ; 3°. sur les certificat et attestation voulus par l'art. 548 du C. de P. C. Art. 158 et 159 du même Code.

27. *S'il n'y a pas de meubles pour asseoir l'exécution ; si le jugement ne prononce pas de condamnation de dépens ; si le domicile est inconnu ; si la personne habite le territoire français hors du continent, ou si elle est établie chez l'étranger,* dans l'un ou l'autre de ces cas, on se conforme à la marche tracée pour les arrêts *par défaut* , et la radiation s'effectue après le délai de l'appel et de l'opposition. Art. 69, nomb. 8 et 9 du C. de P. C., tit. *des Ajournemens*.

Des procès-verbaux d'ordre.

28. Ils sont clos sans ou avec contestation.

29. *Lorsqu'il n'y a pas eu de contestation sur le procès-verbal d'ordre*, les inscriptions *des créances colloquées utilement et non contestées*, sont rayées par le conservateur, sur la remise tant du bordereau de collocation , constatant que la créance n'a pas été contestée, que de la quittance authentique du créancier établissant son consentement à la radiation.

30. Relativement aux créanciers *non uti-*

lement colloqués, cette radiation se fait sur la remise d'un extrait du procès-verbal, contenant l'ordonnance du juge commissaire de radier les inscriptions *non utilement colloquées en ce qu'elles frappaient sur l'immeuble vendu dont le prix est distribué*, et attestant en outre qu'il n'est survenu aucune contestation sur le procès-verbal d'ordre. Art. 756, 759, 771, 772 et 773 du C. de P. C.

31. Pour l'inscription *d'office*, la radiation partielle ou intégrale a lieu conformément aux art. 773 et 774 du C. de P. C. Ainsi, la radiation *définitive* se fait, en justifiant, par l'adjudicataire, du paiement de la totalité de son prix , soit aux créanciers utilement colloqués, soit à la partie saisie , et de l'ordonnance du juge commissaire qui prononce la radiation des inscriptions des créanciers non colloqués.

32. *Procès-verbaux d'ordre lorsqu'il y a eu contestation*. On distingue entre les créances dont la collocation n'est pas contestée , et celles pour lesquelles il y a contestation.

33. *Pour les premières,* la radiation s'effectue comme il vient d'être dit ; et, par suite, l'inscription *d'office* est d'autant dégrévée. Art. 758 du C. de P. C.

34. *Quant aux secondes*, c'est-à-dire aux créances *contestées et à celles qui les suivent*, on attend le jugement du tribunal. L'appel ne pouvant, aux termes de l'art. 763 du C. de P. C., en être reçu que dans les dix jours de sa signification à AVOUÉ, outre un jour pour trois myriamètres de distance du domicile *réel* de chaque partie , la radiation s'effectue sur l'ordonnance du juge commissaire relatant le jugement pour les créances non *colloquées définitivement*, et sur le bordereau de collocation et la quittance authentique du créancier consentant à la main-levée pour les créances *utilement colloquées ;* dans l'un et l'autre cas, on exige en outre le certificat de l'avoué poursuivant, constatant la signification à l'avoué de la partie , et l'attestation du gref-

fier qu'il n'y a pas eu d'appel dans le délai de dix jours, tel qu'il est réglé par l'art. 763 du C. de P. C. Art. 760, 762, 763, 767, 771, 772, 773 et 774.

55. S'il y a *appel*, la radiation pour les créances non colloquées, s'effectue en vertu de l'ordonnance du juge commissaire, énonciative de l'arrêt et de sa signification, sans attendre aucun délai. On en use alors comme s'il n'y avait pas eu de contestation.

56. Et pour les créances *colloquées*, le conservateur raye sur les bordereau et quittance authentique comme ci-dessus. Art. 767 et suiv. du C. de P. C.

57. Les jugemens et arrêts ne paraissent pas, en matière d'ordre, devoir être signifiés au domicile *réel* des parties, d'après la disposition textuelle de l'art. 763. Un arrêt de la cour de cassation, du 8 août 1809, en relatant cet article, paraît reconnaître que la signification et l'appel d'un jugement sont *corrélatifs*, et que, dans la procédure *spéciale* de l'ordre, il n'est pas nécessaire de signifier l'appel ni le jugement au domicile *réel*. — Voyez aussi l'art. 767 qui prescrit d'arrêter définitivement l'ordre quinzaine après la signification du jugement ou de l'arrêt.

58. L'ordre dans lequel sont colloqués les *priviléges* et les *hypothèques*, est réglé, pour les premiers, d'après la SÉRIE *de numéros établie par le Code Napoléon*, sauf la concurrence pour ceux de la MÊME *série*, art. 2096 et 2097; et, pour les créances *hypothécaires*, d'après LE RANG *des inscriptions*, art. 2113 et 2134.

59. Pour connaître si les capitaux de rentes constituées peuvent être utilement colloqués concurremment avec les capitaux exigibles, il faut distinguer : ou l'acquéreur de l'immeuble n'a point rempli les formalités pour purger les hypothèques, ou il les a remplies. Au premier cas, il peut être poursuivi comme tiers détenteur; mais il jouit des termes et délais accordés au débiteur originaire. Art. 2167, 2168, 2169 et 2182 du C. N. Au second cas, il doit payer, jus-

qu'à concurrence du prix de son acquisition, les dettes et charges hypothécaires, sans distinction des dettes exigibles ou non exigibles. Art. 2184 et 2186 du même Code. (Art. 2705 du J.)

3°. *Opinion du grand-juge ministre de la justice, sur les radiations en vertu de jugemens : Son Exc. reconnaît en principe que les* TRIBUNAUX *sont* SEULS *compétens pour statuer*.

40. On vient d'indiquer quelle est la jurisprudence des tribunaux, relativement aux radiations en vertu de jugemens et en matière d'ordre; mais il paraît utile de faire connaître l'opinion du grand-juge sur un objet aussi important.

Elle est relative à l'exécution des articles 548 et 550 du Code de P. C.

Art. 548. « Les jugemens qui prononceront une main-levée, une radiation d'inscription hypothécaire, un paiement ou quelque autre chose à faire par un tiers ou à sa charge, ne seront exécutoires par les tiers ou contre eux, *même* APRÈS *les délais de l'opposition ou de l'appel*, que sur le certificat de l'avoué de la partie poursuivante, contenant la date de la signification du jugement faite au domicile de la partie condamnée, et sur l'attestation du greffier, constatant qu'il n'existe contre le jugement ni opposition ni appel. »

Art. 550. « Sur le certificat qu'il n'existe aucune opposition ni appel sur ce registre, les séquestres, *conservateurs* et tous autres seront tenus de satisfaire au jugement «

D'après ces dispositions, le grand-juge pense, 1°. que, lorsque les certificats exigés par l'art. 548 sont rapportés, le conservateur doit, aux termes de l'art. 550, procéder à la radiation, même *avant* l'expiration des délais fixés pour l'appel ou pour l'opposition ;

2°. Que les certificats doivent être exigés pour radier même en vertu du jugement ou de l'ordonnance portée au procès-verbal d'ordre ;

3°.

3°. Que le domicile de la partie, indiqué par l'art. 548 pour la signification des jugemens, ne peut s'entendre que du domicile *réel* ;

4°. Que, pour les jugemens qui peuvent intéresser des absens ou des individus résidant en pays étranger, la signification doit en être faite d'*après les formes prescrites par le Code*

Son Excellence observe, au surplus, que c'est aux TRIBUNAUX *à régulariser ces différens points de forme*, et que les contestations auxquelles ils peuvent donner lieu, doivent *être portées devant eux*. Lettres du grand-juge, des 13 mars 1809 et 14 mars 1810.

41. L'expédition entière du jugement n'est point nécessaire pour effectuer la radiation ; un simple extrait *in parte quâ*, signé du *greffier*, et revêtu du *sceau du tribunal*, suffit, pourvu qu'il y soit exprimé que la radiation ordonnée est pure et simple, et sans aucune restriction ni modification : la responsabilité du conservateur est parfaitement à couvert. Lett. du grand-juge, du 13 mars 1809.

4°. *Des réductions d'inscriptions.*

42. Il faut appliquer aux *réductions* d'inscriptions, les principes qui régissent les *radiations*, en vertu de l'autorité soit judiciaire, soit administrative, ou par consentement des parties, puisque la réduction est une radiation *partielle*. Les art. 2161, 2162, 2163, 2164 et 2165 du C. N., déterminent les cas et le mode de réduction.

Les jugemens qui ordonnent les réductions d'inscriptions prises sur des maris ou tuteurs, doivent être précédés d'un *avis de famille*. Art. 2143, 2144 et 2145 du C. N.

43. Il y a lieu à réduire les inscriptions excessives prises sur l'*évaluation faite par le créancier*, ou qui, obtenues, d'après *la loi*, sur les biens *présens* ou *à venir* d'un débiteur, *sans limitation convenue*, grèvent plus de domaines *différens* qu'il n'est nécessaire à la *sureté* des créances.

Les hypothèques *conventionnelles* ne sont pas susceptibles de réduction.

44. Les tribunaux sont partagés sur la question de savoir si l'hypothèque générale stipulée *sous l'ancienne législation*, est susceptible de *réduction*. Les cours d'appel de Nîmes et de Bruxelles se sont prononcées pour l'affirmative, par arrêts des 4 fructid. an 13 et 22 août 1807 ; celles d'Agen et de Paris ont jugé, les 4 fructid. an 13 et 18 juillet 1807, que l'hypothèque générale n'était point réductible. La non réduction paraît plus conforme à l'esprit du Code qui maintient les droits acquis antérieurement à sa publication ; les débiteurs peuvent d'ailleurs rembourser le créancier pour s'affranchir de l'hypothèque générale.

C'est dans ce sens que le grand-juge ministre de la justice a répondu, le 8 février 1811, au ministre des finances :

« La non réduction des hypothèques conventionnelles antérieures à la loi du 11 brum. an 7 (dit le grand-juge), résulte évidemment de l'article 2 du Code, qui porte que les lois ne règlent que pour l'avenir, et qu'elles n'ont point d'effet rétroactif ; de l'art. 1134 qui dispose que les conventions légalement formées, tiennent lieu *de loi à l'égard de ceux qui les ont faites*, et qu'elles ne peuvent être révoquées *sans leur consentement*, et, enfin, de l'art. 2161 qui, après avoir déclaré réductibles les inscriptions qui embrassent plus d'immeubles que la sureté du créancier n'exige, ajoute que la disposition ne s'applique pas aux hypothèques *conventionnelles*. Une nouvelle loi aurait le double inconvénient d'être rétroactive, et de porter atteinte *à la foi des contrats*. »

5°. *Radiation de l'inscription du cautionnement des conservateurs.*

45. D'après les dispositions générales du Code, concernant *l'effet des cautionnemens*, si la radiation de l'inscription du cautionnement d'un conservateur pouvait être demandée, il serait indispensable, pour

l'effectuer, d'obtenir un jugement passé *en force de chose jugée*, contradictoirement avec *M. le procureur impérial* et toutes les parties qui auraient stipulé dans l'acte. — Voyez, au surplus, le §. 17.

§. 8. *De l'effet des priviléges et hypothèques contre le tiers détenteur qui n'a pas purgé sa propriété.*

1. L'hypothèque est un droit réel qui autorise le créancier à suivre l'immeuble grevé, en quelques mains qu'il passe, pour être colloqué et payé suivant l'ordre du privilége ou la priorité de l'inscription.

Pour purger ce droit, le tiers détenteur doit faire transcrire son titre, le notifier aux créanciers inscrits, remplir les formalités du dépôt et de l'affiche en l'auditoire du tribunal, s'il y a des hypothèques légagales du chef des femmes, des mineurs et des interdits; payer ceux qui sont en ordre utile de recevoir, ou consigner le prix; et, relativement aux adjudications *définitives* sur *saisies immobilières*, se conformer au Code de Procédure civile. — Voyez, ci-après, nomb. 5 du §. 9, sur la question de savoir si ces adjudications seules purgent les hypothèques, lorsque d'ailleurs le prix est distribué aux créanciers, d'après un procès-verbal d'ordre.

2. S'il néglige ces formalités, il demeure, par l'effet seul des inscriptions, obligé, *comme détenteur*, à toutes les dettes hypothécaires, et jouit des termes et délais accordés au débiteur originaire; il est tenu de payer tous les intérêts et capitaux exigibles, ou de *délaisser l'immeuble*. Art. 2166, 2167 et 2168 du C. N.

Chaque créancier hypothécaire a le droit de faire vendre sur le détenteur l'immeuble hypothéqué. Art. 2169.

3. Il ne peut se soustraire aux poursuites qu'en faisant au greffe du tribunal de la *situation des biens*, le *délaissement de l'immeuble grevé*. Art. 2174.

4. Les créanciers ont contre lui une action en indemnité des détériorations qui procéderaient de son fait ou de sa négligence; mais aussi l'art. 2175 l'autorise à *répéter ses impenses et améliorations jusqu'à concurrence de la plus-value résultant de l'amélioration.*

5. Le tiers détenteur n'a aucun privilége ni hypothèque proprement dits pour ces répétitions, mais il peut *retenir l'immeuble* pour en obtenir le paiement, avant qu'aucun créancier du propriétaire puisse rien recevoir sur le prix.

Ce droit est connu sous la dénomination de *droit de rétention*. Il a lieu aussi en faveur de l'acquéreur contre lequel on veut exercer la *faculté de réméré* ou *l'action en rescision* d'une vente pour cause de lésion ultramédiaire.

Le droit de rétention produit son effet, *sans être soumis à aucune des formalités prescrites par les lois, à l'égard des priviléges et hypothèques en général.* Ainsi il n'a besoin ni de *publicité*, ni d'*inscription*.

6. Les créanciers personnels du *tiers détenteur* ne peuvent exercer sur les biens *délaissés* ou *adjugés*, leur hypothèque qu'à leur rang, et après tous ceux qui sont *inscrits* sur les précédens propriétaires. Art. 2177.

§. 9. *Des transcriptions hypothécaires; des formalités pour purger les hypothèques non inscrites des femmes, des mineurs et des interdits, sur les biens des maris et des tuteurs.*

1°. *Transcriptions hypothécaires.*

1. La vente ne transmettant à l'acquéreur que la propriété et les droits que le *vendeur avait lui-même* sur la chose vendue, et *sous l'affectation des priviléges et hypothèques dont l'immeuble était grevé*, il a fallu ouvrir aux tiers détenteurs une voie qui pût les affranchir des charges hypothécaires : tel est l'objet de la transcription et des formalités qui la suivent.

« Les contrats translatifs de la propriété

d'immeubles ou droits réels immobiliers, que les tiers détenteurs voudront purger de priviléges et hypothèques, seront transcrits *en entier* par le conservateur des hypothèques, dans l'arrondissement duquel les biens sont situés.

» Cette transcription se fera sur un registre à ce destiné, et le conservateur sera tenu d'en donner reconnaissance au requérant. » Art. 2181 du C. N.

2. La transcription doit être *littérale et entière.*

3. Les nouveaux possesseurs qui peuvent purger les priviléges et hypothèques, sont les tiers détenteurs *non personnellement obligés*, tels que l'acquéreur, l'échangiste, le donataire, le légataire particulier, etc.

Les héritiers et légataires *à titre universel*, représentant la *personne du défunt*, ne pourraient, par la transcription, se soustraire au paiement des dettes de la succession.

4. Quant aux titres susceptibles de la transcription, ce sont les contrats de vente, d'échange, de partage *avec soulte;* les donations, les substitutions, les licitations, les ventes d'immeubles des mineurs et des interdits; celles provoquées par les curateurs aux successions vacantes, par les héritiers sous bénéfice d'inventaire; celles des débiteurs qui ont fait cession de biens ou faillite. Pour les adjudications sur *saisie immobilière*, voyez le nombre qui suit.

5. Les adjudications en justice, par suite d'une saisie immobilière, sont-elles sujettes à la transcription? On lit *dans le rapport fait au corps législatif sur le Code de Procédure Civile : « La vente forcée* a le double effet d'opérer la dépossession légale du débiteur, et d'*obtenir la purgation des hypothèques qui en sont susceptibles.*

» À l'égard des créanciers qui, d'après la loi, ont été obligés de se faire connaître par l'*inscription*, et qui ont été avertis par la *notification* d'un exemplaire du placard, tout est consommé, en ce qui les concerne, par l'ADJUDICATION. *Dès cet instant, leur*

droit d'hypothèque se convertit en droit sur le prix.

» Par rapport à ceux qui NE sont pas soumis à l'inscription, l'adjudicataire pourra, avant la confection de l'ordre, *provoquer les inscriptions*, s'il doit y en avoir, par les voies *indiquées* par le Code Napoléon. »

On s'est prononcé aussi contre la transcription dans le nouveau *Répertoire Universel de Jurisprudence*, aux mots *Saisie immobilière* et *Transcription hypothécaire.* Voici les motifs de cette opinion :

Les adjudications remplacent les saisies réelles et les décrets forcés; le Code de Procédure civile ne les assujettit pas à la transcription, ainsi que la loi du 11 brum. an 7 le faisait pour les expropriations; les créanciers *inscrits* étant avertis de la vente par la notification de la saisie, peuvent veiller à ce que les enchères portent l'immeuble à sa valeur; d'ailleurs les formes de la procédure donnent aux adjudications toute la publicité nécessaire pour la conservation des droits des tiers; les adjudications sur saisie immobilière purgent les hypothèques *légales* comme les hypothèques conventionnelles, en faisant les notifications prescrites, et au moyen du paiement du prix, conformément au cahier des charges, ou en vertu d'un procès-verbal d'ordre.

On oppose, 1°. que le Code Napoléon n'établit qu'un mode de publicité, en matière d'hypothèques, l'INSERTION *dans les registres de la conservation*, qu'il s'agisse de *jugemens* ou de *contrats;* 2°. que l'art. 2194 qui a tracé la marche à suivre pour purger les hypothèques non inscrites des femmes, a voulu que le dépôt au greffe du tribunal *leur fût notifié*, et au procureur impérial; que cette notification ne leur est point faite dans la procédure de la saisie immobilière, puisque, d'après l'art. 695 du C. de P. C., on ne notifie le placard qu'aux créanciers *inscrits;* qu'ainsi, les hypothèques légales ne peuvent être régulièrement purgées que conformément au Code Napoléon, attendu qu'il n'y a eu dérogation ni

45 *

expresse ni *implicite* dans le Code de Procédure civile ; 3°. que, si l'adjudication constate qu'une partie du prix reste due au saisi, aux précédens vendeurs, et ne devra leur être payé qu'à des époques éloignées, le privilége des vendeurs ne pourrait être conservé ni par la transcription, ni par l'inscription d'office ; 4°. que la surenchère même ne nuit point à la masse des créanciers, car le surenchérisseur ou celui qui reste adjudicataire en paie les frais ; qu'elle ouvre au créancier qui verrait sa créance anéantie, un moyen de ne pas la perdre entièrement, les biens adjugés en justice n'étant pas ordinairement portés à leur valeur ; que le débiteur saisi a lui-même intérêt d'éteindre par la surenchère le plus de dettes qu'il est possible ; qu'on ne doit enlever ce moyen ni aux uns ni aux autres ; 5°. que l'article 834 du C. de P. C. ayant donné aux créanciers *non* inscrits *avant* la transcription, la faculté d'inscrire dans la *quinzaine qui la suit*, on ne peut les priver de ce droit sans violer les dispositions du Code qui comprend même les *saisies immobilières* : on en conclut que les *adjudications définitives sur ces saisies*, sont sujettes à la transcription hypothécaire.

On est généralement dans l'usage, à *Paris*, de faire transcrire les adjudications *de l'espèce*.

6. L'effet de la transcription, relativement aux titres translatifs de propriétés immobilières, est d'*arrêter le cours des inscriptions* pour les créances *antérieures* à la vente, lorsqu'il n'en a pas été fait avant la formalité ou dans la *quinzaine qui la suit*. C'est ce qui résulte de l'art. 834 du C. de P. C. ainsi conçu :

« Les créanciers qui, ayant une hypothèque aux termes des art. 2123, 2127 et 2128 du C. N., n'auront pas fait inscrire leurs titres antérieurement aux aliénations qui seront faites à l'avenir des immeubles hypothéqués, ne seront reçus à requérir la mise aux enchères, conformément aux dispositions du chap. 8 du tit. 18 du C. N., qu'en justifiant de l'inscription qu'ils auront prise depuis l'acte translatif de propriété, et, au plus tard, dans la quinzaine de la transcription de cet acte.

» Il en sera de même à l'égard des créanciers ayant priviléges sur des immeubles, sans préjudice des autres droits résultans au vendeur et aux héritiers, des art. 2108 et 2109 du C. N. » — Voyez les art. 835, 836, 837 et 838 du C. de P. C.

7. *Pour purger les hypothèques*, l'acquéreur doit, avant les poursuites ou dans le mois de la sommation, notifier aux créanciers, aux domiciles par eux élus dans leurs inscriptions, 1°. extrait de son titre ; 2°. extrait de la transcription de l'acte de vente ; 3°. un tableau sur trois colonnes, contenant la date des hypothèques et celle des inscriptions, le nom des créanciers et le montant des créances inscrites ; 4°. déclarer qu'il acquittera sur-le-champ les dettes et charges hypothécaires, jusqu'à concurrence seulement du prix, sans distinction des dettes *exigibles* ou *non exigibles*. Art. 2183 et 2184 du C. N.

8. Les créanciers *inscrits* peuvent alors surenchérir dans le délai fixé par l'article 2185.

9. Faute de le faire, la valeur de l'immeuble demeure définitivement fixée au prix stipulé dans le contrat ou déclaré par le nouveau propriétaire, lequel est, en conséquence, *libéré* de tout privilége et hypothèque, en *payant ce prix aux créanciers qui seront en ordre de recevoir ou* EN LE CONSIGNANT. Art. 2186.

10. Il est évident que, si le prix est suffisant pour payer tous les créanciers inscrits, ils ne pourraient provoquer la surenchère, puisqu'ils seraient *sans intérêt*.

11. S'il y a surenchère, elle a lieu suivant les formes établies pour les saisies immobilières. Le prix et la surenchère sont énoncés dans les affiches. Art. 2187.

12. L'acquéreur ou le donataire qui conserve l'immeuble mis aux enchères, en se

rendant dernier enchérisseur, n'est pas tenu *de faire transcrire le jugement d'adjudication*. Art. 2189. En effet, son titre a été *précédemment transcrit,* avant les notifications aux créanciers.

13. S'il y a un nouvel adjudicataire, il restitue à l'acquéreur ou au donataire dépossédé, les frais et loyaux coûts de son contrat, ceux de la transcription hypothécaire, ceux de notification et ceux faits par lui pour parvenir à la revente. Art. 2188.

14. Celui qui a requis la mise aux enchères, ne peut, même en payant le montant de la soumission, se désister, *si ce n'est du consentement exprès de tous les autres créanciers hypothécaires.* Art. 2190.

15. Pour le *recours* contre le vendeur, la *ventilation* du prix, lorsque le titre comprend des immeubles et des *meubles,* ou plusieurs immeubles, les uns *hypothéqués,* les autres *non* hypothéqués, situés dans le même ou dans divers arrondissemens de bureaux, voyez les art. 2191 et 2192 du même Code.

16. Les actes de ventes d'immeubles, passés sous signature privée, et enregistrés, peuvent être valablement transcrits, quoique les signatures ne soient pas reconnues devant notaires ou par un jugement. Avis du Conseil d'Etat, du 3 floréal an 13. Nomb. 3 de l'Inst. gén. du 11 septembre 1806, n°. 316.

17. La transcription d'une vente d'*immeubles* et de *rentes* créées soit *antérieurement* à la loi du 11 brumaire an 7, soit dans les départemens réunis où les rentes étaient immeubles, *avant* l'époque de la mise en activité du régime hypothécaire, ne peut être syncopée, puisque ces biens étaient alors susceptibles d'hypothèque : ainsi, lorsque des rentes de cette nature sont vendues avec des immeubles par le même contrat, la transcription doit comprendre les unes comme les autres. (Art. 2007 du J.)

18. L'acquéreur d'une rente foncière créée *avant* la loi du 11 brumaire an 7, et aliénée *depuis* sa publication, est passi-

ble d'une hypothèque inscrite sur cette rente, dans le délai utile de la transcription ; la mobilisation des *rentes* ne comprend que celles dont la création serait postérieure à cette loi ou à sa mise en activité, là où elles étaient immobilières. Arrêt de la cour de cassation, du 3 août 1807. (Art. 2760 du J.)

19. La transcription est nécessaire pour les donations immobilières de biens *présens.* La formalité n'a lieu pour les donations de biens *à venir* ou cumulativement de biens présens et *à venir,* qu'à l'époque de l'événement, à moins qu'il ne soit stipulé que le donataire entrera *sur-le-champ en jouissance.* Art. 939, 1069, 1082 et 1084 du C. N. Lettre du grand-juge, du 19 brumaire an 12. Inst. gén. du 26 niv. an 12, n°. 196. La formalité de l'insinuation légale est abolie.

20. Le défaut de transcription d'une donation entre-vifs d'immeubles, ne la frappe pas de nullité; il ne peut être opposé ni par le donateur, ni par ceux qui sont chargés de faire faire la transcription, tels que les tuteurs et les maris, ni par leurs ayantcause; mais, comme les *tiers* créanciers ou acquéreurs peuvent s'opposer à l'exécution, il est du plus grand intérêt du donataire de faire transcrire. Arrêt de la cour de cassation, du 19 décemb. 1810. (Art. 2001, 2229 et 2280 du J.)

21. Les partages d'immeubles dépendant des successions, ne sont sujets à transcription qu'autant qu'ils contiennent une *soulte,* puisque ces actes ne sont pour le surplus que *déclaratifs* de propriété. En effet, d'après l'art. 883 du C. N., chaque co-héritier est censé avoir succédé seul et immédiatement aux objets compris dans son lot, et n'avoir jamais eu la propriété des autres biens de la succession. — Voyez, au surplus, les art. 872, 873 et 2109 du même Code. (Art. 1436 du J.)

22. La transcription d'un acte de vente consenti en commun par plusieurs co-propriétaires à un seul acquéreur, ne peut pas être

syncopée. Délib. de l'adm., du 6 messidor an 7. (Art. 174 du J.)

23. Pour la transcription d'une vente d'immeubles *en détail*, à des acquéreurs NON *solidaires*, il convient que chaque adjudicataire requérant la formalité, présente l'expédition du contrat en ce qui le concerne; la transcription étant particulière pour chacun d'eux, il leur importe d'être porteurs du certificat de transcription. Il serait irrégulier d'agir autrement; mais le conservateur ne pourrait refuser de transcrire le titre tel qu'on le lui présente, sauf l'exécution des lois sur le timbre et l'enregistrement. Art. 2199 du C. N. Inst. gén. du 27 juin 1808, n°. 385.

24. La transcription d'une vente ou donation *commune* à plusieurs individus, ne pouvant être transcrite *partiellement*, doit l'être *en entier*, puisque la formalité en fait connaître toutes les dispositions. Nomb. 2 de l'Inst. gén. du 6 juin 1809, n°. 433. (Art. 3198 du J.)

25. L'échange renfermant deux ventes *respectives*, chaque co-permutant peut requérir, en ce qui le concerne, la transcription du contrat; mais la réquisition, *si elle est partielle*, doit être mentionnée et signée sur le registre de formalité, dans l'intérêt des tiers et du conservateur lui-même.

26. Transcription d'une vente d'*immeubles* et de *meubles* estimés article par article; la formalité n'est relative qu'aux *immeubles*. Il n'y a pas lieu à l'inscription d'office pour les meubles, si le prix seul en restait dû. Délib. de l'adm., du 5 prairial an 8. (Art. 485 du J.)

27. L'Etat n'étant dessaisi de la propriété des biens nationaux qu'après le paiement du prix, les créanciers ne peuvent poursuivre la saisie immobilière qu'à cette époque; ou, s'ils le faisaient auparavant, ils courraient le risque de voir les poursuites interrompues par un arrêté de déchéance. (Art. 1277 du J.) Il convient d'observer que, ni la vente à un tiers, ni la *transcription*, n'empêcheraient l'Etat d'exercer son droit de propriété, tout le tems que le prix intégral de l'adjudication n'aurait pas été payé au trésor. Décret en forme d'instruct., du 5 juillet 1791.

28. La transcription faite, elle ne peut plus être anéantie. Délib. de l'administ., du 21 messidor an 7. (Art. 193 du J.)

29. Sous l'empire de la loi du 11 brumaire an 7, en cas d'une première vente NON *transcrite*, le second acquéreur qui avait fait faire la transcription, était déclaré propriétaire, et il n'était point tenu du privilége du vendeur qui n'avait pu être inscrit d'office, s'il n'y avait pas d'inscription antérieure à la seconde vente. Arrêt de la cour de cassation, du 28 mai 1807. (Art. 2667 du J.) Depuis la publication du Code Napoléon, le premier acquéreur ne pourrait être primé par un second.

30. La transcription après le délai de quinzaine, purge les hypothèques NON *inscrites*, quoique l'acquéreur en ait eu une connaissance *légale* : c'est aux créanciers à s'imputer de n'avoir pas rempli les obligations que leur imposait la loi. Arrêt de la cour de cassat., du 12 octobre 1808. (Art. 3058 du J.)

31. Ce n'est que depuis la promulgation du Code Judiciaire, que l'on peut requérir et obtenir utilement une inscription dans la quinzaine de la transcription. Art. 834 du C. de P. C. Circ. du 24 fév. 1807. (Art. 2374 du J.)

32. Les certificats de transcription peuvent être mis sur des expéditions au timbre en usage lors de l'acte, quoique supprimé à l'époque du certificat. Délibération de l'adm., du 22 prairial an 8. (Article 494 du J.)

33. La transcription étant nécessaire pour purger les hypothèques antérieures à la vente, il est utile de commencer par faire transcrire, puisque, passé la quinzaine, il ne peut plus être fait régulièrement d'inscription, sauf à purger, 1°. les hypothèques légales et NON *inscrites* des femmes, des mineurs et interdits sur les biens des maris

uteurs, par le dépôt au greffe du tribunal civil du lieu de la situation des biens, d'une copie dûment collationnée du contrat, et l'affiche pendant deux mois d'un extrait dans l'auditoire du tribunal. Inst. gén. du 4 vendém. au 13, n°. 255; 2°. les hypothèques légales des comptables publics, par le certificat du quitus, ainsi qu'il est prescrit par la loi du 5 septemb. 1807. Inst. gén. des 15 octob. 1807 et 30 sept. 1808, n°. 350 et 400. Art. 2181, 2194 et 2195 du C. N. Article 834 du C. de P. C. (Art. 57, 2052 et 2090 du J.)

34. Le privilége du vendeur ou de ses ayant-cause, peut-il être conservé par la transcription, et *primer* les droits acquis à des tiers *depuis* le contrat de vente *jusqu'au jour* de la formalité? L'affirmative paraît incontestable; il est de l'essence du contrat de vente, que l'acquéreur ne soit dépouillé de la propriété que par le paiement; s'il en était autrement, la loi consacrerait une *spoliation*, tandis que sa plus belle prérogative est de protéger la propriété; les tiers n'en reçoivent aucun préjudice qu'ils n'aient pu prévoir et empêcher, puisqu'il leur suffisait de se faire justifier de l'acte de vente et des quittances. *Les causes de nullité, de résolution de la vente*, s'opposent encore à ce que le vendeur soit privé de son privilége, puisque les tiers pourraient en rendre les effets *nuls*. Arrêts des cours d'appel de Rouen et de Grenoble, des 7 décemb. 1809 et 8 fév. 1810. Art. 1654 du C. N. Il importe donc aux acquéreurs de s'assurer que les diverses mutations *antérieures* ont été transcrites; de rappeler dans l'acte toutes celles qui ne l'ont pas été, en remontant à la *transcription*, et en indiquant ce qui serait dû aux précédens vendeurs; la transcription du dernier titre donne alors les moyens de faire l'inscription d'*office*, s'il y a lieu; et de purger toutes les hypothèques ordinaires. MM. les notaires de Paris ont la sage prévoyance d'indiquer, dans les contrats de vente, l'origine de la propriété.

55. Les donations faites en faveur des hospices et des pauvres, de biens susceptibles d'hypothèque, et les actes d'acceptation et de notification, doivent être transcrits au bureau des hypothèques de la situation des biens. Art. 937, 939 et 940 du C. N. Loi du 7 pluviose an 12. Inst. gén. du 12 ventose suiv., n°. 209.

56. La loi du 16 septemb. 1807, *sur le dessèchement des marais*, autorise (art. 25 et 31) la transcription, 1°. de l'acte de concession ou du décret qui ordonnera le dessèchement, au compte de l'Etat, pour conserver le privilége de la plus value; 2°. de l'acte de délaissement d'une partie de la propriété pour le paiement des indemnités. Inst. gén. des 7 juin 1808, n°. 386, nomb. 23, et 12 fév. 1810, n°. 464.

37. Les arrêtés des préfets qui allouent des sommes pour démolition de maisons acquises par le gouvernement, sont transcrits aux hypothèques pour la conservation des droits des créanciers, et pour que l'Etat paie avec sureté.

38. Une loi du 8 mars 1810, *sur les expropriations* pour cause d'utilité publique, insérée au 273me. Bulletin, porte, art. 12: « Lorsque les propriétaires souscriront à la cession qui leur sera demandée, ainsi qu'aux conditions qui leur seront proposées par l'administration, il sera passé, entre ces propriétaires et le préfet, *un acte de vente* qui sera rédigé *dans la forme des actes d'administration*, et dont la minute restera déposée aux archives de la préfecture. » Ces ventes paraissent devoir être transcrites par les motifs ci-dessus.

On pense aussi qu'il en doit être de même pour le jugement du tribunal qui, *à défaut de convention*, prononce l'EXPROPRIATION, conformément aux art. 13, 14 et 16 de la loi: car il faut détacher les priviléges et hypothèques de l'immeuble.

Le paiement des indemnités se fait, au surplus, d'après la consignation du prix et l'ordre entre les créanciers, suivant les art. 25 et 26 de la même loi.

2°. *Formalités pour purger les hypothè-*
ques NON *inscrites des femmes, des mi-*
neurs et des interdits, sur les biens des
maris et des tuteurs.

39. On a vu quelles sont les formalités à
remplir pour purger, lorsqu'il EXISTE *des*
inscriptions du chef des femmes, des mi-
neurs et des interdits, sur les biens des
maris et des tuteurs : ce sont celles de la
transcription, et autres indiquées dans le
nomb. 1 du présent §.

40. S'IL N'EN EXISTE PAS, le Code Napoléon indique, dans les articles ci-après
transcrits, ce qui doit être observé :

« Pourront les acquéreurs d'immeubles
appartenant à des maris ou à des tuteurs,
lorsqu'il n'existera pas d'inscription sur lesdits immeubles à raison de la gestion du tuteur, ou des dot, reprises et conventions
matrimoniales de la femme, purger les hypothèques qui existeraient sur les biens par
eux acquis. » Art. 2193.

« A cet effet, ils déposeront copie dûment collationnée du contrat translatif de
propriété au greffe du tribunal civil du lieu
de la situation des biens, et ils certifieront
par acte signifié, tant *à la femme ou au su-*
brogé tuteur, qu'au commissaire civil près
le tribunal, le dépôt qu'ils auront fait. Extrait de ce contrat, contenant sa date, les
noms, prénoms, professions et domiciles
des contractans, la désignation de la nature et de la situation des biens, le prix et les
autres charges de la vente, sera et restera
affiché pendant *deux mois* dans l'auditoire
du tribunal ; pendant lequel tems *les fem-*
mes, les maris, tuteurs, subrogés tuteurs,
mineurs, interdits, parens ou amis, et le
commissaire du gouvernement, seront re-
çus à requérir, s'il y a lieu, et à faire faire au
bureau du conservateur des hypothèques,
des inscriptions sur l'immeuble aliéné, qui
auront le même effet que si elles avaient été
prises le jour du contrat de mariage, ou le
jour de l'entrée en gestion du tuteur ; sans
préjudice des poursuites qui pourraient

avoir lieu contre les maris et les tuteurs,
ainsi qu'il a été dit ci-dessus, pour hypothèques par eux consenties au profit de
tierces personnes sans leur avoir déclaré
que les immeubles étaient déjà grevés d'hypothèques, en raison du mariage ou de la
tutelle. » Art. 2194.

« Si, dans le cours des deux mois de l'ex-
position du contrat, *il n'a pas été fait d'ins-*
cription du chef des femmes, mineurs ou
interdits, sur les immeubles vendus, ils
passent à l'acquéreur sans aucune charge,
à raison des dot, reprises et conventions
matrimoniales de la femme, ou de la gestion du tuteur, et sauf le recours, s'il y a
lieu, contre le mari et le tuteur.

» *S'il a été pris des inscriptions du chef*
desdites femmes, mineurs ou interdits, et
s'il existe des créanciers *antérieurs* qui ab-
sorbent le prix en totalité ou en partie, l'acquéreur est libéré du prix ou de la portion
du prix par lui payée aux créanciers placés
en ordre utile ; et les inscriptions du chef des
femmes, mineurs ou interdits, seront rayées,
ou en totalité ou jusqu'à due concurrence.

» Si les *inscriptions du chef des femmes,*
mineurs ou interdits, sont *les plus ancien-*
nes, l'acquéreur ne pourra faire aucun paiement du prix au préjudice desdites inscriptions, qui auront toujours, ainsi qu'il a été
dit ci-dessus, la date du contrat de mariage, ou de l'entrée en gestion du tuteur ; et,
dans ce cas, les inscriptions des autres
créanciers qui ne viennent pas en ordre
utile, seront rayées. » Art. 2195.

41 Les significations prescrites par l'art.
2194, ayant éprouvé des difficultés dans le
cas où la femme, le subrogé tuteur n'étaient
point connus de l'acquéreur, il y a été pourvu
par un avis du Conseil d'Etat, du 9 mai 1807,
approuvé par l'Empereur le 1ᵉʳ. juin suivant.
Cet avis trace la marche à suivre pour faire
courir le délai de deux mois pour purger
les hypothèques *légales* des femmes, des mineurs, des interdits, lorsqu'il n'y a pas d'inscription : 1°. lorsque, soit la femme ou ceux
qui la représentent, soit le subrogé tuteur,
ne

ne seront pas connus de l'acquéreur, il sera nécessaire et il suffira, pour remplacer la signification qui doit leur être faite, aux termes de l'art. 2194 du Code Napoléon, en premier lieu, que, dans la signification à faire au procureur impérial, l'acquéreur déclare que ceux du chef desquels il pourrait être formé des inscriptions pour raison d'hypothèques *légales* existantes *indépendamment de l'inscription*, N'ÉTANT PAS CONNUS, il fera publier la signification dans les formes prescrites par l'article 683 du Code de P. C. ; en second lieu, que l'acquéreur fasse cette publication dans les formes voulues par cet article 683 (*insertion dans les journaux*) ; ou, s'il n'y avait pas de journal dans ce département, que l'acquéreur se fasse délivrer, par le procureur impérial, un certificat portant qu'il n'en existe pas ; 2°. que le délai de deux mois, fixé par l'article 2194 du Code Napoléon, pour prendre inscription du chef des femmes, des mineurs et interdits, ne devra courir que du jour de la publication faite, aux termes de l'art. 683 du Code de P. C., ou du jour de la délivrance du certificat du procureur impérial, portant qu'il n'existe pas de journal dans le département. (Article 2621 du J.)

42. S. Exc. le grand-juge ministre de la justice, pour faire connaître, à MM. les procureurs impériaux, les précautions à prendre avant de requérir l'inscription de l'hypothèque légale des femmes, *en cas de* VENTE *d'un immeuble appartenant à un mari, ou de négligence de ceux qui doivent prendre ces inscriptions*, a adressé à ces magistrats, le 15 septemb. 1806, la Circul. dont voici la teneur :

« Quelques procureurs impériaux se sont persuadés, Messieurs, qu'ils devaient indistinctement, et sans nul examen, prendre d'office des inscriptions hypothécaires sur les immeubles des maris, pour la conservation des dots, reprises et conventions matrimoniales des femmes. D'autres, sans porter aussi loin leur sollicitude, se sont fait une loi de requérir ces inscriptions *toutes les fois que le contrat de* VENTE *d'un immeuble appartenant à un* MARI, *est déposé au* GREFFE *par l'acquéreur, pour purger les hypothèques légales.*

» Ces deux systèmes, également contraires au texte et à l'esprit de la loi, portent atteinte à la foi des contrats et au libre exercice du droit de propriété ; il importe en conséquence de les réformer, en rappelant à la stricte observation de la règle ceux qui l'ont outre-passée par un excès de zèle.

» En chargeant le ministère public de requérir d'office des inscriptions hypothécaires sur les biens des maris, soit pour la garantie publique, soit pour la conservation des droits des femmes, la loi n'a eu pour but que de suppléer à la négligence ou à l'inaction de ceux qui doivent ou qui peuvent prendre ces inscriptions : c'est ce qui résulte des dispositions textuelles des articles 2138, 2139 et 2194 du Code civil.

» L'intervention du ministère public, dans les cas dont il s'agit, est donc purement subsidiaire et subordonnée au plus ou moins de diligence des parties ; mais il importe surtout qu'il n'intervienne qu'en parfaite connaissance de cause, et qu'après s'être assuré *qu'il y a lieu* de prendre inscription, afin de ne point exposer les époux à des frais frustratoires, et les tiers qui auraient légitimement contracté avec eux, à de vaines difficultés et à des lenteurs préjudiciables.

» Ce serait, par exemple, embarrasser fort mal à propos les parties contractantes, de requérir d'office des inscriptions hypothécaires au profit de la femme sur des immeubles qui auraient été *affranchis* de l'hypothèque légale en vertu des art. 2140 ou 2144 du Code civil.

» L'inscription d'office aurait le *même résultat* toutes les fois que la femme s'est obligée solidairement avec son mari dans les termes de la loi : tenue, comme tout autre, des obligations qu'elle a valablement contractées, et par conséquent obligée, comme *venderesse solidaire*, de garantir l'acquéreur de toute éviction qui pourrait être provoquée contre lui par des tiers, n'impliquerait-il pas contradiction qu'on pût prendre en son nom des inscriptions qui tendissent à *inquiéter et même à dépouiller cet acquéreur* ?

» Le procureur impérial ne doit donc prendre inscription au profit de la femme, qu'*après avoir bien constaté qu'elle a le droit de se prévaloir de son hypothèque légale contre l'*ACQUÉREUR.

» Dans cette instruction, j'ai particulièrement considéré le régime de la *communauté*, qui laisse aux époux la liberté de s'obliger et d'aliéner leurs biens pour le plus grand avantage de la société conjugale. Sous le régime DOTAL, *où les immeubles dotaux ne peuvent être aliénés que pour les causes et dans les circonstances déterminées par la loi*, et où d'ailleurs les intérêts des époux ne se confondent point comme dans la communauté, la femme a plus rarement occasion de s'obliger avec son mari; mais, lorsque le cas se présente, le procureur impérial doit suivre la même marche qu'à l'égard des femmes communes en biens.

» Je vous recommande, Messieurs, en vous pénétrant de ces principes, de vous conformer exactement, chacun en ce qui vous concerne, à la règle qui vous est tracée par la loi elle-même, et sur laquelle j'ai cru nécessaire de fixer votre attention. »

§. 10. *Publicité par la voie des états, extraits et certificats hypothécaires.*

1. Les conservateurs ne peuvent refuser ni retarder la délivrance des états et certificats requis. Ainsi ils remettent, à tous requérans, copie des actes transcrits sur leurs registres, copie des inscriptions *subsistantes* ou le certificat qu'il n'en existe aucune. Ils sont responsables du défaut de mention, dans leurs certificats, d'une ou plusieurs des inscriptions *existantes*, à moins que, dans ce dernier cas, l'erreur ne provint de désignations insuffisantes qui ne pourraient leur

être imputées. L'immeuble demeure affranchi, dans les mains du nouveau possesseur, des charges inscrites et omises, pourvu que le certificat ou état ait été requis après la quinzaine de la transcription du titre, sans préjudice néanmoins du droit des créanciers, de se faire colloquer dans leur rang d'hypothèque, tant que le prix n'a pas été payé par l'acquéreur, ou tant que l'ordre fait entre les créanciers n'a pas été définitivement réglé. Article 2196, 2197, 2198 et 2199 du C. N. Articles 752 et suivans, du C. de P. C.

2. L'état des inscriptions doit contenir toutes celles qui grèvent l'immeuble ou la personne, suivant qu'il s'agit de l'état spécial sur VENTE *d'immeuble*, ou de l'état général sur un *grevé*. On n'est pas obligé d'y joindre un certificat pour attester qu'il ne subsiste pas d'autres inscriptions. Elles sont mises à la suite les unes des autres, sur une ou plusieurs feuilles de papier *minute* timbré, cotées et paraphées à chaque page par le conservateur. L'état diffère du tableau analytique notifié aux créanciers inscrits, en vertu de l'article 2183 du Code Napol. Circulaire de l'administration, du 26 pluviose an 8, n°. 1769. (Articles 208 et 504 du J.)

3. Pour la délivrance régulière des états ou certificats, il faut opérer d'après cette distinction : ou les parties requièrent l'état des inscriptions qui grèvent un *individu*, ou elles demandent seulement celles existantes sur un immeuble déterminé et désigné. Au premier cas, le conservateur doit comprendre dans l'état qu'il délivre, *généralement* toutes les inscriptions prises sur cet individu; dans la seconde espèce, le conservateur ne doit porter sur l'état que les inscriptions qui grèvent réellement l'immeuble désigné, en observant que les inscriptions pour hypothèques légale et judiciaire, ainsi que celles pour créances antérieures à la loi du 11 brumaire an 7, et créées avec hypothèque *générale*, doivent nécessairement y être comprises, puisqu'elles affectent tous les

biens du grevé situés dans l'arrondissement, et par conséquent l'immeuble désigné. Inst. gén. du 11 sept. 1806, n°. 316. (Art. 1975 du J.)

4. Les conservateurs doivent délivrer les états et certificats *lorsqu'ils en sont requis*. Art. 2199 du C. N. Décis. du grand-juge, du 21 septembre 1808. Après l'expiration du délai de *quinzaine*, à dater de la transcription, les états sur ventes d'immeubles comprennent toutes les inscriptions, hors les hypothèques légales non inscrites des femmes, des mineurs et interdits sur les biens des maris et des tuteurs, qu'il faut purger par le dépôt au greffe de l'acte translatif, et en accomplissant les formalités prescrites par l'art. 2183 du C. N. ; à l'égard des hypothèques sur les comptables publics ou ceux de la couronne qui n'auraient pas été constitués redevables lors de la notification de la transcription, conformément à l'art. 9 de la loi du 5 septembre 1807, il faut, pour les purger, un certificat de quitus, ou que la situation du comptable n'ait pas été constatée par un certificat remis au greffe du tribunal de l'arrondissement du bien vendu dans les trois mois qui auront suivi la notification faite au trésor public pour requérir ce dépôt.

5. Ainsi, lorsque l'état est requis et délivré immédiatement après le délai de quinzaine, il doit être complet en ce qui concerne les hypothèques *conventionnelles et judiciaires* ; et il n'y aurait plus à y ajouter sur la demande des parties qui rapporteraient à cet effet l'état, que les inscriptions légales obtenues du chef des femmes, des mineurs ou interdits pendant les deux mois du dépôt, et de l'affiche, dans l'auditoire, de l'acte translatif de propriété, si les formalités nécessaires pour purger ces hypothèques, n'ont été remplies qu'après la délivrance de l'état ; et l'acquéreur, s'il s'agissait de la vente des biens d'un comptable, aurait encore à vérifier si le certificat qui constate la situation de celui-ci, a été ou non déposé au greffe, pour agir d'après

cette distinction. Inst. gén. des 11 septemb. 1806 et 22 juill. 1809, n°. 316 et 442. Circ. du 24 janvier 1807. (Article 2374, 2971 et 3070 du J.)

6. Les états d'inscriptions et les certificats négatifs requis par les préfets, dans l'intérêt du trésor de l'empire, soit pour connaître si les biens des comptables et de leurs cautions sont libres ou grevés d'hypothèques, soit relativement aux biens séquestrés et possédés indivisément avec l'État, doivent être visés pour timbre *gratis*. Décis. du minist. des finances, des 18 et 28 messidor an 9. Circulaire de l'administ., du 21 fructid. suivant, n°. 2034. (Art. 859 du J.)

7. Les états d'inscriptions et les certificats de non inscription demandés pour le recouvrement des amendes de conscription par le ministre directeur général de la conscription, sont délivrés en débet, sauf le recouvrement contre les redevables et les non valeurs. Circul. des 5 juillet 1808 et 25 fév. 1811. (Art. 3122 du J.)

8. Le conservateur ne peut donner de note sur papier libre ; mais il doit délivrer, moyennant salaire, sur du papier timbré, les copies d'inscriptions et les certificats qui lui sont demandés. Inst. gén. du 11 sept. 1806, n°. 316.

9. En cas de démembrement de l'arrondissement d'un bureau de conservation des hypothèques, il suffit au conservateur d'avoir affiché le tableau prescrit par l'art. 29 de la loi du 21 ventôse an 7 : c'est alors aux parties à se procurer les états et certificats dans les divers bureaux de conservation de la situation des biens, le conservateur n'étant garant que des faits de son bureau. Déc. du min. des fin., du 28 germin. an 8. (Art. 495 du J.)

Voyez, au surplus, les §§. 19 et 23.

§. 11. *Des formalités hypothécaires concernant les saisies immobilières.*

1°. *Dispositions du Code de Procédure civile.*

1. La *saisie immobilière* doit être trans-

46 *

CRITE dans un registre à ce destiné, au bureau des hypothèques de la situation des biens, *pour la partie des objets saisis qui se trouve dans l'arrondissement.* Art. 677 du C. de P. C.

2. Si le conservateur ne peut procéder à la transcription de la saisie, à l'instant où elle lui est présentée, il sera mention, *sur l'original qui lui sera laissé,* des *heure, jour, mois et an auxquels il lui aura été remis ;* et, en cas de concurrence, le premier présenté sera transcrit. Art. 678.

3. S'il y a eu précédente saisie, le conservateur constatera son refus en marge de la seconde ; il énoncera la date de la précédente saisie, les nom, demeure et profession du saisissant et du saisi, l'indication du tribunal où la saisie est portée, le nom de l'avoué du saisissant, et la date de la transcription. Art. 679.

4. La saisie immobilière étant *dénoncée au saisi* dans le délai fixé par l'article 681, *l'original de cette dénonciation* sera visé dans les vingt-quatre heures, par le maire du domicile du saisi, *et enregistré dans la huitaine, outre un jour pour trois myriamètres,* AU BUREAU DE LA CONSERVATION DES HYPOTHÈQUES DE LA SITUATION DES BIENS, ET MENTION EN SERA FAITE EN MARGE DE L'ENREGISTREMENT DE LA SAISIE RÉELLE. Même article 681.

5. La partie saisie ne peut, à compter du jour de la dénonciation qui lui est faite de la saisie, *aliéner les immeubles, à peine de nullité.* Art. 692.

6. Un exemplaire du placard imprimé *(affiche de la saisie),* doit être *notifié aux créanciers inscrits,* aux domiciles *élus par leurs inscriptions.* Art. 695. Cette notification sera enregistrée *en marge de la saisie au bureau de la conservation :* du jour de l'enregistrement, la saisie ne peut plus être rayée que du consentement des créanciers ou en vertu de jugemens rendus contre eux. Art. 696.

7. Si une seconde saisie présentée à l'enregistrement, est plus ample que la première, elle sera *enregistrée pour les objets* NON COMPRIS *en* LA PREMIÈRE *saisie,* et le second saisissant sera tenu de *dénoncer* sa saisie au premier saisissant. Art. 720.

8. Lorsqu'une saisie immobilière *aura été rayée,* le plus diligent des saisissans postérieurs pourra poursuivre sur la saisie, encore qu'il ne se soit pas présenté le premier à l'enregistrement. Art. 725.

9. D'après ces dispositions du C. de P. C., les formalités à remplir par les conservateurs, consistent

Dans la transcription de la saisie immobilière ;

L'enregistrement de l'original de la dénonciation de la saisie au saisi ;

L'enregistrement de la notification du placard aux créanciers inscrits ;

La radiation de la saisie, *lorsqu'elle est légalement autorisée,*

Et la délivrance des états et certificats y relatifs.

2°. *Transcription de la saisie immobilière.*

10. La transcription de la saisie immobilière, et l'enregistrement des objets détaillés dans une seconde saisie, *qui n'auraient pas été compris dans la première,* se font sur un registre au timbre de 1 f. 50 c., remis par le directeur, coté et paraphé à chaque page par le président du tribunal de première instance de l'arrondissement, arrêté jour par jour : les transcriptions sont datées et numérotées suivant le rang qu'elles tiennent dans le registre, signées du conservateur, ainsi que les arrêtés. La marge *gauche* du registre présente les numéros d'ordre des transcriptions, ceux du volume et de l'article du répertoire, et on mentionne sur la marge *droite,* l'enregistrement de l'original de la dénonciation de la saisie au saisi, de la notification du placard aux créanciers inscrits, et de la radiation de la saisie, en indiquant la page et le numéro de chaque enregistrement sur le registre spécial.

3°. *Enregistrement de l'original de la dénonciation de la saisie au saisi, de la notification du placard aux créanciers inscrits, et de la radiation de la saisie. Etats et certificats y relatifs.*

11. Ces formalités se donnent sur un registre spécial, aussi en papier timbré, remis par le directeur, après avoir été coté et paraphé à chaque page par le président du tribunal de première instance de l'arrondissement; ce registre doit être arrêté chaque jour. Les enregistremens sont datés et numérotés suivant le rang qu'ils tiennent dans le registre; ils sont, ainsi que les arrêtés, signés du conservateur qui indique les numéros d'ordre des enregistremens, ceux du volume et de l'article du répertoire; en marge de chaque enregistrement, on rappelle la page du registre de transcription de la saisie immobilière, où les mentions des dénonciations, notifications et radiations ont été faites, ainsi que le numéro de chaque enregistrement.

Ce mode a été confirmé par un avis du Conseil d'Etat, du 30 mai 1809, approuvé par l'Empereur le 10 juin, et inséré au 238°. Bulletin des Lois, sous le n°. 4440.

12. Les anciens registres servant *pour les expropriations forcées*, aux inscriptions des procès-verbaux d'affiche, et de l'exploit de leur notification, ont dû être arrêtés par le juge de paix et le conservateur, et l'état en être constaté par un procès-verbal, sauf à y porter ceux de ces actes qui auraient été la suite d'expropriations commencées avant la mise en activité du Code de Procédure civile.

13. Dans les relations, certificats et copies relatifs à la transcription des saisies immobilières, il faut indiquer que la dénonciation au saisi et les notifications aux créanciers inscrits, ont été enregistrées, et que mention en a été faite en marge de la transcription de la saisie. Circ. du 26 novembre 1808. — Voyez le nomb. 3 précédent pour le certificat de refus de transcription d'une seconde saisie, lorsque la première a été transcrite.

On peut aussi consulter les Inst. génér. des 21 septembre 1807 et 26 juillet 1809, n°s. 341 et 443, nomb. 23; le tit. 19 du C. N., sur *l'expropriation forcée; le décret du 2 fév. 1811, et le §. 23 pour les salaires.*

4°. *Observations relatives aux saisies immobilières.*

14. Le procès-verbal de chaque vacation de la saisie immobilière, doit être enregistré dans les quatre jours de sa date, *avant la transcription aux hypothèques.* Nomb. 13 de l'Inst. gén. du 28 juillet 1808, n°. 390.

15. La saisie immobilière des biens d'un débiteur, situés dans plusieurs arrondissemens, est permise simultanément lorsque leur valeur totale est inférieure au montant réuni des sommes dues tant au saisissant qu'aux autres créanciers inscrits. Le créancier doit joindre à la requête présentée au tribunal de l'arrondissement du domicile du débiteur, l'extrait des inscriptions prises dans les divers arrondissemens de la situation des biens, ou le certificat qu'il n'en existe aucune. Loi du 14 novembre 1808. Nomb. 1 de l'Inst. gén. du 3 janv. 1809, n°. 411. (Art. 3077 du J.)

16. L'administration peut se rendre adjudicataire d'un immeuble qu'elle a fait saisir réellement, lorsque son enchère n'est pas couverte. Les directeurs doivent obtenir de l'administration, l'autorisation nécessaire, 1°. pour saisir réellement, 2°. pour se rendre adjudicataire.

17. On ne peut saisir immobilièrement les biens dépendans d'une succession en déshérence, parce que le gouvernement recueillant ces biens à titre de *souveraineté,* il ne serait pas convenable qu'on procédât par voie de vente judiciaire; l'Etat remet seulement les biens aux héritiers qui sont reconnus par la suite, et, pendant sa possession, paie jusqu'à due concurrence les créanciers. (Art. 2761 du J.)

5°. *Anciennes saisies réelles.*

Un décret impérial, du 11 janvier 1811, inséré au 345°. Bulletin des Lois, sous le n°. 6462, et transmis par l'Inst. gén. du 20 fév. 1811, n°. 508, contient, entre autres dispositions, celles ci-après :

Art. 1er. « Dans les six mois qui suivront la publication du présent décret, les poursuivans qui, antérieurement à la loi du 11 brum. an 7, ont fait procéder à des saisies réelles, *suivies de baux judiciaires*, sont tenus de les mettre à fin, et de faire procéder à l'adjudication définitive des biens saisis, devant les tribunaux de la situation desdits biens ; le tout sauf au saisi et aux tiers à faire valoir leurs droits et exceptions.

II. » Pour parvenir à l'adjudication, le *procès-verbal* ORIGINAIRE *de la saisie réelle,* ensemble le *jugement qui, en dernier lieu, aurait ordonné l'exécution de la saisie,* seront *transcrits au bureau des hypothèques de la situation des biens,* et au greffe du tribunal ; le tout conformément aux dispositions des art. 677 et 680 du Code de P. C.

» La *dénonciation de la saisie et du jugement au saisi ou à ses ayans-cause, et toutes les autres formalités,* jusqu'à l'adjudication définitive inclusivement, seront faites conformément aux dispositions prescrites par les art. 681 et suivans du même Code de Procédure. »

[On se conformera, pour la *transcription* du procès-verbal de la saisie réelle et du jugement, ainsi que pour l'*enregistrement* de la dénonciation au saisi ou à ses ayans-cause, et de la notification aux créanciers inscrits, à ce qui vient d'être dit dans le présent §.]

VII. « A défaut par les poursuivans d'avoir fait procéder, dans le délai de six mois fixé par l'art. 1er., à l'adjudication définitive des biens provenant des saisies réelles antérieures à la loi du 11 brum. an 7, l'administration des domaines y fera procéder, dans les six mois suivans, devant les tribunaux désignés en l'art. 1er., en observant les formalités prescrites par le Code de Procédure civile, *pour la vente des immeubles dépendant des successions bénéficiaires et vacantes.*

» Le prix de la vente sera déposé par l'adjudicataire, à la caisse des consignations. »

Voyez le §. 9, *sur les transcriptions hypothécaires.*

§. 12. *Des formalités hypothécaires en matière de faillite.*

1. Le Code de Commerce trace les formalités à remplir relativement aux faillites.

2. Suivant l'art. 499, les *agens et ensuite les syndics* sont tenus de requérir des inscriptions hypothécaires sur les immeubles des *débiteurs* du failli, si celui-ci ne les a requises.

3. L'inscription est faite *au nom des agens et des syndics,* avec les mêmes formalités que si elles l'eussent été par le failli lui-même. Ainsi, pour les créances antérieures à la loi du 11 brumaire an 7, ou à la mise en activité du régime hypothécaire dans les pays réunis, il suffit de la remise de deux bordereaux ; mais, pour celles postérieures à ces époques, il faut représenter l'expédition du titre ; et, dans l'un et l'autre cas, joindre un extrait du jugement en forme qui aura nommé les agens ou syndics, *au nom desquels se fera l'inscription.*

4. Les droits de timbre, ceux proportionnels de l'inscription, et le salaire du conservateur doivent être payés *comptant,* vu que les requérans reçoivent les sommes dues aux faillis, font le recouvrement des effets, et sont nantis des deniers.

5. Les mêmes agens et syndics sont aussi tenus de prendre inscription *au nom de la masse des créanciers,* sur les immeubles du failli : elle se fera sur la seule présentation d'un double bordereau qui énoncera la faillite, et relatera la date du jugement par lequel ils auront été nommés.

6. Ces inscriptions *sur le failli* sont *in-finies*, et ne sont point passibles du droit proportionnel d'hypothèque. Le droit de timbre et le salaire du conservateur se paient comptant ; mais chaque inscription étant prise au nom de la généralité des créanciers, donne lieu *qu'à un simple et unique salaire*.

7. S'il y a un concordat entre le failli et les créanciers, les syndics sont tenus, au terme de l'art. 524, de faire *inscrire aux hypothèques le jugement qui l'aurait homologué, à moins qu'il n'y ait été dérogé par le traité*.

8. L'inscription donne lieu au droit proportionnel d'hypothèque, *à raison des sommes que le failli s'oblige de payer*. Mais, s'il y a dispense de l'inscription, pour laisser plus de latitude aux opérations du failli, il n'est dû aucun droit ni salaire, puisqu'il ne sera donné aucune formalité hypothécaire ; il en est de même lorsqu'il n'y a pas de concordat.

9. Quant aux radiations de ces diverses inscriptions, il faut, conformément au Code Napoléon et au Code de Procédure civile, justifier, *suivant qu'il y a lieu*, du consentement en forme des parties intéressées, ayant capacité à cet effet ; d'un jugement en dernier ressort, ou passé en force de chose jugée ; d'un bordereau de collocation et de la quittance authentique du créancier utilement colloqué, dont la créance *n'aura pas été contestée* ; de l'ordonnance du juge commissaire qui aura réglé l'ordre et ordonné la radiation des inscriptions des créanciers forclos ou ne venant pas en ordre utile. *S'il y a eu contestation sur l'ordre*, il faut produire et déposer soit le bordereau de collocation relatant le jugement, et la quittance authentique, soit l'expédition ou un extrait *in parte quâ* du jugement qui ordonnera la radiation, avec un certificat de l'avoué poursuivant, constatant la signification à domicile de l'avoué de la partie, et l'attestation du greffier qu'il n'en a pas été interjeté appel dans les dix jours. S'il y a ap-pel et arrêt, on s'y conformera. Le tout, d'après ce qui a été observé pour les radiations judiciaires, pages 545 et suivantes.

10. A l'égard de la transcription hypothécaire des ventes d'immeubles du failli, autorisées par les art. 564 et 574 du C. de C., les droits de timbre, d'hypothèques, et les salaires du conservateur, sont perçus comme en matière de vente ordinaire. Inst. du 6 décemb. 1808, n°. 409. — Voyez les §§. 9 et 23.

§. 13. *Des formalités relatives aux comptables du trésor public et à ceux de la couronne.*

1°. *Des comptables du trésor public.*

1. D'après l'édit du mois d'août 1669, et les lois des 24 novembre 1790, 19 juillet et 11 août 1792, l'Etat jouissait, 1°. d'un privilége sur les *meubles des comptables* et sur les *immeubles* acquis par eux *depuis* leur nomination ; 2°. d'une hypothèque sur les biens acquis *antérieurement* à cette époque.

2. La loi du 11 brumaire an 7 n'accordait au trésor qu'une simple hypothèque dont le rang était fixé par l'inscription.

3. L'art. 2098 du C. N. reconnaît que le privilége du trésor est réglé par des lois particulières.

4. Une loi du 5 septembre 1807, insérée au Bulletin des Lois, n°. 2775, en détermine les effets relativement aux comptables, ainsi qu'il suit :

Privilége sur les meubles.

5. Le privilége sur les meubles est maintenu même à l'égard des femmes séparées de biens, *pour les meubles trouvés dans les maisons d'habitation du mari*, à moins qu'elles ne justifient légalement que lesdits meubles leur sont échus de leur chef, ou que les deniers employés à l'acquisition leur appartenaient. Mais ce privilége est primé par les privilégiés généraux et particuliers désignés dans les art. 2101 et 2102 du même Code.

6. Le privilége sur les fonds de cautionnement des comptables, continue d'être régi par les lois existantes.

Immeubles.

Il faut admettre pour les immeubles la distinction suivante :

Privilége sur les immeubles.

7. Relativement aux immeubles acquis à titre onéreux *par les comptables*, POSTÉRIEUREMENT à leur nomination, le privilége existe soit que l'acquisition soit faite par eux ou par leurs femmes, même séparées de biens : sont exceptées, néanmoins, les acquisitions à titre onéreux faites par les femmes, lorsqu'il sera légalement justifié que les deniers employés à l'acquisition leur appartenaient.

8. Mais ce privilége *doit être inscrit dans les* DEUX MOIS *de l'enregistrement de l'acte translatif de propriété* : ce délai passé, le privilége dégénérerait en simple hypothèque ; il n'aurait de rang que du *jour de l'inscription*.

9. Le privilége est primé par les créanciers privilégiés désignés, 1°. dans l'article 2103; 2°. dans les art. 2101, 2104 et 2105 du Code ; 5°. par les hypothèques légales existantes, indépendamment de l'inscription ou toute autre hypothèque valablement inscrite en faveur des créanciers du précédent propriétaire, et sur le bien acquis.

Hypothèque légale sur les immeubles.

10. A l'égard des immeubles des comptables qui leur appartenaient AVANT leur nomination, le trésor public a une hypothèque légale, à la charge de l'inscription, conformément aux art. 2121 et 2134 du Code : cette hypothèque n'a de rang que *du jour où l'inscription est faite*.

11. Le trésor a une *semblable* hypothèque sur les biens acquis par le comptable, AUTREMENT qu'à titre *onéreux*, POSTÉRIEUREMENT *à sa nomination* : la disposition comprend les successions, legs, donations et autres avantages à titre gratuit.

12. La raison de la différence entre le cas du *privilége* et celui de l'hypothèque *légale*, est que les acquisitions *postérieures* à la nomination, sont présumées avoir été faites *des deniers du trésor*, tandis que la même présomption n'a pas lieu pour les acquisitions *antérieures* à la nomination, ni pour les donations et autres avantages recueillis *postérieurement*.

Inscriptions à requérir sur les principaux comptables pour tous actes de transmission de propriétés immobilières.

13. « A compter de la publication de la loi (celle du 5 septembre 1807), *tous receveurs généraux de département, tous receveurs particuliers d'arrondissement, tous payeurs généraux et divisionnaires, les payeurs de département des ports et des armées*, sont tenus d'énoncer leurs titres et qualités dans les actes de ventes, d'acquisitions, de partages, d'échanges et autres translatifs de propriétés qu'ils passeront, et ce à peine de destitution ; et en cas d'insolvabilité envers le trésor public, d'être poursuivis comme banqueroutiers frauduleux ». Art. 7 de la loi du 5 sept. 1807.

14. « Les receveurs de l'enregistrement et les conservateurs des hypothèques, sont tenus aussi, *à peine de destitution, et en outre de tous dommages et intérêts*, de requérir ou de faire, au vu *desdits actes*, l'inscription au nom du trésor public pour la conservation de ses droits, et d'envoyer *tant* au *procureur impérial* du tribunal de première instance *de l'arrondissement des biens*, qu'à *l'agent* du trésor public *à Paris*, le bordereau prescrit par les art. 2148 et suiv. du C. N.

15. » Demeurent néanmoins *exceptés* les cas où, lorsqu'il s'agira d'une *aliénation à faire*, le comptable aura obtenu un *certificat du trésor public*, portant que cette aliénation n'est pas sujette à l'inscription de la part

art du trésor. Ce certificat sera *énoncé et daté dans l'acte d'aliénation* ».

16. A l'instant où un acte translatif de propriété, passé par l'un de ces comptables, est présenté au receveur, il doit rédiger un triple bordereau dans la forme indiquée ci-dessus ; envoyer de suite ces trois bordereaux au conservateur des hypothèques *de la situation des biens* ; émarger son enregistrement des mots *comptable public* ; indiquer en marge la date et le numéro de la lettre d'envoi des bordereaux au conservateur, et la reconnaissance du dépôt aussitôt que le conservateur la lui aura fait parvenir. De son côté, le conservateur, immédiatement après la réception des bordereaux, fait sur ses registres l'inscription requise ; expédie au receveur une reconnaissance du dépôt, sur papier *non* timbré, énonçant le numéro du registre de remise de pièces auquel elle se rattache ; remet de suite l'un des triples du bordereau inscrit au procureur impérial ; adresse l'autre à l'agent du trésor, et garde le troisième ; émarge l'inscription sur son registre, de la date des envois faits au procureur impérial et à l'agent du trésor, ainsi que de la date des lettres de ces fonctionnaires, qui lui certifieront la réception des bordereaux.

17. La loi ne dispense de l'inscription que lorsque le certificat du trésor *est énoncé et daté dans l'acte d'aliénation* : il faut se renfermer dans cette exception.

Conservation des priviléges et hypothèques du trésor public sur les biens de tous comptables autres que ceux dénommés dans l'art. 7 de la loi, nomb. 13 ci-dessus.

18. La loi accordant au trésor un privilége sur les immeubles que les comptables ou leurs femmes ont acquis à titre onéreux, *postérieurement* à la nomination, à la charge de l'inscription *dans les deux mois de l'acte translatif de propriété* ; et une hypothèque légale dont le *rang est fixé par l'inscription*, tant pour les immeubles appartenant au comptable antérieurement *à sa nomination*, que sur ceux qui lui sont ob-

venus *postérieurement* par toute autre voie *qu'à titre onéreux*, chaque administration publique doit veiller à ce que les inscriptions soient faites dans les délais prescrits sur les immeubles des employés comptables, lorsque leur régie peut *faire craindre des débets*. Cette différence paraît être la seule que la loi ait établie entre ces comptables et ceux dénommés dans l'art. 7 (nomb. 13 de ce §.), sans doute pour ne pas grever sans nécessité une trop grande masse d'immeubles.

Recouvrement des débets, et moyens, en cas d'aliénation PAR TOUT COMPTABLE, *de purger les priviléges et hypothèques du trésor.*

19. « En cas d'aliénation *par tout comptable*, des biens affectés aux droits du trésor public, par *privilége* ou par *hypothèque*, les agens du gouvernement poursuivront, *par voie de droit*, le recouvrement des sommes dont le comptable *aura été constitué redevable.* » Art. 8 de la loi du 5 sept. 1807.

20. « Dans le cas où le comptable ne serait pas actuellement constitué redevable, le trésor public sera tenu, *dans trois mois, à compter de la notification qui lui sera faite, aux termes de l'art.* 2183 *du C. N.*, *de fournir et de déposer* AU GREFFE DU TRIBUNAL DE L'ARRONDISSEMENT DES BIENS VENDUS, *un certificat constatant la situation du comptable* ; à défaut de quoi, *ledit délai expiré,* la main-levée de l'inscription *aura lieu de droit*, et *sans qu'il soit besoin de jugement.* La main-levée aura également lieu de droit dans le cas où le certificat constatera que le comptable n'est pas débiteur envers le trésor public. » Art. 9.

21. Dans le cas prévu par l'art. 8 de la loi, le recouvrement du *débet* doit être assuré par la délivrance des fonds du cautionnement pécuniaire, par la saisie et vente des meubles, et au moyen des inscriptions faites en tems utile, par la saisie immobilière et vente judiciaire des immeubles, et l'ordre et distribution du prix, sauf l'exécution des conventions et transactions approuvées par le gouvernement ou les ministres, chacun pour

son département. L'administration de l'enregistrement et des domaines recouvre de cette manière les débets de ses préposés comptables ; mais elle est *étrangère* au recouvrement des débets des comptables *directs* envers le trésor ; et ce ne serait qu'en cas de *défaut ou de retard dans la présentation de leurs comptes*, qu'elle régirait à titre de *séquestre*. Inst. gén. du 26 octob. 1807, n°. 556.

22. Si le comptable *n'est pas constitué redevable* LORS DE L'ALIÉNATION, l'art. 9 accorde au trésor public *trois mois*, à partir de la notification prescrite par l'art. 2183 du C. N. (c'est celle faite par l'acquéreur aux créanciers au domicile par eux élu dans leur inscription, des extraits du titre et de la transcription hypothécaire, ainsi que du tableau, sur trois colonnes, des inscriptions), pour établir par un certificat la situation du comptable. Si celui-ci est débiteur, le trésor peut faire valoir ses droits soit pour être colloqué par privilége ou hypothèque, soit par voie de surenchère, s'il y a lieu, le tout conformément au Code et à la présente loi.

23. Le délai de trois mois passé, la mainlevée de l'inscription, *en ce qu'elle frapperait sur l'immeuble aliéné*, doit avoir lieu de droit, 1°. sur le certificat de l'administration, constatant que son préposé *n'est pas reliquataire*; 2°. si l'administration ou le trésor, chacun pour ce qui le concerne, *ne s'est point expliqué dans le délai :* la loi ne dit pas quelle pièce sera nécessaire, dans ce *dernier cas*, pour effectuer la radiation ; on estime que le certificat du greffier suffira, par analogie avec les dispositions de l'art. 548 du C. de Pr. C., relatif aux certificats de non opposition ni appel. Il est toutefois à observer que la main-levée n'est accordée qu'en faveur de l'immeuble aliéné, et que le comptable et ses autres biens grevés de l'inscription du trésor continuent d'y rester soumis.

24. La loi a ouvert, en faveur des acquéreurs, ce mode de purger les priviléges et hypothèques des *comptables*, comme le Code en a établi un, pour purger ceux des autres vendeurs, ou *les hypothèques légales* NON *inscrites* des femmes, des mineurs ou interdits sur les biens des maris et tuteurs.

25. Cette disposition embrasse les priviléges et hypothèques du trésor, inscrits *avant* la loi du 5 septembre 1807, et ceux qui l'ont été *postérieurement*. C'est en effet une lacune du Code que la loi a remplie ; et le Code ne distinguant point, *à cet égard*, entre les hypothèques *antérieures* à sa publication, et celles qui y sont *postérieures*, les unes et les autres peuvent être purgées d'après le mode introduit par la *nouvelle loi*. Décis. du grand-juge, du 10 juin 1809. Inst. gén. du 22 juillet suiv., n°. 442.

Prescription des droits du trésor public.

26. D'après l'art. 10, « la prescription des droits du trésor public, établie par l'article 2227 du C. N., court au profit des comptables *du jour où leur gestion a cessé* ». Ainsi, à compter *de ce jour*, le trésor est soumis aux mêmes prescriptions que les particuliers, et il peut également les opposer.

2°. *Des bordereaux d'inscriptions requises pour le trésor public.*

27. L'élection de domicile doit être faite à *la préfecture du département*, lorsque les biens sont *situés* dans l'arrondissement du chef-lieu, et à la *sous-préfecture*, pour les autres arrondissemens. Il en résulte plus de facilité pour connaître les demandes en main-levée, les mutations, les ouvertures d'ordre, et pour la production des certificats constatant la situation des comptables, dans le cas de l'art. 9 de la loi du 5 sept. 1807.

28. L'inscription doit être prise pour *sûreté de la gestion du comptable*, puisque les droits à conserver sont éventuels et indéterminés, et que la créance qui n'est point connue au moment de la formalité, n'est fixée *provisoirement* que par un procès-verbal de situation de caisse, et, *définitivement*, que par le règlement des comptes. Il ne faut pas limiter l'inscription au prix porté dans le contrat, ce prix pouvant être si-

mulé, et pour éviter d'ailleurs toute difficulté.

29. Les bordereaux doivent indiquer sommairement, non pour la validité de l'inscription, mais à titre de renseignemens utiles, la date et la nature de l'acte d'acquisition ou d'aliénation, le prix qui y est porté, la nature et la situation des biens. Ces indications mettent les agens du trésor à portée de prendre des éclaircissemens sur la fortune immobilière des comptables, et d'exercer, lorsqu'il y a lieu, des poursuites.

MODÈLE *du bordereau d'inscription à requérir, en vertu de l'article 7 de la loi du 5 septembre 1807.*

BORDEREAU D'INSCRIPTION.

Ministère du trésor public.

Bureau d

Au profit du trésor public, pour lequel domicile est élu (*à la préfecture du département pour le bureau du chef-lieu, aux sous-préfectures pour les bureaux des autres arrondissemens.*)

Contre

(*Désigner avec exactitude les noms, prénoms, qualités et demeures des grevés.*)

Afin de sureté des privilége et hypothèque du trésor public, résultant de la gestion dudit.

La présente inscription requise par le receveur de l'enregistrement (*ou conservateur des hypothèques*) SOUSSIGNÉ, en exécution de la loi du 5 septemb. 1807, et en conséquence d'un acte passé.

(*Enoncer sommairement la date et l'objet de l'acte qui donne lieu à l'inscription, Si c'est une acquisition ou une vente, en exprimer le prix; indiquer aussi la nature et la situation des biens acquis ou aliénés par le comptable ou par sa femme.*)

Ce modèle a été approuvé par le ministre.

5°. *Des comptables du trésor de la couronne.*

50. Un avis du Conseil d'Etat, du 13 février 1808, déclare applicables au trésor de la couronne, les art. 2098 et 2121 du C. N., et toutes les dispositions de la loi du 5 septembre 1807, concernant les priviléges du *trésor public* sur les biens meubles et immeubles des comptables, et lui assure les mêmes priviléges et hypothèques sur les biens de *ses agens* comptables.

31. En conséquence, les art. 7, 8 et 9 de cette loi, sont communs aux *trésoriers, receveurs et payeurs du trésor de la couronne :* les receveurs de l'enregistrement et les procureurs impériaux, sont tenus de s'y conformer en ce qui les concerne, et dans les cas prévus par ces articles.

32. Ainsi, les trésoriers, receveurs et payeurs du trésor de la couronne, doivent énoncer leurs titres et qualités dans *les actes translatifs de propriété qu'ils passent;* les receveurs de l'enregistrement et les conservateurs des hypothèques, requérir ou faire, au vu des actes, l'inscription au nom du trésor de la couronne, pour la conservation de ses droits; envoyer au procureur impérial près le tribunal de première instance de la situation des biens, et à M. le trésorier général de la couronne à Paris, le bordereau justificatif de l'inscription; et généralement se conformer, relativement aux comptables *du trésor de la couronne,* aux obligations qui leur sont imposées pour la sureté des droits du *trésor public,* à peine de *destitution, et en outre de tous dommages et intérêts.* Instruc. gén. des 15 octobre 1807, 26 mars 1808, et 22 juill. 1809, nos. 350, 370 et 442.

§ 14. *Des formalités hypothécaires, tendantes au recouvrement des frais de justice, en matière criminelle, correctionnelle et de police.*

1. Dans l'ancienne législation criminelle, les amendes de condamnation tenaient lieu au trésor public, des frais de poursuite. Il avait privilége sur les meubles après le paiement des loyers, gages des domestiques et subsistances, et seulement hypothèque sur les immeubles du jour du jugement de condamnation. La loi du 18 germinal an 7 a ordonné que tout jugement portant condamnation à une peine quelconque, prononcerait en même tems, au profit du trésor public, le remboursement des frais

auxquels la poursuite et la punition des délits donneraient lieu. Il restait à déterminer, d'après l'art. 2098 du C. N., l'ordre de collocation, lorsque le trésor public se trouverait en concours avec d'autres créanciers du condamné.

Il y a été pourvu par la loi du 5 sept. 1807, insérée au 158e. Bulletin des Lois, n°. 2743, et analysée ci-après.

1°. *Privilége sur les meubles.*

2. Cette loi accorde au trésor un privilége sur les meubles et effets mobiliers des condamnés en matière criminelle, correctionnelle et de police; mais le trésor est primé par les priviléges désignés dans les art. 2101 et 2102 du C. N., et par les sommes dues pour la défense personnelle du condamné, sauf le règlement.

2°. *Privilége sur les immeubles.*

3. La loi attribue aussi au trésor un privilége sur les *immeubles* des condamnés, mais *à la charge d'une inscription dans les deux mois à dater* DU JOUR DU JUGEMENT DE CONDAMNATION : ce délai passé, le privilége dégénère en simple hypothèque qui ne prend son rang envers les tiers que du jour de l'inscription, conformément à l'art. 2113 du C. N.

4 Ce privilége est primé, 1°. par ceux désignés dans l'art. 2101 du C. N.; 2°. par ceux indiqués dans l'art. 2103, pourvu que les conditions prescrites pour leur conservation aient été accomplies; 3°. par les hypothèques légales existantes indépendamment de l'inscription (celles des femmes sur les biens de leurs maris, des mineurs, des interdits sur leurs tuteurs), *antérieures* au mandat d'arrêt, *s'il en a été décerné*, et à défaut, *au jugement de condamnation;* 4°. par les autres créances hypothécaires, *inscrites avant* le privilége du trésor, *et résultantes d'actes ayant une date certaine* ANTÉRIEURE *au mandat d'arrêt ou jugement de condamnation;* 5°. par les sommes dues pour la défense du condamné.

3°. *Rang de l'indemnité due à la partie civile.*

5. Les indemnités dues à la partie civile, ne passent qu'après le privilége du trésor, *parce qu'elle est tenue personnellement du paiement ou du remboursement des frais de justice.* Art. 4 de la loi du 5 pluviose an 13. Lett. du grand-juge au minist. des fin., du 15 avril 1809, dans une affaire concernant la cour de justice criminelle du département de la Haute-Loire.

6. La restriction qu'établit le nombre 4, a pour objet d'empêcher que les prévenus ne puissent, pendant leur détention, soustraire leurs biens à l'action du trésor, en contractant des obligations simulées.

7. La loi ne prononce pas sur ce qui est *antérieur* au mandat d'arrêt ou au jugement de condamnation, parce que tout ce qui *précède* reste soumis au *droit commun.* D'où il suit que, si parmi des créances *antérieures,* il s'en trouvait qui eussent quelque caractère de fraude, il y aurait lieu de les dénoncer au procureur impérial près le tribunal qui aura prononcé la condamnation, lors même qu'elles auraient été inscrites avant le privilége du trésor : mais, dans ce cas, il ne faut agir qu'après avoir provoqué et reçu les ordres de l'administration.

4°. *Des aliénations; elles peuvent être annullées en prouvant la fraude.*

8. La loi ne s'explique pas davantage sur les *ventes* faites *postérieurement* au mandat d'arrêt, et *pendant la détention* : à cet égard, le grand-juge consulté, a répondu que les principes ordinaires ne permettent pas d'admettre que le privilége ou l'hypothèque du fisc puisse affecter des biens *aliénés* avant le jugement de condamnation; que le trésor peut seulement, comme les autres créanciers, provoquer la *rescision* des aliénations simulées ou qui seraient faites en fraude de leurs droits; que les aliénations à titre *gratuit* sont plus facilement révoquées que celles à titre *onéreux;* que, pour les premières, il suffit de prouver la fraude de la part de celui qui a disposé, tandis que, pour les secondes, il faut encore prouver la participation de *l'acquéreur* à cette fraude.

« Pour les dispositions à titre *gratuit*, s'il résulte des circonstances que le prévenu a réellement cherché à soustraire ses biens à la condamnation, l'administration de l'enregistrement serait fondée à provoquer l'annullation de cette disposition , nonobstant la transcription qui en aurait été faite.

» La différence qui doit se faire entre les aliénations à titre gratuit et à titre onéreux, reçoit un nouveau degré de force dans la circonstance où la donation est des père et mère aux enfans, et lorsqu'il est manifeste que l'intention des donateurs a été de soustraire les enfans au paiement des frais de justice sur les biens que, sans la donation entre-vifs, ils n'eussent recueilli qu'à titre héréditaire. »

9. S'il paraissait y avoir lieu de faire annuller ces aliénations, les directeurs en référeraient à l'administration, en lui transmettant tous les détails nécessaires pour qu'elle pût prendre une détermination fondée.

°. *Des conventions antérieures à la loi.*

10. La loi du 5 sept. 1807 n'ayant disposé que pour *l'avenir*, il n'y a pas lieu de revenir sur ce qui a été consommé antérieurement à cette loi, pour les aliénations ou engagemens consentis pendant le cours des procès, à moins qu'on n'ait acquis la preuve d'une combinaison frauduleuse , alors le droit commun autoriserait à demander la rescision; mais aucune demande ne doit être formée que sur les ordres de l'administration.

°. *Du mode d'inscription pour assurer le paiement des frais de justice.*

11. Sur la remise de l'expédition de l'arrêt, du jugement ou de l'exécutoire et des bordereaux, dont l'un peut être mis au pied de cette expédition , le conservateur inscrit le privilége du trésor pour le montant des frais à recouvrer; mais si les frais n'ont point été taxés parce qu'il y a pourvoi en cassation contre l'arrêt ou appel du jugement, le directeur de l'enregistrement doit se concerter avec M. le procureur général près la cour criminelle pour l'évaluation des frais qui comprendra ceux présumés devoir être faits ultérieurement. Cette évaluation relatée dans les bordereaux, mettra le conservateur en état de libeller l'inscription.

12. Il paraîtrait même que le privilége dérivant de la loi, il suffirait que les bordereaux et l'inscription indiquassent qu'elle est faite au profit du trésor public, à la diligence du préposé de l'administration, avec élection de domicile dans l'arrondissement du bureau de conservation , contre..... (indiquer les noms , prénoms , profession , domicile du condamné) , en vertu de... (la date et la nature du jugement, le tribunal qui l'a rendu), *pour sûreté du recouvrement des frais de justice*, conformément à la loi du 5 septembre 1807. En effet , le nombre 3 de l'art. 2153 du C. N. , concernant l'inscription des hypothèques légales , *dispense de l'évaluation* les objets conditionnels, *éventuels ou indéterminés*, et c'est d'ailleurs ainsi que S. Exc. le ministre du trésor l'a ordonné pour les comptables , lorsque le débet n'est pas définitivement constaté.

7°. *Radiations des inscriptions en matière de frais de justice.*

13. Il n'est point nécessaire de recourir à MM. les préfets pour la radiation des inscriptions tendantes au recouvrement de frais de justice ; la régie étant chargée de cette recette, peut seule vérifier si le paiement a été réellement fait lorsque le condamné n'a pas été acquitté en définitive : il est donc naturel que les radiations soient consenties par elle ou ses directeurs.

14. En conséquence, lorsque le directeur de l'enregistrement, qui aura requis l'inscription, aura fait déposer au bureau de la conservation des hypothèques, l'expédition de l'acte authentique par lequel il aura consenti à la radiation de l'inscription, et qui devra constater que le condamné a été acquitté en définitive, ou qu'il a payé la totalité des frais mis à sa charge , le conser-

vateur devra y procéder sans autre formalité.

15. Avant de donner le consentement à la radiation, les directeurs doivent s'assurer que les frais mis à la charge du condamné, ont été *payés entièrement*, ou se rendre certains, par la remise de l'expédition ou de l'extrait certifié du jugement, que le condamné a *été définitivement absous* : s'il y a difficulté, ils en réfèrent à l'administration.

Voyez les Inst. gén. des 20 octob. 1807 et 14 avril 1809, n°s. 352 et 426.

§. 15. *Des formalités hypothécaires qui ont pour objet les majorats.*

Biens admis dans leur formation.

1. Un décret du 1er. mars 1808 a créé des majorats-duchés, des majorats-comtés et des majorats-baronies.

2. Un statut impérial du même jour règle la composition des majorats.

3. Suivant ce statut, la dotation peut être faite en rentes sur l'Etat, et en actions de la banque *immobilisées.*

4. Les rentes et les actions de la banque sont *immobilisées* par la déclaration du propriétaire, consignée sur un registre particulier du trésor ou de la banque, et faisant connaître qu'elles sont affectées à un majorat ; les extraits qui en sont délivrés portent d'ailleurs un timbre particulier qui indique qu'elles servent de dotation et sont *inaliénables.* Ainsi, il n'y a lieu à aucune *inscription* ni *transcription hypothécaire*, les formalités ne concernant que les propriétaires, le ministère du trésor et l'administration de la banque. Déc. imp. des 1er. mars 1808 et 4 juin 1809. Inst. gén. des 12 janv. et 18 mars 1809, n°s. 413 et 423.

5. La dotation *en fonds de terre ou maisons*, doit être composée d'*immeubles* libres de tous priviléges et hypothèques, et non grevés de restitution en vertu des art. 1048 et 1049 du C. N.—V. les n°s. 6 et 7 suiv.

Biens propres des femmes. Décret du 17 mai 1809.

6. « La femme mariée peut constituer en majorat, en faveur de son mari et de leurs descendans communs, les biens *à elle propres*, sans qu'il soit besoin d'autre autorisation que de celle requise par l'art. 217 du C. N. » Art. 1er.

« Les biens grevés d'*inscriptions hypothécaires*, ayant pour cause des rentes non exigibles ou des créances non actuellement remboursables, pourront entrer dans la formation d'un majorat, *nonobstant la disposition de l'art. 1er. de notre deuxième statut du 1er. mars 1808, auquel il est dérogé à cet égard*, pourvu que le requérant puisse fournir, sur ses autres biens, une sureté suffisante pour garantir le majorat de l'effet desdites inscriptions. » Art. 2.

« Si l'*inscription* a pour cause un droit non ouvert, ou une rente non exigible qui n'excède pas le cinquantième du revenu exigé pour le titre attaché au majorat, la garantie sera jugée suffisante, lorsque la somme des biens proposés présentera un surplus de valeur égal au capital de la rente, calculé sur le pied du denier trente. » Art. 3.

« Dans tous les autres cas, notre Conseil du sceau des titres indiquera les conditions et les formalités qui, selon les circonstances où se trouvera le requérant, paraîtront les plus propres à assurer la garantie mentionnée en l'art. 1er. du présent décret; et il ne délivrera l'avis prescrit par les art. 13 et 14 de notre deuxième statut, qu'après qu'il lui aura été certifié par le procureur général que les conditions et les formalités ont été remplies. » Art. 4.

Rentes et actions des canaux provenant de dotation de l'Empereur. Décret du 3 mars 1810.

7. *Rentes.* « Ceux de nos sujets qui sont en possession de dotations de notre munificence, consistant en rentes *sur l'Etat*, seront requis sans délai par l'intendant de notre domaine extraordinaire, d'en faire opérer l'immobilisation dans les formes prescrites par notre décret du 4 juin 1809 après qu'ils auront justifié de cette immobilisation à notre procureur général du sceau des titres, il sera procédé par notre conseil

du sceau des titres à la délivrance de leurs lettres ou brevets d'investiture. » Art. 30.

« Le donataire qui aurait disposé de ses rentes, sera tenu d'en restituer la valeur à la dotation de son majorat, soit en rachetant une quantité égale de rentes en cinq pour cent, qui seront soumises à toutes les conditions ci-dessus prescrites, soit en les remplaçant par un immeuble pris parmi ses biens propres, d'une valeur égale au prix du capital des rentes par lui vendues, réglé sur le cours moyen du jour du transfert, lequel immeuble, après qu'il aura été jugé suffisant par l'intendant de notre domaine extraordinaire, et accepté pour remplacement dans la forme prescrite par notredit statut, sera réputé de même nature et soumis aux mêmes conditions que les biens donnés par nous et émanés de notre domaine impérial. » Art. 31.

« Ce remplacement par rentes ou par immeubles propres, sera opéré par le donataire dans le terme de trois années, à compter de la publication de notre présent décret; et jusqu'à ce moment, notre procureur général près l'intendant de notre domaine *extraordinaire, prendra inscription hypothécaire sur les biens propres des donataires qui ont aliéné leurs rentes*, et dont les noms lui seront indiqués par notre ministre du trésor public, *pour une somme égale à la valeur du capital qu'ils en ont retiré.* » Art. 32.

« Il ne sera délivré aux titulaires des majorats, ou des dotations assignées par nous en cette nature de biens, qu'un extrait de leur inscription sur le livre particulier de la dette immobilisée, lequel extrait sera conforme au modèle annexé à notre décret du 4 juin 1809. » Art. 33.

Actions des canaux. « Les actions ou coupures d'actions qui nous appartiennent dans les grands canaux de l'Empire, et qui seront par nous affectées à des majorats ou à des dotations, seront immobilisées dans la forme prescrite pour les actions de la banque de France. » Art. 34.

« Ces actions ainsi immobilisées, ainsi que les rentes immobilisées, soit qu'elles forment un majorat ou une simple dotation, pourront être aliénées par les titulaires, lorsqu'il s'agira de les convertir en fonds de terre, ou même, pour les actions, lorsqu'il s'agira seulement de les convertir en rentes immobilisées; mais ce, toutefois, après que les titulaires y auront été autorisés, *sans néanmoins qu'il soit nécessaire de* LETTRES-PATENTES A CET EFFET, mais en vertu seulement *d'une délibération du conseil établi à cet effet près de l'intendant général de notre domaine extraordinaire.* » Art. 35.

1°. *Des majorats formés par ceux qui ont la faculté de transmettre leur titre.*

8. Les formalités hypothécaires à remplir pour les *immeubles*, sont, 1°. de produire à l'appui de la requête adressée à S. A. S. le prince archichancelier de l'Empire, entre autres pièces, un certificat du conservateur des hypothèques de la situation des biens proposés pour la formation du majorat, portant qu'ils ne sont grevés d'aucune hypothèque ni privilége. Nomb. 5, art. 8 du statut.

9. A cet effet, les conservateurs délivreront, lorsqu'ils en seront réquis, et sur la désignation qui leur sera faite des immeubles réels, un *certificat* de NON INSCRIPTION, *s'il n'en existe aucune sur les immeubles proposés pour le majorat;* et s'il existait des *inscriptions*, ils en remettront *l'état* au requérant.

10. Ces états ou certificats doivent être libellés avec la plus grande exactitude, et de manière qu'il soit évident qu'ils s'appliquent aux immeubles qu'ils ont pour objet : *le salaire est celui fixé par la loi du 21 ventose an 7, et le décret du 21 sept.* 1810.

11. Quand la demande en érection d'un majorat, est enregistrée au conseil du sceau des titres, le prince archi-chancelier donne un acte indicatif des biens proposés pour les former. Art. 13.

12. Cet acte doit être TRANSCRIT *sur le registre du conservateur des hypothèques de la situation des biens*, à la diligence de M. le

procureur général du conseil du sceau, ou de l'avocat au conseil, fondé d'un pouvoir spécial. Le conservateur émarge l'article de ces mots : *Acte indicatif - majorat,* et il fait les mentions convenables sur le répertoire et la table du répertoire. Le salaire de cette transcription est celui déterminé pour les transcriptions *ordinaires.*

13. *Quinzaine après la transcription,* les biens deviennent *inaliénables pendant un an,* et ne peuvent être frappés ni de privilége ni d'hypothèque, ni des charges mentionnées dans les art. 1048 et 1049 du C. N., ni d'aucune condition qui en diminuerait la propriété ou le produit. Ainsi, le délai de *quinzaine expiré,* il est interdit pendant un an au conservateur, de transcrire aucun titre d'aliénation de ces biens, ou de recevoir des inscriptions qui les grèvent.

14. Quant aux inscriptions ou transcriptions qui pourraient avoir été faites *pendant la quinzaine,* le conservateur est tenu d'en donner avis à M. le procureur général du conseil du sceau ; *immédiatement après l'expiration de la quinzaine,* en adressant à ce magistrat un certificat négatif s'il n'a été fait ni inscription ni transcription, ou un état des inscriptions et copies des transcriptions qui auraient été faites pendant la quinzaine.

15. A l'égard des hypothèques *légales ;* pour les connaître ou les purger, il faut suivre les formes établies par le Code Napoléon : elles consistent dans le dépôt de l'acte *indicatif,* au greffe du tribunal de première instance du lieu de la situation des biens, les significations, et l'affiche pendant *deux mois,* dans l'auditoire du tribunal, et la faculté de requérir des inscriptions durant ce délai, conformément aux art. 2193, 2194 et 2195 du C. N.

16. Les états des inscriptions qui auraient pu, pendant ce délai, être obtenues par les femmes, les mineurs ou les interdits, ou des certificats négatifs, seront adressés à M. le procureur général du conseil du sceau.

17. Les parties ou leurs fondés de pouvoirs, acquittent les droits de timbre et les salaires du conservateur. Le visa pour timbre *gratis,* et l'exemption des salaires, n'ont lieu que pour les états et certificats qui seraient demandés *officiellement et directement* par M. le procureur général du conseil du sceau.

18. Lorsque les biens n'ayant pas rempli les conditions prescrites, la demande en création du majorat n'a pas été admise par l'Empereur, la transcription de l'acte indicatif est *rayée* par le conservateur, sur la remise et le dépôt d'une expédition de la réquisition de M. le procureur général du conseil du sceau, signée par ce magistrat, revêtue de son cachet, visée pour timbre et enregistrée. Le salaire et les droits de timbre et d'enregistrement sont recouvrés sur la partie.

19. Si Sa Majesté autorise la formation du majorat, les lettres patentes doivent être *transcrites sur le registre du bureau de conservation des hypothèques de la situation des biens.* Le conservateur fait la transcription sur le registre de formalité aussitôt qu'il en est requis ; il l'émarge du mot *majorat,* et il fait les mentions nécessaires sur son *répertoire* et sur la *table* du répertoire, ainsi qu'en marge de la *transcription* de l'acte *indicatif,* pour faire connaître qu'elle est devenue DÉFINITIVE.

20. « *Enregistrement des lettres-patentes.* A L'AVENIR ne seront enregistrées dans nos cours et tribunaux que les lettres-patentes portant institution de majorats, et pour les majorats de *propre mouvement,* les lettres d'investiture qui en tiennent lieu ; et cela, seulement lorsque les biens affectés à la dotation des majorats seront *situés dans l'intérieur de l'Empire.* En conséquence, nos lettres-patentes portant purement et simplement collation d'un titre héréditaire, ne contiendront plus, à l'avenir, le mandement de l'enregistrement dans nos cours et tribunaux. » Art. 6 du déc. imp. du 3 mars 1810.

« Lesdites lettres-patentes portant institution de majorats, ou lettres d'investiture en en tenant lieu, le cas d'enregistrement dans nos cours et tribunaux échéant, seront enregistrées sommairement : les seuls articles concernant les biens *situés dans le ressort de la cour et du tribunal*, devront être enregistrés *en entier.* » Art. 7 du même déc.

Fixation du salaire pour la transcription des lettres patentes.

Pour un majorat-duché. . . 12 f.
Pour un majorat-comté. . . 8
Pour un majorat-baronie. . 4

Il n'existe point de majorat pour le simple titre de chevalier : ainsi, il n'y a lieu à aucune formalité hypothécaire.

Table de renseignemens.

21. Pour faciliter les recherches et réunir l'indication des transcriptions relatives aux majorats, les conservateurs, indépendamment de leurs registres de formalité, répertoires et tables du répertoire, rédigent une table de renseignemens, conforme au modèle annexé à l'Inst. gén. du 12 janv. 1809, n°. 413.

22. Il pourra se faire que des majorats soient constitués partie en *immeubles réels*, partie en rentes sur l'État ou en actions de la banque : dans ce cas, le conservateur aurait à se conformer pour la délivrance de ces états et certificats, la transcription de l'acte indicatif et celle des lettres-patentes, à ce qui vient d'être dit, en observant que l'acte indicatif et les lettres patentes devront être transcrits en leur *entier*, sauf à indiquer à la marge du registre, et dans leurs relations, états et certificats, que les formalités n'ont pour objets que les IMMEUBLES RÉELS *formant la dotation de ces majorats;* les *immeubles réels* sont les seuls à mentionner sur le répertoire.

23. Quant à la table de *renseignemens*, on ne portera dans la colonne *indicative du revenu des biens*, que celui des immeubles *réels*; mais on fera connaître dans la colonne *d'observations*, le montant *des rentes ou actions de la banque* qui auront servi *en partie* à former le majorat. Inst. gén. du 18 mars 1809, n°. 443.

2°. *Majorats du propre mouvement de Sa Majesté.*

24. L'acte de constitution ou le procès-verbal de désignation des biens composant les majorats de *propre mouvement*, tant ceux dont la totalité de la dotation aura été accordée par l'Empereur, que ceux dont la dotation n'aura été faite par Sa Majesté qu'en partie, *sera transcrit au registre des hypothèques de la situation des biens*, et le conservateur aura pour cette transcription le salaire déterminé par la loi du 21 ventose an 7, et le décret du 21 sept. 1810. Art. 3 du décret du 24 juin 1808.

Il paraît qu'on n'enregistre actuellement dans les *tribunaux*, et qu'on ne transcrit plus dans les *bureaux de conservation des hypothèques*, que les lettres d'*investiture.* — Voyez le nomb. 20 de ce §.

25. « Les lettres d'investiture de majorats de PROPRE MOUVEMENT seront expédiées sur parchemin. » Art. 8 du déc. du 3 mars 1810.

« Si la dotation se compose de plusieurs parties, les divers articles énonciatifs de ces parties ne seront que sommairement énoncés dans les lettres d'investiture, auxquelles en ce cas il sera annexé un état sur papier *timbré*, contenant l'énonciation complète des différens articles de la dotation. Cet état sera annexé, sous le contre-scel du sceau des titres, aux lettres d'investiture. » Art. 10 id.

3°. *Majorats sur demande de ceux qui n'ont pas le droit de requérir la transmission.*

26. L'art. 34 voulant que les formes à suivre pour la délivrance et la publication des lettres patentes de création du majorat, soient les mêmes que celles prescrites au titre 1er., section 3 du statut, il s'ensuit que, pour la transcription de l'acte indicatif, la radiation, si elle a lieu, la transcription des lettres patentes, *les formalités* et *le salaire* du conservateur, *sont les mêmes que si le majorat était formé par ceux qui ont le droit de transmettre leur titre.* Ainsi, il faut se conformer à ce qui a été dit dans ce §., p. 371.

4°. *Défense générale d'aliéner ni d'hypothéquer les biens composant les majorats*.

27. L'art. 41 du statut du 1er. mars 1808, déclare nul de plein droit tout acte de vente, donation ou autre aliénation par le titulaire, des biens composant le majorat ; tout acte qui le frapperait de privilége ou d'hypothèque ; tout jugement qui validerait ces actes hors les cas autorisés par Sa Majesté, pour les causes exprimées dans le statut ; et l'art. 43 défend aux notaires de recevoir ces actes, aux préposés de l'enregistrement de les enregistrer, aux juges d'en prononcer la validité.

28. Les biens des majorats ne pourront être grevés d'aucune hypothèque légale ni judiciaire. Art. 45. Toutefois, s'il existait une hypothèque légale antérieure à la transcription de l'acte indicatif non purgée ou remplie, le titulaire devra, s'il en est requis, compléter ou remplacer les fonds affectés à son titre, et qui en auraient été retranchés par l'effet de cette hypothèque. Art. 46.

5°. EXCEPTIONS. *Autorisation d'aliéner ou d'échanger*, DANS QUELQUES CAS PRÉVUS, *les biens affectés aux majorats*.

29. D'après les art. 54 et 55, dans le cas où Sa Majesté aura autorisé ou ordonné l'aliénation des biens *situés hors de son empire*, et affectés par elle à la dotation d'un titre, pour être remplacés par des biens situés en *France*, et dans le cas d'*échange* autorisé par l'art. 56, de biens *situés en France*, l'art. 5 du décret du 24 juin 1808, veut que les actes d'*acquisition* d'immeubles *en remplacement*, et les échanges, soient assujettis aux mêmes droits d'*enregistrement et d'*HYPOTHÈQUE, *que les transactions de pareille nature* ENTRE PARTICULIERS : ainsi la transcription hypothécaire des acquisitions et échanges acquittera le droit proportionnel de 1 f. 50 c. par 100 f., outre le salaire du conservateur, et les inscriptions pourront être formées pendant la quinzaine qui suivra cette transcription, conformément à l'art. 834 du C. de P. C.

30. Les lettres patentes pour autoriser l'aliénation et l'échange, d'après l'art. 63, seront transcrites dans les bureaux de la conservation des hypothèques, comme celles de création de majorats ; le salaire du conservateur sera le même ; mais voyez le nombre 32 ci-après.

31. Du moment de l'accomplissement de ces formalités, les biens dont l'aliénation sera permise, rentreront dans le commerce ; mais la vente, l'échange ou l'adjudication, devra avoir lieu devant M. le procureur général du conseil du sceau ou de son délégué, sous peine de nullité, laquelle sera prononcée par le Conseil d'Etat, sur la poursuite de ce magistrat. Les conservateurs se conformeront, à cet égard, aux notifications et instructions qui leur seront transmises par M. le procureur général, et ils feront les mentions nécessaires sur leur registre de formalité et sur leur répertoire.

32. *Vente des biens de dotation en pays étranger*. « Les ducs, comtes, barons et chevaliers, et tous autres qui ont reçu de *nous* des dotations en pays étranger, seront tenus de vendre les biens composant lesdites dotations, *le plutôt que faire se pourra*, et au moins la *moitié* desdits biens dans un délai de *vingt ans*, et l'autre *moitié* dans les *vingt* années *suivantes* : de sorte que la *totalité* desdits biens ait été *vendue et convertie soit en rentes, soit en domaines, dans l'intérieur de notre Empire, dans l'intervalle de quarante années.* » Art. 12 du décret du 3 mars 1810.

« Les *ventes*, le *remploi* et le *placement provisoire des fonds provenant des ventes*, seront autorisés *par le conseil établi à cet effet auprès de notre intendant du domaine extraordinaire*. Il sera procédé, auprès dudit conseil et par lui, conformément à ce qui est prescrit par le tit. 4 de notre décret du 1er. mars 1808. » Art. 13 *idem*.

« Il sera procédé, pardevant notre conseil du sceau des titres, de la même manière et conformément aux dispositions de notredit décret, pour les *ventes* et *remplois des biens* des majorats institués par *fon-*

dations VOLONTAIRES. « Article 14 *idem.*

6°. *Du remploi du prix des biens aliénés.*

33. Les lettres patentes sur acquisitions d'immeubles réels, autorisées par l'Empereur pour *remploi des biens d'un majorat aliéné*, doivent, d'après l'art. 71, être transcrites *dans les bureaux de la conservation des hypothèques de la situation des biens.* Le salaire du conservateur est celui réglé pour les transcriptions de lettres patentes de création de majorat.

34. Suivant l'art. 72, les biens admis en *remploi* sont inaliénables, et on ne pourrait créer d'hypothèque qui tendrait à soustraire ces biens à leur affectation au majorat.

35. Quant aux biens remis dans le commerce, au moyen de la réalisation du remploi, les conservateurs se conformeront à ce qui vient d'être dit ci-dessus.

7°. *Observation relative au décime pour franc, des droits d'hypothèques, pour* MAJORATS.

36. Les droits d'hypothèques qui se perçoivent pour les *majorats*, sont passibles du décime pour franc : et, hors les cas d'exception, ces droits sont réglés d'après les lois qui régissent la matière.

8°. *Instruction des demandes en création de majorats.*

37. Un second décret du 24 juin 1808, attribue aux *avocats au Conseil d'Etat,* l'instruction et la suite de toutes les demandes relatives aux majorats, et susceptibles d'être examinées au conseil du sceau des titres; il les charge des diligences nécessaires pour la transcription des lettres patentes sur le registre du conservateur des hypothèques, et celle de l'acte de constitution, procès-verbal de désignation, ou lettre d'investiture des biens composant les majorats de *propre mouvement.*

38. Les droits dus aux *avocats au Conseil d'Etat,* pour les affaires sur lesquelles le conseil du sceau est appelé à délibérer, sont fixés par un tarif annexé au déc. imp. du 4 déc. 1809, 252°. Bulletin des Lois, n°. 4839.

9°. *Des agens nommés pour la conserva-*tion *des biens affectés par Sa Majesté à la dotation des majorats.*

39. Un décret impérial du 4 mai 1809, transmis par l'Inst. gén. du 28 août suiv., n°. 448., établit des agens pour veiller à la conservation des biens affectés par Sa Majesté à la dotation des majorats dans les pays *hors* de l'Empire français.

40. D'après ce décret, l'administration de *l'enregistrement* et celle des forêts, remplissent les mêmes fonctions pour les dotations faites par l'Empereur *dans l'étendue* de l'Empire.

41. Les agens du conseil du sceau sont chargés, 1°. de surveiller la jouissance des titulaires, et d'informer M. le procureur général des mutations par décès; 2°. d'assurer, le cas de retour échéant, la reversion à la couronne, des biens dans leur intégrité.

42. Les agens n'ont pas le droit de s'immiscer dans la gestion et administration des biens dont les titulaires ont réellement la propriété; leur surveillance est en quelque sorte *morale,* et ils n'agissent que d'après les instructions ou ordres de M. le procureur général du conseil du sceau.

43. Ils dresseront à l'avenir un procès-verbal de prise de possession, contradictoirement avec le titulaire ou son fondé de pouvoir spécial sur la représentation de l'acte d'investiture qui demeurera annexé : ce procès-verbal sera transmis dans la quinzaine de la date au procureur général; ils surveillent le renouvellement du bail pour connaître s'il comprend l'intégrité des biens, s'il n'excède pas la durée des baux ordinaires, quels sont les deniers d'entrée : en cas de régie par le titulaire, ils en donnent avis à M. le procureur général, pour qu'il ne soit fait aucun changement dans la nature et consistance des propriétés; vérifient si l'aménagement des coupes de bois est observé, ou s'il y a eu autorisation suffisante. Dans les pays *étrangers*, les agens se concertent avec les agens diplomatiques pour empêcher l'aliénation; en *France,* ils informent M. le procureur général des contesta-

tions judiciaires, lorsqu'il s'agira de l'interprétation des clauses de l'acte d'institution relativement à l'étendue et à la valeur du majorat. A défaut de prise de possession dans l'année de l'investiture, la jouissance du titulaire est suspendue jusqu'à l'accomplissement de ces formalités; quarante jours avant l'expiration du délai, ils en donnent avis à M. le procureur général.

44. L'agent, s'il en reçoit l'ordre, notifie alors aux fermiers ou débiteurs l'obligation de verser entre ses mains, acquitte sur le produit les dépenses ordinaires d'entretien et de réparation, et remet le surplus au titulaire, lorsqu'après la prise de possession il lui rend compte.

45. Dans le cas où, par le décès du titulaire, il y a lieu au *retour* à la couronne, l'agent visite les propriétés, procède au récolement des mesures, fait constater les réparations à la charge de la succession, se met en possession des biens, en verse les revenus à la caisse du trésorier du sceau des titres.

46. L'agent tiendra un registre de recette sur lequel il inscrira, jour par jour, les sommes qu'il aura recouvrées; à l'expiration de chaque quinzaine, il enverra, *tant à M. le procureur général qu'à M. le trésorier du conseil du sceau*, un relevé de ce registre, suivi d'un bordereau de situation de caisse, énonçant les sommes envoyées au trésorier.

47. La correspondance avec ces magistrats aura lieu *directement*, l'intermédiaire de l'administration centrale n'étant nécessaire que dans les cas *imprévus et qui pourraient la concerner*.

48. Pour les défenses d'aliéner ou d'hypothéquer, d'enregistrer, de transcrire ou d'inscrire les actes d'aliénation ou d'hypothèque, par lesquels on voudrait grever les biens d'un majorat, on se réfère au statut du 1er. mars et à l'Inst. gén. du 12 janvier 1809, n°. 413, *sauf l'exécution de l'art. 52 de ce §.*

49. Les conservateurs doivent surveiller, en ce qui les concerne, l'exécution de la clause de retour pour les dotations faites par l'Empereur, avec condition de reversion dans le cas d'extinction de la descendance masculine et légitime pour les biens qui auraient pu être acquis en remploi. Art. 76 du second statut.

Il conviendra de consulter, pour le *retour éventuel* soit au domaine *extraordinaire*, soit au domaine *privé*, les art. 19 et 20 du décret du 3 mars 1810, n°. 5249; et, pour les recettes à faire dans certains cas, *par les agens conservateurs des biens affectés aux majorats*, les art. 17 et suiv., jusques et compris l'art. 27 d'un autre décret du 3 mars 1810, n°. 5250 Bullet. des Lois, n°. 270

Voyez aussi l'avis du Conseil d'Etat, du 30 janv. 1811, 349°. Bulletin, *sur la manière de pourvoir à l'administration et à l'emploi du revenu des majorats pendant la minorité des titulaires.*

ORGANISATION DE LA CONSERVATION DES HYPOTHÈQUES.

§. 16. *La conservation des hypothèques est remise à l'administration de l'enregistrement et des domaines.*

1. La loi du 21 ventose an 7 a remis la conservation des hypothèques à *l'administration de l'enregistrement et des domaines*, qui doit en confier l'exécution aux *receveurs*, dans les lieux et suivant les formes déterminés. Art. 1er.

2. L'administration est tenue de veiller à la pureté de la doctrine, à la régularité et à l'uniformité des opérations; de maintenir l'ordre dans la comptabilité et la manutention des conservateurs;

De donner des instructions dans le sens des lois sur le régime hypothécaire;

De provoquer, par l'intermédiaire du grand-juge et du ministre des finances, soit des décisions sur les difficultés générales, soit des décrets impériaux, des avis du Conseil d'Etat, sur des points réglementaires, et pour l'interprétation des lois, soit une nouvelle disposition législative lorsqu'elle est reconnue nécessaire, et de les transmettre aux conservateurs.

L'administration n'est chargée que de la doctrine et des instructions : *là se bornent ses attributions*. Les contestations auxquelles donnent lieu les formalités, *sont du ressort des tribunaux*. Art. 9 de la même loi. Art. 2156 du C. N.

§. 17. *Établissement des bureaux. Conservateurs : leur prestation de serment ; leur cautionnement.*

1. *Bureaux*. Il y a une conservation des hypothèques par chaque arrondissement communal.

Le bureau est placé dans la ville où siége le tribunal de première instance.

Dans le département de la Seine, il n'existe qu'un seul tribunal de première instance placé à Paris. Il a été établi, pour ce département, trois bureaux : l'un à Paris, l'autre à Sceaux, et le troisième à St.-Denis, chefs-lieux d'arrondissemens.

2. Les communes qui composent actuellement chaque conservation, sont désignées dans un tableau affiché dans le bureau et divisé en trois colonnes :

La première contient, par ordre alphabétique, le nom des communes de l'arrondissement ;

La seconde indique l'ancien arrondissement dont chacune d'elles faisait partie ;

Et la troisième fait connaître dans quel bureau de la nouvelle organisation hypothécaire, ont été déposés les registres des inscriptions et transcriptions antérieures à sa mise en activité, et relatives à chaque commune. Art. 39 de la même loi.

3. *Conservateurs ; commission ; prestation de serment*. M. le Conseiller d'État, directeur général de l'administration, nomme les conservateurs, et leur délivre une commission. Le receveur nommé conservateur, doit, avant d'entrer en exercice, faire enregistrer sa commission au greffe du tribunal de première instance du bureau de la conservation, et prêter le serment de remplir avec fidélité et exactitude, les *fonctions qui lui sont confiées. (Elles sont indiquées au* §. 19.)

4. L'acte de prestation de serment, rédigé sur du papier du timbre de dimension, est passible du droit d'enregistrement de 15 f. Art. 68, §. 6, n°. 4 de la loi du 22 frim. an 7. Les tribunaux ne peuvent admettre au serment que les préposés commissionnés par l'administration. Décis. du min. des fin., du 24 fruct. an 7. (Art. 295 du J.)

5. *Cautionnement en immeubles*. Le conservateur fournit en *immeubles* un cautionnement

De 20,000 f. pour une population de cinquante mille individus et au-dessous ;

De 30,000 f. pour une population de cinquante mille à cent mille individus ;

De 40,000 f. pour une population de cent mille à cent cinquante mille individus ;

De 50,000 f. pour une population de cent cinquante mille à deux cent mille individus et au-dessus ;

De 100,000 f. pour la commune de Paris.

Le passage d'un bureau dans un autre n'emporte pas l'obligation d'un nouveau cautionnement, sauf à fournir, s'il y a lieu, un supplément.

Il n'est dû pour l'enregistrement du cautionnement, que le *droit fixe de* 1 f.

6. Le conservateur est tenu de faire recevoir son cautionnement par le tribunal de première instance de *la situation des biens*, contradictoirement avec le procureur impérial près le même tribunal ; d'en justifier à l'administration dans le mois de l'enregistrement de sa commission ; de déposer dans le même délai, une expédition de la réception du cautionnement, au greffe du tribunal *dans l'arrondissement duquel il remplira ses fonctions*, et de faire de suite, et à ses frais, l'inscription du cautionnement : cette inscription, qui est indéfinie (art. 556 du J.), subsiste pendant toute la durée de la responsabilité du conservateur ; mais elle doit être *renouvelée avant l'expiration de chaque période décennale*. Inst. gén. du 8 août 1809, n°. 445.

7. Le cautionnement demeure spéciale-

ment et exclusivement affecté à la responsabilité du conservateur, pour les erreurs et omissions dont la loi le rend garant envers les parties, à raison des formalités hypothécaires.

8. L'affectation subsiste pendant toute la durée des fonctions, *et dix années après*. Le délai expiré, les biens servant de cautionnement sont affranchis, de plein droit, de toutes actions de recours qui n'auraient point été intentées dans cet intervalle.

9. Les directeurs tiennent un sommier des cautionnemens, pour s'assurer qu'ils ont été fournis, et qu'ils subsistent ainsi que le veut la loi. Les inspecteurs et vérificateurs sont spécialement chargés d'informer le directeur des irrégularités qu'ils remarqueraient, pour qu'il puisse provoquer, auprès de l'administration, les mesures nécessaires. M. le directeur général a fixé principalement leur attention sur le renouvellement décennal. Inst. gén. du 8 août 1809, n°. 445.

10. Lorsque la population de l'arrondissement est augmentée par des changemens survenus dans la division territoriale, par la réunion d'un canton ou d'une commune, les conservateurs doivent, s'il est nécessaire, *d'après les séries indiquées au n°*. 5, fournir un supplément de cautionnement et en justifier; mais l'augmentation résultant d'un recensement annuel, n'y donne pas lieu. Nomb. 13 de l'Instruct. gén. du 11 sept. 1806, n°. 516.

11. Les conservateurs doivent renouveler les inscriptions sur leurs cautionnemens et sur ceux de leurs prédécesseurs, avant l'expiration du délai décennal. Avis du Conseil d'État, du 18 avril 1809, approuvé par l'Empereur le 4 juin suiv. Inst. gén. du 8 août même année, n°. 445.

12. Dans le cas où un nouveau cautionnement, *substitué* à l'ancien dans tous ses effets, tant pour le *passé* que pour l'*avenir*, aura été reçu par le tribunal de *la situation des biens*, CONTRADICTOIREMENT avec *le procureur impérial*, et inscrit aux hypothèques, la radiation de l'inscription prise sur les biens affectés au premier, ne pourra être régulièrement effectuée qu'autant que le jugement qui l'ordonnera, aura acquis *la force de chose jugée* par sa signification, et l'expiration des délais de l'opposition et de l'appel. Il devra en être justifié à l'administration. Inst. gén. du 1er. juin 1811, n°. 526. —Voyez le §. 7.

13. Indépendamment du cautionnement EN IMMEUBLES, *affecté à la garantie de leur gestion*, les conservateurs fournissent, *comme receveurs des droits d'hypothèques*, un cautionnement *en numéraire*.

§. 18. *De l'empêchement des conservateurs et de leur remplacement. De la vacance des bureaux.*

1. En cas d'absence ou d'empêchement d'un conservateur, il est suppléé par le vérificateur ou l'inspecteur de l'enregistrement dans le département, et, à leur défaut, par le plus ancien surnuméraire du bureau.

2. Le conservateur est garant de cette gestion, sauf son recours contre ceux qui l'ont remplacé. Article 12 de la même loi.

3. S'il y a vacance d'un bureau, par mort ou autrement (le cas de démission excepté), les fonctions du conservateur sont provisoirement remplies par le vérificateur ou l'inspecteur de l'enregistrement, et, à leur défaut, par le plus ancien surnuméraire du bureau.

4. Ils demeurent responsables de leur gestion; mais l'administration doit pourvoir sur-le-champ à la place vacante. Art. 13 *idem*.

5. Nul conservateur démissionnaire ne peut quitter ses fonctions avant l'installation de son successeur, à peine de répondre de tous dommages et intérêts auxquels la vacance momentanée du bureau pourrait donner lieu. Art. 14 *idem*. Décis. du min. dés fin., du 16 flor. an 7. (Art. 142 du J.)

§. 19. *Fonctions et responsabilité des conservateurs.*

1. Les conservateurs sont chargés de l'exécution des formalités civiles, prescrites pour la conservation des hypothèques et

la consolidation des mutations de propriétés immobilières ;

De la perception des droits établis au profit du trésor public.

On ne s'occupera, dans ce §., que des *formalités*, et l'on renvoie au §. 21 pour les *droits d'hypothèques*.

Formalités.

On comprend sous cette dénomination ,

1°. La mention du dépôt des pièces ;

2°. L'inscription des priviléges et hypothèques, y compris l'inscription *d'office* et des changemens de domicile ;

3°. Les radiations d'inscriptions ;

4°. La transcription des actes de mutations ;

5°. La transcription des saisies immobilières ;

6°. L'enregistrement des dénonciations de saisie au saisi, et des notifications aux créanciers inscrits ;

7°. Les mentions sur le répertoire et sur la table ;

8°. La délivrance des états et certificats ;

9°. Les formalités spéciales pour les majorats.

2. A raison de ces diverses formalités, les conservateurs ont à remplir des obligations qui feront l'objet de ce §., en renvoyant , pour la tenue des registres, au §. 24.

3. *Mention du dépôt des pièces.* L'article 2200 du Code Napoléon , porte : « Les conservateurs seront tenus d'avoir un registre sur lequel ils inscriront, jour par jour, et par ordre numérique, les remises qui leur seront faites d'actes de mutation pour être transcrits, ou de bordereaux pour être inscrits ; ils donneront au requérant une reconnaissance sur papier timbré, qui rappellera le numéro du registre sur lequel la remise aura été inscrite, et ils ne pourront transcrire les actes de mutation ni inscrire les bordereaux sur les registres à ce destinés , qu'à la date et dans l'ordre des remises qui leur en auront été faites. »

La précision de cet article dispense de toute explication.

4. *Inscription.* Lorsque les mentions sont faites sur le registre de remises de pièces, s'il s'agit d'une *inscription*, le conservateur y procède, en faisant mention, sur son registre de formalité, du CONTENU *aux bordereaux.* Art. 2150. On a vu aux §§. 2 et 3, qu'il convient de transcrire ou copier entièrement le bordereau, pour n'omettre aucune des dispositions essentielles à la validité de l'inscription.

5. Chaque inscription doit avoir son numéro d'ordre ; elle porte une date en toutes lettres ; elle est signée à l'instant par le conservateur.

6. Comme il doit être ouvert à chaque grevé, une case particulière sur le répertoire , il faut , en marge de l'inscription , mentionner autant d'articles qu'il y a d'individus grevés.

7. Les noms patronimiques doivent être écrits en grosses lettres pour faciliter la formation du répertoire.

8. L'indication des biens frappés d'hypothèque dans les contrats *postérieurs* à la loi du 11 brum. an 7, est *indispensable.* Sans cette énonciation , la formalité ne pourrait être donnée.

9. Il convient de préciser le privilége lorsque le bordereau l'énonce.

10. Le bordereau qui reste entre les mains du conservateur, reçoit le numéro de l'inscription et celui du registre ; il est ensuite classé suivant son ordre , dans des cartons à ce destinés. Il doit être soigneusement conservé.

11. Le certificat du conservateur, au pied ou à la marge du bordereau rendu à la partie , est ainsi conçu :

Inscrit le (la date en toutes lettres), *au bureau de la conservation des hypothèques d* . Volume , article .
Reçu, 1°. pour droit d'hypothèque ;
2°. pour salaire ; 3°. pour timbre du registre .

12. *Inscription d'office.* Le conservateur est tenu de faire *cette inscription* , quoique le contrat de vente *transcrit*, ne contienne

pas *élection de domicile dans l'arrondisse-ment*, et lors même qu'*au pied de l'expé-dition du titre*, il existerait une *quittance* sous seing-privé, la signature et la libéra-tion n'étant point, dans ce dernier cas, au-thentiquement reconnues. Inst. gén. du 18 mai 1811, n°. 521. — Voyez le §. 4.

13. *Changemens de domicile*. Si la déclaration en est faite par un fondé de pouvoir, il faut indiquer son nom, celui du créancier, la date de la procuration, et le notaire qui l'a reçue. Les actes doivent être légalisés lorsque la loi l'exige. Le conser-vateur retient ces actes en brevet ou expé-dition, et les classe avec le bordereau d'a-près lequel l'inscription a été faite dans l'o-rigine. Cette déclaration est annotée sur le répertoire.

14. *Radiations*. Les radiations d'inscrip-tions sont *totales* ou *partielles* : ces dernières se subdivisent, et peuvent avoir pour objet, 1°. de réduire *le montant* de la créance hypo-thécaire ; 2°. de dégrever *un* ou *plusieurs im-meubles*, en laissant subsister l'effet de l'ins-cription sur les *autres* ; de dégrever un ou quelques-uns des *individus* dont le bien était affecté. Le conservateur doit se ren-fermer dans les dispositions de l'acte de con-sentement authentique à la radiation ou du jugement. — Voyez, pour les précautions à prendre, le §. 7.—Un arrêt de la cour de cas-sation, du 12 fév. 1811, a décidé que la fem-me, valablement obligée envers *un tiers*, peut, avec l'*autorisation de son mari*, con-sentir la radiation de l'inscription *prise en sa faveur*, lorsque la main-levée est une suite né-cessaire de l'*obligation qu'elle a contractée*.

15. *Transcription*. La transcription de l'acte de mutation doit être littérale et faite sur l'expédition de l'acte. Art. 2181 du C. N. Elle est signée par le conservateur, da-tée en toutes lettres, et émargée des numé-ros du volume et de l'article du répertoire.

La relation porte : *Transcrit*, etc. (com-me au nomb. 11.)

16. S'il y a lieu à l'inscription d'office, on indique qu'elle a été faite. Le prix est porté en chiffre à la marge gauche, vis-à-vis la disposition qui l'énonce. — Voyez le §. 9 pour les transcriptions de contrats d'é-change ou de biens indivis.

17. Nous avons dit, n°. 34 du §. 9, que, *pour purger les hypothèques*, l'acte devait contenir les mutations *antérieures* non *transcrites*, sans quoi il était obligatoire de transcrire *chaque contrat*.

18. Cette opinion a été récemment con-firmée par un arrêt de la cour de cassation, du 17 octobre 1810, rendu dans une espèce régie par l'édit de 1771, mais qui fixe, à plus forte raison, la jurisprudence sous l'empire du Code qui a établi *la spécialité et la publicité des hypothèques*.

La Cour a reconnu que, lorsque *le der-nier contrat fait une mention exacte de la filiation de toutes les précédentes ventes ou mutations, et indique tous ces divers actes, avec les noms et prénoms des précédens pro-priétaires*, ce mode, plus simple, plus ex-péditif, *atteint le même but que les lettres de ratification ou la transcription de cha-que contrat, dans l'intérêt des acquéreurs, comme dans celui des créanciers*, puisque les recherches à faire par le conservateur se font facilement, et que les charges hy-pothécaires sont constatées par la délivran-ce des états et certificats.

19. On se réfère aux §§. 11, 12, 13, 14 et 15, pour les formalités relatives aux *sai-sies immobilières*, aux *faillites*, aux *comp-tables*, au *recouvrement des frais de jus-tice* et aux *majorats*.

20. *Mentions sur le répertoire et sur la table*. Au moment de l'accomplissement des formalités hypothécaires, le conserva-teur doit porter par extrait, sur le répertoi-re, sous le nom de chaque grevé désigné dans les bordereaux de créances, et de cha-que vendeur ou acquéreur dénommé dans les actes de mutation transcrits dans le bu-reau, les inscriptions, déclarations de chan-gement de domicile et radiations, les trans-criptions et autres actes concernant le mê-me individu, en indiquant le numéro du volume

volume et celui de l'article du registre de formalité. Il est ouvert une case pour chaque individu, lors même qu'il s'agirait de co-héritiers, *époux* ou *co-débiteurs*. Les femmes y sont portées sous leur nom *patronimique*. Le répertoire doit toujours être *à la date courante* : ce n'est que par sa tenue exacte que le conservateur peut satisfaire à l'article 2196 du Code Napoléon, qui l'oblige de délivrer, à toutes réquisitions, copie des actes transcrits sur ses registres, et celle des inscriptions subsistantes, ou le certificat qu'il n'en existe aucune. Il importe donc essentiellement au public et au conservateur, qu'il n'y ait ni erreur, ni omission, ni retard dans la formation du répertoire. Pour faciliter les recherches, il doit exister, dans chaque bureau de conservation, une table alphabétique dans laquelle on inscrit le nom placé en tête de chaque case du répertoire, et le numéro du volume et de la case. — Voyez, pour la forme et la tenue du répertoire et de la table, le §. 24.

États et certificats.

21. *Délivrance des états et certificats.* On a fait connaître, §. 10, que, pour la *publicité* des registres des hypothèques, les conservateurs sont tenus de délivrer, à tous ceux qui le requièrent, *copie* des actes transcrits sur leurs registres, et *celle* des inscriptions *subsistantes*, ou certificat qu'il n'en existe aucune. On va indiquer la nature des divers états et certificats.

22. *Certificat de radiation.* Si elle est absolue, le conservateur certifie que l'inscription faite à la requête du créancier *désigné*, le tel jour, vol. ..., art. ..., contre un grevé *dénommé*, a été rayée le ... des registres à ce destinés, en conséquence d'un titre rapporté et déposé au bureau, et que l'inscription ne subsiste plus sur les registres. Avant de délivrer ce certificat, il faut vérifier, avec le plus grand soin, si les conditions prescrites par les art. 2157 et 2158 du C. N. ont été remplies. — Voyez le §. 7.

23. *Extrait du registre ou copie d'une* seule *inscription demandée par le créan-*

cier qui a égaré son bordereau, ou tout autre requérant. Cet *extrait du registre* diffère de l'*état des inscriptions*, qui doit comprendre *toutes* celles subsistantes sur un grevé, sur un immeuble désigné ou aliéné.

24. *Certificat indéfini de non inscription hypothécaire.* On y atteste qu'il n'existe aucune inscription sur tous les immeubles d'un propriétaire, situés dans l'arrondissement de la conservation, ou seulement sur un immeuble désigné.

25. *Certificat de non inscription sur la vente d'un immeuble.* Il est spécial pour l'immeuble vendu, et se délivre après la transcription hypothécaire du contrat.

26. *État d'inscriptions hypothécaires individuelles.* Il doit comprendre toutes les inscriptions prises contre un individu désigné, et subsistantes sur tous les immeubles qui lui appartiennent dans l'arrondissement du bureau. Les inscriptions copiées littéralement, sont mises à la suite les unes des autres, par ordre de dates et de numéros.

27. *État d'inscriptions sur vente d'immeubles, après la transcription.* Il doit contenir toutes les inscriptions qui grèvent l'immeuble, soit par hypothèque *spéciale*, soit parce que l'hypothèque est *légale*, *judiciaire*, soit, enfin, parce que l'inscription a été prise pour une créance antérieure à la loi du 11 brumaire an 7, et jouissant de l'hypothèque générale. Il faut donc comprendre dans cet état, les inscriptions subsistantes sur les précédens propriétaires, dénommés dans le contrat transcrit, et sur le vendeur actuel, en remontant soit aux lettres de ratification, soit à la transcription hypothécaire, d'après lesquels la propriété aurait été purgée par l'accomplissement de toutes les formalités prescrites par l'édit de juin 1771, ou par les lois alors en vigueur dans divers pays, ou par le C. N.

28. *État d'inscription sur un immeuble désigné et non aliéné, et demandé contre un grevé dénommé.* Il doit présenter toutes les inscriptions qui affectent l'immeuble spécialement ou pour hypothèque légale,

49

judiciaire, ou générale antérieure à la loi du 11 brumaire an 7.

29. *Copies collationnées des actes déposés, transcrits ou enregistrés dans les bureaux des hypothèques.*

30. *Certificat de non transcription des actes de mutation.*

31. *Certificat de refus de transcription de saisie immobilière.*

32. *Certificat de radiation de la saisie.*

33. Les conservateurs doivent coter chaque feuillet, parapher le bas de chaque page des états et certificats, pour qu'il ne puisse y être fait ni changement, ni addition, et indiquer dans la clôture, le nombre des inscriptions qui y sont contenues. Circ. de l'adm., des 26 pluv. et 3 germ. an 8, n°s. 1769 et 1791. — V. le §. 23 *pour les salaires.*

Inscriptions à rejeter des états.

34. On rejette des états, 1°. les inscriptions prises en vertu d'un titre postérieur au contrat de vente; 2°. celles faites pour hypothèques *conventionnelles,* quinzaine après la transcription du contrat; pour les hypothèques des femmes et des mineurs, deux mois après l'affiche au tableau dans l'auditoire, et les notifications prescrites par l'art. 2194 du C. N.; pour le privilége et l'hypothèque du trésor sur les biens des comptables, si la production du certificat de situation du comptable, au greffe du tribunal de l'arrondissement des immeubles vendus, n'a pas été faite dans les trois mois de la notification faite conformément à l'art. 2183 du C. N. Art. 9 de la loi du 5 septemb. 1807. Les inscriptions dont l'hypothèque *limitée et spéciale* N'ATTEINT *point l'immeuble vendu.*

États : inscriptions périmées.

35. Les états d'inscriptions ne doivent pas comprendre les inscriptions qui seraient *périmées,* faute d'avoir été renouvelées *dans la période décennale.* Art. 2154 du C. N. Jugement du tribunal de première instance de Paris, du 6 juin 1810. Il s'agissait d'un état délivré sur vente d'immeubles acquis pour le gouvernement français, stipulant par M. le comte de Montalivet, ministre de l'intérieur. Le ministre demandait que deux inscriptions *périmées* fussent rejetées de l'état : le conservateur s'y était refusé.

Le tribunal a ordonné le rejet de ces inscriptions, comme étant *annullées par la loi.*

36. Les parties, pour ne laisser aucune incertitude sur les inscriptions *périmées* et les inscriptions *renouvelées,* doivent donc rappeler, dans les bordereaux, le *volume,* la *date* et le *numéro* de l'inscription qu'elles entendent renouveler ; les conservateurs sont tenus de faire les mentions nécessaires EN MARGE *de l'une et l'autre inscriptions.*

Différence entre le tableau et l'état des inscriptions.

37. Le tableau sur trois colonnes, indiquant, 1°. la date des hypothèques et celle des inscriptions, 2°. le nom des créanciers, 3°. le montant des créances inscrites, n'est prescrit par l'art. 2183 du C. N., que pour donner aux acquéreurs la faculté de purger, et aux créanciers le droit de faire mettre l'immeuble aux enchères, s'il n'est pas porté à sa valeur. Ce tableau est l'ouvrage de la partie, de son avoué ou de son huissier. Il ne peut être fait qu'au vu de l'état délivré par le conservateur, qui en diffère totalement, *puisque celui-ci est la copie des inscriptions.* Les conservateurs sont tenus de délivrer l'état, mais non le tableau des inscriptions. Lett. du grand-juge minist. de la just., du 12 mai 1810, et du min. des fin., du 29 du même mois.

État des inscriptions qui greveraient un conservateur.

38. *Les conservateurs des hypothèques ne peuvent délivrer ni des états d'inscriptions, ni des certificats de non inscription sur eux-mêmes.* Ainsi jugé par le tribunal civil de Sainte-Ménéhould, le 9 août 1809, sur le motif que l'art. 12 de la loi du 21 vent. an 7, qui indique comment le conservateur doit être suppléé en cas d'*empêchement,* s'applique aussi bien aux empêchemens moraux qu'aux empêchemens physiques; que l'on ne peut distinguer où la loi

ne distingue pas, et que, si cet article ne porte pas l'*exclusion prononcée contre les conservateurs par l'art.* 242 *de la loi du* 9 *messidor an* 5, c'est que cette exclusion est de droit *naturel*, et semblable à celle qui ne permet pas qu'un juge prononce dans sa propre cause; d'où il suit que le certificat est nul, comme délivré par personne incapable.

La cour d'appel de Paris a confirmé ce jugement par un arrêt du 22 janv. 1810.

Jours où les bureaux doivent être fermés.

39. Les bureaux des conservateurs doivent être fermés, pour tout le monde, *les dimanches et fêtes.* Les fêtes conservées, *outre le dimanche*, sont l'*Ascension*, l'*Assomption*, la *Toussaint* et *Noël.* On doit y ajouter le 1er. *janvier*, d'après un avis du Conseil d'Etat, du 13 mars 1810, approuvé par l'Empereur le 20 du même mois, inséré au 278e. Bulletin des Lois, sous le n°. 5314. Déc. du grand-juge minist. de la just. et du min. des fin., des 22 déc. 1807, 29 juillet 1808, et 24 juillet 1810. Inst. gén. des 11 janv. 1808, 6 juin 1809, et 10 déc. 1810, n°s. 362, 433 et 499. Cet ordre, qui tend à éviter tous les inconvéniens qui pourraient résulter des transcriptions et inscriptions que l'on contesterait sous prétexte de faveur, doit être strictement exécuté. Pour s'assurer de l'exactitude des conservateurs à s'y conformer, les arrêtés *signés d'eux* sur les registres, doivent, *pour les dimanches ou fêtes conservées*, présenter, indépendamment de la date, la désignation du jour.

Responsabilité des conservateurs, à raison des formalités hypothécaires.

40. La responsabilité des conservateurs, embrasse à-la-fois la tenue des registres de formalité, et la délivrance des états, extraits ou certificats.

Elle est clairement déterminée par les art. 2196, 2197, 2198, 2199, 2200, 2201, 2202 et 2203 du C. N.

On aura à consulter, pour ce qui concerne les *états*, *extraits* ou *certificats*, les §§. 10 et 23; pour la tenue des *registres de formalité*, le §. 24.

41. Les irrégularités qui pourraient exister sur les registres de *formalité*, seraient *personnelles* aux conservateurs qui les auraient faites. On ne peut ni ne doit changer, modifier ni altérer, en aucune manière, les inscriptions, radiations, transcriptions, et, en général, aucun enregistrement consigné dans ces registres. Ce sont des dépôts publics qui doivent être conservés intacts, et avec autant de soin que les registres de l'état civil, pour la sûreté des transactions sociales, l'intérêt des créanciers et des propriétaires.

42. Les conservateurs qui auraient commis des erreurs dans le contexte des inscriptions ou des transcriptions, ne pourraient alléger leur responsabilité que *pour l'avenir*, par une *nouvelle* inscription ou transcription faite *régulièrement* à la date *courante.*

43. Avis du Conseil d'Etat, du 11 déc. 1810, approuvé par l'Empereur le 26 du même mois, inséré au 558e. Bulletin des Lois, sous le n°. 6306, transmis par l'Inst. gén. du 22 janv. 1811 :

« Considérant qu'une transcription inexacte des bordereaux remis au conservateur des hypothèques par un créancier requérant inscription, donne à celui-ci, s'il en a souffert quelque préjudice, une action en garantie contre le conservateur ; mais qu'à l'égard des tiers, la valeur de l'inscription se réduit à ce qui a été transcrit sur le registre, parce que ce registre est la seule pièce que les intéressés soient appelés à consulter, et que le créancier qui a requis l'inscription, a plus spécialement à s'imputer de n'avoir pas veillé à ce que la transcription fût exacte ;

» Que, du reste, au moment même où l'on découvre soit des erreurs, soit des irrégularités dans la transcription faite au registre du conservateur, il doit, sans doute, y avoir des moyens pour empêcher que les effets de l'erreur ne se prolongent; mais que, sans recourir à l'autorité des tribunaux, lesquels ne pourraient autoriser à faire sur des registres publics des corrections qui léseraient des droits antérieurement acquis à des tiers, le conservateur n'a qu'une voie légitime d'opérer la rectification, en portant sur ses registres, et seulement à la date courante, une nouvelle inscription, ou seconde transcription plus conforme aux bordereaux remis par les créanciers;

» Qu'en cet état, néanmoins, et pour obvier à tout double emploi, la seconde transcription constituant la nouvelle inscription, doit être accompagnée d'une note relatant la première inscription qu'elle a pour but de rectifier, et que le conservateur doit donner aux parties requérantes des extraits tant de la première que de la deuxième inscription,

» Est d'avis qu'au moyen de ces explications, il n'y a pas lieu de recourir à une autorisation solennelle, ni de faire intervenir l'autorité judiciaire en chaque affaire où il écherra de rectifier une inscription fautive, et que le présent avis soit inséré au Bulletin des Lois. »

L'Instruction de M. le directeur général, porte : « Les conservateurs profiteront de cet avis pour rectifier les enregistremens fautifs, par de nouveaux enregistremens qui seront à leur charge; et il importe à leur responsabilité de le faire promptement. Ils feront les annotations nécessaires en marge des uns et des autres.

» L'obligation, qui leur est imposée, de donner aux requérans des extraits tant de la première que de la deuxième inscription, prouve que la seconde qui rectifie, se lie à la première qui était à rectifier; qu'ensemble elles ne font qu'une inscription dont la durée part toujours de la première date, et ne peut être prolongée par celle de la seconde, et qu'il n'y a ni nouveau droit à faire payer, ni double salaire à exiger, dans aucun tems, des parties requérantes. Il est à observer, cependant, quant au droit seulement, que, si le premier enregistrement portait une somme inférieure à celle qui aurait dû y être exprimée, le conservateur aurait à se charger en recette du supplément, sauf son recours, s'il y avait lieu.

» L'avis reconnaît que le registre est la seule pièce que les intéressés soient appelés à consulter. C'est un motif de plus pour les conservateurs, de faire leurs enregistremens avec la plus grande exactitude. »

44. Les conservateurs sont tenus de rectifier sur le *répertoire* et sur la *table alphabétique*, les omissions ou erreurs matérielles commises par eux ou leurs prédécesseurs; c'est à eux à s'assurer de l'exactitude des répertoires, en les rapprochant des registres de formalité et par une collation fidèle. Il est donc de leur intérêt de la faire, puisqu'en cas d'omission d'une ou plusieurs inscriptions dans leurs états ou certificats, ils en seraient déclarés responsables, sauf leur recours contre leurs prédécesseurs. Sol. de l'adm., du 15 therm. an 9.

45. Une inscription indiquant que la créance est *exigible*, a été déclarée valable par arrêt de la cour d'appel de Rouen, du 11 juin 1810; par deux arrêts de la cour d'appel de Riom, des 15 janv. et 21 fév. de la même année, et par un autre arrêt de la cour d'appel de Nîmes, du 25 déc. 1810. Ces cours ont pensé que le mot *exigible* fait assez connaître que la créance est payable *sans aucun délai*. Leurs arrêts pourraient servir à des conservateurs, pour repousser des demandes formées contre eux pour des cas auxquels ces arrêts s'appliqueraient.

46. Les conservateurs ne peuvent refuser de mentionner, à la marge des anciens registres d'opposition au sceau des lettres de ratifications, les main-levées prononcées en justice ou consenties par acte authentique, ni de délivrer des certificats de ces main-levées. (Art. 2657 du J.) Au reste, les opposans n'ont pu conserver leurs hypothèques que par des inscriptions. Arrêt de la cour de cassation, du 13 déc. 1808. (Art. 2709 et 5123 du J.)

Responsabilité des conservateurs envers l'administration.

47. Chaque conservateur doit tenir un re-

gistre-journal des salaires, et le placard qui en contient le tarif, doit demeurer affiché dans le bureau. Circ. du 7 juin 1809. Inst. gén. du 16 oct. 1810, n°. 494. (Art. 3255 du J.)

48. Un conservateur a été déclaré responsable d'un supplément de droit de transcription, pour une erreur matérielle, par suite de l'Inst. gén. du 11 déc. 1806, n°. 516. — Voyez le §. 22, nomb. 2.

§. 20. *Domicile des conservateurs : comment s'instruit le contentieux judiciaire.*

1. Les conservateurs, pour les actions auxquelles leur responsabilité pourrait donner lieu, *ont domicile dans le bureau où ils remplissent leurs fonctions.* Ce domicile est de droit : il dure aussi long-tems que la responsabilité; *toutes poursuites, à cet égard, peuvent y être dirigées contre eux, quand même ils seraient* SORTIS DE PLACE, OU CONTRE LEUR AYANT-CAUSE. Art. 9 de la loi du 21 vent. an 9.

3. Ainsi, c'est le tribunal de première instance du bureau de la conservation, qui statue sur les instances qui s'élèvent entre le conservateur et les parties, sauf néanmoins l'appel, lorsqu'il y a lieu.

5. On a été incertain sur la forme de procédure que les conservateurs doivent suivre pour les défenses qu'ils ont à fournir, lorsque, dans l'exercice de leurs fonctions, à raison des formalités hypothécaires, les parties intentent contre eux des actions que l'intérêt public ou celui des tiers leur fait souvent un devoir de soutenir en justice; et l'on a demandé s'ils sont soumis aux règles prescrites pour les instances engagées entre particuliers, ou si le mode déterminé par la loi du 22 frimaire au 7, doit, à leur égard, recevoir son application.

Le grand-juge, ministre de la justice, consulté à cet égard, s'est expliqué en ces termes :

« La conservation des hypothèques est remise par la loi à *l'administration de l'enregistrement et des domaines*, qui en confie *l'exécution* à ses préposés; en rendant les conservateurs immédiatement responsables de leurs faits, le législateur a voulu que l'intérêt personnel les obligeât d'apporter à leur travail la même vigilance que pour leurs propres affaires, et que le trésor public fût affranchi de toute garantie qui pourrait résulter de l'inexactitude ou de l'erreur des préposés; mais cette délégation par l'administration aux conservateurs, et la responsabilité qui en résulte, ne peuvent les placer dans la classe d'agens particuliers et *indépendans*.

» *Exerçant au nom de l'administration, qui conserve la principale direction de cette partie*, et opérant d'après *ses instructions*, ils doivent être considérés comme officiers publics pour l'accomplissement des formalités hypothécaires, ainsi que pour le recouvrement des droits, et, sous l'un et l'autre rapport, jouir du mode de procéder dont des lois spéciales accordent le privilége en matière d'enregistrement.

» Il faut néanmoins distinguer, à cet égard, entre les actions que les conservateurs soutiennent *pour l'intérêt de la loi ou le maintien des droits des tiers*, et les poursuites auxquelles ils sont sujets, *à raison d'omissions ou d'erreurs commises dans l'exercice de leur emploi.*

» Dans le premier cas, lors, par exemple, qu'ils se refusent à une radiation pour conserver les droits des mineurs, des femmes et autres personnes que la loi a voulu assurer par cette institution, l'équité réclame, et le bien du service exige qu'ils puissent procéder comme préposés de l'administration, et qu'ils ne soient tenus simplement que de remettre au tribunal, et de signifier, à la partie, un mémoire expositif des motifs de leur refus, pour être statué sur les conclusions du ministère public.

» Cependant, aucun moyen de lever les difficultés de suite et sans procès, ne devant être négligé, les conservateurs ne peuvent se dispenser de comparaître en personne, lorsqu'ils sont appelés en référé, sauf à agir devant le tribunal, si, par cette voie, la contestation ne peut se terminer.

» Les considérations présentées pour les

conservateurs, lorsqu'il est question d'objets généraux de leurs fonctions, n'existent pas quand ces préposés sont poursuivis en paiement de dommages et intérêts pour erreur ou omission; il s'agit alors d'un fait qui leur est personnel, et des suites duquel ils sont *seuls* responsables; l'action intentée est *étrangère à l'*ADMINISTRATION, et l'affaire rentre dans la classe des contestations ordinaires, pour lesquelles les formes établies par le Code de Procédure civile, doivent être observées. »

D'après ces motifs, le grand-juge ministre de la justice et le ministre des finances, ont rendu de concert, le 2 janv. 1808, la décision ci-après :

« 1°. Un conservateur des hypothèques devant être considéré comme revêtu d'un caractère public, doit être admis à jouir du mode de procéder dont les lois accordent le privilége à l'administration de l'enregistrement, puisqu'il est son préposé, et qu'il est censé agir d'après ses instructions

» 2°. Le conservateur doit néanmoins se présenter toujours en personne dans *les référés*, parce que c'est souvent le moyen de prévenir les procès par les explications positives des parties.

» 3°. On doit distinguer les cas où le conservateur sera cité pour objets généraux de ses fonctions, de ceux où il le serait pour omissions purement personnelles : dans les premiers, il doit jouir du mode de procéder établi pour l'administration qu'il représente, et dans les seconds il doit se servir des formes prescrites entre particuliers. » Inst. gén. du 11 janv. 1808, n°. 362.

4. Les poursuites pour le recouvrement des droits d'hypothèque, lorsque les formalités ont été données en débet, se suivent après un avertissement, par voie de contrainte et sommairement s'il y a opposition à la contrainte, comme en matière d'enregistrement. Art. 24 de la loi du 21 vent. an 7.

5. L'action en validité d'une inscription hypothécaire, même en matière de succession vacante, doit être portée devant le tribunal de première instance de l'arrondissement du bureau de conservation des hypothèques, où l'inscription a été faite, et non devant celui de l'ouverture de la succession. Arrêt de la cour de cassation, du 17 déc. 1807. (Art. 2805 du J.)

6. Un conservateur, à raison de ses fonctions, ne peut être cité que devant le tribunal de la conservation des hypothèques où la formalité a été donnée. (Art. 1363 du J.)

7. « Les actions auxquelles les inscriptions peuvent donner lieu contre les créanciers, seront intentées devant le tribunal compétent, par exploits faits à leur personne, ou au dernier des domiciles élus sur le registre; et ce, nonobstant le décès soit des créanciers, soit de ceux chez lesquels ils auront fait élection de domicile. » Art. 2156 du C. N.

§. 21. *Des droits perçus au profit du trésor public, pour les inscriptions et pour les transcriptions.*

Droit d'inscription.

1. Le *droit d'inscription* des créances hypothécaires, est, 1°. de 1 pour 2,000 du capital de chaque créance hypothécaire, *antérieure* soit à la promulgation de la loi du 11 brumaire an 7, pour les départemens composés de l'ancien territoire français, soit à la mise en activité du régime hypothécaire, pour les pays réunis depuis à la France; 2°. de 1 pour 1,000 du capital des créances *postérieures* à cette époque. Art. 20 de la loi du 21 vent. an 7.

La perception du droit d'*inscription*, suit les sommes et valeurs dans toutes leurs fractions, sauf la perception du centime en entier lorsqu'il est entamé. Circ. de l'adm., du 28 frim. an 7, n°. 1454. (Art. 1340 et 1616 du J.)

2. Il n'est payé qu'un seul droit d'inscription pour chaque créance, quelque soit d'ailleurs le nombre des créanciers requérans ou celui des débiteurs grevés. Art. 21 de la loi du 21 ventôse.

3. S'il y a lieu à inscription d'une même créance dans plusieurs bureaux, le droit

est acquitté en *totalité* dans le *premier* bureau; il n'est payé pour chacune des *autres* inscriptions, que *le simple salaire du conservateur,* sur la représentation de la quittance constatant le paiement entier du droit lors de la première inscription.

Le conservateur des hypothèques du premier bureau, est tenu, à cet effet, de délivrer, à celui qui paie le droit, indépendamment de la quittance au pied du bordereau d'inscription, autant de *duplicata* de cette quittance qu'il lui en est demandé, moyennant 25 c. pour chaque *duplicata,* outre le papier timbré. Art. 32 de la loi de ventose. Déc. du 21 sept. 1810, nomb. 10 du tarif. Inst. gén. du 16 oct. 1810, n°. 494.

4. L'avance du droit d'inscription (qui est à la charge du débiteur, s'il n'y a stipulation contraire) est faite *par l'inscrivant.* Art. 2155 du C. N.

5. Toutefois, l'inscription des créances appartenant à l'Etat; celle des hypothèques légales des communes et des établissemens publics sur les biens de *leurs receveur et administrateurs comptables;* celle des mineurs, des interdits, sur leurs tuteurs; des femmes mariées, sur leurs époux, se font sans avance du droit d'hypothèque et des salaires du conservateur, pour lesquels il a son recours contre le débiteur grevé. Art. 2153 et 2155 du C. N.

6. Dans le cas prévu par le nombre précédent, le conservateur est tenu, 1°. d'énoncer, tant sur les registres que sur le bordereau à remettre au requérant, que les droits et salaires sont dus; 2°. d'en poursuivre le recouvrement sur les débiteurs dans les vingt jours après la date de l'inscription, en suivant les formes établies pour le recouvrement des droits d'enregistrement. Art. 24 de la loi de ventose.

7. Le renouvellement d'une inscription qui a acquitté le droit proportionnel, en est lui-même passible, soit qu'il y ait novation à l'égard des grevés, soit qu'une hypothèque générale soit remplacée par une spéciale, soit que la durée de l'inscription primitive soit prolongée par une subséquente. Il n'y a d'exception que relativement aux inscriptions prises par les conservateurs, *pour rectifier des irrégularités qu'ils auraient commises,* la seconde se rattachant à la première dont elle ne prolonge pas la durée. Le droit proportionnel ne serait dû qu'en cas où la nouvelle inscription constaterait un excédant de créance. Inst. gén. du 21 janv. 1811, n°. 505. (Art. 664 et 1341 du J.)

8. Le droit proportionnel est dû toutes les fois que l'inscription frappe sur *d'autres* immeubles que ceux désignés dans une précédente inscription, quoique faite le même jour. Il est aussi dû pour chaque renouvellement à l'expiration du délai décennal ou *antérieurement,* à l'exception de l'inscription pour hypothèque *légale* qui continue d'être indéfinie si le droit n'a pas été converti en créance réelle et existante. Nomb. 5 de l'Inst. gén. du 11 sept. 1806, n°. 316.

9. Le droit *proportionnel* n'est pas dû, mais seulement le salaire de 50 c. pour la déclaration de changement de domicile, mise en marge de l'inscription, d'après le dépôt de l'acte de cession et celui de la procuration, s'il y a fondé de pouvoirs. Nomb. 4 du tarif du 21 sept. 1810. (Art. 1521 du J.)

10. Toute inscription indéfinie sur les comptables sujets à un cautionnement en immeuble, ne donne lieu qu'au salaire du conservateur, au timbre du bordereau et du registre; le droit *proportionnel* ne serait exigible que pour le reliquat ou débet constaté par un compte ou un bordereau; en un mot, quand la créance devient réelle et jusqu'à la concurrence de la valeur de l'immeuble affecté au cautionnement, si le débet égale cette valeur. Le recouvrement s'en poursuivrait contre le grevé. Circ. du 1er. brum. an 8, n°. 1676. (Art. 1523 et 1783 du J.)

11. Les art. 2153 et 2155 du C. N., ne dispensent plus de l'avance des droits que les inscriptions des hypothèques légales; ainsi, pour les inscriptions en faveur des

hospices, communes, fabriques et *autres établissemens publics,* les droits et salaires doivent être avancés par les requérans, et il n'y a d'exceptées que celles sur les *receveur et administrateurs comptables de ces établissemens*, lesquelles sont légales et doivent être faites sans aucune avance, sauf au conservateur à recouvrer sur les grevés. (Art. 1519 et 2088 du J.)

12. Les fabriques doivent rembourser les avances faites pour l'inscription des créances qui leur ont été restituées, parce que le renvoi en possession ayant fait cesser la régie pour le compte de l'État, elles ont dû payer les frais occasionnés par les actes conservatoires. Inst. gén. du 5 pluv. an 13, n°. 274. (Art. 1889 et 2926 du J.)

13. Quant aux acquéreurs par transferts de rentes nationales, comme l'état a dû leur remettre les titres et les actes conservatoires assurant la propriété, il n'y a pas lieu au remboursement des droits d'inscription antérieurs à l'aliénation, sauf le recouvrement sur les grevés. (Art. 2926 du J.)

14. Les inscriptions pour le trésor public et le domaine, continuent de se faire sans avance des droits ni salaire ; lorsqu'elles sont nécessaires pour le recouvrement des droits et amendes, les expéditions ou extraits doivent être enregistrés et timbrés en débet. Nomb. 2 de l'Inst. gén. du 11 sept. 1806, n°. 316.

15. La formalité est donnée aussi en débet pour les inscriptions relatives au recouvrement des amendes de conscription et de désertion des troupes de terre, ainsi que pour les frais y relatifs, et sauf le recouvrement sur les condamnés. Les bordereaux doivent aussi être visés pour timbre en débet. Circ. des 5 juillet 1808 et 25 fév. 1811.

16. L'inscription par un *vendeur*, pour sureté du prix et de ses droits, lorsque le contrat n'a pas été transcrit, est passible du droit *proportionnel* d'hypothèque. Celle prise par un *acquéreur*, pour garantie de la restitution du prix de vente, en cas d'éviction, est indéfinie, et n'est passible que du

salaire du conservateur et du remboursement du timbre, sauf la perception du droit *proportionnel* en cas de réalisation de la créance. Inst. gén. du 13 août 1810, n°. 487.

17. La subrogation dans l'effet d'une inscription d'office, n'est pas plus passible du droit *proportionnel* que l'inscription d'office qui ne le doit pas. (Art. 2168 du J.)

18. Sont indéfinies, et comme telles passibles seulement du timbre des bordereaux et des registres, ainsi que du salaire du conservateur, les inscriptions prises par l'administration des droits réunis, sur les immeubles affectés au cautionnement de ses préposés pour sureté de leur gestion, sauf à percevoir le droit *proportionnel* en cas de débet constaté. Inst. gén. du 17 juin 1808, n°. 555.

19. Le renouvellement des inscriptions antérieures à la loi du 11 brum. an 7, n'est passible que du droit de 1 f. pour 2,000 f. Déc. du grand-juge et du min. des fin. des 31 mars et 11 avril 1809. Inst. gén. du 6 juin 1809, n°. 433.

20. Le droit proportionnel d'inscription est dû lorsqu'on inscrit des dispositions entre-vifs ou testamentaires, à la charge de restitution de sommes colloquées avec privilége sur des immeubles. Art. 1069 du C. N. Inst. gén. du 26 niv. an 12, n°. 196.

21. Les inscriptions qui seraient prises pour sureté des rentes d'indemnités, d'après les art. 22 et 31 de la loi du 16 sept. 1807, relatives au dessèchement des marais ou travaux publics, ne donneront lieu qu'au droit fixe de 1 f., indépendamment du salaire du conservateur. Inst. gén. du 12 fév. 1810, n°. 464.

22. Le salaire des inscriptions dont les droits sont restés en suspens, doit appartenir au conservateur qui en fait le recouvrement, pour éviter des répétitions interminables, intéresser à recouvrer les *droit. d'hypothèques au profit du trésor*, diminuer le travail, compenser les avances e les pertes de frais de poursuites. Délibérat du 8 prair. an 10. (Art. 1232 du J.)

23. Les inscriptions faites d'après l'art. 2 du déc. imp. du 27 fév. 1811, inséré au 554e. Bulletin des Lois, relatif à la vente des maisons urbaines des hospices de Paris, pour transfert d'hypothèque *sur des biens ruraux*, pour des rentes perpétuelles dues sur ces *maisons*, ne sont sujettes qu'au droit simple de 1 f., sans préjudice des droits du conservateur. Art. 4 du même déc.

Droit de transcription.

24. Le droit sur la transcription des actes emportant mutation de propriétés *immobilières*, est *de 1 et 1/2 pour* 100 du prix intégral des mutations, ainsi que ce prix *aura été réglé à l'enregistrement*. Art. 25 de la loi du 21 vent. an 7.

Le droit de *transcription* doit être perçu proportionnellement à la somme sur laquelle il est assis dans toutes ses fractions, sauf la perception du centime en entier lorsqu'il est entamé. Circul. de l'adm., du 28 frim. an 7, n°. 1454.

25. Si le même acte donne lieu à transcription dans plusieurs bureaux, le droit sera acquitté ainsi qu'il a été dit au nomb. 5 pour les *inscriptions*. Art. 26 *ibid.*

26. Les droits des formalités hypothécaires et les salaires, *hors le cas d'une exception expressément établie*, sont payés d'avance par les requérans. Art. 27 *ibid.*

27. Le droit de transcription est dû pour les licitations faites à l'un des co-propriétaires sur les parts par lui acquises, et d'après le prix fixé pour l'enregistrement. Dél. du conseil d'adm., du 17 flor. an 7. (Art. 1164 et 1555 du J.)

28. Pour les baux emphytéotiques, le droit de transcription se règle d'après une évaluation en capital des biens, à dix fois le prix annuel du bail, lorsque la durée *n'excédera pas trente années*, et à vingt fois pour ceux *au-dessus de trente années*, EN Y JOIGNANT LES CHARGES ET DENIERS D'ENTRÉE. On suit le même principe pour les cessions et rétrocessions relativement aux *années restant à courir*, ce bail emportant par sa nature, aliénation du domaine utile. Déc.

du min. des fin., du 19 niv. an 12. Inst. gén. du 50 niv. an 12, n°. 198. (Art. 1421 du J.)

29. Le droit de transcription d'un acte de partage, n'est dû que sur la soulte, pour le surplus le partage n'étant que déclaratif de propriété. (Art. 1436 du J.)

30. La transcription d'un acte constatant l'exercice du réméré dans le délai fixé par le contrat (*pourvu qu'il n'excède pas cinq ans*, art. 1660 du C. N.), ne donne pas ouverture au droit d'hypothèque : il n'est dû que le salaire du conservateur et le timbre des registres. Il en est de même pour la transcription d'un jugement qui annulle une vente pour cause de nullité radicale. Le droit proportionnel serait dû si le délai du réméré était expiré ou la rentrée en possession volontaire. Inst. gén. du 11 sept. 1806, n°. 516. (Art. 1463 du J.)

31. Lorsqu'une expertise constate un supplément de prix pour l'*enregistrement*, il est dû un supplément de droit de transcription. (Art. 1520 du J.)

32. Les droits de transcription ou d'inscription des dispositions entre-vifs ou testamentaires, à charge de restitution, qui font l'objet de l'art. 1069 du C. N , se perçoivent d'après la déclaration du grevé ou de son tuteur, comme pour les transcriptions et les inscriptions ordinaires. (Art. 1546 du J.)

33. L'échange renfermant deux ventes réciproques, chacune d'elle doit, si on le requiert, être transcrite dans le bureau de conservation des hypothèques de la situation des biens, et acquitter le droit proportionnel d'hypothèque sur la valeur de chaque immeuble. (Art. 1738 du J.)

34. L'adjudication des immeubles d'une succession à l'héritier *bénéficiaire*, n'emporte pas mutation *lorsqu'il n'a pas renoncé à la succession*. Lett. du grand-juge min. de la just. au minist. des fin., du 26 vend. an 14. Il peut donc s'abstenir de faire transcrire l'acte.

35. Lorsque la transcription est faite dans un bureau autre que celui de la situation de la majeure partie des biens, la partie ne

peut réclamer la restitution du droit qui a été payé en totalité ; mais elle peut faire transcrire dans les autres bureaux, moyennant le simple salaire du conservateur. Art. 56 de la loi du 21 vent. an 7. (Art. 2000 du J.)

36. Le droit de transcription d'une vente de la nue-propriété, avec réserve de l'usufruit par un tiers, ne se perçoit que sur le prix *stipulé :* l'usufruit étant lui-même *susceptible d'hypothèque*, on ne peut, pour la transcription, *en ajouter la valeur au prix.* Délib. du conseil d'adm., du 7 niv. an 13. (Art. 1895 du J.)

37. La transcription de la vente et de la déclaration de command, faite dans le délai légal, quoique *non notifiée* au receveur de l'enregistrement, ne donne lieu qu'à un seul droit proportionnel de transcription : mais le salaire du conservateur se paye à raison des rôles que contient la transcription. (Art. 2006 du J.) Le motif est qu'il n'y a qu'une mutation relativement aux créanciers ; que la transcription est facultative ; que les deux droits qui se perçoivent à l'enregistrement dans ces deux cas, d'après une disposition formelle de la loi, ne peuvent l'être en matière d'hypothèque où la disposition ne se rencontre pas Inst. n°. 316.

Il n'est pas dû un nouveau droit de transcription pour celle de la déclaration de command faite en tems utile, lorsque la vente à laquelle elle se rapporte a été *transcrite.* (Art. 1585 du J.)

38. L'acquéreur qui conserve l'immeuble par la dernière enchère, dans le cas de l'art. 2189 du C. N., n'est pas tenu de faire transcrire le jugement d'adjudication ; mais il doit acquitter un supplément de droit de transcription, puisqu'il est tenu de payer un supplément de droit d'enregistrement, et que les deux perceptions ont les mêmes bases.

39. Pour régler les droits de transcription, on doit prendre pour base le prix qui a servi à la perception du droit d'enregistrement, soit d'après le contrat, soit d'après une expertise ; mais les receveurs de l'enregistrement ont seuls le droit de provoquer l'expertise, parce que l'art. 17 de la loi du 22 frim. an 7, ne donne de droit qu'à eux et non aux conservateurs. Déc. du grand-juge et du min. des fin., des 14 et 21 mars 1809. Inst. n°. 433. (Art. 3182 du J.)

40. Le droit proportionnel de transcription est dû pour les donations immobilières de biens présens. Art. 929 et 1069 du C. N. Inst. n°. 196.

Exceptions.

41. Le droit de transcription n'est pas dû pour les acquisitions ni pour les échanges faits pour le compte de l'Etat ou pour S. M. l'Empereur et Roi, ses ayans-cause et successeurs à la couronne. Nomb. 1 de l'Inst. gén. du 22 fév. 1807, n°. 366.

42. L'Etat ne pouvant se payer de droit à lui-même, il n'est dû, d'après l'Inst. du 21 pluv. an 12, n°. 202, pour la transcription d'une adjudication consentie en faveur de l'administration de l'enregistrement et des domaines, sur des poursuites de saisies immobilières, ni droit d'hypothèque, ni salaire du conservateur, ni *timbre* des registres, dont le montant doit être déduit de la débite. Inst. du 8 juin 1810, n°. 477. Circ. du 13 sept. suiv.

43. Les transcriptions prescrites par la loi du 16 septemb. 1807, relatives aux travaux publics et au desséchement des marais, ne sont assujetties qu'au droit d'hypothèque de 1 f. fixe, et au salaire du conservateur. Inst. n°. 464.

44. Il n'est dû que 1 f. pour droit d'hypothèque de la transcription des actes tant de donations d'immeubles en faveur des pauvres et des hospices, que de l'acceptation et de la notification d'acceptation, si elle a lieu par acte séparé, sans préjudice du timbre du registre et du salaire du conservateur. Loi du 7 pluv. an 12. Inst. gén. du 12 vent. de la même année, n°. 209.

Transcription des ventes en détail.

45. Pour les ventes en détail, chaque acquéreur *non solidaire* doit, pour transcription, représenter l'expédition ou l'extrait de la vente qui le concerne ; mais, si tous re-

quièrent la formalité sur la même expédition, le conservateur, n'ayant pas le droit
de différer la transcription, ne peut refuser
de la donner, sauf l'exécution des lois sur
le timbre. Inst. n°. 385.

*Solutions relatives aux demandes en res-
titution de droits de transcription.*

46. Le droit de transcription est restituable sur une adjudication judiciaire annullée
sur l'appel, parce qu'il n'y a plus de mutation, et que la transcription ne peut profiter; mais le timbre du registre et le salaire
du conservateur, sont payés sans retour.
Déc. du min. dés fin., du 21 octob. 1806.
(Art. 689 et 2423 du J.)

47. Le droit de transcription d'un premier contrat, n'est pas restituable lorsqu'elle a été faite volontairement d'après un avis
du conservateur inséré dans la relation de
la transcription du second contrat, parce
que la formalité est *facultative et non im-
pérative*, et que les parties étaient libres de
se conformer à l'avis, ou de ne pas y déférer. Toutefois, les conservateurs paraissent
devoir s'abstenir d'insérer dans leurs relations ces avis, la loi étant la règle des parties, et les conservateurs institués pour
donner la formalité, et non pour juger de la
nécessité de la transcription. (Art. 2819 du J.)

48. Le droit de transcription n'est pas
restituable dans le cas de rescision de vente pour cause de nullité radicale ou de lésion d'outre moitié. Il ne s'agit pas ici d'adjudication *judiciaire*; la formalité ayant été
volontairement et légalement requise et
donnée, lorsque la mutation existait, les
événemens ultérieurs ne peuvent motiver
la restitution. La différence qui existe entre
les adjudications judiciaires et les ventes
volontaires, justifie pour les unes la restitution qui est refusée pour les autres. (Art.
1888 du J.) — Voyez aussi le §. 22.

Quittances des droits.

49. Les conservateurs en expédient quittance au pied des actes et certificats qu'ils
remettent aux parties; chaque somme doit
y être mentionnée séparément et en toutes

lettres. Ils doivent distinguer les droits perçus au profit du trésor, de ceux de timbre
des registres et des salaires. S'ils ont fourni
le papier timbré de la reconnaissance de
dépôt de pièces, leur relation doit l'indiquer, ainsi que l'émargement sur le registre de dépôt et de recette. Art. 27 de la loi
du 21 vent. an 7. Circul. de l'adm., du 24
germ. an 7, n°. 1539. Nomb. 10 de l'Inst.
gén. du 11 sept. 1806, n°. 316.

§. 22. *De la prescription des droits d'hypothèques.*

1. *A dater de la publication de la loi
du 24 mars 1806*, les conservateurs n'ont
pu former aucune demande en supplément,
ni effectuer aucune restitution des droits
d'inscription et de transcription dont la
perception remonterait au-delà de DEUX *ans;*
mais le délai pour les droits de transcription, ne court, lorsqu'un supplément de
prix d'un immeuble est constaté par une
expertise faite *pour le droit d'enregistrement*, que du jour soit du *jugement* qui a
homologué le procès-verbal d'expertise, et
condamné l'acquéreur à payer le supplément du droit d'enregistrement sur le montant de la fausse estimation du prix, soit *du
jour où l'acquéreur acquitte volontairement le supplément du droit d'enregistrement*, sans qu'il y ait eu expertise, ou sans
qu'il en ait attendu l'effet. Renvois à faire
par les receveurs de l'enregistrement, pour
que les conservateurs puissent réclamer le
droit de transcription; ceux-ci écriront *en
gros caractère* les sommes qui auront servi
de base à leur perception. Ils seront responsables des supplémens de droits prescrits
par leur négligence; les inspecteurs et vérificateurs partageront cette responsabilité:
les premiers, lorsque, dans les tournées de
recouvrement, ils n'auront pas forcé en recette du montant des insuffisances de perceptions, et les seconds, lorsqu'ils ne les
auront pas constatées dans leurs vérifications par des procès-verbaux. Inst. gén. du
11 sept. 1806, n°. 316.

2. Un conservateur et un inspecteur ont

49 **

été concurremment déclarés responsables d'un supplément de droit de transcription prescrit, qui avait été liquidé sur une réduction d'*assignats* en numéraire, quoique le prix ait été stipulé en *numéraire*. L'administration a considéré que l'un n'avait pas enregistré avec l'attention convenable, et que l'autre n'avait pas rapproché, comme il le devait, le registre de recette de celui de transcription. Délib. du 22 déc. 1808. (Art. 3098 du J.)

3. L'excédant du droit proportionnel de transcription peut être restitué dans les *deux ans*, lorsque le prix de l'immeuble étant subordonné à un réarpentage, il est justifié d'une diminution par le rapport des experts. (Art. 2158 du J.)

§. 23. *Des traitemens et des salaires des conservateurs.*

Les *traitemens* et *salaires* des conservateurs des hypothèques, sont réglés par la loi du 21 ventose an 7 (Circul. de l'adm., du 24 germin. an 7, n°. 1539), et par les déc. imp. des 23 mai et 21 septemb. 1810. (Inst. gén. des 20 juin et 16 oct. même année, n°. 479 et 494).

Ils ont sur la recette des droits d'hypothèque, jointe aux autres recettes dont ils sont chargés, les remises accordées sur les droits d'enregistrement et autres, par le déc. du 23 mai 1810. Inst. gén. n°. 479.

Il leur est payé par les requérans, pour les actes qu'ils délivrent, outre le papier timbré, des salaires dont la quotité est réglée par le tableau annexé au déc. du 21 sept. 1810, rapporté textuellement à la suite des lois, p. li de ce Dictionnaire.

Les salaires y sont tarifés dans l'ordre suivant :

1. Enregistrement et reconnaissance des dépôts d'actes de mutations pour être transcrits, ou de bordereaux pour être inscrits, 25c.

Décisions. On ne peut contraindre celui qui dépose un bordereau à inscrire ou un acte à transcrire, à prendre un bulletin ou reconnaissance de remise de pièces, lorsque la formalité se donne en sa présence ;

mais si des circonstances exigent que les pièces restent au bureau, ce récépissé est nécessaire pour remettre le conservateur sur la voie. Le bulletin doit être sur du papier timbré. Art. 2200 du C. N. En marge du registre de dépôt et dans la relation, le conservateur indique s'il en a été ou non délivré. Il n'y a aucune comptabilité particulière pour le timbre de ce bulletin, dont le papier est fourni par la partie ou remboursé par elle au conservateur. Nomb. 10 de l'Inst. gén. du 11 sept. 1806, n°. 316. (Art. 2077 du J.)

On ne peut exiger que la partie prenne autant de bulletins qu'il y a de bordereaux à inscrire. Un seul suffit pour justifier du dépôt, et pour faciliter au conservateur les moyens de retrouver les objets déposés. La loi, d'ailleurs, ne prescrit rien de contraire. (Art. 3037 du J.)

2. Inscription de chaque droit d'hypothèque ou privilége, quelque soit le nombre des créanciers, si la formalité est requise par le même bordereau, 1 f.

Décisions. S'il résultait d'un titre, qu'un créancier a hypothèque sur plusieurs individus NON *solidaires*, ou que plusieurs créanciers ont des créances distinctes sur un débiteur commun, il faudrait alors une inscription particulière pour chaque créancier ou sur chaque débiteur, dès qu'il n'existerait point unité de créance, ni obligation *solidaire*. Dans ce cas, il y aurait lieu à la pluralité des droits, tant au profit du trésor qu'à celui du conservateur, chaque inscription qu'on n'aurait pas la faculté de réunir en une seule, devant son droit particulier. Déc. du min. des fin., du 16 floréal an 7. Circ. du 7 prair. suiv.

Le renouvellement des inscriptions est passible du salaire (et du droit proportionnel d'hypothèque, à moins qu'il ne s'agisse d'une inscription *indéfinie* pour laquelle il n'existerait pas encore de *créance réelle*). En un mot, on agit pour le renouvellement comme on le fait pour une inscription ordinaire. Inst. gén. du 13 avril 1808, n°. 374.

3. Chaque inscription faite *d'office* par le conservateur, en vertu d'un acte translatif de propriété *soumis à la transcription,* 1 f.

Décision. L'inscription *d'office* n'est sujette qu'au salaire; mais le renouvellement donne lieu au droit proportionnel. Mêm Inst.

4. Chaque déclaration soit de changement de domicile, soit de subrogation, soit de tous les deux, par le même acte, 50 c.

5. Chaque radiation *d'inscription,* 1 f.

Décision. Le certificat de radiation est la preuve mise aux mains du requérant, que la formalité est accomplie. Il ne doit pas plus être exigé un salaire particulier pour ce certificat qui se délivre sur-le-champ, que pour la mention d'une inscription mise sur le double du bordereau. Les conservateurs n'ont dans ce cas qu'un seul salaire à percevoir; mais, s'ils sont ensuite requis de délivrer un ou plusieurs autres certificats d'une radiation d'inscription, chacun de ces certificats leur doit 1 f. de salaire, ainsi qu'il leur est dû pour chaque extrait d'inscription ou chaque certificat qu'il n'en existe aucune. Même Inst.

6. Chaque extrait d'inscription ou certificat qu'il n'en existe aucune, 1 f.

Décisions. Ces expéditions sont de trois sortes : 1°. extrait d'inscription dont la date est indiquée; 2°. certificat de non inscription ou négatif; 3°. copie ou état des inscriptions subsistantes sur un ou plusieurs individus ou sur un immeuble désigné, avec *attestation* qu'il n'en existe pas d'autres.

Dans le premier cas, c'est-à-dire pour l'extrait d'une inscription dont la date est indiquée, il n'est dû qu'un simple salaire, en quelque nombre que soient les débiteurs grevés par inscription.

Dans le second cas, un certificat de non inscription donne ouverture au salaire de 1 f., autant de fois répété que ce certificat comprend d'individus. Décis. du min. des fin., du 8 thermid. an 8.

L'état des inscriptions devant, sans exception, comprendre la totalité des inscriptions subsistantes, tout certificat qui serait apposé à la suite de l'état, pour attester que les inscriptions qu'il renferme, sont les seules qui existent, ne serait susceptible d'aucun salaire. Circul. de l'administration, du 26 pluviose an 8, n°. 1769. Tarif annexé à la Circul. du 7 juin 1809.

Lorsqu'un immeuble a été vendu par licitation ou par adjudication volontaire ou forcée, en *plusieurs lots*, et que les adjudicataires des divers lots se sont réunis pour purger *simultanément* l'ensemble des immeubles vendus, par une *seule* transcription de tout le contexte de l'acte d'adjudication, il est dû autant de salaires de 1 fr. pour certificat NÉGATIF, *qu'il y a de vendeurs;* mais on ne doit pas multiplier le nombre des certificats par le nombre des lots, puisqu'il n'est demandé qu'une attestation sur *chaque vendeur.*

Si un acquéreur requiert l'état des inscriptions, immédiatement après la transcription, et ensuite à l'expiration de la quinzaine qui la suit, on ne doit pas comprendre dans chacun des deux états, toutes les inscriptions et en exiger un double salaire; il suffit de rapporter le premier, pour y joindre par continuation l'état supplémentaire qui doit le compléter. *Lettre du min. des fin. au grand-juge min. de la just., du 9 avril* 1811.

Exception. Les états et certificats négatifs, requis par MM. les préfets, des inscriptions obtenues soit sur les biens des comptables ou de leurs cautions, soit sur ceux séquestrés et possédés indivisément avec l'État, doivent être visés pour timbre *gratis*, et sont exempts du salaire du conservateur. *Décis. du min. des fin., des* 8 *et* 28 *messid. an* 9. Circul. de l'admin., du 21 fructidor suivant, n°. 2034.

Lorsque, faute de titre constitutif, on ne peut faire le recouvrement d'une rente due à l'État, le conservateur n'est pas fondé à réclamer ses salaires. Solut. de l'adm., du 28 pluv. an 9. (Art. 777 du J.)

7. *La transcription de chaque acte de mutation par* RÔLE *d'écriture du* CONSERVA-

teur, *contenant vingt-cinq lignes à la page et dix-huit syllables à la ligne* , 1 *f.*

Décisions. Le rôle se compose de deux pages.

Le papier des registres de transcription étant de la dimension sujette au timbre de 1 f. 50 c. , le conservateur doit , conformément à la décision du ministre des finances, transmise par la circulaire de M. le directeur général , du 16 février 1807, continuer de porter sur chaque page trente-cinq lignes ; elles donnent 1 f. 40 c. *par rôle de registre*, d'après le nouveau tarif , comme un rôle de vingt-cinq lignes à la page , donne 1 f. ou 2 c. par *ligne*. Même Instr., n°. 494.

Le salaire pour les rôles *entamés*, se fractionne à raison de 2 c. par ligne. *Lett. du min. des fin. au grand-juge min. de la just.*, *du 9 avril 1811.*

8. Chaque certificat de non transcription d'actes de mutation , 1 f.

9. Les copies collationnées des actes déposés ou transcrits dans les bureaux des hypothèques , par rôle d'écriture du conservateur , contenant vingt-cinq lignes à la page, et dix-huit syllables à la ligne , 1 f.

Décision. Les copies ou extraits collationnés ne doivent être délivrés que sur du moyen papier de 75 c. la feuille. *Décis. du min. des fin.*, *du 10 février 1807.*

10. Chaque *duplicata* de quittance, 25 c.

11. Transcription de chaque procès-verbal de saisie immobilière (art. 677 du C. de P. C.) par rôle d'écriture du conservateur , contenant vingt-cinq lignes à la page et dix-huit syllables à la ligne , 1 f. Le salaire se règle comme au nomb. 7.

12. Enregistrement de la dénonciation de la saisie immobilière au saisi , et la mention qui en est faite en marge du registre (art. 681 du C. de P.), 1 f.

13. Enregistrement de chaque exploit de notification de placards aux créanciers inscrits (art. 696 du C.), tenant lieu de l'inscription des exploits de notification des procès-verbaux d'affiches , 1 f.

14. Acte du conservateur constatant son refus de transcription en cas de précédente saisie (art. 679 du C. de P.) , 1 f.

15. Radiation de la saisie immobilière (art. 696 du C. de P.) , 1 f.

Nota. Le droit de *timbre des registres* doit être remboursé par chaque requérant , proportionnellement au nombre de feuilles et aux parties de feuilles employées à la formalité demandée. La somme payée pour salaires , pour droits d'hypothèques et pour timbre, doit être portée distinctement dans les quittances libellées. Il n'est dû aucun salaire *à titre de recherche* ou *de prompte expédition*. Les conservateurs tiennent un registre-journal des salaires. Circul. des 7 juin et 23 septemb. 1809. Instr. gén. du 16 octob. 1810 , n°. 494. — Voyez le §. 24.

§. 24. *Des Registres*, *Répertoires*, *Tables du répertoire et des créances hypothécaires inscrites.*

1. « Néanmoins les conservateurs seront tenus d'avoir un registre sur lequel ils inscriront , jour par jour et par ordre numérique , les remises qui leur seront faites d'actes de mutation pour être transcrits , ou de bordereaux pour être inscrits ; ils donneront au requérant une reconnaissance sur papier timbré , qui rappellera le numéro du registre sur lequel la remise aura été inscrite , et ils ne pourront transcrire les actes de mutation ni inscrire les bordereaux sur les registres à ce destinés, qu'à la date et dans l'ordre des remises qui leur en auront été faites. » Art. 2200 du C. N.

2. « Tous les registres des conservateurs sont en papier timbré , cotés et paraphés à chaque page par première et dernière, par l'un des juges du tribunal dans le ressort duquel le bureau est établi. Les registres seront arrêtés chaque jour comme ceux d'enregistrement des actes. » Art. 2201.

3. « Les mentions de dépôts, les inscriptions et transcriptions, sont faites sur les registres, de suite , sans aucun blanc ni interligne , à peine , contre le conservateur, de mille à deux mille francs d'amende , et

des dommages et intérêts des parties, lesquels seront payés avant l'amende. » Article 2203.

4. Outre les registres des formalités hypothécaires, qui sont en papier timbré, les conservateurs tiennent un registre sur *papier libre* (le répertoire), dans lequel sont portés par extrait, au fur et à mesure des actes, sous le nom de chaque grevé, et à la case qui lui est destinée, les inscriptions à sa charge, les transcriptions, les radiations et les autres actes qui le concernent, ainsi que l'indication des registres où chacun de ces actes est porté, et les numéros sous lesquels ils y sont consignés. Art. 18 de la loi du 21 ventose an 7.

Registres de formalité.

5. Les registres de formalité doivent être en papier timbré, signés, cotés et paraphés par le président du tribunal, arrêtés chaque jour, comme il est dit au nombre 2 ci-dessus. Les arrêtés mis les *dimanches* ou *fêtes conservées*, doivent présenter la *date* et la *désignation* du *jour* : ces registres sont au nombre de cinq; savoir :

1°. *Un registre de formalité et de recette,* pour inscrire, en exécution des art. 2200 et 2203 du C. N., sans aucun blanc ni interligne, jour par jour et par ordre numérique, les remises de bordereaux à inscrire et d'actes de mutation à transcrire, et pour enregistrer la recette des droits d'inscription et de transcription ;

2°. *Un registre de formalité pour l'inscription des privilèges et hypothèques ;* ce registre sert, en exécution des art. 2150 et 2203 du C. N., à inscrire de suite, sans laisser aucun blanc ni interligne, et jour par jour, les bordereaux présentés au conservateur, à porter l'inscription d'office, et à faire mentionner les changemens de domicile et les radiations d'inscriptions ;

3°. *Un registre de formalité pour la transcription des actes translatifs de propriétés d'immeubles ou droits réels immobiliers.* On y transcrit *en entier*, en exécution de l'art. 2181 du C. N., de suite, sans

aucun blanc ni interligne, et jour par jour, les contrats translatifs de la propriété d'immeubles ou droits réels immobiliers, présentés à la formalité ;

4°. *Un registre de formalité pour la transcription des saisies immobilières.* Il sert, en exécution de l'art. 677 du C. de P. C., à transcrire en entier, de suite, sans aucun blanc ni interligne, et jour par jour, les procès-verbaux de saisie immobilière, présentés à la formalité ;

5°. *Un registre de formalité pour l'enregistrement des dénonciations des saisies immobilières aux saisis, des notifications de placards aux créanciers inscrits et des radiations de saisies.* On y euregistre de suite, sans aucun blanc ni interligne, et jour par jour, en exécution des art. 695, 696 et 725 du C. de P. C., 1°. les procès-verbaux de dénonciation de saisie immobilière au saisi; 2°. les notifications de placards aux créanciers inscrits ; 3°. les radiations de saisie légalement autorisées.

Ces cinq registres sont en papier timbré du timbre de 1 fr. 50 c. la feuille. Les inspecteurs et vérificateurs sont tenus de veiller à ce qu'ils soient tenus régulièrement. Instr. gén. des 11 septembre 1806 et 16 octobre 1809, n. 316 et 494.

6. *Un répertoire des formalités hypothécaires.*

Le répertoire est en papier libre, on y porte par extrait, *au moment de l'accomplissement des formalités hypothécaires*, sous le nom de chaque grevé, désigné dans les bordereaux de créances et de chaque *vendeur ou donateur, acquéreur ou donataire*, dénommé dans les actes de mutation dont la transcription est requise, les inscriptions, transcriptions, radiations, changemens de domicile et autres actes concernant le même individu, ainsi que l'indication des registres de formalité où chacun de ces actes est porté et les numéros sous lesquels il est consigné.

On ouvre une case à chaque individu, lorsqu'il n'a pas déjà un compte ouvert au répertoire. Circul. de l'admin., des 24 germinal et 6 prair. an 7, n°⁵. 1539 et 1570. Instr. gén. n°. 271.

7. *Une table alphabétique du répertoire des formalités hypothécaires.* On y inscrit dans l'ordre alphabétique, les noms placés en tête de chacune des cases du répertoire. Cette table sert à faciliter les recherches. Lorsqu'une case étant remplie sur le *répertoire*, il en est ouvert une nouvelle pour le même individu, cette case n'étant que la continuation de la première et portant le même numéro, il n'y a pas lieu à inscrire de nouveau le nom de cet individu sur cette table.

Sommier des hypothèques.

8. Le sommier sert à porter, par suite de numéros, tous les droits d'hypothèques *suspendus*, omis ou *recélés*, à l'effet d'en assurer le recouvrement. Circul. de l'adm., du 29 ventose an 7, n°. 1521.

9. Un registre-journal où chaque conservateur doit porter, article par article, jour par jour et par suite de numéros, tous ses salaires. Circul. du 7 juin 1809, et Instr. gén. du 16 octobre 1809, n°. 494.
Table alphabétique des créances hypothécaires.

10. Le conservateur porte sur cette table, sous le nom des créanciers alphabétiquement, les créances hypothécaires, constituées ou à terme, inscrites sur les registres de formalité : il fait mention des radiations ou subrogations y relatives.

Elle peut être utile pour indiquer les créances dépendantes des successions. Instruction gén. du 29 nov. 1809, n°. 455.
Sommier des cautionnemens.

11. Chaque directeur consigne sur ce sommier, tous les cautionnemens ou immeubles fournis en vertu de la loi du 21 ventose an 7, par les conservateurs établis dans l'étendue de la direction, et y mentionne les renseignemens qui les concernent. Instr. gén. du 8 août 1809, n°. 445.

Table des Majorats.

12. L'objet de cette table, qui est *tenue par le conservateur*, est de donner des renseignemens sur les majorats dont les lettres ont été transcrites dans le bureau de la conservation des hypothèques. Instr. gén. du 12 janv. 1807, n°. 413.

§. 25. *De la comptabilité du timbre des registres des hypothèques.*

1. Les registres de formalité des hypothèques entrent dans la comptabilité du timbre *ordinaire*.

2. Les registres de *formalité des hypothèques*, formés depuis l'Inst. gén. du 8 juin 1810, n°. 477, ne sont expédiés de l'atelier général pour les départemens, qu'après avoir été frappés du timbre *ordinaire;* le garde-magasin, dans chaque direction, s'en charge comme de tous autres papiers timbrés, et les envois aux conservateurs s'en font de la manière qui s'observe pour les papiers de la débite : les *conservateurs rendent compte de ces registres comme du papier des certificats qu'ils délivrent.*

Les comptereaux du timbre comprennent le papier des registres dont il s'agit, et le produit en est porté sur les bordereaux de compte; pour faciliter les vérifications, une colonne spéciale, sous le titre de *Registres de formalités hypothécaires*, à 1 fr. 50 *cent. la feuille*, a été établie immédiatement après celle réservée au papier de *grand registre*, sur toutes les impressions relatives à la comptabilité du timbre.

Voyez, pour la comptabilité des registres de formalité, *timbrés* PRÉCÉDEMMENT *à l'extraordinaire*, les Circul. des 2 vendém. an 11, et 13 septemb. 1810.

IDIOME.

I.

IDIOME. Langage particulier aux habitans d'une nation, d'une province ou d'un département.

En général, tous les actes passés dans les lieux qui font partie de l'empire français, doivent être écrits en langue française. Il est cependant certains pays où des décrets particuliers prorogent, pendant quelque tems, la faculté de se servir de l'ancien idiôme. — Voyez *Actes*, n°. 2, p. 16.

ISLES et **COLONIES.** 1. La loi ayant compris dans le même article, et assujetti les actes qui y sont passés, aux mêmes obligations que ceux faits en pays étrangers, voyez *Actes passés en pays étrangers et dans les colonies*, p. 77.

2. Il faut cependant observer qu'il est des îles et colonies où des commissaires du gouvernement ont établi l'enregistrement, d'après les lois suivies dans l'intérieur de l'empire; les actes passés dans ces colonies, et qui ont acquitté les droits, conformément à ces lois, ont leur effet en France sans en payer de nouveaux.

5. Par une suite nécessaire, les actes passés *en France* portant transmission d'immeubles, ou ayant pour objet des propriétés mobilières existant dans les îles et colonies *où l'enregistrement est établi*, sont passibles des droits proportionnels, et les avis du Conseil d'Etat, des 10 brumaire an 14 et 12 décembre 1806, ne leur sont point applicables.

IMMEUBLES. Les biens sont immeubles ou par leur nature, ou par leur destination, ou par l'objet auquel ils s'appliquent. — Voyez *Biens*, p. 124.

1. L'ancienne jurisprudence rangeait les rentes appelées *foncières* parmi les immeubles *réels*, et les rentes constituées parmi les *immeubles fictifs*; mais, d'après les principes établis par la loi du 22 frimaire

an 7, pour la perception des droits d'enregistrement, toute espèce de rente est classée dans les objets mobiliers. Il y a seulement exception pour les inscriptions sur le grand-livre et les actions de la banque de France, lorsqu'elles ont été *immobilisées*.

2. Le droit d'enregistrement est dû à toute mutation d'immeubles. La quotité varie suivant la nature de la mutation. — Voyez *Donation*, *Echange*, *Vente*, *Succession*, etc.

3. Lorsqu'un acte translatif de propriété ou d'usufruit, *à titre onéreux*, comprend des meubles et des immeubles, le droit d'enregistrement est perçu sur la totalité du prix, au taux réglé pour les immeubles, à moins qu'il ne soit stipulé un prix particulier pour les objets mobiliers, et qu'ils ne soient désignés et estimés article par article dans le contrat. Art. 9 de la loi du 22 frim. an 7.

IMPRIMEURS, sont responsables des droits de timbre des écrits qu'ils impriment, et même des amendes encourues à défaut de timbre. — Voyez *Journaux*.

INCLUSIVEMENT. Ce terme dénote que la chose dont on parle est comprise dans ce qu'on avance.

1. Ainsi, l'art. 2 de la loi du 27 ventose an 9, portant que la perception du droit proportionnel suit les sommes et valeurs de 20 f. en 20 f. *inclusivement* et sans fraction, il en résulte que vingt est compris dans la série, et que si, par exemple, la somme s'élève à 20 f. 50 c., la seconde série est commencée; et le droit doit être perçu comme si la somme était de 40 f. Circul. de l'admin., du 27 germ. an 9, n°. 1992.

2. De même, l'art. 8 de la loi du 13 brumaire an 7, portant que le droit de timbre

des effets de commerce est de 50 c. par 1,000 f. inclusivement et sans fraction, il s'ensuit que le droit de timbre d'un effet de 1,000 f. et au-dessous, est de 50 c.; que, si l'effet excède 1,000 f. jusqu'à 2,000 f. inclusivement, le timbre doit être de 1 f., etc.

INCOMPATIBILITÉ. Impossibilité légale de cumuler plusieurs fonctions.

Il y a incompatibilité entre les fonctions de receveur de l'enregistrement et celles de notaire, greffier, avoué, juge, procureur impérial, maire, et tout autre membre d'autorité constituée : en un mot, entre une fonction chargée de la surveillance médiate ou immédiate, et une autre fonction. Art. 10 des ordres de régie. Circ. de l'adm., n°s 31, 96, 194 et 1045. Lois des 24 vendém. an 3, 25 vent. an 11, et autres.

Les directeurs sont chargés de faire remplacer provisoirement les receveurs qui exercent des fonctions incompatibles. Circ. de l'adm., n°s 510 et 1045.

INCOMPÉTENCE. C'est l'état d'un juge ou d'une autorité constituée qui n'a pas le pouvoir de connaître d'une contestation.

L'incompétence a lieu à raison de la personne ou de l'objet de la demande. — Voy. *Compétence*, p. 160, et *Instances*.

Le jugement qui prononce l'incompétence ou qui en déboute, est un jugement définitif. Il doit le droit fixe de 1 f. s'il émane de la police ordinaire, des tribunaux de police correctionnelle et des cours criminelles, soit entre parties, soit sur la poursuite du ministère public, avec partie civile; article 68, §. 1er., n°. 48 de la loi du 22 frim. an 7; le droit de 2 f. s'il est rendu par le tribunal de paix; *ibidem*, §. 2, n°. 5; et le droit de 3 f. s'il est prononcé par un tribunal de première instance ou de commerce, ou par une cour d'appel; *ibid.*, §. 3, n°. 7.

INDEMNITÉ. Stipulation par laquelle on s'oblige de garantir et dédommager quelqu'un d'une obligation qu'il contracte ou du cautionnement qu'il fournit pour celui qui fait la promesse d'indemnité.

1. Par exemple, deux personnes ont emprunté, avec obligation solidaire, une somme, quoique l'une d'elles ait pris tout l'argent prêté. Celle-ci le déclare par un autre acte, et promet d'indemniser l'autre partie des poursuites qui pourraient être faites contr'elle pour payer solidairement toute la somme, ainsi que les frais auxquels elle pourrait être condamnée. C'est un acte d'indemnité.

2. Voici un autre exemple d'un acte d'indemnité : un particulier qui est cautionné, soit pour un emploi ou autrement, reconnaît, par un acte postérieur, que ce n'est que pour lui faire plaisir qu'un tel l'a cautionné, s'obligeant à le garantir et indemniser des poursuites qui pourraient être faites contre lui en conséquence de ce cautionnement.

3. L'enregistrement des indemnités est fixé à 50 c. par 100 f. Art. 69, §. 2, n°. 8 de la loi du 22 frim. an 7.

4. Ce droit doit être perçu indépendamment de celui de la disposition que l'indemnité a pour objet, mais sans pouvoir l'excéder. Même art.

Cependant, si la stipulation d'indemnité est renfermée dans l'acte même auquel elle a rapport, il n'y a lieu à la perception des deux droits que quand l'indemnité n'est pas stipulée entre les seules personnes intéressées à la disposition principale. — Voyez n°. 9 ci-après.

5. Les promesses d'indemnité indéterminées et non susceptibles d'estimation, ne sont sujettes qu'au droit fixe de 1 f. Art. 68, §. 1er., n°. 57 de la même loi.

6. Quoique l'indemnité soit éventuelle de sa nature, l'éventualité ne change rien à l'essence de la stipulation dont l'effet est d'obliger dès le moment même, et de pouvoir contraindre, au paiement de l'indemnité, celui qui ne remplit pas ses engagemens. Si l'indemnité stipulée a pour objet une somme fixe payable par chaque année, le droit de 50 c. par 100 f. doit être perçu sur le montant des années cumulées. Solu-

tion de l'admin., du 9 floréal an 7. (Art.
127 du J.)

7. Lorsqu'aux termes de l'art. 555 du C.
N., un particulier, pour conserver des plan-
tations, constructions ou des ouvrages faits
sur son héritage, consent de payer une somme
à celui qui a fait faire ces travaux, on ne
peut prétendre qu'il y ait cession des plan-
tations ou constructions ; car, de fait et par
la loi, elles appartiennent au propriétaire
du fonds, et on n'achète point sa propre
chose : l'acte ne doit être considéré que
comme opérant une indemnité passible
du droit de 50 c. par 100 f. (Article 1691
du J.)

8. Un propriétaire reconnaît qu'un locataire a droit à une diminution de loyer, en
exécution de l'art. 1724 du C. N., pour in-
commodités, ou défaut de jouissances occasionné par des réparations urgentes à la
chose louée, cette espèce de remise n'est
passible que du droit fixe de 1 f., comme
décharge. (Art. 1788 du J.)

9. Il n'est dû aucun droit particulier
d'enregistrement pour la stipulation d'indemnité faite entre les contractans dans un
acte de société, dans un bail ou tout autre
acte de l'espèce, en cas de l'inexécution des
clauses et sans l'intervention d'un tiers. Déc.
du min. des fin., du 27 novemb. 1810.

10. Il en est de même de l'indemnité stipulée au profit de la femme, dans une obligation qu'elle a solidairement souscrite avec
son mari. — V. *Garantie*, n°. 6, pag. 304.

Au surplus, voyez *Dommages-Intérêts*,
n°. 5 et suiv., p. 247, pour connaître les
différences qui existent entre l'indemnité et
les dommages-intérêts.

INDICATION *de paiement*. C'est une
sorte de délégation ou mandat. — V. *Délégation*, §. 3, n°. 3, p. 222.

INDIGNES, en terme de jurisprudence,
sont ceux qui, pour avoir manqué à quelque devoir envers un défunt, de son vivant
ou après sa mort, ont démérité à son égard,
et sont, par cette raison, exclus de sa succession.

1. Sont indignes de succéder, et, comme
tels, exclus des successions ;

1°. Celui qui serait condamné pour avoir
donné ou tenté de donner la mort au défunt ;

2°. Celui qui a porté contre le défunt une
accusation capitale jugée calomnieuse ;

3°. L'héritier majeur qui, instruit du
meurtre du défunt, ne l'aura pas dénoncé
à la justice. Art. 727 du C. N.

2. Le délit emportant exclusion, n'étant
légalement constaté contre le prévenu que
par un jugement définitif, le sort de la succession reste incertain jusqu'au jour de l'arrêt qui prononce sur l'accusation ; ce n'est
qu'alors que les héritiers légitimes sont désignés, et c'est seulement de cette époque
que court le délai pour la déclaration. Dans
le cas de pourvoi en cassation, le délai ne
court même que du jour de l'arrêt qui confirme le jugement de condamnation. Déc.
du min. des fin., du 7 juin 1808. Nomb. 37
de l'Inst. gén. du 29 du même mois, n°.
386. (Art. 2701 du J.)

INDIVIS se dit, en droit, de ce qui n'est
point partagé : ainsi, jouir par *indivis*,
c'est posséder en commun une chose dont
la propriété n'est point divisée.

1. Il est dû sur les parts et portions acquises par licitation, 2 pour 100 f. s'il s'agit
de biens meubles, art. 69, §. 5, n°. 6 de
la loi du 22 frimaire an 7, et 4 pour 100 f.
s'il s'agit de biens immeubles, §. 7, n°. 4.

2. A l'égard des acquisitions faites pendant le mariage, à titre de licitation ou autrement, de portion d'immeubles dont l'un
des époux était propriétaire *par indivis*,
voyez *Propres de communauté*.

INDIVISIBLE. Qui ne peut se diviser.

1. L'hypothèque est de sa nature indivisible. — Voyez *Hypothèques*.

2. Le droit d'enregistrement des mutations par décès est, au contraire, dû DIVISÉ-
MENT *dans chacun des bureaux* de la situation des biens. — Voyez *Délai*, n°. 9, p.
216.

INGRATITUDE est la méconnaissance

d'un bienfait qui nous en rend indignes : c'est pour cette raison que, quoiqu'une donation entre-vifs soit de sa nature irrévocable, l'ingratitude est une juste cause pour la faire révoquer.

La révocation pour cause d'ingratitude n'a jamais lieu de plein droit. Art. 956 du C. N.

Le jugement qui la prononce n'opère que le droit fixe de 3 f., comme résolution de contrat pour vice radical. Art. 68, §. 3, n°. 7 de la loi du 22 frim. an 7.

INHUMATION. Les soumissions souscrites pour le service des inhumations, ne sont sujettes qu'au droit fixe de 1 f. Déc. du min. des fin., du 8 messidor an 9. (Art. 855 du J.)

L'autorisation d'inhumer, donnée par l'officier de l'état civil, est délivrée en papier libre. Art. 77 du C. N.

INJONCTION. Ordre par un juge de faire quelque chose.

1. Les ordonnances de compulsoire et d'injonction des juges de paix, sont assujetties au droit fixe de 1 f., art. 68, §. 1er., n°. 46 de la loi du 22 frimaire an 7, et celles des tribunaux de première instance et cours d'appel doivent 2 f., §. 2, n°. 6 : elles sont sujettes à la formalité sur la minute, art. 7 de la même loi.

2. Les expéditions des jugemens des tribunaux de première instance et cours d'appel, portant injonction de procéder à inventaire, licitation, partage ou vente, opèrent le droit fixe de 3 f. Art. 68, §. 5, n°. 7.

INJURE. Outrage par paroles, par écrits ou par voies de fait.

1. Les jugemens de la police ordinaire, des tribunaux de police correctionnelle et des cours criminelles, portant condamnation à réparation d'injures personnelles, soit entre parties, soit sur la poursuite du ministère public avec partie civile, lorsqu'il n'y a pas condamnation de sommes et valeurs, ou dont le droit proportionnel ne s'élèverait pas à 1 f., sont soumis au droit fixe de 1 f. Art. 68, §. 1er., n°. 48 de la loi du 22 frim. an 7.

2. Les jugemens des juges de paix portant également condamnation à réparation d'injures personnelles, sont passibles du droit fixe de 2 f. §. 2, n°. 5.

3. Ceux des tribunaux civils, pour injures dans les demandes incidentes de leur compétence, ou sur appel, lorsque ces jugemens ne donnent pas lieu au droit proportionnel, ou lorsque le droit proportionnel ne s'élève pas à 5 f., doivent le droit fixe de 3 f. §. 3, n°. 7.

4. Un préposé de l'enregistrement ne peut être actionné pour injures verbales, relativement aux informations qu'il est obligé de prendre pour l'exercice de ses fonctions. Arrêt de la cour de cassation, du 29 germ. an 9. (Art. 934 du J.)

INSCRIPTION *de faux* est une déclaration judiciaire par laquelle on soutient qu'une pièce ou un titre est faux, contrefait ou altéré.

1. La déclaration de vouloir s'inscrire en faux, conformément à l'art. 218 du C. de P. C., est sujette, comme acte passé au greffe d'un tribunal civil, au droit fixe de 2 f., suivant le nomb. 6, §. 2 de l'article 68 de la loi du 22 frim. an 7. (Art. 2800 du J.)

2. Elle doit être enregistrée dans les vingt jours de sa date. Nomb. 21 de l'Inst. gén. du 4 juillet 1809, n°. 436.

3. Le jugement qui admet l'inscription n'est que préparatoire : comme tel il n'est passible que du droit fixe de 2 f. réglé par les nombre, paragraphe et article, rappelés ci-dessus n°. 1. (Art. 2800 du J.)

4. Il faut cependant considérer qu'il est ici question d'un faux incident civil; et que, s'il s'agissait d'une déclaration en inscription de faux, en police correctionnelle ou en matière criminelle, cette déclaration, ainsi que le jugement qui admettrait l'inscription de faux, ne seraient assujettis qu'au droit fixe de 1 f. (Art. 2800 du J.)

5. Quant au timbre des copies ou expé-

ditions que l'on doit faire des pièces arguées de faux avant de les déposer au greffe, voyez *Expédition*, n°. 20, p. 278.

INSCRIPTION *hypothécaire.* — Voyez *Hypothèques.*

INSCRIPTION *sur le grand-livre de la dette publique.* Chaque rente que doit l'Etat, est inscrite sur un *grand-livre* de la dette publique, conformément à la loi du 24 août 1793. Ainsi on nomme inscription l'article qui concerne chaque créancier. On nomme encore *inscription* l'extrait de cet article délivré au créancier, et qui forme son titre.

1. Les inscriptions sur le grand-livre de la dette publique, leurs transferts et mutations, les quittances des intérêts qui en sont payés, et tous effets de la dette publique, inscrits ou à inscrire définitivement, sont exempts du timbre et de l'enregistrement. Article 16, n°. 1 de la loi du 13 brumaire an 7. Article 70, §. 3, n°. 3 de celle du 22 frim. suiv.

2. Cette disposition embrasse toutes les mutations d'inscription *non immobilisée*, soit qu'elles s'opèrent par actes entre-vifs ou par décès, soit que les transferts se passent devant notaires, qu'ils se négocient par simple endossement ou de toute autre manière. Sol. de l'adm., du 29 vent. an 7. (Art. 116 du J.)

3. Cependant, les arrérages qui en sont échus au moment du décès, doivent être compris dans la déclaration de succession. — Voyez *Succession.*

4. Lorsque les inscriptions sur le grand-livre sont *immobilisées*, leurs mutations sont soumises aux droits réglés pour les immeubles, en observant que, si ces inscriptions font partie des biens d'un majorat, le droit de mutation par décès ne se liquide que sur le capital au *denier* 10. Inst. gén. du 12 janv. 1809, n°. 413.

5. Les actes sous seing-privé, tendant uniquement à la liquidation de la dette publique, et en tant qu'ils servent aux opérations de la liquidation, sont dispensés des formalités du timbre et de l'enregistrement. Art. 1er. de la loi du 26 frimaire an 8. — Voyez *Actes sous seing-privé*, §. 5, n°. 9, p. 65.

Les actes des administrations et commissaires liquidateurs, relatifs auxdites liquidations, sont dispensés des mêmes formalités. Article 2 de la même loi. Circulaire de l'administ., du 12 nivose an 8, n°. 1734.

INSCRIPTION *au rôle des contributions foncières ou mobilières, suivie de paiement fait en conséquence*, suffit pour établir la mutation en propriété ou usufruit, et la jouissance à titre de ferme, de location ou d'engagement *d'un immeuble.* Art. 12 et 15 de la loi du 22 frim. an 7. — V. *Bail*, §. 3, n°. 5 et suiv., p. 112, et *Mutation.*

INSINUATION *légale* est totalement abolie par le Code Napoléon pour toutes espèces de donation. — Voyez *Donation entre-vifs*, §. 2, p. 249.

INSOLVABILITÉ des notaires qui ont négligé de faire enregistrer des actes par eux reçus. — Voyez *Notaires.*

INSTANCE. Poursuite d'une action devant un tribunal.

§. 1er. *Des actes préliminaires aux instances.*

1. La solution des difficultés qui pourraient s'élever relativement à la perception des droits avant l'introduction des instances, appartient à la régie. Art. 63 de la loi du 22 frim. an 7.

2. Le premier acte de poursuite pour le recouvrement des droits d'enregistrement et le paiement des peines et amendes prononcées par la loi, est une contrainte. Art. 64 de la même loi.

3. Un jugement du tribunal d'arrondissement de Toulon, du 30 décembre 1806, a renvoyé le sieur Hermite d'une contrainte décernée contre lui pour avoir omis de porter sur son répertoire sept procurations par lui reçues en brevet. Les motifs de ce jugement sont, 1°. que le procès-verbal qui

constatait cette contravention, était rédigé au nom du vérificateur, et non en celui de l'administration, et qu'il ne contenait pas élection de domicile ; 2°. qu'il aurait dû être signifié dans les trois jours ; 3°. que la contrainte décernée par le vérificateur, aurait dû l'être par le receveur. Sur le pourvoi en cassation de l'administration, arrêt du 2 août 1808, portant : « La cour, vu l'art. 64 de la loi du 22 frimaire an 7 ; attendu qu'il résulte de cet article, qu'un procès-verbal n'est pas nécessaire pour constater la contravention ; qu'un préposé de la régie, autre que le receveur, peut décerner la contrainte, et qu'il n'y a pas de délai pour la signifier ; qu'ainsi, les trois nullités adoptées par le jugement attaqué, ne sont pas fondées sur la loi, casse, etc. » (Art. 3336 du J.)

Au surplus, voyez *Contrainte* et *Poursuites*.

§. 2. *De l'introduction et de l'instruction des instances. Juges qui doivent en connaître.*

4. L'instance est *introduite* et formée par l'assignation à jour fixe de la partie opposante devant le tribunal de première instance. Sol. de l'adm. (Art. 1926 du J.) — Voyez *Poursuites*.

5. L'opposition motivée, faite par un redevable à une contrainte, suffit pour *lier l'instance*. Décis. du min. des fin., du 10 fév. 1809. (Art. 3106 du J.)

6. *L'introduction et l'instruction* des instances relatives au recouvrement des droits dont il est question dans ce Dictionnaire, doivent avoir lieu devant les tribunaux de première instance : la connaissance et la décision en sont interdites à toutes autres autorités constituées ou administratives. Art. 2 du tit. 14 de la loi du 11 sept. 1790. Article 32 de celle du 13 brumaire an 7. Article 65 de celle du 22 frim. suivant.

7. Toute action relative au paiement des contributions, doit être portée devant le tribunal de l'arrondissement dans lequel est situé le bureau de perception. Arrêt de la cour de cassation, du 23 floréal an 13, portant :

« La cour, vu l'art. 64 de la loi du 22 frimaire an 7, et attendu que les principes qui règlent la compétence en matière d'actions personnelles, ne régissent point les actions intentées au nom des administrations publiques pour le paiement des contributions ; que notamment, en matière de recouvrement, les receveurs ou préposés de la régie ne peuvent être entraînés, pour l'exercice de leurs poursuites, dans d'autres tribunaux que ceux des lieux où leur bureau est établi ; que l'art. 64 sus énoncé, contient une dérogation formelle à la règle *actor sequitur forum rei*, en obligeant le contribuable opposant à la contrainte, à élire domicile dans la commune où siége le tribunal du lieu où le bureau est établi ; que ces principes ont été constamment appliqués par plusieurs arrêts de la cour de cassation, et qu'ils ont été, au contraire, violés par le jugement du tribunal de Tarascon, du 4 fructidor an 12 ; statuant sur la demande des administrateurs des domaines et de l'enregistrement, en règlement de juges, sans avoir égard au jugement du tribunal de Tarascon, du 4 fructidor an 12, lequel est déclaré nul et comme non avenu, renvoye les parties devant le tribunal de l'arrondissement de Marseille. » (Art. 2079 du J.)

8. Ce principe a été de nouveau consacré par un autre arrêt de la cour de cassation, du 5 mai 1806, qui annulle un jugement du tribunal de la Seine, du 22 prairial an 11, qui avait décidé que la contestation devait être jugée par le tribunal du lieu de l'ouverture de la succession, sans avoir égard au lieu de la situation des biens, ni au bureau d'où la contrainte était émanée. Il est conçu en ces termes :

« La cour, vu le §. 2 de l'article 64 de la loi du 22 frimaire an 7 sur l'enregistrement ;

» L'exécution de la contrainte ne pourra être interrompue que par une opposition formée par le redevable, et motivée avec assignation, à jour fixe, devant le tribunal civil du département : dans ce cas, l'opposant sera tenu d'élire domicile dans la commune où siége le tribunal;

» Considérant que ces mots, *du département*, combinés avec ce qui précède, sont spécialement et exclusivement démonstratifs du département dans l'étendue duquel est situé le bureau d'où la contrainte est portée; d'où il suit que c'est au tribunal auquel ce bureau ressortit, que le législateur a attribué la connaissance des oppositions aux contraintes émanées de ce même bureau; que cette intention du législateur serait justifiée, s'il en était besoin, par des motifs d'ordre et de comptabilité dans une administration publique, motifs qui étaient de nature à agir puissamment sur l'esprit de l'auteur de la loi;

» Considérant, en fait, que le sieur Lessore, opposant à une contrainte décernée par le receveur du bureau de Livry, arrondissement communal de Pontoise, département de Seine et Oise, et pour droit de mutation sur des biens situés dans l'étendue de ce bureau, ayant assigné l'administration devant le tribunal de première instance du département de la Seine, l'administration avait demandé le renvoi de la cause devant le tribunal de la situation des biens, et que le tribunal de la Seine a rejeté ce déclinatoire, et retenu le fond de l'opposition à contrainte;

» Considérant que c'est en vain qu'il s'est fondé sur ce qu'il était le juge naturel du lieu où les parties étaient domiciliées, et où la succession de la dame Hagault, veuve Paschalis, s'était ouverte soit sur ce que le sieur Lessore avait déclaré, dans son opposition, n'être pas héritier de cette dame, puisque le paragraphe ci-dessus cité de la loi sur l'enregistrement, loin de se régler par des motifs, n'a eu égard qu'à la situation du bureau de la contrainte, pour attribuer au seul tribunal d'arrondissement de ce bureau, la connaissance et le jugement de l'opposition formée à cette contrainte, ce qui est en soi une dérogation à la loi générale, qui détermine la compétence des tribunaux de première instance, tantôt par le domicile du défendeur, et tantôt par le lieu d'ouverture de la succession;

» De tout quoi il résulte que le tribunal de la Seine était incompétent pour connaître du fond de la demande portée en l'assignation donnée à la requête du sieur Lessore, le 24 germinal an 11, et qu'il n'a pu sans violer ouvertement la loi ci-dessus, transcrite, se dispenser d'ordonner le renvoi de la cause devant le tribunal civil de première instance de Pontoise, dans l'étendue duquel sont le bureau de Livry et les biens pour raison desquels la contrainte dont il s'agit a été décernée;

» Par ces motifs, la cour casse et annulle le jugement dudit jour 22 prairial an 11, sur le fond; renvoie la cause et les parties devant le tribunal de première instance de Pontoise, pour statuer, ainsi qu'il appartiendra, sur le mérite, tant de la contrainte décernée au bureau de Livry, le 13 germinal an 10, que de l'opposition à icelle. » (Art. 924 et 2470 du J.)

9. La contestation sur l'opposition à une contrainte décernée pour supplément de droit d'enregistrement d'un acte sous seing-privé, doit être portée devant les juges de la situation du bureau qui a décerné la contrainte, et non devant les juges du domicile de celui contre lequel la contrainte a été décernée. Arrêts de la cour de cassation, des 30 messidor an 10, et 14 nivose an 11. (Art. 1364 du J.)

§. 3. *L'instruction se fait par simples mémoires. On peut les rectifier. Cas de désistement de procédure.*

10. L'instruction des instances à suivre par l'administration, pour toutes les perceptions qui lui sont confiées, se fait par simples mémoires signifiés, sans plaidoirie.

Les parties ne sont point obligées d'employer le ministère des avoués. Lois précitées au nomb. 6 ci-dessus. Art. 17 de la loi du 27 vent. an 9.

11. L'on ne doit pas considérer comme un *mémoire*, l'opposition même *motivée* à une contrainte : ce n'est qu'un acte extrajudiciaire sur lequel on ne peut pas juger *contradictoirement*, mais seulement *par défaut*, si la partie n'a point produit de mémoire en réponse à celui qui lui est signifié par l'administration. Décis. du min. des fin., du 10 janv. 1809. (Article 3106 du J.)

12. Les préposés de l'administration peuvent, avant que le tribunal leur ait donné acte de leurs conclusions, les rectifier, et rétracter leurs premiers moyens de défense. Arrêt de la cour de cassat., du 21 avril 1806, qui annulle un jugement du tribunal de Confolens, du 21 germinal an 12, ainsi conçu : « Attendu que les agens de l'administration, préposés au recouvrement des droits et à la poursuite des instances, ne peuvent excéder leur mandat et lier l'administration, en donnant de mauvaises défenses; que d'ailleurs, l'acquiescement, précipitamment donné à la prétention des sieurs Dauphin, avait été révoqué avant que la contestation fût soumise au jugement du tribunal de Confolens; qu'ainsi, les défendeurs ne sont pas plus recevables dans l'une que dans l'autre des exceptions proposées; par ces motifs, la cour casse, etc. » (Art. 2500 du J.)

13. Le désistement de procédure pour cause de nullité, n'emporte pas renonciation à l'instance engagée, et ne prive pas l'administration du droit de recommencer la procédure, pourvu que la signification de la nouvelle contrainte soit postérieure au désistement de la première procédure. Arrêt de la cour de cassation, du 8 mars 1808, fondé sur les motifs suivans : « Attendu qu'il résulte de l'art. 64 de la loi du 22 frimaire an 7, que la contrainte ne devient le premier acte d'une procédure que par l'accomplissement de trois formalités; savoir : 1°. qu'elle soit décernée par le receveur ou préposé de la régie; 2°. qu'elle soit déclarée exécutoire par le juge de paix du canton; 3°. qu'elle soit signifiée;

» D'où il suit que la contrainte qui est la base de la procédure sur laquelle est intervenu le jugement dénoncé, n'est devenue premier acte de cette procédure que le 2 nivose an 14, correspondant au 23 décembre 1805, jour où elle a été signifiée au défendeur défaillant;

» Or, le receveur s'était désisté, dès le 25 frimaire précédent, de la procédure commencée par le commandement, du 2 fructidor an 13, et c'est en vertu de ce désistement que le sieur Robin demanda au tribunal de Vendôme, le 3 janvier 1806, que la procédure fût rayée du rôle : radiation à laquelle acquiesça le procureur impérial, sauf les droits de l'administration.

» Donc, le sieur Robin n'a pu, par son opposition du 20 mars 1807, arguer légitimement de nullité, la contrainte du 25 frimaire an 14, sous prétexte d'une instance à laquelle l'administration avait renoncé; et le tribunal de Vendôme, en sanctionnant cette exception, a violé l'art. 64 susdit, et commis un excès de pouvoir, puisqu'il a accueilli une nullité qui n'existait pas. » (Art. 2879 du J.)

14. S'il y a lieu à communication de pièces, autrement que par signification, elle ne doit point être exécutée sur récépissé entre l'administration et les parties, mais par dépôt au greffe où la communication est faite, sans déplacement, en présence du greffier. (Art. 3400 du J.)

§. 4. *L'instruction se fait sans plaidoiries. On ne peut produire à l'audience des pièces non signifiées.*

15. Il faut remarquer que, si la dernière disposition de l'art. 17 de la loi du 27 ventose an 9, rapporté ci-devant n°. 10, paraît laisser aux parties la faculté d'employer le ministère des avoués dans les instances relatives

relatives aux droits d'enregistrement, ce ne peut être que pour la rédaction de leurs mémoires, et sans que ces avoués puissent être entendus, c'est ce qui résulte de la disposition précédente, portant que l'instruction se fera par simples mémoires respectivement signifiés et sans plaidoirie. Circul. de l'administ., du 17 germinal an 9, n°. 1992.

16. Les ministres de la justice et des finances ont aussi décidé, les 8 et 22 prairial an 8, qu'il n'était pas permis aux parties ou à leurs défenseurs, d'exposer, développer ou expliquer leurs moyens verbalement à l'audience. (Art. 510 du J.)

17. Arrêt de la cour de cassation, du 13 janvier 1808, qui annulle un jugement du tribunal de la Seine, sur le fondement que ce jugement constate que le défenseur de la *veuve Raimbaux a été entendu* à l'audience dans ses observations. Cet arrêt porte : « La cour, vu l'art. 65 de la loi du 22 frimaire an 7, portant : « L'instruction se fe- » ra par simples mémoires respectivement » signifiés », et l'art. 17 de la loi du 27 ventose an 9, portant même disposition, et ajoutant : *sans plaidoirie :* et attendu que le jugement attaqué constate que le défenseur de la veuve Raimbaux a été entendu en l'audience dans ses observations : ce qui n'a pu être permis sans contravention aux lois citées ; casse, etc. » (Article 2823 du J.)

18. Les parties ou leurs défenseurs ne peuvent produire à l'audience des consultations non signifiées à l'administration, à peine de nullité du jugement. Arrêt de la cour de cassation, du 18 janv. 1808, dont le dispositif suit : « La cour, vu l'art. 65 de la loi du 22 frimaire an 7, et l'art. 17 de celle du 27 ventose an 9; considérant que le tribunal de Loudun a admis le défenseur de Galerne et sa femme à lui présenter une consultation qui n'avait point été signifiée, et à lui faire des observations après le rapport, ce qui est contraire aux lois ci dessus citées, et a mis le tribunal dans le cas de

juger la régie sur des moyens dont elle n'avait pas eu connaissance ; la cour casse, etc. » (Art. 3019 du J.)

§. 5. *Le ministère des avoués n'est point nécessaire.*

Voyez nomb. 10 et 15.

19. Le ministère des avoués n'est plus nécessaire dans les instances relatives à la perception des droits, ou au recouvrement des revenus de domaines, qui se sont introduites même depuis la publication du Code de Procédure civile. Décision du minist. des finances, du 28 pluviose an 9. (Art. 739 du J.) Décisions des minist. de la justice et des finances, des 28 fév. et 24 mars 1807. Circul. du 31 dudit mois de mars 1807. Arrêt de la cour de cassation, du 29 thermidor an 10, ainsi conçu : « La cour, vu l'art. 94 de la loi du 27 ventose an 8, l'art. 2 de la loi du 19 ventose an 4, l'arrêté du directoire exécutif du 10 thermidor suivant, l'arrêté des consuls, du 7 messid. an 9; considérant que la loi du 27 ventose (article 94), relative aux avoués, n'est applicable qu'aux affaires entre particuliers ; qu'à l'égard de celles qui concernent l'Etat, les autres lois ci-dessus citées constituent les commissaires du gouvernement, seuls dépositaires de l'intérêt national, et les autorisent à faire ce que les avoués font dans les affaires qui ne regardent pas l'Etat ; annulle, pour contravention aux lois, l'arrêt de la cour d'appel de Paris, du 23 vent. an 9. » (Art. 1339 du J.)

20. Autre arrêt de la même cour, du 13 pluviose an 11, portant : « La cour, vu l'art. 94 de la loi du 27 ventose an 8, vu aussi l'art. 17 de la loi du 27 ventose an 9, et attendu que l'art. 17 de cette dernière loi, postérieure à celle du 27 ventose an 8, en dispensant la régie d'employer le ministère des avoués dans tous les procès qu'elle aura à soutenir pour toutes les perceptions qui lui sont confiées, embrasse indistinctement dans sa disposition, et les affaires concer-

nant la perception des revenus nationaux, et celles relatives au droit d'enregistrement, et qu'au reste, cet article 17 formerait, au besoin, une exception pour toutes les affaires de la régie, à la disposition de l'art. 94 de la loi du 27 ventose an 8, qui a rendu aux avoués leur droit exclusif de postuler et de prendre des conclusions;

» D'où il suit que le jugement attaqué, en imposant, d'après cet article 94, à la régie l'obligation de constituer avoué dans l'espèce, parce qu'il s'agissait, non d'une affaire d'enregistrement, mais de revenus nationaux, a fait une distinction que ne comportait pas la généralité de la disposition de l'art. 17 de la loi du 27 ventose an 8, et violé l'art. 17 de celle du 27 ventose an 9;

» Par ces motifs, casse l'arrêt de la cour d'appel d'Amiens, du 8 frimaire an 10. » (Art. 1515 du J.)

§. 6. *Frais à supporter par la partie qui succombe.*

21. Il n'y a d'autres *frais à supporter par la partie qui succombe*, que ceux du papier timbré, des significations et du droit d'enregistrement des jugemens. Art. 65 de la loi du 22 frim. an 7.

22. Les tribunaux ne peuvent allouer d'autres frais, et le salaire des avoués doit être à la charge de ceux qui les emploient. Déc. du grand-juge minist. de la just., du 26 novembre 1808. (Art. 2039 et 3108 du J.)

23. L'exécution de l'art. 65 de la loi du 22 frimaire an 7, ne fait pas de difficulté lorsque l'instance n'est engagée qu'entre l'administration et le redevable, mais il n'en est pas de même lorsqu'il y a des tiers saisis. Dans ce cas, les actions doivent être instruites et jugées sommairement et sans frais, quand il ne s'agit que de la déclaration du tiers saisi.

Mais, si ce tiers saisi prétendait ne rien devoir, l'instance devrait être instruite comme entre particuliers : en effet, il ne doit pas être privé de ses moyens de défense, toutes les fois qu'il soutient qu'il n'est pas débiteur, et qu'il s'élève des difficultés sur le fond.

Cette opinion est conforme aux principes établis dans une lettre du grand-juge ministre de la just., au min. des fin., du 27 floréal an 13. (Art. 2028 du J.)

§. 7. *Délai pour l'instruction et pour le jugement des affaires.*

24. « Les tribunaux sont autorisés à *accorder*, soit aux parties, soit aux préposés de l'administration qui suivent les instances, *le délai qu'ils leur demandent pour produire leurs défenses* : ce délai ne peut néanmoins être de plus d'un mois. Les jugemens sont rendus dans les trois mois, au plus tard, à compter de l'instruction des instances. » Art. 65 de la loi du 22 frim. an 7.

25. Cependant, le délai de trois mois fixé pour le jugement des affaires, en matière d'enregistrement, n'est pas d'une rigueur absolue, et l'on peut former opposition à un jugement par défaut. Arrêt de la cour de cassation, du 2 août 1808, portant : « La cour, vu l'art. 65 de la loi du 22 frimaire an 7; attendu que cet article n'introduit que la faculté pour les juges, de prononcer par défaut après les trois mois, et ne prononce pas de fin de non-recevoir : casse le jugement rendu le 30 décembre 1806 par le tribunal d'arrondissement de Toulon. » (Art. 3336 du J.)

26. Autre arrêt de la cour de cassation, du 4 mars 1807, dont voici les motifs : « La cour, vu l'art. 65 de la loi du 22 frimaire an 7, et l'art. 3 du tit. 35 de l'ordonnance de 1667; attendu qu'en prescrivant qu'en matière d'enregistrement, les affaires seront jugées au plus tard dans les trois mois de leur introduction, la loi de frimaire an 7 n'a eu pour objet que d'accélérer la décision des affaires de cette espèce; que cette disposition est purement réglementaire, et que la loi n'a établi aucune peine

de déchéance dans le cas où les affaires se prolongeraient au-delà de ce terme qui, conséquemment, n'est pas d'une rigueur absolue; attendu que, par la dernière disposition qui n'admet que la voie de cassation contre ces jugemens, le législateur n'a voulu que fixer un seul degré de juridiction pour ces sortes d'affaires, mais qu'il n'a pas interdit la voie d'opposition contre les jugemens rendus par défaut, et qu'il n'y aurait qu'une disposition formelle et expresse qui eût pu déroger au droit commun à cet égard, et à l'ordonnance de 1667; disposition qui n'existe pas dans la loi de frimaire; attendu qu'il est constant, en fait, que le jugement du 12 germinal an 13 avait été rendu par défaut de la régie; qu'elle n'avait ni comparu, ni répondu aux défenses de son adversaire, ni fait aucune production; que son opposition formée à ce jugement dans la huitaine de la signification, était recevable, et qu'en refusant de l'admettre et de statuer sur le fond de la contestation, sous le prétexte que le jugement du 12 germinal ne pouvait être attaqué que par la voie de cassation, et que le délai de trois mois fixé par la loi, était expiré, le tribunal de Saint-Brieux a fait une fausse interprétation de la loi du 22 frimaire an 7, et qu'il est contrevenu aux dispositions de l'ordonn. de 1667, casse, etc. » (Art. 2549 du J.)

27. Autre arrêt du 19 juin 1809, qui, en rejetant le pourvoi en cassation du sieur de la Guichardière, contre un jugement du tribunal de Bressuire, consacre de nouveau le principe que la loi ne prononce point la peine de prescription ou de déchéance dans le cas où les affaires ne seraient pas jugées dans le délai de trois mois. (Article 3355 du J.)

28. Au surplus, le délai de huitaine, à compter du jour de la signification, pour former opposition à un jugement par défaut, en matière de perception de droits, est de rigueur, même pour l'administration. (Art. 953 du J.)

§. 8. *Du rapport par l'un des juges, et des conclusions du procureur impérial.*

29. Les jugemens sont rendus sur le rapport d'un juge, fait en audience publique, et sur les conclusions du procureur impérial. Art. 65 de la loi du 22 frim. an 7.

30. Ils doivent, à peine de nullité, faire mention de ce rapport. Arrêt de la cour de cassat., du 25 avril 1808, qui a annullé un jugement du tribunal de Tarbes, en ces termes : « La cour, vu l'art. 65 de la loi du 22 frimaire an 7 sur l'enregistrement, et attendu que du contexte du jugement attaqué, il ne conste pas qu'il ait été rendu sur le rapport d'un des juges, et que le certificat extrajudiciaire donné à cet égard par le président du tribunal, ne peut pas suppléer, aux yeux de la loi, à la mention que doit contenir le jugement même de l'observation de cette formalité, casse, etc. » (Article 2924 du J.)

31. Le procureur impérial n'est pas tenu d'instruire les affaires concernant l'administration de l'enregistrement et des domaines : les préposés seuls en sont chargés ; mais ce magistrat doit défendre les intérêts de l'Etat sur les mémoires qui ont été fournis et qui lui sont remis, et prendre des conclusions en conformité, si la demande lui paraît dans le vœu de la loi. Lett. du min. des fin., du 27 floréal an 12. (Article 1747 du J.)

§. 9. *De la rédaction, de la signification et de l'exécution des jugemens. Du pourvoi en cassation.*

32. Pour toutes affaires dans lesquelles l'administration ne doit pas employer le ministère des avoués, il y a lieu de rédiger le jugement sans signification préalable des qualités. Déc. des min. de la just. et des fin., du 1er. mars 1808. Inst. gén. du 25 du même mois, n°. 569.

33. Quoique MM. les procureurs impériaux représentent en quelque sorte le fisc, qu'ils en défendent les intérêts, et qu'ils

ajoutent quelquefois dans leurs conclusions, des moyens qui avaient échappé aux directeurs de l'administration, on ne peut valablement leur signifier les jugemens rendus dans les affaires concernant l'administration : cette signification, qui serait surabondante, ne pourrait remplir le vœu de la loi, puisque la signification des jugemens doit être faite à personne ou domicile. Ainsi, le délai pour se pourvoir en cassation, ne court que du jour où la signification est faite aux préposés de l'administration. (Art. 3365 du J.)

34. L'administration n'est point tenue de fournir un cautionnement pour l'exécution provisoire des affaires qui intéressent l'Etat. Décision du minist. de la justice, du 8 prairial an 6. Circul. du 27 du même mois, n°. 1296.

35. Les jugemens sont sans appel, et ne peuvent être attaqués que par voie de cassation. Art. 65 de la loi du 22 frim. an 7.

36. En général, l'on n'est pas recevable à se pourvoir en cassation contre un arrêt ou jugement qu'on a spontanément exécuté. (Art. 2187 du J.) Cependant il y a lieu, à l'égard de l'administration, de faire les distinctions suivantes.

37. Lorsqu'un jugement a été signifié *sans réserve*, à la requête de l'administration elle-même, et non d'un simple préposé, avec sommation d'exécuter le jugement, elle est censée avoir acquiescé au jugement, et elle n'est plus recevable à se pourvoir en cassation. Arrêt de la cour de cassation, du 25 décembre 1807, portant : « Vu l'acte de signification du jugement attaqué, fait à la requête des administrateurs de la régie de l'enregistrement à la défenderesse; attendu que, par cet acte fait au nom de la régie elle-même, et non d'un simple préposé de cette administration, par lequel elle a sommé la défenderesse d'exécuter le jugement attaqué, la régie est censée avoir acquiescé à ce jugement; attendu que, d'après cet acquiescement, elle n'a plus été recevable à se pourvoir en cas-

sation contre ce même jugement; déclare les administrateurs de la régie de l'enregistrement non recevables dans leur pourvoi. » (Art. 2822 du J.)

38. Mais si un préposé a agi en sa seule qualité, sans un mandat spécial, l'administration n'est pas liée par le fait de ce préposé, quand même il aurait payé, sans faire aucune réserve, le montant de la condamnation. Arrêt de la cour de cassation, du 21 germinal an 12, en ces termes : « Attendu que la régie ne pouvait être liée par le fait de ses préposés inférieurs, qu'autant qu'ils auraient agi en vertu d'un mandat spécial qu'ils auraient reçu d'elle *ad hoc* : mandat qu'ils n'ont point reçu, et que le défendeur ne prétend pas leur avoir été par elle adressé : d'où il suit que le prétendu acquiescement qu'il oppose à la régie, n'ayant pas été volontaire, le pourvoi en cassation de celle-ci contre le jugement attaqué, ne peut être écarté par l'art. 5 du tit. 27 de l'ordonnance de 1667, absolument inapplicable à l'hypothèse. » (Article 2822 du J.)

39. Voici les précautions à prendre avant d'exécuter des jugemens ou arrêts des cours d'appel, concernant l'administration, ou d'en provoquer l'exécution. Si le jugement ou l'arrêt est rendu au profit de l'administration, il faut distinguer : ou les conclusions prises au nom de l'administration ont été entièrement adoptées, ou elles ne l'ont été qu'en partie. Dans le premier cas, le receveur doit suivre l'exécution du jugement; dans le second cas, il ne doit recevoir, avant l'autorisation du directeur, le montant des condamnations qui lui serait offert, qu'avec réserves précises, au nom de l'administration, de se pourvoir par appel ou en cassation, à raison des dispositions qui auraient rejeté ou modifié la demande, ou qui auraient condamné l'administration sur quelque point. Le receveur doit insérer ces réserves dans sa quittance, et veiller à ce qu'elles le soient dans les actes de poursuites que des circonstances ur-

gentes pourraient exiger pour la conservation des intérêts de l'Etat.

Quant aux jugemens ou arrêts qui sont entièrement contraires à la demande de l'administration, le receveur ne doit payer les dépens ou effectuer la restitution, s'il en est ordonné, qu'après y avoir été autorisé par le directeur, à moins qu'il n'y soit contraint par la signification du jugement ou de l'arrêt, avec commandement. Dans ce cas, il faut payer de suite, et exiger qu'il soit exprimé dans la quittance, que le paiement a été fait forcément, et qu'il est réservé à l'administration de se pourvoir par appel ou en cassation, si elle le juge convenable. Si l'administration s'est pourvue en cassation avant la réclamation du paiement, il ne doit être effectué qu'après que ceux au profit desquels le jugement ou l'arrêt a été rendu, ont donné bonne et suffisante caution pour sureté des sommes à eux adjugées, comme le prescrit le décret du 16 juillet 1793, transcrit dans la Circulaire de l'administration, du 22 août 1793, n°. 441. Inst. gén. du 16 juillet 1808, n°. 589.

40. Il faut observer que le pourvoi en cassation s'exerçant par le dépôt, au greffe de la cour, du jugement attaqué, il n'est pas nécessaire que le directeur de l'administration fasse signifier ce jugement à la partie, ni aucune déclaration de recours. (Article 2187 du J.)

41. Un tribunal rend un jugement contraire aux lois des 6 octobre 1791, 16 floréal an 4, et 25 ventose an 11, sur l'organisation du notariat : ce n'est point à l'administration, mais à M. le procureur impérial, à se pourvoir en cassation, pourvu que les contraventions ne soient pas de nature à porter atteinte aux droits. Décis. du min. de la just., du 25 avril 1808. (Article 2898 du J.)

§. 10. *La forme de procédure, en matière de contributions, n'est point changée par le Code de Procédure Civile.*

42. L'art. 1041 du C. de P. C., qui abroge toutes lois, usages et règlemens antérieurs, ne s'applique point aux lois et règlemens concernant la forme de procédure relativement à la régie de l'enregistrement et des domaines. Avis du Conseil d'Etat, du 12 mai 1807, dont la teneur suit :

« Le Conseil d'Etat, après avoir entendu la section de législation sur un rapport fait à Sa Majesté par le grand-juge ministre de la justice, ayant pour objet la question de savoir si l'art. 1041 du C. de P. C., portant abrogation de toutes lois, usages et règlemens antérieurs, relatifs à la procédure, doit faire cesser la forme de procéder qui a été précédemment réglée concernant la régie de l'enregistrement et des domaines ;

» Vu ledit article 1041 du Code de Procédure civile,

» Est d'avis que l'abrogation prononcée par cet article, ne s'applique point aux lois et règlemens concernant la forme de procéder relativement à la régie des domaines et de l'enregistrement.

» Le nouveau Code de Procédure sera désormais la loi commune : ainsi, les lois et règlemens généraux qui étaient en vigueur dans les diverses contrées dont l'Empire français se compose, ont été et ont dû être abrogés. Mais, dans les affaires qui intéressent le gouvernement, il a toujours été regardé comme nécessaire de s'écarter de la loi commune par des lois spéciales, soit en simplifiant la procédure, soit en prescrivant des formes différentes. Or, on ne trouve dans le nouveau Code aucune disposition qui puisse suppléer ou remplacer ces règlemens spéciaux ; il y aurait cependant même nécessité de les rétablir, et de leur rendre la force de loi, si on pouvait supposer qu'ils l'eussent perdue. Mais il ne peut y avoir de doute, parce que l'abrogation prononcée par l'art. 1041, n'a eu pour objet que de déclarer qu'il n'y aurait qu'une seule loi commune pour la procédure, et que l'on n'a entendu porter aucune atteinte aux formes de procéder soit dans les affaires de la régie de l'enregistrement et des domaines, soit en toute autre matière pour laquelle il aurait été fait, par une loi spéciale, exception aux lois générales. » Circ. du 4 juillet 1807.

Au surplus, voyez *Cassation*, *Compétence*, *Incompétence*, *Péremption d'instances* et *Poursuites*.

INSTITUTION *contractuelle* est un don irrévocable des biens ou de partie des biens que l'instituant laissera à son décès, fait, par contrat de mariage, à l'un des deux conjoints, ou à des enfans qui doivent naître du futur mariage.

Cette disposition ne produit d'effet qu'à l'événement du décès : elle est seulement passible d'un droit particulier et fixe de 3 f. lors de l'enregistrement du contrat, sauf le droit proportionnel dans les six mois du décès. — Voyez *Contrat de mariage*, §. 23, nos. 6, 7 et 8.

INSTITUTION *d'héritier*. Disposition testamentaire, par laquelle on se nomme un héritier. — Voyez *Testament*.

INSUFFISANCE *d'estimation* dans les déclarations de succession, dans les transmissions entre-vifs à titre gratuit ou à titre d'échange, et dans le prix stipulé aux actes d'aliénation, à titre onéreux, de propriété ou d'usufruit d'immeubles. — Voyez *Expertise*, p. 280, et *Succession*.

INTERCALLATION. — Voyez *Répertoire*.

INTERDICTION. Jugement d'un tribunal de première instance, qui, d'après un avis de parens, prive quelqu'un de la faculté de contracter, de disposer de ses biens ou de les administrer, à raison de l'incapacité où il est d'exercer ses droits civils. Les causes de l'interdiction sont l'imbécillité, la démence ou la fureur.

1. Avant de rendre un jugement d'interdiction, le tribunal doit ordonner que le conseil de famille donnera son avis sur l'état de la personne dont l'interdiction est demandée. L'expédition du jugement est sujette au droit fixe de 2 f. (Art. 1586 du J.)

2. L'avis de parens qui précède l'interdiction, doit être préalablement enregistré. Le droit est de 1 f. fixe. Art. 68, §. 1er., no. 11 de la loi du 22 frim. an 7.

3. Après le premier interrogatoire, le tribunal commet, s'il y a lieu, un administrateur provisoire pour prendre soin de la personne et des biens du défendeur. Art. 497 du C. N. Ce jugement n'étant que préparatoire et de formalité, est assujetti au droit fixe de 2 francs. (Article 1586 du J.)

4. Les expéditions des jugemens portant interdiction, sont soumises au droit fixe de 15 f. §. 6, no. 2 de l'art. 68 de la loi du 22 frim. an 7.

5. Lorsque le tuteur à l'interdit est nommé par le même jugement, il n'est dû aucun droit particulier pour cette disposition, parce qu'elle est une suite nécessaire de l'interdiction ; mais il rend le jugement susceptible de l'enregistrement sur la minute.

6. Si le tuteur est nommé par acte séparé, il est dû le droit fixe de 2 f. Même art., §. 2, no. 4.

7. Dans l'ancienne jurisprudence, la prodigalité était une cause d'interdiction ; mais le Code Napoléon a apporté une modification à cet égard. L'art. 513 est conçu en ces termes : « Il peut être défendu aux prodigues de plaider, de transiger, d'emprunter, de recevoir un capital mobilier, et d'en donner décharge, d'aliéner ni grever leurs biens d'hypothèques, sans l'assistance d'un conseil qui leur est nommé par le tribunal. »

D'un autre côté, l'article 499 du C. N. porte : « En rejetant la demande en interdiction, le tribunal pourra néanmoins, si les circonstances l'exigent, ordonner que le défendeur ne pourra désormais plaider, transiger, emprunter, recevoir un capital mobilier, ni en donner décharge, aliéner ni grever les biens d'hypothèque, sans l'assistance d'un conseil qui lui sera nommé par le même jugement. »

L'on ne doit point appliquer à ces jugemens les dispositions de la loi du 22 frim. an 7, relatives à ceux portant interdiction : en effet, il y a une grande différence entre être interdit absolument, et être seulement assujetti à prendre, dans certains cas spécifiés, l'avis d'un conseil.

Ceux auxquels on donne un conseil, ne sont pas incapables des actes de la vie civile : ils ne peuvent s'obliger, en contractant dans les cas prévus, sans l'assistance de leur conseil ; mais, en général, ils sont habiles à contracter ; ils ont la faculté de se marier, de faire un testament, ce que ne peuvent pas les interdits : ainsi, cette nomination d'un conseil ne peut être assujettie qu'au droit fixe de 3 f., comme jugement définitif. (Art. 1586 du J.)

8. Quoique le jugement porte à-la-fois rejet de la demande en interdiction, et nomination d'un conseil, il n'est dû néanmoins qu'un seul droit, parce que les deux dispositions doivent nécessairement être contenues dans le même jugement, et que la nomination d'un conseil est la conséquence ou la suite du rejet de la demande en interdiction. (Art. 1684 du J.)

9. Les jugemens d'interdiction, et ceux portant nomination de conseil, doivent être affichés dans la salle de l'auditoire et dans les études des notaires de l'arrondissement. Art. 501 du C. N. Art. 897 du C. de P. C. Les certificats des greffiers et des notaires, constatant l'exécution de cette mesure, peuvent être écrits sur les expéditions de ces jugemens, et ils ne sont pas sujets à la formalité de l'enregistrement. Décis. du min. des fin., du 25 juin 1807. (Art. 2585 et 2602 du J.)

INTÉRÊT. Droit que l'on a dans une entreprise, dans une société. — Voyez *Action.*

INTÉRÊTS. Les fruits que produit l'argent, sont appelés *intérêts*, quand il n'y a point d'aliénation du fonds ; on les appelle arrérages de rente, quand le fonds est aliéné, ce qui se fait par un contrat de constitution.

1. Le droit d'enregistrement des jugemens portant condamnation, collocation ou liquidation, est dû sur le capital des sommes et les *intérêts*, et dépens liquidés. — Voyez *Actes judiciaires*, §. 6, n°. 1.

2. Lorsqu'il y a lieu d'ordonner soit la restitution d'une perception indûment faite, soit le supplément dû à raison d'une perception insuffisante, l'administration de l'enregistrement ni les redevables ne peuvent être assujettis à payer *l'intérêt* des sommes à répéter. Arrêts de la cour de cassation, des 25 thermidor an 2, 2 floréal an 13, et 11 fév. 1806. Le premier a annulé un jugement du tribunal de première instance de Paris, qui avait condamné l'administration aux intérêts de la somme du droit à restituer.

Le second est motivé ainsi qu'il suit :

« La cour, considérant qu'aucun impôt direct ou indirect ne peut éprouver aucune extension ni retranchement qu'en vertu d'une loi expresse ; qu'aucune loi de la matière n'autorise les percepteurs, en aucun cas, à exiger des intérêts, et que la loi qui autorise le pourvoi en restitution des droits indûment perçus, n'alloue dans aucun cas les intérêts des sommes à restituer ; qu'en adjugeant ces intérêts, le tribunal de Montpellier a commis un excès de pouvoir et usurpé le pouvoir législatif, casse, etc. » (Art. 2063 du J.)

Et le troisième est conçu en ces termes :

« La cour, considérant qu'aucun impôt direct ou indirect ne peut éprouver aucune extension ni retranchement qu'en vertu d'une loi expresse ; qu'aucune loi de la matière n'autorise les percepteurs, en aucun cas, à exiger des intérêts moratoires, et que, dans l'usage, la régie n'a jamais demandé ni exigé aucun intérêt ; que la loi qui autorise le pourvoi en restitution des droits indûment perçus, n'alloue en aucun cas les intérêts des sommes à restituer ; qu'ainsi, en adjugeant ces intérêts, le tribunal civil de l'arrondissement de Versailles a commis un excès de pouvoir et une usurpation de l'autorité législative , casse, etc. » (Art. 2382 du J.)

3. Les dispositions de l'art. 1153 du C. N. , ne sont pas applicables aux contributions qui sont assujetties à d'autres règles : ainsi , le retard de paiement des droits d'enregistrement, de timbre, de greffes et d'hypothèques , n'autoriserait pas à exiger ni à demander en justice les intérêts des sommes dues. Inst. gén. du 2 août 1806 , n°. 514.

4. A l'égard des quittances de capitaux sans réserve des intérêts , voyez *Quittance*.

INTERLIGNE. — Voyez *Actes* , n°. 6, p. 19.

INTERLOCUTOIRE. Sont réputés interlocutoires , les jugemens rendus lorsque le tribunal ordonne une preuve, une vérification ou une instruction qui préjuge le fond. Art. 452 du C. de P. C.

1. Les jugemens interlocutoires des juges de paix , sont soumis au droit fixe de 1 f. Art. 68, §. 1er. , n°. 46 de la loi du 22 frimaire an 7.

2. Ceux de même nature rendus par les tribunaux civils et de commerce , et les arbitres , sont passibles du droit fixe de 2 f. Même article , §. 2 , n°s. 6 et 7. — Voyez *Actes judiciaires* , §. 5 , *des tribunaux de première instance* , deuxième partie, page 28.

3. Toutes les fois qu'un jugement *interlocutoire* admet illégalement des preuves, telles qu'une expertise, lorsqu'il y a des preuves résultant d'actes, ou qu'il présente une violation de la loi, il donne ouverture au pourvoi en cassation. Arrêts de la cour de cassation, des 9 vendémiaire an 13, 18 fév. 1807, et 5 avril 1808. (Art. 1884, 2835 et 2952 du J.) Le dispositif de ces deux derniers arrêts est rapporté au mot *Expertise*, n°s. 3 et 4, p. 281. Le premier a été rendu dans l'espèce ci-après : « Le directeur de l'administration demande qu'on prenne pour base de la liquidation du droit d'une succession , une ventilation précédemment faite d'une forge entre le propriétaire et son fermier. » — Un jugement du tribunal de Laval ordonne , avant faire droit , une expertise. — Sur le pourvoi en cassation , le sieur Segueux soutient l'administration non recevable , en ce que le jugement dénoncé contenant un avant faire droit sans décider aucune question , est un jugement purement préparatoire , contre lequel la cassation n'est pas admise. — 9 vendémiaire an 13 , section civile. Arrêt par lequel la cour, considérant que , dans l'espèce , ordonner une expertise , c'était virtuellement décider en définitif que la ventilation dont la régie voulait se prévaloir , ne serait pas prise pour base , rejette la fin de non-recevoir.

INTERROGATOIRE. Série de questions proposées par le juge, et de réponses faites par la partie, pour connaître la vérité de certains faits.

1. Il y a deux espèces d'interrogatoire , l'un en matière civile sur faits et articles , pour rendre certains ceux qui doivent déterminer le jugement. Cet interrogatoire est passible du droit fixe de 1 f. , s'il est fait par un juge de paix ou par le tribunal de police ordinaire, et de 2 f. s'il a lieu devant des tribunaux civils , d'arbitres et de commerce. Article 68, §. 1er. , n°. 46, et §. 2 , n°s. 6 et 7 de la loi du 22 frimaire an 7.

Le droit est dû sur la minute. Circul. de l'administration , du 14 ventose an 9 , n°. 1974. Inst. génér. du 4 juillet 1809 , n°. 436.

L'autre en matière criminelle ou de police générale et de sureté , police correctionnelle , tendant à obtenir la conviction d'un délit ou d'un crime : cet interrogatoire est exempt de la formalité de l'enregistrement, *s'il n'y a pas de partie civile.* Art. 70, §. 3 , n°. 9 de la loi du 22 frim. an 7. Dans le cas contraire, il est dû sur le pied indiqué ci-dessus.

INTERRUPTION *de prescription.* — V. *Prescription.*

INTERVENTION. Acte par lequel on se rend

rend partie dans une instance engagée au civil entre des tiers. — V. *Actes judiciaires* et *Exploits*.

INTERVENTIONS *à protêt* sont assujetties au droit fixe de 1 f. Art. 68, §. 1er., n°. 30 de la loi du 22 frim. an 7.

INTRODUCTION *des instances, concernant les droits d'enregistrement et autres*. — V. *Instances*.

INVENTAIRE. Description détaillée, et estimation des biens meubles et immeubles, effets, titres et papiers, faites après décès, absence ou faillite d'un individu, pour conserver le droit des mineurs, des créanciers ou autres intéressés.

1. Les notaires ont généralement seuls le droit de procéder aux inventaires. Art. 10 de la loi du 27 mars 1791. Lettre du ministre de la justice, du 6 thermidor an 5.

2. Il n'y a d'exception que pour les inventaires en cas de déshérence et épaves, pour ceux des biens indivis avec l'Etat, qu'il séquestre ou confisque, et pour ceux de cargaisons naufragées. Ces inventaires se font par les autorités administratives. Ceux après faillite, sont faits par les syndics provisoires, aux termes de l'art. 50 du C. de C.

3. Les inventaires que les *commerçans* sont tenus, aux termes de l'art. 9 du liv. 1er. du C. de C., de faire tous les ans, de leurs effets mobiliers et immobiliers, et de leurs dettes actives et passives, doivent être rédigés en papier timbré. (Article 2913 du J.)

4. Il est dû pour les inventaires de meubles, objets mobiliers, titres et papiers, par quelque officier ou autorité qu'ils aient été rédigés, le droit fixe de 2 f. par chaque vacation. Art. 68, §. 2, n°. 1 de la loi du 22 frimaire an 7. A cet effet, les notaires doivent désigner le nombre des vacations qu'ils emploient aux inventaires, mais ils ne sont pas tenus de faire, sur le répertoire, une inscription particulière pour chaque vacation. — V. *Vacation*.

5. Un inventaire dont il ne résulte qu'un procès-verbal de carence, est passible du droit fixé pour les inventaires. (Art. 2645 du J.)

6. On ne peut considérer comme inventaire, l'état détaillé du *mobilier* d'un moulin, fait par un notaire, ensuite de bail. Ce n'est qu'un acte simple, seulement passible du droit fixe de 1 f., quel que soit le nombre des vacations employées par le notaire pour dresser cet état. (Article 512 du J.)

7. Le *délai pour l'enregistrement* des inventaires, court à partir de la date du procès-verbal de *chaque vacation*, et non de la date de la dernière de toutes les vacations. — V. *Vacation*.

8. Les inventaires et récolemens d'inventaires de cargaisons naufragées, qui ont lieu devant les commissaires de la marine ou toute autre autorité, doivent être écrits sur papier timbré, et présentés à l'enregistrement dans les vingt jours de leur date. Décision du ministre des finances, du 28 juin 1808. Nomb. 6 de l'Instruction gén. du 21 juillet 1808, n°. 390. (Article 2875 du J.)

9. Un inventaire interrompu par les contestations des parties, peut, sans contravention à l'article 41 de la loi du 22 frimaire an 7, être continué avant que l'ordonnance du juge, auquel le notaire a référé de ces contestations, ait été enregistrée. Décision du ministre des finances, du 29 décembre 1807. (Articles 2767 et 2791 du J.)

10. Les notaires qui résident dans les villes où siége une cour d'appel, pouvant instrumenter dans toute l'étendue du ressort de cette cour, sont autorisés à faire enregistrer les inventaires à leur rapport, au *bureau du lieu où ils ont instrumenté*, dans les dix ou quinze jours de chaque vacation, suivant que la commune dans laquelle l'opération a été faite, se trouve ou non un chef-lieu de bureau, à la charge néanmoins par lesdits notaires de soumettre la dernière séance, contenant la clôture de leurs inventaires, à la formalité de l'enregistrement, au

bureau de leur résidence, dans les *quinze jours* de sa date. Décision du ministre des finances, du 12 thermidor an 12. Cette faculté n'est accordée que pour les inventaires, et seulement aux notaires des villes où il y a une cour d'appel. Nombre 52 de l'Instruction générale du 3 fructidor an 13, n°. 290.

11. La *nomination d'experts* ou de *commissaires priseurs*, faite dans les inventaires pour priser les meubles et effets, et la prisée à laquelle ils procèdent, dérivant nécessairement l'une et l'autre de l'inventaire, ne donnent point ouverture à un droit particulier. Solution de l'administration, du 2 fructid. an 9. (Article 951 du J.)

12. Les *déclarations de dettes passives* contenues dans les inventaires, faites par les héritiers présens, et l'époux survivant, ayant uniquement pour objet de donner un aperçu des charges de la succession ou de la communauté, sont de l'essence de l'inventaire dont elles font une partie nécessaire; elles ne sont point obligatoires, et ne peuvent servir, aux créanciers désignés, de titres suffisans pour intenter une action en paiement : d'après ces motifs, elles ne sont sujettes à aucun droit d'enregistrement. Décision du minist. des finances, du 30 floréal an 11. Nomb. 18 de l'Inst. gén. du 3 fructidor an 13, n°. 290. (Article 1656 du J.)

13. Il n'en est pas ainsi des déclarations par lesquelles un ou plusieurs des héritiers présens à l'inventaire, se reconnaissent personnellement débiteurs soit envers la succession, soit envers un ou plusieurs de leurs co-héritiers : celles-ci sont passibles du droit proportionnel de 1 pour 100 sur la somme due, déduction faite de la part que l'héritier débiteur confond en sa personne, si la créance appartient à la succession, à moins qu'il ne soit justifié que les créances formant l'objet de ces déclarations sont fondées sur un titre enregistré. Déc. du min. des fin., du 30 floréal an 11. Nomb.

18 de l'Inst. gén. du 3 fructidor an 13, n°. 290. (Art. 1656 du J.)

14. Dans un inventaire, la femme survivante déclare avoir disposé, par vente volontaire, de son propre mouvement et sans autorisation, d'objets mobiliers de la communauté, jusqu'à concurrence d'une somme de 4,000 f. Cette déclaration dérive nécessairement de l'inventaire, et ne doit pas être considérée comme une disposition distincte, puisque la veuve a agi au nom de la communauté, soit en vendant, soit en recevant le prix : elle n'est pas débitrice, mais comptable du montant de la vente à la communauté. (Article 3274 du Journal.)

15. Les *actes sous seing-privé* peuvent être énoncés dans un inventaire, sans qu'on soit tenu de les soumettre préalablement à l'enregistrement. Délib. du direct. exéc., du 22 vent. an 7. Circ. de l'adm., du 9 floréal suiv., n°. 1554. (Art. 71 du J.)

16. Cependant, si l'on inventoriait un bail, une vente ou engagement *d'immeubles* fait sous seing-privé, les préposés seraient fondés à former la demande des droits, parce que ces actes sont assujettis à la formalité dans un délai déterminé.

17. Par le n°. 2, §. 2 de l'art. 68 de la loi du 22 frim. an 7, le droit d'enregistrement des *clôtures d'inventaire* a été tarifé à 2 f.

18. La *clôture d'inventaire*, autrefois faite devant le juge de paix, était indépendante de l'inventaire, et formait un acte séparé qui, par une suite nécessaire, était soumis à un droit particulier; mais aujourd'hui cette clôture ou plutôt cette affirmation doit, suivant l'art. 1456 du C. N. pour la validité de l'inventaire, être renfermée dans l'inventaire même, et être reçue par le notaire qui y a procédé, elle en fait une partie intégrante, puisque l'inventaire ne peut avoir d'effet à défaut d'affirmation de la part de la femme; et, par cette raison, elle n'est pas sujette à un droit particulier. Il ne doit être perçu que celui de

l'inventaire, sur le pied de 2 f. pour chaque vacation. (Art. 2379 du J.)

19. Les jugemens portant *injonction de
procéder à l'inventaire*, sont sujets sur
l'expédition au droit fixe d'enregistrement
de 3 f. Art. 68, §. 3, n°. 7 de la loi.

20. L'ordonnance qui, aux termes de
l'art. 113 du C. N., *commet* à la requête
de la partie la plus diligente, *un notaire*
pour représenter les présumés absens dans
les inventaires, comptes, partages et liquidations dans lesquels ils sont intéressés,
est passible du droit fixe de 2 f. (Art. 3431
du J.)

21. A l'appui des *déclarations de successions mobilières*, il doit être rapporté
un inventaire ou état estimatif. — V. *Succession.*

22. Voyez aussi *Bénéfice d'inventaire.*

J.

JOUISSANCE. Possession temporaire d'un immeuble.

Pour les transmissions de jouissance par convention verbale ou par tacite reconduction, et pour la manière de les établir, voyez *Baux*, §. 5, p. 112.

JOURNAUX. L'instruction générale du 15 mai 1807, n°. 326, ayant réuni sous un seul point de vue les lois, décisions et instructions qui ont été transmises jusqu'alors, cet article n'en présentera, pour ainsi dire, que l'analyse.

1. Les journaux, gazettes, feuilles périodiques ou papiers nouvelles, et toutes les affiches, *quels que soient leur nature et leur objet*, sont assujettis au timbre fixe ou de dimension. Art. 56 de la loi du 9 vendémiaire an 6. Circ. du 24 du même mois, n°. 1105.

2. Il en est de même des *supplémens* aux journaux et papiers nouvelles. Art. 3 de la loi du 6 prairial an 7. Circ. du 18 dudit mois, n°. 1580.

3. Sont compris dans ces dispositions, les journaux étrangers qui circulent en France, et qui y sont distribués : ils doivent être timbrés au chef-lieu du département par lequel ils arrivent, s'ils ne sont pas imprimés sur papier timbré. Lettre du min. des fin. à l'administ. des postes et messageries, du 22 frim. an 6. Circ. du 2 niv. an 6, n°. 1163.

4. Les bulletins administratifs et journaux dits officiels, imprimés dans le département, pour la publication des actes administratifs, sont également sujets au timbre, sauf l'exception marquée au n°. 8 ci-après. Décision du ministre des finances, des 28 fructid. an 9, 28 vendém. et 8 brum. an 10, et 23 août 1808. Instructions générales des 27 fructidor an 10, n°. 72, et 27 octobre 1808, n°. 403.

5. Deux journaux différens entre eux de date et de numéros, ne peuvent être imprimés sur la même feuille de papier timbré. Sol. de l'adm., du 29 pluv. an 8. (Art. 585 du J.)

6. La feuille du journal qui, en raison de l'insertion, qu'il contient, de l'extrait d'une saisie immobilière, doit, aux termes de l'art. 683 du C. de P. C., être revêtue de la signature de l'imprimeur légalisée par le maire, n'est point assujettie à être de nouveau visée ou timbrée à l'extraordinaire du timbre de dimension prescrit par la loi du 13 brumaire an 7, et le certificat qui résulte de la signature de l'imprimeur, peut être enregistré, quoique la feuille ne soit frappée que du *timbre des journaux*. (Art. 3306 du J.)

7. *Exceptions*. Sont exceptés de la formalité du timbre, les ouvrages périodiques relatifs aux sciences et aux arts qui ne paraissent qu'une fois par mois, et qui contiennent au moins deux feuilles d'impression. Art. 57 de la loi du 9 vendémiaire an 6.

8. Les feuilles des bulletins périodiques qui publient les actes administratifs, lorsqu'elles sont signées par MM. les préfets, avec indication, par une désignation spéciale, du maire auquel chaque exemplaire doit être adressé, sont dispensées de la formalité du timbre. Déc. du min. des fin., du 23 août 1808. Inst. gén. du 27 octobre suiv., n°. 403.

9. *Timbrage*. Le timbre doit être appliqué sur les papiers destinés aux journaux et affiches, avant l'impression. Article 3 de l'arrêté du directoire exécutif, du 3 brumaire an 6. Circul. du 13 du même mois, n°. 1124.

10. Il est nécessaire de faire expliquer les porteurs sur la destination des papiers d'impression qu'ils présentent à timbrer, afin de

faire apposer un seul timbre de 5 c. sur la feuille d'impression de grandeur ordinaire qui doit être employée entière, soit in-folio, soit dans un format inférieur et pour un seul exemplaire; deux timbres de 3 c. sur celles à employer en demi-feuilles formant deux exemplaires; enfin, quatre timbres aussi de 3 c. sur celles qui doivent être employées en quart de feuille, et former quatre exemplaires. Circulaire de l'administration, du 14 vendémiaire an 6, n°. 1105.

11. *Forme du timbre.* A compter du 1er. janvier 1806, le seul timbre en usage pour les journaux et affiches, porte l'aigle impériale. Art. 1 et 2 du décret du 22 brumaire an 14. Circul. du 16 janv. 1806. Ce timbre est appliqué en noir comme tous les autres timbres. Circul. du 14 vendém. an 6, n°. 1105. On ne doit pas viser pour timbre ces papiers. Même Circ.

12. Les journalistes et imprimeurs qui sont dans le cas de faire timbrer des papiers pour journaux, papiers nouvelles, avis et affiches, sont tenus d'avoir un registre portatif qu'ils représentent au receveur toutes les fois qu'ils requièrent le timbrage desdits papiers. Le receveur du timbre inscrit sur ce registre la quantité de chacune des espèces des papiers timbrés, et la somme des droits qu'il a reçue et portée en recette pour timbre. Art. 4 de l'arrêté des consuls, du 29 fructid. an 9. (Art. 1025 du J.)

13. *Quotité des droits.* Le timbre des journaux et affiches est fixé à 5 c. pour chaque feuille de vingt-cinq décimètres carrés de superficie, et à 5 c. pour chaque demi-feuille de même espèce. Au-dessus de cette dimension, le droit de timbre est fixé à 1 c. par cinq décimètres carrés d'excédant. Loi du 13 vendém. an 6, qui rapporte l'art. 58 de celle du 9 du même mois. Circ. du 14 vendém. an 6, n°. 1105.

14. Pour avoir le nombre carré, il faut multiplier la dimension de la longueur de l'objet par sa largeur. Même Circul.

15. *Amendes.* Ceux qui impriment des journaux et affiches sur du papier non timbré, encourent l'amende de 100 f. pour chaque contravention, et la peine de la lacération des objets imprimés. Art. 60 de la loi du 9 vendém. an 6, et 4 de l'arrêté du 3 brum. suiv. Circ. n°s. 1105 et 1124.

16. Les mêmes amendes et peines sont encourues par les imprimeurs, mais solidairement avec les auteurs, afficheurs et distributeurs, si les journaux ont été répandus et les affiches apposées. Art. 60 et 61 de la loi du 9 vendém. an 6. Circul. n°. 1105.

17. Il faut néanmoins observer que les contraventions relatives aux feuilles de supplément, jointes aux journaux et papiers nouvelles, sont punies, indépendamment des droits fraudés, d'une amende de 25 f. pour la première fois, de 50 f. pour la seconde, et de 100 f. pour chacune des autres récidives. Art 4. de la loi du 6 prairial an 7.

18. Les directeurs des postes, entrepreneurs de messageries et autres conducteurs de voitures publiques, encourent les mêmes amendes et peines, s'ils se chargent d'une manière quelconque de journaux imprimés soit en France, soit en pays étranger, qui ne soient pas timbrés. Lettre du min. des fin., du 22 frim. an 6. Circul. du 2 niv. an 6, n°. 1163.

19. Enfin, les préposés du timbre ne peuvent, à peine de 50 f. d'amende, et de destitution en cas de récidive, appliquer le timbre sur des feuilles imprimées. Art. 6 de l'arrêté du 3 brum. an 6. Circul. du 13 du même mois, n°. 1124.

20. *Mode de constater les contraventions.* De quelque manière que la contravention soit reconnue, les journaux et affiches imprimés sur du papier non timbré, doivent être saisis pour être joints au procès-verbal; il faut que le procès-verbal rappelle toutes les circonstances avec précision et exactitude, et qu'il soit affirmé devant le juge de paix, dans les vingt-quatre heures, *toutes les*

fois que la preuve matérielle ne sera pas rapportée. Article 60 de la loi du 9 vendémiaire an 6. Article 5 de l'arrêté du 3 brumaire suivant. Circulaires nᵒˢ. 1105 et 1124.

21. *Poursuites.* Le procès-verbal doit être signifié dans les trois jours, si le contrevenant est domicilié dans l'arrondissement du bureau où le procès-verbal a été rapporté; et, dans le cas contraire, le délai est de huit jours jusqu'à cinq myriamètres de distance, et d'un jour de plus par cinq myriamètres au-delà de cette distance. La signification est faite avec assignation devant le tribunal de première instance. Le procès-verbal est ensuite remis au directeur qui, s'il y a lieu, fait suivre l'instance devant ce tribunal, sur simples mémoires respectivement signifiés. Lois des 13 brum. an 7, art. 32, 27 vent. an 9, art. 17, et 25 germ. an 11.

JOURS *complémentaires.* Ce sont ceux qui étaient ajoutés dans le calendrier républicain, au dernier mois de l'année, pour la compléter.

Lorsque le dernier jour du délai accordé pour l'enregistrement des actes et des déclarations, tombaient dans les jours complémentaires, ces jours-là n'étaient point comptés. Article 25 de la loi du 22 frim. an 7.

Cette disposition ne subsiste plus, au moyen du rétablissement du calendrier grégorien.

JOURS *fériés.* Ceux consacrés au repos.

1. Le repos des fonctionnaires publics est fixé, par l'art. 57 de la loi du 18 germinal an 10, aux jours de dimanche et de fêtes reconnues par le concordat.

2. Les bureaux sont fermés au public les jours indiqués par cet article.

3. On a voulu savoir si la loi est seulement facultative, et si elle laisse aux conservateurs des hypothèques la liberté de tenir à volonté leurs bureaux ouverts ou fermés pendant les jours de repos. La nature des fonctions conférées à ces préposés, ne permet pas qu'ils puissent, à leur gré, donner ou refuser la formalité aux actes qui leur sont présentés.

Pour ne laisser aucun doute sur ce point essentiel d'ordre public, le ministre des finances et le grand-juge ministre de la justice, ont rendu, le 22 décembre 1807, une décision portant « que l'art. 57 de la loi du 18 germinal an 10, qui a fixé les jours de repos des fonctionnaires publics, doit être scrupuleusement observé par les conservateurs, et que leurs bureaux doivent être fermés pour tout le monde les dimanches et fêtes. »

Les conservateurs des hypothèques prendront ces décisions pour guide, lorsque, dans l'exercice de leur emploi, il y aura lieu de faire l'application des principes qu'elles rappellent. Inst. gén. du 11 janv. 1808, nᵒ. 352.

4. Mais un arrêt, rendu dans la cause des sieurs Guillot et la Beraudière, le 18 fév. 1808, rapporté dans le troisième cahier du Journal des Audiences, a validé, en rejetant le pourvoi, la transcription d'un acte translatif de propriété, quoique faite un jour férié, le 10 brum. an 11.

Le grand-juge ministre de la justice, consulté par le ministre des finances, a fait la réponse qui suit :

« Il résulte bien de l'arrêt rendu par la cour de cassation, le 18 février dernier, que la transcription d'un acte translatif de propriété peut être faite un jour férié; mais, quand Votre Excellence aura fait sentir aux conservateurs des hypothèques tous les inconvéniens qui peuvent résulter de ces transcriptions de faveur, quand elle leur aura donné l'ordre exprès de tenir leurs bureaux fermés les dimanches et fêtes reconnues par le concordat, il n'y aura plus de transcription possible, et les tribunaux n'auront plus d'occasion de s'en occuper. Je ne vois d'après cela aucune nécessité de recourir au gouvernement pour obliger les conservateurs à ce que Votre Excellence a certainement le droit de leur ordonner. »

Des ordres conformes ont été donnés par l'Instruct. du 11 janvier 1808, n°. 362, non modifiée. (Art. 2972 du J)

JUGEMENT. Décision émanée d'un tribunal ou d'une cour.

Les jugemens sont contradictoires ou par défaut.

En dernier ressort, ou susceptibles d'appel.

Ils sont encore préparatoires, interlocutoires, de provision ou définitifs.

Le jugement est contradictoire, lorsque les parties adverses ont été entendues dans leurs demande et défense.

Le jugement est rendu par défaut contre l'une des parties, quand elle n'a pas comparu, qu'elle n'a fourni aucune défense ou qu'elle refuse de plaider.

Le jugement en dernier ressort est celui que les tribunaux prononcent souverainement sur une demande portée devant eux, originairement ou en cause d'appel dans les matières de leur compétence, en vertu du pouvoir que la loi leur accorde. Ce jugement ne peut être attaqué par la voie d'appel : il doit être exécuté ; il ne pourrait être réformé qu'en se pourvoyant en cassation, dans les cas où il serait évidemment contraire à la loi, ou si les formes n'avaient pas été observées.

Les jugemens dont il peut être appelé, sont, en général, tous ceux de première instance que les juges ne sont pas autorisés à juger en dernier ressort.

On entend par jugement préparatoire, celui qui est nécessaire à l'instruction d'une affaire.

Par interlocutoire, celui qui admet à la preuve ou à la vérification d'un fait.

On appelle jugement de provision, celui qui accorde une somme, des alimens, la liberté provisoire de la personne, ou la jouissance des biens, avant de statuer au fonds.

On adjuge des provisions en matière criminelle et de police ; au civil dans les cas de liquidation, reprise de droits et partages, et dans les demandes en séparation de biens entre mari et femme.

Par le jugement définitif, le différend est terminé : l'une des parties a gagné son procès en première instance ou en dernier ressort.

Il ne faut pas perdre de vue ces distinctions, puisque les droits sont différenciés d'après la nature et l'espèce des jugemens : au reste, ils doivent être enregistrés ou sur les minutes ou sur les expéditions, et les droits qu'ils opèrent sont indiqués au mot *Actes judiciaires*.

Lorsqu'une condamnation est rendue sur un acte enregistré, le jugement doit en faire mention, et énoncer le montant du droit payé ; la date du paiement et le nom du bureau où il a été enregistré : en cas d'omission, le receveur est autorisé à exiger le droit, si l'acte n'a pas été enregistré dans son bureau, sauf restitution dans le délai prescrit, s'il est ensuite justifié de l'enregistrement de l'acte sur lequel le jugement a été prononcé. Art. 48 de la loi du 22 frimaire an 7.

Les jugemens rendus sur contestations relatives aux droits d'enregistrement ou de timbre, sont sans appel et ne peuvent être attaqués que par voie de cassation ou par celle de l'opposition, s'ils ont été rendus par défaut. — V. *Instances.*

Ceux de la justice de paix, des bureaux de paix, de la police ordinaire, des tribunaux, des arbitres et des cours, et les extraits, copies et expéditions qui en sont délivrés, doivent être faits et rédigés sur papier du timbre de dimension. Art. 12, n°. 1 de la loi du 13 brum. an 7.

Sont néanmoins exceptés de la formalité du timbre, les actes et jugemens de police générale et de vindicte publique, ainsi que les copies des pièces de procédure criminelle qui doivent être délivrés sans frais. Art. 16, n°. 1.

JUGES. Ceux à qui est confiée la fonction de statuer sur les différends des particuliers.

1. Pour savoir quels sont les juges ou au-

torités constituées qui connaissent des différens droits dont il s'agit dans ce Dictionnaire, et comment l'instruction des instances à cet égard doit avoir lieu, voyez *Instances*.

2. Il est défendu aux juges, à peine d'être personnellement responsables des droits, de rendre aucun jugement en faveur de particuliers sur des actes non enregistrés. Art. 47 de la loi du 22 frim. an 7.

3. Ni sur un acte, registre ou effet de commerce, qui ne serait pas écrit sur papier marqué du timbre prescrit ou visé pour timbre. Il leur est aussi défendu de coter et parapher un registre assujetti au timbre, si les feuilles ne sont timbrées. Art. 24 de la loi du 13 brum. an 7. A peine de 100 f. d'amende outre la restitution du droit de timbre. Article 26, n°s. 5 et 6 de la loi du 13 brum. an 7.

4. Ils ne peuvent accorder de remise ou modération des droits et des peines encourues, ni en suspendre ou faire suspendre le recouvrement sans en devenir personnellement responsables. Art. 59 de la loi du 22 frim. an 7.

Ils ne peuvent donner aux actes, des qualifications contraires à leur effet. Arrêt de la cour de cassat., du 18 vendém. an 7, qui a annullé un jugement du tribunal civil de l'Aube. (Art. 44 du J.)

5. Les exploits non enregistrés dans les délais, sont déclarés nuls par l'art. 54 de la loi sur l'enregistrement ; d'où il résulte qu'il ne peut être prononcé de jugement en conséquence d'un exploit non enregistré.

6. Un juge ne peut être en même tems receveur de l'enregistrement : il y a incompatibilité entre ces fonctions.

7. Suivant l'art. 6 de la loi du 27 ventose an 9, les tribunaux actuels sont soumis aux mêmes obligations qui étaient imposées aux tribunaux existant lors de la publication de la loi du 22 frim. an 7. Circ. du 17 germ. an 9, n°. 1992.

8. Les juges ne peuvent mander à leur tribunal les préposés de l'administration, pour s'expliquer sur une perception : les préposés ne sont comptables de leur gestion qu'envers l'administration qui les a commis. C'est aux tribunaux civils à statuer sur les instances concernant l'enregistrement, comme la loi leur en donne le droit ; mais ils n'ont aucune action contre les employés : ceux-ci ne deviennent, relativement à leurs fonctions, justiciables des tribunaux criminels que dans le cas de malversation prévue par le Code pénal, et après que l'acte d'accusation présenté par le directeur du jury, soit d'office, soit d'après la remise des pièces par le directeur de l'administration, a été admis par les jurés. Lett. des min. des fin. et de la just., du 19 sept. 1791. — V. *Prévarication*.

LAISSEZ-PASSER.

L.

LAISSEZ-PASSER. Ceux délivrés aux entrepreneurs des voitures publiques, d'après l'article 8 du décret impérial du 14 fructidor an 12, par les préposés de la régie des droits réunis, pour chaque voiture que ces entrepreneurs ont en circulation, doivent être frappés du timbre de cette régie. — Voyez *Actes administratifs*, n°. 15, p. 53.

LANGUE *française*. — V. *Actes*, n°. 2, p. 16.

LÉGALISATION. Certificat d'une autorité constituée, apposé au pied d'un acte ou d'une expédition, pour constater la vérité des signatures, ainsi que la qualité des officiers publics qui l'ont fait ou reçu, afin de le rendre authentique, et qu'on y ajoute foi dans un autre pays.

Les légalisations de signatures d'officiers publics, sont exemptes de la formalité de l'enregistrement. Art. 70, §. 3, n°. 11 de la loi du 22 frim. an 7.

LÉGATAIRE. Celui à qui un legs a été fait.

Les légataires sont tenus de passer une déclaration détaillée des mutations de propriété ou d'usufruit opérées en leur faveur, de la signer sur le registre, et d'en acquitter les droits d'enregistrement. — Voyez *Bureau*, *Délai*, *Legs*, *Succession* et *Testament*.

Les légataires ne sont pas soumis à la solidarité imposée par la loi de frimaire an 7 aux co-héritiers pour l'acquit des droits de succession. (Article 1061 du J.) Mais le légataire particulier d'un immeuble en usufruit, peut être contraint au paiement du droit dû par le propriétaire de la nue-propriété. (Article 2811 du Journal.)

LÉGENDE. Chaque timbre doit porter pour légende les mots : *Empire Français*.

LÉGION *d'Honneur*. — V. *Baux*, §. 5, p. 117; *Échange*.

LÉGITIMATION. Action de rendre un enfant, né hors le mariage, capable de succéder à ses parens, comme les enfans nés d'un mariage légitime.

L'ancienne jurisprudence avait adopté deux espèces de légitimation : l'une de droit, par le mariage subséquent des père et mère, et l'autre de grace, par lettres du souverain. Il n'y a plus que la première de ces espèces qui soit autorisée par le Code Napoléon, dont l'art. 331 est conçu en ces termes : « Les enfans nés hors mariage, autres que ceux nés d'un commerce incestueux ou adultérin, pourront être légitimés par le mariage subséquent de leurs père et mère, lorsque ceux-ci les auront légalement reconnus avant leur mariage, ou qu'ils les reconnaîtront dans l'acte même de célébration. »

L'art. 332 porte : « La légitimation peut avoir lieu, même en faveur des enfans décédés qui ont laissé des descendans; et, dans ce cas, elle profite à ces descendans. »

La déclaration de légitimation contenue dans l'acte de célébration du mariage des père et mère, n'opère aucun droit d'enregistrement. (Art. 2354 du J.)

Quant à la reconnaissance qui peut avoir été faite avant la célébration du mariage, voyez *Reconnaissance d'enfant*.

LÉGITIME *en fait de succession*, est une portion de l'hérédité due aux enfans légitimes, par le droit naturel, déterminée par la loi, et dont les pères et mères et autres ascendans ne peuvent valablement disposer.

1. D'après l'art. 913 du C. N., la légitime

des enfans est, savoir : de la *moitié* des biens, s'il n'y a qu'un enfant légitime ; des *deux tiers*, s'il y a deux enfans, et des *trois quarts* de la succession, s'il y a trois enfans ou un plus grand nombre ; ou, en d'autres termes, les pères et mères ne peuvent disposer que de la *moitié* de leurs biens, s'ils ne laissent qu'un enfant ; du *tiers*, s'ils en laissent deux, et du *quart*, s'ils en laissent trois ou un plus grand nombre.

2. Cette légitime consiste essentiellement en une quote-part des biens de l'hérédité : d'où il suit que, si un enfant cédait ses droits légitimaires dans la succession de ses père et mère, il y aurait lieu de percevoir les droits tels qu'ils sont réglés pour les ventes de droits successifs, selon la nature des biens. — Voyez *Vente de droits successifs.*

3. Il en était autrement sous l'ancienne législation. La légitime, surtout en pays de droit écrit, pouvait être fixée en argent ; mais l'art. 16 de la loi du 18 pluviose an 5, a statué que tout supplément de légitime, s'il en est dû, ou tous autres droits, ainsi que les sommes qui resteraient à payer sur les légitimes, dots ou mariages avenans, seront exigibles en biens héréditaires, nonobstant toutes lois et usages contraires.

4. Il résulte de cette disposition, que le paiement *en corps héréditaire*, de droits légitimaires ou de supplément de légitime, n'opère pas de cession d'immeubles : ce n'est qu'un lotissement passible du droit fixe de 3 f. réglé pour les partages par l'art. 68, §. 3, n°. 2 de la loi du 22 frim. an 7. (Art. 549 du J.)

5. Cependant, on ne doit percevoir que 50 c. par 100 f. comme quittance, sur l'acte par lequel un légitimaire accepte et reçoit une somme d'argent, en paiement de ses droits héréditaires. Arrêts de la cour de cassation, des 17 pluviose, 25 germinal et 27 messidor an 7. Le motif de ces arrêts est que les dispositions de l'art. 16 de la loi du 18 pluviose an 5, qui accordent aux légitimaires le droit de se faire délivrer en corps héréditaires leur légitime, quoique fixée en argent, sont purement facultatives : qu'ainsi le droit d'option qu'elles accordent aux légitimaires, exclut toute idée d'une cession non voulue, non exprimée, non effectuée. Circ. de l'adm., du 12 frim. an 8, n°. 1709. (Art. 298 du J.)

6. La légitime en nature, quoique considérée comme portion héréditaire, ne pouvait être grevée d'aucune charge : elle n'était estimée, et délivrée aux légitimaires que sur le restant des biens de la succession, après le prélèvement des dettes : par conséquent, il ne peut être dû de droit comme cession pour la disposition d'un partage, par laquelle *l'héritier* demeure chargé de l'acquittement des dettes ; au contraire, le droit serait dû comme cession, si l'un des *légitimaires* était chargé de quelque portion de dettes, parce que l'héritier étant tenu du paiement des dettes, la portion dont on chargerait le légitimaire, ne pourrait être regardée que comme une soulte en faveur de l'héritier. Solution de l'administration, du 2 brum. an 9. (Art. 623 du J.)

LEGS. Libéralité par acte à cause de mort.

1. Il est dû pour ceux en propriété ou usufruit de *sommes*, *rentes* ou *biens meubles*, en ligne directe, 25 c. par 100 f. Art. 69, §. 1ᵉʳ, n°. 3 de la loi du 22 frimaire an 7.

2. Pour ceux des biens de cette espèce entre époux, 62 c. et demi par 100 f. §. 4, n°. 2.

3. Pour ceux de même nature, entre collatéraux et autres personnes non parentes, 1 f. 25 c. par 100 f. *Idem.*

4. Pour les legs en propriété ou usufruit *de biens immeubles*, en ligne directe, 1 f. par 100 f. §. 3, n°. 4.

5. Pour ceux de ce genre entre époux, 2 f. 50 c. par 100 f. §. 6, n°. 3.

6. Pour ceux aussi de biens immeubles entre collatéraux et autres personnes non parentes, 5 f. par 100 f. §. 8, n°. 2.

7. Le legs d'une rente à prendre sur les

biens du testateur, ne donne ouverture qu'au droit réglé pour les libéralités d'objets mobiliers, les constitutions de rente *à titre onéreux* étant les seules qui soient assujetties au droit de 2 f. par 100. Solut. de l'adm., du 5 germ. an 10. (Article 1122 du J.)

8. Les legs faits en faveur des pauvres, des hospices et des congrégations hospitalières, ne sont sujets qu'au droit fixe de 1 f. Art. 1er. de l'arrêté du gouvernement, du 15 brumaire an 12. Loi du 7 pluviose suivant, article 11 du décret du 18 fév. 1809. Inst. gén. du 12 ventose an 12, n°. 209. Nomb. 4 de l'Inst. gén. du 5 juin 1809, n°. 452. Cette exception ne peut être étendue aux instituteurs et institutrices établis dans certaines communes pour instruire les enfans. — V. *Donation.*

9. Les dons et legs faits aux fabriques n'opèrent que le droit fixe de 1 f. Art. 81 du décret impér. du 30 décemb. 1809. Inst. gén. du 19 janv. 1811, n°. 504.

10. La charge imposée à l'héritier, de faire dire des messes, n'opère aucun droit; mais si le testateur désigne le prêtre à qui le legs doit être payé, le droit est dû. (Art. 595 du J.)

11. Le droit proportionnel des legs conditionnels qui ne sont dus qu'après l'accomplissement de la condition sous laquelle ils ont été faits, est suspendu jusqu'à l'événement; mais si la condition est impossible, elle est réputée non écrite, ne suspend pas le legs, et le droit du legs est exigible dans les six mois du décès.

12. La déclaration dans un testament, portant que le testateur est débiteur d'une somme envers un particulier dénommé, ne doit pas être considérée comme legs : c'est une obligation en faveur de celui au profit de qui elle est faite, et dont le droit est perceptible sur le pied de 1 f. par 100 f., en même tems que le droit du testament en lui-même, sauf la restitution, dans le délai prescrit, s'il est justifié d'un précédent titre enregistré. (Art. 3206 du J.)

13. Chaque legs peut être enregistré séparément, sans que cet enregistrement puisse profiter à aucun autre qu'au légataire ou à ses ayant-cause. Article 1016 du Code Napoléon.

14. Cette disposition s'applique à tous les testamens à enregistrer, quelle que soit la date du décès des testateurs. (Article 1508 du J.)

15. Mais les droits d'un legs fait à plusieurs conjointement, ne peuvent être syncopés. (Art. 1509 du J.)

Le legs est réputé fait conjointement, lorsqu'il est fait par une seule et même disposition, et que le testateur n'a pas assigné la part de chacun des co-légataires dans la chose léguée. Art. 1044 du C. N.

Il est encore réputé fait conjointement, quand une chose qui n'est pas susceptible d'être divisée sans détérioration, a été donnée par le même acte à plusieurs personnes, même séparément. Article 1045 du même Code. — Au surplus, voyez *Accroissement*, p. 11.

16. Le droit d'enregistrement des legs, même de sommes mobilières, ne doit pas être perçu sur le testament, mais sur la déclaration à passer par le légataire, dans les six mois du décès.

17. Il doit être acquitté par le légataire, à moins qu'il n'en ait été autrement ordonné par le testament. Article 1016 du Code Napol.

18. Le droit des legs se liquide sur la valeur des objets transmis, *sans distraction des charges.* Art. 14, n°. 8, et art. 15, n°. 7 de la loi du 22 frim. an 7.

19. Cependant, un légataire universel ou à titre universel, ou un héritier, ne doit pas comprendre dans la déclaration qu'il est tenu de passer, les objets légués à des légataires particuliers, *lorsque la chose léguée se trouve dans la succession.* Décision du min. des fin., du 17 fév. 1807. Nomb. 9 de l'Inst. générale du 22 février 1808, n°. 366.

20. Il y a également lieu d'accorder une

déduction aux héritiers ou légataires universels pour raison des legs particuliers *de sommes d'argent qui ne se trouvent pas dans la succession*. Avis du Conseil d'Etat, du 2 septembre 1808, approuvé par Sa Majesté le 10 du même mois, dont la teneur suit :

« Le Conseil d'Etat, qui, en exécution du renvoi ordonné par Sa Majesté l'Empereur et Roi, a entendu le rapport des sections des finances et de législation sur celui du ministre des finances, présentant la question de savoir,

» Si lorsqu'un légataire universel est grevé de legs particuliers de sommes d'argent qui ne se trouvent pas dans la succession, le droit proportionnel dû par lui sur la valeur entière des biens qui la composent, doit être perçu indépendamment des droits dus pour chacun de ces legs particuliers;

» Vu les art. 14, 15, 27, 29 et 32 de la loi du 22 frim. an 7;

» Les articles 1016 et 1017 du Code Napoléon;

» Considérant que la déclaration des héritiers ou légataires à titre universel, devant comprendre l'universalité des biens de la succession, le droit proportionnel qui est perçu d'après cette déclaration, remplit le vœu de la loi, puisqu'il porte sur la totalité de la succession;

» Que la délivrance des legs particuliers, soit qu'ils consistent en effets réellement existant dans la succession, soit que les légataires universels ou les héritiers doivent les payer de leurs propres deniers, n'opère point de mutation de ces derniers aux légataires particuliers; que, dans les deux cas, la loi ne regarde les héritiers ou légataires universels que comme de simples intermédiaires entre le testateur, qui est censé donner lui-même, et les légataires particuliers qui reçoivent;

» Que, du système contraire, il résulterait que le même objet serait, en définitive, assujetti à deux droits de mutation, ce qui n'est ni dans le texte, ni dans l'esprit de la loi;

» Qu'enfin, on ne doit pas assimiler le legs particulier payé d'après la volonté du testateur, à une dette de succession, est d'avis,

» Que, lorsque des héritiers ou légataires universels sont grevés de legs particuliers de sommes d'argent non existantes dans la succession, et qu'ils ont acquitté le droit proportionnel sur l'intégralité des biens de cette même succession, le même droit n'est pas dû pour ces legs : conséquemment, que les droits déjà payés par les légataires particuliers, doivent s'imputer sur ceux dus par les héritiers ou légataires universels. »

21. Lorsqu'il y a lieu de réduire les droits payés par le légataire particulier sur ceux dus par l'héritier ou légataire universel, il faut indiquer le folio du registre où la déclaration partielle a été portée, et où les droits ont été émargés, et ne tirer hors ligne que ceux effectivement payés par l'héritier ou le légataire universel, et qui, réunis aux droits précédemment versés par le légataire particulier, forment le montant de tout ce qui était dû sur la valeur entière de la succession. Inst. gén. du 8 octob. 1808, n°. 401.

22. L'avis du Conseil d'Etat étant uniquement relatif au cas où les legs particuliers consistent en *sommes* d'argent, on n'est pas autorisé à en étendre l'application aux legs qui ont des droits immobiliers ou des rentes et pensions pour objet. Même Instruction.

23. On ne peut non plus en faire l'application aux legs d'usufruit d'immeubles, parce qu'au décès du testateur qui a légué à l'un, la *nue propriété* et à l'autre l'*usufruit*, il s'opère deux mutations distinctes; chacun des légataires en doit le droit : le premier à raison de la nue propriété, et l'autre à raison de l'usufruit, en observant que le droit de la nue propriété est exigible sur la valeur entière, et qu'il n'est pas dû un nouveau droit lors de la réunion de l'usufruit à la propriété. Déc. du min. des fin., du 24 janv. 1809. (Art. 3128 du J.)

24. Cet avis ne déroge pas d'ailleurs à l'art. 15, nomb. 7 de la loi du 22 frim. an 7, qui veut que, pour les transmissions de propriété à titre gratuit, le droit soit perçu sur la valeur entière des biens, *sans distraction des charges*. Inst. gén. précitée, n°. 401.

25. On a remarqué sans doute que, suivant cet avis, les droits déjà payés par les légataires particuliers, doivent s'imputer sur ceux dus par les héritiers ou légataires universels. Son exécution, à cet égard, est facile s'il s'agit d'une succession ouverte *en collatérale*.

On peut même, attendu que l'héritier ou légataire universel doit, en définitive, comprendre, dans sa déclaration, l'universalité des biens, se dispenser de faire aucune demande à ces légataires particuliers, à moins qu'à raison de circonstances extraordinaires, la situation de l'héritier ou légataire principal ne donne, pour la sureté du recouvrement, quelques inquiétudes, et qu'alors on n'estime devoir, en faisant acquitter par ces légataires particuliers les droits dont ils sont débiteurs, faciliter le paiement final de ce qui est dù au trésor public. Même Inst. n°. 401.

Mais il y a plus de difficulté si la succession s'est ouverte en directe, et si le legs est en collatérale ou entre étrangers. En effet, supposez, parmi vingt autres exemples d'espèces différentes qui existent, que la succession soit purement mobilière, que sa force soit de 12,000 f., et que le legs particulier soit de 5,000 f.; ce legs, aux termes de la loi, opère 37 f. 50 c. de droit. Cependant, celui dù par l'héritier, même sur l'intégralité de la succession, c'est-à-dire sur 12,000 f., n'est que de 30 f. Comment dèslors pouvoir faire l'imputation, puisqu'il en résulterait que l'héritier, non-seulement ne paierait rien pour les 9,000 f. qu'il recueillerait, mais qu'il y aurait un excédant de 7 f. 50 c.? Dans cette hypothèse, on doit donc s'arrêter, non à la lettre, mais à l'esprit de l'avis du Conseil d'Etat.

Il faut d'abord se rappeler que la question proposée était uniquement relative aux légataires universels grevés de legs particuliers, et que par conséquent il ne s'agissait que d'une succession ouverte en collatérale.

Cependant, dans le considérant et dans la décision, on a joint les héritiers aux légataires universels, sans distinguer, quant aux premiers, les héritiers directs, des collatéraux, quoique la décision pour ceux-ci ne puisse être applicable à ceux-là.

Quel a été le but de l'avis du Conseil d'Etat? Que le même objet ne fût pas assujetti à *deux* droits de mutation, et rien de plus. Comme la loi a fixé la quotité des droits à payer, d'après le degré de parenté, soit qu'on recueille à titre d'héritier ou de légataire, et que cette quotité n'a point été changée, elle doit continuer d'être suivie pour la liquidation des droits dus par les uns et par les autres, et cela avec d'autant plus de raison, que le testateur, aux termes de l'avis, est censé donner lui-même au légataire particulier, et que l'héritier ou légataire universel n'est que l'intermédiaire.

On doit donc conclure que, dans le cas où la succession est ouverte *en directe*, il faut faire déduction, sur la déclaration à passer par l'héritier, non du *montant du droit* payé ou à payer par le légataire particulier, mais du *montant du legs*. Le vœu de l'avis du Conseil d'Etat, est par ce moyen rempli, puisqu'on ne paie pas deux droits pour le même objet, et que les quotités des droits, déterminées par la loi, restent observées.

26. Les legs deviennent caducs par le décès des légataires avant le testateur, ou par leur renonciation pendant que les choses étaient entières : à ce moyen, c'est comme s'il n'y avait point eu de legs, et il n'est pas dù de droit d'enregistrement.

Au surplus, voyez *Acceptation, Délivrance, Légataire* et *Renonciation*.

LÉSION. Dommage, tort, préjudice qu'on souffre en quelque convention.

La lésion est admise dans le Code Napoléon comme un moyen légal de restitution.

La lésion ne vicie les conventions que dans certains actes ou à l'égard de certaines personnes.

Voyez *Résolution.*

LETTRE *de change.* Mandat de paiement à l'effet de remise de fonds de place en place.

1. La lettre de change est tirée d'un lieu sur un autre ; elle est datée ; elle énonce la somme à payer, le nom de celui qui doit payer, l'époque et le lieu où le paiement doit s'effectuer, la valeur fournie en espèces, en marchandises, en compte, ou de toute autre manière. Elle est à l'ordre d'un tiers ou à l'ordre du tireur lui-même ; si elle est par première, seconde, troisième, quatrième, etc., elle l'exprime. Art. 110 du C. de C. Elle peut être tirée sur un individu, et payable au domicile d'un tiers ; elle peut être tirée par ordre et pour le compte d'un tiers. Art. 111.

2. Sont réputées simples promesses, toutes lettres de change contenant supposition soit de nom, soit de qualité, soit de domicile, soit des lieux d'où elles sont tirées, ou dans lesquels elles sont payables. Art. 112.

3. L'acceptation d'une lettre de change doit être signée ; elle est exprimée par le mot *accepté* ; elle est datée, si la lettre est à un ou plusieurs jours ou mois de vue. Art. 122.

4. L'endossement est daté : il exprime la valeur fournie ; il énonce le nom de celui à l'ordre de qui il est passé. Art. 137.

5. Les lettres de change tirées de place en place, celles venant de l'étranger ou des colonies françaises, les endossemens et acquits de ces effets, sont exempts de la formalité de l'enregistrement. Art. 70, §. 3, n°. 15 de la loi du 22 frim. an 7.

6. Par ces expressions, *de place en place*, on doit entendre d'un lieu à un autre, et il n'est pas nécessaire que l'endroit où la lettre doit être acquittée, soit une ville ou place de commerce, mais un lieu quelconque, autre que celui d'où la lettre est tirée. (Art. 1460 du J.)

7. Les lettres de change dans lesquelles les mots *on ordre* ne sont pas exprimés, doivent jouir de l'exemption, si elles réunissent d'ailleurs tous les caractères qui constituent ces effets. (Art. 391 du J.)

8. Une traite qui, *tirée sur une autre place*, serait indiquée par l'acceptation de celui qui doit l'acquitter, payable *dans la ville ou place du tireur*, a, dans son origine, tous les caractères d'une lettre de change, et doit être réputée telle *, à moins que les parties intéressées ne lui en contestent les effets, en avouant ou en approuvant que la remise de place en place avait été supposée lors de l'émission de la traite, et que l'acceptation dont il s'agit était convenue avant toute négociation : alors, seulement, cette traite devrait être rangée dans la classe des simples promesses, aux termes de l'art. 112 du C. de C. ; mais on ne doit pas facilement présumer cette supposition frauduleuse. Déc. du minist. des fin. et du grand-juge, des 31 octobre et 15 novembre 1808. Instruction générale du 8 décembre suivant, n°. 410. (Article 3066 du J.)

9. Il est sans difficulté qu'une lettre de change peut être tirée à l'ordre même du tireur, et acceptée avant qu'il en fasse la négociation : cette forme, que l'usage avait introduite, a été consacrée par l'art. 110 du Code ; toutefois, tant que la lettre demeure à l'ordre du tireur, elle n'est pas encore véritablement lettre de change ; elle ne le devient que par l'endossement que fait le tireur au profit d'un tiers qui en fournit la valeur, et ce n'est que par cet endossement que se forme le contrat de change. Mêmes Décisions et Instruction qu'au nombre pré-

---

* En conséquence, le tribunal de la Seine a jugé, les 16 avril et 14 mai 1807, que des effets de l'espèce n'étaient pas sujets à l'enregistrement. (Art. 2637 du J.)

...dent. (Art. 3066 du J.) D'où il suit que, cette traite est protestée *avant* l'endosse-ment, elle doit être rangée dans la classe des simples billets à ordre, et soumise au droit de 50 c. par 100 f. (art. 2231, 2861 et 3339 du J.); et qu'elle est exempte de la formalité de l'enregistrement, si elle n'est protestée qu'*après* l'endossement, sauf le cas prévu au nombre suivant. Réponse du tribunal de commerce de Paris, au minis-tre des finances, du 25 vendémiaire an 9. (Art. 637 du J.) Arrêt de la cour de cassa-tion, du 14 thermidor an 11. (Art. 1593 du J.)

10. Dans le cas où une traite qui, tirée par celui qui l'a souscrite au profit de lui-même, et néanmoins passée par lui à l'or-dre d'une tierce personne, serait, faute de paiement, protestée à la requête du tireur et non de l'endosseur, cette circonstance fe-rait présumer que l'endossement, surtout s'il n'est pas fait dans la forme requise par art. 137 du Code, n'est réellement qu'une procuration pour toucher, qui ne donnerait au porteur que le titre de simple mandatai-re; ainsi, le tireur étant toujours resté pro-priétaire, l'effet ne serait plus qu'impropre-ment une lettre de change, et dès-lors il devrait être soumis aux droits dont sont passibles les promesses et les billets à ordre ordinaires. Décis. du minist. des fin. et du grand-juge, des 31 oct. et 15 nov. 1808. Ist. gén. du 8 décemb. suiv., n°. 410. Art. 3066 du J.)

11. Une traite en échange de valeurs don-nées, *tirée sur soi-même*, est parfaite s'il y a remise *de place en place*, sans que, dans ce cas, le concours de trois personnes soit nécessaire, pourvu que, d'ailleurs, la traite soit revêtue des autres formalités prescrites. Arrêt de la cour de cassation, du 1er. mai 1809. (Art. 3293 du J.)

12. Comme lettres de change, celles pas-sées devant notaires jouissent de l'exemp-tion prononcée par l'art. 70 de la loi du 22 frimaire an 7; mais l'acte qui les constate est soumis au droit fixe de 1 f. comme pro-cès-verbal. Décision du ministre des finan-ces, du 22 novembre 1808, conçue en ces termes : « Sans rien changer aux principes sur l'exemption des droits dont jouissent les lettres de change, même celles faites par acte notarié, attendu que l'acte rédigé par le notaire, est un véritable procès-verbal qui constate l'existence de la lettre de chan-ge, puisqu'il en tient lieu, mais encore les circonstances qui ont accompagné la rédac-tion de cet effet, telles que la présence des témoins et l'ignorance des parties de signer: cet acte, considéré sous ce rapport, doit être enregistré dans les délais des autres actes, au droit fixe de 1 f., et porté à sa date sur le répertoire. » Inst. gén. du 8 décembre 1808, n°. 410.

13. Mais l'exemption cesserait d'être ap-plicable si l'acte portait déclaration d'hypo-thèque, ou renfermait quelque condition étrangère à l'essence des traites. Même Ins-truction.

14. La déclaration ou affectation d'hypo-thèques, pour sûreté de créances résultant de billets à ordre ou de lettres de change, est en effet assujettie au droit proportionnel de 1 pour 100. Décision du ministre des fi-nances, du 7 floréal an 10, en ces termes : « Les reconnaissances de lettres de change et de billets à ordre, et les déclarations d'hypothèque tenant lieu desdites recon-naissances, qui sont faites par actes devant notaires ou autres officiers publics, sont su-jettes au droit proportionnel auquel lesdits actes donneraient lieu si les obligations en résultant étaient contractées sans qu'il exis-tât ni lettres de change, ni billets à ordre; le droit est dû, indépendamment de celui perçu sur ces billets. Nombre 11 de l'Ins-truction générale du 5 fructid. an 13, n°. 290.

Sur une question semblable, arrêt de la cour de cassation, du 17 prairial an 12, dont voici le dispositif : « La cour, consi-dérant que, si le n°. 15 de l'art. 70 exemp-te, en faveur du commerce, les lettres de change de la formalité de l'enregistrement, on ne peut en inférer que l'acte par lequel l'acceptant affecte et hypothèque spécialement des immeubles au paiement du montant d'une lettre de change, doive aussi être exempt de la même formalité, ou en tout cas n'être assujetti qu'au droit fixe de 1 f.; qu'en effet, un pareil acte, non-seulement altère le caractère primitif de la lettre de change, en lui donnant les avantages des obligations civiles, et en ajoutant une garantie immobilière à la simple garantie personnelle, mais encore contient, dans la réalité, une obligation nouvelle et distincte de la première, une obligation d'une somme ou valeur déterminée, sujette au droit proportionnel;

» Considérant que, par cela même que l'acte contenant déclaration d'hypothèque, n'est dénommé nulle part dans la loi du 22 frimaire an 7, on ne peut pas dire qu'il ne soit soumis qu'à un droit fixe de 1 f., d'après le n°. 51 du §. 1er. de l'art. 68 de cette loi, parce que la disposition de ce numéro, en n'assujettissant qu'à ce droit fixe les actes non dénommés dans la loi, excepte formellement ceux qui seraient de nature à donner lieu au droit proportionnel;

» Considérant, enfin, qu'il est évident que les actes de déclaration d'hypothèque dont il s'agit au procès, contenant une obligation effective de sommes déterminées, une obligation distincte de celles résultant des lettres de change, ne peuvent être assimilées aux *déclarations pures et simples,* qui, d'après le n°. 23 du §. 1er. de l'art. 68, ne sont sujettes qu'à un droit fixe, mais doivent être rangées dans la classe de tous les actes contenant *obligations, promesses de sommes ou valeurs déterminées,* lesquels, d'après l'art. 4 et l'art. 69, §. 3, n°. 3, sont sujets au droit proportionnel;

» D'où il suit que le tribunal d'arrondissement de Bruxelles a violé l'art. 4, le n°. 3 du §. 3 de l'art. 69, le n°. 51 du §. 1er. de l'art. 68, et faussement appliqué le n°. 23 de l'art. 68, et le n°. 15 de l'art. 70 de la loi précitée;

« Par ces motifs, la cour casse le jugement du tribunal d'arrondissement de Bruxelles, du 14 frim. an 10, etc. » Même Inst. n°. 290. (Art. 1796 du J.)

Autre arrêt de la cour de cassation, du 22 décembre 1807, portant :

« Vu les art. 4 et 69, §. 3, n°. 23 de la loi du 22 frim. an 7;

» Considérant que l'acte de déclaration d'hypothèque, pour assurance de paiement de lettres de change, en donnant une sûreté immobilière à des effets qui n'emportent qu'une garantie personnelle, présente une obligation nouvelle qui est absolument distincte de celle résultant des lettres de change:

» Que cet acte porte, sans aucun doute, le caractère d'un contrat civil contenant obligation de payer les sommes ou valeurs déterminées, et qu'il est dans la classe des actes mentionnés, et tarifé par le §. 3, n°. 3 de l'art. 69 de la loi du 22 frim. an 7;

» Qu'ainsi, le jugement attaqué est contrevenu à cette disposition;

» La cour casse le jugement du tribunal de première instance de Bruxelles. »

15. Par suite des mêmes principes, l'acte par lequel un particulier remet en nantissement pour sûreté du paiement de lettres de change par lui acceptées, la grosse d'un contrat de rente et le bordereau d'inscription, avec faculté d'en disposer à défaut de paiement, opère le droit de 1 pour 100, attendu que cet acte donne au porteur desdites lettres, l'action hypothécaire résultant du titre de la rente, et qu'il y a une subrogation réelle d'hypothèque, et une novation des lettres de change formant le titre de la créance garantie par le nantissement. (Art. 1997 du J.)

16. Les billets portant promesse de fournir lettres de changes, les reconnaissances de remise de lettres de change, et les promesses négociables de payer la valeur d'une lettre de change après l'avis de paiement, sont assujettis au droit de 50 c. par 100 f., s'ils sont faits *à ordre;* autrement la perception

ception est de 1 f. par 100. Article 69 , §.
2 , n°. 6, et §. 5, n°. 3 de la loi du 22 frim.
an 7.

17. L'acte par lequel une maison de commerce promet d'accepter , jusqu'à concurrence d'une somme déterminée , les lettres
de change d'une autre maison de commerce
qui s'oblige de lui en tenir compte, doit
être enregistré comme obligation sur le
montant de la somme.

18. Toute lettre de change est sujette au
droit de timbre proportionnel. — Voyez
Effets négociables ou de commerce, p. 260.

LETTRE *de crédit.* Lettre par laquelle
un banquier, négociant ou marchand invite
son correspondant dans un autre lieu, de
fournir à un tiers porteur de cette lettre ,
une somme fixe d'argent, ou indéfiniment
tout ce dont il aura besoin.

1. La lettre de crédit étant un mandat de
payer , qui est quelquefois précédé du
dépôt de la somme exprimée , il en résulte
qu'elle contient ou obligation de restituer le
dépôt , s'il a eu lieu, et si l'on n'a pas
fait usage de la lettre, ou mandat suivi de
paiement, si cette lettre est acquittée. Elle
est par conséquent sujette au droit de 1 f.
par 100 f. sur la somme fixée; et si la somme n'est pas fixée, d'après la déclaration de
la partie qui requiert l'enregistrement. (Art.
1211 du J.) Si la lettre de crédit n'est pas à
ordre, chaque transport qui est fait, est passible du même droit.

2. Il n'est dû qu'une amende du vingtième de la somme *exprimée* dans une lettre
de crédit souscrite sur papier du timbre de
dimension ou sur papier libre, quelque soit
le nombre d'endossemens dont elle aurait
été revêtue, attendu que , par la nature de
l'effet , il peut passer de main en main , par
un endossement, comme effet de commerce.
(Art. 2066 du J.) Lorsque la somme n'est
pas *fixée*, la lettre de crédit peut, sans contravention, être écrite sur papier libre; il
suffit de la faire timbrer ou viser pour timbre avant d'en faire usage en justice ou devant notaires.

LETTRES *missives.* Celles écrites à quelqu'un, pour le prier d'agir , de faire quelque chose pour nous, pour approuver ce
qui a été fait en notre nom, dans nos intérêts , enfin , pour rendre compte d'un fait
ou d'une affaire.

Dans l'acception générale, on comprend,
sous cette dénomination , toutes lettres
adressées à une personne.

1. Les lettres missives qui ne contiennent
ni obligation , ni quittance, ni aucune autre convention donnant lieu au droit proportionnel , sont assujetties au droit fixe de
1 f. , avant qu'il puisse en être fait usage devant notaire ou devant une autorité constituée. Art. 68, §. 1er., n°. 31 de la loi du 22
frim. an 7.

2. On doit donc toujours vérifier si la
lettre forme un titre ou non : la perception
du droit proportionnel ou du droit fixe est
subordonnée à cette distinction.

3. Si quelqu'un écrit à un autre de lui
faire un prêt, la lettre n'oblige point celui
qui l'a écrite, parce qu'elle établit bien la
demande , mais elle ne prouve pas que le
prêt ait été fait.

4. Si par la lettre on demande un délai
pour payer une somme qu'on déclare devoir, le droit proportionnel est dû comme
obligation, parce que la lettre forme un titre suffisant pour répéter la somme dont on
s'est reconnu débiteur, mais ce droit serait
restituable et réductible au droit fixe de 1 f. ,
s'il était justifié d'un précédent titre enregistré.

5. Une lettre par laquelle on recomman-
derait un individu , en annonçant qu'il est
probe et en état de payer, ne produit ni
obligation, ni cautionnement de la part de
celui qui l'a écrite; elle doit être enregistrée comme acte simple.

6. Les lettres missives soumises à l'enregistrement, comme devant en être fait usage, doivent préalablement être timbrées ou
visées pour timbre. Art. 30 de la loi du 13
brum. an 7.

7. D'après l'art. 1985 du C. N. , qui porte

que le mandat peut être donné par lettre, le min. des finances a décidé, le 25 octob. 1808, qu'il n'y a pas lieu d'exiger l'amende de 30 f. sur les mandats faits en cette forme, lorsqu'avant de s'en servir dans un acte public, on le présente à la formalité du timbre ou du visa pour timbre. (Art. 3057 du J.)

8. A l'égard des lettres missives en forme de pétitions adressées aux autorités constituées, voyez *Pétition.*

9. Les avis imprimés que l'on distribue *sous la forme de lettres missives*, sont sujets au timbre. — V. *Avis imprimés*, n°. 6, p. 105.

LETTRE *de voiture.* Lettre ouverte, contenant l'énonciation de la quantité, qualité, du poids et du prix de transport des marchandises ou autres objets mobiliers, confiés à un voiturier par un négociant, commissionnaire ou autre particulier, avec indication du lieu du chargement et du tems accordé pour les rendre à leur destination.

1. Les lettres de voiture sont soumises au droit fixe de 1 f. par chaque personne à qui les envois sont faits. Art. 68, §. 1er., n°. 20 de la loi du 22 frim. an 7.

2. Les maisons de commerce, connues sous la raison *un tel et compagnie*, ne sont comptées que pour une personne.

3. Quoique la lettre de voiture contienne stipulation de la somme que le voiturier doit se faire payer par celui à qui la marchandise est destinée, il n'est pas dû le droit de 1 pour 100 comme marché, mais le droit de 1 f. seulement. (Art 1794 du J.)

4. Les lettres de voiture, qu'elles soient reçues par un officier public, ou faites sous signature-privée, doivent être écrites sur papier timbré. Article 12, n°. 1 de la loi du 13 brum. an 7.

5 L'accusé de réception peut être mis au pied d'une lettre de voiture, sans donner lieu à un nouveau droit de timbre. Sol. de l'adm., du 2 vend. an 14. (Art. 2134 du J.)

6. D'après l'art. 5 de la loi du 6 prairial an 7, les lettres de voiture devaient être rédigées sur du papier du timbre de dimension de 1 f.; mais cette disposition a été modifiée par un décret impérial du 3 janv. 1809, en ces termes :

Art. 1er. « Les lettres de voiture, connaissemens, chartes-parties et polices d'assurance, continueront d'être assujettis au timbre de dimension. Les parties, pour rédiger ces actes, pourront se servir de telle dimension de papier timbré qu'elles jugeront convenable, sans être tenues d'employer exclusivement à cet usage du papier frappé du timbre de 1 f.

2. » Ne sont point assujettis à se pourvoir de lettres de voiture timbrées, les propriétaires qui font conduire par leurs voituriers et leurs propres domestiques ou fermiers, les produits de leurs récoltes. »

7. Il est sans difficulté que la loi de prairial an 7, cessant, d'après le décret du 5 janvier, d'être applicable aux lettres de voiture, les amendes que cette loi prononce ne peuvent plus concerner les contraventions relatives à cet objet, et que l'amende de 30 f. portée par l'art. 26 de la loi du 13 brumaire an 7, sous l'empire de laquelle rentrent les actes dont il s'agit, est celle que les contrevenans doivent acquitter. Inst. gén. du 6 mars 1809, n°. 419.

8. Les entrepreneurs de roulage reçoivent ordinairement, avec les marchandises qu'on leur confie, les lettres de voiture originales qui doivent être en papier timbré, et ils les font passer à leurs chargeurs, pour donner cours aux marchandises qu'ils expédient. Ils donnent ensuite aux rouliers, un *duplicata* de ces lettres, qui leur sert d'indication pour la remise des effets et marchandises. Ces *duplicata* sont incontestablement sujets au timbre, parce que la véritable lettre de voiture est celle remise au voiturier, celle qu'il est tenu de représenter pour l'acquit des droits d'octroi, et à toutes réquisitions, et qui lui sert de titre pour son paiement. Solut. de l'adm., du 5 flor. an 8. (Art. 444 du J.)

9. Le négociant, sur le voiturier duquel a été saisie une lettre de voiture écrite sur papier libre, ne peut éluder la peine de sa contravention, en représentant un double timbré de cette lettre de voiture. Arrêt de la cour de cassation, du 21 pluviose an 9 : « Considérant que les lois sur le timbre des lettres de voiture, s'appliquent évidemment et nécessairement aux lettres de voiture trouvées sur les voituriers, et portant sur la marchandise dont ils sont chargés, casse et annulle, etc. »

10. Les procès-verbaux qui constatent des contraventions pour défaut de timbre de lettres de voitures, ne sont point nuls, quoique non affirmés, lorsque ces lettres sont jointes au procès-verbal. — Voyez *Affirmation de procès-verbaux*, n°. 3, p. 90.

11. Les lettres de voiture pour transport d'effets militaires et pour le compte *direct* du gouvernement, expédiées par les commissaires des guerres ou agens dirigeant les transports et convois militaires, *autres que les entrepreneurs,* sont exemptes du timbre. Décis. du min. des fin., du 18 fructidor an 8. Circ. de l'adm., du 29 fructidor an 9, n°. 2042. Inst. gén. du 15 mai 1807, n°. 326.

12. Celles expédiées par les entrepreneurs des transports de la marine, pour l'approvisionnement des ports, sont exemptes du timbre quand elles sont visées par l'administration de la marine. Déc. du min. des finances, du 11 mars 1806. (Article 2261 du J.)

LEVÉE *de scellés.* Procès-verbal qui constate l'enlèvement du sceau apposé sur des effets mobiliers.

1. Ce procès-verbal est assujetti au droit fixe de 2 f. par chaque vacation. Art. 68, §. 2, n°. 3 de la loi du 22 frimaire an 7. La formalité doit être donnée sur la minute, dans les vingt jours de *chaque* vacation, à peine du double droit. — Voyez *Vacation.*

2. Indépendamment de ce droit, il en est dû un fixe et particulier de 1 f. pour chaque opposition à levée de scellés par comparution personnelle dans le procès-verbal. Même art., §. 1er., n°. 46.

3. Les formalités pour parvenir à la levée des scellés, sont, aux termes de l'art. 931 du C. de P. C., 1°. une réquisition à cet effet, consignée sur le procès-verbal d'apposition; 2°. une ordonnance du juge, indicative des jour et heure où la levée sera faite; 3°. une sommation d'assister à cette levée.

Nul doute que le procès-verbal de réquisition pour la levée des scellés, ne soit passible du droit fixe de 2 f., indépendamment de celui dû sur l'ordonnance du juge de paix. Sol. de l'adm., du 5 mai 1808. (Art. 3258 du J.)

4. Le procès-verbal de reconnaissance et levée de scellé, peut être fait à la suite de celui d'apposition, c'est-à-dire sur les mêmes feuilles de papier timbré. Art. 23 de la loi du 13 brum. an 7.

LIBÉRALITÉ (Actes de). — V. *Donation entre-vifs* et *Testament.*

LIBÉRATION. — V. *Quittance.*

LICENCES *délivrées par les préposés de la régie des droits réunis.* — V. *Actes administratifs,* n°. 15, p. 53.

LICITATION. Vente à l'enchère que l'on fait d'un objet qui ne peut aisément se partager, et dont les co-propriétaires ne veulent point jouir par indivis.

1. Si les biens sont adjugés à quelqu'un qui n'y ait aucun droit antérieur, le droit d'enregistrement est perceptible sur la totalité.

2. Mais, si c'est l'un des co-propriétaires qui se rend adjudicataire, il ne doit le droit que pour les *parts et portions* qu'il acquiert, à raison de 2 pour 100 s'il s'agit d'objets mobiliers, art. 69, §. 5, n°. 6 de la loi du 22 frim. an 7, et de 4 pour 100 s'il s'agit de biens immeubles, même art., §. 7, n°. 4.

3. Le droit d'une vente par licitation faite moyennant 90,000 f. à l'un des co-propriétaires qui avait acquis les cinq 6mes. de l'objet li-

cité , moyennant 55,ooo f. , par acte authentique , deux ans auparavant , doit être liquidé et perçu sur 15,000 f. formant le 6me. de 90,000 f. , et non sur 55,000 f. qui, réunis aux 55,000 f. , prix du premier contrat, font le prix intégral de la licitation. On ne peut, en effet, considérer la licitation du dernier 6me. comme le complément de la première vente : ces deux actes sont très-distincts, et ce n'est plus le cas d'une perception en supplément ; il y aurait seulement lieu de requérir l'expertise sur la première vente, si le délai n'était pas expiré. Sol. de l'adm., du 17 flor. an 7. (Art. 1164 du J.)

Les expéditions des jugemens des tribunaux de première instance et des arrêts des cours d'appel, portant injonction de procéder à licitation, sont soumises au droit fixe de 5 f. Art. 68, §. 3, n°. 7 de la même loi.

LIGNE. Filiation ou ordre de parenté.

La proximité de parenté s'établit par le nombre de générations : chaque génération s'appelle un *degré*. Art. 735 du C. N.

La suite des degrés forme la *ligne* : on appelle *ligne directe*, la suite des degrés entre personnes qui descendent l'une de l'autre ; *ligne collatérale*, la suite des degrés entre personnes qui ne descendent pas les unes des autres, mais qui descendent d'un auteur commun. — On distingue la ligne directe en ligne directe descendante et ligne directe ascendante. — La première est celle qui lie le chef avec ceux qui descendent de lui ; la deuxième est celle qui lie une personne avec ceux dont elle descend. Art. 736.

En *ligne directe*, on compte autant de degrés qu'il y a de générations entre les personnes : ainsi, le fils est, à l'égard du père , au premier degré, le petit-fils au second , et réciproquement du père et de l'aïeul à l'égard du fils et petit-fils. Art. 737.

En *ligne collatérale*, les degrés se comptent par les générations, depuis l'un des parens jusques et *non compris* l'auteur commun, et depuis celui-ci jusqu'à l'autre

parent. Ainsi, deux frères sont au deuxième degré ; l'oncle et le neveu sont au troisième degré ; les cousins germains au quatrième : ainsi de suite. Art. 738.

Tous les degrés de parenté n'ont pas , dans notre langue, des noms particuliers : dans la ligne directe ascendante, on n'en connaît point au-delà de trisaïeul , et tous les autres sont appelés ancêtres ; dans la descendante, on ne parle que des arrière-petit-fils ; dans la collatérale, on ne nomme que les frères , les oncles , grands-oncles , cousins germains ; le reste ne se connaît que par les degrés , cousin au cinquième , au sixième, au septième degré, etc. (Art. 1648 du J., qui contient un tableau des degrés de parenté.)

Toute succession échue à des ascendans ou à des collatéraux , se divise en deux parts égales, l'une pour les parens de la ligne paternelle , l'autre pour les parens de la ligne maternelle. Art. 733 du C. N. — Les parens au-delà du douzième degré ne succèdent pas. — A défaut de parens au degré successible dans une ligne , les parens de l'autre ligne succèdent. Art. 755.

D'où il suit que, lorsqu'il n'y a plus de parens dans les degrés successibles, dans l'une ni l'autre ligne , et que le défunt ne laisse point d'enfans naturels ni de conjoint non divorcé, qui doivent lui succéder, la succession est dévolue à l'Etat, à titre de déshérence, à l'exclusion des parens au-delà du douzième degré. Art. 767 et 768 du C. N.

Quant aux droits des transmissions entre-vifs, à titre gratuit, et des mutations par décès, en ligne directe, entre collatéraux ou autres personnes non parentes. — Voy. *Contrats de mariage*, §. 10, p. 177 ; *Donations*, §. 1er., p. 248 ; *Legs* et *Successions*.

LIQUIDATION. Règlement de droits , d'intérêts, de dépens et de créances quelconques.

En général, la liquidation détermine et fixe ce qui n'était ni certain, ni évalué : c'est une espèce de compte.

1. La loi du 26 frim. an 8, transmise par la Circul. de l'adm., du 12 niv. suiv., n°. 1754, contient les dispositions suivantes :

Art. 1er. « Les actes sous seing-privé, tendant uniquement à la *liquidation de la dette publique*, et en tant qu'ils servent aux opérations de la liquidation, sont dispensés des formalités du timbre et de l'enregistrement. — V. *Actes sous seing-privé*, §. 5, n°. 9, p. 65.

Art. 2. « Les actes des administrations et commissaires liquidateurs, sont dispensés des mêmes formalités. »

2. Ces dispositions ne s'appliquent pas aux pouvoirs sous seing-privé, donnés pour suivre et retirer des liquidations de la dette publique : ces actes, en effet, ne tendent ni ne servent aux opérations de la liquidation ; ils restent dès-lors soumis à la formalité du timbre et de l'enregistrement, avant d'en faire usage. (Art. 5140 du J.)

3. Pour les jugemens contenant liquidation de *sommes* et valeurs mobilières, *intéréts* et *dépens*, de *prises maritimes*, etc., voyez *Actes judiciaires*, §. 6, n°. 7, p. 50, et n°. 52, p. 55.

4. Un acte de *liquidation de reprises* à exercer (autre que celui contenu dans un partage), bien qu'il ne contienne que la récapitulation et la reconnaissance de sommes dues par titre en forme, sans nouvelle obligation ni convention de terme de paiement, doit être considéré comme un arrêté de compte passible du droit proportionnel de 1 f. par 100 f. sur le reliquat. — Voyez *Compte*, n°. 15, p. 163.

5. Pour connaître la perception à établir sur un acte de liquidation de reprises, par lequel il est abandonné des biens meubles ou immeubles, voyez *Remploi*.

LISTE *civile*. C'est l'état des domaines de la couronne. — Voyez *Acquisition*, n°. 4, et *Procès-verbaux*, pour ceux rédigés par les gardes nommés par Sa Majesté pour la conservation des bois qui font partie de la liste civile.

LIVRE *numéraire ou tournois*. — Voy. *Monnaies*.

LIVRE *d'acquit*, à tenir par les chefs d'ateliers, d'après la loi du 18 mars 1806, doivent être en papier timbré. — Voyez *Prud'hommes*.

LIVRE *de marchand*. — V. *Registre*.

LIVRE *des mutations*. 1. L'art. 59 de la loi sur le budjet de l'Etat, du 15 septembre 1807, porte : « Les directeurs des contributions directes sont spécialement chargés de la tenue des livres de mutations des propriétés cadastrées. (Art. 2721 du J.)

2. D'après une décision du min. des fin., du 16 pluv. an 6, il doit être ajouté dans le cahier des charges, pour les ventes des domaines de l'Etat, une clause portant que l'expédition entière de l'adjudication ne sera délivrée aux acquéreurs qu'après qu'ils auront justifié qu'ils ont fait, soit à la mairie, soit au percepteur des contributions, la déclaration de la nature et de la contenance des immeubles à eux vendus. Circ. de l'adm., du 8 vent. an 6, n°. 1225.

3. Suivant l'art. 36 de la loi du 3 frimaire an 7, sur la contribution foncière, la note de chaque mutation de propriétés, doit être inscrite dans le *livre des mutations*, à la diligence des parties intéressées, avec désignation des biens qui en sont l'objet, et indication du titre auquel la mutation s'est opérée, faute de quoi l'ancien propriétaire continue d'être imposé au rôle, et lui ou ses héritiers peuvent être contraints au paiement de l'imposition foncière, sauf leur recours contre le nouveau propriétaire : en conséquence, il a été recommandé aux préposés de l'administration, de faire inscrire sur le livre des mutations, la note des ventes de domaines de l'Etat qui seraient encore cotisés sous son nom. Circ. de l'adm., du 8 niv. an 7, n°. 1463.

4. Il importe au nouveau propriétaire de se faire inscrire sur le livre des mutations, pour éviter tout trouble, en raison d'une saisie immobilière sur le précédent propriétaire. Voici en effet comment s'exprime l'ora-

teur du gouvernement, sur la disposition de l'art. 675 du C. de P. C. : « Dans notre système, le propriétaire n'a pas besoin d'être troublé, n'a pas même besoin d'être averti. Il suffit, *pour sa parfaite sécurité*, qu'il fasse porter son nom sur le rôle des contributions, et, par cette précaution bien simple, qu'on ne peut l'empêcher de prendre, *il se met hors d'atteinte de tout trouble, de toute perte, de toute surprise.* » (Art. 3005 du J.)

Au surplus, voyez *Mutation*.

LOCATERIE *perpétuelle*. C'est un bail par lequel le preneur acquiert la possession utile ; mais la propriété directe réside sur la tête du bailleur.

D'après le décret du 18 décemb. 1790, les détenteurs à titre de locaterie perpétuelle, sont assimilés aux détenteurs à titre de bail à rente, sont, comme ceux-ci, propriétaires, et autorisés à affranchir la rente par eux due.

Les baux à locaterie perpétuelle, étant translatifs de propriété, sont sujets au droit de 4 pour 100 sur le capital au denier 20 de la rente, en y ajoutant les charges et les deniers d'entrée, s'il en est stipulé. Art. 15, n°. 2, et art. 69, §. 7, n°. 2 de la loi du 22 frim. an 7.

On peut exiger le droit d'enregistrement du déguerpissement d'un héritage pris à locaterie perpétuelle, quoiqu'il n'existe pas d'abandon *écrit* de la part du preneur. — V. *Déguerpissement*, n°. 4, p. 211.

LOCATIONS *verbales*. — V. *Baux*, §. 3, n°. 5 et suiv., p. 112.

LOIS. 1. Elles n'ont point d'effet rétroactif. — V. *Effet rétroactif*, p. 263.

2. Elles sont exécutoires du moment où la promulgation en peut être connue. — V. *Publication des lois*.

LOTERIE. — V. *Billets de loterie particulière*, p. 132.

LOUAGE *d'ouvrage ou d'industrie*, est une convention par laquelle l'un des contractans s'oblige de payer à l'autre une certaine somme pour un ouvrage que ce dernier se charge de faire. — Voyez *Baux d'ouvrage*, §. 14, p. 119.

LOYAUX-COUTS. Frais que l'acquéreur doit payer outre le prix de son acquisition. — V. *Vente*.

M.

MAIN-LEVÉE. Acte volontaire ou judiciaire qui fait cesser les effets d'une saisie, d'une opposition ou d'une inscription.

1. La main-levée pure et simple, donnée dans un acte civil, est passible du droit fixe de 1 f. Art. 68, §. 1er., nos. 28, 30 et 31 de la loi du 22 frim. an 7.

2. Celle dérivant d'un jugement de police ordinaire, des tribunaux de police correctionnelle et des cours criminelles, soit entre parties, soit sur la poursuite du ministère public, avec partie civile, est tarifée au droit fixe de 1 f. *Idem*, n°. 48.

3. Celle prononcée par jugement d'un juge de paix, est passible du droit fixe de 1 f. *Idem*, §. 2, n°. 5.

4. Celle résultant d'un jugement d'un tribunal de première instance et d'un arrêt de cour d'appel, est sujette au droit fixe de 3 f. *Idem*, §. 3, n°. 7.

5. Il n'est dû qu'un seul droit lorsque, par le même acte, un particulier donne main-levée soit de plusieurs inscriptions prises, dans différens bureaux, contre un seul débiteur, soit de plusieurs oppositions formées entre les mains de tiers contre le même individu. (Articles 878 et 912 du J.)

6. Mais il doit être perçu deux droits pour un acte par lequel un individu donne main-levée de deux inscriptions prises contre deux particuliers non solidaires. (Art. 2012 du J.)

7. Lorsque, dans une quittance, il est donné main-levée de l'opposition ou inscription que le créancier avait formée sur son débiteur, il ne doit être perçu que le seul droit de quittance, quand même il serait inférieur à celui de la main-levée, 1°. parce que cette dernière disposition est l'effet nécessaire et la suite immédiate de la quittance, 2°. et parce que le droit doit être établi sur la disposition principale et non sur celle qui en dérive, et qui n'est que l'accessoire. Déc. du min. des fin. , du 28 juin 1808. Nomb. 8 de l'Inst. gén. du 28 juillet suiv. , n°. 590. (Art. 518 du J.)

8. L'acte portant réduction à 1,500 f. d'une inscription de 10,000 f. , n'est pas suffisant pour faire présumer la libération ; il n'a d'autre effet que de décharger de portion de l'hypothèque, les immeubles qui sont désignés dans l'inscription : il ne peut, par cette raison, être passible que du droit fixe de 1 f. (Art. 1042 du J.)

9. Il n'y a lieu de percevoir le droit de quittance sur un acte contenant main-levée d'inscription, qu'autant qu'il énonce d'une manière expresse la libération du débiteur, sans justification de titre enregistré. (Art. 1917 du J.) Cependant, cette libération serait assez prouvée si l'acte contenait déclaration par la partie, que la *cause de l'inscription ne subsiste plus*. (Art. 1455 du J.)

10. La main-levée d'une inscription d'office ne peut être écrite à la suite du contrat de vente qui y a donné lieu par la transcription. (Art. 1939 du J.)

11. Les minutes des arrêtés des préfets, portant autorisation de radier des inscriptions hypothécaires , doivent être sur du papier du timbre de dimension, et enregistrées dans les vingt jours de leur date , et les expéditions délivrées aux particuliers , doivent être sur papier à 75 c.; mais, s'il s'agissait de radier des inscriptions que les administrations ou les préposés auraient mal à propos requises, sur des biens qu'ils auraient crû, par erreur, chargés d'hypothèques envers l'Etat, comme alors la perception des droits retomberait sur le trésor national, les minutes des arrêtés devraient être visées pour timbre et enregistrées gra-

tis. Décis. du min. des fin., du 11 vendém. an 12. Inst. gén. du 3 brumaire suiv., n°. 176, qui, en rappelant les Circulaires de l'administration, n°s. 1778, 2030 et 2034, porte que, lorsque l'arrêté devra être visé pour timbre et enregistré gratis, les expéditions qui en seront délivrées à un fonctionnaire public, devront aussi être visées gratis, en faisant mention de cette destination, et que, dans ce cas, il n'y a pas lieu au salaire du conservateur.

12. Les arrêtés portant homologation des consentemens donnés par les receveurs des domaines, à la radiation d'une inscription, doivent être enregistrés dans les vingt jours de leur date. Les art. 4 et 5 du décret du 5 messidor an 13, rapportés au mot *Actes des établissemens publics*, n°s. 10 et 11, p. 55, ne leur sont pas applicables. Décis. du min. des fin., du 15 mars 1808. (Art. 2858 du J.)

13. Autre décision du ministre, du 12 nivose an 12, portant que ces sortes d'arrêtés ne peuvent, lorsque l'inscription a été régulièrement requise, être timbrés à l'extraordinaire ou visés pour timbre, qu'en acquittant les droits. (Art. 1645 du J.)

14. Les décisions d'un conseil de préfecture, qui autorisent la radiation d'inscriptions prises par les hospices, ne sont passibles du timbre et de l'enregistrement qu'autant qu'elles dispensent expressément d'un acte de consentement notarié. La minute de la délibération du bureau administratif des biens de l'hospice, portant qu'il estime qu'il y a lieu à la radiation, doit être sur papier timbré; mais l'expédition qui en est adressée au préfet, est exempte de cette formalité. Sol. de l'adm. (Article 2816 du J.)

15. Les droits des main-levées d'inscriptions sur les débiteurs de créances de l'état, sont à la charge de ceux au profit desquels elles font titre. Circ. de l'adm., du 18 thermidor an 9, n°. 2030.

MAINTENUE *en possession.* Jugement qui conserve au détenteur d'un bien, la jouissance qui lui en était contestée.

1. L'expédition des jugemens de cette nature, rendus par les tribunaux de première instance, est passible du droit fixe de 3 f. Art. 68, §. 3, n°. 7 de la loi du 22 frimaire an 7.

2. Le droit fixe, d'après le même art., §, 2, n°. 5, ne serait que de 2 f. pour un jugement de juge de paix, portant maintenue en possession, lorsqu'il connaît des déplacemens de bornes, des usurpations de terre, arbres, haies, fossés et autres clôtures, commis dans l'année.

MAINTIEN *d'hypothèque.* Jugement qui reconnaît la validité, la priorité ou l'ordre d'un hypothèque.

L'expédition de ce jugement, rendu par un tribunal de première instance, est passible du droit fixe de 3 f. Art. 68, §. 3, n°. 7 de la loi du 22 frim. an 7.

MAIRE et **ADJOINTS.** L'art. 6 de la loi du 27 ventose an 9, leur applique les dispositions de celle du 22 frimaire an 7, relatives aux administrations municipales et secrétaires de ces administrations qu'ils remplacent : ainsi, ils sont tenus de faire enregistrer leurs actes soumis à cette formalité, dans les vingt jours de leur date ; d'en tenir un répertoire ; de délivrer au receveur de l'enregistrement, tous les trois mois, le relevé des actes de décès, etc., sous les peines portées par cette loi. Circul. du 17 germinal an 9, n°. 1992. — *Voyez Actes administratifs et des établissemens publics, Notices de décès, Pétitions* et *Répertoires.*

MAJORAT. Qualification de biens formant la dotation attachée aux titres de duc, comte et baron.

1°. *Des majorats sur demande.*

1. L'acte indicatif *des biens* proposés pour former le majorat, lequel doit, aux termes de l'art. 13 du décret impérial du

1er. mars 1808, être donné par l'archichancelier de l'empire, est soumis au droit d'enregistrement fixe de 1 f., et sa transcription aux hypothèques ne doit acquitter que le salaire du conservateur. Art. 1er. du décret impérial du 24 juin 1808. Inst. gén. du 12 janv. 1809, n°. 413.

2. Les lettres patentes d'institution de majorats devant être enregistrées dans les cours et tribunaux, les ampliations qui en sont délivrées à cet effet, ne sont pas soumises au timbre ni au droit d'enregistrement.

3. Quant aux droits dus pour l'enregistrement de ces lettres patentes dans les cours et tribunaux, et pour leur transcription aux hypothèques, voyez *Greffes (droits de)*, §. 7, p. 521, et *Hypothèques*.

4. Les actes et certificats d'inscriptions requis par les parties, sont passibles du timbre et du paiement du salaire du conservateur. Même Inst.

5. Si les biens proposés pour la création d'un majorat sont rejetés, la transcription de l'acte indicatif sera *rayée* par le conservateur, sur la réquisition de M. le procureur général du sceau; elle sera visée pour timbre et enregistrée en débet, au droit fixe de 1 f. : ces droits, ainsi que le salaire du conservateur, seront recouvrés *sur la partie* dont la demande aura été rejetée.

6. *Le procès-verbal d'acceptation* des conditions qu'il plaît à Sa Majesté d'imposer, lors de l'érection d'un majorat sur demande, doit être en papier timbré, et soumis à l'enregistrement fixe de 1 f. Art. 4 du décret *idem*.

7. *Demandes relatives aux majorats.* La procuration donnée aux avocats au conseil, pour instruire les demandes relatives aux majorats, est passible du droit fixe d'enregistrement de 1 f. Même Instruction.

8. Les requêtes des avocats doivent être timbrées, et les pièces produites à l'appui, sont exemptes de l'enregistrement quand, par leur nature, elles n'y sont pas soumises

dans un délai fixé. Avis du Conseil d'État, du 13 sept. 1808. Même Inst.

2°. *Majorats de propre mouvement.*

9. L'acte de constitution ou le procès-verbal de désignation des biens composant les majorats de propre mouvement, tant ceux dont la totalité de la dotation aura été accordée par Sa Majesté, que ceux dont la dotation n'aura été faite par elle qu'en partie, sera sur papier timbré, et ne paiera aucun droit. Art. 3 du décret. — V. *Greffes (droits de)*, et *Hypothèques*.

3°. *Titre de chevalier transmissible.*

10. Il n'existe pas de majorat de chevalier; et, d'après une décision du 27 mai 1808, les lettres patentes qui établissent un titre de *chevalier* transmissible, ne doivent point être enregistrées dans les tribunaux, l'enregistrement au *sénat* suffisant pour en constater l'existence : par conséquent il n'y a aucun droit à percevoir. Instruction n°. 413.

4°. *Règles générales aux majorats sur demande ou de propre mouvement.*

11. S'il est délivré *expédition* de l'arrêt ou du jugement des cours et tribunaux ordonnant l'enregistrement et la transcription au greffe des lettres patentes portant institution de majorats tant constitués sur la demande de l'impétrant, qu'érigés du propre mouvement de l'Empereur, cette expédition est sujette au droit fixe d'enregistrement de 3 f. Inst. gén. du 15 avril 1809, n°. 427.

12. Les actes portant acquisition d'immeubles passés en conformité des ordres ou de l'autorisation de Sa Majesté, pour effectuer le remplacement, en France, des propriétés situées hors de l'empire, et les *échanges* des biens situés en France, seront assujettis aux mêmes droits d'enregistrement et d'hypothèques, que les transmissions de pareille nature entre particuliers. Art. 5 du décret du 24 juin. Inst. n°. 413.

5°. *Des mutations par décès.*

13. Le droit d'enregistrement des mutations par décès, des biens composant un majorat, ne doit être perçu qu'au taux réglé par la loi pour les transmissions de simple usufruit en ligne directe. Il est à la charge du majorat, et doit être payé par l'appelé et la veuve par proportion, sans qu'il puisse être réclamé contre la succession du titulaire décédé. Art. 6 du décret. Même Inst. n°. 413.

14. Les enfans *du fondateur* d'un majorat, qui ne seraient pas remplis de leur légitime sur les biens libres de leur père, sont, par l'art. 40 du décret du 1er. mars 1808, autorisés à en demander le complément sur les biens donnés par le père pour la formation du majorat. Les enfans qui obtiennent leur légitime de cette manière, doivent acquitter les droits d'enregistrement de la mutation, tels qu'ils sont réglés par les lois des 22 frim. an 7 et 27 vent. an 9. *Idem.*

15. Lorsque la descendance masculine d'un titulaire qui a fourni les biens composant la dotation, vient à s'éteindre, que le titre est supprimé, et que les biens affectés au majorat deviennent libres dans la succession du dernier titulaire et sont recueillis par ses héritiers, les droits d'enregistrement de mutation doivent être perçus, comme s'il s'agissait d'une succession ordinaire. *Idem.*

MANDAT est un acte par lequel une personne donne à une autre le pouvoir de faire quelque chose pour elle en son nom. Le contrat ne se forme que par l'acceptation du mandataire.

1. Le mandat peut être donné ou par acte public, ou par écrit sous seing-privé, même par lettre; il peut aussi être donné verbalement.

2. Le mandat est gratuit de son essence : autrement ce serait un contrat de louage. — Voyez *Bail d'industrie.*

3. Il faut que le mandant exprime l'intention de décharger, à ses propres risques, le mandataire des suites de l'affaire qui est le sujet du mandat, et que le mandataire exprime de son côté la volonté de s'obliger à exécuter la commission : c'est cette volonté réciproque du mandant et du mandataire qui constitue le mandat, et c'est aussi ce qui le fait distinguer de la simple recommandation qui ne produit aucune obligation.

4. Ainsi, vous écrivez à l'un de vos amis, à Paris, que votre fils y passera l'hiver, et vous le lui recommandez pendant son séjour dans cette ville : cette lettre ne contenant qu'une simple recommandation, vous n'avez contracté l'un envers l'autre aucune obligation; votre ami ne serait nullement fondé à vous répéter la dépense qu'il aurait faite pour procurer de l'agrément à votre fils, d'après votre recommandation : cette lettre devrait être enregistrée seulement sur le pied de 1 franc fixe.

5. Mais si vous l'aviez prié de fournir à votre fils les deniers qu'il vous demanderait durant son séjour, votre lettre eût été un mandat par lequel vous auriez contracté l'obligation de lui rembourser ce qu'il aurait avancé. Le droit d'enregistrement, dans ce cas, serait perceptible à raison de 1 f. par 100 f. sur la somme avancée, dont il convient de faire passer déclaration par la partie au pied de la lettre, aux termes de l'article 16 de la loi du 22 frimaire an 7.

6. C'est encore l'intention respective du mandant et du mandataire, de s'obliger l'un et l'autre, qui distingue le mandat du conseil. Ce dernier, semblable à la recommandation, ne produit aucune obligation : d'où il suit que, pour connaître s'il est intervenu un mandat entre les parties, ou s'il n'a été question que d'un simple conseil, il faut apprécier scrupuleusement les termes dans lesquels elles se sont expliquées.

7. Si, par exemple, *je vous prie* de pré-

ter à mon parent 2,000 f. *que je n'ai pu lui prêter* moi-même, *ne les ayant pas*, il est certain qu'il résulte de mon invitation un mandat suivant lequel je dois être tenu de vous indemniser du prêt que vous auriez fait en conséquence : c'est un cautionnement dont le droit est dû à raison de 50 c. par 100 f.

8. Mais si je vous dis simplement qu'Alexandre, mon ami, *qui vous prie* de lui prêter 2,000 f., est un homme solvable, et que vous pouvez l'obliger sans courir aucun risque, ce n'est qu'un conseil qui ne produira aucune obligation : dans ce cas, il ne serait dû que 1 franc fixe d'enregistrement.

MANDAT. Ordre qu'un créancier donne par écrit à son débiteur, de payer une somme à une personne désignée.

1. Cet acte est soumis au droit d'enregistrement de 1 f. par 100 f. Art. 69, §. 3, n°. 3 de la loi du 22 frim. an 7.

2. Le droit proportionnel est dû, soit que le mandat soit ou non accepté du débiteur, parce qu'il forme titre à celui au profit duquel il est délivré, et que le montant doit en être payé ou par l'individu sur qui il est tiré, ou par celui qui l'a souscrit. (Art. 2555 du J.)

5. Il est dû pareil droit d'enregistrement pour l'acceptation, quand le titre qui sert de base au mandat, *n'a pas été enregistré* : dans le cas contraire, il ne serait dû que le droit fixe de 1 f. — V. *Délégation*.

4. La quittance donnée à celui sur qui le mandat est tiré, ne produit qu'un seul droit de 50 c. par 100 f., quoiqu'elle opère deux libérations, parce que le mandat sert de décharge au profit de celui qui l'a délivré.

5. Il ne faut pas confondre le mandat avec les lettres de change ou billets à ordre. — Voyez ces mots.

6. L'art. 6 de la loi du 6 prairial an 7, porte que le mandat à terme ou de place en place, ne pourra être fait que sur papier du timbre proportionnel, comme il en est usé pour les billets à ordre, lettres de change et autres effets négociables, et sous la même peine. Circul. du 18 prairial an 7, n°. 1580.

7. Les *mandats* sur les caisses publiques sont, ainsi que leurs endossemens et acquits, exempts de la formalité de l'enregistrement. Art. 70, §. 3, n°. 4 de la loi du 22 frim. an 7.

8. Mais ils sont, sauf les exceptions ci-après, assujettis au timbre de dimension. Article 12 de celle du 13 brumaire an 7.

9. Toutes les fois que les fournisseurs ou autres parties prenantes obtiennent des mandats non précédés d'exécutoires, d'ordonnances ou d'arrêtés sur papier timbré, ces mandats doivent être écrits sur papier timbré, lors même que leur montant ne s'élève pas à 10 f. Décis. du min. des fin., des 12 prairial, 3 messidor et 13 fructidor an 10. Circulaires des 2 prairial an 7, n°. 1566, et 9 frimaire an 8, n°. 1705. Nomb. 3 de l'Inst. gén. du 27 fructidor an 10, n°. 72.

10. Les mandats délivrés aux experts à l'estimation des biens nationaux, à l'effet d'être payés de leur salaire, doivent aussi être écrits sur papier timbré. Déc. du min. des fin., du 14 pluviose an 12. (Art. 1660 et 1920 du J.)

11. Ceux délivrés aux religieux, pour le paiement des arrérages de leur pension, sont soumis au timbre; mais les actes de naissance et les certificats de vie et de résidence produits pour en obtenir la liquidation, en sont exempts. Lettre du ministre des finances au préfet du département de la Roër, du 28 ventose an 11. (Article 1366 du J.)

12. Les mandats ne peuvent être timbrés à l'extraordinaire après leur expédition. (Art. 1356 du J.)

13. Les parties prenantes ne peuvent répéter le droit de timbre sur les payeurs. Décision du ministre des fin., du 2 germinal an 7. Circulaire du 2 prairial sui-

vant, n°. 1566, et 9 frimaire an 8, n°. 1705.

14. Dans les mandats pour frais de justice, délivrés aux huissiers, il ne doit leur être attribué aucun droit pour rédaction de mémoire de frais et remboursement du papier timbré qui y est employé. Décis. du min. de la just., du 14 germ. an 8. (Article 454 du J.)

15. Sont exempts du timbre,

1°. Les mandats pour le paiement des traitemens et émolumens des fonctionnaires et employés salariés par l'État;

2°. Ceux qui ont pour objet le remboursement des avances faites par ces fonctionnaires et employés pour le service public ;

3°. Les mandats ou plutôt les exécutoires délivrés pour salaire des huissiers, en matière criminelle. Sol. de l'adm., du 22 germ. an 10. (Art. 1141 du J.) — Au surplus, voyez *Quittance*.

4°. Ceux expédiés au profit des particuliers pour frais de justice réglés par des exécutoires sur papier timbré, et visés par le préfet. Nomb. 3 de l'Inst. gén. du 27 fruct. an 10, n°. 72.

5°. Ceux relatifs au remboursement des ports de lettres des procureurs impériaux et autres fonctionnaires publics. (Art. 836 du J.)

6°. Ceux pour le paiement des traitemens des employés forestiers, ainsi que les certificats de service qui tiennent lieu de ces mandats. Décis. du min. des fin., du 18 thermid. an 9. Circul. du 7 fruct. suiv., n°. 2033.

7°. Ceux qui ont pour objet les mois de nourrice des enfans trouvés. Article 3076.

16. A l'égard des mandats pour dépenses des communes et autres établissemens publics, voyez *Actes des établissemens publics*, n°. 12 et suiv., p. 55.

MANDAT *d'amener ou d'arrêt*. Ordre d'un juge dans l'exercice des fonctions de la police judiciaire, correctionnelle ou gé-

nérale et de sureté, de traduire devant lui un individu pour y être interrogé, ou de conduire une personne dans une maison d'arrêt.

Ces actes sont exempts de la formalité de l'enregistrement. — V. *Exemption*.

La signification en est enregistrée *gratis*. Art. 70, §. 2, n°. 3 de la loi du 22 frim. an 7.

MANDEMENT *d'assigner les opposans à scellés*.

Cette ordonnance, émanée d'un juge de paix, doit le droit fixe de 1 f. Article 68, §. 1er., n°. 46 de la loi du 22 frimaire an 7.

Si elle était rendue par un juge d'un tribunal civil ou de commerce, le droit serait de 2 francs. Même article, §. 2, n°. 6.

MANDEMENT *en matière d'ordre ou de distribution*. — V. *Bordereau de collocation*, p. 132.

MANUFACTURES et USINES. — Voyez *Actions*, n°. 5 et suiv., p. 80.

MARAIS *(dessèchement de)*. — Voyez *Mutation*.

MARCHÉ. Engagement de faire une entreprise, des fournitures ou quelque autre chose, moyennant un prix déterminé.

1. Pour les marchés ayant pour objet des constructions, réparations, entretien, approvisionnemens, fournitures et autres ouvrages entre particuliers, ou dont le prix doit être payé par le trésor public, les départemens, les communes ou établissemens publics, et pour les cessions ou associations y relatives, voyez *Adjudications au rabais*, p. 83, et *Baux d'ouvrage et d'industrie*, autrement dits *louage*, §. 14, p. 119.

2. Il y a lieu de restituer les droits proportionnels d'enregistrement perçus sur des marchés passés avec le gouvernement, lorsqu'ils sont annullés par sa volonté. Déc. du min. des fin., du 8 nivose an 9. (Art. 688 du J.)

3. A l'égard des traités ou marchés faits

par les communes avec leur curé ou desservant, leur instituteur ou leur garde champêtre, voyez *Actes des établissemens publics*, n°. 2 et 3, p. 54.

4. Un traité passé pour l'arpentage d'une commune, entre un géomètre en chef et des arpenteurs secondaires, contenant affectation d'immeubles par ces derniers, pour l'assurance et la validité des travaux qu'ils doivent faire, est passible seulement du droit proportionnel de 1 pour 100 sur la somme qui en forme le prix, et il n'est point dû de droit fixe pour l'affectation d'hypothèque, attendu qu'elle dérive de la convention principale. Décis. du ministre des finances, du 16 juin 1807. (Art. 2629 du J.)

5. Les actes passés devant les préfets et sous-préfets, entre les conscrits et leurs remplaçans, sont exempts du timbre et de l'enregistrement, lorsqu'ils ne contiennent que l'engagement de servir pour un autre; mais, s'ils renferment en même tems des obligations contractées par le remplacé au profit du remplaçant, ils doivent être rédigés sur papier timbré, et enregistrés dans les vingt jours de leur date. Déc. du min., du 3 floréal an 13. Nomb. 74 de l'Inst. gén. du 3 fruct. suiv., n°. 290. (Art. 1652 du J.)

6. Les secrétaires des préfectures et sous-préfectures n'ont pas été rendus responsables des droits des actes non enregistrés, passés *antérieurement* à cette décision; mais ils ont dû en remettre des extraits aux receveurs de l'enregistrement, pour poursuivre sur les parties le recouvrement des droits. Décis. du min. des fin., du 7 janv. 1806. (Art. 2226 du J.)

7. Si un acte de remplacement a été reçu par un notaire, et s'il en est passé un nouveau devant le sous-préfet, il ne doit être perçu que le droit fixe de 1 f. pour ce dernier. Même Décision qu'au nombre précédent.

8. Sont soumis au droit proportionnel de 1 f. par 100 f., les actes de remplacement de conscrit, contenant obligation de sommes, Décis. du min. des fin., du 24 pluv. an 12; Inst. gén. du 5 ventose suiv., n°. 207, et il est dû 2 pour 100 si l'acte porte constitution de rente, et 4 pour 100 s'il est abandonné des immeubles pour prix du remplacement. (Art. 1994 du J.)

9. La loi du 19 fructid. an 6, sur la formation de l'armée de terre, fixe à cinq années la durée des engagemens : ainsi, pour liquider le droit d'un arrangement par lequel un conscrit s'oblige de payer au volontaire qui le remplace, une somme fixe, et de lui faire une haute paye pour un tems non déterminé, il faut former un capital des quatre années de la haute paye, y ajouter la somme fixe stipulée dans l'acte, et asseoir la perception sur ces deux sommes cumulées. Solution de l'administ., du 29 floréal an 7. (Article 139 du J.)

10. Lorsque l'acte contient obligation de somme payable à une époque déterminée, avec intérêts à raison de 5 pour 100, qui doivent être acquittés chaque année, il n'y a pas lieu d'ajouter les intérêts au capital pour la liquidation du droit d'enregistrement. (Art. 2955 du J.)

11. Un remplaçant n'étant pas admis, et un conscrit ayant fait un marché semblable au premier, avec un autre individu pour le remplacer, il n'est dû qu'un seul droit proportionnel et le droit fixe de 1 f. pour l'acte résilié, cet acte étant devenu nul par un fait indépendant de la volonté des parties. Déc. du minist. des fin., du 16 juin 1809. (Art. 2614 du J.)

12. On ne doit percevoir que le droit fixe d'enregistrement de 1 f. sur les actes de remplacement pour le service de la garde nationale appelée à la défense des côtes, par lesquels des particuliers s'obligent de payer à leurs remplaçans une somme *par jour*, pendant la durée de ce service. Déc. du min. des fin., du 19 sept. 1809. Circul. du 24 du même mois.

13. Cette exception doit s'étendre à tous les actes qui ont pour objet des indemnités

stipulées au profit des remplaçans pour un service de garde nationale, lors même que ces indemnités seraient composées d'une somme *fixe et déterminée*, car, dans ce cas comme dans celui où il s'agit d'une indemnité réglée par *chaque jour* de service, il ne s'agit pas moins d'un service extraordinaire, et qui mérite sous ce rapport toute la faveur du gouvernement. (Art. 5385 du J.)

MARIAGE. Union légitime d'un homme et d'une femme, faite selon les règles déterminées par le droit civil. — V. *Actes de l'état civil*, p. 59.

Les dispenses pour le mariage avant l'âge requis, et celles pour se marier dans les degrés prohibés, sont, comme actes du gouvernement, exemptes du timbre et de l'enregistrement. — Voyez *Dispense*, page 258.

MARINE. 1. La question de savoir si les actes de l'administration de la marine, pour l'instruction, le jugement et la vente des prises, sont sujets au timbre et à l'enregistrement, a été résolue par une lettre du ministre des finances au ministre de la marine, en date du 28 prairial an 8, et conçue en ces termes :

« Les actes administratifs, auxquels s'applique l'exemption du timbre et de l'enregistrement, sont uniquement ceux relatifs à l'administration publique, sans aucun mélange d'intérêts particuliers. Ainsi, nul doute que les actes des administrateurs de la marine, ayant du rapport aux prises, ne soient tous assujettis aux règles établies par les lois des 13 brumaire et 22 frimaire an 7, parce qu'ils intéressent les capteurs ou les réclamans, et non l'administration publique seule.

» Je me persuade que nous sommes d'accord sur ce point, pour ce qui concerne l'enregistrement, même en considérant que les administrateurs de la marine n'ont point de fonds entre les mains, puisqu'il ne s'agit que de faire faire l'avance des droits par les parties ou par les trésoriers de la marine.

» La même marche peut être suivie pour le papier timbré, dont le trésorier de la marine doit faire l'avance, sauf à en répéter le coût sur les parties.

» Lorsque les actes des administrateurs ne sont point sujets à l'enregistrement sur la minute, cette minute peut être écrite sur papier libre, de même que les expéditions délivrées aux administrations et fonctionnaires publics, en y faisant mention de cette destination. (Deuxième alinéa de l'article 16 de la loi du 13 brum. an 7.)

» Mais tous actes de leur fait, sujets à l'enregistrement, et toutes expéditions et tous extraits délivrés à des particuliers, même quand il serait question d'expéditions d'actes d'administration publique, doivent être écrits sur papier timbré, sans pouvoir en employer, pour ces expéditions ou extraits, d'un format inférieur à celui de 75 c. la feuille. C'est ce qui est formellement prescrit par le neuvième alinéa de l'art. 12, et par l'art. 19 de la même loi.

» Le secrétaire du conseil des prises doit pareillement se conformer à ces deux lois pour tous les actes et jugemens émanés de ce tribunal, qui intéressent des particuliers. » (Art. 492 du J.)

2. Quant à la quotité du droit d'enregistrement des décisions du conseil des prises qui prononcent la validité ou l'irrégularité des prises maritimes, voyez *Conseil des prises*, p. 167.

3. Les inventaires et récolemens d'inventaires de cargaisons naufragées, sont sujets au timbre et à l'enregistrement. — Voyez *Actes administratifs*, §. 3, n°. 5, p. 49.

4. Pour les rapports faits par les capitaines de navires, en exécution des art. 242, 243, 246 et 413 du Code de Commerce, voyez *Actes judiciaires*, §. 9, n°. 10, et §. 11, n°. 16.

5. Les officiers d'administration de la marine, sont tenus de faire enregistrer les ventes auxquelles ils procèdent dans les vingt jours de leur date. — V. *Vente de meubles*.

MARINS. — Voyez *Engagement*, page 266.

MATÉRIAUX. Lorsque des matériaux sont conservés par le propriétaire d'un fond sur lequel un tiers avait fait des constructions, voyez *Indemnité*, n°. 7, p. 391.

MÉMOIRE. Écrit de demande ou de défense en justice.

1. Les mémoires *signés* des hommes de loi et défenseurs officieux, des jurisconsultes, des avocats ou avoués, sont assujettis au droit de timbre de dimension, *qu'ils soient ou non produits en justice*. Décisions des ministres de la justice et des finances, des 28 janvier et 14 fév. 1809. Inst. gén. du 24 du même mois de fév., n°. 417.

2. Ceux imprimés ne sont soumis au timbre qu'autant qu'ils sont signés des hommes de loi, avocats ou avoués. Sol. de l'adm., du 29 thermid. an 7. (Article 258 du J.)

3. Il en est de même des mémoires où l'on s'est borné à rappeler les signatures des jurisconsultes, avocats ou avoués, et qui sont distribués aux juges ou au public; mais ceux *produits en justice ou signifiés aux parties adverses*, sont assujettis à la formalité. Déc. du min. des fin., du 13 juin 1809. Inst. gén. du 21 dudit n°. 435. (Art. 3216 du J.)

4. Les mémoires imprimés peuvent être timbrés à l'extraordinaire. Décis. du min. des fin., du 5 pluviose an 11. Inst. gén. du 22 prairial suiv., n°. 157. (Article 732 du J.)

5. Sont aussi sujets au timbre les mémoires et pétitions présentés aux autorités constituées. — Voyez *Pétition*.

6. L'instruction des instances relatives aux contributions indirectes, doit se faire par simples mémoires respectivement signifiés. — V. *Instances*.

MÉMOIRE se dit aussi d'un compte détaillé de ce que l'on a fait ou fourni.

1. Ceux des marchands, ouvriers, artisans, etc., qui contiennent un arrêté de compte souscrit par celui à qui les fournitures ont été faites, sont sujets au droit de 1 pour 100 comme obligation s'il s'agit d'un mémoire *d'ouvrages* et fournitures, et au droit de 2 pour 100 s'il a uniquement pour objet des *livraisons de marchandises*. Art. 69, §. 3, n°. 5 de la loi du 22 frimaire an 7.

2. Il ne serait dû que 50 c. par 100 f. si le mémoire d'ouvrages et fournitures était quittancé par l'ouvrier ou artisan qui les a faits. Même art., §. 2, n°. 11.

3. Si ces mémoires ne sont que le détail des objets fournis, sans être reconnus par celui à qui les fournitures ont été faites, ou autres personnes qui s'obligeraient au paiement, ni quittancés par le marchand ou autre le représentant, ils ne sont sujets qu'au droit fixe de 1 f., dans le cas où ils seraient produits en justice ou annexés à un acte devant notaire.

MÉMOIRE. Ressouvenir ou enregistrement en débet.

Il est des actes qui doivent être enregistrés et timbrés pour mémoire et en débet, sauf le recouvrement des droits contre les parties condamnées. — Voyez *Actes judiciaires*, §. 9, page 40, et *Visa pour timbre*.

MENTION est une annotation sur une pièce ou sur un registre.

1. Les mentions de production de pièces faites sur le registre tenu au greffe à cet effet, et les mentions de non comparution de l'une des parties au bureau de conciliation, faites sur le registre du greffe de la justice de paix, et sur l'original ou la copie de la citation, sont exemptes de la formalité de l'enregistrement. — V. *Actes judiciaires*, §. 11, n°s. 4 et 6, p. 43.

2. Dans le cas de fausse mention d'enregistrement, soit dans une minute, soit dans une expédition, le délinquant est poursuivi par la partie publique, sur la dénonciation du préposé de la régie, et condamné aux peines prononcées pour le faux. Art. 46 de la loi du 22 frim. an 7.

MERCURIALES. Taxe annuelle des grains, volailles, denrées et charrois, d'après leur prix commun dans les marchés, pendant les quatre saisons de l'année. — Voy. *Estimation*, n°. 14 et suiv.

Les receveurs doivent avoir, dans leur bureau, le tableau des mercuriales des différens lieux de leur arrondissement, pour servir à régler les apréciations de grains et denrées, d'après lesquelles la perception des droits des baux et autres actes dont le prix est stipulé en denrées, et des mutations par décès, doit être établie.

MESSAGERIES. Voitures publiques partant à jour et heure fixes.

1. Les registres des messageries, servant à constater le nombre des voyageurs, la quantité des marchandises et autres objets qui ont été chargés, le prix des places et transport des ballots, doivent être en papier timbré, comme faisant titre soit aux citoyens, soit aux entrepreneurs de ces voitures publiques. Circ. de l'adm., du 2 prairial an 7, n°. 1566.

2. Il en est de même des quittances et reconnaissances au-dessus de 10 f., que ces entrepreneurs ou leurs commis donnent aux voyageurs pour retenue de place. Même Circulaire. — Si ces reconnaissances étaient soumises à la formalité de l'enregistrement, le droit en serait perceptible à raison de 1 pour 100 sur la totalité de la place. — Voyez *Baux d'ouvrages et d'industrie*, autrement dits *louage*, §. 14, n°. 4, page 120.

3. Sur la question de savoir quels sont les registres, actes et expéditions de l'entreprise des messageries de la rue de Notre-Dame-des-Victoires à Paris, qui doivent être timbrés, le minist. des finances a rendu, le 7 nivose an 8, la décision générale ci-après, qui s'applique également à tout autre établissement de même nature :

« Les registres des délibérations des assemblées générales d'actionnaires de l'entreprise; ceux des délibérations des assemblées administratives, des actions de la société, et les registres-journaux, tant pour ce qui concerne la comptabilité, que pour ce qui est relatif à la recette et au recouvrement, sont tous applicables aux dispositions du nomb. 2. Article 12 de la loi du 13 brum. an 7.

» Les traités de conduite de diligences, ceux pour nourriture de chevaux, les quittances d'intérêt de cautionnement, les registres des garçons de caisse, ceux d'enregistrement de places, effets et marchandises, les registres des facteurs de ville, et les mandats de paiement ordonnancés par l'administration, comme faisant ou pouvant faire titre, sont en conséquence assujettis à la formalité du timbre par le nomb. 1 dud. art. 12.

» Les lettres de voitures qui accompagnent des objets particuliers.

» Les quittances d'arrhes de place, excédant 10 f., et enfin les extraits ou notes délivrés aux particuliers, des objets chargés aux messageries et enregistrés, sont également compris dans le nomb. 1, art. 12 de la loi, comme faisant et pouvant faire titre.

» Quant aux feuilles de route des conducteurs et cochers, elles ne sont en général que des expéditions d'ordre et pour la gouverne des agens des entrepreneurs, et par cette raison elles sont exemptes du timbre. » Circ. du 15 niv. an 8, n°. 1738. Autre décis. du min. des fin., du 30 fruct. an 13. (Art. 2116 du J.)

MESSIER est le nom qu'on donne ordinairement aux personnes préposées pour garder les fruits de la terre, et empêcher qu'on y fasse du dommage. — V. *Garde champêtre*, p. 304.

MESURES. — Voyez *Actes*, n°. 4, p. 17.

MEUBLES. Pour la distinction des biens meubles et immeubles, voyez *Biens*, page 124.

Lorsqu'une vente comprend des objets mobiliers avec des immeubles, s'il n'y a pas dans l'acte une estimation du mobilier,

article

article par article, le droit d'enregistrement est perceptible à raison de 4 pour 100 sur la totalité du prix. — V. *Vente*.

MINEUR. Celui qui n'a pas acquis l'âge nécessaire pour disposer de sa personne et de ses biens. — Voyez *Bail à nourriture de mineurs*, *Emancipation*, *Nomination de tuteur et curateur*, et *Succession*.

Lorsqu'il est procédé à la vente des biens d'un mineur devant un notaire, celui-ci en conserve la minute ; elle ne doit pas être déposée au tribunal qui a ordonné la vente. — V. *Minute*.

En matière d'enregistrement, la minorité ne suspend pas la prescription des droits. — V. *Prescription*

MINIMUM *des droits de timbre* est de 25 c., lors même que le papier soumis au timbre, serait plus petit que la demi-feuille de petit papier débité par l'administration. Art. 8 de la loi du 13 brum. an 7. Il est de 5 c. pour les avis imprimés, pour les journaux et pour le papier-musique. Art. 2 de la loi du 6 pluv. an 7.

MINIMUM *des droits d'enregistrement*. Il ne peut être perçu moins de 25 c. pour l'enregistrement des actes et mutations dont les sommes et valeurs ne produiraient pas 25 c. de droit proportionnel. Art. 5 de la loi du 27 ventose an 9. Circul. de l'adm., du 17 germinal suiv., n°. 1992. Mais le minimum du droit proportionnel pour les jugemens des tribunaux et les procès-verbaux des bureaux de paix, est de 1 f ou de 5 f., suivant la nature de l'acte. — V. *Actes judiciaires*, §. 6, n°. 2, p. 50.

Lorsqu'un acte contient plusieurs dispositions sujettes au droit proportionnel, le droit de chacune doit être liquidé en suivant les séries de 20 f. en 20 f. : on ne peut percevoir le *minimum* de 25 c. sur chaque disposition séparée, il n'y a lieu d'exiger ce *minimum* de 25 c. qu'autant que les droits de toutes les dispositions ne s'éleveraient pas à cette quotité. (Art. 2240 du J.)

Au surplus, voyez *Baux*, §. 2, n°. 14, p. 111, et *Succession*.

MINISTÈRE *public*. Fonctions dont sont chargés les procureurs impériaux près les tribunaux et les cours : elles consistent à prendre et soutenir les intérêts de l'Etat, des communes, des hôpitaux et autres établissemens publics, des mineurs, etc. ; à poursuivre les prévenus de crimes et délits sur la plainte d'une partie civile, même d'office, lorsque les délits méritent une peine afflictive.

Pour ceux des actes des procureurs impériaux à enregistrer en débet, *gratis*, ou qui sont exempts de la formalité, voyez *Actes judiciaires*, §§. 9, 10 et 11.

Le procureur impérial doit être entendu dans les affaires relatives aux droits qui font l'objet de ce Dictionnaire, mais il n'est pas obligé de les instruire. — V. *Instances*, n°. 31, p. 399.

Il doit poursuivre, d'après les procès-verbaux qui lui sont remis par les préposés, la condamnation aux amendes encourues pour contraventions aux lois des 6 octob. 1791, 16 floréal an 4, et 25 ventose an 11 sur l'organisation du notariat. C'est à lui et non à l'administration, à se pourvoir en cassation, s'il y a lieu, contre les jugemens rendus à ce sujet. — V. *Actes*, n°. 10, p. 20, et *Instances*, n°. 41, p. 401.

MINUTE. Original d'un acte authentique, ou jugement dont l'officier dépositaire délivre des grosses ou expéditions aux parties intéressées.

1. Les notaires, en général, doivent garder minute de tous les actes qu'ils reçoivent.

Il y a exception pour les certificats de vie, procurations, actes de notoriété, quittances de fermages, de loyers, de salaires, arrérages de pensions et rentes, et pour tous autres actes simples qui, d'après les lois, peuvent être délivrés en brevet. Art. 20 de la loi du 25 ventose an 11 sur l'organisation du notariat.

2. Un notaire qui a procédé à la vente des biens de mineur, en vertu de la délégation d'un tribunal, et en exécution de

l'article 459 du C. N., doit garder la minute, et non la déposer au greffe du tribunal. Solut. de l'adm., du 12 fructid. an 11. (Art. 1541 du J.) Décis. du min. de la justice, du 28 floréal an 12. Circul. du 8 prairial suivant. Ces ventes sont soumises à la formalité dans les délais fixés pour les actes des notaires, sous les peines prononcées par la loi. Décision du ministre des finances, du 2 juin 1807. (Article 2606 du J.)

3. Les notaires ne peuvent recevoir les minutes de leurs actes sur des registres; ils sont tenus de les inscrire sur des feuilles détachées. Lett. du grand-juge, du 15 fév. 1809, au procureur impérial près le tribunal de prem. inst. de Toulouse. (Art. 3226 du J.)

4. Les actes civils et extrajudiciaires sont enregistrés sur les minutes, brevets ou originaux. Article 7 de la loi du 22 frim. an 7.

5. Les actes passés en double minute, doivent être enregistrés tant sur la première que sur la seconde minute, au bureau de la résidence de chacun des notaires qui les reçoivent, et les droits doivent être acquittés par le plus ancien des notaires qui ont instrumenté, lorsqu'ils sont l'un et l'autre domiciliés dans l'arrondissement du même bureau, ou que la résidence de chacun d'eux est étrangère au bureau dans le ressort duquel l'acte a été passé; mais le paiement doit être effectué par celui des deux notaires attaché au bureau d'où dépend le lieu où l'acte a été passé. Si l'un des deux officiers seulement est domicilié dans le ressort, les minutes doivent faire mention expresse de celui des deux notaires qui, d'après ces règles, est tenu du paiement, et l'enregistrement dans le bureau où il n'y a pas lieu à la perception, doit être fait pour mémoire, avec désignation du bureau où les droits ont été payés, et du notaire chargé de les acquitter. Déc. du min. des finances, du 16 août 1808. Nomb. 1 de l'Instruction générale du 30 septemb.

1808, n°. 400. (Art. 528, 2249 et 2973 du J.)

Cette instruction ajoute que, si la formalité est donnée aux deux minutes dans le même bureau, il n'y aura qu'un seul enregistrement; mais, afin que chaque notaire dépositaire de ces minutes puisse délivrer des expéditions avec transcription littérale de la relation, celle-ci sera apposée sur l'une et sur l'autre minute, en faisant mention sur l'une des deux, que c'est par *duplicata* que la relation s'y trouve rapportée.

6. Les actes judiciaires reçoivent la formalité de l'enregistrement sur la minute ou sur les expéditions. — V. *Actes judiciaires*, §§. 2 et 3.

7. Lorsque les actes ont été enregistrés sur la minute, il n'est dû aucun droit pour les expéditions, extraits ou copies qui en sont délivrés par les dépositaires. — Voyez *Expéditions*, n°s. 6 et 7, p. 277.

8. Il doit être fait mention, dans la minute des actes publics, civils, judiciaires ou extrajudiciaires qui se font en vertu d'actes sous seing-privé ou passés en pays étranger, et qui sont soumis à l'enregistrement, de la quittance des droits perçus sur ces derniers actes, par une transcription *littérale* et *entière* de cette quittance, à peine de 10 f. d'amende pour chaque contravention. Article 44 de la loi du 22 frimaire an 7.

La loi, en imposant aux officiers publics l'obligation de faire mention de la quittance des droits par une transcription *littérale* et *entière*, a voulu donner aux préposés des facilités pour s'assurer de la réalité de l'enregistrement annoncé, mais elle a eu aussi pour objet de procurer aux parties les moyens de reconnaître, au vu de la pièce qui leur est délivrée, et par le détail qui s'y trouve établi des droits perçus sur chaque disposition, si la liquidation est régulière.

L'intérêt du trésor et celui des particuliers se réunissant pour exiger que ce qui est prescrit pour cet objet, soit strictement exécuté, les préposés ne peuvent se dispenser de constater, par procès-verbal, les contraventions commises. Décis. du min. des fin., du 24 mai 1808. Nomb. 10 de l'Inst. gén. du 30 sept. suiv., n°. 400.

9. Les notaires ne peuvent se dessaisir d'aucune minute, si ce n'est dans les cas prévus par la loi, et en vertu d'un jugement. Avant de s'en dessaisir, ils doivent en dresser et signer une copie figurée, qui, après avoir été certifiée par le président et le procureur impérial du tribunal de première instance de leur résidence, doit être substituée à la minute, dont elle tiendra lieu jusqu'à sa réintégration. Art. 22 de la loi du 25 ventose an 11. Cette copie doit, dans tous les cas où il s'agit de discussion sur des intérêts privés des parties, être faite sur papier timbré ; mais elle pourrait être faite sur papier libre si le déplacement de la minute avait pour objet la vindicte publique seulement. (Articles 2666 et 2951 du Journal.)

10. A l'égard des minutes des administrations et établissemens publics qui doivent être écrites sur papier timbré, ou qui en sont exemptes, voyez *Actes administratifs et des établissemens publics*, et *Timbre*.

11. Les notaires, greffiers, secrétaires des administrations, et autres personnes publiques, sont tenus de représenter leurs minutes aux préposés de la régie. — Voyez *Greffiers, Notaires et Secrétaires*.

12. Les receveurs de l'enregistrement ne peuvent retenir les minutes des actes, et les officiers publics doivent les retirer et en acquitter les droits, quand même il y aurait contestation sur la quotité desdits droits. — V. *Receveurs*, n°. 3, et *Droits d'enregistrement*, n°s. 14 et 15.

MOBILIER *national.* — V. *Vente.*

MOBILISATION *ou ameublissement d'immeubles.* — V. *Contrat de mariage*, §. 18.

MODÉRATION *des droits et amendes.* Aucune autorité publique, ni la régie, ni ses préposés, ne peuvent accorder de remise ou de modération des droits et des peines encourues, ni en suspendre ou faire suspendre le recouvrement, sans en devenir personnellement responsables. Art. 59 de la loi du 22 frim. an 7.

MONNAIES. 1. L'art. 4 de la loi du 17 floréal an 7, qui fixe les règles de comptabilité, conformément au nouveau système des poids et mesures, porte que les pièces d'or et d'argent à l'ancien type et au poids légal, continueront d'avoir cours, même pour les paiemens à faire en francs, mais à la charge, par celui qui se libérera, d'ajouter 1 centime et quart (3 deniers) à chaque livre, afin de les porter à la valeur des francs. Circ. du 24 fruct. an 7, n°. 1654. — Voyez n°. 8 ci-après.

2. Les monnaies de cuivre, de métal de cloche et de billon, doivent être admises pour leur valeur nominale, c'est-à-dire sans l'addition de 3 deniers pour livre. Arrêté du directoire exécutif, du 26 vendémiaire an 8. Circ. du 28 brum. suiv., n°. 1693.

3. D'après un décret impérial du 21 fév. 1808, la pièce de 10 c., dont la fabrication a été ordonnée par la loi du 15 sept. 1807, ne doit être donnée et reçue qu'à découvert, et seulement pour les appoints de 1 f. et au-dessous. Circ. du 11 mars 1808.

4. Les espèces rognées n'ayant plus le caractère de monnaie, ne peuvent être admises qu'au poids dans les caisses publiques. Décis. du min. des fin, du 22 germ. an 9. Délib. du Conseil d'Etat, du 25 prairial an 11. Circ. de l'adm., du 5 floréal an 9, n°. 1998. Inst. gén. du 3 therm. an 11, n°. 145.

5. Les anciennes pièces d'argent ne peuvent être admises dans les paiemens qu'autant qu'elles ont conservé une empreinte suffisante pour que l'on puisse reconnaître qu'elles sont de fabrication française et de 1726, et années postérieures. Déc. imp. du 25 therm. an 12.

6. Ce n'est pas le millésime seul qui dé-

termine l'époque de la fabrication : toute pièce fabriquée en 1726, et années suivantes, a l'effigie tournée de *droite à gauche*, conformément au modèle annexé à l'édit du mois de janvier 1726. Ainsi, les pièces dont l'effigie, vue *de face*, *regarde à gauche*, ne peuvent être refusées, quand même le millésime ne serait pas aperçu, pourvu qu'elles soient de fabrication française, qui se reconnaît à l'effigie, si elle est suffisamment apparente, ou à l'écusson aux fleurs de lys et branches de laurier. Décis. du minist. des fin. Circul. du 13 fructid. an 12.

7. Un déc. imp., du 18 août 1810, contient les dispositions suivantes :

Art. 1er. « Notre ministre du trésor public retirera définitivement de la circulation toutes les pièces de *monnaie de cuivre* actuellement existantes dans les caisses publiques, selon l'état qui en sera dressé.

II. « La *monnaie de cuivre et de billon de fabrication française* ne pourra être employée dans les paiemens, si ce n'est de gré à gré, que pour l'appoint de la pièce de 5 f.

III. « Les pièces de *six*, *douze et vingt-quatre sous* qui auront conservé quelque trace de leur empreinte, seront admises en paiement pour *vingt-cinq centimes*, *cinquante centimes et un franc*, si mieux n'aiment les porteurs les livrer au poids au change des monnaies, où ils en recevront la valeur; savoir :

» Les pièces de six sous à raison de cent quatre-vingt-dix francs vingt centimes le kilograme ;

» Les pièces de douze sous à raison de cent quatre-vingt-dix-sept francs vingt-deux centimes le kilograme;

» Et celles de vingt-quatre sous à raison de cent quatre-vingt-quinze francs le kilograme.

IV. « Il sera statué particulièrement sur les monnaies de cuivre et de billon qui ne sont pas de fabrication française, et dont la circulation a été tolérée jusqu'à ce jour dans les départemens réunis. » Circ. du 4 sept. 1810.

8. Il existe pour les départemens au-delà des Alpes, des tarifs particuliers faits par le gouvernement, et qui doivent être consultés pour les départemens auxquels ils s'appliquent.

9. Un autre décret, du 19 sept. 1810, porte ce qui suit :

Art. 1er. « A compter du jour de la publication du présent décret, la valeur, réduite en francs, des pièces d'or de quarante-huit livres et de vingt-quatre livres tournois, des pièces d'argent de six et de trois livres tournois, est et demeure réglée ainsi qu'il suit ; savoir : la pièce de 48 liv. t., à 47 f. 20 c. ; la pièce de 24 liv. t., à 23 f. 55 c. ; la pièce de 6 liv. t., à 5 f. 80 c. ; la pièce de 3 liv. t., à 2 f. 75 c.

» Lesdites pièces seront admises à ce taux dans les caisses publiques, et dans les paiemens entre particuliers.

II. « Les pièces ci-dessus seront en outre, et à la volonté des porteurs, reçues au poids, au change des monnaies ; savoir :

» Celles de 48 et 24 livres, à raison de trois mille quatre-vingt-quatorze francs quarante-trois centimes le kilograme;

» Et celles de 6 et 3 livres, à raison de cent quatre-vingt-dix-huit francs trente-un centimes.

III. » Les pièces dites de 30 sous et de 15 sous, circuleront pour la valeur d'un franc cinquante centimes, et de soixante-quinze centimes; mais elles ne pourront entrer dans les paiemens que pour les appoints au-dessous de 5 francs. » Circ. du 19 sept. 1810.

10. Il est défendu aux receveurs d'admettre, en paiement, des monnaies étrangères d'or, d'argent, de billon ou de cuivre : celles qu'ils recevraient resteraient pour leur compte. Arrêté du gouvernement, du 17 prairial an 11. Décis. du min. des fin., du 26 août 1806. Inst. gén. des 3 therm. an 11, n°. 145, et 11 septembre 1806, n°. 317.

11. Indépendamment des exceptions à cette disposition, indiquées n°ˢ. 7 et 8 ci-dessus, un décret imp. du 24 janv. 1807, a ordonné que les monnaies d'or et d'argent fabriquées à l'effigie de l'Empereur dans le royaume d'Italie, avec le titre et le poids prescrits par le décret du 21 mars 1806, auront cours pour leur valeur nominale en France. Circul. du 11 juin 1807.

A l'égard des actes dont le prix est stipulé payable en monnaies étrangères, voyez *Prix*.

MONT-DE-PIÉTÉ. Sont déclarés exempts de l'enregistrement et du timbre, les registres, les reconnaissances d'engagement, et généralement tous les actes relatifs à l'administration des monts-de-piété de *Bordeaux*, déc. imp. du 30 juin 1806 (article 2333 du J.); de *Marseille*, déc. du 10 mars 1807 (art. 2554 du J.); de *Paris*, déc. du 8 thermid. an 13 (article 2064 du J.); de *Versailles*, déc. du 31 mai 1807 (art. 2618 du J.)

MUSIQUE. Le droit de timbre de la musique gravée, n'a pas cessé de faire partie des attributions de l'administration. Circul. des 1ᵉʳ. brum. an 13 et 9 frim. an 14. Inst. gén. du 15 mai 1807, n°. 326. Cette Instruction contient, au surplus, les développemens suivans :

1. Les feuilles de papier musique ont été assujetties au timbre, comme les journaux et affiches, par l'art. 56 de la loi du 9 vend an 6. Circul. du 14 du même mois, n°. 1105.

2. Sont exceptées seulement les œuvres de musique *non périodiques* qui contiennent plus de deux feuilles d'impression. Loi du 2 flor. an 6. Circ. du 21 prair. suiv., n°. 1290.

3. Les papiers-musique étrangers qui circulent en France, sont sujets au timbre. Les directeurs des postes et messageries ne peuvent, sous peine d'amende, se charger de ces papiers s'ils ne sont timbrés : c'est au chef-lieu du département par lequel ils arrivent, qu'ils doivent être soumis à la for-

malité. Lett. du minist. des finances , à l'administ. des postes et messageries, du 22 frim. an 6. Circul. du 2 nivose suiv., n°. 1165.

4. Tout ce qui est contenu au mot *Journaux*, nomb. 3, 6, 7, 9, 12, 13, 14, 15, 16 et 17, s'applique aux papiers-musique. Il y a cependant à remarquer que la forme de ces papiers étant assez variée, l'administration a prescrit de percevoir le droit de timbre d'après la dimension la plus approximative de celles indiquées par la loi. Circulaire du 14 vendémiaire an 6, n°. 1105.

5. Les droits de timbre perçus sur la musique gravée en France, qui est exportée à l'étranger, doivent être remboursés. Art. 1ᵉʳ. du déc. imp. du 30 therm. an 12. Ce remboursement s'effectue par l'ordre du directeur et sur l'acquit de la partie prenante, mais seulement lorsque le certificat de sortie est représenté au directeur dans le délai de deux mois. Circ. des 1ᵉʳ. brum. an 13 et 9 frim. an 14.

Quant aux papiers-musique *imprimés antérieurement à la loi*, il a été prescrit à tous les auteurs, imprimeurs, graveurs, marchands et dépositaires de musique, de faire timbrer en débet tous ceux de ces papiers qui étaient en leur possession, à peine d'une amende de 100 f., et de lacération des papiers qui n'auraient pas été timbrés avant le 1ᵉʳ. floréal an 6. Art. 1ᵉʳ. de l'arrêté du 3 brum. même année. Décis. du directoire, du 5 germ. suiv. Circul. des 14 vendém., 13 brum. et 16 germ. an 6, n°ˢ. 1105, 1124 et 1245.

Ces papiers ont été timbrés en rouge, du timbre de 15 c. pour les feuilles qui, par leur dimension aproximative, opèrent 3 centimes de droit, et de celui de 25 cent. pour celles de 5 centimes de droit et au-dessus. Il a été fait un inventaire double des quantités timbrées. Le marchand a souscrit, sur l'un d'eux, la soumission de compter, à l'expiration de chaque trimestre, du droit de timbre des quantités débitées, représentation faite de celles restantes. Art. 2 de l'arrêté du 5 brum. an 6. Circ. du 13 du même mois, n°. 1124.

Les inspecteurs sont chargés de vérifier, chaque trimestre, les restans en nature, et de se faire remettre le montant des droits de timbre des feuilles qui ne leur sont pas représentées. Même Circ.

MUTATION. Changement, soit par succession, soit en vertu d'acte ou de convention, dans la propriété ou possession d'un bien quelconque.

1. Les mutations d'objets mobiliers soit par acte, soit par décès, sont sujettes à l'enregistrement, avec cette différence que, lorsqu'elles s'opèrent par acte sous seing-privé, la formalité peut être différée jusqu'à ce que l'on soit dans le cas de faire usage de l'acte en justice, ou de passer quelque autre acte en conséquence. — Voy. *Actes sous seing-privé, Vente* et *Succession.*

2. Toute transmission de propriété ou d'usufruit de biens immeubles, doit être soumise à l'enregistrement dans les délais déterminés par la loi, sous les peines qu'elle prononce. — Voyez les différens actes qui emportent transmission, *Actes sous seing-privé, Concession* et *Succession.*

Quant aux transmissions de jouissance de biens de même nature, par convention verbale, voyez *Baux*, §. 3, n°. 5 et suivans.

3 Lorsqu'un propriétaire, pour s'affranchir de sa cote d'imposition, fait abandon de sa propriété au profit de la commune, en exécution de l'art. 66 de la loi du 3 frim. an 7 sur la contribution foncière, cette transmission est fictivement volontaire de la part du propriétaire : elle est forcée pour la commune qui n'y trouve que l'indemnité souvent insuffisante de la contribution qui tombe à sa charge. Il n'y a donc ni prix, ni consentement : or, ces deux conditions sont indispensables pour établir une vente. Le propriétaire qui abandonne, ne fait aucun avantage à la commune qui n'a pas l'option de refuser ou d'accepter. Il n'y a

donc point de libéralité. Ainsi, sous aucun rapport, cette transmission ordonnée par la loi, ne peut donner ouverture au droit fixé pour les mutations soit à titre onéreux, soit à titre gratuit. C'est une déclaration simple, passible seulement du droit fixe de 1 f. (Art. 1883 du J.)

4. La loi du 16 septemb. 1807, veut qu'avant le dessèchement des marais, il soit procédé à l'appréciation des fonds ; qu'après les travaux achevés, il soit fait une estimation nouvelle des terreins desséchés ; que le montant de la plus-value soit divisé entre les propriétaires et le concessionnaire, et que, dans le cas où le propriétaire se libérerait de l'indemnité par lui due, en délaissant une partie relative de fonds, il ne soit perçu que le droit fixe de 1 f. pour l'enregistrement de l'acte de mutation de propriété ; il en est de même quand, par suite de travaux de navigation, de routes, de ponts, par l'ouverture de nouvelles rues, par la formation de places nouvelles, par la construction de quais, ou par tous autres travaux publics généraux, départementaux ou communaux, ordonnés ou approuvés par le gouvernement, des propriétés privées ayant reçu une notable augmentation de valeur, sont, aux termes des articles 30 et 31 de la loi du 16 septemb. 1807, chargées de payer une indemnité jusqu'à la valeur de la moitié des avantages qu'elles ont acquis ; si le propriétaire se libère de cette indemnité par la cession de fonds, terreins ou bâtimens qui donnent lieu à la plus-value, l'acte de mutation n'opère que le droit fixe de 1 f. Nomb. 23 de l'Inst. gén. du 29 juin 1806, n°. 386. (Article 2728 du J.)

5. La mutation d'un immeuble en propriété ou usufruit, est suffisamment établie pour la demande du droit d'enregistrement et la poursuite du paiement contre le nouveau possesseur, soit par l'inscription de son nom au rôle de la contribution foncière et des paiemens par lui faits d'après ce rôle, soit par des baux par lui passés, ou

enfin par des transactions ou actes constatant sa propriété ou son usufruit. Art. 12
de la loi du 22 frim. an 7.

6. Cette disposition autorise la demande
des droits, même pour les mutations de
propriété ou d'usufruit *de biens immeubles*
dont il n'existe pas d'acte. Il y a néanmoins,
entre les actes sous seing-privé et les conventions verbales portant transmission de
propriété d'immeubles, cette différence,
qu'à l'égard des premiers il suffit de prouver leur existence pour être autorisé à former la demande des droits et doubles droits
qui en résultent, tandis que, pour les conventions verbales, il faut établir, de la manière indiquée par l'article 12 de la loi, la
présomption légale de l'entrée en jouissance du nouveau possesseur, ou prouver que
celui à qui la demande du droit est faite, a
pris la qualité de propriétaire. Le motif de
cette différence provient de ce que l'acte
sous seing-privé produit au moins la tradition feinte qui ne subsiste pas relativement
aux conventions verbales, pour lesquelles
il faut une tradition réelle. (Art. 1201 du J.)

En rapportant les décisions rendues en
exécution de l'art. 12 ci-dessus cité, nous
suivrons l'ordre qui se trouve observé dans
cet article.

§. 1er. *Inscription au rôle de la contribution, et paiement fait d'après ce rôle.*

7. Une maison à Chartres avait été adjugée à d'Hozier, avec faculté d'élire un command. Point de déclaration de command,
ni d'acte translatif de propriété; mais Lacroix avait payé en son nom personnel une
portion du prix; de plus, il avait été porté
au rôle de la contribution foncière. Jugement du tribunal de Chartres qui condamne Lacroix à payer le droit de mutation.
Pourvoi en cassation. Arrêt du 13 floréal
an 10 : « La cour, etc., considérant que la
disposition invoquée autorisait les juges à
trouver la preuve de la mutation dans tout
acte constatant la propriété ou la jouissance; que le paiement du prix de vente, en

nom personnel, et la cotisation au rôle,
ont pu lui paraître suffisantes preuves;
qu'il y a eu juste application de la loi invoquée : rejette, etc. »

8. Autre arrêt de la cour de cassation,
du 1er. septemb. 1806, qui a annullé un
jugement du tribunal de Bar-sur-Seine :
« La cour, vu l'art. 12 de la loi du 22 frim.
an 7, attendu que, dans l'espèce, le défendeur à la cassation avait été imposé sur le
rôle foncier de la commune de Bar-sur-
Seine, comme propriétaire de l'auberge,
dite de *l'Ecu*, et qu'il avait payé ladite imposition; circonstance qui, aux termes de
l'article sus-énoncé, le constituait, aux
yeux de la loi, propriétaire de cet immeuble; que, s'il a réclamé contre cette imposition, rien ne justifie que sa réclamation
ait été accueillie par l'autorité compétente;
que, dans cet état de choses, la régie de
l'enregistrement était bien fondée à poursuivre contre lui le paiement des droits
auxquels la mutation de propriété opérée
en sa faveur avait donné lieu, et qu'en le
déchargeant de la contrainte exercée contre
lui à cet égard, le jugement attaqué a violé
l'article précité de la loi du 22 frim. an 7 :
par ces motifs, casse, etc. » (Art. 5147 du
J.) — Voyez ci-après n°. 18.

§. 2. *Des baux passés par le nouveau
possesseur.*

9. Un bail par lequel le bailleur déclare
qu'il a acquis par acte *non encore en
forme*, est suffisant pour prouver la mutation et autoriser la demande du droit. Arrêt de la cour de cassation, du 23 fév. 1810,
qui annulle un jugement du tribunal de
Moulins-en-Gilbert, du 12 prairial an 12,
par lequel le sieur Hubert avait été déchargé de la demande du droit de mutation,
sur le fondement que le bail qu'il avait passé n'était pas pur et simple, mais seulement
hypothétique, et dans le cas où il aurait fait
l'acquisition qui pour lors n'était qu'en
projet, et qui depuis ne s'est pas réalisée.
Cet arrêt porte :

« Attendu qu'en fait il est avéré que le sieur Hubert a passé un bail de la ferme de la Boue, ce qui, aux termes de la loi, suffit pour donner lieu au droit de mutation ;

» Attendu que le bail a subsisté depuis prairial an 11, jour de sa passation, jusqu'en ventôse an 12, date de la résiliation ;

» Attendu qu'il ne résulte pas des mots, *non encore en forme*, que Hubert ne fût pas déjà propriétaire à cette époque, puisqu'une vente consommée peut n'être pas encore en forme ;

» Qu'ainsi, la loi a été violée : la cour casse, etc. »

§. 3. *Des transactions ou autres actes constatant la propriété du nouveau possesseur.*

10. Un jugement du tribunal d'Anvers avait condamné le sieur Geley, en qualité d'acquéreur d'une maison, à payer une rente à la veuve Sacré. Cependant, ce même tribunal avait, par un autre jugement du 5 germinal an 12, déchargé ce particulier de la demande des droits de la mutation que cette qualité d'acquéreur, qui n'avait point été contestée par lui lors du premier jugement, faisait connaître ; mais, par arrêt de la cour de cassation, du 21 prairial an 13, le jugement du 5 germinal an 12 a été annullé comme ayant violé l'art. 12 de la loi du 22 frim. an 7.

Voici les motifs de cet arrêt :

« Vu l'art. 12 de la loi du 22 frim. an 7, considérant que, lors de la citation en conciliation, dirigée, le 17 messidor an 10, par ladite veuve Sacré contre Geley, cette veuve déclara que Geley se disait acquéreur de la maison hypothéquée au paiement de la rente qu'elle réclamait, et qu'il habitait cette maison ;

» Que, lors de la comparution au bureau de paix, la veuve Sacré réitéra ces déclarations qui faisaient le fondement de son action contre Geley ;

» Que Geley ne contesta au bureau de paix, ni l'une ni l'autre de ces déclarations ;

» Qu'il prit au contraire le fait et cause de Marie Follet, veuve Vaumerley, principale débitrice de ladite rente, et se borna à contester la quotité de la rente réclamée ;

» Considérant, en outre, que le tribunal d'Anvers ne condamna, par son jugement du 24 thermid. an 10, Geley au paiement de ladite rente, tant pour l'année 1802 que pour l'avenir, qu'en qualité d'acquéreur de ladite maison ;

» Que la conduite de Geley, ancien notaire, démontre qu'il a reconnu cette qualité en ne la déniant ni au bureau de paix, ni devant le tribunal d'Anvers, lors de l'instance terminée par le jugement du 24 thermid. an 10 ;

» Que la reconnaissance de cette qualité résulte encore évidemment de ce que Geley n'a pas interjeté appel du jugement du 24 thermid. an 10, qui l'avait condamné sur le fondement de cette qualité qu'il n'avait pas contestée ;

» Considérant que Geley n'a contesté cette qualité que lors de l'opposition à la contrainte décernée contre lui ;

» Qu'il a prétendu alors, pour la première fois, qu'il était tenu de payer la rente dont s'agit, en vertu des conventions particulières faites avec Marie Follet ;

» Qu'il a soutenu, également alors pour la première fois, qu'il habitait ladite maison en vertu d'un bail consenti en sa faveur par ladite Follet ;

» Considérant, indépendamment du défaut de preuve de ces prétendues conventions, que la transmission de propriété de ladite maison, est établie tant par les reconnaissances antérieures de la qualité d'acquéreur, que par le défaut d'appel du jugement du 24 thermid. an 10, qui n'a d'autre base que cette qualité reconnue par Geley lui-même ;

» Que, par conséquent, le tribunal d'Anvers,

d'Anvers, en annullant, par son jugement du 5 germinal an 12, une contrainte légitimée par des reconnaissances réitérées et positives de la transmission de propriété, et par un jugement qui-était le résultat de ces reconnaissances, a violé l'art. 12 de la loi du 22 frim. an 7, casse, etc. » (Article 2075 du J.)

11. Autre arrêt de la cour de cassation, du 26 août 1806, dans l'espèce suivante : « Le sieur Verlisen avait fait citer le sieur Visse de Loup pardevant le tribunal civil de Malines, pour voir résilier l'acte de vente qu'il disait lui avoir été consenti d'une maison *pour autant*, disait-il, *que ce contrat existe ou puisse exister.* Contrainte pour le droit dû à raison de la vente dont la résolution avait été prononcée. » — Opposition. — Le tribunal de Malines, par jugement du 16 germinal an 13, décharge de la demande. — Pourvoi en cassation : « Vu l'art. 12 de la loi du 22 frim. an 7 ; attendu que la demande en résolution d'un acte de vente en prouve bien évidemment l'existence, et qu'il serait dérisoire d'occuper les tribunaux du soin de prononcer sur une convention qui n'aurait point de réalité ;

» Attendu que le droit n'est pas moins dû, quoique la vente n'ait été annullée qu'autant qu'elle existe ou puisse exister, parce que cette clause ne détruit pas l'induction nécessaire qui se tire de la demande en résolution, et qu'il est de principe que les clauses redondantes n'altèrent pas la substance des actes : la cour casse et annulle le jugement rendu par le tribunal civil de Malines le 6 germinal an 13. (Article 2638 du J.)

12. Autre arrêt de la cour de cassation, du 4 mars 1807 :

« La cour, vu l'art. 12 de la loi du 22 frim. an 7 ;

» Considérant qu'il résulte de cet article, que, pour établir la mutation de propriété d'un immeuble, la régie n'est pas tenue de représenter le titre translatif de propriété,

mais seulement de produire un acte qui constate que le possesseur d'un immeuble s'en est reconnu propriétaire, et a stipulé en cette qualité ;

» Que la preuve qui résulte de cet acte, étant déclarée suffisante par la loi, ne peut être détruite par des présomptions, bien moins encore par les dires des parties ;

» Considérant qu'il est constant, en fait, 1°. que Cauberc a été exproprié du pré Pujaux, et qu'Estape en est devenu adjudicataire en prairial an 11 ; 2°. que, par acte public du mois de thermid. suivant, Cauberc a vendu tout ou partie du même pré ; 3°. que Estape est intervenu au contrat de vente, et l'a *ratifié en qualité d'adjudicataire :* ce qui prouve que la vente portait sur tout ou partie de l'objet précédemment adjugé à Estaque ; fait qui est d'ailleurs reconnu par le jugement attaqué ;

» Considérant que le contrat de vente, passé par Cauberc, est évidemment en soi un acte de propriété, et constate dès-lors, aux termes de l'article ci-dessus, celle que Cauberc avait sur l'objet vendu ;

» Considérant qu'on ne peut reconnaître que Cauberc soit devenu, en thermid. an 11, propriétaire de ce qui appartenait à Estaque en prairial précédent, sans admettre nécessairement qu'il y a eu, dans l'intervalle, rétrocession de ce dernier en faveur du premier, et par conséquent mutation de propriété ;

» Considérant que, pour nier le fait de cette mutation, le tribunal de St.-Girons ne s'est fondé que sur des présomptions et les dires des parties, et qu'en cela il a violé l'article ci-dessus cité :

» La cour casse et annulle, etc. »

13. Autre arrêt du 20 avril 1807, rendu dans l'espèce ci-après :

Huit germinal an 12, adjudication au profit de Revel, d'un domaine appelé *La Salle.*

Douze germinal an 13, présentation à l'enregistrement d'un acte sous seing-privé, daté du 8 germinal an 12, par lequel un sieur Guillaume Coudère déclare associer à l'acquisition de ce même domaine trois autres individus, et même Jean Revel, adjudicataire.

La régie a vu dans cet acte la preuve d'une mutation intermédiaire entre Jean Revel, adjudicataire, et Guillaume Coudère, et a demandé les droits.

Les parties soutenaient que l'acte présenté à l'enregistrement, n'était qu'un acte de société passé avant l'adjudication du 8 germinal, pour acquérir en commun, et elles observaient qu'en fait, Jean Revel avait joui exclusivement du domaine dont s'agit.

Cette prétention avait été adoptée par le tribunal d'Aurillac, qui avait débouté la régie, mais son jugement a été cassé :

« Vu l'article 12 de la loi du 22 frim. an 7 ;

» Attendu que, d'après les principes posés par cette loi, la mutation opérée était évidemment constatée, puisqu'étant prouvé, par l'acte d'adjudication, que c'était Jean Revel qui avait acquis le domaine de La Salle, il ne l'était pas moins, par le traité sous seing-privé, que c'était Jean Coudère qui revendait le même immeuble au même Jean Revel et aux trois autres ; que l'existence de ces deux actes suppose nécessairement une mutation intermédiaire ; que c'est contre tous les principes que le tribunal d'Aurillac a supposé ces deux actes comme étant du même jour, puisqu'ils ont été enregistrés à plusieurs mois de distance l'un de l'autre, et que les actes sous seing-privé ne peuvent avoir de date que par leur enregistrement ; que c'est aussi en résistant à la lettre de ce traité, qu'il a été regardé comme renfermant une société, tandis qu'il contient une vente avec transmission de propriété et fixation de prix : qu'ainsi, c'est par contravention à la loi citée, que la régie a été déboutée de ses demandes ;

» La cour casse et annulle, etc. »

14. Autre arrêt de la même cour, du 22 juillet 1807, qui, en annullant un jugement du tribunal de Marmande, décide que la vente d'un immeuble par un individu autre que le propriétaire connu, est suffisante pour faire présumer qu'il y a eu vente par le dernier au premier, et motiver une demande en paiement des droits, et que cette demande ne peut être repoussée par la supposition qu'il a pu y avoir vente de la chose d'autrui, ce dont nul autre que le propriétaire n'avait droit de se plaindre ou de se prévaloir. Cet arrêt porte :

« Attendu que le jugement dénoncé a reconnu lui-même que Maissonnade avait vendu le domaine en question à Lieubert, et que cette vente faisait présumer la propriété du vendeur ;

» Attendu que cette présomption, dont la force n'a point été affaiblie par le défendeur, suffisait, aux termes de la loi, pour établir la demande de la régie ;

» Que, dans la vue de l'écarter, il n'a pas été permis au tribunal de Marmande, d'imaginer, sans aucune preuve, une chose nullement probable, savoir, que le défendeur eût vendu la chose d'autrui : d'où il suit que le jugement dénoncé a violé l'art. 12 précité ;

» La cour casse et annulle, etc. »

15. Celui qui, se disant propriétaire, a donné congé, au fermier, d'un bien qui appartenait à un autre, et a réglé, avec le fermier, l'indemnité due, peut être poursuivi pour le paiement des droits de la mutation, que les actes faits par lui font présumer, quoiqu'il n'ait jamais été porté au rôle de la contribution foncière, et qu'ultérieurement il y ait eu vente par l'ancien propriétaire. Arrêt de la cour de cassation, du 30 novemb. 1807 :

« Vu l'article 12 de la loi du 22 frim. an 7 ;

» Attendu que les actes des 1er. et 3 mess. an 6, par lesquels Paulet s'était dit acquéreur du domaine de Salgonade, avait donné congé au nommé Lavaud, fermier de ce domaine, pour vider les lieux au mois de vendém. an 7, réglé l'indemnité due à ce fermier pour sa non jouissance, et s'était engagé personnellement au paiement de cette indemnité, ne pouvaient laisser aucun doute sur la propriété dudit Paulet, et suffisaient, aux termes de la loi précitée, pour autoriser la régie à réclamer les droits dus à raison de cette mutation ;

» Attendu que le tribunal de Barbezieux n'a pas pu, sans contrevenir à la loi, opposer à ces actes authentiques et légalement probatifs de la mutation de propriété, des faits, soit de non inscription du nom de Paulet sur les rôles de la contribution, soit de vente ultérieure par l'ancien propriétaire, lesquels faits, en supposant même qu'on pût les considérer comme des présomptions, ne pouvaient être mis en balance avec des actes positifs que la loi a admis comme preuve suffisante ;

» Casse et annulle, etc. »

16. Un mandat par lequel le mandataire se charge de vendre en détail, et au prix qui lui conviendra, un immeuble pour lequel il s'oblige de payer à son mandant, une somme déterminée, doit être considéré comme translatif de propriété en sa faveur. Arrêt de la cour de cass., du 20 janv. 1808 :

« Vu l'article 12 de la loi du 22 frim. an 7, et l'article 4 de celle du 27 ventose an 9 ;

» Considérant que, lorsqu'il s'agit de juger la nature d'une convention, on doit moins considérer les termes dont les parties ont usé pour la désigner, que ce qu'elles ont fait réellement ;

» Que, d'après ce principe, il résulte clairement des énonciations de l'acte du 26 floréal an 9, qu'il y a eu précédemment vente du gagnage dont il s'agit, passée par la demoiselle Guerre aux sieurs Willeaume et Didier;

» Que la preuve de cette vente consiste :

» 1°. En ce que les sieurs Willeaume et Didier se sont obligés de donner à la demoiselle Guerre, pour prix de ce gagnage, la somme de 21,720 liv., et ont acquis le droit d'en disposer au prix qu'ils jugeaient à propos ;

» 2°. En ce qu'en revendant ce gagnage sous le nom de la demoiselle Guerre, ils ont, à l'égal de tout propriétaire légitime, personnellement garanti cette vente aux acquéreurs ;

» 3°. En ce qu'il est dit dans l'acte du 26 floréal an 9, qu'il est bien entendu que les parties non vendues de ce gagnage, tourneraient au profit desdits Willeaume et Didier, ce qui signifie clairement qu'ils en conserveront la propriété qu'ils avaient déjà acquise aux termes des conventions précédentes ;

» La cour casse et annulle le jugement du tribunal de Lunéville. »

17. Lorsqu'un père vend un bien qui avait été acquis au nom de ses enfans, on doit supposer une mutation intermédiaire, et par conséquent en exiger les droits. (Art. 1729 du J.)

Au surplus, voyez *Déguerpissement*, n°. 4, p. 211, et, au mot *Nullité*, l'arrêt de la cour de cassat., du 10 pluv. an 13.

§. 4. *Les principes qui précèdent n'ont point été changés par le Code Napoléon.*

18. Les dispositions du Code Napoléon, relatives aux différentes manières d'acquérir la propriété, n'ont point dérogé à l'article de la loi qui veut que la mutation de propriété ou d'usufruit, soit, pour la demande des droits d'enregistrement, suffisamment établie par tels actes ou tels faits. Arrêt de la cour de cassation, du 23 novemb. 1807, qui a annullé un jugement du tribunal de Coussel :

« La cour, vu l'article 12 de la loi du 22 frim. an 7, et attendu que le jugement dénoncé a reconnu en point de fait, 1°. que les biens dont il s'agit ont été inscrits au nom de Charles et de Jacques Lost au rôle des contributions, et que ces deux frères les ont payées; 2°. que Charles et Jacques

Lost se sont bornés à alléguer qu'il n'y avait point eu de mutation de propriété, sans fournir aucune preuve de leur allégation ;

» Attendu que ces circonstances suffisaient, aux termes de l'art. 12 précité, pour établir la demande de la régie, et pour autoriser la poursuite du droit de mutation ; d'où il suit que le tribunal de Coussel a violé le susdit article et commis un excès de pouvoir, en chargeant la régie d'une preuve plus ample que celle exigée par la loi ;

» Attendu que les art. 544, 711, 894, 931 et 932 du C. N., n'ayant point dérogé à la disposition de l'art. 12 de la loi de frimaire, le tribunal de Coussel les a faussement appliqués à l'espèce ;

» Casse et annulle, etc. »

§. 5. *Des doubles droits des transmissions verbales de propriétés d'immeubles.*

19. L'article 12 de la loi de frimaire, autorise bien la demande des droits pour toute mutation de propriété ou d'usufruit de biens immeubles, même pour celles dont il n'existe pas d'actes ; mais il restait à décider si ces transmissions verbales étaient soumises à la peine du double droit prononcée par l'art. 58, qui ne parle que des actes sous seing-privé. L'article 4 de la loi du 27 ventose an 9, résout la question en ces termes :

« Sont soumises aux dispositions des articles 22 et 38 de la loi du 22 frim., les mutations entre-vifs de propriété ou d'usufruit de biens immeubles, lors même que les nouveaux possesseurs prétendraient qu'il n'existe pas de convention écrite entre eux et les précédens propriétaires ou usufruitiers.

» A défaut d'actes, il y sera suppléé par des déclarations détaillées et estimatives, dans les trois mois de l'entrée en possession, à peine d'un droit en sus. » Circul. de l'administ., du 17 germinal an 9, n°. 1992.

20. D'après cette disposition, si une mutation a été constatée, qu'il ait été décerné une contrainte, et que, *postérieurement*, il ait été rédigé un acte public pour réaliser la mutation, il y a lieu de suivre l'effet de la contrainte, sauf à précompter le droit perçu sur l'acte authentique, attendu que la peine du double droit était encourue lors de la passation du contrat. Sol. de l'adm., du 19 messid. an 12. (Art. 1789 du J.)

21. Il en résulte aussi que, quoiqu'il n'ait pas été décerné contrainte, on doit poursuivre, par cette voie, le recouvrement du double droit contre un acquéreur qui présente, dans les délais, son contrat d'acquisition à l'enregistrement, si antérieurement il a été porté, comme propriétaire, au rôle de la contribution foncière, et s'il a payé cette contribution. Arrêt de la cour de cassation, du 24 fév. 1807 :

« La cour, vu les art. 12, 22 et 38 de la loi du 22 frim. an 7, et l'art. 4 de celle du 27 vent. an 9 ;

» Considérant que les demandeurs ont pleinement satisfait au vœu de ces lois, par la représentation d'un extrait des rôles des contributions des années 11 et 12, dans lesquels le défendeur est porté comme propriétaire, et en justifiant qu'il les avait acquittées ; que la loi n'exige pas d'autres preuves pour établir la mutation, et qu'en méconnaissant cette disposition, le jugement attaqué y a contrevenu ;

» La cour casse et annulle, etc. »

22. Il en est de même lorsqu'antérieurement à son contrat d'acquisition, l'acquéreur avait consenti un bail du bien par lui acquis. Arrêt de la cour de cassation, du 23 décemb. 1807 :

« La cour, vu la loi du 22 frim. an 7, art. 12, 22 et 38, et la loi du 27 vent. an 9, art. 4 ;

« Considérant que, d'après l'art. 12 de la loi du 22 frim. an 7, le bail du 17 pluv. an 11 prouvait suffisamment que, dès-lors, Julhes avait acquis le domaine de Lavoisse ; que la présomption de la loi était fortifiée par toutes les clauses particulières du bail , qui prouvent que c'était sa propriété , et non celle d'autrui, que Julhes donnait à ferme : en effet, il soumettait le fermier à lui payer à lui-même le prix du bail , et à lui remettre les quittances des contributions ;

» Il l'obligeait à des prestations en nature à son profit ;

» Il s'obligeait lui-même personnellement à faire et à fournir plusieurs choses ;

» Considérant que l'acte notarié du 24 vendémiaire an 13 achevait la démonstration que la vente existait dès le 17 pluviose an 11 ;

» La plus grande partie du prix avait été payée antérieurement sur la foi de cette vente, et Julhes avait reçu antérieurement, sur la même foi , la tradition des objets mobiliers attachés au domaine, lesquels objets il s'était obligé de livrer lui-même à son fermier, par le bail du 17 pluviose an 11.

» Enfin, pour la partie du prix qui restait due, Julhes s'obligeait d'en payer les intérêts à compter du 3 vent. an 11 ; le bail à ferme qu'il avait consenti le 17 pluviose, avait commencé à courir le même jour 3 vent. an 11, ce qui prouve qu'il avait acquis pour entrer en jouissance le 3 vent. an 11 ;

» Considérant que Julhes avait acquis avant le 17 pluv. an 11 , soit par acte sous seing-privé , soit par simple convention verbale ; que , dans un cas , il eût dû faire enregistrer, et dans l'autre, fournir sa déclaration dans les trois mois du jour de la convention, sous peine du paiement du double droit ; qu'il n'a fait ni l'un ni l'autre : d'où il résulte que le jugement qui l'a déchargé du double droit, a violé les lois citées.

» Par ces considérations, casse et annulle, etc. »

25. Il résulte encore de l'article 4 de la loi du 27 ventose an 9 , que, dans le cas où une *déclaration* faite par les parties dans un contrat de vente authentique, constaterait que la transmission de l'immeuble et l'entrée en jouissance de l'acquéreur, sont antérieures à l'acte, il y a lieu à la demande du double droit, si le délai prescrit pour la déclaration de la mutation est expiré à l'époque du contrat de vente. Arrêt de la cour de cassation, du 22 mars 1808 , conçu en ces termes :

« Vu les art. 22 et 38 de la loi du 22 frim. an 7, et 4 de celle du 27 vent. an 9;

» Attendu qu'il résulte de la combinaison de ces articles , que , soit que la vente d'un immeuble ait été faite sous seing-privé, soit qu'elle ait eu lieu verbalement , le défaut de déclaration de la part de l'acquéreur, dans le délai déterminé, rend celui-ci passible du droit en sus;

» Que, dans l'espèce, l'acte du 21 fruct. an 11 prouve évidemment que, dès le 29 frim. précédent, il y a eu, de la part du sieur Députières, vente de la métairie en question, au profit des défendeurs;

» En effet, le sieur Députières déclare, dans cet acte du 21 fructid., « avoir ci-devant, et dès le 29 frim. précédent, vendu, avec tradition réelle et effectuée, avec garantie de dettes et hypothèques , aux sieur et dame Collasson, une métairie pour le prix de 7,000 francs , à compte duquel il reconnaît avoir reçu 5,000 f. dès ledit jour 29 frim. »

» Il est ajouté que « les acquéreurs sont entrés en jouissance dès le 29 frim. précédent ; que le vendeur les subroge en tous ses droits , noms, raisons , rescindans et rescisoires, pour percevoir le prix des fermes, etc. » ; qu'ainsi, à cette époque du 29 frim. an 11 , les trois choses qui constituent le contrat de vente, ont concouru pour établir l'existence de la vente de l'immeuble en question ; savoir : la chose , le prix et le consentement ; que, conséquemment, c'est à cette époque du 29 frim. an 11 que l'on doit s'arrêter pour déterminer si la déclaration faite par les défendeurs, a eu lieu dans le délai fixé par la loi ;

» Qu'à la vérité, l'acte du 21 fruct. an 11 est terminé par ces expressions : « Au moyen de toutes les conditions ci-dessus, ledit Députières s'est, dès à présent, démis, dévêtu et dessaisi de la propriété, possession et jouissance de ladite métairie »; et le tribunal de Civray, partant de ces expressions, en a conclu que cet acte du 21 fruct., constatant seul la mutation, et aucun autre n'étant représenté, toute présomption d'une mutation précédente devait être écartée, et que c'est à l'époque de cet acte du 21 fruct., qu'il faut fixer celle de la mutation;

» La cour, considérant qu'en général il est vrai que c'est à partir de la date d'un acte authentique, que court le délai prescrit pour la déclaration de la mutation; mais, quand l'acte authentique prouve par lui-même, comme dans l'espèce, que la vente a été effectuée à une date antérieure, c'est à cette date et non à celle de l'acte authentique, qu'il faut s'arrêter; qu'ainsi, en déchargeant les défendeurs de l'effet de la contrainte décernée contre eux par la régie, le jugement attaqué a violé les dispositions des articles 22 et 58 de la loi du 22 frim. an 7, et 4 de la loi du 27 vent. an 9; la cour casse, etc. » (Art. 2865 du J.)

24. Dans le cas où les parties conviennent seulement que le fermage appartiendra à l'acquéreur, à partir du 11 novembre, par exemple, quoique la vente ne soit faite qu'en mars, cette convention devient indifférente toutes les fois qu'elle ne se rattache pas à d'autre clause ou fait qui prouve que la propriété a été transmise avant la passation de l'acte, et il n'y a pas lieu de former la demande du double droit.

25. On n'est pas fondé à percevoir deux droits de mutation sur un acte de vente par lequel le vendeur énonce avoir acquis l'immeuble d'une personne, sans indiquer la date de son acquisition, ni son enregistrement; mais le préposé doit former la demande des droits résultant du titre du ven-deur dans la forme établie par la loi. (Art. 3340 du J.)

§. 6. *Des cas où une transmission de propriété ne peut être présumée.*

26. Tout co-propriétaire par indivis d'immeubles, ayant, tant que le partage n'est pas effectué, le droit incontestable de les aliéner, en tout ou en partie, à ses périls et risques, sauf ensuite à faire, à qui de droit, raison du prix; il s'ensuit qu'une vente ou un bail, passé en son nom seul, du domaine entier, n'est pas une preuve suffisante qu'il y ait eu à son profit, mutation des portions appartenant à ses co-propriétaires. Arrêt de la cour de cassat., du 20 vendém. an 11, confirmatif d'un jugement du tribunal de Nérac, du 30 vent. an 10. (Art. 2204 du J.)

27. La déclaration et le paiement des droits d'une succession, par une partie des héritiers, ne suffisent pas pour faire présumer qu'il y ait eu cession de droits par ceux qui ne comparaissent pas; le receveur doit consigner l'article au sommier des découvertes, et surveiller les actes subséquens qui peuvent intervenir entre les co-héritiers. (Art. 1752 du J.)

28. La simple déclaration par un tiers, dans un acte judiciaire, qu'un individu est possesseur d'un immeuble, ne peut pas faire titre pour prouver qu'il y a eu mutation, et pour légitimer la demande des droits en résultant. (Art. 1146 du J.)

29. La vente que des héritiers présomptifs d'un interdit feraient de ses biens, en présence de son curateur, ne serait pas suffisante pour autoriser la demande d'un droit de succession ou de mutation antérieure; cette disposition anticipée ne peut leur conférer un droit que la nature et la loi leur refusent. D'ailleurs cette vente serait nulle d'après les dispositions du Code Napoléon. (Art. 1679 du J.)

N.

NAISSANCE. — Voyez *Actes de l'État civil.*

NANTISSEMENT est un contrat par lequel un débiteur remet une chose à son créancier pour sûreté de la dette.

1. Le nantissement d'une chose mobilière s'appelle gage : il ne sera question que de cette espèce de nantissement dans le présent article.

2. Celui d'une chose immobilière s'appelle antichrèse. — V. *Engagement.*

3. Le créancier ne devient pas propriétaire du gage; il n'a que le droit de se faire payer sur la chose qui en est l'objet, par privilége et préférence aux autres créanciers. Art. 2073 du C. N.

4. Le nantissement n'opère donc pas de transmission : c'est, pour les meubles, une sûreté que l'on trouve, pour les immeubles, dans l'hypothèque; d'où il suit que le nantissement stipulé dans une obligation, ne donne lieu à aucun droit particulier d'enregistrement. (Art. 1742 du J.) D'après ce même principe, l'administration a décidé, le 14 mars 1806, que le créancier, dans le cas de *prêt sur nantissement,* même lorsqu'il est autorisé à vendre les objets périssables, en imputant le prix sur le prêt, ne pouvant conserver la chose ni en disposer comme propriétaire, le droit pour les prêts de l'espèce doit être réglé seulement sur le pied de 1 pour 100. (Art. 2257 du J.)

5. Mais, lorsque le nantissement a lieu par acte séparé de l'obligation en forme , quoiqu'il emporte en soi l'obligation de rendre la chose ou sa valeur, si elle périt par la faute du créancier , il ne peut être considéré, sous le rapport des droits, que comme une garantie mobilière soumise au droit proportionnel de 50 c. par 100 f. Art. 69, §. 2, n°. 8 de la loi du 22 frimaire an 7.

6. Si le gage était donné par un tiers pour le débiteur présent à l'acte , il en résulterait un cautionnement qui serait passible du droit de 50 c. par 100 f. , indépendamment de celui résultant de l'obligation, s'il n'avait pas été perçu sur une obligation préexistante. (Même art. 1742 du J.)

7. Le nantissement d'un contrat d'une rente inscrite aux hypothèques pour sûreté du paiement de lettres de change , donne au porteur desdites lettres , l'action hypothécaire résultant du titre de la rente; il opère une subrogation réélle d'hypothèque , et il y a novation des lettres de change formant le titre de la créance garantie par le nantissement; d'où il suit qu'il est dû 1 pour 100 comme obligation sur le montant des lettres de change, suivant la décison du min. des finances et les arrêts de la cour de cassation, qui sont rapportés au mot *Lettre de change,* nombre 15. (Article 1997 du J.)

NAVIGATION. Les permis de navigation intérieure sont assujettis au timbre. Décis. du min. des fin. , du 19 mai 1807. (Art. 2596 du J.)

NOMINATION. Désignation d'une personne pour remplir une fonction.

On va présenter, dans l'ordre alphabétique, la nomenclature des diverses nominations.

1. *Agens d'une faillite.* — V. *Actes judiciaires,* §. 7, n°. 20, p. 38.

2. *Arbitres.* — Voyez ci-après n°. 13.

3. *Avoués.* La nomination d'avoué dans un exploit d'assignation , n'opère aucun droit particulier. Déc. du min. des fin. , du 28 therm. an 9. Circ. du 16 vend. an 10 , n°. 2050.

4. *Commissaires , directeurs et séquestres.* Les expéditions de jugemens de tribunaux civils , portant ces nominations , sont

passibles du droit fixe de 3 f. Art. 68, §. 3, n°. 7 de la loi du 22 frim. an 7.

5. Cependant, les nominations de *juges commissaires*, lorsqu'il s'agit de la réception du serment des experts, de l'envoi en possession des biens d'un absent, de l'autorisation de la femme mariée, de la vente de biens de mineurs, de distribution par contribution, sont exemptes de l'enregistrement. Nomb. 48 de l'Inst. gén. du 4 juillet 1809, n°. 456.

6. *Conseil.* Les nominations de conseil aux prodigues, sont assujetties au droit fixe de 3 f. — V. *Interdiction*, n°. 7 et suiv., p. 402.

7. *Défenseurs officieux.* La nomination d'un défenseur officieux dans un exploit de citation devant les tribunaux de paix, de commerce ou de police, près desquels il n'existe aucun avoué en titre, est sujette à un droit particulier comme pouvoir. Décis. du minist. des finances, du 28 therm. an 9. Circulaire du 16 vendémiaire an 10, n°. 2050.

8. *Co-tuteur.* Les délibérations du conseil de famille qui conservent la tutelle à la mère, et donnent pour co-tuteur le second mari, n'opèrent que le seul droit de 2 f. Décis. du min. des fin., du 20 juin 1809. Nomb. 2 de l'Inst. gén. du 31 août suiv., n°. 449.

9. *Curateur.* Les procès-verbaux de nomination de curateur sont sujets, sur la minute, au droit fixe de 2 f. Articles 7 et 68, §. 2, n°. 4 de la loi du 22 frimaire an 7.

10. La nomination de *curateur aux causes* ne donne ouverture à aucun droit, lorsqu'elle est contenue dans l'acte d'émancipation dont elle est une conséquence nécessaire. Déc. du min. des fin., des 16 brum. an 8, et 20 juin 1809. Nomb. 3 de l'Inst. gén. du 31 août 1809, n°. 449. (Art. 292 du J.)

11. Mais la nomination d'un *curateur spécial*, n'étant pas prescrite par la loi, et ne tenant dès-lors qu'à des circonstances ou à la volonté des parties, est, quoique renfermée dans l'acte d'émancipation, sujette au droit fixe de 2 f., indépendamment de celui de 3 f. résultant de l'émancipation et par émancipé. Même Instruction.

12. *Directeurs.* — Voyez nomb. 4 ci-devant.

13. *Experts et arbitres.* Les procès-verbaux de nomination d'experts ou arbitres, doivent le droit fixe de 1 f. sur la minute. Art. 7 et 68, §. 1er., n°. 32 de la loi du 22 frim. an 7.

14. Il n'est dû que le droit fixe de 1 f., quand même la nomination serait faite d'office par le juge. (Art. 517 du J.)

15. Lorsqu'un jugement nomme d'office des *experts*, il n'est pas dû un droit particulier sur la disposition qui nomme un juge commissaire pour recevoir leur serment. (Art. 2627 du J.)

16. Les nominations d'*experts*, ainsi que celles du juge ou du notaire qui doit recevoir les enchères contenues dans les jugemens d'homologation de délibérations de conseil de famille relatives à l'aliénation de biens de mineurs, ne sont sujettes à aucun droit. Nomb. 73 de l'Inst. gén. du 4 juillet 1809, n°. 436.

17. La nomination d'*expert* faite dans un inventaire pour priser les meubles et effets, dérive nécessairement de l'inventaire, et ne donne point ouverture à un droit particulier. Sol. de l'adm., du 2 fruct. an 9. (Art. 951 du J.)

18. *Gardes.* Les nominations des gardes forestiers et les délibérations qui contiennent la nomination, par les communes, des gardes champêtres, sont exemptes des droits, comme actes d'administration publique. Circ. de l'adm., du 11 frim. an 8, n°. 1707.

19. Mais, lorsque les actes de nomination des gardes champêtres contiennent en même tems la fixation d'un traitement accepté par le pourvu, ce n'est plus seulement une simple mesure de police, mais un

un traité convenu entre la commune dans son intérêt privé, d'une part, et le particulier qui accepte la fonction moyennant un prix stipulé, d'autre part ; et , sous ce dernier rapport, ils sont sujets à l'enregistrement. Déc. du min. des fin., du 3 fév. 1807. (Art. 2175 et 2591 du J.)

20. Les actes de nomination ou les commissions de *gardes des particuliers,* doivent être en papier timbré et enregistrés au droit fixe de 1 f., avant d'en faire usage pour la prestation de serment. L'acte du conservateur des forêts qui a agréé , ou la décision du préfet qui admet le garde proposé, peut être rédigé à la suite de la commission, et il est exempt de la formalité de l'enregistrement. (Art. 2093 du J.) Il faut observer que, si la commission contenait fixation du traitement du garde , elle serait sujette au droit proportionnel comme marché.

La commission donnée par plusieurs personnes non co-propriétaires, à un particulier, pour garder leurs propriétés et récoltes, doit 1 f. fixe par chaque propriétaire, comme ayant chacun des intérêts distincts et séparés. (Art. 1165 du J.)

21. *Gardien.* La nomination de gardien, faite dans le procès-verbal d'apposition de scellés, n'est sujette à aucun droit. Nomb. 72 de l'Inst. gén. du 4 juillet 1809 , n°. 436. Dans une saisie, elle opère un droit de 1 f., outre celui de la saisie, à cause de la signification qui lui est faite, et que le principe de la perception des droits d'exploits n'est pas le même que celui des actes notariés ou judiciaires.

22. *Gérant.* Dans le cas de saisie d'animaux et ustensiles servant à l'exploitation d'une terre, le procès-verbal de nomination du gérant à l'exploitation , est passible de la formalité de l'enregistrement sur la minute, au droit fixe de 1 f. Nomb. 47 de l'Inst. gén. du 4 juillet 1809, n°. 456. (Art. 5024 et 5085 du J.)

23. *Juge commissaire.* — Voyez nomb. 5 ci-devant, et *Actes judiciaires.*

24. *Notaire.* — Voyez n°. 16 ci-dessus, et *Absence*, §. 1er., n°. 4.

25. *Percepteur à vie.* Les expéditions , qui sont remises aux percepteurs à vie, des décrets contenant leur nomination , sont sujettes au timbre. Déc. du min des fin., du 15 septembre 1807. (Article 2704 du J.)

26. *Protuteur.* La nomination de protuteur ne donne ouverture à aucun droit , quand elle est contenue dans l'acte de tutelle. (Art. 1603 du J.)

27. *Séquestre.* — Voyez nomb. 4 ci-devant.

28. *Syndics.* La nomination de syndics dans un contrat d'union de créanciers, ne donne pas ouverture à un droit particulier. (Art. 3373 du J.)

29. *Tuteur.* Les procès-verbaux de nomination de tuteurs , sont sujets au droit fixe de 2 f. sur la minute. Art. 7 et 68 , §. 2, n°. 4 de la loi du 22 frim. an 7.

30. *Tuteur officieux.* Le droit fixe de 2 f. s'applique aux actes portant nomination de tuteur officieux. Décis. du min. des fin., du 23 septemb. 1806. Circ. du 24 novemb. suiv.

31. La promesse que fait le tuteur officieux, de pourvoir aux besoins du pupille, étant une condition que la loi lui impose, ne donne lieu à aucun droit, à moins qu'elle ne soit faite par acte particulier , et alors elle est passible du droit fixe de 1 f. Déc. du min. des fin., du 20 juin 1809. Nomb. 4 de l'Inst. gén. du 31 août suiv., n°. 449.

NOTAIRES, sont les fonctionnaires publics établis pour recevoir tous les actes et contrats auxquels les parties doivent ou veulent faire donner le caractère d'authenticité attaché aux actes de l'autorité publique, et pour en assurer la date, en conserver le dépôt, en délivrer des grosses et expéditions.

1. Dépositaires des plus grands intérêts, rédacteurs des volontés des contractans, ils exercent une juridiction volontaire ; leur

présence et leur signature constatent la vérité des actes passés devant eux : ces actes
ont date du jour de leur passation, et
emportent hypothèque sur les biens de
l'obligé, lorsqu'ils sont suivis de l'inscription.

2. Les notaires peuvent délivrer quelques-uns de leurs actes en brevet; mais, en
général, ils doivent en garder minute; ils
ne sont pas obligés, lorsqu'ils ont procédé à
une vente de biens de mineur, d'en déposer
la minute au greffe du tribunal qui les
a commis à cet effet. — Voyez *Minute*, n°. 2, p. 437.

3. Ils ne peuvent rappeler, dans leurs
actes, les qualifications supprimées, les
clauses et expressions féodales; ils doivent y exprimer les nouvelles mesures, la
numération décimale, et les écrire en langue française. — Voyez *Actes*, n°. 5 et
suiv., p. 17.

4. Il est défendu à tout notaire d'instrumenter hors de son ressort, à peine d'être
suspendu de ses fonctions pendant trois
mois, d'être destitué en cas de récidive, et
de tous dommages et intérêts. Art. 6 de la
loi du 25 ventose an 11. Tout acte fait en
contravention à cet article, est nul s'il n'est
pas revêtu de la signature des parties; et,
lorsque l'acte est revêtu de la signature de
toutes les parties contractantes, il ne vaut
que comme écrit sous seing-privé. Art. 68
de la même loi.

5. Les notaires doivent, dans un délai
déterminé, faire enregistrer les actes qu'ils
reçoivent au bureau de leur résidence, à
l'exception des inventaires qu'ils reçoivent
dans l'arrondissement d'un autre bureau.—
V. *Bureaux de l'enregistrement*, p. 133,
et *Délai*, §§. 2 et 7.

6. Ils sont tenus de payer les droits des
actes passés devant eux. Art. 29 de la loi du
22 frim. an 7. Il y a exception pour les testamens. Art. 21 et 29 de la loi.

7. Cette obligation leur est imposée,
quand même les actes seraient frappés de
nullité pour contravention à la loi du 25

vent. an 11 sur l'organisation du notariat.
— V. *Nullité*.

8. Lorsqu'un acte n'a pas été enregistré
dans le délai, le notaire n'est pas fondé à s'ex-
cuser sur le refus ou la négligence du receveur, à moins qu'il ne l'ait fait légalement
constater en tems utile, et il ne peut imputer en paiement ou en compensation des
droits, les prêts ou avances personnels qu'il
aurait faits au receveur. Arrêt de la cour de
cassat., du 26 mai 1807, conçu en ces termes :

« La cour, vu les art. 20, 30 et 59 de la
loi du 22 frim. an 7;

» Considérant, *en droit*, que les notaires sont tenus de faire donner, dans le délai prescrit, la formalité de l'enregistrement aux actes qu'ils rapportent, et d'avancer les fonds nécessaires pour cela; que l'o-
mission du devoir qui leur est imposé, ne
peut être excusée en alléguant le refus ou
la négligence du receveur, à moins qu'ils
ne l'aient légalement fait constater dans le
délai utile; que, sans cela, il leur est même
impossible de justifier qu'ils ont présenté
leurs actes à l'enregistrement dans ce délai ;

» Considérant, en fait, que la faute du
notaire est évidente, etc. ;

» Considérant encore que les sommes
qu'un notaire a pu prêter ou avancer à un
receveur d'enregistrement, ne peuvent être
données en paiement ou en compensation
des droits dus par ce notaire pour l'enregistrement des actes qu'il rapporte, sans quoi
les recouvremens seraient exposés à mille
entraves, et, enfin, que le jugement attaqué a dispensé le notaire Eupion des peines par lui encourues, et en a suspendu le
recouvrement : en quoi il est contrevenu
aux articles de la loi citée;

» Casse le jugement du tribunal du Vigan. (Art. 2628 du J.)

9. Pour l'acquit du droit des actes passés
en double minute, voyez *Minute*, n°. 5,
p. 438.

10. Toute action pour paiement d'un

droit non perçu sur une disposition dans un acte, ou d'un supplément de perception insuffisante, ne peut être dirigée contre les notaires; elle doit l'être contre les parties; c'est également à elles que les restitutions de droits perçus doivent être faites, s'il y a lieu. Déc. du min. des fin., du 7 juin 1808. Nomb. 28 de l'Inst. gén. du 29 du même mois, n°. 386. (Art. 602 du J.)

11. Les notaires ne peuvent atténuer ni différer le paiement des droits, sous le prétexte de contestation sur leur quotité, ni pour quelques autres motifs que ce soit, sauf à se pourvoir en restitution. Art. 28 de la loi du 22 frim. an 7.

12. Dans le cas où ils ont fait, pour les parties, l'avance des droits d'enregistrement, ils peuvent prendre exécutoire du juge de paix de leur canton pour leur remboursement. L'opposition qui serait formée contre cet exécutoire, ainsi que toutes les contestations qui s'élèveraient à cet égard, doivent être jugées conformément aux règles prescrites pour les instances poursuivies au nom du trésor public. Art. 30 de la même loi. — V. *Instances*.

13. Depuis la publication de la loi du 22 frim. an 7, les notaires qui n'ont pas fait enregistrer leurs actes dans les délais prescrits, doivent payer personnellement, à titre d'amende et pour chaque contravention, une somme de 50 f. s'il s'agit d'un acte sujet au droit fixe, ou une somme égale au montant du droit s'il s'agit d'un acte sujet au droit proportionnel, sans que, dans ce dernier cas, la peine puisse être au-dessous de 50 f. Ils sont tenus, en outre, du paiement des droits, sauf leur recours contre les parties pour les droits seulement. Art. 53 de la loi.

14. Les notaires qui, sur le motif que le montant des droits ne leur a pas été remis, n'ont ni signé, ni fait enregistrer des actes reçus par eux et revêtus de la signature des parties, sont passibles de l'amende prononcée pour défaut d'enregistrement dans le délai, et de celle portée par l'article 49 de la loi pour chaque omission sur le répertoire. Solut. de l'adm., des 21 vent. an 13 et 3 nivose an 14. (Art. 2202 et 2884 du J.)

15. A l'égard des *contraventions antérieures* à la loi du 22 frim. an 7, une décision générale, rendue, le 1er. septemb. 1807, par S. Exc. le minist. des fin., de concert avec S. Exc. le grand-juge ministre de la justice, est conçue en ces termes :

1°. « Quelle que soit la date d'un acte passé devant notaire, qui n'a été ni contrôlé, ni enregistré, il ne sera exigé de ce fonctionnaire ou de ses héritiers, que les droits d'enregistrement résultant des dispositions de cet acte, d'après les lois actuelles, conformément à l'art. 1er. de la loi du 27 vent. an 9.

2°. » Si l'acte a été passé sous l'empire des déclaration et tarif du 22 sept. 1722, il ne sera demandé aucune amende pour défaut de contrôle, et il en sera de même de toutes les autres contraventions commises par les notaires avant la publication de la loi du 19 déc. 1790 *.

3°. » Toutes les contraventions commises par ces fonctionnaires, depuis cette loi jusqu'à la publication de celle du 22 frim. an 7, donnent lieu au paiement du double droit pour défaut d'enregistrement, con-

---

* En explication de cette dernière disposition, autre décision des mêmes ministres, du 7 juin 1808, portant qu'il y a lieu de regarder comme éteinte toute action relative aux contraventions *autres que celles concernant* LE CONTRÔLE ET L'ENREGISTREMENT, *antérieures à la loi du 25 ventose an 11 sur le notariat*, et de ne diriger des poursuites qu'à raison des irrégularités postérieures à cette époque.

Il faut observer que cette décision ne se rapporte qu'aux contraventions résultant de *l'ancienne législation*, et que les lois des 6 octobre 1791 et 16 floréal an 4, quoiqu'antérieures à celle du 25 ventose an 11, doivent, quant aux dispositions que cette dernière loi n'a point abrogées, recevoir leur exécution. Instruction génér. du 21 juin 1808, n°. 384.

formément à l'article 9 de la loi du 19 déc. 1790, et des amendes fixes prononcées par cette loi.

4°. » La peine du double droit et les amendes fixes, ne sont pas dues par *les héritiers* d'un notaire contrevenant, à moins qu'un jugement n'ait prononcé la condamnation du vivant du notaire, ou qu'il n'ait souscrit une obligation *.

5°. » En cas d'insolvabilité du notaire, le paiement du droit principal d'enregistrement, sans double droit ni amende, sera suivi directement sur les parties contractantes, sauf l'abandon de la demande si elles produisent une expédition en forme contenant mention de l'enregistrement, quoiqu'elle soit faussement énoncée. » Inst. gén. du 17 septemb. 1807, n°. 340. — Voyez le nomb. suiv.

16. Depuis, il a été reconnu que les préposés doivent, dans le cas d'insolvabilité des notaires, se borner à inviter, par un avertissement, les parties à payer les droits ou à justifier de leur acquit, en produisant une expédition en forme, et qu'aucune poursuite ne doit avoir lieu, à moins qu'il ne soit constaté, par quelque renseignement de nature à être présenté en justice, que les contractans sont débiteurs envers le notaire du montant des droits d'enregistrement, dont ils ne lui auraient pas fait l'avance pour l'acte qui les concerne, et que l'administration n'ait spécialement autorisé le directeur à intenter une action. Circ. du 19 mars 1808.

17. Un notaire a passé un acte *le 1er. juin* 1806, et a laissé la date en blanc; il en a délivré une expédition, avec mention de l'enregistrement, et dans l'expédition il a rempli la date dudit jour 1er. juin 1806; il a ensuite daté la minute du 15 *mai* 1808, époque où il avait cessé d'être notaire. L'on avait pensé que cet acte ne pouvait être considéré que comme passé sous seing-privé, et que les dispositions du nombre précédent n'y étaient pas applicables; mais le ministre des finances a décidé le contraire le 26 juillet 1808, par le motif que, malgré le faux, il s'agissait d'un acte passé devant notaire. (Art. 2995 du J.)

18. Les notaires ne peuvent délivrer en brevet, copie ou expédition, aucun acte soumis à l'enregistrement sur la minute ou l'original, ni faire aucun autre acte en conséquence, avant qu'il ait été enregistré, quand même le délai pour l'enregistrement ne serait pas encore expiré, à peine de 50 f. d'amende, outre le paiement du droit. Art. 41 de la loi du 22 frim. an 7. — Voyez *Actes passés en conséquence d'un autre*, p. 74.

19. Ils ne peuvent faire ou rédiger un acte en vertu d'un acte sous signature-privée ou passé en pays étranger, l'annexer à leurs minutes, ni le recevoir en dépôt, ni en délivrer extrait, copie ou expédition, s'il n'a été préalablement enregistré à peine de 50 f. d'amende, et de répondre personnellement du droit. Art. 42 de la loi.

20. Il leur est également défendu, sous la même peine de 50 f. d'amende, de recevoir aucun acte en dépôt, à l'exception des testamens qui leur sont déposés par les testateurs, sans dresser acte du dépôt. Article 43.

21. Ils doivent, à peine de 10 f. d'amende pour chaque contravention, faire mention, dans toutes les expéditions de leurs actes, de la quittance des droits par une transcription littérale et entière de cette quittance. Pareille mention doit être faite dans les minutes des actes qu'ils font en vertu d'actes sous seing-privé ou passés en pays étranger, et qui sont assujettis à l'enregistrement. Art. 44.

22. Il eût été à désirer que cette mention eût été également ordonnée pour les actes passés en vertu d'autres actes publics; mais la loi ne s'en étant pas expliquée, il n'y a point de contravention de la part

---

* Autres décisions des ministres de la justice et des finances, des 11 brum. et 26 frim. an 14. (Art. 2241 du J.)

es notaires, quand même ils omettraient
d'énoncer l'enregistrement de l'acte public
qui a servi de base à celui passé devant
eux.

23. Dans le cas de fausse mention d'enregistrement soit dans une minute, soit dans une expédition, le délinquant doit être poursuivi par la partie publique, sur la dénonciation du préposé de la régie, et condamné aux peines prononcées pour le faux. Art. 46 de la loi.

24. La minute de l'acte doit, dans ce cas, être enregistrée pour mémoire à la date courante, avec mention du décès du notaire, s'il est décédé, ou de la date de l'arrêt de sa condamnation, s'il est vivant. Inst. gén. du 17 sept. 1807, n°. 340.

25. Les notaires doivent tenir des répertoires de leurs actes, les faire viser tous les trois mois par les receveurs, et en déposer tous les ans un double au greffe du tribunal de première instance. — V. *Répertoire.*

26. Ils sont obligés de communiquer, sans déplacer, les actes dont ils sont dépositaires, aux préposés de l'enregistrement, à toute réquisition, et de leur laisser prendre, sans frais, les renseignemens, extraits et copies qui leur seront nécessaires pour les intérêts de l'Etat, à peine de 50 f. d'amende en cas de refus. Le préposé doit, dans ce cas, se faire accompagner par le maire ou l'adjoint de la commune du lieu, et dresser procès-verbal du refus en sa présence. Sont exceptés de la communication les testamens et autres actes de libéralité à cause de mort du vivant des testateurs. Art. 4 de la loi.

27. Les actes des notaires, les copies, extraits et expéditions qui en sont délivrés, doivent être sur papier timbré ; il en est de même de leurs répertoires. La faculté de faire timbrer du papier à l'extraordinaire, leur est interdite : ils doivent se servir du papier du timbre de 75 c. pour leurs expéditions, copies ou extraits ; ils ne peuvent couvrir de timbre d'écritures, ni employer du papier qui aurait déjà servi, ni faire ni expédier

plusieurs actes sur la même feuille, sauf les exceptions exprimées dans la loi, et il leur est défendu d'agir en vertu d'acte, registre ou effet de commerce non timbré. — V. *Expédition, Papier timbré, Répertoire* et *Timbre.*

NOTES. 1. Celles mises sur le registre du greffe, pour constater, en cas de distribution par contribution, la réquisition du saisissant ou de la partie la plus diligente, ne sont pas sujettes à la formalité de l'enregistrement. Nomb. 58 de l'Inst. gén. du 4 juillet 1809, n°. 436.

2. A l'égard des jugemens qui ne sont assujettis à l'enregistrement que sur les expéditions, il est défendu aux greffiers, à peine de 50 f. d'amende, d'en délivrer aucune, même par *simple note* ou extrait, aux parties ou autres intéressés, sans l'avoir fait enregistrer. Article 41 de la loi du 22 frim. an 7.

3. Sont exemptes du timbre les notes remises par les avoués aux présidens des tribunaux, sur les rapports faits à l'audience, et autorisées par l'art. 111 du C. de P. C., conçu en ces termes :

« Tous rapports, même sur délibérés, seront faits à l'audience ; le rapporteur résumera le fait et les moyens sans ouvrir son avis ; les défenseurs n'auront, sous aucun prétexte, la parole après le rapport : ils pourront seulement remettre, sur-le-champ, au président, de simples notes énonciatives des faits sur lesquels ils prétendraient que le rapport a été incomplet ou inexact. (Art. 2988 du J.)

NOTICES *de décès.* L'art. 55 de la loi du 22 frim. an 7, veut que les maires, comme étant subrogés aux obligations imposées aux anciens secrétaires des administrations municipales, remettent par trimestre, aux receveurs de l'enregistrement de l'arrondissement, les relevés par eux certifiés des actes de décès ; que ces notices soient délivrées sur papier non timbré, et remises dans les mois de janvier, avril, juillet et octobre, à peine d'une amende de 30 f. par chaque mois de retard, et que les maires en retirent récépissé aussi sur papier non timbré.

Par une décision du 6 frim. an 13, le minist. des finances a accordé la remise des amendes aux maires qui n'ont pas rempli les obligations que leur impose l'article précité, à condition qu'ils se mettront en règle, à cet égard, dans le délai de deux mois. Nomb. 39 de l'Inst. gén. du 3 fruct. an 13, n°. 290.

Les receveurs doivent transcrire, sur leur table alphabétique, les notices de décès, au fur et à mesure de la remise qui leur en est faite par les maires; relever, conformément au vœu de la loi, les omissions et les infractions de ces derniers; inscrire au registre de recette de l'enregistrement, dans une ou plusieurs des cases qui précèdent celle où l'arrêté du dernier jour de chacun des mois de janvier, avril, juillet et octobre, doit être porté, les noms des maires qui ont satisfait à l'art. 55 de la loi, et de ceux qui y ont contrevenu, et faire mention de ces enregistremens, des procès-verbaux rapportés et des amendes acquittées, dans les comptes qu'ils doivent rendre de leurs opérations extraordinaires. Les inspecteurs sont tenus de rendre compte de la situation de cet objet à la fin de chaque tournée. Circ. de l'adm., du 9 frim. an 8, n°. 1703.

NOTIFICATION. Acte par lequel on fait connaître judiciairement à quelqu'un un fait, un acte quelconque. — V. *Appel* et *Exploit*.

NOTORIÉTÉ. L'attestation donnée devant un officier public, par plusieurs citoyens, de la vérité des faits et usages dont ils ont connaissance, est un acte de notoriété.

1. Cet acte est sujet sur la minute, au droit fixe de 1 f. Art. 7 et 68, §. 1er., n°. 5 de la loi du 22 frim. an 7.

2. Lorsqu'un acte de notoriété est relatif à plusieurs faits, cela ne donne pas lieu, comme quelques personnes l'ont pensé, à autant de droits particuliers; la perception reste fixée à 1 f., par la raison qu'il est de l'essence d'un acte de notoriété, de contenir des explications sur les faits attestés, et que leur pluralité ne changeant pas la nature de l'acte, la perception ne doit pas non plus changer.

Appliquons maintenant ce principe à un exemple : par un acte de notoriété, l'on atteste, 1°. avoir parfaitement connu Pierre Paulo; 2°. qu'il est décédé à Paris le 15 avril dernier; 3°. qu'après son décès il n'a point été fait d'inventaire; 4°. et qu'il a laissé pour ses seuls et uniques héritiers, chacun pour moitié, Joseph et Marie Paulo ses enfans.

Il est bien constant qu'il n'est dû qu'un droit pour cet acte, quoiqu'il y ait plusieurs faits attestés, puisqu'ils sont tous relatifs à Joseph et Marie Paulo, pour constater leur hérédité.

3. Mais il est dû autant de droits qu'il y a de faits attestés pour des personnes tierces qui ont des intérêts différens, parce qu'alors ce sont autant d'actes de notoriété qui auraient pu être faits séparément. En voici un exemple.

Par acte de notoriété, on atteste premièrement les faits mentionnés dans l'exemple ci-dessus.

Secondement, les comparans affirment qu'ils ont parfaitement connu Gabriel Dubois; qu'il est décédé à Paris le 20 juin 1798; qu'après son décès il n'a point été fait d'inventaire, et qu'il a laissé pour héritiers Jacques, Philippe et Joséphine Dubois, ses frères et sœurs germains.

Troisièmement, ils attestent avoir connu Barthélemi-Jean-Marie Appert, négociant à Paris, rue Helvétius, n°. 20, et que c'est par erreur si, dans une inscription au grand-livre de la dette publique, sous le n°. 2600, ou tous autres titres, il a été dénommé Jean-Marie-Barthélemi Appert, ou Happert, ou Apert; que l'ordre de ces noms patronimiques est véritablement Barthélemi-Jean-Marie, et que son nom de famille est Appert, et que c'est par erreur s'il a été écrit de toute autre manière.

Cet acte donne ouverture à trois droits, puisqu'il contient trois notoriétés distinctes et relatives à des faits concernant des particuliers qui n'ont d'intérêt que dans ceux qui leur sont personnels, et nullement dans les faits constatés par les deux autres notoriétés. (Art. 2564 du J.)

NOURRITURE. — Voy. *Bail à nourriture*

NOVATION. Substitution d'une nouvelle dette à une ancienne.

La novation s'opère de trois manières : 1°. lorsque le débiteur contracte envers son créancier une nouvelle dette qui est substituée à l'ancienne, laquelle est éteinte.

Exemple. Pierre doit à Paul 1,000 f. payables actuellement ou dans un délai fixe. Pierre demeure déchargé de cette obligation, au moyen de ce qu'il constitue une rente de 50 f. à Paul qui y consent : le droit, dans ce cas, est dû comme constitution de rente. (Art. 973 du J.)

1. Lorsqu'un nouveau débiteur est substitué à l'ancien qui est déchargé par le créancier.

Exemple. Jules doit 1,000 f. à Victor. Honoré passe une obligation de pareille somme au profit de ce dernier qui décharge Jules. Cette décharge étant une suite de la nouvelle obligation, et en dérivant nécessairement, elle n'est pas sujette à un droit particulier ; il ne doit être exigé que celui résultant de l'obligation.

2. Lorsque, par l'effet d'un nouvel engagement, un nouveau créancier est substitué à l'ancien, envers lequel le débiteur se trouve déchargé.

Exemple. Achilles doit à Victor 2,000 f. : le premier s'oblige envers Alexandre pour cette somme, de l'ordre de Victor qui le décharge de la première créance ; la perception doit, d'après le motif énoncé au nombre précédent, être réglée comme obligation seulement. — V. *Délégation*, §. 1er, n°. 5, p. 221.

3. On ne doit pas considérer comme novation la conversion d'une rente perpétuelle en rente viagère, *et vice versâ*. — Voyez *Conversion de rente*, p. 189.

4. La novation ne se présume point : il faut que la volonté de l'opérer résulte clairement de l'acte. Art. 1273 du C. N.

5. La délégation par laquelle un débiteur donne au créancier un autre débiteur qui s'oblige envers le créancier, n'opère point de novation, si le créancier n'a expressément déclaré qu'il entendait décharger son débiteur qui a fait la délégation. Art. 1275 du Code. — V. *Délégation*.

6. Par un contrat de vente, l'acquéreur avait été autorisé à retenir sur son prix la somme de 20,000 f. pour sûreté d'un douaire de 1,000 f. de rente dû à la mère du vendeur. Par un acte postérieur, l'acquéreur paye 10,000 f. au vendeur qui consent que l'acquéreur retienne en propriété les 10,000 f. restant, à la charge par lui d'acquitter les arrérages du douaire jusqu'au décès de la mère du vendeur ; il y a ici aliénation du capital à titre de rente viagère : le droit doit, d'après cet effet de l'acte, être liquidé à raison de 2 f. par 100 f. sur le capital de 10,000 f. aliéné, indépendamment du droit de quittance sur les 10,000 f. payés comptant. (Art. 729 du J.)

7. Un particulier, débiteur d'une rente, consent, par acte, qu'elle soit remboursée par un tiers qu'il promet reconnaître pour son créancier : cet acte ne contient ni transmission, ni obligation ; il ne peut être passible que du droit fixe de 1 f. ; mais l'acte du remboursement qui est ensuite fait par le tiers prêteur, opérant un transport, une subrogation de rente, donne ouverture au droit de 2 pour 100. (Article 1187 du J.)

NUE *propriété*. On nomme ainsi la propriété d'un bien, séparée de l'usufruit.

1. En cas de vente, l'usufruit réservé par le vendeur, est évalué à la moitié de tout ce qui forme le prix du contrat, et le droit se perçoit sur le total ; mais il n'est dû aucun droit pour la réunion de l'usufruit à la propriété ; cependant, si elle s'opère par un

acte de cession , et que le prix soit supérieur à l'évaluation qui en aura été faite pour régler le droit de transmission de propriété , il est dû un supplément de droit sur ce qui se trouve excéder cette évaluation : dans le cas contraire, l'acte de cession est enregistré au droit fixe. Art. 15 , n°. 6 de la loi du 22 frim. an 7.

2. En cas de mutation de propriété à titre gratuit ou par décès , il n'est rien dû pour la réunion de l'usufruit à la propriété, lorsque le droit d'enregistrement a été acquitté sur la valeur entière de la propriété. Et , lorsqu'un usufruitier qui a acquitté le droit d'enregistrement pour son usufruit, acquiert la nue propriété, il doit payer le droit d'enregistrement sur sa valeur , sans qu'il y ait lieu d'y joindre celle de l'usufruit. Même article 15 , n°ˢ. 6, 7 et 8 de la loi.

Si l'on cède la nue propriété d'un bien pour l'usufruit d'un autre bien , le droit est perceptible comme échange. — V. *Echange*, n°. 11.

On peut assigner la nue propriété à un lot , et l'usufruit à un autre , sans que cette stipulation puisse être considérée comme opérant mutation. — V. *Partage*.

NULLITÉ. Vice qui entache un acte , une procédure , et les rend de nulle valeur.

1. Les nullités établies par les lois, rendent un acte nul de plein droit ; mais il faut se pourvoir en justice pour le faire résoudre, parce que l'acte le plus nul peut subsister et produire son effet. — V. *Résolution*.

2. Les actes refaits pour cause de nullité, sans aucun changement qui ajoute aux objets des conventions ou à leur valeur, doivent le droit fixe de 1 f. Art. 68, §. 1ᵉʳ., n°. 7 de la loi du 22 frim. an 7. — Voyez *Actes nuls et refaits*, p. 70.

3. Et les expéditions de jugement portant nullité de procédure, résolution de contrat ou de clause de contrat pour cause de nullité radicale, sont sujettes au droit de 3 f. fixe. Même art. , §. 3, n°. 7. — V. *Résolution*.

4. La nullité radicale d'un acte n'est point un motif suffisant pour la restitution du droit : c'est ce qui résulte de l'art. 60 de la loi ; il est conçu en ces termes : « Tout droit d'enregistrement perçu régulièrement en conformité de la présente , ne pourra être restitué, quels que soient les événemens ultérieurs, sauf les cas prévus par la présente ». — V. *Restitution*.

5. Les causes de nullité pour contraventions commises par les notaires , ne peuvent dispenser ces fonctionnaires de faire enregistrer , dans le délai déterminé par la loi du 22 frim. an 7, les actes qui en sont frappés, ni les receveurs de l'enregistrement de percevoir les droits des dispositions susceptibles d'être annullées. En effet, les actes ou dispositions d'actes déclarés nuls par la loi, peuvent néanmoins subsister et recevoir leur exécution , si les parties intéressées n'en requièrent pas la nullité ; d'ailleurs ; le notaire qui a reçu un acte en contravention à la loi, ne peut être dispensé , sous ce prétexte, de le soumettre à la formalité , puisque ce serait ajouter une nouvelle contravention à la première , la loi du 22 frim. an 7 lui ayant imposé l'obligation de faire enregistrer tous les actes à son rapport , et d'acquitter les droits résultant de leurs diverses dispositions ; enfin l'art. 40 de la loi du 22 frim. an 7 lève tous les doutes à cet égard , puisqu'il a assujetti au triple droit d'enregistrement les contre-lettres dont il prononce la nullité. Inst. gén. du 21 frim. an 13, n°. 263. (Article 1450 du J.)

6. Les mêmes principes s'appliquent aux actes des notaires qui , d'après les dispositions de l'art 68 de la loi du 25 ventose an 11, et dans le cas y prévu, ne peuvent valoir que comme écrit sous signature-privée ; leur défaut d'authenticité n'empêche pas que le notaire ne soit obligé, sous les peines portées par l'art. 55 de la loi du 22 frimaire an 7, de les faire enregistrer dans le délai fixé par l'art. 20 de la même loi, et conséquemment de les porter sur son répertoire ;

toire; mais les employés de l'administration doivent veiller à ce que ces actes ne puissent être opposés au gouvernement comme authentiques, et à ce qu'il ne soit fait aucun usage à son préjudice, des actes frappés de nullité. Inst. gén. du 21 frim. an 13, n°. 263.

7. L'on ne peut demander la nullité d'un acte sous seing-privé, avant qu'il soit enregistré : ce principe résulte de l'arrêt rendu dans l'espèce suivante : Les dames du Rousseau avaient demandé la nullité de l'acte de la cession qu'elles avaient faite à leurs frères de leurs droits légitimaires paternels. Par jugement du tribunal de la Charente, du 27 fructid. an 4, leur demande fut accueillie : l'administration a en conséquence demandé que l'on soumît à l'enregistrement l'acte sous seing-privé dont il s'agit. Par jugement du tribunal de la Charente, du 28 prairial an 5, il a été décidé qu'il n'était dû aucun droit. Les motifs du jugement étaient que la demande des dames du Rousseau ayant eu pour objet, non pas l'exécution de l'acte sous seing-privé, mais, au contraire, son *anéantissement*, ce qui effectivement avait été ordonné, elles ne pouvaient être obligées à soumettre à l'enregistrement un acte qui n'existait plus. Pourvoi en cassation de la part de la régie : elle a observé qu'il fallait prendre les choses dans leur principe ; que l'acte sous seing-privé ne pouvait donner matière à une demande quelconque, avant d'avoir été *enregistré* ; que tel était le vœu formel de l'art. 11 de la loi du 19 décembre 1790, qui ne distinguait point si les actes sous seing-privé produits en justice, étaient de nature à être annullés ou confirmés : qu'ainsi, dans l'espèce, il ne fallait pas s'arrêter à la considération que l'acte sous seing-privé avait été déclaré nul, mais uniquement à la demande *introduite en justice* qui avait constitué les dames du Rousseau débitrices du droit d'enregistrement. Sur ces moyens respectifs, arrêt de la cour de cassation, du 19 germinal an 6,

qui annulle le jugement du tribunal de la Charente.

8. Il est également de principe qu'une vente d'immeubles reconnue nulle par les parties, est susceptible de produire un droit d'enregistrement, ainsi qu'il résulte des arrêts qui vont être rapportés.

Première espèce : Victor Ingouf vend, au sieur Besselièvre, un moulin, par acte privé du 2 vendém. an 8, qui ne paraît point fait double.

Néanmoins, Besselièvre se met en possession, et passe, le 27 vendémiaire an 9, un bail sous seing-privé qui a été enregistré.

Il est dit par l'acte de vente, que les parties le convertiront en un contrat notarié à la première réquisition de l'une d'elles. En conséquence, en l'an 11, Ingouf poursuit cette conversion devant le tribunal de Valognes, contre Besselièvre qui excipe de la nullité et se désiste de la demande ; le tribunal lui donne acte de son désistement.

Contrainte contre le sieur Besselièvre, pour paiement du double droit de mutation. Du 9 fructid. an 11, jugement du tribunal de Valognes, qui déclare valable l'opposition de Besselièvre à la contrainte et aux poursuites subséquentes, sauf à l'administration de l'enregistrement à se pourvoir contre le sieur Ingouf.

Pourvoi en cassation.

Point de doute, disait le défendeur, que le droit ne soit dû quand il y a mutation de propriété ; mais une vente nulle par une cause originelle, par un vice qui l'infecte dans sa source même, ne dépouille point le vendeur et ne saisit point l'acquéreur : ce qui est nul dans son principe, et son essence, ne peut pas produire d'effets. La propriété du moulin en question n'a pas cessé un instant de résider sur la tête d'Ingouf, et son acquéreur n'en a point été investi : c'est même une chose jugée par le tribunal de Valognes qui a donné acte de désistement de la demande par laquelle Ingouf a essayé d'assurer et de consolider la vente :

demander le droit sur une pareille mutation, c'est, de la part de la régie, soumettre, à un tarif, la volonté de vendre, toute stérile qu'elle peut être.

Le bail du 27 vendém. an 9, en supposant la mutation, ne l'établit pas nécessairement ; le sieur Besselièvre a pu le consentir comme mandataire : s'il l'a consenti comme propriétaire, il n'est pas moins nul que la vente de laquelle il dérive ; il est le fruit d'une erreur de fait partagée pendant quelques momens par le vendeur et l'acheteur, qui se sont crus liés par un engagement réduit au niveau d'un simple projet. Une telle ignorance reconnue et réparée, peut-elle faire la matière d'une perception fiscale ? Il faut distinguer entre la nullité, et la résiliation des actes : l'une les détruit dans leur principe, les efface pour le passé comme pour l'avenir, et opère l'effet de la non existence ; l'autre ne s'applique qu'à l'avenir, parce que sa cause est postérieure à la confection de l'acte dont elle suppose la validité. Il en est de même de la résolution par consentement mutuel.

Les droits exigibles dans le second cas, ne sauraient jamais l'être dans le premier, où il n'y a pas eu, pendant une seule minute, translation effective de propriété.

La régie répliquait que, pour la perception des droits, la mutation existait suffisamment aux yeux de la loi, par la réunion des présomptions de droit qu'elle avait déterminées ; qu'elle ne devait point s'occuper si les parties avaient ou non, par une collusion entr'elles, reconnu la vente nulle ; qu'il suffisait, pour réputer l'acquéreur propriétaire, qu'il eût fait des actes qui n'appartenaient qu'à la propriété.

Sur ces moyens respectifs, arrêt du 10 pluv. an 13, par lequel :

« La cour, sur les conclusions conformes de M. Arnaud, substitut du procureur général ; vu les dispositions des art. 12 et 13 de la loi du 22 frim. an 7.

» Considérant que, d'après ces dispositions, les mutations de propriété sont suffisamment établies et constatées soit par les actes de transmission, soit par des baux passés par les acquéreurs, et que, dans l'espèce, non-seulement il existait, lors de la contrainte décernée, un acte de vente de la propriété dont il s'agit, mais que la mutation était justifiée, suivant le vœu de l'art. 12, par un bail enregistré, que le défendeur, acquéreur de cette propriété, a passé à deux particuliers, pour sept années, un an après son acquisition ;

» Considérant encore que l'acte du 2 vend. an 8 n'a pas été déclaré nul par jugement ; qu'il se trouve simplement résilié par le consentement du vendeur, et son désistement de sa demande en conversion du titre sous seing-privé, en acte notarié, d'après la prétention du défendeur ; que ce titre était nul pour n'avoir pas été fait double, mais qu'il n'en a pas moins existé et eu son effet lors de la contrainte, puisque, en vertu de ce titre, il avait disposé en propriétaire des objets qu'il lui transmettait ;

» Casse, etc. ». (Art. 2024 du J.)

9. Deuxième espèce. Par un exploit du 14 pluv. an 12, le sieur Vanolmont, procureur fondé des sieur et dame d'Hanins, a demandé, contre les sieur et dame Vanderhagen, la résiliation d'une vente *de l'hôtel de Londres*, annoncée faite par ceuxci à ses mandataires, suivant un acte sous seing-privé du 25 brum. an 12.

Opposition à la contrainte, sur le motif que l'acte n'était qu'un simple projet qui n'avait point été fait double.

Jugement du tribunal de Bruxelles qui ordonne la continuation des poursuites.

Pour motiver son pourvoi en cassation, la partie opposait que, s'agissant d'un acte synallagmatique, il devait être fait double pour être valable ; que, n'étant pas fait double, il était radicalement *nul*, et ne pouvait par conséquent être sujet au droit proportionnel d'enregistrement, établi pour les actes translatifs de propriété d'immeubles.

Arrêt de la cour de cassation, du 24 juin

1806, qui rejette le pourvoi. Le dispositif de cet arrêt est rapporté au mot *Double écrit*, n°. 5, p. 256.

10. On ne peut, sous prétexte de nullité, se refuser au paiement des droits d'un jugement rendu par un juge de paix, dans une affaire qui excédait sa compétence. — Voy. *Actes judiciaires*, §. 13, n°. 7, p. 46.

11. Une soumission, fournie par un particulier sur les registres d'un receveur de l'enregistrement, de payer les droits pour lesquels il est poursuivi, ne peut être arguée de nullité, sous prétexte qu'elle n'est pas faite double. Arrêt de la cour de cassation, du 28 octob. 1808, conçu en ces termes :

« La cour, sur les conclusions conformes de M. Jourde, substitut du procureur général; vu les art. 1322 et 1525 du C. N.;

« Attendu, en droit, que les actes qui doivent être faits doubles, sont ceux qui énoncent des engagemens respectifs; que ce n'est que dans le concours simultané de plusieurs parties qui contractent, que les actes doivent être faits en autant d'originaux qu'il y a de parties ayant un intérêt distinct; attendu, en fait, que la soumission inscrite sur les registres du bureau de l'enregistrement, procède du fait seul du sieur Collin qui seul a contracté l'engagement de payer la somme de 836 f. pour supplément du droit proportionnel, d'où il suit que le tribunal civil de Bruxelles a fait dans l'espèce une fausse application de l'art. 1325 du C. N., et violé l'art. 1322, en déclarant nulle l'obligation du sieur Collin, exprimée dans l'acte du 20 frim. an 13; casse, etc. » (Art. 3208 du J.)

12. A défaut d'enregistrement dans les délais, les actes des huissiers sont nuls. — V. *Exploits*, §. 5, n°. 1, p. 293.

13. La nullité de forme de la signification d'une contrainte pour recouvrement de droits, se couvre par l'opposition basée uniquement sur des moyens tirés du fond. Arrêt de la cour de cassation, du 7 août 1807, portant : « La cour, attendu que la prétendue nullité des exploits de la régie, si elle avait existé, se trouvait couverte par le silence de la compagnie Gay et Blachier à ce sujet, et par sa défense au fond dans l'instance devant le tribunal de Turin, casse, etc. »

O.

OBLIGATION est un acte par lequel on s'engage à payer une somme ou à faire quelque chose; il y a des obligations simples, c'est-à-dire faites par une seule partie qui peut être contrainte à l'exécution de son engagement, et il y a des obligations réciproques, comme les marchés et actes synallagmatiques. Il ne s'agit ici que des obligations ou promesses de payer une somme. Il a été parlé des autres actes obligatoires sous leur dénomination particulière.

1. L'art. 69, §. 3, n°. 3 de la loi du 22 frim. an 7, règle à 1 f. par 100 f. le droit d'enregistrement des contrats, transactions, promesses de payer, arrêtés de compte, billets, mandats, reconnaissances, celles de dépôt de sommes chez des particuliers, et tous autres actes ou écrits qui contiennent obligation de sommes, sans libéralité, et sans que l'obligation soit le prix d'une transmission de meubles ou immeubles non enregistrée.

2. Il résulte nécessairement de cet article que, lorsque l'obligation a pour objet une libéralité, le droit en est exigible sur le pied réglé pour les donations. — Voyez *Donation*. Lorsqu'elle est causée pour prix de vente ou cession de meubles ou d'immeubles livrés ou à livrer, il y a lieu au droit de 2 pour 100, s'il s'agit du prix d'objets mobiliers, et de 4 pour 100 s'il s'agit d'immeubles. (Article 1001 du J.)

3. Pour une obligation causée, valeurs reçues partie en argent prêté et partie en marchandises, sans désignation du prix, il y a lieu d'admettre les parties à passer déclaration de la valeur des marchandises et du montant de l'argent prêté, et de liquider le droit à raison de 1 pour 100 sur le montant de l'argent prêté, et de 2 pour 100 sur le prix des marchandises qui formaient partie de l'obligation. Solut. de l'admin.,

du 5 germinal an 10. (Article 1258 du J.)

4. Il ne doit être perçu que 1 pour 100, comme obligation simple, sur l'acte par lequel un commissionnaire se reconnaît redevable d'une somme formant le prix d'une vente de grains qu'il a été chargé de faire pour le compte du créancier qui avait déposé ces grains chez lui, à l'effet de les vendre. (Art. 2015 du J.)

5. On doit percevoir 1 pour 100 sur l'acte par lequel un acquéreur déclare que le prix stipulé dans son contrat d'acquisition, a été retenu par lui, pour solder des créanciers hypothécaires, quoiqu'il y soit exprimé que ce prix avait été payé comptant. Cet acte n'est point une déclaration pure et simple : c'est une contre-lettre qui contient une reconnaissance, par l'acquéreur, du montant du prix de la vente qu'il déclare n'avoir point payé. (Art. 3256 du J.)

6. Un particulier ouvre à un autre un crédit de 100,000 f., au moyen d'une affectation d'hypothèque, fournie par ce dernier, d'immeubles de la même valeur : cet acte constate un prêt; que ce soit en espèces sonnantes ou en une promesse d'acquitter les traites et effets de l'emprunteur, ce n'est pas moins une obligation, puisque, d'une part, il existe un prêteur, et de l'autre un engagement des biens de celui auquel est ouvert le crédit : il est donc passible du droit de 1 pour 100. (Art. 1736 du J.)

7. Il est permis de stipuler des intérêts pour simple prêt soit d'argent, soit de denrées ou autres choses mobilières. Art. 1905 du C. N.

8. On peut stipuler un intérêt moyennant un capital que le prêteur *s'interdit d'exiger*. Dans ce cas, ce prêt prend le nom de constitution de rente. Art. 1909 du même Code.

9. De ces dispositions il résulte que la sti-

pulation du paiement des intérêts ne suffit point pour caractériser le contrat de constitution. Pour distinguer celui-ci d'une simple obligation, il faut examiner si le capital est ou non aliéné ; dans le cas où le créancier peut contraindre le débiteur à le rembourser à une époque déterminée quelconque, comme dans celui où le terme de paiement n'a point été fixé, ou lorsqu'il a été convenu que l'emprunteur paierait quand il le pourrait, ou quand il en aurait les moyens, l'acte, quoique portant intérêt, n'est plus qu'une obligation seulement passible du droit de 1 f. par 100 f. ; il ne peut en effet y avoir constitution de rente sans la clause expresse que le prêteur ne pourra exiger son remboursement. (Articles 1134, 1843 et 2402 du J.)

10. Ainsi, on doit considérer comme une simple obligation, pour les quatre cinquièmes, la clause par laquelle l'un des co-partageans prend dans la succession commune, du consentement de ses co-héritiers, une somme de 30,000 f., à la charge par lui de payer à des légataires 1,500 f. de rente viagère, et de rembourser les quatre cinquièmes de cette somme aux quatre autres co-partageans, à mesure du décès des rentiers, et dans la proportion du capital des rentes dont ils jouissent. (Même art. 1134 du J.)

11. Une obligation de 24,000 f., *pour reste et parfait paiement* de construction de bâtimens, présente à-la-fois une obligation, et une quittance *finale*. Le droit sur la première est de 1 f. par 100 f. Ce n'est pas ici le cas d'une vente mobilière, car les entrepreneurs et architectes sont réputés avoir acheté les matériaux pour le compte des propriétaires auxquels ils en font l'avance, et dont ceux-ci sont tenus de leur rembourser le prix et la main-d'œuvre ; quant au droit de quittance, il est dû sur tout le surplus des sommes auxquelles les ouvrages et constructions se sont élevés, et dont le propriétaire est déchargé. (Art. 1600 du J.)

12. Une obligation qui, pour assurer le paiement de la somme prêtée, contient délégation de pareille somme due à l'emprunteur, n'opère qu'un seul droit ; car, que Pierre délègue et transporte avec toute garantie de droit, à Joseph une créance de 1,000 f., moyennant une pareille somme payée comptant, ou qu'il reconnaisse que Joseph lui a prêté cette somme qu'il s'oblige de lui rembourser, et que, pour assurer ce remboursement, il lui délègue la créance qui lui est due, dans l'une et l'autre hypothèse, l'effet est le même. Si la contexture de l'acte, dans l'un ou l'autre cas, ne peut offrir que le même résultat, il ne doit exister qu'une seule et même perception. En vain dirait-on que, dans la seconde hypothèse, le prêteur a, indépendamment de l'effet de la délégation, l'obligation personnelle de l'emprunteur, puisque cette même obligation résulte, dans la première hypothèse, de la garantie dérivant du transport ou délégation par lui fait. (Art. 1030 et 1687 du J.)

13. Indépendamment du droit d'obligation, il est dû celui de cautionnement, lorsque, dans une obligation souscrite solidairement par plusieurs, il est dit qu'un seul a touché les fonds pour les employer à ses propres affaires. — *Voyez Cautionnement*, §. 2, n°. 1, p. 139.

14. Il en est de même pour une obligation par laquelle un tiers hypothèque ses immeubles. — *Voyez encore Cautionnement*, même §., n°. 2.

15. Mais il n'est pas dû de droit particulier pour la promesse d'indemnité stipulée par un mari en faveur de sa femme, même non commune en biens avec lui, dans une obligation qu'ils ont souscrite solidairement. (Art. 212 et 3092 du J.) — V. *Garantie*, n°. 6, p. 304.

16. On ne peut considérer comme bail à nourriture, une obligation consentie pour cause d'alimens déjà fournis. — V. *Bail à nourriture de personnes*, p. 123.

17. Pour la conversion d'une obliga-

tion en un contrat de rente, voyez *Novation*.

18. Les billets à ordre passés devant notaires, ne sont passibles que du droit de demi pour 100. — Voyez *Billet à ordre*, n°. 6, p. 131. — Mais si une obligation à ordre devant notaires, contient quelques conditions ou stipulations autres que celles relatives aux billets à ordre, elle donne ouverture au droit de 1 f. par 100 f.; elle ne participe plus à la faveur ou modération accordée aux billets à ordre. Arrêté du comité des finances, du mois de sept. 1791. Elle n'est pas sujette au timbre proportionnel, mais seulement à celui de dimension. Circ. du 18 prair. an 8, n°. 1580. (Art. 1221 du J.)

19. Par la même raison, l'endossement de cette obligation, est sujet au droit d'enregistrement de 1 pour 100 Arrêt de la cour de cassation, du 5 pluv. an 11, conçu en ces termes :

« Vu la disposition de l'art. 69, §. 3, n°. 3 de la loi du 22 frim. an 7;

» Attendu, 1°. qu'une obligation passée devant notaire, ne peut être assimilée, sous aucun rapport, à un billet à ordre qui, par sa qualité d'écriture privée, ne peut produire, en faveur du créancier, aucun droit d'hypothèque ni d'exécution;

» Attendu, 2°. que la faculté exprimée au profit du créancier, de pouvoir transmettre l'effet d'une pareille obligation par le simple endossement, ne peut la dénaturer au point de la faire sortir de la classe des obligations civiles ordinaires, et n'a évidemment pour objet que d'en rendre le transport plus facile, sans qu'elle cesse de jouir des avantages accordés par la loi aux actes passés devant notaires;

» D'où il suit que l'endossement d'une pareille obligation est un véritable transport, cession et délégation de la créance pour laquelle elle a été contractée; que, dans l'espèce de la cause, le jugement attaqué ayant décidé qu'il n'était pas dû de droit d'enregistrement pour l'endossement sous-

crit au profit du défendeur, a évidemment fait une fausse application du n°. 15, §. 3 de l'art. 70 de la loi du 22 frim. an 7, et, par suite, violé directement la disposition de l'art. 69 de la même loi, la cour casse le jugement du tribunal civil d'Angers, du 21 therm. an 9. » (Art. 1479 du J.)

20. Les reconnaissances, devant notaires, de lettres de change ou billets à ordre, sont assujetties au droit de 1 f. par 100 f. comme obligation. — V. *Lettres de change*, n°. 14, p. 419.

21. Pour les obligations ou promesses de payer, faites sous seing-privé, voyez *Billets*, §. 1er., p. 128, où il a été établi que, d'après l'art. 6 de la loi du 6 prairial an 7, les obligations non négociables, même celles souscrites par des particuliers non commerçans, et pour simple prêt, doivent être faites sur papier du timbre proportionnel. Ce principe a été aussi consacré par arrêt de la cour de cassation, du 1er. mai 1809, en ces termes :

« La cour, après un partage d'opinions, et sur les conclusions conformes de M. *Daniels*, substitut du procureur général; vu les art. 2 et 14 de la loi du 13 brum. an 7, l'art. 6 de celle du 6 prairial de la même année, et le décret impérial du 1er. avril 1808, approbatif de l'avis du Conseil d'Etat, sur une question relative au droit de timbre proportionnel auquel les reconnaissances de dépôt sont assujetties;

» Attendu que le billet dont il s'agit dans l'instance, contre Joseph Vanderbruggen, contenant une reconnaissance de prêt sous signature-privée, rentre dans la classe des obligations ordinaires assujetties au droit de timbre proportionnel, comme comprises en l'art. 6 de la loi du 6 prairial an 7, suivant le sens déterminé par le décret impérial du 1er. avril 1808; casse le jugement du tribunal civil d'Audenarde. (Art. 5280 du J.)

22. Dans le cas de transmission de biens, l'obligation consentie, par le même acte, pour tout ou partie du prix, n'est sujette à

aucun droit particulier d'enregistrement. Art. 10 de la loi du 22 frim. an 7.

23. Les obligations souscrites par les receveurs généraux de département, ou par les directeurs de la régie des droits réunis, et leurs endossemens et acquits jouissent de l'exemption de l'enregistrement accordée par le §. 5 de l'art. 70 de la loi du 22 frimaire an 7, aux rescriptions, mandats et ordonnances sur les caisses nationales. Mais les protêts auxquels elles peuvent donner lieu, sont sujets à la formalité et au droit, conformément à l'art. 68, §. 1er., n°. 30. Solut. de l'adm., du 25 prairial an 13. Déc. du minist. des fin., du 4 thermid. suivant. Nomb. 40 et 41 de l'Inst. gén. du 5 fruct. an 13, n°. 290. Ces obligations sont également exemptes de la formalité du timbre. Décis. du minist. des fin., du 9 flor. an 8. Circul. de l'adm., du 23 dudit, n°. 1819. (Art. 483, 2050 et 2074 du J.)

24. Les obligations souscrites par les acquéreurs de domaines nationaux, en exécution de la loi du 11 frim. an 8, ont été soumises au timbre de 25 c. Circ. de l'adm., du 8 nivose an 8, n°. 1729. (Art. 526 du J.) Et, par décis. du minist. des fin., du 12 prairial suiv., le droit d'enregistrement de ces obligations a été réglé à 1 f. fixe lorsque la formalité en est requise. Circul. du 15 du même mois, n°. 1832.

25. Lorsque, dans un acte de prorogation de délai pour le paiement d'une obligation qui est ou va devenir exigible, la caution intervient pour consentir à cette prorogation de terme, il est dû un droit particulier de 1 franc pour cette dernière disposition qui prive la caution du droit qu'elle avait, aux termes de l'article 2039 du C. N., de poursuivre le débiteur pour le forcer au remboursement, nonobstant la prorogation qui lui avait été accordée par le créancier : d'où il suit que cette disposition ne dérive pas nécessairement de celle relative à la prorogation de délai accordée par le créancier. (Article 3178 du J.)

26. Un acte de prorogation de délai d'une obligation, ne peut être écrit, sans contravention, à la suite de cette obligation, attendu que l'acte dont il s'agit n'est ni une ratification, ni une quittance de remboursement, et qu'il ne peut être classé parmi les autres actes compris dans l'exception. (Art. 2455 du J.)

27. Les débiteurs doivent acquitter le droit d'enregistrement des obligations, s'il n'y a clause contraire dans l'acte. Art. 51 de la loi du 22 frim. an 7.

OBLIGATION *contractée sous une condition suspensive ou sous une condition résolutoire.*

1. L'obligation contractée sous une condition suspensive, est celle qui dépend ou d'un événement futur et incertain, ou d'un événement actuellement arrivé, mais encore inconnu des parties; dans le premier cas, l'obligation ne peut être exécutée qu'après l'événement; dans le second cas, l'obligation a son effet du jour où elle a été contractée. Art. 1181 du C. N.

2. Lorsque l'obligation a été contractée sous une condition suspensive, la chose qui fait la matière de la convention, demeure aux risques du débiteur qui ne s'est obligé de la livrer que dans le cas de l'événement de la condition. Article 1182 du même Code.

3. L'obligation sous une condition suspensive, a dit M. Bigot Préamenen, dans son discours au corps législatif, n'étant parfaite que par l'accomplissement de cette condition, il en résulte qu'avant l'accomplissement, la propriété de la chose qui est la matière de l'engagement, n'est point transportée, et qu'ainsi elle demeure aux risques du débiteur.

4. En effet, dans le cas où la condition n'arrive pas, la convention ou disposition est anéantie par la clause même qui la fait dépendre de la condition : par exemple, dans une vente qui doit s'accomplir par l'événement d'une condition, l'acheteur n'a qu'un droit éventuel, et le vendeur demeu-

re propriétaire de la chose vendue, et fait les fruits siens jusqu'à ce que la condition soit arrivée.

5. D'où il suit qu'une vente d'immeubles, par exemple, contractée sous une condition suspensive, ne peut être enregistrée qu'au droit fixe de 1 f., sauf le droit proportionnel à l'événement. — V. *Promesse de vente.*

6. Mais, l'événement arrivé, dans quel délai le droit proportionnel devra-t-il être acquitté? La loi du 22 frim. an 7, gardant le silence sur ce point, nous pensons qu'à compter de l'événement, il faut admettre le délai déterminé par l'art. 22 de la loi pour les actes sous seing-privé, translatifs de propriété de biens immeubles. Cependant, si l'événement était constaté par un *acte public,* le délai ne devrait être que celui fixé pour cet acte.

7. Dans un testament, la condition est suspensive, lorsque l'exécution de la disposition en dépend. Je lègue 1,000 f. à Titius s'il épouse Sempronia, ou j'ordonne que mes héritiers paieront à Julius 1,000 f. lorsqu'il se mariera : il est évident que le legs ne sera acquis qu'après que le légataire aura satisfait à la condition, et que Titius aura effectivement épousé Sempronia, ou que Julius se sera effectivement marié; d'où il suit que le délai de six mois, fixé pour le paiement des droits de ces sortes de legs, ne doit courir qu'à partir du jour de l'événement. (Art. 1959 du J.)

8. La condition résolutoire est celle qui, lorsqu'elle s'accomplit, opère la révocation de l'obligation, et qui remet les choses au même état que si l'obligation n'avait pas existé. Elle ne suspend point l'exécution de l'obligation; elle oblige seulement le créancier à restituer ce qu'il a reçu, dans le cas où l'événement prévu arrive. Art. 1183 du C. N.

9. La condition résolutoire est toujours sous-entendue dans les contrats synallagmatiques, pour le cas où l'une des deux parties ne satisfera point à son engagement.

Dans ce cas, le contrat n'est point résolu de plein droit. La partie envers laquelle l'engagement n'a point été exécuté, a le choix ou de forcer l'autre à l'exécution de la convention, lorsqu'elle est possible, ou d'en demander la résolution avec dommages et intérêts. La résolution doit être demandée en justice, et il peut être accordé au défendeur un délai selon les circonstances. Art. 1184 du même Code.

10. S'il a été stipulé lors de la vente d'immeubles, que, faute de paiement du prix dans le terme convenu, la vente serait résolue de plein droit, l'acquéreur peut néanmoins payer après l'expiration du délai, tant qu'il n'a pas été mis en demeure par une sommation; mais, après cette sommation, le juge ne peut pas lui accorder de délai. Art. 1656 du même Code.

11. Ainsi, la condition résolutoire n'empêche pas que l'obligation ne soit parfaite, quoique résoluble. Si, par exemple, il s'agit d'une vente d'immeubles, l'acte contient une transmission *actuelle* de propriété, le droit proportionnel doit en être acquitté en donnant la formalité au contrat.

12. Ce droit, aux termes de l'art. 60 de la loi du 22 frimaire an 7, n'est pas restituable.

13. La résolution de la vente, si elle a lieu, n'est point l'effet d'un vice radical inhérent à l'acte, mais seulement la conséquence d'une clause résolutoire, sous une condition que l'acquéreur peut faire cesser en satisfaisant aux obligations qu'il a contractées : par conséquent, elle donne aussi ouverture au droit proportionnel si l'acquéreur est entré en jouissance. — V. *Résolution.*

OBLIGATION *à la grosse aventure ou pour retour de voyage,* est un contrat maritime qui tient, dans sa forme et ses effets, à l'essence de la société en commandite. Un particulier prête à un armateur une somme d'argent pour être employée dans son expédition, à condition qu'en cas de perte par accident de mer ou autre cas de force majeure,

majeure, il ne pourra répéter que la somme qui restera, et qu'autrement l'emprunteur devra la lui rendre avec la portion convenue des bénéfices.

1. Cet acte est sujet au droit de 50 c. par 100 f. Art. 69, §. 2, n°. 10 de la loi du 22 frim. an 7.

2. En assimilant ces contrats à des actions commerciales, plusieurs tribunaux de commerce les ont considérés comme effets négociables : on en a conclu que leur endossement n'était sujet à aucun droit d'enregistrement : c'est une erreur. L'obligation à la grosse aventure, passée devant notaire, rentre dans la classe des contrats civils qui produisent, en faveur du créancier, le droit d'hypothèque et d'exécution.

La faculté qu'a le prêteur par la nature du contrat, et par l'usage, de le transmettre par simple endossement, ne peut pas plus le dénaturer que lui enlever les avantages des contrats civils. Il en résulte que l'endossement est, dans l'espèce, une véritable cession passible de 1 pour 100. Les principes consacrés par l'arrêt de la cour de cassation, du 5 pluviose an 11, rapporté au mot *Obligation*, n°. 19, p. 466, ne peuvent laisser de doute à cet égard. (Art. 2150 du J.)

OBSERVATIONS. — V. *Mémoire*.

OCTROIS sont des droits et revenus accordés, par le gouvernement, à des villes, pour satisfaire aux charges municipales.

1. Si l'on considérait seulement les droits d'octroi comme une contribution locale, on devrait leur appliquer les dispositions du §. 2 de l'art. 70 de la loi du 22 frim. an 7, qui porte que les actes pour le recouvrement des contributions locales seront enregistrés *gratis*, lorsque la cote sera de 25 f. et au-dessous. Mais les droits d'octroi sont autant un revenu ordinaire des communes, qu'une contribution locale. Ils sont spécialement destinés à l'acquit des dépenses communales et municipales, et l'exception précitée paraît d'autant moins leur être appliquée, qu'ils ne sont pas établis partout. Toutes

les actions qui concernent spécialement les communes, doivent suivre les mêmes règles que les actions concernant les particuliers, ainsi qu'il a été établi au mot *Actes des établissemens publics* : d'où il résulte que les actes et procès-verbaux dont l'objet est de poursuivre le recouvrement des droits d'octroi des communes, ou de constater les contraventions aux lois qui les établissent, doivent être soumis à l'enregistrement, et acquitter les droits. Sol. de l'adm., du 18 pluv. an 8. (Art. 383 du J.)

2. Quoique les procès-verbaux doivent, aux termes des lois des 13 brumaire et 22 frimaire an 7, être écrits sur papier timbré et soumis à la formalité de l'enregistrement ; néanmoins, comme il résulterait de l'application générale de cette règle aux procès-verbaux de l'octroi, que, dans beaucoup de cas, les frais absorberaient la valeur de l'objet saisi, le ministre des finances a décidé que les préposés à la perception de l'octroi municipal, peuvent se dispenser de rédiger procès-verbal en forme, des saisies d'une valeur présumée de 10 f. et au-dessous, sauf à rapporter des procès-verbaux réguliers pour toutes celles qui excéderaient cette somme. Art. 6 de l'Inst. gén. du 5 juin 1809, n°. 432.

3. Les registres de l'octroi doivent être en papier timbré. — *Voyez Registres*.

4. Les préposés à la perception des droits d'octroi, sont tenus de se faire représenter les lettres de voiture des marchandises et autres objets dont le transport se fait par terre ou par eau, et de vérifier si ces actes sont écrits en papier timbré : en cas de contravention, ils en rédigent des procès-verbaux pour faire condamner les souscripteurs et porteurs solidairement à l'amende ; pour indemniser ces préposés des soins de cette vérification, il leur est accordé la moitié des amendes payées par les contrevenans. Art. 1er., 2 et 3 du déc. imp. du 16 messid. an 13.

OFFICIERS *publics* peuvent, sans contravention, écrire des actes sous seing-privé

pour des particuliers. — V. *Actes sous signature-privée*, §. 9.

OFFRE. Somme exhibée judiciairement
pour éteindre une dette ou faire cesser une
action.

1. Les offres qui ne font pas titre au créancier, et ne sont pas acceptées, ne sont sujettes qu'au droit fixe de 1 f. Art. 68, §. 1er.,
n°. 50 de la loi du 22 frim. an 7.

2. Il ne peut être formé aucune action
en justice, en vertu d'un acte sous seing-privé
sujet à l'enregistrement, avant qu'il ait été
soumis à cette formalité ; d'où il suit que le
créancier, pour former son action, a dû faire
enregistrer son titre , s'il était sous seing-
privé , et l'huissier énoncer l'enregistrement dans son exploit par une transcription littérale de la quittance : le débiteur
est donc à même de faire une pareille mention dans ses offres ; à défaut de remplir
cette formalité , l'offre doit être regardée
comme formant titre au profit du créancier :
elle opère , dans ce cas, le droit proportionnel d'après la quotité établie par l'art.
69 de la loi sur l'objet de l'engagement qui
a donné lieu à ces offres.

3. Lorsque l'offre est acceptée , il est dû
50 c. par 100 f. , comme quittance de libération.

4. Si les offres donnent ouverture au
droit proportionnel, on n'a point la faculté
d'abandonner ce droit pour exiger le droit
fixe, quand même ce dernier ne s'éleverait pas
à 1 f. , parce que la loi n'autorise la perception du droit fixe, pour tenir lieu de celui
proportionnel, qu'à l'égard des actes judiciaires , et non pour ceux extrajudiciaires.
(Art. 1750 du J.)

5. Les offres réelles ne peuvent suppléer
au paiement des droits. — V. *Enregistrement*, n°s. 22 et 25, p. 268.

OMISSION *dans les déclarations des
héritiers, légataires, etc.*—V. *Succession.*

Pour les omissions de droits non perçus
sur une disposition particulière dans un
acte, voyez *Notaires*, n°. 10, et *Prescription.*

OPPOSITION. Empéchement à ce qu'il
soit passé outre à quelque chose ; obstacle
que l'on met à l'exécution d'un jugement.

1. Les oppositions par actes civil ou extrajudiciaire, sont sujettes au droit fixe de
1 f. , à l'exception des oppositions à jugement qui n'opèrent que le droit de 25 c.
lorsqu'elles ont lieu par signification d'a-
voué à avoué. —V. *Exploits*, §. 2, n°s. 1 et 7.

2. Le droit fixe de 1 f. doit être perçu
pour chacune des oppositions à levée de
scellés, insérées dans le procès-verbal, indépendamment du droit résultant du procès-
verbal. Art. 68, §. 1er., n°. 46 de la loi du
22 frim. an 7.

3. Les actes passés au greffe des tribunaux
civils , portant opposition à délivrance de
pièces, titres et jugemens, doivent être enregistrés sur la minute. Art. 7 de la loi. Ils
opèrent le droit fixe de 2 f. Art. 68 , §. 2 ,
n°. 6.

4. L'art. 163 du C. de P. C., tit. 8, *Des
jugemens par défaut et oppositions*, porte :
« Il sera tenu au greffe un registre sur lequel l'avoué de l'opposant fera mention
sommaire de l'opposition, en énonçant les
noms des parties et de leurs avoués , la date du jugement et de l'opposition ; *il ne sera dû de droit* d'enregistrement que dans
le cas où il en *sera fait expédition*. » De
ces dernières expressions, il résulte que le
registre dont il s'agit ne doit pas être tenu
en papier timbré, et que les expéditions doivent, sans distinction, être délivrées sur
papier de 75 c. Le droit d'enregistrement
est de 1 f. sur les expéditions des greffiers
des justices de paix, et de 2 f. sur celles
des greffiers des tribunaux de première instance et des cours d'appel. (Art. 2376 du J.)

5. Sont aussi sujettes au droit fixe de 2 f.
sur la minute, les oppositions à publication
de séparation, passées aux greffes des tribunaux de commerce. Art. 68, §. 2, n°. 7
de la loi du 22 frim. an 7.

6. Et les expéditions de jugemens et arrêts des tribunaux de première instance et
cours d'appel, portant conversion d'oppo-

sition en saisie, doivent 3 f. fixe. Même article, §. 5, n°. 7.

7. Pour les main-levées d'opposition, voyez *Main-levées*, et pour les jugemens portant débouté d'opposition ou d'appel, voyez *Actes judiciaires*.

8. A l'égard des oppositions à la demande des droits dont il est parlé dans ce Dictionnaire, et de celles aux jugemens par défaut rendus en cette matière, voyez *Enregistrement*, n°. 24, p. 269, et *Instances*, n°. 4, 5, 9, 11 et 25.

9. On ne peut statuer sur l'opposition formée à un jugement par défaut qui n'est ni expédié, ni enregistré, sans contrevenir aux dispositions de l'art. 47 de la loi du 22 frim. an 7. — V. *Actes passés en conséquence d'un autre*, n°. 4, p. 74.

ORDONNANCE. Acte que les juges, les procureurs impériaux, les officiers de l'état civil ou autre autorité constituée, mettent au bas d'une requête, mémoire ou pétition, pour ordonner le communiqué ou autre chose.

1. Les ordonnances sur requêtes, les ordonnances et mandemens d'assigner les opposans à scellés; celles rendues par le président pour commettre un juge, dans le cas d'interrogatoire sur faits et articles, et par celui-ci pour indiquer les jour et heure; celles portant permission à la femme mariée de citer le mari, ou statuant que les parties, quand il est question de séparation de corps ou de divorce, comparaîtront, ou qu'elles se pourvoiront au bureau de conciliation; celles rendues en cas de saisie d'animaux ou ustensiles servant à l'exploitation des terres, et par lesquelles le juge de paix, sur la requête du saisissant, établit un gérant à l'exploitation, et *généralement toutes les ordonnances* sujettes au droit, doivent être enregistrées sur la minute. Art. 7 de la loi du 22 frim. an 7. Décis. du min., du 13 juin 1809. Nomb. 29, 47 et 66 de l'Inst. gén. du 4 juillet 1809, n°. 436. Dans le délai de vingt jours, art. 20 de la loi, et à la diligence des parties, art. 29.

2. Mais la loi ne prononçant aucune peine pour le défaut d'enregistrement, dans le délai, de ces ordonnances, on ne peut pas exiger le double droit, car les peines doivent être formellement prononcées pour qu'on puisse les appliquer. (Art. 1819 du J.)

Pour connaître la quotité des droits de ces différentes ordonnances, voyez *Absence*, §. 1er., n°. 4; *Actes judiciaires*, §. 3, et *Divorce*, §. 1er, n°. 5, p. 242.

3. Quant aux ordonnances qui doivent être enregistrées *en débet*, voyez *Actes judiciaires*, n°. 9.

4. Et, à l'égard de celles qui sont exemptes de la formalité de l'enregistrement, voyez aussi *Actes judiciaires*, §. 11, n°. 3, 5 et 15, et observez que les ordonnances de soit communiqué sur les mémoires des parties dans les instances relatives au recouvrement des droits dont il est question dans ce Dictionnaire, sont pareillement dispensées de l'enregistrement.

5. Les ordonnances de décharge ou de dégrèvement des contributions directes, des portes et fenêtres, des patentes et de toute autre contribution, sont exemptes de l'enregistrement. Art. 70, §. 3, n°. 6 de la loi du 22 frim. an 7. Mais elles sont assujetties au timbre comme expédition, *lorsqu'elles sont délivrées aux parties*; cependant on a exempté de la formalité du timbre, les expéditions qui, aux termes de l'article 23 de l'arrêté du gouvernement, du 24 floréal an 8, sont remises au directeur des contributions directes, et par celui-ci au receveur particulier qui les transmet au percepteur, pourvu toutefois qu'il soit fait mention, conformément à l'article 16 de la loi du 13 brum. an 7, de leur destination pour un fonctionnaire public. Déc. du min. des fin., des 18 germ. an 8, 28 messid. et 8 therm. an 9. Circ. de l'adm., du 29 fructid. suiv., n°. 2042. (Art. 386 et 837 du J.)

6. Les ordonnances des conseils de préfecture ne sont pas susceptibles d'enregistrement. Déc. du min. des fin., du 20 oct. 1807.

7. Les ordonnances *de police* qui se crient et se vendent dans les rues, peuvent être imprimées sur papier non timbré. Ce sont des actes d'administration publique auxquels on ne peut donner une trop grande publicité. Déc. du min. des fin., du 10 fév. 1807. Inst. gén. du 15 mai suiv., n°. 526. (Art. 2516 du J.)

ORDONNANCE *de paiement*. — Voyez *Mandat.*

ORDRE. En style de pratique, on entend par *ordre*, l'état qu'on dresse des créanciers d'un débiteur, pour les payer suivant leur privilége ou hypothèque. — V. *Actes judiciaires*, §. 11, n°. 14, p. 44, et *Collocation*, p. 155.

En terme de commerce, on appelle *ordre*, un endossement ou un écrit succinct, mis au dos d'un billet ou d'une lettre de change pour en faire le transport et le rendre payable à un autre. — Voyez *Endossement*, p. 265.

OUVRAGES. — V. *Baux d'ouvrages et d'industrie*, autrement dits *louage*, §. 14, p. 119, et *Devis*, p. 237.

Les ouvrages périodiques relatifs aux sciences et aux arts, sont dispensés du timbre s'ils ne paraissent qu'une fois par mois, et s'ils contiennent au moins deux feuilles d'impression. — Voyez *Journaux*, n°. 7, page 408, et *Musique*, n°. 1, page 441.

P.

PACTE *de la loi commissoire*, est une convention entre le vendeur et l'acheteur, par laquelle il est stipulé que, s'il plaît au vendeur, la vente sera nulle dans le cas où le prix de la chose vendue ne serait pas payé dans le tems fixé.

Voyez *Obligation contractée sous condition résolutoire*, n°. 8 et suiv.

PAIEMENT *de droits.* — Voyez *Actes judiciaires*, §. 13, p. 45; *Actes sous signature-privée*, §. 7, p. 67; *Enregistrement*, n°. 21 et suiv., p. 268; *Greffiers*, *Huissiers*, *Notaires* et *Parties*.

PAPIER-MUSIQUE. — Voy. *Musique gravée*, p. 441.

PAPIER-NOUVELLE. — Voyez *Journaux*.

PAPIER *timbré.* C'est celui marqué d'un timbre pour lequel il est établi une contribution au profit du trésor public.

Nous avons rapporté sous ce mot les dispositions des lois relatives à la dimension des papiers, au timbrage, à leur distribution et débit, aux papiers et parchemins qui peuvent être timbrés à l'extraordinaire, à l'échange des papiers marqués des anciens timbres, à la quotité des droits, et à l'article *Timbre* celles relatives aux actes sujets au droit de timbre, aux obligations des officiers et fonctionnaires publics, et aux peines et amendes.

§. 1er. *Dimension des papiers.*

1. L'art. 5 de la loi du 13 brum. an 7, porte que les papiers destinés au timbre seront débités par l'administration de l'enregistrement, et seront fabriqués dans les dimensions déterminées suivant le tableau ci-après :

DÉNOMINATIONS.	Dimensions (en partie du mètre) de la feuille déployée (supposée roguée).		
	Hauteur.	Largeur.	Superficie.
Grand registre. . .	0,4204.	0,5946.	0,2500.
Grand papier . .	0,3536.	0,5000.	0,1768
Moyen papier (moitié du grand registre).	0,2973.	0,4204.	0,1250.
Petit papier (moitié du grand papier).	0,2500.	0,3536.	0,0884.
Demi - feuille (moitié du petit papier).	0,2500.	0,1768.	0,0442.
Effets de commerce (moitié de la demi-feuille du petit papier, coupée en long). . . .	0,0884.	0,2500.	0,0221.

2. Ils porteront un filigrane particulier, imprimé dans la pâte même à la fabrication. Même art. 3 de la loi.

3. Les filigranes des papiers de dimension et des papiers des effets de commerce destinés à la débite, représentent l'aigle impériale. Article 2 du déc. imp. du 17 avril 1806. Circulaire du 12 décemb. suivant.

L'objet de cette mesure est de donner un moyen de reconnaissance des infractions qui pourraient être faites à la loi, et des abus que feraient des timbres des agens infidèles.

§. 2. *Papiers et parchemins qui peuvent être timbrés à l'extraordinaire.*

1. Les citoyens qui voudront se servir de papiers, autres que ceux de la régie, ou de parchemin, seront admis à les faire timbrer avant que d'en faire usage. Si les papiers ou le parchemin se trouvent être de dimension différente des papiers de la régie, le timbre, quant au droit établi en raison de la dimension, sera payé au prix du format supérieur. Art. 7 de la loi du 13 brum. an 7.

2. Les administrations publiques conservent cette faculté, mais elle est interdite aux notaires, huissiers, greffiers, arbitres, avoués ou défenseurs officieux, et à tous autres officiers ou fonctionnaires publics. Ils sont tenus de se servir du papier timbré débité par la régie, à peine de 100 f. d'amende. Art. 18 et 26. Ils peuvent néanmoins faire timbrer à l'extraordinaire du parchemin, lorsqu'ils sont dans le cas d'en employer. Art. 18.

3. Les actes sous signature-privée, antérieurs au 1er avril 1791; ceux faits sur papier non timbré, sans contravention aux lois du timbre; les effets négociables, venant de l'étranger ou des îles et colonies françaises, où le timbre n'aurait pas encore été établi; les papiers destinés aux procès-verbaux des gardes, des commissaires de police, des juges de paix, lorsqu'ils agissent d'office; les actes des porteurs de contrainte, les ventes des effets non réclamés des marins et passagers morts en mer, etc., peuvent aussi être timbrés à l'extraordinaire ou visés pour timbre. — V. *Actes judiciaires*, §. 16; *Timbre extraordinaire* et *Visa pour timbre.*

4. On ne peut admettre au timbre extraordinaire de dimension, des papiers destinés aux effets de commerce; ils ne peuvent être souscrits que sur du papier frappé du timbre sec. — V. *Effets de commerce*, n°. 8, p. 261.

5. Les actes, pétitions ou pièces qui, aux termes de la loi, doivent être écrits sur papier timbré, ne peuvent être admis au timbre extraordinaire ou au visa, sans acquitter l'amende. Circ. de l'adm., du 7 brum. an 7, n°. 1402.

§. 3. *Tarif des droits des papiers timbrés.*

Le prix des papiers timbrés fournis par la régie, et le droit de timbre des papiers que les citoyens font timbrer, sont fixés ainsi qu'il suit; savoir :

1°. *Droit de timbre en raison de la dimension du papier.*

La feuille de grand registre. . .	1 f. 50 c.
Celle de grand papier.	1 »
Celle de moyen papier.	» 75
La feuille de petit papier. . . .	» 50
Et la demi-feuille de ce petit papier.	» 25

Il n'y a point de droit de timbre supérieur à 1 f. 50 c., ni inférieur à 25 c., quelle que soit la dimension du papier, soit au-dessus de grand registre, soit au-dessous de la demi-feuille de petit papier.

2°. *Droit de timbre gradué en raison des sommes.*

Ce droit est de 50 c. par 100 f. inclusivement et sans fraction, à quelque somme que puissent monter les effets. Art. 8 de la loi du 13 brum. an 7. — V. *Fraction*, p. 301.

§. 4. *Timbre; distribution et débit des papiers timbrés; échange des papiers marqués des anciens timbres.*

1. Les administrateurs de l'enregistrement sont autorisés à faire fabriquer et timbrer à Paris tout le papier nécessaire pour le service dans les divers départemens de l'empire. Chaque feuille doit être frappée de deux timbres uniformes pour tous les départemens, l'un à l'encre et l'autre à sec. Le timbre à l'encre porte pour légende les mots : *Empire Français;* et celui à sec,

ceux-ci : *Administration de l'Enregistre-ment et des Domaines*. Le timbre à l'encre indique en outre la quotité du droit. Arrêté du gouvernement, du 9 prair. an 9.

2. Les ateliers du timbre, existant près les directions de l'enregistrement dans les départemens, ont été supprimés à compter du 1er. vendém. an 11. Art. 1er. de l'arrêté du 23 brum. an 10. Inst. gén. du 29 fruct. suiv., n°. 73.

3. Il y a en chaque direction un entrepôt de papier timbré destiné à l'approvisionnement des bureaux de distribution. Ces entrepôts sont entretenus par l'atelier général établi à Paris. Art. 2.

4. Le décret impérial du 17 avril 1806, rapporté dans la Circulaire du 12 décemb. suiv., contient les dispositions suivantes :

Art. 1er. « L'administration de l'enregistrement et des domaines est autorisée à faire graver les poinçons et matrices nécessaires pour le timbrage,

» 1°. Des papiers de dimension à timbrer à l'extraordinaire;

» 2°. Des papiers de dimension et de la débite;

» 3°. Des papiers des effets de commerce.

» Le type de ces divers timbres portera l'aigle impériale, conformément aux modèles annexés au présent.

III. « A compter du 1er. juillet prochain, les papiers de dimension ne pourront plus être timbrés à l'extraordinaire qu'avec les timbres désignés au nomb. 1 de l'art. 1er., et il ne pourra être fait usage des papiers frappés des anciens timbres extraordinaires, sous les peines portées par les lois antérieures.

IV. « Les papiers de dimension et de la débite, marqués des nouveaux timbres compris sous le nomb. 2 de l'art. 1er., seront mis en émission au 1er. janvier 1807. Ceux qui se serviraient alors de papiers de la débite aux anciens timbres, encourront les peines et amendes réglées par les lois précédentes.

V. » L'émission des papiers de la débite des effets de commerce aux nouveaux timbres, et le timbrage à l'extraordinaire qui a lieu à l'atelier général, *à Paris seulement*, pour les papiers destinés à des effets de commerce, et présentés par des particuliers, sont pareillement fixés au 1er. janvier 1807. A partir de cette époque, nul ne pourra faire usage des papiers aux anciens timbres, sous les peines et amendes que les lois antérieures ont prononcées.

VII. » La formalité du timbre extraordinaire sera donnée, dans les départemens au-delà des Alpes, ainsi et de la même manière que dans les départemens de l'intérieur. Les dispositions de l'arrêté de l'administrateur général du Piémont, du 16 therm. an 9, qui pourraient y être contraires, sont rapportées.

VIII. » Dans les départemens au-delà des Alpes, les papiers de la débite et de dimension continueront d'être fournis par l'atelier de Turin, et ceux destinés aux effets de commerce, par le magasin général de Paris; et, jusqu'à ce qu'il en soit autrement ordonné, ils conserveront la légende *Piémont;* mais on substituera l'aigle impériale aux empreintes actuelles des timbres, comme dans les départemens de l'intérieur.

X. » Lors de la *débite* des papiers aux *nouveaux* timbres, tous ceux à qui il restera, à la même époque, des papiers timbrés des timbres supprimés par le présent, pourront les rapporter aux bureaux de distribution de leur domicile, pour être échangés contre des papiers frappés des timbres du même prix.

» Cette faculté n'est accordée que pour les papiers de la débite, et jusqu'au 1er. mars prochain. Ce délai passé, les papiers ne pourront plus être échangés.

XI. » Il n'y aura pas lieu à échange pour les papiers marqués du timbre à l'extraordinaire.

XII. » Conformément à l'art. 37 de la loi du 13 brum. an 7, les registres timbrés des timbres actuels, ne seront point soumis aux nouveaux timbres pour les feuilles non écrites. »

5. L'échange des papiers aux timbres supprimés, et que des notaires, huissiers et avoués auraient fait imprimer pour actes de leur ministère, ne peut point être admis. Déc. du minist. des fin., du 10 fév. 1807. Circ. du 24 du même mois.

6. Les formules hypothécaires, celles de contraintes et impressions pour vente de coupes de bois nationaux, imprimées sur du papier au filigrane et ancien timbre supprimé le 1er. janvier 1807, ont dû être contre-timbrées *gratis* du timbre actuel, suivant une Décision du minist. des fin., du 3 mars 1807. Circul. du 7 du même mois.

7. Les papiers destinés à l'usage des départemens au-delà des Alpes, ne peuvent, sans contravention, être employés dans les autres départemens de l'intérieur, pour aucun acte, soit public, soit privé, sujet au timbre. Déc. du min. des fin., du 28 therm. an 11. Circ. des 16 therm. et 5 fruct. même année.

8. Aucune personne ne peut vendre ni distribuer du papier timbré qu'en vertu d'une commission de la régie, à peine d'une amende de 100 f. pour la première fois et de 300 f. en cas de récidive. Le papier saisi chez ceux qui s'en permettraient ainsi le commerce, est confisqué au profit de l'Etat. Article 27 de la loi du 13 brumaire an 7.

PARCHEMIN. Il est permis de se servir de parchemin au lieu de papier, en le faisant timbrer à l'extraordinaire. — V. *Papier timbré*, §. 2, n°. 2.

PARENS. Ceux qui sont unis par les liens du sang.

On tient des assemblées de parens, lorsqu'il s'agit de donner un tuteur à des mineurs, ou de délibérer sur les affaires des pupilles, etc. — Voyez *Avis de parens*, p. 106. — Les assignations qui peuvent être données à cet effet ne sont sujettes qu'à un seul droit d'enregistrement si elles ont lieu par un seul et même acte. — V. *Exploit*, §. 3, n°. 1, p. 290.

PARTAGE est la division entre plusieurs personnes, de biens ou effets qui leur appartiennent en commun ou en qualité de co-héritiers, ou comme co-propropriétaires, à quelque titre que ce soit.

1. Le partage produit un effet rétroactif et déclaratif, et non pas attributif de propriété, c'est-à-dire, que le partage n'attribue rien de nouveau à chaque co-héritier, et ne sert qu'à déclarer de quelle portion chaque co-héritier était propriétaire : en sorte qu'il est censé avoir succédé seul et immédiatement à tous les effets compris dans son lot, ou à lui échus par licitation, et n'avoir jamais eu la propriété des autres effets de la succession. Art. 883 du C. N.

2. La loi du 22 frimaire an 7 étant basée sur le principe *que tout ce qui n'oblige, ni libère, ni ne transmet, ne peut donner lieu au droit proportionnel*, a réduit à un droit fixe le droit des partages, non-seulement parce que ces actes ne portent pas transmission, mais encore parce qu'ils sont entre les intéressés une suite nécessaire des mutations pour lesquelles ils doivent, ou ils ont payé le droit proportionnel.

3. Les partages des biens meubles et immeubles entre co-propriétaires, à quelque titre que ce soit, pourvu qu'il en soit justifié, sont assujettis au droit fixe de 3 f. Article 68, §. 3, n°. 2 de la loi du 22 frimaire an 7.

4. La loi n'ayant pas statué que le droit porterait sur chaque succession partagée, il n'est dû qu'un droit, quel que soit le nombre des successions partagées, pourvu que le partage en soit fait entre les mêmes héritiers et par un seul acte. Solution de l'administration, du 8 germ. an 8. (Article 426 du J.)

5. Le partage de plusieurs successions entre les mêmes héritiers, mais dans lesquelles chacun a à prétendre une quotité différente dans l'hérédité, ne donne point lieu à la perception du droit d'échange, lorsqu'un

des

des lots est composé en totalité des biens dépendant d'une même succession : en effet, les co-héritiers étaient communs en tous biens dépendant de toutes les successions ; ils en étaient co-propriétaires ; ils les possédaient par indivis : ils ont donc pu les diviser, sortir de communauté, et faire le partage entr'eux de la manière qu'ils jugeaient convenable ; ils n'étaient point astreints à diviser séparément chaque succession, et, dès qu'ils avaient des droits dans chacune, ils ont pu assigner indifféremment aux lots, des biens soit de l'une, soit de l'autre succession, sans opérer aucune mutation. (Art. 2298 du J.)

6. S'il est attribué à un lot la jouissance de tous les biens, et à l'autre lot la propriété de ces mêmes biens, il n'y a lieu qu'à la perception du droit fixe de 3 f. : la raison en est que l'usufruit et la propriété sont deux droits réels, et qu'il est loisible à l'un des co-héritiers, sur la tête duquel résident les deux droits, de se borner à l'un et d'assigner l'autre à son co-partageant : il ne peut donc y avoir de mutation, puisque chacun a son contingent dans la propriété commune. (Art. 1125 du J.)

7. Quoiqu'un partage contienne des subdivisions, il n'est également passible que d'un seul droit fixe de 3 f., attendu que les subdivisions sont une partie intégrante du partage, et qu'elles le complètent. (Article 1220 du J.)

8. Il ne doit être perçu que le droit fixe de 3 f. pour les actes de liquidation et partage de succession qui établissent la masse partageable, même quand ces actes sont faits par des juges ou arbitres. En effet, il y aurait contradiction à soutenir que le même acte qui, en forme notariée ou sous seing-privé, devrait le simple droit fixe, opère le droit proportionnel quand il est en forme judiciaire. Solution de l'administration, du 11 floréal an 12. (Article 1737 du J.)

9. Les liquidations de *reprises*, contenues dans les partages de succession, com-

munauté ou société, et qui doivent précéder le partage dont ils font nécessairement partie, n'opèrent aucun droit particulier. Déc. du min. des fin., du 8 déc. 1807. Nomb. 4 de l'Instruct. gén. du 22 fév. 1808, n°. 366.

10. Un ascendant fait, entre ses enfans présens, le partage de ses biens dont il se réserve l'usufruit, avec stipulation que les enfans diviseront entr'eux le mobilier par égale portion après la mort de l'ascendant, et que, s'il existe des dettes actives et passives après son décès, *elles seront exigées et payées par égale portion.* Cet acte n'opère que le droit fixe. Arrêt de la cour de cassation, du 14 juillet 1807, confirmatif du jugement du tribunal de Vigan qui l'avait ainsi décidé. Cet arrêt est conçu en ces termes :

« La cour, attendu qu'aux termes de l'acte, les enfans sont tenus de payer les dettes que le père laissera à son décès, obligation qui ne peut se concilier avec le caractère d'une donation entre-vifs, et que le tribunal de Vigan a pu légitimement inférer la conséquence que le père était le maître d'atténuer et annuller l'effet de l'acte, et qu'il n'y avait pas transmission de propriété, et par conséquent qu'il ne donnait pas ouverture au droit proportionnel ; rejette, etc. »

Néanmoins, il en serait autrement si la condition de payer les dettes n'avait eu pour objet que de payer celles existantes au moment du partage : l'acte eût réuni alors tout ce qui constitue une donation entre-vifs, et il eût été incontestablement sujet au droit proportionnel. (Article 2691 du J.)

11. Il n'est également dû que le droit fixe de 3 f. pour le partage fait entre des enfans, des biens de leurs père et mère qui déclarent expressément s'en réserver la propriété et jouissance, parce qu'au moyen de cette réserve, il n'y a aucune transmission actuelle, et que les père et mère peuvent, jus-

qu'à leur décès, disposer de leurs biens, nonobstant le partage. (Art. 412 du J.)

12. L'abandon, fait par un héritier à des légitimaires, de l'hérédité, pour les remplir de leur légitime, n'opère que le droit fixe de 3 f., par le motif que cet abandon n'est qu'un lotissement; les légitimaires ont la faculté d'exiger leur légitime ou supplément de légitime en corps héréditaire, aux termes de la loi du 18 pluviose an 5. (Art. 549 du J.) — V. *Légitime*.

13. Suivant une Décision du ministre des finances, du 14 frimaire an 12, relative aux partages ou licitations contenus dans les actes de donations, on doit considérer le partage comme une disposition indépendante de la donation, et passible d'un droit particulier, aux termes de l'art. 11 de la loi du 22 frim. an 7, à moins que ce partage ne soit une des conditions essentielles de la donation, ou que le donateur n'ait assigné lui-même, à chaque donataire, la portion de biens qu'il se trouve posséder par l'effet du partage : dans ce cas, il n'est dû de droit que pour la donation; mais il doit être liquidé séparément sur la valeur de chaque portion, l'acte devant être considéré comme contenant autant de donations partielles qu'il y a de donataires ou de co-partageans. Nomb. 30 de l'Inst. gén. du 3 fruct. an 13, n°. 290. (Art. 1511 du J.)

14. Si, au lieu de partager les biens du donateur, les donataires les licitent entre eux, il est dû deux droits, l'un comme donation de la totalité des biens, et l'autre comme cession de ces mêmes biens, distraction faite de la portion personnelle à l'acquéreur. Circ. de l'adm., du 15 mess. an 6, n°. 1509. Nomb. 30 de l'Inst. gén. du 3 fruct. an 13, n°. 290.

15. Les billets sous seing-privé, établissant des créances qui font partie de l'actif d'une succession, ne sont pas plus susceptibles d'être enregistrés, lorsque les héritiers les comprennent dans un partage, que lorsqu'ils les mentionnent dans un inventaire; les abandons de ces créances qu'ils se

font entre eux par des partages, ne peuvent pas non plus être considérés comme contenant des transports et cessions, mais comme de simples déclarations des droits de chacun. (Art. 329 du J.)

16. Les déclarations ou reconnaissances de dettes passives contenues dans un partage, donnent ouverture au droit d'obligation lorsqu'il n'existe pas de titres enregistrés. En effet, il y a une différence notable entre une déclaration de dettes faite dans un inventaire où les charges de la succession ou communauté doivent être regardées comme n'étant pas établies d'une manière certaine, et celle qui a lieu au profit de telle ou telle personne, par tous les héritiers procédant au partage. *La première* ne peut faire titre aux créanciers désignés de la succession; il n'en est pas de même de la seconde, où tout se consomme après avoir pris une connaissance exacte et approfondie des charges : ainsi, la Décision du min. des fin., du 30 floréal an 11, rappelée nomb. 18 de l'Inst. gén. du 5 fruct. an 13, n°. 290, n'est point applicable aux déclarations de dettes contenues dans un partage. (Art. 3194 du J.)

17. Lorsque le rapport dû par un des co-héritiers, est assigné au lot d'un autre, et que celui-ci en touche et reçoit le montant, c'est une opération simple qui ne sort point des bornes du partage : elle n'opère pas de libération proprement dite, et il n'est dû par conséquent aucun droit proportionnel. (Art. 2302 du J.)

Il n'y a pas lieu non plus à la perception du droit proportionnel, si, l'objet du rapport excédant la part héréditaire, le donataire s'oblige de payer cet excédant à un ou plusieurs de ses co-héritiers : le partage ne fait alors que déterminer à qui le donataire doit acquitter une somme dont il était redevable, en vertu d'un titre antérieur qui est la donation en avancement faite par l'auteur de la succession.

Mais, lorsque le montant du rapport n'excède pas le droit héréditaire, et qu'il est attribué au donataire d'autres biens de la succession, à la charge de payer aux autres co-héritiers tout ou partie du rapport qu'il était tenu de faire en numéraire, ou de moins prendre, aux termes de l'art. 869 du C. N., il est constant que le droit proportionnel est exigible, soit que l'on considère la disposition comme obligation ou comme soulte de partage, puisqu'en effet le donataire a reçu, par la donation et par le partage réunis, plus que sa portion dans l'hérédité.

18. Un donataire d'immeubles en fait le rapport en nature : que cet immeuble soit assigné à son lot ou au lot de l'un de ses co-héritiers, il n'est dû aucun droit particulier pour ce rapport. (Art. 1625 *bis* du J.)

19. Si le rapport n'est fait qu'en moins prenant, les prélèvemens faits par les co-héritiers ne doivent pas être considérés comme soulte, si chacun d'eux ne prend pas une portion excédant celle à laquelle la loi lui donne droit ; peu importe, dans ce cas, que les co-héritiers paraissent inégalement lotis, attendu que, s'il y a un moins prenant à raison des biens qui lui avaient été précédemment donnés, c'est entre eux une compensation qui ne donne ouverture à aucun droit proportionnel. (Article 1558 du J.)

20. Et, si le rapport de l'immeuble n'est pas fait *en nature* ni *en moins prenant*, mais par une somme en deniers, il est passible du droit de soulte sur la portion de cette somme excédant la quote-part du donataire dans l'hérédité. En effet, dans ce cas, il y a acquisition jusqu'à due concurrence, non particulièrement de l'immeuble qui avait été donné, mais confusément de cet immeuble et des objets assignés dans le lot du donataire. (Art. 1625 *bis* du J.)

21. Lorsqu'un immeuble sur lequel il a été fait des *améliorations*, est rapporté *en nature*, le donataire a droit seulement à une indemnité *en numéraire*. Si cette indemnité est payée par le partage, il est dû pour cette disposition un droit de 50 c. par 100 f. comme quittance ; mais, si elle était acquittée en objets mobiliers, il serait dû 2 pour 100, et 4 pour 100 s'il était abandonné des immeubles, distraction faite de la portion dont le donataire est tenu dans les dettes. (Article 775 du J.)

22. A l'égard de l'abandonnement de conquêts de la communauté, soit à la femme ou à ses co-héritiers, pour la remplir de ses reprises, voyez *Remploi*.

23. *Les partages de biens communaux*, par lesquels la jouissance est divisée entre les habitans pendant leur vie, jusqu'à ce qu'ils changent leur domicile, et à la charge d'une redevance annuelle, payable au receveur des revenus de la commune, pour être employée au paiement des dépenses, ne sont passibles que du droit fixe de 3 f. si chaque habitant reçoit seulement sa portion dans la chose commune ; et, dans le cas contraire, il serait dû un droit de 4 pour cent sur le capital au denier 10 de la redevance qu'un habitant paierait à la décharge d'un autre habitant, pour jouir de sa portion. Décis. du minist. des fin. Nomb. 24 de l'Inst. gén. du 29 juin 1808, n°. 386.

24. Les délivrances de bois en coupe ordinaire aux habitans des communes, à la charge par chacun d'eux de payer une somme pour subvenir aux dépenses communales, doivent être considérées comme un partage entre co-propriétaires, sur lequel il n'est dû qu'un droit fixe de 3 f. Les sommes réservées pour les dépenses de la commune ne peuvent être réputées *soultes*. Déc. du min. des fin., du 1er. therm. an 10.

25. Pour connaître quels sont les droits dus pour les partages dont le résultat est d'admettre des émigrés amnistiés, ou leurs enfans, à partager les biens de leurs ascendans, voyez *Émigrés*, p. 264.

26. Le partage une fois fait, tous les actes qui se passent entre les co-partageans, rentrent dans les règles ordinaires, en sorte que, si l'un cède sa part à l'autre, ou s'ils font un échange entr'eux, ce n'est

plus un partage; chacun avait sa part distincte, et n'avait plus aucun droit sur celle des autres : ainsi, toutes conventions postérieures par lesquelles ils échangent ou se vendent tout ou partie de ce qui leur était échu, opèrent de véritables transmissions sujettes à l'enregistrement, d'après la nature de l'acte. — Voyez, au surplus, *Échange*, n°. 10.

27. À l'égard des partages rescindés pour cause de lésion, s'il est procédé à un nouveau partage, les droits du premier ayant été légitimement perçus, il ne peut en être fait déduction sur les droits du second qui donne ouverture au droit fixe de 3 f. et à celui proportionnel des soultes, s'il en contient, à moins que les soultes ne soient les mêmes que celles pour lesquelles le droit proportionnel aurait été acquitté sur le premier partage. (Art. 1570 du J.)

28. Si, au contraire, pour prévenir l'effet de la demande en rescision, le défendeur fournit un supplément de prix en numéraire, le droit proportionnel est dû comme soulte sur la portion excédant la somme en numéraire que le défendeur peut avoir reçue par le partage; mais il n'est dû que le droit fixe de 3 francs si ce supplément est fourni en nature, car alors les objets cédés au demandeur en rescision, faisant ci-devant partie de l'hérédité, celui-ci ne les tient qu'à titre de partage, et sous la garantie exprimée par la loi entre co-partageans. (Art. 1695 du J.)

29. Il faut remarquer que le nomb. 2, §. 5 de l'art. 68 de la loi, ci-devant rapporté, veut qu'il soit justifié de *la co-propriété* des co-partageans : d'où il suit que, si le partage ne constate point par lui-même la copropriété, le receveur peut, avant l'enregistrement, en exiger la justification, et si la mutation qui a fait passer les biens aux co-partageans, n'a point eu lieu par un titre enregistré, il doit former la demande des droits de la transmission dont ce partage démontre l'existence. (Art. 1195 du J.)

30. Ce principe a été consacré par arrêt de la cour de cassation, du 2 mai 1808, dans l'espèce suivante :

Par contrat du 25 vendém. an 12, les sieurs Lemercier et Brittat acquièrent conjointement certains immeubles pour la somme de 40,000 f., sans déterminer dans l'acte la quotité d'immeubles qui devait appartenir à chacun des acquéreurs, sur la masse achetée en commun.

Le 17 frimaire de la même année, ils procédèrent au partage des immeubles par eux acquis, et il en fut assigné à Lemercier pour une valeur de 35,032 f., et à Brittat, seulement pour 4,658 f.

Ce partage fut considéré comme une revente par le receveur, pour la portion excédant la moitié des immeubles; il décerna contrainte pour le paiement de ce droit. — Opposition. — Le tribunal de Segré déclare, par un jugement du 11 fév. 1806, que le droit proportionnel n'est pas dû.

Sur le pourvoi en cassation, arrêt conçu en ces termes :

« La cour, sur les conclusions conformes de M. Merlin, procureur général; vu les art. 4 et 68, §. 3, n°. 3 de la loi du 22 frim. an 7;

» Et attendu qu'il résulte de ces articles, 1°. que tout acte portant transmission de biens, soit en propriété, soit en usufruit, est sujet au droit proportionnel; 2°. que, si l'acte qualifié partage, ne donne échute qu'à un droit fixe, ce n'est qu'autant que le titre de propriété sur les objets qu'on est censé partager, est justifié;

» Attendu que, dans l'espèce, l'acte du 25 messid. an 12 n'établit point ce titre de propriété pour Lemercier, l'un des acheteurs, sur la portion d'immeubles dont il s'est prévalu dans la masse commune excédant la portion laissée à son communiste; qu'il paraît, au contraire, que les immeubles ayant été achetés *en commun*, sans autre explication, le titre donnait un droit égal aux deux communistes; d'où il suit que, lors du partage, l'un des acheteurs n'a pu retirer de la masse commune, une portion plus grande que celle qu'en a retirée son associé, sans qu'il y ait eu, de la part de ce dernier, une revente ou cession de cet excédant, laquelle revente donne échute au droit proportionnel; d'où il suit encore que le tribunal de Segré, en rejetant l'action de l'administration pour le paiement de ce droit proportionnel, a contrevenu aux dispositions des articles précités de la loi du 22 frim. an 7 : casse, etc. (Art. 2934 du J.)

31. Dans un acte de partage se trouvent, parmi les biens partagés, ceux qui avaient été adjugés à un tiers. Celui-ci intervient et déclare qu'il n'a aucun droit à ces biens, qu'il les avait acquis pour les co-partageans; indépendamment du droit fixe de 3 f., il est dû le droit proportionnel pour la cession qui résulte de cet acte : les co-partageans sont solidaires pour le paiement de ce droit. Arrêt de la cour de cassat., du 9 fructid. an 12 :

« La cour, vu la première partie de l'art. 31 de la loi du 22 frim. an 7;

» Considérant, *en fait*, que le lôt du sieur Huguier, dans l'acte de partage du 9 floréal an 9, comprend notamment les art. 20, 21, 22, 23, 24, 25 et 26 des biens immeubles, sur l'évaluation desquels, montaute à 44,600 f., a été basé le droit proportionnel qui fait l'objet de la contrainte du 5 germinal an 11; qu'ainsi, le sieur Huguier est *possesseur* des biens dont la mutation de propriété a légalement donné lieu à cette contrainte; d'où il suit que le sieur Huguier, qui ne conteste point la légitimité de l'action exercée à ce sujet, en l'envisageant *en soi*, et qui ne la conteste que sous le rapport de *la solidarité*, pour ce qui excède le tiers par lui offert du droit dont il s'agit, était tenu d'en payer *la totalité*, sauf son recours pour les deux autres tiers, s'il y échéait;

» Considérant que son assujettissement au paiement *du tout*, résultait de la loi ci-dessus citée, et que le jugement attaqué n'a pu, sans violer cette loi, le dispenser de payer *la totalité* du droit mentionné en la contrainte susdatée : casse et annulle, pour *contravention à la première partie de l'art. 31 de cette même loi*, le jugement en premier et dernier ressort rendu par le tribunal de première instance de l'arrondissement de Maëstricht, etc. (Art. 1878 du J.)

32. Il faut aussi, pour que la perception se réduise au droit fixe de 3 f., que les partages soient purs et simples, et qu'ils ne contiennent pas de dispositions indépendantes, et qui ne dérivent pas nécessairement de l'acte.

Ainsi, lorsqu'il s'agit d'un partage entre une mère et ses enfans, si, indépendamment du règlement de communauté, ceux-ci se libèrent envers leur mère, d'une portion échue du douaire ou de frais funéraires, faisant partie des charges de la succession du père, ou si les enfans délèguent à leur mère à prendre sur des créances, une somme supérieure à celle qu'elle avait droit de prétendre, comme étant commune en biens; il y a lieu, outre le droit fixe pour le partage, de percevoir les droits proportionnels sur les autres conventions. Arrêt de la cour de cassation, du 4 juillet 1808 :

« Vu les art. 11, 68 et 69 de la loi du 22 frim. an 7;

» Attendu, en droit, qu'il résulte de l'article 11 de la loi du 22 frim. an 7, que toute disposition dans un acte soit civil, soit judiciaire ou extrajudiciaire, donne ouverture à un droit particulier d'enregistrement, lorsque cette disposition est indépendante, et qu'elle ne dérive pas nécessairement d'autres dispositions exprimées dans l'acte;

» Attendu, en fait, qu'indépendamment du règlement de communauté entre la mère et les enfans Mortemard, l'acte du 28 fructidor an 13 contient encore deux autres dispositions indépendantes, et qui ne dérivaient pas nécessairement dudit acte;

» La première, celle par laquelle les enfans se sont libérés envers leur mère, d'une année de douaire, et des frais funéraires qui étaient une charge de la succession de Mortemard père ;

» La seconde, celle par laquelle les enfans ont délégué à leur mère, à prendre sur une créance à terme, une somme qui excédait celle qu'elle avait droit d'y prétendre comme commune ;

« Par ces motifs, la cour donne défaut contre Suzanne Victor Lesieur, veuve Mortemard, non comparante, en statuant au principal, casse et annulle le jugement rendu par le tribunal civil de Melun, le 20 juillet 1806 ». (Art. 5289 du J.)

33. On ne peut exiger le droit de 3 f. sur la déclaration, contenue dans un contrat de vente, que l'immenble vendu appartient au vendeur, suivant le partage verbal qu'il a fait avec ses co-héritiers, parce que cette déclaration étant faite par un seul, ne peut équivaloir à partage. (Art. 3169 du J.)

34. Lorsqu'un notaire a été commis pour procéder à un partage ou licitation, et qu'il s'élève des contestations, il doit dresser procès-verbal des difficultés et des dires respectifs des parties, les renvoyer devant le juge-commissaire nommé pour le partage, et remettre son procès-verbal au greffe. Le notaire ne remplit là aucune fonction judiciaire ; il n'agit point comme délégué du juge, mais uniquement comme fonctionnaire public chargé de la rédaction des conventions des parties. Ce procès-verbal ne peut donc être passible que du droit fixe de 1 f. (Art. 1627 du J.) Il ne peut en être délivré extrait ou expédition qu'après avoir été enregistré, et le greffier doit en rédiger acte de dépôt lors de la remise qui en est faite au greffe. Déc. du min. des fin., du 13 juin 1809. Nomb. 75 et 76 de l'Inst. gén. du 4 juillet suiv., n°. 436.

35. Jusqu'au partage, chacun des co-héritiers a un droit égal à la co-propriété des biens ; si l'un d'eux vient à décéder, il transmet à ses héritiers la part à lui afférente dans la *totalité* des biens ; ceux-ci doivent en passer déclaration, et payer le droit de mutation suivant la nature et l'espèce de ces biens, à l'époque de l'ouverture de la succession, quand même, par le partage fait postérieurement au décès du co-propriétaire par indivis, il ne serait échu à ces héritiers que des objets mobiliers. — Voy. *Succession*.

36. Les expéditions des jugemens et arrêts des tribunaux de première instance et cours d'appel, portant injonction de procéder à partage, sont sujettes au droit fixe de 3 f. Art. 68, §. 3, n°. 7.

37. Les partages de biens entre l'Etat et des particuliers, doivent être enregistrés *gratis*. Art. 70, §. 2, n°. 1 de la loi du 22 frim. an 7.

38. Cette disposition s'applique aux partages où l'Etat n'intervient qu'à défaut d'héritiers et à titre de déshérence. (Art. 2647 du J.)

39. Elle s'applique aussi à ceux de présuccession avec les ascendans d'émigrés. Décis. du min. des fin., du 6 nivose an 7. (Article 28 du J.) Mais ils sont sujets au timbre. Solut. de l'administ., du 5 nivose an 8. (Article 436 du J.)

40. Il n'est pas même dû de droit pour la soulte résultant de la charge imposée au co-partageant avec l'Etat, d'acquitter toutes les dettes de la succession. Solut. de l'administration, du 23 prairial an 9. (Art. 845 du J.)

41. *Soulte de partage*. La seconde disposition du nomb. 68, §. 3, n°. 2 de la loi du 22 frim. an 7, porte que, s'il y a retour dans un partage, le droit sur ce qui en fait l'objet sera perçu aux taux réglés pour les ventes.

Mais, d'après cette même loi, les transferts de rentes sur l'Etat sont exempts de tous droits ; les cessions de créances à terme sont assujetties au droit de 1 f. par 100 f. ; les ventes de rentes sur particuliers et de meubles, à 2 f. par 100 f. ; enfin, celles d'immeubles sont passibles du droit de 4 f. par 100 f.

Des doutes se sont élevés sur le mode de liquidation des droits d'enregistrement des

oultes de partage, lorsque les lots qui en
nt chargés comprennent des biens de ces
iverses espèces.

Il a été reconnu qu'en fait de partage de
uccession, la part d'un héritier est une por-
on de tout ce qui compose l'hérédité in-
stinctement, et qu'elle peut consister en
talité en immeubles, comme en meubles,
créances, ou enfin en rentes sur l'Etat :
en résulte que, dans l'espèce proposée, la
oulte qui est payée ne peut pas être con-
dérée comme ayant plutôt pour objet
acquisition d'un excédant d'immeubles,
ue celle d'aucune autre espèce de biens
ompris dans ce lot.

Les dispositions de l'art. 1256 du C. N.,
ui veut que les imputations de paiement
ient toujours faites de la manière la plus
vantageuse au débiteur, ne peuvent laisser
ucune incertitude sur la fixation des droits
enregistrement à percevoir sur la soulte
ont il s'agit. La loi du 22 frim. an 7 ayant
abli une différence dans la quotité des
roits dont chaque nature de biens est pas-
ble, il a été décidé par le minist. des fin.
le grand-juge, le 25 novemb. 1806, que
prix des soultes doit être imputé d'abord
ur le montant des rentes sur l'Etat, puis
ur les créances à terme, ensuite sur les
apitaux de rente et sur les meubles, enfin
ur les immeubles, et que le droit propor-
onnel doit être perçu dans ce sens. Iust.
én. du 22 sept. 1807, n°. 342. (Art. 1027,
334, 2448 du J.)

42. Si, par l'événement du partage, l'un
plus de biens que l'autre, sous la condi-
ion de payer les dettes de l'hérédité, c'est
ne acquisition qu'il fait jusqu'à concur-
ence du montant des dettes qui excède sa
art contributoire, et le droit proportion-
el est exigible sur cet excédant. Arrêt de
a cour de cassation, du 6 thermidor
n 11 :

« Vu les art. 4 et 69 de la loi du 22 frim.
n 7 ;

» Attendu que chacun des co-partageans
ans la succession, était saisi d'une por-

tion égale des biens qui composaient la succession, à la charge de payer une partie
correspondante de dettes, et que, si un
héritier prend une portion plus considérable de biens, sous la condition de payer une
plus forte partie de la dette de la succession,
c'est véritablement une cession d'une portion d'immeubles de la part des co-héritiers
qui l'abandonnent, et de la part de celui
qui la paie de ses deniers, une acquisition
jusqu'à concurrence d'une partie des dettes
dont il n'était pas tenu à l'ouverture de la
succession, et qui serait demeurée à la
charge de ses co-héritiers, s'ils ne lui eussent cédé une quotité des biens qui leur re-
venaient; LA COUR casse et annulle le jugement du tribunal d'arrondissement de
Bruxelles, du 25 prairial dernier. (Article
1850 du J.)

43. Ce principe ne s'applique point au
partage fait entre un héritier institué et des
légitimaires. Le premier seul est tenu du paiement de toutes les dettes : conséquemment
il n'y a aucune cession, aucune soulte pour
l'obligation qui lui serait imposée à cet
égard par le partage; mais le droit serait
dû comme cession, si le légitimaire était
chargé de payer une portion des dettes.
(Art. 625 du J.) — V. *Légitime*, n°. 6,
p. 414.

44. Les *prélèvemens* établis dans un partage, pour l'acquit des dettes, et *attribués*
ensuite à un des lots, à la charge de les
payer, doivent être considérés comme soulte, attendu que, dans ce cas, le co-héritier
qui a ce lot, fait réellement une acquisition à raison de la portion de ces dettes
qui n'était point à sa charge. (Art. 1481
du J.)

45. Il en est de même des prélèvemens
attribués à un co-héritier, créancier de la
succession, pour le remplir de sa créance :
en effet, celui-ci acquiert évidemment jusqu'à concurrence de la portion de cette
créance dont étaient tenus ses co-héritiers
qui pouvaient se libérer en numéraire. (Même art. du J.)

46. Lorsque, pour remplir la quote-part d'un héritier, d'ailleurs créancier de la succession, on assigne à son lot des meubles, des immeubles et une inscription formant un capital égal à sa portion héréditaire et à sa créance, et que l'inscription excède ou égale la créance, alors il n'y a pas de droit à percevoir pour la soulte, parce que la mutation de l'inscription étant exempte de droit, la créance doit être considérée comme formant le prix jusqu'à due concurrence de l'abandon fait de l'inscription. (Art. 1500 du J.)

47. Le co-héritier, créancier de la succession, est en même tems débiteur pour raison d'un rapport qu'il fait à la masse, et qui est compris dans son lot : dans ce cas, il n'y a pas de soulte ; c'est une compensation de créance contre une créance, laquelle opère une simple libération sujette au droit de 50 c. par 100 f. (Même article du J.)

48. Un des co-héritiers a acquis un immeuble de la succession commune ; le prix intégral forme un article de la masse active ; on assigne une portion de ce prix dans le lot d'un autre cohéritier : celui-ci, à la fin de l'acte, reconnaît que la somme lui a été payée ; l'acquéreur étant constitué débiteur, envers ses co-héritiers, du prix de son acquisition, la quittance qui lui est donnée forme seulement une libération passible du droit de 50 c. par 100 f. (*Idem.*)

49. Lorsqu'un co-héritier a été chargé de faire des recettes pour le compte de la succession, et que le montant de ces recettes est compris dans un ou plusieurs lots, les quittances données par le partage au co-héritier mandataire, n'opèrent qu'une simple décharge passible du droit fixe de 1 f. (*Idem.*)

50. Dans le cas où les recettes faites par le co-héritier mandataire, lui seraient laissées à la charge d'acquitter des dettes de la succession jusqu'à concurrence, cette disposition ne pourrait être considérée comme une acquisition : elle ne présente qu'un simple pouvoir à l'effet d'acquitter des dettes, avec des fonds de la succession : ainsi, il ne doit être perçu que le droit fixe de 1 franc. (*Idem.*)

51. Par un partage fait entre trois héritiers d'une succession immobilière de 360,000 f., grevée de 60,000 f. de dettes, le premier lot est composé d'immeubles de 100,000 f., et est affranchi de dettes ; le second reçoit 110,000 f. d'immeubles, et il est également affranchi de l'acquit des dettes, mais il fait soulte, au troisième lot, de 10,000 f. ; le troisième lot est composé de 150,000 f. d'immeubles, et reçoit en outre les 10,000 f. de soulte du deuxième lot, mais il est tenu d'acquitter toutes les dettes de la succession ; comme, dans cette hypothèse, chaque lot devait être composé de 120,000 f. d'immeubles, et être tenu de l'acquit de 20,000 f. de dettes, il en résulte une soulte de 30,000 f. ; savoir : 20,000 f. du premier lot, et 10,000 f. du second, attendu que le troisième lot est tenu d'acquitter pareille portion de dettes pour chacun des deux autres, au moyen de l'abandon d'immeubles qui lui est fait jusqu'à cette concurrence. Quant aux 10,000 f. que le second lot doit payer au troisième, ce n'est point une soulte, puisque le second lot ne reçoit pas même la totalité de sa portion héréditaire : ce n'est qu'un paiement fait ou une obligation contractée, à la charge d'acquitter des dettes jusqu'à cette concurrence ; il n'est dû, à cet égard, que le droit de 1 pour 100. (Art. 2646 du J.)

52. En principe général, toute servitude non appréciable dont un lot est grevé, ne peut influer sur la perception des droits du partage. (Art. 1892 du J.)

53. Quand une portion des biens qui composent un lot, est grevée d'usufruit, et que tous les lots sont d'ailleurs égaux en valeur, l'on ne peut pas prétendre qu'il y ait soulte ou plus value, sous prétexte que cet usufruit se réunira un jour à la propriété : la raison en est qu'au moment du partage, cet usufruit ne fait point partie des objets

ets à partager ; que chacun reçoit actuellement des biens de valeur égale, et que l'ex-
ectative de réunir par la suite l'usufruit,
c'est que le dédommagement de la perte
qui résulte de ce que l'un ne reçoit, lors du
partage, que la nue propriété, tandis que
l'autre reçoit des biens en toute propriété et
jouissance. (Art. 749 du J.)

54. Les partages sous seing-privé ne sont
point soumis à la formalité dans un délai
de rigueur, à moins qu'ils ne contiennent
une soulte qui, d'après les principes développés n°. 41 ci-dessus, frapperait sur des
immeubles; et, dans ce cas, s'ils n'étaient pas
présentés à la formalité dans les trois mois
de leur date, le double droit ne serait perceptible que sur la portion de la soulte qui
opérerait le droit de 4 pour 100, comme
transmission d'immeubles, ce double droit
n'étant pas dû ni pour raison du droit fixe
du partage, ni pour celui résultant des
soultes mobilières. (Articles 1334 et 2355
du J.)

PARTIE *civile*. C'est, en matière criminelle ou de police, celui qui poursuit en
son nom un prévenu, un accusé, pour obtenir la réparation du dommage que lui
cause un délit ou un crime.

1. Les actes et jugemens des tribunaux
de police correctionnelle, et les arrêts des
cours criminelles, soit entre parties, soit
sur la poursuite du ministère public, *avec
partie civile*, ne sont soumis à l'enregistrement que sur les expéditions. — V. *Actes
judiciaires*, §. 3, n°. 13, p. 25.

2. Si les poursuites sont faites à la requête
du ministère public, *sans partie civile*,
elles ne sont pas sujettes aux droits. —
Voyez encore *Actes judiciaires*, §. 11, n°s.
1 et 2, p. 43.

PARTIES. Personnes intéressées dans un
acte, un fait, une procédure. C'est aussi,
relativement à la perception, le redevable
d'un droit, ou celui à qui il est réclamé.

1. Les parties doivent acquitter les droits
d'enregistrement des actes sous seing-privé,
de ceux passés en pays étrangers, qu'elles

ont à faire enregistrer, des ordonnances sur
requêtes ou mémoires, et des certificats qui
leur sont immédiatement délivrés par les
juges, des actes et décisions qu'elles obtiennent des arbitres, si ceux-ci ne les ont pas
fait enregistrer, des testamens et autres dispositions à cause de mort, et des mutations
par décès opérées en leur faveur. Art. 28
et 32 de la loi du 22 frim. an 7.

2. A défaut d'enregistrement de ces actes
et mutations dans les délais, les parties encourent une peine. — V. *Actes judiciaires*, §. 12 ; *Actes sous signature-privée*,
§. 1er. ; *Succession* et *Testament*.

3. Les parties sont tenues d'acquitter les
droits tels qu'ils sont réglés par la loi, sous
pouvoir en atténuer ni différer le paiement,
sous prétexte de contestation sur la quotité,
ni pour quelqu'autre motif que ce soit, sauf
à se pourvoir en restitution, s'il y a lieu. —
V. *Enregistrement*, n°. 21 et suiv., p. 268.
— Lorsque les officiers publics ont fait l'a-
vance des droits, les parties sont obligées
de leur en faire le remboursement. —Voyez
encore *Enregistrement*, n°. 27.

4. Le recouvrement des droits des jugemens rendus à l'audience, qui doivent être
enregistrés sur les minutes, et des actes
d'adjudication publique devant les préfets,
doit être poursuivi contre les parties qui
supportent en outre la peine du droit en
sus, lorsqu'elles n'ont pas consigné aux
mains des greffiers et des secrétaires de préfecture, dans le délai prescrit pour l'enregistrement, le montant des droits fixés par
la loi. Art. 59 de la loi du 22 frim. an 7.

5. Les droits des actes civils et judiciaires
emportant obligation, libération ou translation de propriété ou d'usufruit de meubles ou immeubles, sont supportés par les
débiteurs et nouveaux possesseurs; et ceux
de tous les autres actes le sont par les parties auxquelles les actes profitent, lorsque,
dans ces divers cas, il n'a pas été stipulé de
dispositions contraires dans les actes. Art.
31 de la même loi.

6. Les parties ont deux ans pour se pour-

voir en restitution des droits perçus. — V. *Prescription.* — Et la restitution, s'il y a lieu, doit être faite à la partie, et non à l'officier public qui a reçu l'acte. — V. *Restitution.*

7. A l'égard des autres obligations des parties, relativement aux droits d'enregistrement, voyez *Bureau, Déclaration, Estimation* et *Expertise.*

8. Les parties doivent se servir de papier timbré pour les actes sous seing-privé qu'elles passent; elles ne peuvent en mettre plusieurs sur une même feuille, ni couvrir d'écriture l'empreinte du timbre, ni se servir d'un papier timbré qui aurait été employé à un autre acte, quand même celui-ci n'aurait pas été achevé. — V. *Timbre.*

PASSAVANT. — Voyez *Acquit,* p. 15.

PASSEDEBOUT est un permis de *transit* délivré par les préposés des octrois pour les marchandises qui ne doivent que passer dans une ville, et qui sert à vérifier si ces marchandises sont effectivement dirigées vers la destination annoncée par la déclaration.

Sur la question de savoir si les registres contenant les actes de passedebout ou transit pour les octrois, et les expéditions de ces actes, délivrées aux parties, sont passibles de la formalité du timbre, l'affirmative a été résolue par une lettre de S. Exc. le minist. des fin., du 1er. mai 1810, à M. le directeur général des droits réunis, portant :

« Quelles que soient les considérations que vous fassiez valoir en faveur de l'exception, cette question ne peut être qu'affirmativement résolue. Je vais, au surplus, indiquer les règles à suivre pour l'application de ce principe.

» D'après votre Circulaire, du 25 nov. 1809, à MM. les préfets, le registre de passedebout, dont vous leur avez, à cette époque, envoyé des modèles, doit être composé de deux parties distinctes, dont l'une est destinée à présenter les colonnes indicatives de toutes les circonstances de transit, et, sous ce rapport, est considérée par vous comme étant la partie d'ordre proprement dite ; et l'autre, imprimée sur feuilles séparées, constate la déclaration, la consignation, le cautionnement, et mentionne les *visa* d'entrée, de sortie, et la décharge des cautionnemens, escortes ou consignations.

» Cette disposition, dans les deux parties du registre, doit être suivie dans l'application du timbre : celle d'ordre n'y sera pas assujettie ; celle contenant les actes pour la validité desquels la signature des parties, ou la mention qu'elles ne savent pas signer, est nécessaire, sera passible de cette formalité.

» Quant à la copie de ces actes, délivrée aux parties, nul doute qu'elle n'en soit passible, aux termes de l'art. 12 de la loi de brum. an 7. » (Art. 3809 du J.)

PASSEPORT. Ordre par écrit de laisser passer et voyager librement.

L'administration de l'enregistrement est chargée de fournir les passeports. Ils sont uniformes, et timbrés à Paris pour tout l'Empire. L'empreinte noire porte la légende : *Police générale.* Les passeports ne sont valables que pour un an, à dater du jour de leur délivrance. Le prix en est fixé, savoir : pour les passeports à l'intérieur de l'Empire, à 2 f. ; pour les passeports à l'étranger, à 10 f. Dans cette fixation, sont compris les frais de papier et de timbre, et tous frais d'expédition. Art. 1er., 8 et 9 du décret impérial du 26 septemb. 1810. Inst. gén. du 7 nov. suiv., n°. 496.

Les receveurs ou percepteurs des contributions, sont chargés de la délivrance des passeports *à l'intérieur,* et sont comptables du produit qu'ils doivent verser chaque mois à la caisse du receveur des contributions du chef-lieu d'arrondissement. On doit remettre les registres ou feuilles de ces passeports à MM. les préfets, qui les font expédier aux maires par lesquels la remise en est faite aux percepteurs. Même Instruction.

La perception du prix des passe-ports *à*

l'étranger, qui ne se délivrent qu'au chef-lieu du département, doit être faite par le receveur du timbre extraordinaire, dans chaque chef-lieu de département. Même Inst.

PATENTES. Permission accordée par le gouvernement à un citoyen, d'exercer un commerce ou une profession quelconque, moyennant une rétribution.

1. C'est la loi du 2 mars 1791 qui, sur les débris des jurandes, des brevets, des charges, a établi le droit de patente.

2. Les lois des 14 thermid. an 3, 6 fruct. an 4, 9 frim. an 5, et 7 brum. an 6, ont successivement réglé ce droit; enfin, celle du 1er. brum. an 7 abroge toutes les lois précédentes, et établit le mode actuel de la perception qui, depuis l'an 10, est confiée aux percepteurs des contributions directes.

3. Depuis la mise en activité du Code de Procédure Civile, il n'est pas nécessaire de faire mention, dans les actes et exploits, de la patente de ceux au nom desquels ils sont faits, ni de celle des huissiers. Arrêt de la cour de cassation, du 2 novembre 1807. Décis. des minist. de la justice et des fin., du 22 novemb. 1808. Nomb. 3 de l'Inst. gén. du 3 décemb. 1808, n°. 408, et nomb. 11 de celle du 4 juillet 1809, n°. 436. (Art. 3074 du J.)

4. A compter de l'an 10, les patentes doivent s'acquitter chaque mois par douzième, comme les contributions directes; les quittances qui en sont délivrées, ont été déclarées exemptes du timbre par décis. du min. des fin., du 18 frim. an 10. Circ. du 9 pluv. suiv.

5. Mais les patentes sont restées soumises à la formalité du timbre; elles sont timbrées à l'extraordinaire, et il est ouvert pour le montant des droits en résultant, un crédit de trois mois aux percepteurs des contributions directes, sur lesquels le recouvrement doit en être effectué, par l'intermédiaire du receveur général du département, qui doit fournir sa soumission d'opérer le remboursement de ces droits en un récé-

pissé comptable. Inst. gén. des 21 frim. an 10, n°. 23, et 27 brum. an 11, n°. 99. Circulaires des 30 frimaire et 20 fructid. an 13, 15 déc. 1806, 25 nov. 1807, 2 déc. 1809.

PÊCHE *dans les fleuves et rivières navigables.* On en fait des adjudications ou l'on accorde des licences.

1. Les adjudications ont pour objet la pêche dans les cantonnemens qui doivent être mis en ferme, et les gords, barrages et autres établissemens fixes de pêche.

2. La minute du procès-verbal d'adjudication doit être rédigée sur du papier au timbre de dimension, et les extraits et expéditions frappés du timbre de 75 c., à l'exception seulement de l'extrait remis dans les bureaux du préfet, et de l'expédition envoyée à l'administration générale des forêts, qui ne sont pas soumis au timbre, comme renseignemens, pourvu qu'on y fasse mention de cette destination.

3. Les droits d'enregistrement de l'adjudication et du cautionnement, sont perçus comme pour un bail à ferme, et doivent être acquittés, ainsi que les droits de timbre, par les adjudicataires auxquels l'obligation en est imposée par le cahier des charges.

4. Les licences sont des permissions de pêche dans une partie de fleuve ou rivière, accordées à un particulier sur sa soumission, moyennant le paiement d'une taxe annuelle fixée par le gouvernement.

5. La licence est délivrée au soumissionnaire par l'administration forestière; la durée ne peut excéder le terme de trois années consécutives, mais elle peut être moindre.

6. La licence, comme bail de la pêche, consenti sur soumission, est passible des formalités du timbre et de l'enregistrement. Les droits en sont acquittés directement par les parties.

7. Les porteurs de licence la font timbrer à l'extraordinaire. Le droit est réglé d'après les dimensions du papier.

8. La licence ne peut, sous les peines

portées par l'art. 42 de la loi du 22 frim. an 7, être inscrite soit au secrétariat de la préfecture, soit dans les registres de la sous-préfecture du cantonnement où l'adjudication eût été passée si la pêche eût été affermée aux enchères, avant d'avoir été préalablement enregistrée. La quotité du droit d'enregistrement est celle réglée pour les baux à ferme; s'il est délivré une expédition de la licence, elle doit être rédigée sur du papier au timbre de 75 c. Inst. gén. du 16 therm. an 12, n°. 246.

PENSIONS. Pour celles constituées à titre onéreux, voyez *Constitution*, et pour celles établies à titre gratuit, voyez *Donation.*

PERCEPTION *provisoire*, celle qui est établie, sauf à restituer, à augmenter ou diminuer, d'après des faits ou événemens ultérieurs.

1. Toutes les fois qu'une condamnation est rendue, ou qu'un arrêté est pris sur un acte enregistré, le jugement, la sentence arbitrale ou l'arrêté doit en faire mention et énoncer le montant du droit payé, la date du paiement et le nom du bureau où il a été acquitté : en cas d'omission, le receveur doit exiger le droit, si l'acte n'a pas été enregistré dans son bureau, sauf restitution dans le délai prescrit, s'il est ensuite justifié de l'enregistrement de l'acte sur lequel le jugement a été prononcé ou l'arrêté pris. Article 48 de la loi du 22 frimaire an 7.

2. L'art. 69, §. 5, n°. 5 de la même loi, assujettit au droit de 1 f. par 100 f., les délégations de prix stipulées dans un contrat de vente, pour acquitter des créances à terme envers un tiers, sans énonciation de titre enregistré, sauf, pour ce cas, la restitution dans le délai prescrit, s'il est justifié d'un titre précédemment enregistré.

3. Et l'art. 60 porte : « Tout droit d'enregistrement perçu régulièrement en conformité de la présente, ne pourra être restitué, quels que soient les événemens ultérieurs, sauf les cas prévus par la présente. »

4. Cette loi n'admet formellement que les deux espèces de perceptions provisoires rappelées ci-dessus, mais il en est d'autres qui sont nécessitées par les circonstances.

5. Si les sommes et valeurs ne sont pas déterminées dans un acte ou un jugement donnant lieu au droit proportionnel, les parties sont tenues d'y suppléer, avant l'enregistrement, par une déclaration estimative, certifiée et signée au pied de l'acte. Art. 16 de la loi. Cette estimation ne peut souvent être donnée qu'aproximativement, et alors la perception n'est que provisoire, surtout lorsque l'effet de la disposition dépend d'événemens ultérieurs, par exemple, s'il s'agit d'une condamnation à une restitution de fruits à déterminer par experts. — Voyez *Actes judiciaires*, §. 6, n°. 8, p. 31.

Voyez aussi *Contrat de mariage*, §. 10, n°. 9, p. 178.

6. En cas d'absence, le paiement du droit de mutation par les héritiers présomptifs de l'absent, n'est que provisoire, et, si l'absent reparaît, ce droit est restituable. — V. *Absence*, §. 3, n°. 7, et §. 8, n°. 2.

7. La perception sur un jugement portant condamnation de payer une créance hypothécaire, si mieux n'aime le tiers détenteur déguerpir l'héritage, est provisoirement établie sur la condamnation pécuniaire, et, si le détenteur déguerpit, il y a un supplément de droit à exiger. — V. *Actes judiciaires*, §. 6, n°. 10, p. 32.

8. Un jugement autorise le vendeur d'un immeuble à rentrer en possession, sans autre formalité, à l'expiration du délai fixé à l'acquéreur pour se libérer du prix : ce jugement est passible du droit de 4 pour 100 *sur la minute*, sans attendre le procès-verbal de prise de possession; mais le droit est restituable si l'acquéreur se libère avant l'expiration du délai. — V. *Actes judiciaires*, §. 6, n°. 57, p. 36.

9. Les adjudications d'immeubles faites en justice, et attaquées par la voie de l'appel, doivent être enregistrées dans les vingt

jours de leur date, mais le droit est restituable lorsque l'adjudication est annullée — Voyez *Actes judiciaires*, §. 6, n°. 36, p. 55.

10. Le droit des adjudications de coupes de bois de l'État, est liquidé provisoirement sur les quantités établies dans l'adjudication, et réglé définitivement d'après le procès-verbal de récolement. — V. *Adjudication de coupes de bois*, n°. 2, p. 81.

11. Pour les adjudications au rabais dont les quantités des objets à livrer, ou les prix ne sont pas déterminés, la perception qui a lieu d'après la déclaration des parties, n'est que provisoire. — V. *Adjudication au rabais*, n°. 2, p. 83.

12. Le droit perçu pour la collocation d'une créance, n'est que provisoire; si la collocation est réformée par jugement ou par un procès-verbal d'ordre *arrêté définitivement*, il doit être imputé sur le droit exigible pour la créance *colloquée en remplacement*. — V. *Collocation*, n°. 3, p. 155.

13. Les droits proportionnels perçus sur les contrats de mariage *résiliés* par les parties, sont restituables. — V. *Contrat de mariage*, §. 25, p. 187.

14. Un jugement prononce l'obligation de faire une chose, et condamne, si elle n'est pas faite, à une somme déterminée de dommages-intérêts : la perception sur les dommages-intérêts n'est que provisoire. Il en est de même pour un jugement qui condamne à une somme déterminée, si mieux n'aime le condamné s'en rapporter à une expertise. — V. *Dommages-Intérêts*, n°ˢ. 3 et 4, p. 247.

15. Lorsque la perception provisoire est susceptible, non d'être restituée en totalité, mais d'être augmentée ou diminuée, le receveur doit faire mention, dans l'enregistrement et dans la relation, que la perception n'est que provisoire, pour éviter qu'on oppose la prescription à la demande d'un supplément. (Art. 2399 du J.)

PÉREMPTION est une espèce de prescription qui éteint et anéantit un procès pour n'avoir pas été poursuivi pendant un certain tems défini par la loi.

L'art. 61 de la loi du 22 frimaire an 7, après avoir déterminé l'époque de la prescription des droits d'enregistrement, ajoute : « Les prescriptions ci-dessus seront suspendues par des demandes signifiées et enregistrées avant l'expiration des délais; mais elles seront acquises irrévocablement si les poursuites commencées sont interrompues pendant une année, sans qu'il y ait d'instance devant les juges compétens, quand même le premier délai pour la prescription ne serait pas expiré. » — Voyez *Poursuites*.

Toute *instance*, encore qu'il n'y ait pas eu constitution d'avoué, sera éteinte par la discontinuation des poursuites pendant trois ans. Art. 397 du C. de P. C.

La péremption courra contre l'État, contre les établissemens publics, et toutes personnes, même mineures, sauf leur recours contre les administrateurs et tuteurs. Art. 398.

La péremption n'aura pas lieu de droit; elle se couvrira par les actes valables faits par l'une ou l'autre des parties, avant la demande en péremption. Art. 399.

La péremption n'éteint pas l'action : elle emporte seulement extinction de la procédure, sans qu'on puisse, dans aucun cas, opposer aucun des actes de la procédure éteinte, ni s'en prévaloir.

En cas de péremption, le demandeur principal est condamné à tous les frais de la procédure périmée.

Ces dispositions du Code relatives aux *péremptions d'instances*, sont applicables aux instances qui concernent l'administration. (Art. 3154 du J.)

PERMIS, PERMISSION. Liberté donnée de faire quelque chose.

1. Les ordonnances des juges des tribunaux de première instance, portant permission de saisir-gager, revendiquer ou vendre, sont sujettes à l'enregistrement sur la minute, au droit fixe de 2 f. Articles 7 et

68 , §. 2 , n°. 6 de la loi du 22 frim. an 7.

2. Tous les permis de la navigation extérieure ou intérieure, sont indistinctement sujets au timbre. Déc. du min. des fin. , du 19 mai 1807. (Art. 2596 du J.)

3. Les permis de port d'armes de chasse, délivrés aux personnes qui sont dans le cas d'en obtenir, sont fournis par l'administration de l'enregistrement ; ils sont uniformes, et timbrés à Paris pour tout l'Empire. L'empreinte noire porte la légende : *Police générale*. Les permis de port d'armes sont à talon ou souche, et reliés en registre. Articles 1er., 2 et 3 du décret imp. du 11 juillet 1810. Circul. du 7 nov. suiv., n°. 496.

L'administration de l'enregistrement adresse au directeur de chaque département, des registres de permis de port d'armes de chasse. Art. 10 du déc.

Le prix en est payé aux receveurs de l'enregistrement du chef-lieu du département, et il en est fait un article particulier de recette. Art. 11.

Les permis de port d'armes de chasse ne sont valables que pour un an , à dater du jour de leur délivrance. Art. 12.

Le prix des permis de port d'armes de chasse est fixé à 30 f. , y compris les frais de papier, timbre et expédition. Art. 13.

4. La permission donnée par l'officier public de l'État civil, d'inhumer une personne décédée , est exempte du timbre. Article 77 du Code Napol. (Article 2655 du J.)

PÉTITION. Mémoire adressé à une autorité constituée pour obtenir une décision sur une demande ou réclamation quelconque.

1. Les pétitions et mémoires , même en forme de lettres, présentés au gouvernement, aux ministres, à toutes les autorités constituées, aux administrations et établissemens publics, et celles adressées directement, ou communiquées au directeur général de l'enregistrement, doivent être faites sur papier timbré, quels que soient d'ailleurs leur forme , leur objet et la quotité des sommes qui y donnent lieu. Art. 12, n°. 1 de la loi du 13 brum. an 7. Décision du min. des fin. , des 18 et 28 vent. an 10. Nomb. 8 de l'Inst. gén. du 27 fruct. suiv., n°. 72.

2. Celles tendant à décharge ou dégrèvement de contributions et droits , même des contributions de portes et fenêtres, doivent être écrites sur papier timbré, quelque modique que soit l'objet de la réclamation , et en général toutes les pétitions qui ne sont pas comprises dans l'exception portée au second alinéa de l'article 16 de la loi du 13 brum. an 7. Décis. du minist. des fin. , des 16 brum. an 7, 18 prairial et 28 messid. an 9. Circ. de l'adm. , des 2 prairial an 7, 2 et 29 fruct. an 9, n°s. 1566 et 2042.

3. Les certificats des maires et commissaires de police, et les attestations des voisins , fournis à l'appui des demandes en dégrèvement des contributions directes , ne peuvent être rédigés à la suite des pétitions; ils doivent l'être sur des feuilles séparées , attendu que les certificats et attestations de cette espèce, ne font point partie nécessaire des pétitions. (Art. 1690 du J.)

4. Sont également sujettes au timbre, les pétitions en dégrèvement de contributions assises sur les biens de la Légion d'Honneur, présentées soit par le conseil d'administration , soit par un receveur des domaines, soit enfin par tout autre agent gérant ses biens , attendu que l'établissement de la Légion d'Honneur étant une institution publique et non une autorité , les actes qui l'intéressent doivent être assujetis à toutes les formalités prescrites pour celles des simples particuliers. Déc. du min. des fin. , du 30 pluv. an 13. (Art. 1946 du J.)

5. On n'est pas fondé à exiger que les mémoires et pétitions qui sont rédigés en double , conformément à l'arrêté du gouvernement, du 21 fruct. an 4, soient tous deux remis en papier timbré ; mais, s'ils sont présentés dans cette forme, les expéditions des arrêtés à délivrer aux parties , peuvent être

transcrites sur le double de leur pétition, *s'il est du format du papier de* 75 c. Ce mode de transcription ne peut néanmoins être employé que pour les arrêtés dont il reste minute au secrétariat de l'administration. Quant aux minutes détachées d'actes sujets à l'enregistrement *sur la minute*, elles ne peuvent être placées en marge ni à la suite des pétitions, attendu que l'art. 22 de la loi du 13 brum. an 7, défend de faire deux actes sur la même feuille. Décis. du min. des fin., des 12 pluv. et 12 therm. an 7. Circ. de l'adm., des 2 prairial an 7, et 9 frim. an 8, n°ˢ. 1566 et 1705.

6. Dans le cas où les seconds doubles ne seraient pas en papier timbré, et où les arrêtés et délibérations de l'autorité administrative sur ces pétitions, ne seraient pas sujets à l'enregistrement, ils ne peuvent servir à la minute de ces arrêtés et délibérations, si le premier double n'est pas suffisant pour les contenir. Même Déc. du 12 pluv. an 7. Circ. n°. 1566.

7. On peut employer du papier de toute dimension pour le double des pétitions qui doit être en papier timbré. Décis. du ministre des finances, du 6 floréal an 7. Même Circul.

8. Et l'on ne peut exiger, des parties, qu'un double de leur pétition soit sur du papier d'expédition : il suffit, *s'il en est délivré expédition*, que cette expédition soit écrite sur du papier à 75 c. Déc. du min. des fin., du 3 vent. an 7. Même Circ.

9. La faculté accordée par l'art. 24 de la loi du 15 septemb. 1807, aux propriétaires, de réclamer contre les résultats de l'expertise préliminaire au cadastre, a pour objet principal de procurer à l'autorité administrative les renseignemens nécessaires pour rectifier le classement ; et les pétitions, dans ce cas, sont moins des demandes présentées dans l'intérêt privé, que des mémoires fournis pour la perfection du travail général. D'après ces motifs, le ministre des finances a décidé, le 31 mai 1808, que les réclamations de l'espèce peuvent être écrites en papier non timbré, et que l'assujettissement au timbre, des pétitions en dégrèvement de contributions, ne leur est pas applicable. Inst. gén. du 7 juillet 1808, n°. 387.

10. Les pétitions présentées au gouvernement, celles qui ont pour objet des demandes de congés absolus et limités, et de secours, et les pétitions des déportés et réfugiés des colonies, tendant à obtenir des certificats de résidence, passeports et passages pour retourner dans leur pays, sont exemptées de la formalité du timbre par l'article 16, n°. 1 de la loi du 13 brum. an 7.

PIGNORATIF *(contrat)*. Acte qui contient une espèce de vente de la chose qu'on ne fait effectivement qu'engager, à la charge par l'acquéreur qui en laisse la jouissance au vendeur, d'en faire la revente lorsque le remboursement lui sera offert.

1. L'engagement diffère du contrat pignoratif, en ce que, dans le cas de l'engagement, c'est le créancier qui est en possession, et jouit, pour l'intérêt de son argent, de l'immeuble qui lui est donné en gage par le débiteur, au lieu que, dans le cas du contrat pignoratif, c'est le débiteur qui jouit et est en possession de la chose, en payant au créancier le prix de la jouissance de son propre héritage, pour l'intérêt de la somme qu'il lui a prêtée. Ainsi, cette vente est purement fictive, et ne doit pas être confondue avec les ventes à faculté de réméré.

2. Les contrats pignoratifs ne sont pas nommément compris dans le tarif de l'enregistrement ; mais ils ne peuvent être considérés que comme des engagemens, et, sous ce rapport, ils ne sont passibles que du droit de 2 f. par 100 f. Art. 69, §. 5, n°. 5 de la loi du 22 frim. an 7.

PLAINTE. Acte rédigé devant le juge de paix du lieu du délit ou du domicile du prévenu, par un citoyen ou à sa réquisition, pour demander la réparation et le dédommagement de la perte que lui cause un délit, emportant par sa nature une peine afflictive ou infamante.

L'expédition qui en est délivrée doit le droit fixe de 1 f. Art. 68, §. 1er., n°. 48 de la loi du 22 frim. an 7.

Lorsque la plainte contient la déclaration qu'elle est formée pour la vindicte publique seulement, et que le plaignant n'en suit pas l'effet personnellement, elle est nécessairement comprise dans la classe des actes exempts de la formalité du timbre, par l'article 16 de la loi du 13 brum. an 7. (Art. 504 du J.)

PLUMITIF. — V. *Feuille d'audience*, p. 299.

PLURALITÉ *des droits à percevoir sur un même acte.* — Voyez *Actes judiciaires*, §. 7, p. 57; *Actes sous seing-privé*, §. 4, p. 64; *Actes contenant plusieurs dispositions*, page 71; et *Exploits*, §. 3, page 290.

POLICE *judiciaire*. Celle qui recherche les crimes, les délits et les contraventions, en rassemble les preuves, et en livre les auteurs aux tribunaux chargés de les punir. Article 8 du Code d'Instruction Criminelle.

La police judiciaire est exercée sous l'autorité des cours impériales, par les gardes champêtres et les gardes forestiers, par les commissaires de police, par les maires et les adjoints de maire, par les procureurs impériaux et leurs substituts, par les juges de paix, par les officiers de gendarmerie, par les commissaires généraux de police et par les juges d'instruction.

Les actes de la police judiciaire doivent être visés pour timbre et enregistrés *en débet.* — V. *Actes judiciaires*, §§. 9 et 16, n°. 3.

POLICE *générale*. Les actes et jugemens concernant la police générale et la vindicte publique, sont exempts du timbre et de l'enregistrement, à l'exception des actes des huissiers et gendarmes qui doivent être enregistrés *gratis*. — V. *Actes judiciaires*, §.

11, n°. 1, et §. 16, n°. 3; et *Exploits*, §. 4, n°s. 9 et 10, p. 293.

POLICE *d'assurance.* — V. *Assurance*.

POSSESSEUR. — V. *Détenteur et Mutation*.

POURSUITES. Actes, diligences et procédures faits pour parvenir au recouvrement des droits dont il est question dans ce Dictionnaire.

1. Le premier acte de poursuite est une contrainte. — Voyez *Contrainte*, page 171.

2. Les contraintes décernées pour le recouvrement des droits d'enregistrement, doivent être signifiées à personne ou domicile, et non à des notaires ou hommes d'affaires, gérans ou fermiers. Arrêt de la cour de cassation, du 25 fév. 1807, confirmatif d'un jugement du tribunal de Sarlat. Voici les motifs de cet arrêt :

« La cour, vu l'art. 3 du tit. 2 de l'ordonnance de 1667, et les art. 32, 61 et 64 de la loi de frim. an 7 relative à l'enregistrement;

» Attendu qu'il est constant, en fait, d'après le jugement dénoncé, que le défendeur n'avait aucun domicile réel ni élu dans la terre de Losse;

» Attendu que la règle générale prescrite, à peine de nullité, par l'ordonnance de 1667, concernant la signification *à la personne ou au domicile*, est applicable aux significations des contraintes décernées par la régie de l'enregistrement : car, bien loin que la loi de frim. an 7 ait dérogé à la règle, l'art. 64 exige que la contrainte soit signifiée, et n'oblige le redevable à élire domicile qu'en cas d'opposition;

» Attendu que, quand bien même l'on voudrait supposer que la jurisprudence consignée dans les deux arrêts invoqués par la régie, et rendus dans des espèces particulières, ait pu légitimer, en faveur du centième denier et des lods et ventes, une exception à la règle établie par l'ordonnance de 1667, cette jurisprudence ne peut recevoir d'application aux droits de mutation régis

régis par la loi particulière de frimaire an 7.

» Attendu que l'art. 32 de cette loi, concernant l'action sur les revenus, est étranger à l'espèce, puisque la régie n'a fait signifier aucune demande en saisie des revenus, à la personne ou au domicile du fermier; mais elle a agi directement contre le redevable, en paiement du prétendu supplément de droits;

» Attendu, enfin, que, même lorsqu'on intente des actions réelles, il est nécessaire d'assigner à personne ou à domicile, la partie contre laquelle on dirige l'action : rejette, etc. » (Art. 2576 du J.)

3. Un arrêt de la même cour, du 9 fructidor an 12, en confirmant un jugement du tribunal d'Anvers, avait également prononcé la nullité d'une contrainte qui avait été signifiée à un domicile qui n'était ni légal, ni prouvé. (Art. 1985 du J.)

4. D'après l'art. 69 du C. de P. C., une contrainte pour recouvrement de droits, décernée contre un étranger qui n'a pas de domicile en France, doit être signifiée à la personne du procureur impérial près le tribunal de première instance de l'arrondissement du bureau d'où la contrainte est émanée. (Art. 1373 du J.)

5. La contrainte n'est point nulle pour n'avoir pas été signifiée à tous les co-héritiers : il suffit, pour être valide, qu'elle le soit à l'un ou quelques-uns d'eux. L'action intentée par l'administration, est essentiellement solidaire. Art. 32 de la loi du 22 frim. an 7. Les biens dépendans de la succession, sont spécialement affectés au paiement des droits réclamés par la régie; d'un autre côté, le titre d'héritier est indivisible; d'où il suit que ceux contre lesquels la contrainte est décernée, représentent légalement la succession, sauf à eux à en donner avis à leurs co-héritiers : ainsi, la contrainte est régulière. Arrêt de la cour de cassation, du 29 germinal an 11, dans l'affaire des héritiers Vallery. Cependant, il convient de signifier, autant qu'il est possible, la contrainte à tous les héritiers qui sont sur les lieux. (Art. 2756 du J.)

6. Une signification à un établissement public, à une société de commerce, peut être faite aux associés et membres *collectivement* : en conséquence, un jugement du tribunal de la Seine, qui avait décidé que la signification d'un procès-verbal rapporté contre les entrepreneurs des voitures publiques établies à Paris, rue du Bouloy, pour distribution d'avis imprimés non timbrés, devait être faite au moins à l'un des associés ou membres *nominativement*, a été annullé par arrêt de la cour de cassation, du 21 novembre 1808, dont la teneur suit :

« La cour, vu les art. 61 et 69 du C. de P. C.; et attendu que, dans l'avis imprimé sur papier simple dont il s'agit, concernant le jour du départ des voitures pour Bruxelles et toute la Flandre, l'établissement des défendeurs est intitulé : *Etablissement des messageries générales, rue du Bouloy, ancien établissement Saint Simon;* que le procès-verbal et le mémoire de la régie ont été signifiés audit établissement, *parlant à un commis trouvé dans le bureau, lequel n'a voulu dire son nom;* que le seul motif qui a déterminé le tribunal de Paris à annuller l'exploit en question, est pris de ce qu'il ne contenait le nom d'aucun des entrepreneurs ou des sociétaires; que, cependant, cette désignation n'est point exigée par les art. 61 et 69 du C. de P. C., soit que l'on envisage l'entreprise des défendeurs, comme un établissement public qui a un siège d'administration, soit qu'on le considère comme une société de commerce qui a une maison sociale : d'où il suit que le tribunal de Paris a commis un excès de pouvoir, en créant une nullité que la loi ne prononce pas : casse, etc. » (Art. 5089 du J.)

7. Les significations, saisies, contraintes par corps et exécutions judiciaires, peuvent être arguées de nullité si elles sont faites les dimanches ou fêtes consacrés au re-

pos. Lois des 17 therm. an 6, et 18 germ. an 10. (Art. 2186 du J.)

8. La nullité de forme de la signification d'une contrainte, se trouve couverte par le silence de la partie à ce sujet, et par *sa défense au fond*. Arrêt de la cour de cassation, du 7 août 1807. — Voyez *Nullité*, n°. 13, p. 463.

9. On peut continuer de procéder par voie de saisie mobilière des fruits non recueillis, pourvu que la saisie soit faite dans un tems voisin de la récolte, et en se conformant à l'usage des lieux, relativement à l'époque à laquelle les fruits pendant par racines peuvent être saisis comme meubles. La qualification d'immeubles donnée aux fruits pendant par racines, par l'art. 120 du Code Napol., est restreinte aux cas de succession et autres semblables dont elle doit régler les effets. Décision du grand-juge minist. de la justice, du 11 prairial an 13. Inst. gén. du 19 mess. suiv., n°. 288.

10. On demande si les préposés sont tenus d'élire domicile ailleurs que dans leurs bureaux, en matière de saisie-exécution, et dans quel marché doit être faite la vente des meubles saisis. Il y a lieu de décider, sur la première question, qu'en matière de saisie-exécution, les préposés de l'administration ne sont point tenus d'élire domicile ailleurs que dans leur bureau, l'article 584 du C. de P. C. ne pouvant point concerner l'administration, puisqu'aucune recette, aucune offre réelle, aucune signification ne peut être faite qu'au bureau du receveur; quant à la seconde question, les expressions de l'art. 617 du même Code, *au plus prochain marché public*, doivent s'entendre par le marché *le plus voisin du lieu où s'est faite l'exécution*, pourvu néanmoins que la commune où le marché est établi, soit dans le ressort du tribunal d'arrondissement de l'élection du domicile du préposé poursuivant ladite saisie, afin d'éviter des instances dans deux tribunaux pour le même objet. (Art. 2793 du J.)

11. Pour les poursuites qui ont pour objet le recouvrement des droits dont le paiement se poursuit sur contraintes visées et rendues exécutoires par les juges de paix, les receveurs de l'administration doivent employer le ministère des huissiers de paix, jusqu'à ce qu'une opposition de la part des redevables saisisse le tribunal de première instance. Les poursuites ultérieures à cette opposition, ainsi que celles relatives au paiement des fermages des biens de l'Etat, des arrérages de rentes et du prix des ventes, soit meubles ou immeubles, soit de coupes de bois, doivent être faites par les huissiers établis près les tribunaux civils. Décis. du minist. des fin., du 15 fructid. an 9, et du minist. de la justice, du 27 pluv. an 11. Inst. gén. du 23 brum. an 10, n°. 12, et 8 germ. an 11, n°. 129.

12. Les préposés peuvent demander les droits des actes non enregistrés, sans être tenus de les faire revêtir d'une formalité dont l'omission est l'objet de leurs réclamations. — V. *Actes sous seing-privé*, §. 5, n°. 7, p. 65.

13. Toute action en paiement d'un droit non perçu sur une disposition dans un acte, ou d'un supplément de perception insuffisamment faite, doit être dirigée contre *les parties*. Décis. du min. des fin., du 7 juin 1808. Nomb. 28 de l'Inst. gén. du 29 du même mois, n°. 386.

14. Le mode de poursuites à suivre pour le paiement des supplémens de droits et doubles droits résultant d'expertise, consiste à remettre au tribunal qui a ordonné l'expertise, un mémoire expositif du résultat du rapport, et portant demande en condamnation de paiement des droits et des frais d'expertise, s'il y a lieu; le jugement obtenu, le receveur poursuivant s'en fait délivrer expédition, prend exécutoire pour les frais, et le fait signifier avec commandement de payer: par ce moyen, l'administration s'assure, outre l'action sur les revenus, celle en hypothèque sur le bien vendu, par l'inscription du jugement et de l'exécutoire. (Art. 761 du J.)

15. Les préfets sont , d'après l'art. 59 de la loi du 22 frim. an 7, incompétens pour accorder des sursis aux poursuites tendant au recouvrement des droits et amendes. Décis. du minist. des fin. , du 28 prairial an 8. (Article 491 du J.)

16. Les poursuites à diriger contre les notaires, pour contravention autres que celles sur l'enregistrement et le timbre, doivent l'être à la requête du ministère public seul chargé de requérir d'office les condamnations prononcées par les lois pour ces contraventions. Décis. des minist. des fin. et de la justice, des 15 mars et 25 avril 1803, portant que toutes les fois qu'il s'agit de contraventions aux lois des 6 octobre 1791, 16 floréal an 4 et 25 ventose an 11, dont l'exécution intéresse particulièrement l'ordre social, les fonctions de l'administration de l'enregistrement et de ses préposés, se bornent à les dénoncer, quand ils en ont connaissance, au ministère public, et que c'est toujours à celui-ci qu'il appartient de requérir d'office les condamnations prononcées par les lois pour ces contraventions, et, lorsque les jugemens rendus ne contiennent pas ces condamnations, ou en prononcent de moindres, de se pourvoir également d'office contre ces jugemens. Inst. gén. du 21 juin 1808, n°. 384.

17. Les contraintes, significations et autres actes de poursuites, à la requête de l'administration de l'enregistrement et des domaines, ayant pour objet le recouvrement des perceptions qui lui sont confiées, doivent être enregistrés sans qu'il y ait lieu de faire l'avance des droits. Déc. du min. des fin. Inst. gén. du 15 niv. an 11, n°. 115.

18. La loi du 22 frim. an 7 ne prononce la contrainte par corps dans aucun cas ; en matière pénale on ne peut se permettre une extension d'un cas à un autre : d'où il suit que, quand il s'agit de recouvremens des droits d'enregistrement, de timbre, etc., et des amendes y relatives, on ne peut employer la voie de la contrainte par corps. (Art. 1248 du J.)

19. L'instance est liée par l'opposition à la contrainte, et elle doit être suivie devant le tribunal de première instance dans l'arrondissement duquel le bureau est situé.— V. *Instance.*

20. La connaissance de toutes les contestations sur la perception des droits d'enregistrement, est attribuée aux tribunaux. Ce n'est que parce que les parties ont le premier recours à l'administration pour faire réformer les perceptions vicieuses, que le ministre des finances statue, comme surveillant l'administration , sur les réclamations qui lui parviennent; mais ses décisions n'interdisent point aux parties l'action permise devant les tribunaux, et ne sont point sujettes à être portées au Conseil d'Etat, dont la compétence ne s'étend sur les objets attribués à l'ordre judiciaire, que dans le cas de conflit. D'où il suit que le recours au Conseil d'Etat, contre une Décision du ministre des finances , rendue en matière d'enregistrement, ne peut être admis, et qu'il ne peut dès-lors arrêter les poursuites. (Art. 2167 du J.)

L'Inst. gén. du 2 août 1806, n°. 314, décide de même en ce qui concerne le cours des intérêts ou intérêts d'intérêts.

Le décret impérial du 22 juillet 1806, contenant règlement sur les affaires contentieuses portées au Conseil d'Etat, consacre de nouveau ce principe; il porte, art. 5 : « Le recours au Conseil d'Etat n'aura point d'effet suspensif, s'il n'en est autrement ordonné.

» Lorsque l'avis de la commission établie par notre décret du 11 juin dernier, sera d'accorder le sursis, il en sera fait rapport au Conseil d'Etat qui prononcera. »

21. Les frais de poursuites payés par les préposés de l'enregistrement, pour des articles tombés en non valeur pour cause d'insolvabilité reconnue des parties condamnées, leur sont remboursés sur l'état qu'ils en rapportent à l'appui de leur compte. L'état doit être taxé, sans frais, par le tribunal de première instance , et appuyé

63 *

de pièces justificatives. Art. 66 de la loi du 22 frim. an 7.

22. Les frais faits contre des débiteurs inconnus, ou des personnes étrangères à l'objet des poursuites, ceux pour droits de prétendues mutations verbales de propriété ou de jouissance d'immeubles, sans que les mutations ou jouissances ayent été préalablement constatées ; ceux faits pour déclaration de succession, sans qu'on se soit assuré du mérite de la demande, tant relativement aux biens, qu'à l'égard des personnes, et tous autres frais qui auraient été irrégulièrement faits, restent à la charge des préposés qui les ont occasionnés. Il en est de même des frais d'instances, si, pour chaque affaire, l'instance n'est pas justifiée par une autorisation spéciale du directeur ou de l'administration, et s'il n'y a taxe du président du tribunal de première instance. Arrêté de M. le conseiller d'État, directeur général de l'enregistrement et des domaines. Circ. du 23 mars 1808.

POUVOIR. — V. *Mandat* et *Procuration*.

PRÉCIPUT *dans les contrats de mariage*. C'est l'avantage qui est accordé, en vertu d'une clause expresse, au survivant des conjoints, de prendre sur les biens de la communauté, jusqu'à concurrence d'une certaine somme, hors part et sans confusion de sa part en la communauté.

1. S'il n'est point fait mention du préciput dans le contrat de mariage, il n'a point lieu : cet avantage est uniquement fondé sur la convention des parties.

2. Le préciput ne se prend que sur les biens de la communauté, et lorsque la communauté a lieu : d'où il suit que la femme qui renonce à la communauté, n'a point le droit de le prendre, à moins qu'il ne soit porté expressément qu'en renonçant, elle le prendra. — V. *Contrat de mariage*, §. 17, n°. 6, p. 182, et *Succession*.

PRÉFET. 1. L'article 6 de la loi du 27 ventose an 9, porte que les dispositions de la loi du 22 frim. an 7, relativement aux administrations civiles et aux tribunaux lors existans, sont applicables aux fonctionnaires publics et aux tribunaux qui les remplacent. Circul. du 17 germinal an 9, n°. 1992.

2. Pour connaître les actes des préfets qui sont assujettis à l'enregistrement et au timbre, et ceux qui en sont exempts, voyez *Actes administratifs*, p. 48.

3. Les préfets ne peuvent accorder de remise ni modération des droits et amendes, à peine de nullité de leur arrêté. Loi du 27 mai 1791, article 51. Ils deviennent personnellement responsables des remises et modérations des droits et amendes qu'ils auraient accordées. Article 59 de celle du 22 frimaire an 7. — Voyez *Poursuites*, n°. 16.

4. Il leur est défendu de prendre aucun arrêté sur un acte ou registre non écrit sur papier marqué du timbre prescrit, ou non visé pour timbre, article 24 de la loi du 13 brum. an 7, à peine de 100 f. d'amende, art. 26, n°. 5.

5. Il leur est également interdit de prendre aucun arrêté en faveur de particuliers, sur des actes non enregistrés, à peine d'être personnellement responsables des droits. Article 47 de la loi du 22 frimaire an 7.

6. Lorsqu'un arrêté est pris sur un acte enregistré, il doit faire mention de l'enregistrement, et énoncer le montant du droit payé, la date du paiement et le nom du bureau où il a été acquitté ; en cas d'omission, le receveur doit exiger le droit si l'acte n'a pas été enregistré dans son bureau, sauf restitution dans le délai prescrit, s'il est ensuite justifié de l'enregistrement de l'acte sur lequel l'arrêté a été pris. Art. 48.

7. Les préfets ne peuvent pas disposer des fonds des recettes provenant des droits de l'administration : ces fonds restent entièrement à la disposition du trésor public. Lett. du minist. des fin., du 7 nov. 1791, à l'Administrat. du département du Tarn.

PRÉPARATOIRE. On appelle un jugement préparatoire, celui qui ne décide point
le fond d'un procès, mais qui ordonne qu'il
sera fait quelque chose pour l'instruction
de la contestation, et pour parvenir à la connaissance de quelques faits ou à examen, et
à la preuve de quelque point de droit.

Sur les droits dus pour les jugemens préparatoires, voyez *Actes judiciaires*, §. 3,
nᵒˢ. 1, 7 et 8, p. 28.

PRESCRIPTION *d'action* est l'extinction d'une dette, d'un droit, faute de l'avoir
demandé judiciairement dans le tems fixé
par la loi.

En matière d'enregistrement, la minorité
ne suspend pas la prescription, la loi du 22
frimaire an 7 n'admet qu'une cause de suspension de prescription, celle où il y a eu
demande signifiée et enregistrée avant l'expiration des délais. (Article 5260 du
Journal.)

§. 1ᵉʳ. *Délai de la prescription pour les*
omissions et insuffisances de perception
de droits , pour les demandes en resti-
tution , pour requérir l'expertise , pour
les fausses évaluations et omissions de
biens dans les déclarations.

1. Il y a prescription pour la demande
des droits d'enregistrement, après *deux*
années à compter du jour de l'enregistrement, s'il s'agit d'un droit non perçu sur
une disposition particulière dans un acte,
ou d'un supplément de perception insuffisamment faite, ou d'une fausse évaluation
dans une déclaration. Nᵒ. 1 de l'art. 61 de
la loi du 22 frim. an 7.

2. Toute action en paiement d'un droit
non perçu sur une disposition dans un acte,
ou d'un supplément de perception insuffisamment faite, doit être dirigée contre *les*
parties. Décis. du min. des fin., du 7 juin
1808. Nomb. 28 de l'Inst. gén. du 29 du
même mois, nᵒ. 386.

5. Le délai de deux ans pour requérir
l'expertise pour fausse évaluation dans une

déclaration, s'applique non-seulement aux
déclarations faites après décès, mais encore
à celles qui ont lieu dans *les actes* dont les
droits sont basés sur le revenu. Sol. de l'administration, du 16 vend. an 14. (Article
2128 du J.)

4. La demande en expertise pour les
transmissions *à titre onéreux*, dont le prix
paraît inférieur à la valeur vénale, doit être
requise *dans l'année,* à compter du jour de
l'enregistrement du contrat. Art. 17 de la
loi du 22 frim. an 7.

5. Les parties sont non recevables après
le délai *de deux ans*, à compter du jour
de l'enregistrement, pour toute demande
en restitution de droits perçus. Nᵒ. 1 de
l'art. 61 de la même loi.

6. Dans aucun cas, les restitutions de
droits ne peuvent s'opérer que sur la quittance des *parties* ou celle de leur fondé de
pouvoirs. Déc. du min. des fin., du 7 juin
1808. Nomb. 28 de l'Inst. gén. du 29 du même mois, nᵒ. 386.

7. La prescription a lieu, après *trois an-*
nées, aussi à compter du jour de l'enregistrement, s'il s'agit d'une omission de biens
dans une déclaration faite après décès. Nᵒ.
2 de l'art. 61 de la loi.

Les prescriptions ci-dessus seront suspendues par des demandes signifiées et enregistrées avant l'expiration des délais; mais
elles seront acquises irrévocablement, si les
poursuites commencées sont interrompues
pendant une année, sans instance devant
les juges compétens, quand même le premier délai pour la prescription ne serait pas
expiré.

§. 2. *Délai pour la prescription des droits*
de succession.

1. Il y a prescription pour la demande
des droits d'enregistrement, après cinq années à compter du jour du décès, pour les
successions non déclarées. Nᵒ. 3 de l'art.
61 de la loi du 22 frim. an 7.

2. Les parties ne peuvent invoquer la

prescription de cinq ans, lorsque le décès n'est ni inscrit sur le registre de l'état civil, ni constaté *par un acte public*. Arrêt de la cour de cassation, du 5 vent. an 9. Décis. du min. des fin., du 11 oct. 1808. Nomb. 1 de l'Inst. gén. du 23 mars 1809, n°. 424. (Art. 786 du J.)

Autre arrêt de la cour de cassation, du 30 juin 1806, dont voici le dispositif :

« La cour, vu les art. 1er. et 6 du tit. 2, et les art. 1er. et 2 du tit. 5 de la loi du 20 sept. 1792, et les art. 12, 54 et 55 de celle du 22 frim. an 7;

» Attendu que la défenderesse était obligée, par la loi, à faire la déclaration du décès de Françoise Palhez, sa sœur, à l'officier de l'état civil, dans les vingt-quatre heures, et d'en faire inscrire l'acte sur les registres à ce destinés;

» Attendu qu'il est constant au procès, que l'inscription du décès de ladite Palhez, qui a eu lieu le 19 thermid. an 4, n'a point été faite sur les registres de l'état civil: d'où il suit que la communication qui aurait été faite de ces registres de l'état civil, ou les extraits qui en auraient été fournis à l'administration, ne l'auraient point instruite de ce décès;

» Attendu que, si le législateur a établi, par l'art. 61 de la loi du 22 frim. an 7, que la prescription pour la demande des droits aurait lieu, savoir, n°. 3, « *après cinq ans, à compter du jour du décès, pour les successions non déclarées* », il a évidemment entendu que cette prescription n'aurait lieu, qu'autant que le décès étant constaté dans les formes légales, l'administration de l'enregistrement étant, dans ce cas, dans la puissance d'agir, aurait négligé de le faire dans les cinq ans de la connaissance qu'elle serait présumée de droit avoir acquise du décès; que cette intention du législateur se manifeste d'une manière positive par les précautions qu'il a prises dans les art. 54 et 55 de la loi, afin que la régie pût être instruite à tems de chaque décès, et

qu'elle fût mise en état d'agir, ce qui n'a pas eu lieu dans l'espèce;

» Attendu que la voie de l'enquête qui a été prise par le tribunal de Saint-Pons, ne pouvait, à l'égard et dans l'intérêt de l'administration, réparer le défaut de l'inscription du décès de Françoise Palhez sur les registres de l'état civil, et que la prescription établie par l'art. 61 de la loi, n'aurait pu courir tout au plus que de la date de cette enquête;

» Attendu que, conformément à l'art. 12 de la loi du 22 frim. an 7, d'après l'inscription du nom de la défenderesse sur les rôles de la contribution foncière, aux lieu et place de sa sœur, l'administration a été fondée à décerner sa contrainte, et que c'est en contravention aux lois précitées que son action a été déclarée prescrite et éteinte, et par fausse application de l'art. 61 de la loi du 22 frim. an 7 : casse le jugement du tribunal de St.-Pons. (Art. 2362 du J.)

3. Mais il en est autrement, lorsque le décès se trouve inscrit sur les registres d'hôpitaux militaires ou de marine, et que ces registres ont été déposés à la mairie, parce que, dans ce cas, il est au pouvoir des préposés de l'administration, de se procurer une connaissance légale du décès. Arrêt de la cour de cassation, du 21 fév. 1809, portant :

« La cour, sur les conclusions contraires de M. Daniels, substitut du procureur général, et après un délibéré en la chambre du conseil;

» Considérant que la disposition générale de l'art. 24 de la loi du 22 frim. an 7, n'accorde que six mois pour faire les déclarations de décès, lorsque celui de la succession duquel il s'agit, est décédé en France; que, si le même article établit quelques exceptions particulières, aucune d'elles n'est applicable à l'espèce; qu'ainsi, la déclaration a été due dans les six mois du jour du décès, sous peine de l'amende, fixée à un demi-droit en sus, et que la prescription a commencé à courir du même jour; que la régie a eu le moyen de s'instruire du décès de Durand par l'inscription au registre des hôpitaux de la marine à Toulon, qui sont reconnus avoir été déposés dans le tems, à la mairie de Toulon, et auxquels la régie n'a pas reproché, devant le tribunal d'Yvetot, d'être silencieux sur aucune des instructions dont elle pouvait avoir besoin; que la loi du 20 septemb. 1792, et l'art. 80 du C. N., ont pour objet de rapprocher de chaque famille les titres constitutifs de l'état des individus qui lui appartiennent, et non de subordonner le cours de la prescription à des formalités : d'où il résulte que le jugement attaqué a fait une juste application de l'art. 61 de la loi du 22 frim. an 7; rejette, etc. » (Art. 3203 du J.)

4. Le délai de cinq ans pour la demande des droits dus pour la succession d'un absent, d'un condamné ou d'un militaire décédé en activité de service, ne court pas du jour du décès, mais seulement du jour de la possession des héritiers. Arrêt de la cour de cassation, du 22 brum. an 14, rendu au rapport de M. Gandon, sur les conclusions de M. Jourde, dont voici le texte :

« Considérant que les dispositions de toutes ces lois sont corelatives, en ce qu'elles exigent la déclaration des héritiers, et en ce qu'elles font courir la prescription du droit d'enregistrement;

» Que la prescription court du jour du décès, lorsque la déclaration a été due dans les six mois du jour du décès, sous peine du droit plus fort, dont la loi punit la négligence des héritiers;

» Mais que, quand la présomption de l'ignorance du décès suspend le cours du délai de rigueur pour faire la déclaration, il est d'une nécessité de conséquence que la prescription soit suspendue, ou il faudrait dire que la prescription peut s'accomplir sans que la régie ait eu la puissance et la liberté d'agir, puisque la loi du 18 fructid. an 2 ne lui permet pas de faire de poursuites avant que les héritiers d'un militaire

aient pris la succession, que dans le cas où elle est légalement informée du décès;

» Que, dans l'espèce, Décot est mort en activité de service;

» Qu'il n'est pas contesté que ses héritiers n'ont pris sa succession qu'en conséquence du certificat du min. de la guerre, du 18 niv. an 9;

» Que, de même qu'à compter de ce jour les héritiers auraient eu six mois pour faire leur déclaration, la régie a eu cinq ans, à partir du même jour, pour former la demande du droit d'enregistrement;

» Que cette demande a été formée au commencement de la quatrième année, et qu'ainsi, en la déclarant non recevable, le tribunal de Château-Thierry a faussement appliqué l'art. 61 de la loi du 22 frim. an 7, et qu'il est contrevenu aux autres lois citées; casse, etc. » (Art. 2164 du J.)

5. La prescription de cinq ans pour la demande du droit de mutation des successions séquestrées, court, non du jour du décès, ni même du jour de la main-levée provisoire, mais du jour de la main-levée définitive du séquestre, soit que l'on se règle par la loi du 22 frim. an 7, soit même que l'on se règle par celle du 19 décemb. 1790. Arrêts de la cour de cassation, des 22 vendém. an 9, et 23 brum. an 13. — V. *Délai*, nº. 12, p. 217, où le dispositif de ces arrêts a été rapporté.

6. Ces arrêts ne sont pas applicables aux successions des prêtres déportés, quoique inscrits sur la liste des émigrés. Leurs héritiers ont été investis de la propriété, en vertu de l'envoi en possession ordonnée par suite de la loi du 22 fruct. an 5. Le délai pour la déclaration comme pour la prescription, a dû courir à partir *de l'arrêté* d'envoi en possession. Solut. de l'adm., du 9 mai 1806. (Art. 2303 du J.)

7. Par jugement du tribunal de Strasbourg, du 29 germinal an 9, il a été décidé que le délai pour la demande des droits d'enregistrement d'une succession échue à un prévenu d'émigration, pendant que ses

biens étaient sous le séquestre, ne peut courir que du jour où la transmission s'effectue complètement par la possession de l'héritier. (Art. 828 du J.)

8. A l'égard des successions, dont l'Etat a joui à titre de déshérence, le délai pour la demande des droits et celui de la prescription, ne court que du jour de la mise en possession des héritiers. Décis. du min. des fin., du 8 frim. an 9. (Art. 673 du J.)

9. Le même principe s'applique aux successions dont les biens ne sont échus aux héritiers que par l'effet de l'annullation d'une donation; parce que ce n'est qu'à dater du jugement que le droit litigieux est devenu un droit réel, et qu'appelés à recueillir les objets donnés à un tiers, ils ont été assujettis à l'obligation d'une déclaration et à l'acquit d'un droit de transmission : ce n'est donc que de la même époque que l'administration a eu qualité pour former la demande, et qu'a couru le délai de la prescription. (Art. 1347 du J.) — V. au mot *Délai*, n°. 15, un arrêt de la cour de cassat., du 11 fév. 1807.

10. Il s'applique également à la demande ou à la prescription des droits dus, 1°. par les héritiers d'un vendeur à pacte de réméré, lorsqu'ils exercent, en tems utile, le retrait réservé par celui qu'ils représentent, ou qu'ils cèdent à un tiers le droit de retraire; 2°. par un héritier qui, dans le cas de rescision pour lésion, rentre en possession de l'héritage aliéné par l'auteur de la succession. — Voyez *Délai*, n°. 16, page 218.

11. Pour le délai relatif à la demande ou à la prescription des droits des successions des condamnés, voyez aussi *Délai*, n°. 14.

12. La loi du 12 nivose an 6, concernant l'organisation des colonies, veut que l'autorité administrative envoie chaque année, au ministre de la marine, le double du registre de l'état civil.

Mais ces envois ne sont pas faits régulièrement : ils sont souvent retardés par les dangers de la mer et les circonstances de la guerre : de sorte que cette loi du 12 nivose an 6 ne reçoit presque jamais son exécution : l'administration n'a donc point les facilités nécessaires pour prendre communication du double des registres, et pour suivre, en tems utile, le recouvrement des droits des mutations effectuées en France.

D'après ces motifs, LL. EE. le grand-juge et le ministre des finances ont décidé, le 30 mai 1809, qu'il y a lieu d'appliquer aux successions ouvertes en Amérique, la règle établie par l'article 24 de la loi du 22 frim. an 7 pour les successions des absens, et de ne faire courir le délai de la déclaration que du jour de la mise en possession des biens. (Art. 3245 du J.)

13. Une contrainte décernée par un receveur contre des héritiers, n'arrête point la prescription du droit qu'ils doivent pour des biens situés dans l'arrondissement d'un autre bureau. En effet, la contrainte que signifie un receveur, n'embrasse et ne peut avoir pour objet que les biens qui sont arrondis à son bureau : d'où il résulte qu'il doit être signifié autant de contraintes qu'il y a de bureaux : autrement, la prescription s'acquiert partout où l'on a négligé de faire les poursuites nécessaires. (Art. 558 du J.) — Voyez, au mot *Délai*, n°. 9, un arrêt de la cour de cassation, du 7 août 1807, qui consacre ce principe.

§. 3. *Prescription des droits des actes civils et judiciaires.*

1. Du principe général que les actions ne sont éteintes que par la prescription de trente ans, et que les prescriptions d'une moindre durée sont des exceptions que l'on ne peut invoquer qu'autant qu'elles sont établies par le texte précis de la loi, il résulte que la prescription de cinq ans établie par la loi du 22 frim. an 7, n'est point applicable aux droits des actes publics non soumis à la formalité de l'enregistrement, et qu'à leur égard, l'on ne peut invoquer que

que la prescription trentenaire. Décis. du minist. des fin., du 22 pluv. an 7. Circ. de l'adm., du 21 prairial an 9, n°. 2013. (Art. 665 du J.)

2. Deux sortes de droits se perçoivent pour un *testament* : les uns sur les objets légués par le testateur, d'après la déclaration des légataires ; les autres sur l'acte même qui doit être soumis à l'enregistrement dans les trois mois du décès du testateur. Les premiers se prescrivent après cinq ans, à compter du décès, comme le porte l'article 61 de la loi du 22 frimaire ; mais les autres doivent être rangés dans la classe des droits dus pour les actes publics non présentés à l'enregistrement : or, ceux-ci ne sont prescrits qu'après trente ans, terme fixé pour l'extinction de toutes les actions.

Pour que les droits d'enregistrement des testamens fussent prescrits après cinq ans, il faudrait que la loi le prononçât formellement, car la prescription quinquennale n'a lieu que pour les droits des successions non déclarées. Il est donc certain que les droits dus pour un testament, sous ce rapport, ne sont prescrits qu'après trente ans. Solut. de l'administ., du 22 ventose an 9 Déc. du minist. des fin., du 8 prairial suivant. Circulaire du 21 du même mois, n°. 2013. (Article 767 du J.)

Arrêt de la cour de cassation, du 13 octobre 1806, qui a annullé un jugement du tribunal de Pamiers, dont voici la teneur :

« La cour, vu l'art. 61 de la loi du 22 frim. an 7 ;

» Considérant qu'il est de principe général que les actions ne sont éteintes que par la prescription de trente ans ;

» Que les prescriptions d'une moindre durée sont des exceptions que l'on ne peut invoquer qu'autant qu'elles sont établies sur un texte précis de la loi ;

» Que l'art. 61 de la loi du 22 frim. an 7, qui a établi des prescriptions de deux, trois et cinq ans, ne s'applique qu'aux cas où il s'agit d'un droit non perçu sur une disposition particulière d'un acte présenté à l'enregistrement, d'un supplément de perception insuffisamment faite, d'une fausse évaluation ou omission de biens dans une déclaration, de la restitution d'un droit perçu, ou enfin de successions non déclarées ;

» Que cet article ne parlant pas des poursuites relatives à la perception du droit sur les testamens, il suit que le tribunal de Pamiers n'a pu le prendre pour règle de sa décision, sans en faire une fausse application : casse, etc. » (Art. 2573 du J.)

3. On ne peut également invoquer que la prescription trentenaire, relativement aux droits des jugemens qui, aux termes de l'art. 7 de la loi, sont soumis à l'enregistrement sur la minute. Arrêt de la cour de cassation, du 25 avril 1808, conçu en ces termes :

« Vu les art. 27 et 61, n°. 3 de la loi du 22 frim. an 7 ;

» Attendu qu'il s'agissait d'un jugement qui prononce des condamnations sur des conventions sujettes à l'enregistrement, et que, d'après l'art. 7 de la loi du 22 frim. an 7, ce jugement devait être enregistré sur la minute ;

» Attendu que les dispositions du n°. 3 de l'art. 61 de la loi susdite, ne sont pas applicables aux jugemens soumis aux droits d'enregistrement sur la minute, et qu'aucune loi n'établit de prescription pour ce cas : d'où il suit que le jugement rendu par le tribunal de Mâcon, le 27 fructid. an 13, a fait une fausse application du n°. 3 de l'art. 61, et, par suite, violé l'art. 7 de ladite loi ;

» Attendu que, lors même que la prescription aurait pû être admise, le délai n'aurait pas été expiré ; que l'exploit du 18 thermid. an 13 n'est pas le premier acte des poursuites de l'administration ; que c'est un itératif commandement dans lequel il est énoncé que la contrainte avait été signifiée à Bridoy, avec commandement de payer, par exploit du 9 brum. précédent, et par conséquent dans le délai de cinq ans; que cet exploit du 9 brum. an 13 se trouve au bas de la contrainte qui est relatée dans le jugement;

» Par ces motifs, la cour casse le jugement rendu par le tribunal de Mâcon. (Art. 2912 du J.)

§. 4. *Prescription des droits des actes sous signature-privée et des actes passés dans les pays étrangers ou les colonies, portant transmission de biens immeubles situés en France.*

Voyez *Actes sous signature-privée*, §. 8, p. 68.

Pour connaître le délai de la prescription des droits des actes passés dans les pays étrangers ou les colonies, portant transmission de biens immeubles situés en France, voyez *Actes passés en pays étrangers*, n°. 4, p. 78.

§. 5. *De la prescription des droits de timbre.*

La prescription relative à la demande des droits et amendes résultant des contraventions à la loi du 13 brum. an 7 sur le timbre, n'ayant point été fixée par cette loi, elle est de trente ans, comme pour toutes les actions personnelles.

§. 6. *De la prescription des droits de greffes et d'hypothèques.*

Voyez *Greffes (droits de)*, §. 4, page 319, et *Hypothèques*.

§. 7. *Prescription des amendes de contravention aux lois sur l'enregistrement, le timbre, les greffes et les hypothèques.*

1. Les prescriptions établies par l'art. 61 de la loi du 22 frim. an 7, étant uniquement relatives aux droits d'enregistrement, on ne peut les étendre aux amendes encourues par les officiers publics, sauf l'exception qui sera énoncée au nomb. 4 ci-après. Arrêt de la cour de cassation, du 18 nov. 1806, conçu en ces termes :

« La cour, vu l'article 61 de la loi du 22 frim. an 7 ;

» Attendu que l'amende prononcée par l'art. 44 de la loi du 22 frim. an 7, contre les notaires et autres, ne peut avoir trait aux prescriptions dont parle l'art. 61 de la même loi, mais bien au droit commun de la prescription de trente ans; qu'ainsi, le tribunal de première instance de Chambéri, en déchargeant Courtois de cette amende encourue d'après ledit art. 44, a fait une fausse application de l'art. 61 :

» La cour casse, etc. » (Article 2684 du J.)

En conséquence, la prescription sur cet objet rentre dans le droit commun, et ne s'acquiert que par trente ans. Décision du minist. des fin., du 7 juin 1808. Nomb. 25 de l'Inst. gén. du 29 du même mois, n°. 586.

2. Autre arrêt de la cour de cassation, du 6 mars 1809, portant :

« Attendu qu'il est de principe général que les actions ne sont éteintes que par la prescription de trente ans; que les prescriptions d'une moindre durée sont des exceptions que l'on ne peut invoquer qu'autant qu'elles sont établies par le texte précis d'une loi;

» Que l'art. 61 de la loi du 22 frim. an 7, qui a établi des prescriptions de deux, de trois et de cinq ans, ne s'applique qu'au cas où il s'agit d'un droit non perçu, sur une disposition particulière d'un acte présenté à l'enregistrement, d'un supplément de perception insuffisamment faite, d'une fausse évaluation ou d'une omission de biens dans une déclaration, de la restitution d'un droit perçu, ou enfin de succession non déclarée;

» Que cet article 61 ne parlant pas des poursuites relatives à des amendes encourues pour défaut d'inscription sur son répertoire d'actes reçus par un notaire, le tribunal civil de Castres a fait, dans l'espèce, une fausse application dudit article :

» La cour casse, etc. » (Art. 3231 du J.)

3. Pour les amendes dont l'administration peut, pendant trente ans, demander le paiement, les parties doivent jouir du même délai pour réclamer la restitution de celles de ces amendes qu'elles croiraient avoir indûment acquittées. Il faut cependant observer que le délai de trente ans ne peut concerner que les amendes qui auraient été payées *de gré à gré*, ou en vertu *de simples contraintes ;* mais que, pour les amendes dont le paiement aurait eu lieu en vertu *de jugement signifié*, la faculté d'en faire ordonner la restitution, s'éteint avec celle d'attaquer les jugemens par appel ou recours en cassation, et elle ne peut par conséquent durer plus de trois mois. Décis. du min. des fin. Nomb. 3 de l'Inst. gén. du 23 mars 1809, n°. 424.

4. Il y a exception aux principes ci-dessus pour les amendes résultant de *contraventions dont les préposés ont eu connaissance* par l'enregistrement des actes. Avis du Conseil d'Etat, du 18 août 1810 :

Le Conseil d'Etat a considéré, 1°. « que la loi du 22 frim. an 7 ne contient aucune disposition expresse pour la prescription des amendes; mais que, d'un autre côté, l'art. 64 de la même loi n'a établi, pour le recouvrement des amendes et des droits, qu'une seule et même voie, celle de la contrainte ; que cette uniformité dans le recouvrement, et par une voie aussi directe que celle de la contrainte, annonce que l'intention du législateur a été d'assimiler les amendes aux droits, en ce qui peut concerner leur prescription, puisque la prescription est un des moyens qui peuvent empêcher le recouvrement; qu'à l'exception de quelques cas particuliers, le préposé est averti de la contravention par les actes soumis à la formalité de l'enregistrement, et que rien ne s'oppose alors à ce qu'il poursuive le paiement de l'amende dans les délais prescrits par l'art. 61 de la loi;

2°. » Que, d'après le §. 7 de l'art. 7, et le §. 3 de l'art. 8 de la loi du 22 pluviose an 7, les contraventions et poursuites, en

exécution de cette loi, sont soumises aux mêmes règles que celles prescrites par la loi du 22 frim., et que conséquemment il ne peut exister de différence entre les amendes prononcées par ces deux lois. »

D'après ces motifs, le Conseil d'Etat a été d'avis

« Que, toutes les fois que les receveurs de l'enregistrement sont à portée de découvrir, par des actes présentés à la formalité, des contraventions aux lois des 22 frim. et 22 pluviose an 7, sujettes à l'amende, ils doivent, dans les deux ans de la formalité donnée à l'acte, exercer des poursuites pour le recouvrement de l'amende, à peine de prescription. »

On voit que les dispositions de cet avis sont spéciales pour les amendes résultant des lois des 22 frim. et 22 pluviose an 7, et qu'ainsi l'on ne serait pas fondé à les invoquer pour les amendes prononcées par d'autres lois.

Mais pour que le trésor public n'ait point à souffrir de la brièveté du délai de deux ans, il est nécessaire que les receveurs apportent la plus sérieuse attention à la lecture des actes qu'ils doivent enregistrer, afin de pouvoir immédiatement relever avec exactitude les contraventions aux deux lois citées, que ces actes leur donnent les moyens de découvrir. Inst. gén. du 22 sept. 1810, n°. 491.

§. 8. *Des poursuites qui interrompent la prescription, et de l'interruption des poursuites.*

1. Après avoir réglé le délai de la prescription pour les cas y déterminés, l'art. 61 de la loi du 22 frim. an 7 ajoute :

« Les prescriptions ci-dessus seront suspendues par des demandes signifiées et enregistrées avant l'expiration des délais, mais elles seront acquises irrévocablement si les poursuites commencées sont interrompues pendant une année, sans qu'il y ait d'instance devant les juges compétens, quand même le premier délai pour la prescription ne serait point expiré. »

2. Il résulte de ces dispositions, que la prescription est suspendue par des poursuites, et qu'elle naît de l'interruption de ces poursuites ; mais, pour que l'interruption des poursuites donne lieu à la prescription, deux conditions sont requises : la première, que cette interruption ait duré pendant une année, et la seconde qu'il n'y ait pas d'instance devant les juges compétens.

3. Mais quand l'instance est-elle réellement formée? C'est ce que la loi n'a pas expliqué.

D'après l'art. 64, l'exécution des contraintes ne peut être interrompue que par une opposition formée par le redevable, avec assignation à jour fixe devant le tribunal de première instance, et l'instruction doit se faire par simples mémoires respectivement signifiés.

L'instance est donc certainement formée lorsqu'il y a eu un mémoire de la part de la régie ou du redevable.

4. Peut-on dire la même chose lorsque le redevable ayant formé opposition, avec assignation à jour fixe devant le tribunal, il n'y a pas eu de mémoire signifié de la part d'aucune des parties?

Cette question ayant été soumise au conseil d'administration, il a été d'avis que l'assignation de la partie opposante à jour fixe devant le tribunal civil, introduit et forme l'instance. (Art. 1926 du J.)

5. L'opposition motivée faite par un redevable à une contrainte, avec assignation, suffit pour lier l'instance. Déc. du min. des fin., du 10 janvier 1809. (Art. 3106 du J.) Et, conséquemment, à compter de ce jour, il n'y a plus prescription.

6. Le recours à l'autorité des ministres ou de l'administration, ne constitue point une *instance* et n'interrompt point la prescription ; il ne dispense pas les receveurs de faire signifier, avant l'expiration du délai, la demande des droits pour lesquels des surséances auraient été accordées, et de la faire renouveler par le ministère d'huissier avant l'expiration d'un an, à compter de la dernière signification. Inst. gén. du 11 vent. an 12, n°. 208.

7. On avait pensé que l'administration pouvait soutenir, devant les tribunaux, que les redevables qui se sont pourvus administrativement, ne sont pas fondés à opposer la prescription, faute de poursuites dont ils auraient *demandé la suspension.* Cette opinion n'a point fixé la jurisprudence. En conséquence, le ministre des finances, pour prévenir toutes difficultés sur l'effet que peuvent produire, relativement à la prescription, les réclamations des particuliers, et pour conserver, à l'administration et aux redevables, cette protection que la loi du 22 frim. accorde également, a décidé, le 12 février 1811, « que l'art. 61 de cette loi recevra littéralement, et dans tous les cas, son exécution ; qu'en conséquence, les préposés feront les poursuites conservatoires avant l'expiration des délais fixés par cet article, soit que les redevables se soient ou non pourvus administrativement ; qu'aucune restitution ne pourra être faite aux parties qu'autant qu'elles auront interrompu la prescription par les moyens voulus par la loi ; enfin, que chaque solution particulière autorisant un sursis, rappellera expressément aux redevables que les poursuites ordonnées par la loi, n'en seront pas moins exercées contre eux dans les délais qu'elle prescrit. » Inst. gén. du 21 fév. 1811, n°. 599.

8. Sur la question de savoir si les poursuites faites en tems utile par un receveur, pour obtenir un supplément de droits, quoique, d'après une nouvelle liquidation, il y eût lieu à une restitution, interrompent la prescription tant pour le trésor que pour les parties qui n'ont demandé la restitution qu'après le délai. Arrêt de la cour de cassation, du 30 mars 1808, portant que « l'interruption civile de la prescription ne profite qu'à celui qui la forme, et qu'ainsi, l'action de la régie n'a pu conserver celle

que l'on pouvait avoir contre elle. » Cet arrêt annulle un jugement du tribunal de Toulouse, qui avait décidé que l'acte qui interrompt la prescription contre une partie, l'interrompt également à son profit. Nomb. 2 de l'Inst. gén. du 23 mars 1809, n°. 424.

9. La même question a été décidée par le grand-juge, le 30 août 1808, en ces termes :

« Il n'y a point d'équivoque dans les dispositions de l'art. 61 de la loi du 22 frim. an 7 : une action en supplément de droits ne peut être admise après deux ans ; une demande en restitution ne peut l'être non plus après le même délai.

» Quand l'une des parties forme son action en tems utile, sa diligence ne peut ni ne doit profiter à l'autre qui ne fait connaître sa prétention qu'après la prescription acquise.

» La demande en restitution, formée après le délai, n'est pas une simple exception contre la demande en supplément de droits, c'est une action véritable, distincte et séparée ; une exception peut bien faire tomber une demande, mais ne peut servir à en établir une autre sans devenir elle-même une action qui doit, pour avoir son effet, être intentée en tems utile.

» Ce n'est pas l'action de la régie qui produit par elle-même l'exception que le redevable veut mettre en usage. L'action en restitution en est indépendante : il faut donc reconnaître, dans l'espèce dont il s'agit, deux actions qui, séparément, peuvent être conservées ou prescrites.

» Pour interrompre la prescription, il faut un acte de la part de celui qui veut l'empêcher.

» L'interruption civile se forme par une citation en justice, un commandement ou une saisie signifiée à celui qu'on veut empêcher de prescrire. Art. 2244 du C. N.

» Il fallait donc, dans l'espèce, un acte signifié par le redevable, avant que son droit en restitution fût éteint. » (Article 3051 du J.)

10. Enfin, le ministre des finances a également décidé, le 24 septemb. de la même année, que toute action étant personnelle, l'interruption au profit de l'administration résultant des poursuites particulières qu'elle a faites, ne peut empêcher que cette prescription ne soit acquise contre les parties qui ont négligé, dans les délais prescrits, de la faire cesser. Nomb. 2 de l'Inst. gén. du 23 mars, n°. 424.

11. Des poursuites nulles ne peuvent suspendre la prescription ; mais la partie ne peut se prévaloir de ces poursuites, si elles sont les premières, pour prétendre que la prescription est acquise dans le cas où il y aurait eu une interruption pendant plus d'un an : il suffit que ces poursuites soient frappées de nullité, pour qu'aucune des parties ne puisse en exciper. Les droits respectifs sont dans le même état que si elles n'eussent pas existé. (Art. 2482 du J.)

Par ces mots, *les prescriptions ci-dessus*, l'on ne peut entendre que celles désignées aux nomb. 1, 2 et 3 de cet article 61 ; d'où il suit que la prescription relative à la demande des droits des actes civils publics, des actes judiciaires sujets à la formalité sur la minute, et des actes sous seing-privé translatifs de propriété ou d'usufruit de biens immeubles, non enregistrés, étant la même que pour les actions civiles, c'est-à-dire de trente années, par une suite nécessaire, l'interruption des poursuites pendant un an, n'entraîne aucune prescription, et ces poursuites peuvent être reprises et continuées, comme s'il s'agissait d'une affaire entre particuliers, c'est-à-dire pendant trente ans, à compter du jour de la signification de la contrainte contenant commandement de payer. (Art. 1571 du J.)

§. 9. *De la renonciation à une prescription acquise.*

La renonciation à une prescription acquise n'influe en rien sur la perception des droits ; si elle est renfermée dans la quittance de la dette prescrite, il ne peut être exigé que le seul droit de libération ; si elle est faite par acte séparé et particulier, la justice s'oppose à ce qu'on la considère comme une nouvelle obligation sujette au droit proportionnel : c'est un titre nouvel assujetti seulement au droit fixe de 1 f. ; de même, s'il s'agit de la prescription d'un fonds, la renonciation de l'usurpateur est une confirmation de la propriété de celui qui en avait été dépouillé, et non une nouvelle mutation assujettie au droit proportionnel : cette renonciation s'identifiant avec le renvoi en possession, il n'est dû pour le jugement qui la prononce, que le droit fixe de 3 f. (Art. 1918 du J.)

§. 10. *On peut recevoir des droits prescrits ; et, lorsqu'ils sont payés, ils ne sont pas restituables.*

L'administration, comme tout autre créancier, peut demander, sans toutefois diriger de poursuites, le paiement des droits prescrits ; et jamais un créancier ne doit être blâmé de n'avoir pas prévenu son débiteur qu'il pouvait invoquer la prescription.

Lorsque le droit a été acquitté, la restitution n'en est pas admissible. D'après Pothier, la simple reconnaissance de la dette couvre et abolit la prescription : à plus forte raison doit-on le dire du paiement qui serait fait de la dette, depuis le tems de la *prescription accomplie.*

Celui qui paie, quoiqu'après le tems de la prescription accomplie, est donc censé payer ce qu'il doit, et il ne peut le répéter. (Art. 1370 du J.)

PRÉSENTATION. Actes qui se levaient aux greffes des tribunaux, mais qui n'ont plus lieu, aux termes du Code de Procédure civile. L'article 16 de la loi du 27 ventose an 9, les avait soumis au droit fixe de 1 f. sur les minutes ou originaux, dans le délai de vingt jours, à peine du double droit.

PRESTATION *de serment* est un acte par lequel on promet, par serment, en justice ou devant un juge, de bien remplir les fonctions d'un emploi ou d'une commission.

1. Les employés de l'administration de l'enregistrement, les gardes forestiers, les experts et tous autres qui, à raison de leurs emplois ou fonctions, sont assujettis par les lois à une prestation préalable de serment, sont autorisés, lorsqu'ils ne résident pas dans la commune ou le tribunal de première instance est établi, à prêter leur serment devant le juge de paix de l'arrondissement dans lequel ils sont domiciliés pour leurs fonctions ou leur commission, à la charge d'envoyer aussitôt, au greffe du tribunal, l'extrait de leur prestation de serment. Loi du 16 thermid. an 4. Circul. de l'administration, du 4 fructid. an 4, n°. 936.

2. Cet extrait ne peut être délivré qu'après que l'acte a été soumis à la formalité de l'enregistrement, et doit en faire mention. Le dépôt qui en est fait s'inscrit au greffe du tribunal, s'enregistre sur la minute, et acquitte le droit fixe de 2 f. Circul. de l'adm., du 3 ventose an 7, n°. 1500.

3. Les prestations de serment des fonctionnaires publics et employés, sont des actes individuels pour chacun desquels il est dû un droit d'enregistrement particulier, soit qu'elles soient constatées plusieurs ensemble par un seul et même procès-verbal, ou par autant de procès-verbaux qu'il y a d'individus assermentés, parce que, quelle que soit la nature des fonctions qui nécessitent cette formalité, elle est, dans tous les cas, un acte personnel à celui qui la remplit : ainsi décidé par le ministre des finances, le 7 pluviose an 8, à l'occasion d'un acte judiciaire portant réception du serment de plusieurs gardes nommés pour le même territoire. Circ. de l'adm., du 14 germ. an 8, n°. 1798.

4. Autre Décision du minist., du 24 vendémiaire an 9, qui statue également que

les droits sont dus individuellement, lors même qu'il n'a été rédigé qu'un seul acte du serment de plusieurs notaires, sous prétexte qu'ils y auraient été admis sur un seul appel nominal. Nomb. 49 de l'Inst. gén. du 3 fruct. an 13, n°. 290.

5. Les prestations de serment des employés des contributions directes, des droits réunis et autres, qu'elles soient faites devant les tribunaux, ou entre les mains des préfets ou sous-préfets, sont passibles du droit d'enregistrement. Nomb. 50 de la même Inst.

6. La prestation d'un nouveau serment doit avoir lieu, lorsqu'un préposé de l'administration passe à un grade supérieur à celui dont il était pourvu, parce qu'alors ses fonctions n'étant plus les mêmes, et devenant d'ailleurs plus importantes et plus étendues, il doit, à l'administration et au public, une nouvelle garantie; mais un second serment n'est pas nécessaire, si les préposés changent de résidence, sans passer à un grade supérieur; il importe néanmoins que la nouvelle autorité, dans le ressort de laquelle les employés sont appelés à continuer leurs fonctions, soit instruite de la prestation de serment; et, à cet effet, les actes qui la constatent doivent être enregistrés au greffe du nouveau tribunal, ainsi qu'il s'observe, conformément à la loi du 22 août 1791, à l'égard des préposés de l'administration des douanes. Décis. du min. des fin., du 6 pluv. an 13. Inst. gén. du 17 du même mois, n°. 269.

Le tribunal, d'après cette décision, devant, dans le cas prévu, avoir seulement connaissance de la première prestation de serment, il suffit, pour atteindre ce but, que le greffier se borne à constater, sur le registre d'audience à la date courante, le nom du préposé, la nature de ses fonctions, la date de la prestation de serment, ainsi que l'indication du tribunal devant lequel elle a eu lieu, et que cet officier fasse, sur la commission de l'employé, une simple mention d'enregistrement existant sur le re-

gistre : cette double annotation ne pouvant être considérée que comme une précaution d'ordre public, ne donne ouverture à aucun droit d'enregistrement ou de greffe, et doit, conformément à l'article 15 de la loi du 22 août 1791, avoir lieu *sans frais.* Décision du ministre, du 30 mai 1809. Instruction gén. du 6 juillet suivant, n°. 438.

7. L'acte de prestation de serment d'un garde champêtre, ne peut être écrit au bas de l'expédition de l'arrêté de sa nomination. Déc. du min. des fin., du 18 mess. an 8. (Art. 529 du J.)

8. Les actes de prestation de serment sont soumis à l'enregistrement sur la minute, dans les vingt jours de leur date, à peine du double droit. Art. 14 de la loi du 27 vent. an 9.

9. Il y a des prestations de serment qui doivent le droit fixe de 15 f.; d'autres celui de 3 f. ou seulement de 1 f.; d'autres, enfin, qui sont déclarées exemptes de la formalité : nous allons, par des paragraphes, suivre cette division.

§. 1er. *Actes de prestation de serment sujets au droit fixe de 15 f.*

Sont soumis au droit fixe de 15 f. les actes de prestation de serment,

1. Des *arpenteurs des forêts impériales.* Déc. du min. des fin., du 10 mess. an 10. Nomb. 45 de l'Inst. gén. du 3 fruct. an 13, n°. 290. (Art. 1246 du J.)

2. Des *avocats, avoués* et *défenseurs officieux,* pour entrer en fonctions. Art. 14 de la loi du 27 ventose an 9. Arrêt de la cour de cassation, du 19 therm. an 13. Déc. imp. du 31 mai 1805. Inst. gén. du 5 juillet suiv., n°. 550. (Art. 2151 du J.) — Voyez ci-après, §. 3, n°. 2.

Le droit de 15 francs est dû sur les prestations de serment des avocats et avoués pour entrer en fonctions auprès des tribunaux actuels, lors même que ces officiers auraient été assermentés devant les parlemens et autres cours et tribunaux supprimés. Déc. du min. des fin., du 29 août 1809. (Art. 5502 du J.)

3. Des *commis greffiers* des tribunaux de première instance, de commerce, et des cours impériales ou d'appel. Solution de l'adm., du 22 nivose an 10. (Article 1059 du J.)

Arrêt de la cour de cassation, du 17 fév. 1806, dont voici le dispositif :

« La cour, vu l'art. 2 du tit. 7 de la loi du 24 août 1790, sur l'organisation judiciaire ; l'article 26 de la loi du 19 vendém. an 4 ; l'article 15 de la loi du 21 ventose an 7 ; les art. 5 et 68, §. 6, n°. 4 de la loi du 22 frim. an 7, et enfin l'art. 14 de la loi du 27 vent. an 9 ;

» Considérant que, d'après les dispositions des lois d'août 1790, vendém. an 4 et ventose an 9, ci-dessus citées, les commis greffiers sont tenus de prêter serment devant les tribunaux près desquels ils exercent leurs fonctions ;

» Que cette prestation de serment est un acte ayant les caractères déterminés par l'art. 5 de la loi du 22 frim. an 7, pour être soumis à un droit fixe d'enregistrement ;

» Que ce droit est réglé par l'art. 68, § 6, n°. 4 de la même loi, qui, relativement aux prestations de serment dont il y est parlé, ne fait aucune distinction entre les greffiers en chef et greffiers commis ;

» Que l'art. 14 de la loi du 27 ventose an 9, qui soumet à un droit d'enregistrement les actes de prestation de serment des avoués et gardes des barrières, n'exempte pas de ce droit les actes de même nature qui y étaient sujets, en vertu des lois précédentes ;

» D'où il suit qu'en déchargeant le défendeur de la demande de la régie, en paiement du droit d'enregistrement de l'acte de serment que ledit défendeur avait prêté en qualité de commis greffier, le jugement dénoncé a violé les dispositions susdites de la loi du 22 frim. an 7, et faussement appliqué celles de l'art. 14 de la loi du 27 vent. an 9 :

» Casse le jugement du tribunal de première instance de Montpellier. » (Art. 2278 du J.)

Indépendamment du droit de 15 f. payé par un commis greffier, il est dû un pareil droit pour la nouvelle prestation de serment, s'il est ensuite nommé greffier en chef. Arrêt de la cour de cassation, du 21 janv. 1806, qui annulle un jugement du tribunal de Montpellier, du 17 mess. an 12. (Art. 2381 du J.)

4. Des *commissaires des poudres et salpêtres.* (Art. 5264 du J.)

5. Des *concierges des maisons d'arrêt et des prisons*, lors mêmes qu'elles sont faites devant l'autorité administrative, ces agens étant salariés des deniers publics, et ne pouvant être assimilés qu'aux huissiers des cours criminelles. Déc. du minist. des fin., du 12 août 1806. Nomb. 16 de l'Inst. gén. du 22 fév. 1806, n°. 366. (Art. 2365 du J.)

6. Des *directeurs, inspecteurs, contrôleurs* et *receveurs des contributions directes.* Décis. du minist. des fin., des 3, 10, 17 vendém., 29 brum., 14 nivose et 3 floréal an 13. Les préfets peuvent continuer de recevoir les minutes des actes de l'espèce, sur des registres ou cahiers en papier timbré, à charge de les faire enregistrer dans les vingt jours de leur date. Nomb. 53 et 54 de l'Inst. gén. du 3 fruct. an 13, n°. 290. (Art. 2331 du J.)

Il a été accordé un délai, jusqu'au 1er ventose an 13, pour l'enregistrement sans double droit. Les droits en sus, perçus antérieurement, sont restituables. Déc. du 7 ventose an 13. Circul. du 25 du même mois.

7. Des *greffiers* et *huissiers* des tribunaux de première instance, de commerce et des cours criminelles. Art. 68, §. 6, n°. 4 de la loi du 22 frim. an 7. Cette disposition s'applique aux greffiers des cours d'appel comme à ceux des tribunaux de première instance. Décis. du min. des fin., du 20 fruct. an 10. Nomb. 44 de l'Inst. gén. du 3 fruct.

an 13, n°. 290. Le serment d'un huissier audiencier, qui l'a déjà prêté en qualité d'huissier ordinaire près le même tribunal, est sujet à un nouveau droit fixe de 15 f. (Art. 2233 du J.)

8. Des *ingénieurs des ponts et chaussées.* Décis. du min. des fin., du 4 therm. an 13. Nomb. 59 de l'Inst. gén. du 3 fruct. suiv., n°. 290. — Voyez §. 2, n°ˢ. 1 et 4 ci-après.

9 Des *inspecteurs* et *sous-inspecteurs des chasses* établis par le gouvernement. Décision du minist. des fin., du 10 floréal an 13. Nomb. 46 de l'Inst. gén. du 3 fructid. an 13, n°. 290. (Article 2016 du J.)

10. Des *notaires.* Art. 68, §. 6, n°. 4 de la loi du 22 frim. an 7. Les prestations de serment que les anciens notaires ont dû prêter, aux termes de la loi du 25 ventose an 11, sur l'organisation du notariat, étaient passibles du droit de 15 f., indépendamment de ceux qu'ils avaient acquittés sur leur précédente prestation. Décision du minist. des fin., du 24 vend. an 13. Nomb. 49 de l'Inst. gén. du 3 fruct. suivant, n°. 290.

11. Des *préposés et employés salariés par le gouvernement,* autres que ceux dénommés au § suiv. Même article 68 de la loi.

12. Des *préposés des douanes,* à l'exception de ceux d'un grade inférieur à celui de contrôleur exclusivement. Décision du minist. des fin., du 12 août 1806. Nomb. 17 de l'Inst. gén. du 22 fév. 1808, n°. 366. (Art. 2365 du J.) — Voyez le §. suivant, n°. 2.

13. Des *préposés des droits réunis,* quels que soient leur grade et leur dénomination, autres que les simples commis aux exercices à pied, et les buralistes dont le traitement n'excède pas 500 f. Déc. du minist. des fin., du 25 novemb. 1806. Inst. gén. du 8 janv. 1807, n°. 323. (Article 2449 du J.)

14. Des *professeurs des écoles de droit*

qui sont salariés par le gouvernement, comme employés à l'instruction publique. (Art. 2477 du J.)

15. Des *surnuméraires de l'enregistrement* chargés de l'intérim d'un bureau en cas de vacance par mort ou destitution. Solut. du 26 fructid. an 11. (Article 1560 du J.)

16. *En principe général,* la perception doit se faire à raison de 15 f. pour tous les emplois non susceptibles d'être assimilés à ceux sujets seulement au droit de 3 f., quoique les emplois n'aient été créés que depuis la loi du 22 frim. an 7. Comme elle porte sur tous les actes et conventions qui peuvent avoir lieu, elle embrasse nécessairement l'avenir comme le présent. Décis. du min. des fin., du 8 prair. an 8. (Art. 482 du J.)

§. 2. *Actes de prestation de serment sujets au droit fixe de 3 f.*

Il est dû le droit fixe de 3 f. pour les prestations de serment,

1. Des *agens des ponts et chaussées et de la navigation,* chargés de constater les contraventions en matière de grande-voierie. Déc. du min. des fin., du 2 août 1808. Nomb. 7 de l'Inst. gén. du 30 sept. suiv., n°. 400.

2. Des *capitaines, lieutenans, sous-lieutenans de brigade, gardes et autres préposés des* DOUANES, de grade inférieur à celui de contrôleur exclusivement. Déc. du min. des fin., du 20 vendém. an 11. Nomb. 47 de l'Inst. gén. du 5 fructid. an 13. n°. 290, et Nomb. 17 de celle du 22 fév. 1808, n°. 366. (Art. 1291 du J.)

3. Des *commis aux exercices à pied de la* RÉGIE DES DROITS RÉUNIS, et des *buralistes,* lorsque le traitement de ceux-ci n'excède pas 500 f. Décis. du minist. des fin., des 1ᵉʳ. complément. an 12 et 25 novemb. 1807. Inst. gén. du 3 fructid. an 13, n°. 290, et Inst. gén. du 8 janv. 1807, n°. 323. Mais, lorsque ces préposés passent à un emploi supérieur, ils ne peuvent se dispen-

ser de prêter un second serment à raison de leurs nouvelles fonctions, ni de payer sur cet acte 15 f. Au surplus, une fois ce dernier serment prêté, ces employés, quelque grade qu'ils obtiennent dans la régie des droits réunis, paraissent devoir ne plus être tenus de renouveler cette formalité, ni d'acquitter de nouveaux droits d'enregistrement. Déc. du min. des fin., des 31 mai et 5 juillet 1808. Nomb. 8 de l'Inst. gén. du 30 sept. 1808, n°. 400.

4. Des *conducteurs des travaux des ponts et chaussées.* Déc. du min. des fin., des 4 therm. an 13 et 2 août 1808. Nomb. 59 de l'Inst. gén. du 3 fruct. an 13, n°. 290, et nomb. 7 de celle du 30 sept. 1808, n°. 400.

5. Des *gardes forestiers* et des *gardes champêtres.* Art. 68, §. 3, n°. 3 de la loi du 22 frim. an 7.

Lorsque les gardes passent d'une forêt et même d'une conservation à une autre, ils ne sont pas assujettis à un nouveau serment : il suffit, dans ce cas, qu'ils fassent enregistrer la nouvelle commission avec l'acte du serment qu'ils ont prêté pour la première fois devant un autre tribunal ; mais, si un garde particulier était nommé garde impérial, il faudrait qu'il prêtât un nouveau serment, et il en serait de même de *tous les agens* de l'administration forestière, qui passeraient à une place supérieure à celle pour laquelle ils auraient été assermentés. Lett. du minist. des fin. aux administrateurs des forêts, du 28 vent. an 13. (Art. 1107 du J.)

6. Les gardes forestiers qui ont prêté serment en cette qualité, doivent en prêter un nouveau lorsqu'ils obtiennent une commission de garde-champêtre, surtout si leurs dernières fonctions s'étendent dans une commune qui n'est pas de l'arrondissement du tribunal où ils ont prêté serment en qualité de gardes des forêts : l'acte de prestation du nouveau serment est passible du droit. (Art. 2105 du J.)

7. Des *gardes du génie.* La loi a ran-

gé ces gardes dans la classe de ceux institués pour la conservation des propriétés nationales et particulières. (Art. 2604 du J.)

8. Des *greffiers* et *huissiers des justices de paix.* Art. 68, §. 3, n°. 3 de la loi du 22 frim. an 7.

9. Cependant, les prestations de serment des citoyens qui remplissent provisoirement les fonctions de greffiers des juges de paix, ne sont passibles que du droit fixe de 1 f., les prestations de serment de cette espèce ne sont dénommées dans aucune autre disposition de la loi. Décis. du minist. des fin., du 11 vendém. an 12. (Article 1584 du J.)

10. Des *gendarmes.* — Voyez ci-après, n°. 17.

11. Des *percepteurs de rentes foncières* dans les quatre départemens de la rive gauche du Rhin. Règlement du min. des fin., du 14 nov. 1806.

12. Des *porteurs de contrainte.* Décis. du min. des fin., du 3 floréal an 13. Nomb. 55 de l'Inst. gén. du 3 fructid. suiv., n°. 290.

13. Des *préposés au mesurage des sels,* comme étant commissionnés par les directeurs des douanes et censés employés de cette administration. Décis. du minist. des fin., du 18 octob. 1808. (Article 3043 du J.)

14. Des *préposés de la régie des sels et tabacs,* dont les appointemens tant en rétribution fixe que casuelle, n'excedent pas 500 f. Ceux dont le traitement excede 500 f., doivent acquitter le droit de 15 f. Déc. du min. des fin., du 5 juillet 1809. (Article 3294 du J.)

15. Des *préposés des octrois en général.* Art. 138 du déc. imp. du 17 mai 1809. (Art. 3263 du J.)

16. Des *secrétaires des mairies* et *gardes champêtres faisant les fonctions de préposés de l'octroi dans les communes rurales.* Décis. du minist. des finances, du 16 vend. an 14. Circ. du 3 brum. suiv.

On ne peut exiger qu'un seul droit de 3 f. sur la prestation de serment d'un individu nommé en même tems garde champêtre et préposé de l'octroi; mais, s'il y a deux actes séparés de prestation pour l'une et l'autre de ces deux fonctions, il est dû un droit particulier de 3 f. sur chacun de ces deux actes qui constate l'accomplissement de cette formalité. Décis. du min. des fin., du 28 novemb. 1809. (Art. 5435 du J.)

17. Des *sous-officiers de gendarmerie,* et des *gendarmes*, chargés de constater les contraventions en matière de grande-voirie, en observant toutefois que les gendarmes qui, à raison de leurs autres fonctions, auraient prêté serment, sont dispensés de cette formalité. Décis. du minist. des fin., du 2 août 1808. Nomb. 7 de l'Inst. gén. du 30 sept. 1808, n°. 400. (Article 2965 du J.)

§. 3. *Actes de prestation de serment sujets au droit fixe de 1 f.*

Il y a lieu au droit fixe de 1 f. pour les prestations de serment, savoir,

1. Des *agens provisoires nommés dans une faillite :* il n'est dû qu'un seul droit s'ils prêtent ensemble le serment, et s'il n'est rédigé qu'un seul acte. (Art. 2956 du J.)

2. Des *avocats* et *avoués*, en exécution de l'art. 31 de la loi du 22 ventose an 12 sur les écoles de droit, et qui ont précédemment prêté serment pour entrer en fonctions. Arrêt de la cour de cassation, du 24 fév. 1808, dont voici les motifs :

« Attendu que les actes de prestation de serment soumis au droit fixe de 15 f., et auxquels sont assimilés, par la loi du 27 ventose an 9, les sermens des avoués, sont taxativement les sermens prêtés *pour entrer en fonctions*, ainsi qu'il est dit dans l'article 68, §. 4, n°. 4 de la loi de frimaire an 7 ;

» Attendu que le serment prêté par Fra-

gerays, en exécution de la loi du 22 vent. an 12, n'avait pas cet objet, puisque le tribunal auprès duquel il exerce, avait reçu son serment d'admission, serment pour lequel avait été payé le droit d'enregistrement auquel était alors soumise la prestation d'un semblable serment ;

» Attendu que l'arrêt du 19 thermid. an 13, sur lequel le receveur de l'enregistrement a voulu motiver la contrainte du 5 juin 1806, est intervenu dans une espèce où les juges avaient refusé d'adjuger toute espèce de droit d'enregistrement, même le droit fixe de 1 f. qui est dû pour tout acte judiciaire, lorsqu'il n'appartient pas à une classe particulière ; tandis que le tribunal de Lorient a fait une exacte application des lois sur la matière, lorsqu'en déchargeant l'opposant de la contrainte pour le droit fixe de 15 f., il l'a néanmoins condamné à payer le droit fixe de 1 f., auquel se trouvait soumis l'acte de prestation de serment du 21 floréal an 12, considéré comme simple acte judiciaire : rejette, etc. » (Art. 2922 du J.) Décis. du minist. des fin., du 30 août 1808, qui consacre le même principe. Circ. du 7 nov. suiv.

3. Des *courtiers de change et de marchandises*, dans les places de commerce. (Art. 502 du J.)

4. Des *experts*. La prestation de serment étant un acte individuel, la pluralité des droits a lieu si plusieurs experts ont prêté serment, lors même qu'il n'a été rédigé qu'un seul acte. (Art. 1537 et 1681 du J.)

Au surplus, voyez le n°. 2 du §. suiv.

5. Des *gardes ventes* dans les bois de l'Etat. Ce sont de simples agens des adjudicataires, remplissant momentanément des fonctions de surveillance pour lesquelles ils ne reçoivent aucun traitement ni indemnité du trésor public. Circ. du 12 sept. 1808. (Art. 2838 du J.)

6. Des *gardes des particuliers*. Quand même le garde qui prête le serment, serait commissionné par plusieurs propriétaires, il n'y a qu'un seul acte, qu'une prestation

65 *

de serment qui est moins une prestation relative à ceux qui ont commissionné, qu'une garantie donnée au public : il n'est dû qu'un seul droit. (Article 2494 du J.)

Il n'est pas nécessaire de renouveler le serment, lors même qu'il y aurait mutation des héritages, et que le garde recevrait commission du propriétaire actuel. (Art. 1087 du J.)

7. Des *interprètes des langues étrangères.* Décis. du minist. des fin., du 12 thermid. an 12. Nomb. 48 de l'Inst. gén. du 3 fructid. an 13, n°. 290. (Art. 1802 du J.)

8. Des *pharmaciens*, lorsqu'elle est faite devant les préfets, en exécution de l'art. 16, tit. 5 de la loi du 21 germ. an 12. (Article 1856 du J.)

9. Des *surnuméraires de l'enregistrement*, lorsqu'ils font l'intérim d'un bureau, pour cause de maladie ou absence du receveur. Solut. de l'adm., du 26 fruct. an 11. (Art. 1560 du J.)

10. Des *surnuméraires des contributions directes.* Déc. du min. des fin., du 25 juill. 1809. (Art. 3303 du J.)

§. 4. *Actes de prestation de serment, exempts de la formalité de l'enregistrement.*

Sont dispensés de la formalité de l'enregistrement, les prestations de serment,

1. Des *commis et contrôleurs temporaires de la régie des droits réunis*, chargés de procéder aux inventaires des vins et autres boissons, attendu que ces agens, dont la rétribution modique est bornée dans la proportion du tems de leur exercice, ne peuvent être assimilés aux employés attachés à la régie, et qui jouissent d'un traitement annuel. Décis. du minist. des fin., du 10 fruct. an 12. Nomb. 51 de l'Inst. gén. du 3 fruct. an 13, n°. 290.

2. Des *experts*, lorsqu'elles sont faites par le procès-verbal d'expertise ou de visite, dans les cas prévus par l'art. 42 du C. de P. C. Déc. du min. des fin., du 13 juin

1809. Nomb. 7 de l'Inst. gén. du 4 juillet suiv., n°. 456.

3. Des *commissaires de police.* Déc. du min. des fin., du 4 therm. an 13. Nomb. 58 de l'Inst. gén. n°. 290.

4. Des *juges de paix*, des *juges des tribunaux et des cours*, et des *procureurs impériaux près ces tribunaux.* Déc. du min. des fin., des 28 ventose, 8 germinal, 28 floréal et 19 prairial an 10. Nomb. 45 de la même Instruct. (Articles 695 et 1153 du J.)

5. Des *membres de la Légion d'Honneur :* leur serment est à la fois civique et militaire. Sol. de l'adm., du 13 pluv. an 12. (Art. 1658 du J.)

6. Des *préfets, sous-préfets, membres du conseil de préfecture et de département*, et des *secrétaires généraux de préfecture.* Déc. du minist. des fin., du 8 pluv. an 9. (Art. 728 du J.)

7. Des *présidens des colléges électoraux de département et d'arrondissement.* (Art. 1634 du J.)

8. Tout serment politique est d'administration publique : par cette raison, il est exempt de la formalité et du droit d'enregistrement. Décis. du min. des fin., du 3 floréal an 13. Nomb. 56 de l'Inst. gén. n°. 290.

9. Les prestations de serment de fidélité à la constitution et au gouvernement, sont aussi exemptes de l'enregistrement. Déc. du minist. des fin., des 28 floréal an 9 et 20 fruct. an 12, et du grand-juge, des 14 vend. et 30 brum. an 13. Nomb. 57 de la même Inst. (Art. 826 et 1972 du J.)

PRÊT. Le Code Napoléon reconnaît deux sortes de prêt : celui des choses dont on peut user sans les détériorer, et celui des choses qui se consomment par l'usage qu'on en fait.

La première espèce s'appelle prêt à usage ou commodat ; la seconde s'appelle prêt de consommation, ou simplement prêt. Art. 1874 du Code.

Le prêt à usage ou commodat, est un

contrat par lequel l'une des parties livre une chose à l'autre pour s'en servir, à la charge, par le preneur, de la rendre après s'en être servi. Art. 1875.

Ce prêt est essentiellement gratuit. Art. 1876. Le prêteur demeure propriétaire de la chose prêtée. Art. 1877.

Le prêt de consommation est un contrat par lequel l'une des parties livre à l'autre une certaine quantité de choses qui se consomment par l'usage, à la charge par cette dernière de lui en rendre autant de même espèce et qualité. Art. 1892.

Par l'effet de ce prêt, l'emprunteur devient le propriétaire de la chose prêtée, et c'est pour lui qu'elle périt, de quelque manière que cette perte arrive. Art. 1895.

1. On voit par ces définitions que le prêt à usage ou commodat, diffère essentiellement du prêt de consommation, en ce que, par le premier, le prêteur conserve la propriété de la chose prêtée, tandis que, par le second, il y a une transmission réelle de l'objet prêté au profit de l'emprunteur, puisque celui-ci n'est tenu de rendre qu'autant de même espèce et de pareille qualité.

2. Le prêt en nature, avec faculté de consommer, ayant le même caractère et les mêmes effets que la vente mobilière, puisqu'il opère transmission réelle en faveur de l'emprunteur, donne ouverture au droit de 2 pour 100.

3. A l'égard du prêt à usage ou commodat, duquel il résulte évidemment une obligation de la part de l'emprunteur, elle rend l'objet, dont il lui a été transmis la jouissance, passible, comme le prêt en argent, du droit proportionnel de 1 pour 100. (Art. 1155 et 1763 du J.)

4. Pour les prêts sur nantissement, voyez *Nantissement*.

PRÉVARICATION. Malversation d'un officier, d'un fonctionnaire, préposé ou agent dans les fonctions de sa place.

L'art. 75 de la constitution porte que les agens du gouvernement ne peuvent être poursuivis pour des faits relatifs à leurs fonctions, qu'en vertu d'une décision du Conseil d'Etat.

Cette disposition ne s'applique point aux employés infidèles, dénoncés à la justice par leurs propres commettans. Art. 1er. de l'arrêté du gouvernement, du 9 pluv. an 10, conçu en ces termes : « Le directeur général de l'enregistrement et des domaines, est autorisé à traduire devant les tribunaux, sans recourir à la décision du Conseil d'Etat, les agens inférieurs de cette administration. »

Les directeurs sont autorisés, lorsque les prévarications constatées contre un employé, emportent peine afflictive, à provoquer provisoirement un mandat d'arrêt contre le prévenu, et à le faire mettre à exécution. Ils doivent faire apposer les scellés sur ses effets, prendre les mesures conservatoires que peuvent exiger les intérêts de l'administration, informer l'administrateur de leur division, et le mettre en état de faire statuer par le directeur général, sur les poursuites ultérieures à exercer. Inst. gén. du 23 pluv. an 10, n°. 42.

PRISE *de possession*. L'acte par lequel on met en possession et jouissance d'un bien, celui à qui il appartient, en vertu d'*acte enregistré*, doit le droit fixe de 1 f. Article 68, §. 1er., n°. 53 de la loi du 22 frim. an 7.

Le droit proportionnel des renvois en possession d'immeubles, faute de paiement des rentes dont ils sont grevés, doit être perçu sur le jugement même qui prononce le renvoi, et non sur le procès-verbal de prise de possession. — V. *Actes judiciaires*, §. 6, n°. 57, p. 36.

PRISE *maritime*. — Voyez *Conseil des prises*, page 167, et *Ventes de meubles*.

PRISÉE *de meubles*. Estimation de leur valeur. L'acte qui la contient opère le droit fixe de 1 f. Art. 68, §. 1er., n°. 34 de la loi du 22 frim. an 7.

Celle faite dans un inventaire, ne donne

pas lieu à un droit particulier. — V. *Inventaire*.

PRIVILÉGE. Pour savoir comment il faut entendre le privilége accordé au trésor public, par l'art. 32 de la loi du 22 frim. an 7, sur les biens-fonds transmis par décès, pour les droits d'enregistrement de la mutation, voyez *Détenteur* et *Succession*.

PRIX est non-seulement la somme stipulée dans le contrat, mais encore tout ce qui tourne au profit du vendeur, cédant ou bailleur, et tout ce qui est un objet lucratif pour lui ou onéreux pour l'acquéreur, cessionnaire, ou preneur. — Voyez *Bail*, §. 2, n°. 3 et suiv., p. 110; *Estimation*, p. 270; *Usufruit* et *Vente*.

Le désistement de surenchère de la part du créancier qui l'a fait notifier, ne peut être considéré comme formant un supplément de prix. — V. *Désistement*, n°. 4, p. 234.

Les droits proportionnels d'enregistrement des actes dont le prix est stipulé payable en monnaies étrangères, doivent être liquidés et perçus sur le pied du change au jour de la passation des actes. Déc. du ministre des contributions publiques, du 21 mai 1793. Circul. de l'adm., des 27 mai 1793, 11 prairial an 5, et 1er. nivose an 6, n°s. 416, 1053 et 1162.

Pour les cessions et transports de créance à terme ou de rente, et pour leur amortissement ou rachat, le droit ne se perçoit pas sur le prix, mais sur le montant de la créance pour les uns, et sur le capital de la rente pour les autres. — Voyez *Cession de créance*, n°s. 4 et 5, p. 150, et *Remboursement*.

Si le prix paraît inférieur à la juste valeur de l'immeuble, à l'époque de l'aliénation, on peut requérir l'expertise. — V. *Expertise*.

PROCÉDURES. On comprend, sous cette dénomination, les actes qui ont pour objet l'instruction et le jugement des instances et procès. — Voy. *Actes judiciaires*, *Exploits*, *Instances* et *Poursuites*.

PROCÈS-VERBAL. Acte fait par un employé, un officier public ou ministériel, ou une personne commise à cet effet, pour constater une contravention, un délit, un fait, la valeur d'un bien, etc.

1. L'art. 68, §. 1er., n°. 35 de la loi du 22 frim. an 7, assujetit au droit fixe de 1 f. les procès-verbaux et rapports d'employés, gardes, commissaires, séquestres, experts et agens forestiers ou ruraux; mais il y a cette différence que ceux des huissiers, des employés des administrations et régies, des gardes et agens forestiers et ruraux, des commissaires de police, des gendarmes et autres officiers publics et ministériels, doivent être enregistrés dans les quatre jours de leur date, et que ceux des experts, des séquestres et autres individus, non revêtus d'un caractère public, ne sont soumis à la formalité qu'avant d'en faire usage devant notaire, en justice ou devant toute autorité constituée.

Au surplus, voici les solutions qui ont été rendues relativement à ces différens procès-verbaux.

2. Les procès-verbaux et autres actes de poursuites, faits par le directeur général de *l'administration forestière*, les administrateurs des forêts impériales, l'administrateur général des forêts de la couronne, et les conservateurs, en exécution de la loi du 22 mars 1806, doivent être rédigés sur du papier visé pour timbre, et ces procès-verbaux et actes doivent être soumis à l'enregistrement en débet, conformément à la loi du 22 frim. an 7. (Art. 2617 du J.)

3. Le procès-verbal d'*affiche* de la promesse qui précède le mariage, et l'extrait qui en est affiché, ne sont pas soumis à l'enregistrement; mais l'*affiche* est sujette au timbre. Circul. du 27 brumaire an 8, n°. 1692. — V. *Actes de l'état civil*, n°s. 8 et 9, p. 59.

4. Ceux des *agens des ponts et chaussées* peuvent être visés et enregistrés en débet, par le motif que ces agens sont dans le cas d'être assimilés, relativement à leurs fonc-

tions, aux gardes forestiers et ruraux. Déc. du min. des fin., du 16 frim. an 11. Ces procès-verbaux doivent être enregistrés dans les quatre jours de leur date. Autre Déc. du 25 thermid. an 13. (Article 1327 du J.)

5. Ceux d'*arpentage*, *balivage* et *martelage*, relatifs aux ventes de coupes de bois de l'État, peuvent être rédigés sur papier non timbré, et ne sont point assujettis à l'enregistrement dans un délai fixe. Ces procès-verbaux doivent être présentés, avec celui de la vente, au receveur de l'enregistrement, à l'effet de les viser pour timbre et de les enregistrer. Le receveur perçoit les droits en résultant, si les adjudicataires en ont consigné le montant, et, à défaut de consignation, il en poursuit le recouvrement contre les parties avec les peines encourues après le délai de vingt jours, à compter de celui de la vente.

Il en est de même pour les procès-verbaux de *réarpentage* et *récolement*, en comptant les vingt jours, à partir de celui où il aura été donné connaissance aux adjudicataires, du congé de cour ou de l'acte qui constatera qu'ils ne sont pas dans le cas de l'obtenir. Déc. du min. des fin., du 19 germ. an 13. Inst. gén. du 7 flor. suiv., n° 281.

6. Les procès-verbaux d'*arpentage* des bois destinés aux usagers dans les forêts impériales, sont assujettis au timbre et au droit fixe d'enregistrement de 1 f., comme formant le titre des usagers, dont chacun exploite en conséquence la portion qui lui est assignée. Décis. du minist. des fin., du 5 mai 1807. Nomb. 6 de l'Inst. gén. du 22 fév. 1808, n°. 566. (Article 2568 du J.)

7. Les procès-verbaux des *arpenteurs*, faits à la requête des particuliers, ne sont assujettis à l'enregistrement que lorsqu'on veut en faire usage en justice, devant notaire ou toute autre autorité constituée. Sous le rapport des droits, ces procès-verbaux ne doivent être considérés que comme des actes sous seing-privé. (Art. 1429 du J.)

8. L'*assiette* des coupes de bois de l'État, étant une opération purement administrative, le procès-verbal qui la constate est exempt des droits de timbre et d'enregistrement. Circ. du 4 août 1809.

9. Sont assujettis au droit fixe de 1 f. sur la minute, les procès-verbaux des *bureaux de paix*, desquels il ne résulte aucune disposition donnant lieu au droit proportionnel, ou dont le droit proportionnel ne s'élèverait pas à 1 f. Art. 7 et 68, §. 1er., n°. 47 de la loi du 22 frim. an 7. On ne peut y énoncer des actes sous seing-privé, s'ils ne sont préalablement enregistrés. Ils ne peuvent être rédigés à la suite les uns des autres, etc. — V. *Bureaux de paix*.

10. Lorsqu'un procès-verbal pour *contravention aux lois de l'enregistrement et du timbre*, est déclaré nul par un jugement, faute d'avoir été affirmé, ou pour tout autre vice de forme, il ne peut, après ce jugement, être rapporté un second procès-verbal pour constater la même contravention. Arrêt de la cour de cassation, du 23 prairial an 9. (Art. 1177 du J.)

11. Les procès-verbaux de *contravention à la loi du timbre*, doivent être signifiés aux délinquans dans le délai de trois jours, lorsque ceux-ci sont domiciliés dans l'arrondissement du bureau où les procès-verbaux ont été rapportés; mais, si leur domicile est hors de cet arrondissement, le délai est de huit jours jusqu'à cinq myriamètres de distance, et d'un jour de plus pour cinq myriamètres au-delà de cette distance. Loi du 25 germ. an 11, publiée le 5 floréal suiv. (Art. 1478 du J.)

12. Ceux des *contrôleurs des contributions directes*, contenant l'avis des répartiteurs sur les demandes en dégrèvement, sont exempts de la formalité du timbre. Déc. du min. des fin., du 8 brum. an 9. Circ. de l'adm., du 6 frim. suiv., n°. 1952. (Art. 627 du J.)

13. Ceux des experts pour constater des faits à raison desquels il est réclamé des re-

mises ou dégrèvemens de *contributions directes*, sont exempts du timbre s'ils sont rédigés par des commissaires nommés par les préfets ou sous-préfets ; mais ils y sont assujettis s'ils sont rédigés à la requête des contribuables. Décis. du min. des fin., du 22 germ. an 11. Inst. gén. du 22 prair. an 11, n°. 137.

14. A l'égard des procès-verbaux de *délivrance*, 1°. de chablis aux adjudicataires de saisies domaniales ; 2° de bois à des entrepreneurs de travaux publics ou de la marine, voyez *Adjudication de coupes de bois*, n°s. 5, 6 et 7, p. 82.

15. Les procès-verbaux constatant des *échouemens*, doivent être timbrés et enregistrés, lors même qu'ils concernent l'Etat. Déc. du minist. des fin., du 2 prair. an 7. Circ. de l'adm., du 9 frim. an 8, n°. 1705. (Art. 192 du J.)

16. Chaque procès-verbal d'*enchères*, formant un acte particulier, doit être enregistré dans les dix et quinze jours *de sa date*, et non de celle de l'*adjudication*.

17. Les procès-verbaux d'*enquête*, de *commodo* et *incommodo*, faits en exécution du décret impérial du 23 prair. an 12, qui ordonne la translation des cimetières hors des villes, sont passibles du droit d'enregistrement. (Art. 2052 du J.)

18. Les procès-verbaux et rapports d'*experts* ne sont passibles que d'un seul droit fixe de 1 franc, quoique plusieurs jours aient été employés à leur confection, pourvu toutefois qu'ils ne contiennent point de disposition indépendante de l'expertise. Que ces rapports soient dressés par des particuliers commis en justice ou choisis à l'amiable par les parties, ils ne sont pas assujettis à l'enregistrement dans un délai déterminé, mais il ne peut en être fait aucun usage par acte public, en justice ou devant toute autre autorité constituée, qu'ils n'aient été préalablement enregistrés. Déc. du min. des fin., du 24 sept. 1808. Nomb. 1 de l'Inst. gén. du 14

nov. suiv., n°. 406. — Voyez encore *Actes judiciaires*, §. 7.

19. Lorsqu'un des experts ne sait pas signer, le procès-verbal de rapport doit, aux termes de l'art. 317 du C. de P. C., être *écrit par le greffier de la justice de paix* du lieu où ils ont procédé. Le greffier, dans cette circonstance, exerce des fonctions absolument étrangères à celles du tribunal auquel il appartient. On ne peut donc ranger ce rapport dans la classe des actes faits au greffe de la justice de paix ; il ne doit pas même y être déposé, puisque l'art. 319 du Code exige que la *minute* soit déposée par les experts eux-mêmes, au greffe du tribunal qui a ordonné l'expertise. Ainsi, le rapport doit être enregistré à la diligence des experts, mais seulement avant d'en faire aucun usage. (Art. 3180 du J.)

20. Si un *rapport d'expert* contient partage auquel les parties acquiescent, il est passible de deux droits, l'un pour le rapport et l'autre pour le partage. Ce n'est plus alors un simple procès-verbal ; ce sont bien réellement deux dispositions distinctes. (Art. 959 du J.)

21. Un rapport d'expert, précédé d'un compromis par lequel les parties se sont obligées respectivement d'exécuter ce qui sera porté par le rapport, ne doit point être enregistré comme acte simple, mais comme jugement arbitral, d'après les dispositions qu'il contient. (Art. 1041 du J.)

22. Les procès-verbaux portant fixation du prix d'une vente d'immeubles, notariée et enregistrée, faite moyennant un prix provisoire, ne sont point assujettis à la formalité dans un délai de rigueur, parce qu'ils ne contiennent point de transmission ; mais le receveur doit se les faire représenter, et, à défaut de représentation, requérir l'expertise lorsque l'estimation provisoire, donnée par l'acte de vente, ne lui paraît pas suffisante. (Art. 2575 du J.)

23. Ceux des *gardes* établis par l'autorité publique, pour *délits ruraux* et forestiers, doivent être enregistrés en débet ; et il a été accordé

accordé à ces gardes la faculté de faire viser pour timbre, sans paiement de droits, les feuilles dont ils font usage pour leurs procès-verbaux; le tout, sauf le recouvrement des droits de timbre et d'enregistrement contre les parties condamnées. Art. 70, §. 1ᵉʳ., nᵒˢ. 4 et 5 de la loi du 22 frim. an 7. Décis. du min. des fin., du 26 germ. an 7. (Art. 119 du J.)

24. Les administrateurs des forêts avaient proposé au ministre des finances d'exempter les procès-verbaux des gardes forestiers de la formalité de l'enregistrement, à laquelle ils sont soumis en débet : Son Excellence leur a répondu, le 8 fructidor an 9, que ces actes étant formellement assujettis à la formalité de l'enregistrement, ils ne pouvaient en être déclarés exempts que par une loi nouvelle, dont la nécessité ne lui paraissait pas justifiée. (Art. 915 du J.)

25. La loi comprend incontestablement, dans l'exception qu'elle établit, les procès-verbaux *des gardes nommés par S. M.*, pour la conservation des bois qui *font partie de la liste civile.* Décis. du minist. des fin., du 5 germ. an 13. (Article 1979 du J.)

26. L'arrêté du gouvernement, du 19 ventose an 10, ayant soumis les bois communaux au même régime que les bois de l'Etat, *les gardes des bois des communes, des hospices et des établissemens publics, sont considérés comme établis par l'autorité publique,* et leurs procès-verbaux doivent être visés pour timbre et enregistrés en débet. Sol. de l'adm., du 24 flor. an 10. (Art. 1154 du J.)

27. Le visa pour timbre peut être donné aux significations que les gardes forestiers font eux-mêmes de leurs procès-verbaux; mais, pour les actes de la compétence des huissiers et greffiers, il n'y a pas de motif de les dispenser de l'avance du papier timbré dont ils se font rembourser par des exécutoires qu'ils sont d'ailleurs obligés d'obtenir pour le paiement de leurs vacations et émo-

lumens dans les affaires à la requête du ministère public. Déc. du min. des fin., du 18 therm. an 9. Circ. de l'adm., du 7 fruct. suiv., nᵒ. 2033.

28. Un procès-verbal contre plusieurs délinquans, lorsqu'il ne contient pas assignation, n'est passible que d'un seul droit, attendu qu'il n'existe qu'un acte; mais la signification qui en est faite à chaque délinquant, opère plusieurs droits, parce que tout est personnel en matière de délit. (Art. 1462 du J.)

29. Le Code rural, ainsi que l'ordonnance des forêts, veulent que les tribunaux, suivant le cas, statuent, par un jugement, sur les délits ruraux et forestiers. Si des procès-verbaux constatant ces délits, ont été enregistrés en débet, et restés sans suite, les préposés de l'administration doivent en rechercher la cause; si c'était le résultat de quelque abus, ils doivent inviter le procureur impérial ou le juge de paix à le faire cesser, et, dans le cas où leurs observations seraient sans succès, en informer leur directeur qui en rendrait compte à l'administration. (Article 2176 du J.)

30. A l'égard des procès-verbaux des *gardes des particuliers,* les droits étant à la charge de leurs commettans, c'est à ceux-ci à leur fournir le papier timbré et les avances nécessaires à l'acquit des droits d'enregistrement, sauf leur recours sur les parties condamnées. Déc. du min. des fin., du 26 germ. an 7. (Art. 119 du J.)

31. Les procès-verbaux dressés par les gardes du génie, pour constater les délits commis dans les établissemens militaires, doivent être timbrés et enregistrés en débet, ainsi que les actes et jugemens qui interviendraient sur lesdits procès-verbaux. Art. 3 du déc. imp. du 29 mars 1806. (Art. 2288 du J.)

32. Les *gardes-pêche* dans les fleuves et rivières navigables, établis par l'administration forestière, sont assimilés aux gardes-forestiers, en ce qui concerne le timbre et

66

l'enregistrement de leurs procès-verbaux. Inst. gén. du 21 messid. an 10, n° 63. Circulaire du 7 pluviose an 12.

33. Les procès-verbaux des *gendarmes*, dans l'exercice de leurs fonctions, doivent être visés pour timbre en débet, par assimilation à ceux des gardes forestiers et champêtres. Décis. du min. des fin., du 3 pluviose an 8. Circul. de l'adm., du 15 du même mois, n°. 1762. Et s'ils concernent la police générale, la sureté ou la vindicte publique, ils doivent être enregistrés *gratis*. Article 70, §. 2, n°. 2 de la loi du 22 frim. an 7.

34. Ceux des *greffiers* sont, indépendamment du droit d'enregistrement, assujettis sur la minute au droit de greffe de rédaction et transcription. — V. *Greffes (droits de)*, §. 2, p. 309.

35. Ceux des *huissiers*, autres que ceux de vente de meubles, ou concernant la police générale et la vindicte publique, doivent le droit fixe de 1 f. — V. *Exploits*, §. 2, p. 289.

36. A l'égard de ceux des *juges de paix*, *procureurs impériaux* et *commissaires de police*, voyez *Actes judiciaires*, §. 9, page 40.

37. Pour les procès-verbaux d'ordre et de distribution par contribution, voyez *Actes judiciaires*, §. 6, n°. 6, p. 51.

38. Les procès-verbaux des *préposés de l'enregistrement*, peuvent être timbrés à l'extraordinaire. — V. *Contrainte*, n°. 11, p. 172.

39. L'effet des procès-verbaux de contravention rapportés par les *préposés de l'administration*, doit être suivi par voie de contrainte, sans assignation devant le tribunal. — Voyez *Contrainte*, n°. 5, page 171.

40. Ceux de saisie faits par les *préposés des douanes*, n'étant des actes parfaits que lorsqu'ils sont clos, ne sont sujets à la formalité que dans les quatre jours, à compter de la date de leur clôture, et ils ne sont assujettis qu'à un seul droit d'enregistrement,

quelque soit le nombre des contextes ou vacations qu'ils contiennent. Nomb. 26 de l'Inst. gén. du 29 juin 1808, n°. 386. (Art. 1126 du J.)

41. Ceux des *préposés des droits réunis* doivent, aux termes de l'article 24 du déc. imp. du 1er. germ. an 13, si le prévenu est présent à la rédaction du procès-verbal, exprimer qu'il lui en a été donné copie; d'où il résulte que la délivrance de cette copie, et la mention qui en est faite, sont des parties intégrantes du procès-verbal, que l'enregistrement de cet acte, avant la remise de la copie, n'est pas nécessaire, et qu'au surplus, cette délivrance ne donne pas lieu au paiement d'un droit particulier. Solut. de l'adm., du 10 décemb. 1807. Nomb. 10 de l'Inst. gén. du 28 juillet 1808, n°. 390. (Art. 2765 du J.)

Il importe, au surplus, de ne pas confondre la délivrance de la copie du procès-verbal, avec l'*assignation* qui peut avoir lieu ultérieurement par le ministère des commis, et de remarquer qu'il y aurait contravention formelle si des assignations étaient données sur des procès-verbaux déjà clos qui préalablement n'auraient point été soumis à la formalité. Nomb. 9 de l'Inst. gén. du 30 sept. 1808, n°. 400.

42. Lorsque les *préposés des droits réunis* font des actes extrajudiciaires, et remplissent le ministère d'huissiers, ils doivent satisfaire aux obligations imposées à ces derniers, et soumettre leurs actes à la formalité de l'enregistrement, dans les délais prescrits pour ces officiers. Décis. du min. des fin., du 22 août 1806. Nomb. 10 de l'Inst. gén. du 22 fév. 1808, n°. 366. (Art. 2285 du J.)

43. Les *préposés des octrois municipaux* peuvent se dispenser de rédiger des procès-verbaux en forme de saisies d'une valeur présumée de 10 f. et au-dessous, sauf à rapporter des procès-verbaux réguliers pour toutes celles qui excéderaient cette somme. Décis. du minist. des fin., du 28 mars 1809. Nomb. 6 de l'Inst. gén. du

5 juin suivant, n°. 432. (Article 5189 du J.)

44. Les procès-verbaux dressés pour contravention aux règlemens concernant le poids des voitures et la *police du roulage*, sont exempts de l'enregistrement et du timbre. Article 38 du décret imp. du 20 juin 1806. Inst. gén. du 5 octob. 1807, n°. 345.

45. Pour les procès-verbaux dressés par le conseil des prud'hommes, voyez *Prud'-hommes*.

46. Les procès-verbaux dressés en exécution des art. 196 et 205 du C. de P. C., dans le cas de *vérification d'écritures*, ceux d'apport de minutes et de l'état des expéditions arguées de faux, sont sujets à l'enregistrement sur la minute. Nomb. 19 et 22 de l'Instruct. gén. du 4 juillet 1809, n°. 436.

47. Les procès-verbaux sur les contraventions en matière de *grande-voirie*, dressés par les maires et adjoints, les ingénieurs des ponts et chaussées, les agens de la navigation, les commissaires de police et les gendarmes, sont sujets au timbre et à l'enregistrement; mais ils sont susceptibles, comme ceux des gardes forestiers et des gardes champêtres, d'être visés pour timbre et enregistrés en débet, sauf le recouvrement des droits sur les parties condamnées, ou par lesquelles les délits auront été reconnus. Déc. du min. des fin., des 11 frim. et 4 germ. an 11. Nomb. 61 de l'Inst. gén. n°. 290. (Art. 1327, 1390 et 1935 du J.) Ils doivent être enregistrés dans les quatre jours de leur date. Déc. du min. des fin., du 25 therm. an 13. (Article 2084 du J.)

48. Quoique ces procès-verbaux ne soient soumis à la formalité qu'en *débet*, si ceux qui les ont rapportés, ne les font point enregistrer dans le délai, ils n'encourent pas moins la peine prononcée par l'art. 55 de la loi du 22 frim. an 7, et cette peine est de 25 f. par chaque contravention, et, en outre, d'une somme équivalente au montant des droits de l'acte non enregistré. Déc. du min. des fin., du 25 therm. an 13. (Article 2084 du J.)

Au surplus, voyez *Affirmation de procès-verbaux*, p. 89: *Apposition et Levée de scellés*, *Avis de parens*, *Nomination de tuteur et curateur*, *Prestation de serment* et *Vente de meubles*.

PROCURATION est l'acte par lequel celui qui ne peut ou qui ne veut pas lui-même vaquer à quelque affaire, donne pouvoir à un autre de le faire, et de stipuler pour lui comme s'il était présent. — Voy. *Mandat*.

1. Les procurations et pouvoirs pour agir, qui ne portent aucune obligation de somme déterminée par le constituant envers le constitué, ne sont sujets qu'au droit fixe de 1 f. Art. 68, §. 1er., n°. 56 de la loi du 22 frim. an 7.

2. Si le constituant se soumet de payer, au mandataire, une somme déterminée pour ses honoraires, on perçoit 1 pour 100.

3. La promesse insérée dans la procuration, de la part du constituant, de rembourser, au procureur constitué, les frais qu'il pourra avancer, est une clause de droit qui se suppléerait, quand bien même elle n'y serait pas insérée : elle ne donne point ouverture à un droit particulier.

4. Lorsque la procuration est donnée à l'effet de recouvrer le montant d'un billet ou d'une obligation qui ont été remis au constitué, il n'est également dû que le simple droit de la procuration, quoiqu'elle produise une action contre le constitué, parce qu'il n'y a eu aucun transport en sa faveur, et qu'il n'est tenu que de rendre le billet ou d'en remettre le montant.

5. Si, par un acte en forme de procuration, la partie fait actuellement ce qu'elle paraît donner pouvoir de faire, de manière qu'il ne soit plus besoin d'acte subséquent pour qu'elle soit obligée, et s'il y a une action contre elle, le droit d'enregistrement doit être perçu sur cette disposition princi-

pale, et non sur le pied réglé pour les simples procurations.

Par exemple, une personne donne pouvoir de passer obligation d'une somme qu'elle déclare avoir reçue d'un individu *dénommé :* le droit d'enregistrement doit être perçu comme obligation. En effet, quoique le créancier ne soit pas présent à l'acte, le constituant n'est pas moins tenu de payer la somme, en vertu de cet acte ; mais il ne doit être exigé que le droit fixe de 1 f. sur l'acte d'obligation qui serait passé en conséquence de la procuration, en ayant soin de faire mention, dans l'enregistrement et dans la relation, du droit perçu sur la procuration.

6. Cependant, une procuration donnée à l'effet de vendre un immeuble, moyennant 10,000 f., et de déclarer que le constituant a reçu 5,000 f. à compte du prix, n'est passible que du droit fixe de 1 f. si la procuration ne fait pas connaître la personne que peut concerner la déclaration qui y est énoncée, parce qu'à défaut de désignation du tiers qui a payé, nul ne peut en tirer une induction active pour prouver un paiement. On ne peut pas non plus la regarder comme un acte obligatoire donnant une action pour la répétition de l'àcompte payé, dans le cas où la vente n'aurait pas lieu, puisqu'alors la partie qui aurait fait cette avance, ne pourrait en demander le remboursement qu'en justifiant d'un acte quelconque qui la désignât formellement comme l'auteur du paiement. (Art. 3285 du J.)

7. Il est dû pour une procuration autant de droits qu'il y a de constituans, s'ils ne sont ni co-héritiers, ni co-propriétaires, ni co-associés.

8. Il y a même lieu à la pluralité des droits, lorsqu'elle est donnée par plusieurs *co-héritiers*, à l'effet de renoncer à une succession. Dans ce cas, elle n'est pas en nom collectif : chacun des co-héritiers agit dans son intérêt particulier, et l'un

peut accepter, et l'autre renoncer. (Art. 1766 du J.)

9. On perçoit aussi autant de droits qu'il y a de *mandataires*, lorsqu'ils reçoivent la faculté d'agir *séparément :* il en serait autrement s'ils n'avaient reçu le pouvoir que pour agir *conjointement*.

10. En fait de tutelle, les parens convoqués étant, aux termes de l'article 412 du C. N., tenus de se rendre en personne, ou de se faire représenter par un mandataire spécial qui ne peut représenter plus d'une personne, la procuration qu'ils peuvent donner par un même acte, est sujette à autant de droits qu'ils sont de constituans, puisque chacun d'eux nomme un mandataire différent. (Articles 1459 et 1501 du J.)

11. On doit encore percevoir plusieurs droits sur une substitution, faite par un seul à un seul particulier, des pouvoirs à lui donnés par plusieurs mandataires non solidaires : en effet, la substitution d'un pouvoir n'a aucun rapport avec la substitution d'un autre pouvoir, quoique tous les deux aient été donnés au même particulier. Celui-ci, réunissant ces différens pouvoirs, agit néanmoins individuellement pour chacune des personnes qui les lui ont confiés. On suppose qu'il soit chargé de vingt pouvoirs : en les substituant, il fait vingt substitutions tout-à-fait indépendantes les unes des autres : il est donc dû, aux termes de l'article 11 de la loi du 22 frim. an 7, autant de droits qu'il y a de pouvoirs substitués. (Art. 2098 du J.)

12. La révocation d'un avoué et la nomination d'un autre avoué par le même acte, n'opèrent qu'un seul droit. Circul. du 16 vend. an 10, n° 2050.

13. Lorsqu'un particulier déclare, dans un acte devant notaire, agir en qualité de fondé de pouvoir verbal, il n'est pas dû un droit particulier pour le pouvoir, puisque les parties étaient libres de contracter de cette manière, sauf la ratification de l'ac-

te si elles le jugent nécessaire. (Art. 1528 du J.)

14. Pour la perception du droit d'enregistrement du *pouvoir* dans les affaires portées devant les tribunaux de commerce, voyez *Actes judiciaires*, § 7, n°. 26, p. 59; et *Avoué*, n°. 2, p. 108.

15. On ne peut agir, auprès de la justice de paix, en vertu d'un *pouvoir écrit*, que cet acte n'ait été enregistré. Le jugement doit mentionner la procuration et en rappeler l'enregistrement; mais, si le juge croit pouvoir admettre un mandataire qui n'est autorisé que verbalement, et si le jugement indique qu'il n'y a pas de pouvoir écrit, cette énonciation n'est pas de nature à donner lieu à un droit particulier, et l'on ne peut asseoir de perception sur un acte dont il n'a pas été justifié, et dont l'existence n'est pas prouvée. Décis. du minist. des fin., du 13 juin 1809. Nomb. 4 de l'Instruct. gén. du 4 juillet suivant, n°. 436.

16. Les pouvoirs donnés pour suivre et retirer des liquidations de la dette publique, sont sujets aux droits. — V. *Liquidation*, n°. 2, p. 425.

17. Les notaires ne peuvent, sans contravention, se contenter d'énoncer que les procurations des contractans ont été représentées et rendues; ils doivent, aux termes de l'art. 13 de la loi du 25 ventose an 11, les annexer à la minute des actes qu'ils reçoivent. La contravention doit être constatée par procès-verbal dont le procureur impérial près le tribunal de première instance, suit l'effet sur la remise qui lui en est faite, ainsi qu'il est dit au mot *Actes des notaires*, n°. 10, page 20. (Article 2445 du J.) Cette annexe ne donne point ouverture à un droit particulier. — Voyez *Annexe*, p. 92.

18. Toutes procurations doivent être enregistrées avant d'en faire usage devant notaire, en justice ou devant toute autre autorité. Articles 41 et 42 de la loi du 22 frim. an 7.

19. Cependant, les procurations des sous-officiers et soldats en retraite ou en réforme, à l'effet de toucher pour eux, à la caisse du payeur, les arrérages qui leur sont dus pour leur pension, sont exemptes de timbre et de toute espèce de droits. Art. 1er. du déc. imp. du 21 déc. 1808.

Ce décret ne comprenant que les procurations des *sous-officiers* et *soldats*, celles qui seraient données par des militaires d'un grade supérieur à celui de *sous-officiers*, ne peuvent jouir de l'exemption prononcée; il est nécessaire, d'ailleurs, pour que cette faveur soit applicable, que le pouvoir ait uniquement pour objet de toucher, à la caisse du payeur, les arrérages qui sont dus : ainsi, toute procuration qui serait consentie, même par des sous-officiers et soldats, à l'effet de régler d'autres intérêts, resterait soumise aux droits. Nomb. 1 de l'Instruction gén. du 6 mars 1809, n°. 419.

PROCUREURS *généraux et impériaux*. — V. *Ministère public*, p. 437.

PRODUCTION *de pièces*. — Voyez *Actes judiciaires*, § 11, n°s. 4, 10 et 14, p. 43.

Les actes sous signature-privée, quoique ayant acquis une date certaine depuis plus de trente ans, ne peuvent être produits en justice s'ils ne sont préalablement enregistrés. — V. *Actes sous seing-privé*, §. 8, n°s. 2 et 5, p. 68.

PROMESSE. Engagement de donner ou de faire quelque chose.

1. *Les promesses de fidélité* à la constitution, ne sont point sujettes à la formalité de l'enregistrement. — V. *Prestation de serment*, §.   , n°.   , p.   .

2. Celles d'*indemnité*, indéterminées et non susceptibles d'estimation, doivent le droit fixe de 1 f. Art. 68, §. 1er.. n°. 37 de la loi du 22 frim. an 7.

3. A l'égard des promesses de payer, voyez *Billet* si elles sont faites *sous seing-privé*, et *Obligation* si elles sont passées devant notaires.

4. Le droit d'enregistrement des promesses de passer contrat de constitution, est le même que celui de la constitution de *rente*. — Voyez cet article.

5. La promesse de vente vaut vente lorsqu'il y a consentement réciproque des deux parties sur la chose et sur le prix. Art. 1589 du C. N.

6. Dans ce cas, la promesse emportant transmission actuelle de propriété, est passible du droit, tel qu'il est réglé pour la vente; le contrat qui est passé en conséquence, n'étant que l'exécution, le complément et la consommation d'un acte antérieur enregistré, ne donne ouverture qu'au droit fixe de 1 f.

7. Si la promesse de vente ne réunit pas ces trois conditions, *le consentement actuel, la chose et le prix*, elle n'est plus qu'une promesse indéterminée qui se résout en de simples dommages et intérêts si on ne veut pas tenir la promesse. Par exemple, Pierre promet de vendre sa maison, et de passer contrat, dans un mois, à Jean, moyennant le prix convenu entre eux : cet acte, ne contenant pas l'énonciation formelle du prix, n'est qu'une promesse pure et simple qui ne donne ouverture qu'au droit fixe de 1 f. (Art. 1351 du J.)

8. Quoique l'engagement qui donne l'essence à la vente, existe, elle peut n'être pas toujours parfaite. La perfection dépend, dans certains cas, de quelques circonstances qui l'accomplissent : c'est seulement lors de cet accomplissement que la transmission de propriété peut être considérée comme réellement opérée. Ainsi, toutes les fois qu'une promesse de vente contient une stipulation *suspensive* qui peut, au gré du vendeur ou de l'acquéreur, n'être pas effectuée, il n'y a pas lieu au droit proportionnel. De-là, il résulte que, quand une promesse de vente est faite sous la condition que celle des parties qui refusera de passer acte public dans un délai convenu, paiera à l'autre une somme déterminée à titre de dommages et intérêts, cette stipulation est

essentiellement suspensive de la vente. Sol. de l'adm., du 20 mess. an 13. (Art. 2160 du J.)

9. Il en est de même à l'égard de la promesse faite par un débiteur à son créancier, de lui vendre un immeuble qu'il désigne, dans le cas où il ne se libérerait pas envers lui aux époques convenues : en effet, le créancier n'a, dans cette hypothèse, qu'un droit éventuel aux immeubles désignés, et il est loisible au propriétaire actuel d'en conserver la possession. Sol. de l'administration, du 27 mess. an 13. (Articte 2161 du J.)

Le Code Napoléon admet des causes de résolution des promesses de vente. Il porte :

« Si la promesse de vente a été faite avec des arrhes, chacun des contractans est maître de s'en départir, celui qui les a données, en les perdant, et celui qui les a reçues, en restituant le double. » Article 1590.

Il résulte de cette disposition, que la promesse de vente, dans ce cas, ne transmet actuellement aucune propriété, et qu'elle n'est qu'un engagement sous condition résolutoire, passible seulement du droit fixe de 1 f. (Art. 1755 du J.)

PROPRIÉTÉ. Droit de jouir et de disposer d'un bien acquis ou transmis sous la garantie de la loi.

1. Toute transmission de propriété de meubles ou immeubles, est sujette à l'enregistrement dans le délai déterminé par la loi.

2. Pour savoir comment la propriété et possession peut être établie pour la demande du droit d'enregistrement d'une transmission, voyez *Mutation*.

3. Le droit d'enregistrement d'une mutation de propriété même nue, est perceptible sur la valeur entière du bien. — Voyez *Nue propriété*, p. 459. — Et, à l'égard de celui qui peut être dû pour la réunion de l'usufruit à la propriété, voyez *Réunion d'usufruit*.

PROPRES *de communauté*, sont tous
s biens qui appartiennent à des époux, et
ui n'entrent point dans leur communauté
onjugale.

Les principes sur la distinction des biens
ropres de communauté, sont extrèmement
iles pour servir de régle, quand il y a lieu
i non, à passer déclaration de succession
e tels ou tels biens. On va les retracer
i.

1. Sous l'empire de la *communauté lé-
ale*, tous les meubles généralement quel-
onques, soit ceux que les époux avaient
rs du mariage, soit ceux qu'ils acquièrent
epuis, par achat, par succession ou par
onation, tombent dans la communauté.
rt. 1401 du C. N.

Cet article n'explique pas ce qu'on doit
itendre par le mot *meubles*, parce que les
gles, sur ce point, se trouvent au tit. 1er,
i liv. second intitulé *De la Distinction
es Biens*, auquel il faut avoir recours.

2. Mais, par la *communauté conven-
onnelle*, l'on peut modifier et même ex-
ure la communauté légale, et, en consé-
uence, stipuler qu'il n'entrera dans la
ommunauté, que telle somme ou telle por-
on de meubles : l'excédant tient, dans ce
is, nature de propres. Article 1497 du
ode.

3. Les choses mobilières qui, pendant la
urée du mariage, sont substituées à quel-
ues-uns des héritages propres de l'un des
poux, n'entrent point dans la communau-
é. D'où il suit que le prix de la vente faite,
epuis le mariage, de l'héritage propre de
un des époux, n'entre pas dans la com-
iunauté, et qu'il a une action pour se le
ire restituer lors de sa dissolution. C'est
e qu'on appelle l'action de remploi.

4. Il faut dire la même chose de la créan-
e d'une somme d'argent, résultant d'une
oulte d'un partage que l'un des conjoints a
ait, pendant le mariage, d'une succession
ui lui était échue. Cette créance ne tombe
oint dans la communauté, et si elle a été
ayée, il a une action en reprise.

5. La règle qui fait entrer tous les meubles des conjoints dans la communauté,
souffre aussi une exception dans le cas où il
s'agit d'un second mariage, et que l'un des
époux a des enfans de sa première union.
S'il met en communauté, soit légale, soit
conventionnelle, une portion de ses meubles plus considérable que celle que l'autre
conjoint y apporte lui-même, et s'il en résulte, au profit de ce dernier, un avantage
supérieur à celui qui est autorisé par l'art.
1098 du C. N., les enfans du premier lit de
l'autre époux, ont l'action en retranchement. Art. 1496 du même Code.

6. Il n'y a que les immeubles, conquêts
ou ameublis qui entrent en communauté :
tous les autres en sont exclus, et par conséquent sont propres au conjoint auquel ils
appartiennent.

Pour les immeubles ameublis, voyez
Contrat de mariage, §. 18, p. 182.

Ainsi, l'héritage acquis par le conjoint
avant son mariage, est propre de communauté, quoiqu'il n'en ait été mis en possession qu'après la prononciation du mariage.
Il en est de même d'un immeuble dont le
tems de la prescription, commencé avant
le mariage, a été accompli pendant la durée de la communauté. Cette règle a lieu
dans toutes les acquisitions dont le titre a
précédé le mariage, quoiqu'il fût d'abord
invalide et sujet à rescision, et n'ait été confirmé que durant la communauté.

Néanmoins, si l'un des époux avait acquis un immeuble depuis le contrat de mariage, contenant stipulation de communauté, et avant la célébration du mariage,
l'immeuble acquis dans cet intervalle entre
dans la communauté, à moins que l'acquisition n'ait été faite en exécution de quelque clause du mariage, auquel cas elle est
réglée suivant la convention. Art. 1404 du
C. N.

7. Les donations d'immeubles qui ne sont
faites, pendant le mariage, qu'à l'un des
deux époux, ne tombent point en communauté, et appartiennent au donataire seul,

à moins que la donation ne contienne expressément que la chose donnée appartiendra à la communauté. Art. 1405.

8. L'immeuble abandonné ou cédé par père, mère ou autre ascendant, à l'un des deux époux, soit pour le remplir de ce qu'il lui doit, soit à la charge de payer les dettes du donateur à des étrangers, n'entre point en communauté, sauf récompense ou indemnité. Art. 1406.

9. L'immeuble acquis pendant le mariage, à titre d'échange contre l'immeuble appartenant à l'un des deux époux, n'entre point en communauté, et est subrogé aux lieu et place de celui qui a été aliéné, sauf la récompense s'il y a soulte. Art. 1407.

10. L'acquisition faite pendant le mariage, à titre de licitation ou autrement, de portion d'un immeuble dont l'un des époux était propriétaire par indivis, ne forme point un conquêt, sauf à indemniser la communauté de la somme qu'elle a fournie pour cette acquisition.

Dans le cas où le mari deviendrait, seul et en son nom personnel, acquéreur ou adjudicataire de portion ou de la totalité d'un immeuble appartenant par indivis à la femme, celle-ci, lors de la dissolution de la communauté, a le choix ou d'abandonner l'effet à la communauté, laquelle devient alors débitrice envers la femme de la portion appartenant à celle-ci dans le prix, ou de retirer l'immeuble, en remboursant à la communauté le prix de l'acquisition. Art. 1408.

11. Lorsque la donation faite par le conjoint, d'un héritage qu'il possédait avant le mariage, est révoquée pour cause d'inexécution des conditions sous lesquelles elle a été faite, pour cause d'ingratitude ou pour cause de survenance d'enfant; lorsque l'héritage qu'il avait aliéné à rente foncière, est déguerpi, ou lorsqu'il est rentré dans celui qu'il avait vendu, faute par l'acquéreur d'en avoir payé le prix, ces fonds sont des propres de communauté.

12. Tout immeuble est réputé acquêt de communauté, s'il n'est prouvé que l'un des époux en avait la propriété ou possession légale antérieurement au mariage, ou qu'il lui est échu depuis, à titre de succession ou donation. Art. 1402 du Code.

13. Sont néanmoins propres de communauté les immeubles dans la propriété desquels l'un des conjoints rentre en vertu d'une faculté de réméré, d'un droit de rescision pour cause de lésion, d'une condition résolutoire, d'une action en revendication dont il a hérité dans une succession, ou qui lui appartenait de son chef; mais il est dû récompense, à la communauté, des deniers qui en ont été retirés à cet effet.

14. L'objet d'une rétrocession devient un conquêt de communauté, quand même cette rétrocession serait faite pour le même prix, lorsque les choses étaient consommées, et qu'il n'y avait aucune cause pour y donner lieu *forcément*. Dans ce cas, l'immeuble rétrocédé, quel que soit le conjoint qui l'eût aliéné, appartient par moitié à chacun d'eux.

Mais, si cette rétrocession était prononcée en justice pour défaut de paiement, elle serait regardée comme une résolution du contrat, parce que, en fait de vente, le prix est une des trois conditions sans lesquelles le contrat ne peut subsister; et, dès-lors, l'héritage ne peut être considéré comme un conquêt, parce que le vendeur n'y rentre point par un droit nouveau : le défaut de paiement remet simplement les choses dans l'état où elles étaient avant l'aliénation.

15. Ce qui tient à un héritage, par une union réelle et naturelle, en suit la nature, parce qu'il ne fait qu'un seul et même corps, qu'une seule et même chose avec l'héritage auquel il est uni. Ainsi, un édifice est construit sur un propre de communauté; l'union de cet édifice avec le propre, est telle qu'elle peut être regardée comme naturelle. Tous les auteurs conviennent que l'édifice suit la propriété du fonds, suivant la maxime *superficies solo cedit*. Cependant, comme

me cette union naturelle a été déterminée par une cause morale et civile, qui est la construction, l'époux à qui appartient l'héritage est obligé d'indemniser la communauté d'une moitié de ce qu'il en a coûté pour parvenir à cette construction.

Application de ces principes aux droits de mutations par décès.

16. Le bien est propre ou il est conquêt de communauté.

Il est dû ou il n'est pas dû indemnité à la communauté.

17. Si le bien est propre, il n'y a que les héritiers de celui des époux auquel il appartient, qui doivent en passer déclaration.

18. Si l'immeuble est conquêt de communauté, les héritiers du prédécédé doivent en déclarer la moitié, lorsque la communauté est acceptée par la veuve ou par ses héritiers; dans le cas de renonciation, les héritiers du mari doivent déclarer la totalité s'il est prédécédé; et il n'y a aucune déclaration à passer si, au contraire, c'est la femme qui meure la première.

19. Dans le cas où il est dû indemnité, si celui qui la doit a survécu, les héritiers du prédécédé doivent en comprendre la moitié dans leur déclaration, puisqu'ils la recueillent, indépendamment de la moitié des autres biens de la communauté; il y aurait même lieu à déclaration de la totalité de l'indemnité, si, étant due par la veuve, elle avait renoncé à la communauté. (Art. 815, 824, 852 et 2524 du J.)

PROROGATION *de délai.* 1. L'acte qui contient une prorogation de délai accordée par un créancier à son débiteur, pour se libérer, doit le droit fixe de 1 f. lorsque le titre de la créance a été enregistré. Article 68, §. 1er., nos. 6 et 51 de la loi du 22 frim. an 7.

2. Un tribunal ne peut accorder une prorogation de délai pour le paiement des droits d'une mutation par décès, sous le prétexte que les objets à déclarer sont compris

sous le séquestre, par suite de faillite d'un tiers. — Voyez *Délai*, §. 6, n°. 8, page 216.

PROSPECTUS sont sujets au timbre. — V. *Avis imprimés.*

PROTESTATION. Déclaration que l'on fait contre une action, contre un acte ou contre un jugement dont on proteste de nullité dans l'intention de se pourvoir en tems et lieu.

Les actes et exploits contenant protestation, sont sujets au droit fixe de 1 f. Article 68, §. 1er., n°. 30 de la loi du 22 frim. an 7.

PROTÊT. Sommation faite de payer, ou d'accepter un billet à ordre, des lettres de change ou autres effets de commerce.

1. Le droit d'enregistrement des protêts est fixé à 1 f. Art. 68, §. 1er., n°. 30 de la loi du 22 frim. an 7.

2. Il est dû le même droit pour l'intervention à protêt. Même art.

3. Lorsque le protêt est fait à différens particuliers non associés, il est dû autant de droits d'enregistrement qu'il y a de notifications différentes. — V. *Exploit.*

4. L'effet protesté peut n'être présenté à l'enregistrement qu'avec le protêt. Article 69, §. 2, n°. 6 de la loi du 22 frim. an 7.

5. Les notaires pouvant faire des protêts, on a élevé la question de savoir s'ils étaient tenus de les faire enregistrer dans les quatre jours de la date. La négative a été adoptée par la raison que la loi n'a déterminé les délais que d'après la qualité des officiers qui passent les actes, et non d'après la nature de ces actes : d'où il suit que les protêts faits par les notaires, peuvent être enregistrés dans les dix ou quinze jours, selon la résidence des notaires. (Art. 765 du J.)

6. Il est fait défense à tout receveur de l'enregistrement, d'admettre, à la formalité, des protêts d'effets négociables, sans se

faire représenter ces effets *en bonne forme*, art. 25, n°. 2 de la loi du 13 brum. an 7, à peine de 50 f. d'amende, art. 26.

7. La dénonciation à l'endosseur est la suite nécessaire et obligée du protèt; elle doit être indispensablement précédée de la copie du protèt avec lequel elle ne fait qu'un seul et même acte à l'égard de l'endosseur. Or, suivant l'art. 23 de la loi du 13 brum. an 7, les significations des huissiers peuvent être écrites à la suite des jugemens et autres pièces dont il est délaissé copie. Les huissiers peuvent donc rédiger ces dénonciations à la suite du protèt, sans contrevenir aux lois sur le timbre. Solut. de l'administration, du 22 octob. 1807. (Article 2758 du J.)

8. Les notaires et les huissiers, aux termes de l'art. 176 du Code de Commerce, sont tenus, à peine de destitution, dépens, dommages-intérêts envers les parties, de laisser copie exacte des protèts, et de les inscrire en entier, jour par jour et par ordre de dates, sur un registre particulier, coté, paraphé et tenu dans les formes prescrites pour les répertoires : ce registre ne doit pas être soumis tous les trois mois au visa du receveur; mais il ne dispense point les officiers d'inscrire les actes de protèt qu'ils rédigent, sur le répertoire qu'ils tiennent en conformité des art. 49 et 50 de la loi du 22 frimaire an 7. Nomb. 1 de l'Instruct. gén. du 9 mars 1809, n°. 420. (Article 2904 du J.)

PROVISION. Acte par lequel on pourvoit à quelque chose. On l'adjuge à une partie, en attendant le jugement définitif, et sans préjudice des droits réciproques au principal.

1. L'expédition de jugement qui adjuge à quelqu'un la provision d'une somme de deniers pour servir à sa subsistance ou pour fournir aux frais d'un procès, en attendant qu'on ait statué sur le fond des contestations, doit être enregistrée à raison de 50 c. par 100 f.

2. Il ne doit être perçu que le droit fixe de 2 f., comme jugement préparatoire, sur celui qui adjuge par provision seulement, en attendant que le fond soit jugé, la possession d'un objet en litige : mais, si cette possession est nouvelle pour celui à qui elle est accordée, et si c'est à titre de nantissement ou garantie de créances, voyez *Antichrèse*, p. 93.

PRUD'HOMMES. Ceux qui, dans une assemblée générale, ont été élus, parmi les marchands, fabricans, chefs d'ateliers, contre-maîtres, teinturiers ou ouvriers patentés, pour former un conseil, à l'effet de terminer, comme conciliateurs, ou pour juger, comme magistrats, les différends entre les fabricans, ouvriers, etc.

Une loi du 18 mars 1806, et les décrets impériaux des 18 juin 1809 et 3 août 1810, portent établissement de conseils de prud'hommes, et contiennent le règlement de leur composition, de leurs attributions et de leur juridiction.

La compétence du bureau particulier des prud'hommes, est illimitée, quant aux sommes, comme l'est celle du bureau de conciliation de la justice de paix, et la juridiction du bureau général du conseil des prud'hommes, place ceux-ci, à l'égard du tribunal de commerce, dans la position où se trouve la justice de paix, relativement au tribunal de première instance. Art. 8 de la même loi.

Le ministre des finances, après s'être concerté avec le ministre de l'intérieur, a rendu, le 20 juin 1809, une décision générale sur les droits de timbre et d'enregistrement, dont sont passibles les procès-verbaux, jugemens et actes du conseil des prud'hommes. Elle porte, 1°. que les actes et procès-verbaux *du bureau de conciliation* des prud'hommes, seront assujettis à l'enregistrement sur la minute, ainsi qu'y sont soumis, par la loi du 22 frim. an 7, les actes de l'espèce des bureaux de conciliation de la justice de paix;

2°. Que les jugemens prononcés par le bureau général ou conseil des prud'hommes, doivent être enregistrés sur la minute ou sur l'expédition, suivant les distinctions que la loi de frimaire indique ;

3°. Que les citations pour appeler, devant les prud'hommes, celles des parties qui n'auraient pas comparu, ainsi que toutes significations des actes ou jugemens de ces magistrats, doivent être enregistrées dans dans les quatre jours de leur date, et inscrites sur le répertoire, quelque soit l'officier qui ait instrumenté ;

4°. Que ces procès-verbaux, jugemens et actes, seront enregistrés *gratis*, toutes les fois qu'ils constateront que l'objet de la contestation n'excède pas en tot.' la somme de 25 f. ;

5°. Que les actes et jugemens concernant des contestations ayant pour objet une somme au-dessus de 25 f., seront passibles du droit réglé pour les actes de la justice de paix ;

6°. Qu'à défaut de désignation de la somme faisant la matière du différent, les citations, significations ou actes, ainsi que les procès-verbaux du bureau de conciliation, ou le jugement du conseil, seront soumis au droit fixe de 1 f. ;

7°. Que le secrétaire dudit conseil doit remplir les obligations imposées aux greffiers des juges de paix ; que, conséquemment, il est tenu de rédiger, sur une feuille ou sur un registre d'audience, en papier timbré, tous les jugemens rendus, et de porter, jour par jour, sur un répertoire, les actes qui, d'après l'art. 49 de la loi de frim., doivent y être inscrits ;

8°. Que les procès-verbaux du conseil des prud'hommes, qui, d'après les plaintes qui pourraient lui être adressées, constatent, 1°. les contraventions aux lois et règlemens nouveaux ou remis en vigueur ; 2°. les soustractions de matières premières qui pourraient être faites par les ouvriers, au préjudice des fabricans, et les infidéli-

tés commises par les teinturiers, seront enregistrés *gratis* dans les vingt jours de leur date ;

9°. Que les certificats de dépôt de dessins délivrés aux fabricans qui l'ont effectué, recevront *gratis* la formalité ;

10°. Enfin, que les doubles livres d'acquit, dont tous les chefs d'ateliers seront tenus de se pourvoir pour chacun des métiers qu'ils font travailler, seront sur papier timbré ; mais que les trois registres tenus par le conseil des prud'hommes, pour y inscrire, 1°. le dépôt des dessins fait par les fabricans ; 2°. les livres d'acquit ; 3°. et le nombre de métiers existans, et le nombre d'ouvriers de tous genres employés dans la fabrique, font partie de ceux que la loi de brumaire excepte du droit de timbre.

Il résulte de cette décision, que la loi sur le timbre doit, dans tous les cas, être maintenue ; que, si l'enregistrement *gratis* est autorisé lorsqu'il s'agit d'affaires qui n'excèdent pas 25 f., la formalité n'en est pas moins de rigueur, quelque modique que soit la somme, et que tous les actes devant être enregistrés, les préposés ont la faculté de reconnaître ceux qui sont assujettis aux droits, et ceux qui en sont dispensés. Inst. gén. du 5 juillet 1809, n°. 457. (Art. 3171 et 3172 du J.)

PUBLICATION. Action de rendre une chose publique et notoire. Elle a lieu par la lecture dans les assemblées et lieux publics.

1. L'exploit de publication et affiche de vente judiciaire, de meubles ou immeubles, etc., doit le droit fixe de 1 f. Art. 68, §. 1er., n°. 30 de la loi du 22 frim. an 7.

2. Les publications de vente chez les notaires, par actes séparés du contrat d'adjudication, sont également assujetties au droit fixe de 1 f. Même art., n°. 51.

3. L'expédition du jugement d'un tribunal civil portant publication judiciaire de donation, doit le droit fixe de 3 f. Même art., §. 3, n°. 7.

4. Il en est de même des publications de contrat de mariage, divorce, jugement de séparation, actes et dissolution de société, et de tous autres actes, prescrites par les Codes.

5. L'acte de publication des testamens que quelques notaires sont dans l'usage de faire pour constater qu'ils en ont donné connaissance aux héritiers, ne peut, sans contravention à la loi du timbre, être écrit à la suite du testament. (Article 3131 du J.)

6. La note que doit remettre le greffier à l'huissier, pour faire la publication du cahier des charges dans les adjudications, sur saisie immobilière, en exécution de l'art. 110 du décret du 16 fév. 1807, sur le tarif des frais et dépens, ne doit point être rédigée sur papier timbré, ni être soumise à la formalité de l'enregistrement, attendu que cette note est de pure formalité. (Art. 2843 du J.)

7. A l'égard des affiches de publication de mariage, voyez *Affiche.*

PUBLICATION *des lois.* Les lois sont exécutoires du jour de leur publication, mais le mode de publication a varié. — Voyez les lois des 9 novemb. 1789, 29 novembre 1790, 5 et 22 novembre 1792, 14 frim. an 2, 8 pluviose an 13, 12 vendém. an 4, 24 vendém. an 7, et le Code Napol., art. 1er.

De ces différentes lois, il résulte que,

1º. Du 9 nov. 1789 au 14 frim. an 2, les lois ont été exécutoires du jour de leur inscription aux registres des tribunaux et corps administratifs.

2º. Du 14 frim. an 2, au 12 vendém. an 4, elles l'ont été du jour de leur publication, par lecture publique, à son de trompe ou de tambour.

5º. Du 12 vendém. an 4, du jour de l'arrivée du bulletin et de son inscription sur le registre des administrations centrales. (Art. 55 du J.)

4º. Depuis le Code Napoléon, les lois sont exécutoires dans tout le territoire français, du moment où la promulgation en peut être connue. La promulgation faite par l'Empereur, est réputée connue dans le département où siégera le gouvernement, un jour après celui de la promulgation ; et dans chacun des autres départemens dans l'expiration du même délai, augmenté de tant de jours qu'il y aura de fois dix myriamètres (environ vingt lieues anciennes) entre la ville où la promulgation en a été faite, et le chef-lieu de chaque département. Art. 1er. du G. N.

Comment doit-on entendre ces mots : *« Un jour après celui de la promulgation. »* Faut-il qu'il s'écoule un jour franc entre cette promulgation et le moment où la loi devient obligatoire, ou est-elle obligatoire le lendemain du jour de la promulgation?

En consultant la lettre et l'esprit de la loi, il y a lieu de décider qu'il doit y avoir un jour franc entre celui de la promulgation, et celui où la promulgation serait réputée connue.

En effet, la loi ne dit pas que la promulgation sera réputée connue le jour après ni le lendemain, mais un jour après celui de la promulgation, ce qui est bien différent.

La promulgation a pour objet de faire connaître à tous que la loi existe, et qu'elle a été revêtue du caractère qui la rend obligatoire : il doit donc y avoir un intervalle quelconque qui puisse établir que l'effet de la promulgation a été possible. (Art. 1532 du J.)

Un arrêté du gouvernement du 25 thermidor an 11, contient le tableau des distances de Paris à tous les chefs-lieux de départemens, pour servir de régulateur et d'indicateur du jour où, conformément à l'art. 1er. du C. N, la promulgation de chaque loi est réputée connue dans chacun des départemens. (Art. 1531 *bis* du J.)

Voici ce tableau.

TABLEAU des distances de Paris à tous les chefs-lieux des départemens, évaluées en kilomètres et lieues anciennes.

| NOMS DES | | DISTANCES EN | | |
DÉPARTEMENS.	CHEFS-LIEUX.	KILOM.	MYRIAM.	LIEUES ANC.
Ain.	Bourg.	432	43 2	86 2/5
Aisne.	Laon.	127	12 7	25 2/5
Allier.	Moulins.	289	28 9	57 4/5
Alpes (Basses).	Digne.	755	75 5	151 »
Alpes (Hautes).	Gap.	665	66 5	133 »
Alpes-Maritimes.	Nice.	960	96 »	192 »
Apennins.	Chiavari.	964	96 4	216 4/5
Ardèche.	Privas.	606	60 6	121 1/5
Ardennes.	Mézières.	234	23 4	46 4/5
Arno.	Florence.	1215	121 5	273 2/5
Arriége.	Foix.	752	75 2	150 2/5
Aube.	Troyes.	159	15 9	31 4/5
Aude.	Carcassonne.	765	76 5	153 »
Aveyron.	Rhodez.	692	69 2	138 2/5
Bouches-de-l'Elbe.	Hambourg.			
Bouches-de-l'Escaut.	Middelbourg.			
Bouches-de-l'Issel.	Zwool.			
Bouches-de-la-Meuse.	Lahaye.			
Bouches-du-Rhin.	Bois-le-Duc.			
Bouches-du-Rhône.	Marseille.	813	81 3	162 3/5
Bouches-du-Veser.	Brême.			
Calvados.	Caen.	263	26 3	52 3/5
Cantal.	Aurillac.	539	53 9	107 4/5
Charente.	Angoulême.	454	45 4	90 4/5
Charente-Inférieure.	Saintes.	484	48 4	96 4/5
Cher.	Bourges.	233	23 3	46 3/5
Corrèze.	Tulle.	461	46 1	92 1/5
Côte-d'Or.	Dijon.	305	30 5	61 »
Côtes-du-Nord.	Saint-Brieuc.	446	44 6	89 1/5
Creuze.	Guéret.	428	42 8	85 3/5
Doire (la).	Ivrée.	821	82 1	164 1/5
Dordogne.	Périgueux.	472	47 2	94 2/5
Doubs.	Besançon.	596	59 6	79 1/5
Drôme.	Valence.	560	56 »	112 »
Dyle.	Bruxelles.	305	30 5	61 »
Ems Occidental.	Groningue.			
Ems Oriental.	Aurich.			
Ems Supérieur.	Embden.			
Escaut.	Gand.	333	33 3	66 2/5
Eure.	Evreux.	104	10 4	20 4/5
Eure-et-Loir.	Chartres.	92	9 2	18 2/5
Finistère.	Quimper.	623	62 3	124 3/5

NOMS DES		DISTANCES EN			
DÉPARTEMENS.	CHEFS-LIEUX.	KILOM.	MYRIAM.	LIEUES ANC.	
Forêts	Luxembourg	567	36 7	73	2/5
Frise	Leuwarden				
Gard	Nîmes	702	70 2	140	2/5
Garonne (Haute)	Toulouse	669	66 9	233	4/5
Gênes	Gênes	937	93 7	210	4/5
Gers	Auch	743	74 3	148	3/5
Gironde	Bordeaux	573	57 3	114	3/5
Golo	Bastia	873	87 3	174	3/5
Hérault	Montpellier	752	75 2	150	2/5
Ille-et-Vilaine	Rennes	346	34 6	68	1/5
Indre	Château-Roux	259	25 9	51	4/5
Indre-et-Loire	Tours	242	24 2	48	2/5
Isère	Grenoble	568	56 8	113	3/5
Issel Supérieur	Arnheim				
Jemmapes	Mons	244	24 4	48	4/5
Jura	Lons-le-Saulnier	411	41 1	82	1/5
Landes	Mont-de-Marsan	702	70 2	140	2/5
Léman	Genève	514	51 4	102	4/5
Liamone	Ajaccio	873	87 3	174	3/5
Loir-et-Cher	Blois	181	18 1	36	1/5
Loire	Montbrison	443	44 3	88	3/5
Loire (Haute)	Le Puy	505	50 5	101	»
Loire-Inférieure	Nantes	389	38 9	77	4/5
Loiret	Orléans	123	12 3	28	3/5
Lot	Cahors	558	55 8	111	3/5
Lot-et-Garonne	Agen	714	71 4	142	4/5
Lozère	Mende	566	56 6	113	1/5
Lys	Bruges	383	38 3	76	3/5
Maine-et-Loire	Angers	300	30 »	60	»
Manche	Saint-Lô	326	32 6	65	1/2
Marengo	Alexandrie	52	85 2	170	2/5
Marne	Châlons	164	16 4	32	4/5
Marne (Haute)	Chaumont	247	24 7	49	2/5
Mayenne	Laval	281	28 1	56	1/5
Méditerranée	Livourne	1148	114 8	258	1/5
Meurthe	Nancy	354	33 4	66	4/5
Meuse	Bar-sur-Ornain	251	25 1	50	1/5
Meuse-Inférieure	Maëstricht	448	44 8	89	3/5
Mont-Blanc	Chambéry	565	56 5	113	
Montenotte	Savone	980	98 »	220	2/5
Mont-Tonnerre	Mayence	548	54 8	109	3/5
Morbihan	Vannes	500	50 »	100	»
Moselle	Metz	308	30 8	61	3/5
Nèthes (Deux)	Anvers	355	35 5	71	»

NOMS DES		DISTANCES EN				
DÉPARTEMENS.	CHEFS-LIEUX.	KILOM.	MYRIAM.		LIEUES ANC.	
Nièvre	Nevers	256	25	6	47	1/5
Nord	Lille	236	23	6	47	1/5
Oise	Beauvais	88	8	8	17	3/5
Ombrone	Sienne	1285	128	5	288	3/5
Orne	Alençon	191	19	1	38	1/5
Ourthe	Liége	411	41	1	82	1/5
Pas-de-Calais	Arras	193	19	3	38	3/5
Pô	Turin	763	76	3	152	3/5
Puy-de-Dôme	Clermont	384	38	4	76	4/5
Pyrénées (Basses)	Pau	781	78	1	156	2/5
Pyrénées (Hautes)	Tarbes	815	81	5	163	»
Pyrénées Orientales	Perpignan	888	88	8	177	1/5
Rhin (Bas)	Strasbourg	464	46	4	92	4/5
Rhin (Haut)	Colmar	481	48	1	96	1/5
Rhin-et-Moselle	Coblentz	597	59	7	119	2/5
Rhône	Lyon	466	46	6	93	1/5
Rome	Rome					
Roër	Aix-la-Chapelle	457	45	7	91	2/5
Sambre-et-Meuse	Namur	345	34	5	69	»
Saône (Haute)	Vesoul	354	35	4	70	4/5
Saône-et-Loire	Mâcon	399	39	9	79	4/5
Sarre	Trèves	410	41	»	82	»
Sarthe	Le Mans	211	21	1	42	1/5
Seine	Paris					
Seine-Inférieure	Rouen	137	13	7	27	2/5
Seine-et-Marne	Melun	46	4	6	9	1/5
Seine-et-Oise	Versailles	21	2	1	4	1/5
Sèvres (Deux)	Niort	416	41	6	83	1/5
Sesia	Verceil	836	83	6	167	1/5
Simplon	Sion					
Somme	Amiens	128	12	8	25	3/5
Stura	Coni	843	84	3	168	3/5
Tarn	Alby	657	65	7	131	2/5
Tarn-et-Garonne	Montauban					
Taro	Parme	1019	101	9	229	1/5
Trasimène	Spolette					
Var	Draguignan	890	89	»	178	»
Vaucluse	Avignon	707	70	7	141	3/5
Vendée	Fontenay	447	44	7	89	2/5
Vienne	Poitiers	343	34	3	68	3/5
Vienne (Haute)	Limoges	380	38	»	76	»
Vosges	Epinal	381	38	1	76	1/5
Yonne	Auxerre	168	16	8	33	3/5
Zuyderzée	Amsterdam					

Sur la question de savoir de quel jour les décrets impériaux sont obligatoires, avis du Conseil d'Etat, du 12 prairial an 13, portant :

« Le Conseil d'Etat, qui, d'après le renvoi fait par Sa Majesté Impériale, a entendu le rapport de la section de législation sur celui du grand-juge ministre de la justice, tendant à faire décider de quel jour les décrets impériaux sont obligatoires;

» Considérant que la proposition et la discussion publiques des lois ont permis de déterminer, dans l'art. 1er. du Code civil, un délai après lequel leur promulgation étant présumée connue dans chaque département, elles y deviennent successivement obligatoires ; que les décrets impériaux étant préparés et rendus avec moins de publicité, ils ne peuvent pas être frappés de la même présomption de connaissance, et qu'en effet ils n'ont pas été compris dans la disposition de l'art. 1er. du Code;

» Qu'il faut donc, pour qu'ils deviennent obligatoires, une connaissance réelle qui résulte de leur publication ou de tout autre acte ayant le même effet;

» Est d'avis que les décrets impériaux insérés au Bulletin des Lois, sont obligatoires, dans chaque département, du jour auquel le bulletin a été distribué au chef-lieu, conformément à l'art. 12 de la loi du 12 vendém. an 4;

» Et que, quant à ceux qui ne sont point insérés au bulletin, ou qui n'y sont indiqués que par leur titre, ils sont obligatoires du jour qu'il en est donné connaissance aux personnes qu'ils concernent, par publication, affiche, notification, ou signification ou envois faits ou ordonnés par les fonctionnaires publics chargés de l'exécution. (Art. 2069 *bis* du J.)

QUALITÉS.

Q.

QUALITÉS. Titres indicatifs de la naissance, de l'état et profession d'une personne. — V. *Actes*, n°. 5, p. 17.

QUALITÉS *en matière de procédure*. La décision du juge, qui, conformément aux art. 144 et 145 du C. de P. C., statue sur l'opposition, soit aux qualités d'un jugement, soit à l'exposé des points de fait et de droit, ne peut être portée à la suite de l'original de la signification des qualités, qui doit rester entre les mains de l'huissier audiencier, pour y faire mention de l'opposition qui pourrait intervenir. En effet, cette décision étant un jugement définitif sur le fond, il est indispensablement nécessaire qu'il en reste au greffe une minute qui ne soit pas remise aux parties. (Art. 3036 du J.) — V. *Instances*, §. 9, n°. 32, p. 599.

QUESTION. Point de difficulté et de discussion sur une matière.

L'administration est chargée de résoudre les difficultés que la perception des droits d'enregistrement fait naître avant l'introduction des instances. — V. *Instances*, §. 1er., n°. 1, p. 593.

QUITTANCE. Reconnaissance par écrit, donnée par un créancier, du paiement intégral ou partiel d'une dette.

1. Les quittances et tous autres actes et écrits portant libération de sommes et valeurs mobiliaires, sont sujets au droit de 50 c. par 100 f. Art. 69, §. 2, n°. 11 de la loi du 22 frim. an 7.

2. Cependant, si la libération était le résultat d'un abandon de biens meubles ou immeubles, le droit de quittance ne serait pas exigible, mais celui réglé pour les ventes, cessions et transports. — V. *Dation en paiement*, p. 192.

3. Le droit des quittances est dû sur le total des sommes ou capitaux dont le débiteur se trouve libéré. Art. 14, n°. 5 de la même loi.

4. Nul doute, d'après cette disposition, que, pour une quittance de 300 f. restant d'une obligation primitive de 1,000 f., le droit ne soit dû sur cette dernière somme, si l'acte ne fait mention ou s'il n'est justifié, pour les 700 f. précédemment payés, de quittances enregistrées. (Article 1791 du Journal.)

5. L'art. 1908 du C. N. porte que la quittance du capital, *sans réserve des intérêts*, en fait présumer le paiement et en opère la libération.

Cette disposition et celle de l'art. 14 précité de la loi du 22 frim. an 7, ont donné lieu d'examiner si, lorsque, dans une quittance de remboursement de rentes ou d'obligations portant intérêts, il n'est point fait de réserve expresse d'intérêts, le droit d'enregistrement doit être perçu sur le montant des cinq dernières années d'arrérages, dont la loi autorise la demande, et pour lesquelles il n'est pas justifié de quittances enregistrées.

La simple quittance du capital ne constatant pas que le paiement des intérêts a été réellement effectué, la libération, dans le cas dont il s'agit, n'est pas le résultat d'une reconnaissance formelle, de la part du créancier, d'avoir précédemment reçu les arrérages échus : elle n'est fondée que sur un article du Code qui la fait supposer, et qui fournit au débiteur un moyen de se soustraire à l'effet de l'action qu'on voudrait intenter contre lui ; mais une seule présomption ne suffisant pas pour déterminer la perception, et, d'un autre côté, une fin de non-recevoir ne pouvant équivaloir au paiement, puisque la libération n'existe alors que par un bénéfice spécial de la loi, les quittances de remboursement de rentes et d'obligations, dans lesquelles il n'est pas fait réserve des intérêts, ne doivent le droit proportionnel que sur les sommes qui y sont exprimées.

Cependant, pour les quittances annonçant *que tous les intérêts échus ont été payés*, on doit admettre, comme restriction du principe ci-dessus établi, que le droit est exigible sur le nombre d'années d'arrérages ou intérêts révolues, d'après la date du titre, si elle ne s'élève pas à cinq ans, ou sur cinq années si la date du titre est plus ancienne, à moins que le paiement desdits intérêts ne résulte d'actes en forme qui seraient mentionnés.

Dans ce cas, c'est par l'effet d'une stipulation expresse des parties que le débiteur est formellement déchargé des accessoires, tandis que, dans la quittance du capital sans réserve d'intérêts, ce n'est que par une présomption que l'on considère le débiteur comme libéré.

Le ministre des finances, consulté sur ce point, a approuvé, par une décision du 28 juin 1808, les principes qui viennent d'être énoncés. Nomb. 11 de l'Inst. gén. du 28 juill. 1808, n°. 590.

Il y aurait encore lieu à la perception sur les intérêts, s'il était stipulé que le débiteur est quitte et déchargé du capital remboursé, et *de toutes choses* relativement à l'obligation ou constitution de rente. (Art. 1791, 2224 et 2942 du J.)

6. Le droit des quittances d'arrérages d'une rente sujette à la retenue des contributions, doit être liquidé sur la somme payée, et l'on ne doit point y ajouter le montant de la retenue : en effet, le débiteur étant autorisé, par la loi ou le titre constitutif de la rente, à faire la retenue de la contribution, il n'est plus débiteur, pour l'année qu'il paye, que du restant de la rente, déduction préalablement faite de cette contribution. Le créancier ne lui donne quittance que de ce restant qui forme le total de la libération existante. (Art. 2203 du J.)

7. La quittance, dans un *bail*, de sommes payées sur le prix total ou partiel de la durée de la jouissance, est sujette au droit proportionnel, indépendamment de celui du bail. — V. *Bail*, §. 4, n°. 5, p. 116.

8. Lorsque, par un même acte, différentes personnes donnent quittance au même débiteur de ce qui était dû à chacune d'elles distinctement, il doit être perçu un droit pour chaque quittance ou décharge, parce qu'il y a autant de libérations particulières.

9. Il doit être perçu, indépendamment du droit de collocation, celui de quittance, si, dans un ordre passé devant notaire, l'acquéreur paye à chacun des créanciers la somme qui lui est due. (Article 3432 du J.) — Voyez *Collocation*, n°. 6, page 155.

10. Il s'est élevé la question de savoir s'il est dû deux droits proportionnels d'enregistrement pour une quittance donnée à un acquéreur par le créancier auquel le prix a été délégué à l'acquit du vendeur.

On avait d'abord pensé que la quittance ne présente qu'une seule libération, lorsque, la délégation du vendeur étant acceptée par le créancier, l'acquéreur devient le débiteur direct de celui-ci, ou que le paiement ayant eu lieu en vertu d'un ordre judiciaire, l'acquéreur se trouve devoir personnellement à celui à qui le bordereau de collocation a été délivré; mais que, ces deux cas exceptés, la quittance ayant pour double effet de libérer le vendeur du montant de sa dette, et l'acquéreur du prix de son acquisition, on devait percevoir deux droits d'enregistrement.

Il suffit, pour résoudre la question proposée, d'examiner si, dans une quittance passée à un acquéreur par le créancier du vendeur, en l'acquit de ce dernier, il y a deux dispositions qui ne dérivent pas l'une de l'autre.

Quoique, par cette quittance, le créancier donne décharge d'une somme qui lui est due par le vendeur, et que l'acquéreur a été chargé de lui compter, il n'y a véritablement qu'une seule disposition, qu'une seule quittance d'une somme unique. Il est vrai qu'elle produit, tout à-la-fois, l'effet de libérer le vendeur de sa dette envers le créancier qu'il a désigné, et l'acquéreur du prix de la vente : mais, malgré la double libération résultant de cet acte, on ne peut voir qu'une seule disposition, attendu que la seconde libération ne s'opère que tacitement et par une induction de la première qui fait l'objet réel de l'acte.

D'ailleurs, en supposant même qu'il y ait deux dispositions connues dans l'espèce, l'une dérive nécessairement de l'autre : il ne peut, aux termes de l'article cité de la loi du 22 frimaire, y avoir ouverture qu'à un seul droit proportionnel d'enregistrement. Décis. du minist. des fin. et du grand-juge minist. de la justice, des 9 et 23 août 1808. Nomb. 11 de l'Inst. gén. du 30 septemb. suiv., n°. 400. (Art. 2994 du J.)

11. Il y aurait lieu à l'application de ce principe, quand même le contrat de vente ne contiendrait pas de délégation au profit du créancier du vendeur.

12. Mais si, dans la quittance donnée à un acquéreur qui paye en l'acquit du vendeur, celui-ci intervient et décharge son acquéreur, ou approuve le paiement qu'il a fait, il est dû deux droits proportionnels, parce que la seconde ne s'opère plus tacitement et par induction, mais par l'intervention du vendeur qui décharge son acquéreur soit en termes exprès, soit en approuvant le paiement par lui fait. Les deux dispositions ne dérivent plus nécessairement l'une de l'autre, puisqu'elles ont lieu entre différens individus, et que chacun d'eux libère un débiteur. (Art. 5044 du J.) Il ne serait dû que le droit fixe de 1 f. pour l'intervention du vendeur, s'il y avait eu délégation par, ou depuis le contrat de vente, parce qu'il n'y

aurait alors qu'une justification de paiement.

13. Il n'est dû qu'un seul droit de quittance pour la disposition d'un acte par laquelle deux individus, en même tems créanciers et débiteurs l'un de l'autre, compensent leurs créances. En effet, la compensation tient lieu du paiement, ou, si l'on veut, c'est un paiement réciproque, mais fictif, et sans bourse déliée de part et d'autre ; s'il y a deux créances éteintes, l'on ne peut disconvenir que l'une ne forme le prix ou paiement de l'amortissement de l'autre : il ne doit donc être perçu qu'un seul droit. (Art. 1688 du J.)

14. Un vendeur qui reçoit le prix d'un bien qu'il a vendu, et qui affecte d'autres biens à la garantie de ce paiement, se cautionne, dit-on, lui-même : donc, il doit être perçu un droit de 50 centimes par 100 francs pour ce cautionnement : c'est une erreur. Cette garantie est due de plein droit, par la seule raison de justice et d'équité, quand même elle n'aurait pas été stipulée ; elle est une suite nécessaire du paiement. La désignation des biens qui s'y trouvent affectés, est indispensable pour prendre inscription d'après le nouveau régime hypothécaire ; mais elle n'ajoute rien au droit légal qu'avait l'acquéreur, relativement à la garantie de son paiement. Ainsi, dans l'espèce, ce n'est pas un cautionnement particulier, mais une simple garantie qui dérive nécessairement de la quittance, et, conséquemment, n'opère aucun droit. (Art. 886 du J.)

15. Le paiement par anticipation d'une somme qui avait été stipulée, par un acte de donation, payable après le décès du donateur, ne peut être considéré comme une nouvelle libéralité, et il ne doit être perçu que le droit de quittance. (Article 986 du J.)

16. Un paiement à titre d'avance sur des fermages à *échoir*, fait par un fermier à son propriétaire, ne doit point être considéré comme obligation, puisque le fermier n'a

pas droit d'exiger que la somme lui soit rendue, que tout débiteur peut se libérer par anticipation, et qu'on ne peut voir dans un paiement pour termes ou revenus à échoir, qu'une quittance passible du droit de 50 c. par 100 f. (Art. 1708 du J.)

17. Il n'est dû que 50 c. par 100 f. sur l'acte par lequel un légitimaire accepte et reçoit en numéraire sa légitime ou un supplément de légitime, lorsqu'elle a été fixée de cette manière par l'auteur de la succession, et renonce à la faculté de les exiger en corps héréditaires. — V. *Légitime*, n°. 5, p. 414.

18. Une quittance pour prêt fait verbalement, ne constitue point actuellement une obligation, puisqu'il ne peut en exister là où il n'y a plus de créance. On peut en créer une par convention verbale, sans donner ouverture à aucun droit, et son remboursement est une quittance pure et simple, puisqu'il éteint, au lieu d'établir, une créance. (Art. 1468 du J.)

19. La quittance du montant d'un billet non enregistré, n'autorise point la perception du droit du billet, 1°. parce qu'un billet n'est soumis à l'enregistrement que dans le cas où l'on veut en faire usage; 2°. parce que la quittance n'a pas pour but de constater l'existence du billet pour en faire un titre contre celui qui le paie, et que l'existence de ce billet est au même instant détruite par la quittance qui la constate. (Art. 1506 du J.)

20. Il n'est rien dû pour les quittances d'à-comptes mises sur un billet qu'on soumet à la formalité, à moins que les parties n'en requièrent l'enregistrement. (Art. 975 du J.) — V. *Billet*, n°. 2, p. 128.

21. L'art. 455 du C. N. portant que les père et mère qui ont eu la jouissance légale des biens de leurs enfans mineurs, rendront la valeur estimative de ceux des meubles qu'ils ne pourraient représenter en nature, il en résulte que l'acte par lequel un père paye à son fils, devenu majeur, la valeur estimative des meubles non représentés en nature, opère seulement le droit de quittance ou indemnité mobilière, et non celui de vente. (Article 2232 du J.)

22. Lorsque le paiement d'une créance est fait par un tiers, avec déclaration que le paiement est de ses propres deniers, s'il est subrogé par l'acte aux droits du créancier, ce n'est plus proprement dit un paiement, mais un transport de l'obligation : c'est ce qui résulte des art. 1236 et 1250 du C. N. Si le tiers n'est point subrogé aux priviléges et hypothèques, il n'en est pas moins acquéreur de la créance, il y a novation dans le titre, puisqu'un nouveau créancier est substitué à l'ancien. N°. 3 de l'art. 1271 du C. N. D'où il suit que, dans l'un et l'autre cas, l'acte est passible du droit de 1 f. par 100 f. (Art. 1741 du J.)

23. Il est également dû 1 par 100 pour la quittance donnée à une caution non solidaire qui paye la dette *volontairement,* avant le terme de son échéance, avec *subrogation* aux droits du créancier soldé. Cet acte opère un transport de créance. (Article 678 du J.) — Voyez *Subrogation.*

24. Si, pour libérer un comptable en débet, ses parens font cession d'une créance au trésor public, l'acte doit être enregistré *gratis.* — Voyez *Acquisition*, n°. 2, page 13.

25. La quittance définitive *du quart de la valeur des domaines engagés,* délivrée par le receveur des domaines, opérant la libération de l'engagiste, et consommant en sa faveur la *mutation de propriété*, il convient de faire courir le délai pour l'enregistrement et le paiement du droit proportionnel de 2 pour 100, du jour de cette quittance.

Le receveur des domaines qui l'a délivrée, en donne avis au receveur de l'enregistrement du bureau de la situation des biens, et celui-ci prévient l'engagiste qu'il ait à soumettre sa dernière quittance à la formalité dans les trois mois de sa date, et s'il n'obtempère pas à cet avertissement, le paiement du droit et double droit sera poursuivi par les voies ordinaires, conformément à l'art. 38 de la loi du 22 frimaire an 7. Les arrêtés définitifs qui ont pour objet de déclarer les engagistes et échangistes, propriétaires incommutables, et qui, aux termes de la Circulaire de l'administration, du 19 vendémiaire an 8, n°. 1672, devaient acquitter le droit proportionnel de 2 pour 100, ne seront sujets, au moyen de la mesure qui précède, qu'au droit fixe de 1 f. Nomb. 62 de l'Inst. gén. du 3 fruct. an 13, n°. 290.

26. La déclaration, dans une vente ou tout autre acte, que la somme payée provient, au vendeur, d'un paiement ou remboursement qu'il reconnaît lui avoir été fait par un tel, opère pour celui-ci l'effet d'une libération; le droit doit en être perçu si l'on ne justifie pas d'une quittance enregistrée.

27. Les quittances contenues dans une sommation faite par un huissier, donnent ouverture au droit proportionnel de 50 c. par 100 f., indépendamment du droit fixe de 1 f.

28. Lorsque, dans une quittance, il est donné main-levée de l'opposition ou inscription que le créancier avait formée sur son débiteur, on ne doit percevoir que le droit de quittance, quand même il serait inférieur à celui de la main-levée, 1°. parce que cette dernière disposition est l'effet nécessaire et la suite immédiate de la quittance; 2°. et parce que le droit doit être établi sur la disposition principale, et non sur celle qui en dérive et qui n'est que l'accessoire. Décis. du min. des fin., du 28 juin 1808. Nomb. 8 de l'Inst. gén. du 28 juillet suivant, n°. 390. (Article 318 du J.)

29. Par un acte enregistré *comme quittance*, un particulier s'est libéré avec ses billets, à diverses échéances, du montant d'une obligation; le créancier certifie postérieurement, devant notaire, que les billets ont été acquittés : il n'est dû que le droit fixe de 1 f. pour ce certificat ou seconde quittance, la première ayant été soumise au droit proportionnel. (Article 331 du J.)

30. Il résulte de l'art. 41 de la loi du 22 frimaire an 7, que les notaires ne peuvent recevoir une quittance d'*arrérages de rentes*, sans justifier de l'enregistrement du titre constitutif de la rente; et, à défaut de justification, le receveur est fondé à percevoir le droit proportionnel de constitution. Déc. du min. des fin., du 22 brum. an 8. (Art. 299 du J.)

31. Les quittances des frais ordinaires de poursuites, qui, aux termes de l'article 715 du C. de P. C., doivent être annexées aux jugemens d'adjudication sur saisie immobilière, sont passibles du droit avant qu'elles puissent être annexées. Nomb. 54 de l'Inst. gén. du 4 juillet 1809, n°. 436. (Art. 2605 du J.)

32. Mais un tiers saisi étant étranger aux poursuites du créancier, on ne peut le contraindre à faire enregistrer les quittances qui lui ont été délivrées, et qu'il ne produit que pour appuyer la déclaration que la loi exige de lui : cependant, il y aurait lieu à la formalité et au paiement du droit, si, en cas de contestation entre le créancier et le tiers saisi, le premier excipait des quittances pour repousser l'action du saisi. Décis. du min. des fin., du 18 avril 1809. Nomb. 45 de l'Inst. gén. du 4 juillet suiv., n°. 436. (Art. 3075 du J.)

33. Quant aux quittances produites au soutien des comptes et aux distinctions à établir entre les comptes, les quittances et les décharges, voyez *Comptes*, n°s. 3, 4, 5, 13 et suiv.

34. L'extrait *certifié* d'un compte ouvert d'un négociant, opère le droit proportionnel s'il énonce des reçus à-compte de marchandises livrées.—Voyez *Compte*, n°. 12, p. 162.

35. A l'égard des quittances du prix des ventes à l'encan d'effets mobiliers, voyez *Décharge*, n°. 6, p. 194.

36. L'acte de remise de loyers, accordée

à un locataire pour défaut de jouissance, occasionné par des réparations urgentes à la chose louée, ne donne ouverture qu'au droit fixe de 1 f. — V. *Indemnité*, n°. 8, p. 391.

57. Il n'est également dû que le droit fixe de 1 f. pour l'acte par lequel un remplaçant, appelé lui-même sous les drapeaux, consent la réduction à 1,000 f. de la somme de 2,000 f. qui lui avait été promise par le traité passé avec le conscrit qu'il remplaçait. Il n'y a, dans l'espèce, ni donation, ni intention de donner. On ne peut y voir non plus ni une libération, puisque le remplaçant ne reçoit rien, ni une remise réelle de dette, puisqu'il ne remplit pas l'engagement qu'il avait contracté. (Article 5414 du J.)

58. La remise d'une dette en opère la libération : l'acte qui la contient est assujetti au droit de 50 c. par 100 f. — V. *Acceptilation*, p. 11.

59. Dans le cas de transmission de biens, la quittance donnée par le même acte, pour tout ou partie du prix entre les contractans, ne peut être sujette à aucun droit particulier d'enregistrement. Art. 10 de la loi du 22 frim. an 7.

40. Pour connaître quelles sont les quittances concernant les communes et autres établissemens publics, qui sont sujettes aux droits d'enregistrement et de timbre, ou qui en sont exemptes, voyez *Actes des établissemens publics*, n°. 12 et suiv., page 55.

41. Les droits d'enregistrement des quittances doivent être supportés par le débiteur, à moins qu'il n'y ait stipulation contraire dans l'acte. Art. 31 de la loi du 22 frim. an 7.

42. Plusieurs quittances sont formellement déclarées exemptes de l'enregistrement; savoir : 1°. celles des intérêts résultant d'inscriptions sur le grand-livre ; 2°. les quittances ou acquits des inscriptions, mandats ou ordonnances de paiement sur les caisses publiques ; 3°. les quittances de contributions, droits, créances et revenus payés à l'État ; 4°. celles pour charges locales ; 5°. celles des fonctionnaires et employés salariés par l'État, pour leurs traitemens et émolumens ; 6°. les quittances relatives aux décharges ou réduction, remises ou modération d'imposition ; 7°. celles pour prêt et fourniture, tant pour le service de terre que pour le service de mer ; 8°. enfin, les quittances ou acquits des lettres de change, billets à ordre ou autres effets négociables. Article 70, §. 3, n°s. 5, 4, 5, 6, 13 et 15 de la loi du 22 frimaire an 7. Ainsi, l'on peut faire usage de ces quittances en justice, les annexer à des actes ou les déposer chez des officiers publics, sans qu'elles soient enregistrées.

43. L'exception a lieu pour les quittances de prix d'un domaine national, quoiqu'elles soient passées devant notaire ; mais si l'on en requiert l'enregistrement, il est dû pour la formalité 1 f. fixe. (Article 2286 du J.)

44. La quittance de l'enregistrement doit être mise sur l'acte enregistré ou sur l'extrait de la déclaration du nouveau possesseur ; le receveur est obligé d'y exprimer, en toutes lettres, la date de l'enregistrement, le folio du registre, le numéro et la somme des droits perçus. Lorsque l'acte renferme plusieurs dispositions, opérant chacune un droit particulier, le receveur doit les indiquer sommairement dans sa quittance, et énoncer distinctement la quotité de chaque droit perçu, à peine d'une amende de 10 f. pour chaque omission. Art. 57 de la loi du 22 frim. an 7.

45. Il doit être fait mention, dans toutes les expéditions des actes publics, civils ou judiciaires, qui doivent être enregistrés sur les minutes, de la quittance des droits, par une transcription littérale et entière de cette quittance, à peine de 10 f. d'amende pour chaque contravention. Article 44 de la même loi. Cette disposition s'applique aux simples extraits des actes. Le mot *expédition* est l'expression générale qui sert à qua-

ifier l'extrait comme la copie entière, et un extrait n'est autre chose qu'une expédition brégée. Déc. du min. des fin., du 17 vent. n 7. Circul. de l'adm., du 1er. complém. n 8, n°. 1887.

46. Pareille mention doit être faite par es greffiers sur les secondes et subséquen- es expéditions des actes et jugemens assu- ettis au droit proportionnel, mais qui ne ont pas dans le cas d'être enregistrés sur a minute : à cet effet, ils sont tenus de aire mention sur la minute, de chaque ex- pédition délivrée, de la date de l'enregis- rement et du droit payé, le tout sous la même peine de 10 f. d'amende pour cha- ue contravention. Art. 45 de la loi du 22 juin. an 7.

47. Le législateur, en imposant aux offi- iers publics l'obligation de faire mention e la quittance des droits par une transcrip- on *littérale et entière*, a voulu donner, aux réposés, des facilités pour s'assurer de la éalité de l'enregistrement annoncé: mais a eu aussi pour objet de procurer aux arties les moyens de reconnaître, au vu e la pièce qui leur est délivrée, et par le étail qui s'y trouve établi des droits perçus ur chaque disposition, si la perception est égulière et dans le vœu de la loi.

Il est donc également utile à l'intérêt du résor et à celui des particuliers, que ce qui st prescrit relativement à la transcription e la quittance, soit strictement exécuté, et s préposés ne peuvent se dispenser de onstater, par procès-verbal, les contraven- ons commises. Déc. du min. des fin., du 4 mai 1808. Nomb. 10 de l'Inst. gén. du o sept. suiv., n°. 400.

48. *Timbre.* Toutes les quittances, sauf s exceptions énoncées aux nomb. 53 et uiv. ci-après, sont sujettes au timbre de imension. Art. 16 de la loi du 13 brum. n 7.

49. Celles pour le paiement des peines écuniaires prononcées par le décret impé- al du 23 juin 1806, pour contraventions ux lois, décrets et réglemens concernant le poids des voitures et la police du roula- ge, délivrées aux contrevenans, doivent être en papier timbré. Inst. gén. du 5 oct. 1807, n°. 345.

50. Les quittances des droits d'octrois municipaux et de bienfaisance, sont sujet- tes au timbre; il n'y a d'exception que pour celles qui n'excèdent pas 10 f. Déc. du min. des fin., des 28 germ. et 8 thermid. an 9. Circ. de l'adm., n°s. 2006 et 2042.

51. Celles relatives au paiement des sa- laires des huissiers, en matière criminelle, sont sujettes à la formalité du timbre, par- ce que ces officiers ne sont ni fonctionnai- res, ni salariés par l'État; les sommes qui leur sont payées ne sont que des attribu- tions d'office, à raison desquelles ils doivent supporter le droit de timbre comme sim- ples particuliers. Si la quittance était don- née au pied du mandat ou de l'exécutoire, le mandat serait alors susceptible d'être dé- livré sur papier timbré, dont la partie pre- nante devrait incontestablement le rem- boursement. Sol. de l'adm., du 22 germ. an 10. (Art. 1141 du J.)

52. Les quittances des droits d'inscrip- tions et d'examen de diplôme, celles de la rétribution annuelle due par les pension- naires des maisons d'éducation, collèges et séminaires, enfin celles du contingent des villes pour les bourses créées dans les lycées, doivent être délivrées en papier timbré. (Art. 3406 du J.)

53. Le timbre des quittances fournies à l'État ou délivrées en son nom, est à la charge des particuliers qui les donnent ou les reçoivent. Il en est de même pour les autres actes entre l'État et les particuliers. Art. 39 de la loi du 13 brum. an 7.

54. Les quittances de prix de vente et celles de remboursemens de contrats de constitution ou obligation, peuvent être mises à la suite de ces sortes d'actes. Il peut aussi être donné plusieurs quittances sur une même feuille de papier timbré, *pour à-compte* d'une seule et même créance, ou d'un seul terme de fermage ou de loyer;

Toutes autres quittances qui seraient données sur une même feuille de papier timbré, n'auraient pas plus d'effet que si elles étaient sur papier non timbré. Art. 23 de la même loi.

55. Celles de prix de ventes mobilières faites par des officiers publics, peuvent être mises à la suite ou en marge des procès-verbaux. — Voyez *Décharge*, n°. 6, pag. 194.

56. Les quittances de droits excédant 10 f., ne peuvent être écrites à la suite des licences délivrées par les directeurs de la régie des droits réunis. (Art. 1849 du J.)

57. Le recouvrement de l'amende de 30 f. pour quittance non timbrée, ne peut être poursuivi contre le créancier signataire, mais seulement contre le débiteur qui s'est libéré. Arrêt de la cour de cassation, du 2 fruct. an 9. Opinion de M. Merlin, procureur général impérial, qui avait été consulté sur cette question. Décis. des min. de la just. et des fin., du 24 sept. 1808. Nomb. 3 de l'Inst. gén. du 27 oct. 1808, n°. 403. (Art. 1034 et 5034 du J.)

Autre arrêt de la cour de cassation, du 28 août 1809, qui a annullé un jugement du tribunal de Gaillac, qui avait décidé que le créancier qui avait signé la quittance, était seul passible de l'amende. Cet arrêt est conçu en ces termes :

« La cour, vu l'art. 4 de la loi des 7 et 18 fév. 1791;

» Et considérant qu'il a toujours été de principe que les frais de la quittance sont à la charge de celui qui l'exige; que la quittance est un titre exclusivement à l'avantage et à la décharge de celui qui paye; que lui seul peut s'en servir, et qu'ainsi, à tous égards, quand il s'en sert, c'est à lui qu'il incombe particulièrement de fournir le papier timbré nécessaire pour écrire la quittance, ou de payer l'amende encourue; d'où il suit que le tribunal de Gaillac a faussement appliqué l'art. 14 de la loi, et contrevenu à l'art. 4 de la loi de fév. 1791; casse, etc. » (Art. 3387 du J.)

58. Sont exemptes de la formalité et du droit de timbre, les quittances ou récépissés délivrés aux collecteurs et receveurs des deniers publics; celles que les collecteurs de contributions directes peuvent délivrer aux contribuables; celles des contributions indirectes qui s'expédient sur les actes, et celles de toutes autres contributions qui se délivrent sur feuille particulière, et qui *n'excèdent pas* 10 *f.*; celles des secours payés aux indigens, et indemnités pour incendies, inondations, épizooties et autres cas fortuits; enfin, toutes autres quittances, même celles *entre particuliers* pour créances et sommes *non excédant* 10 *f.*, quand il ne s'agit pas d'un à-compte ou d'une quittance finale sur une plus forte somme. Art. 16, n°. 1 de la loi du 13 brumaire an 7.

59. Celles des secours accordés aux parens des militaires, sont aussi exemptes du droit de timbre. Solut. de la régie, du 19 pluviose an 7. Circ. du 2 prair. suiv., n°. 1566.

60. Décidé par le ministre des finances, que toutes les quittances de *contributions directes* sont dispensées de la formalité du timbre, et que celles de *contributions indirectes*, excédant 10 f., sont les seules qui y soient assujetties. Circ. du 2 prair. an 7, n°. 1566.

61. Les quittances pour droits de patentes de l'an 10 et années postérieures, qui s'acquittent par douzième chaque mois, sont dispensées de la formalité du timbre; mais il n'en est pas de même de celles pour les années antérieures : celles-ci restent assujetties au droit. Décis. du min. des fin., du 18 frim. an 10. Circ. du 9 pluv. suiv.

62. Les cotisations et contributions, imposées sur les propriétaires qui se réunissent ou s'associent, à l'effet de pourvoir, en exécution de la loi du 14 floréal an 11, au curage des canaux et rivières non navigables, à l'entretien des digues qui y correspondent, et à la confection des ouvrages propres à contenir les eaux des fleuves

ves dans leurs limites, étant un impôt direct sur ces propriétaires, les quittances qui en sont délivrées sont exemptes du timbre. Décis. du min. des fin., du 7 juin 1808. Inst. gén. du 7 juillet suiv., n°. 587. (Article 2896 du J.)

63. Les quittances de restitution de droits induement perçus, sont exemptes du timbre; quoique l'art. 16 de la loi du 13 brum. an 7, en énonçant les actes non soumis à cette formalité, ne fasse aucune mention des quittances de l'espèce, et qu'ainsi elles puissent être rangées dans la classe générale de celles fournies à l'Etat, dont le timbre, suivant l'art. 29 de cette loi, est à la charge des particuliers qui les donnent, il n'en est pas moins vrai que, dans le cas prévu, la restitution étant la réparation d'une erreur commise par le percepteur, au préjudice des parties, il serait contraire à l'équité d'exiger un droit qui ne ferait qu'aggraver le dommage qu'elles ont déjà souffert. Déc. du min. des fin., du 16 août 1808. Inst.

gén. du 1er. sept. suiv., n°. 597. (Art. 2979 du J.)

64. Celles des gages et indemnités des maîtres de poste, et celles des pensions et secours accordés aux postillons, à leurs veuves et enfans, peuvent être écrites sur papier non timbré. Déc. du min. des fin., du 30 août 1808. (Art. 2999 du J.)

65. Celles d'à-comptes délivrées aux maires, lors des versemens partiels du montant des vacations forestières dues par les communes, n'ayant pour objet que de faciliter l'acquit des taxes dont le paiement n'est et ne peut être légalisé que par l'état ordonnancé du préfet, elles ne peuvent être considérées comme pièces définitives de libération, mais seulement comme notes indicatives et provisoires, en attendant le double de l'état ordonnancé et revêtu d'acquit, qui doit être remis aux maires, en échange des reçus d'à-compte. Elles ne sont pas, sous ce rapport, sujettes au timbre. (Article 2197 du J.)

R.

RABAIS. — V. *Adjudication au rabais*, p. 83.

RACHAT *de rente.* — V. *Remboursement.*

RACHAT *(faculté de) dans les contrats de vente.* — V. *Faculté*, p. 297; *Retrait de réméré; Vente à faculté de rachat ou de réméré.*

RAPPORT. — Voyez *Procès-Verbaux*, pour les rapports en général; *Actes judiciaires*, §. 2, p. 24; §. 5, *des Tribunaux de commerce*, n°. 3, p. 27; §. 9, n°. 10, p. 42; §. 11, n°. 16, p. 44, pour les rapports faits par les capitaines de navires; et *Arbitrage*, n°. 11, p. 97, pour les rapports faits par des négocians consultés sur des instances pendantes au tribunal de commerce.

Les jugemens rendus en matière de perception des droits qui font l'objet de ce Dictionnaire, doivent, à peine de nullité, être précédés d'un rapport fait par l'un des juges. Il ne peut être suppléé à la mention, dans le jugement même, d'un rapport préalable, par des certificats extrajudiciaires. — V. *Instances*, n°. .

RAPPORT *à succession.* Remise qu'un des co-héritiers doit faire à la masse de la succession, avant le partage, des objets à lui donnés, afin de conserver l'égalité entre tous les co-héritiers du défunt.

Le rapport ne doit être considéré, pour son objet et pour ses effets, que comme un balancement ou une rectification d'un partage inégal : il ne peut être soumis aux droits de déclaration de succession. En effet, il est constant que la transmission qui s'opère par la donation, quoique subordonnée à la condition du rapport, est parfaite; qu'elle dessaisit le donateur; qu'elle donne lieu à la perception du droit proportionnel d'enregistrement, tandis qu'elle ne serait assujettie qu'au droit fixe si l'on pouvait la considérer seulement comme éventuelle.

L'objet donné fait si peu partie de la succession du donateur, que ses légataires ni ses créanciers n'y ont aucun droit. Le fisc, qui, dans la demande des droits de succession, n'agit que comme créancier, ne peut exiger que ceux résultant des biens existant réellement dans la succession, lors du décès, et non compris dans les constitutions de dots ou donations antérieures, pour lesquelles le droit proportionnel de transmission a déjà été acquitté sur ces actes. Solut. de l'adm., du 28 therm. an 9. (Article 907 du J.)

Le donateur, en transmettant sa propriété sous la condition spéciale ou tacite du rapport, a eu en vue, non-seulement le donataire, mais il a voulu rendre les autres successibles participans à sa libéralité, et se dessaisir aussi en leur faveur. La donation forme le titre commun à tous les successibles; le décès du donateur n'opérant pas une nouvelle mutation, il ne peut être dû un droit de succession pour raison du rapport, quand même, par l'acte de donation, il aurait été stipulé que le donataire ne serait tenu de rapporter qu'une somme déterminée en numéraire. (Article 1824 du J.)

Pour savoir si le rapport donne ouverture à la perception d'un droit particulier, sur le partage qui le contient, voyez *Partage.*

RATIFICATION. Confirmation ou approbation, par une personne, d'un acte qu'elle a fait, ou de celui qui a été fait en son nom par une autre.

1. Les ratifications pures et simples d'actes en forme, opèrent le droit fixe de 1 f. Art. 68, §. 1er., n°. 38 de la loi du 22 frim. an 7.

2. La ratification, par un seul acte, de plusieurs contrats passés entre différens particuliers et celui qui a agi soit comme mandataire, soit comme se portant fort de la personne qui ratifie, ne donne ouverture qu'à un seul droit. En effet, elle est principalement dans l'intérêt de celui qui a agi au nom du ratifiant, quoiqu'elle profite aussi à ceux avec lesquels il a contracté, et qu'elle ne contient dès-lors qu'une seule et même disposition. (Art. 1652 du J.)

3. Lorsque la ratification contient quittance du prix de la convention ratifiée, il ne doit être perçu que le droit de quittance, quand même il serait inférieur à celui de la ratification, parce que la quittance forme la disposition principale, que la ratification en dérive nécessairement, et que cette dernière disposition serait suffisamment établie par la première, lors même qu'elle n'aurait pas été exprimée dans l'acte. (Art. 740 et 1184 du J.)

4. La décharge donnée au procureur fondé, étant une suite nécessaire de la ratification, elle n'est pas assujettie à une perception particulière, à moins qu'elle ne contienne reconnaissance de paiemens faits par le mandataire au constituant. Il ne sera dû, dans ce dernier cas, que le droit fixe, si les quittances données par le mandataire, ont été enregistrées : dans le cas contraire, l'acte de ratification constatant la libération du débiteur, le droit perceptible sera celui de quittance.

5. Si l'acte de ratification contenait d'autres dispositions que celles exprimées dans les actes ou contrats ratifiés, ces dispositions opéreraient un droit particulier d'après leur nature.

6. Le droit d'enregistrement des ratifications, ne doit, aux termes de l'article 68 de la loi, être réduit à 1 f. que quand les actes ratifiés sont en forme, c'est-à-dire enregistrés. Donc, la ratification d'une vente verbale d'immeubles non enregistrée dans les trois mois de l'entrée en jouissance, est assujettie au droit de 4 pour 100, indépendamment du double droit encouru; mais ce double droit ne pouvant être exigé du notaire rédacteur de l'acte de ratification, doit être répété contre les parties par voie de contrainte. (Art. 2124 du J.)

7. On ne peut, sous peine d'amende, recevoir la ratification d'un acte avant qu'il ait été enregistré. Arrêt de la cour de cassation, du 12 déc. 1808 :

« La cour, vu l'art. 41 de la loi du 22 frim. an 7 ;

» Et attendu que cet article défend expressément aux notaires de rédiger aucun acte en conséquence d'un autre, avant que celui-ci soit enregistré, encore bien que le délai de l'enregistrement ne soit pas expiré, à peine d'une amende de 50 f. ; que, dans l'espèce, le notaire Halot n'avait pas encore fait enregistrer la vente par lui passée le 29 novembre 1806, quand il a reçu, le 5 décembre suivant, la ratification promise ; que cette ratification ne pouvait cependant pas l'être, et ne l'avait effectivement été qu'en conséquence de cette vente ; et qu'à défaut de l'enregistrement préalable de cette vente, *en conséquence* de laquelle cette ratification avait été reçue, ce notaire avait encouru l'amende prononcée par cet art. 41 ;

» Attendu qu'en refusant de condamner le notaire Halot à cette amende, sous le prétexte que cette ratification n'était pas la conséquence, mais bien la suite et le complément de la vente, le jugement attaqué a créé une distinction que la loi n'autorisait pas : casse, etc. » (Articles 509 et 5233 du J.)

8. L'art. 23 de la loi du 13 brum. an 7, portant défense de faire ou expédier deux actes à la suite l'un de l'autre sur la même feuille de papier timbré, excepte néanmoins les ratifications des actes passés en l'absence des parties.

9. La ratification sous seing-privé, d'un acte authentique, peut être écrite sur l'expédition de cet acte : la loi ne le défend pas, et n'a pas distingué entre l'acte et l'expédition. (Art. 2246 du J.)

RÉCÉPISSÉ. Reconnaissance de la remise de pièces ou de fonds versés dans une caisse publique par un percepteur.

1. Les récépissés de pièces sont passibles du droit fixe de 1 f. Art. 68, §. 1er, n°. 22 de la loi du 22 frim. an 7.

2. Ceux des avoués, pour communication de pièces, aux termes des art. 106 et 189 du C. de P. C., n'étant pas des actes judiciaires, ne sont assujettis à l'enregistrement que lorsqu'on en fait usage pour obliger un avoué en retard, à remettre les pièces communiquées. Décis. du minist. des fin., du 13 juin 1809. Nomb. 14 et 18 de l'Inst. gén. du 4 juillet suiv., n°. 436. Mais ils doivent être sur papier timbré, d'après la dernière disposition de l'article 12 de la loi du 13 brumaire an 7. (Article 2987 du J.)

3. Les récépissés délivrés aux collecteurs, aux receveurs de deniers publics et de contributions locales, sont exempts de la formalité du timbre et de l'enregistrement. Article 16, n°. 1er. de la loi du 13 brumaire an 7. Art. 70, §. 5, n°. 7 de celle du 22 frim. suiv.

Cette exemption s'étend aux récépissés des *receveurs généraux* ou d'arrondissement délivrés aux percepteurs ou *préposés spéciaux* des communes. Déc. du min des fin., du 22 août 1809. (Article 3550 du J.)

RÉCEPTION. — Voyez *Acceptation de caution*, p. 9, et *Prestation de serment.*

RECEVEURS *de l'enregistrement.* Préposés chargés de faire la recette des droits d'enregistrement, timbre et autres, dont la régie leur est confiée par l'administration.

1. La résidence des receveurs ne peut être établie ailleurs que dans le chef-lieu de l'arrondissement de leur bureau, article 11 des ordres de régie, et ils ne peuvent entrer en fonctions qu'après avoir préalablement prêté serment devant le tribunal de première instance ou le juge de paix de leur résidence. Art. 15 de la loi du 19 déc. 1790, et loi du 16 thermid. an 4.

2. Ils enregistrent les actes présentés à la formalité, sur les registres qui leur sont fournis par l'administration, et qui sont cotés et paraphés par le directeur du département. Ils les arrêtent chaque jour dans la case qui suit immédiatement celle du dernier enregistrement. Art. 11 de la loi du 27 mai 1791, et art. 61 des ordres de régie. Circ. des 29 fruct. an 2, n°. 670, et 17 vend. an 3, n°. 683.

3. Pour la forme de l'enregistrement et de la quittance des droits, voyez *Enregistrement*, n°s. 1, 3, 4, 5 et 6, p. 267.

4. Les receveurs de l'enregistrement ne peuvent, sous aucun prétexte, lors même qu'il y aurait lieu à l'expertise, différer l'enregistrement des actes et mutations dont les droits auraient été payés aux taux réglés par la loi.

Ils ne peuvent non plus arrêter ou suspendre le cours des procédures, en retenant des actes ou exploits : cependant, si un acte dont il n'y a pas de minute, ou un exploit, contient des renseignemens dont la trace puisse être utile pour la découverte des droits dus, le receveur a la faculté d'en tirer copie, et de la faire certifier conforme à l'original par l'officier qui l'a présenté. En cas de refus, il peut réserver l'acte pendant vingt-quatre heures, seulement, pour s'en procurer une collation en forme, à ses frais, sauf répétition, s'il y a lieu.

Cette disposition est applicable aux actes sous signature-privée qui sont présentés à l'enregistrement. Art. 56 de la loi du 22 frim. an 7.

5. Il leur est néanmoins défendu d'enregistrer des actes qui ne seraient pas sur papier timbré du timbre prescrit, ou qui n'auraient pas été visés pour timbre, et d'admettre à la formalité de l'enregistrement, des protêts d'effets négociables, sans se faire représenter ces effets en bonne forme, à peine de 50 f. d'amende pour chaque contravention. Art. 25 et 26 de la loi du 13 brum. an 7.

6. Ils sont autorisés à retenir les actes, registres ou effets, en contravention à la loi du timbre, pour les joindre aux procès-verbaux qu'ils en rapportent, à moins que les contrevenans ne consentent à signer leurs procès-verbaux, ou à payer sur-le-champ l'amende encourue et le droit de timbre. Art. 31 de la même loi.

7. En cas de refus, de la part des contrevenans, de satisfaire aux dispositions de l'article précédent, les préposés de l'administration doivent leur faire signifier, dans les trois jours, s'ils sont domiciliés dans l'arrondissement de leur bureau, les procès-verbaux qu'ils ont rapportés, avec assignation devant le tribunal de première instance. Article 52 de la même loi, et art. 1.er de celle du 25 germ. an 11.

Lorsque les contrevenans ont leur domicile hors de cet arrondissement, le délai pour la signification du procès-verbal, est de huit jours jusqu'à cinq myriamètres (dix lieues) de distance, et d'un jour de plus par chaque cinq myriamètres au-delà de cette distance. Art. 2 de la loi du 25 germ. an 11.

8. Les receveurs ne peuvent accorder de remise ou modération des droits et des peines encourues, ni en suspendre ou faire suspendre le recouvrement, sans en devenir personnellement responsables. Art. 59 de la loi du 22 frim. an 7.

9. Ils doivent tenir la main à ce que les officiers publics, obligés par la loi d'avoir des répertoires, les leur présentent tous les trimestres pour les viser. — V. *Répertoire.*

10. Les maires sont tenus de leur remettre aussi par trimestre les relevés des actes de décès. — Voyez *Notice de décès,* page 457.

11. En cas de contravention à la loi du 25 ventose an 11, sur l'organisation du notariat, les receveurs doivent en rapporter procès-verbal, et les remettre au procureur impérial; néanmoins, s'il ne doit résulter de la contravention aucune condamnation

envers l'État, il suffit d'en remettre à ce magistrat un relevé détaillé. — V. *Actes des notaires,* n°s. 10 et 13, p. 20 et 21.

12. S'ils s'apercevaient de fausse mention d'enregistrement soit dans une minute, soit dans une expédition, ils doivent en déférer à la partie publique, pour faire condamner le délinquant aux peines prononcées pour le faux. Article 46 de la loi du 22 frimaire an 7.

13. A l'égard des recherches sur les registres de recette des droits d'enregistrement, et des extraits que les receveurs sont dans le cas d'en délivrer, voyez *Recherche.*

14. Les fonctions des receveurs de l'enregistrement et des préposés de l'administration, sont absolument incompatibles avec le service canonier garde-côte. Déc. du min. de la guerre. (Art. 1591 du J.)

Au surplus, voyez *Incompatibilité,* page 390.

RECHERCHE et VERIFICATION *dans les greffes, secrétariats, études et autres dépôts publics.* — V. *Communication,* n°. 4 et suiv., p. 158.

Quant aux recherches, par les particuliers, dans les bureaux d'enregistrement, il doit être payé au receveur, 1 f. pour la recherche de chaque année indiquée, et 50 c. par chaque extrait de ses registres, outre le papier timbré. Il ne peut rien exiger au-delà; mais ces extraits ne peuvent être délivrés que sur ordonnance du juge de paix, lorsqu'ils ne sont pas demandés par quelqu'une des parties contractantes ou leurs ayans-cause. Art. 58 de la loi du 22 frim. an 7.

RÉCLAMATION *pour décharge ou modération de contributions.* — Voyez *Pétition.*

RÉCOLEMENT *de coupes de bois.* — Voyez *Procès-Verbaux,* n°. 5, page 515.

RECONDUCTION. Continuation de la jouissance d'un bien, après l'expiration d'un bail non renouvelé, aux mêmes prix et conditions. — Voyez *Baux*, §. 5, n°. 15, p. 116.

RECONNAISSANCE. En matière d'obligation, c'est l'acte par lequel l'on déclare un fait, ou l'on reconnaît avoir contracté une obligation ou reçu une somme quelconque.

1. Les reconnaissances pures et simples ne contenant aucune obligation ni quittance, doivent le droit fixe de 1 f. Art. 68, §. 1er., n°. 39 de la loi du 22 frim. an 7.—V. *Récépissé*.

2. Celles de bestiaux opèrent le même droit que les baux à cheptel. — V. *Bail à cheptel*, p. 122.

3. Celles de chargemens par mer sont sujettes au droit fixe de 1 f., et il est dû un droit par chaque personne à qui les envois sont faits. Article 68, §. 1er., n°. 20 de la loi.

4. Il est dû 1 par 100 pour les reconnaissances de sommes à titre de prêt.—V. *Billet*, p. 128.

Lorsque, dans une reconnaissance de sommes reçues, la cause n'est pas exprimée, on ne peut pas dire que le récépissé soit plutôt une quittance qu'une obligation *et vice versâ*. Dans le doute, il faut faire déclarer, par la partie, au pied de l'acte, quelle est la cause de la reconnaissance, et régler la quotité du droit d'après cette déclaration. En cas de refus de cette déclaration, il y a lieu de percevoir le droit comme pour obligation. (Art. 1897 du J.)

5. Pour les reconnaissances de créances résultant de billets à ordre ou lettres de change, et pour les reconnaissances de remise de lettres de change, voyez *Lettres de change*, n°. 15 et suiv., p. 419.

6. A l'égard des reconnaissances de dépôt de sommes chez des particuliers ou chez les officiers publics, voyez *Dépôt*, §. 1er., p. 227.

7. Les déclarations de *dettes* dans les inventaires, ne sont pas, en général, assujetties à un droit particulier ; il en est autrement des reconnaissances de dettes dans les partages. — Voyez *Inventaire*, n°s. 12 et 13, p. 406, et *Partage*, n°. 16, page 478.

8. La reconnaissance, dans un contrat de mariage, de la part du futur, d'avoir reçu la *dot* apportée par la future, n'est sujette à aucun droit. — Voyez *Contrat de mariage*, §. 6, n°s. 1 et 2, et §. 21, n°. 5. — Il est dû le droit de 50 c. par 100 f., si cette reconnaissance a lieu par acte particulier. (Art. 563 du J.)

9. Une reconnaissance d'*enfant* peut être faite ou par l'acte de naissance de l'enfant, ou par l'acte de célébration du mariage des père et mère, ou par acte *authentique* séparé. Art. 334 du C. N. Dans les deux premiers cas, elle est, comme l'acte de naissance ou de mariage, exempte de l'enregistrement, et dans le troisième, il faut distinguer : si elle est faite devant l'officier de l'état civil, elle participe à l'exemption ; si elle est faite par acte devant notaire, elle est passible du seul droit fixe de 1 f., quand même elle serait faite par le père et la mère, attendu que leur déclaration n'a qu'un seul et même objet, qu'elle se confond en une seule et même attestation, et que l'acte, dès-lors, ne contient pas deux dispositions indépendantes l'une de l'autre. Il ne serait même dû qu'un seul droit si la reconnaissance était relative à plusieurs enfans. (Articles 957 et 1566 du J.)

10. Les reconnaissances de *rentes* dont les contrats sont justifiés en forme, sont assujetties au droit fixe de 1 f. — V. *Titre nouvel*.

11. Celles de *sommes* déposées à la poste, doivent, en général, être faites sur papier timbré de dimension. — V. *Actes administratifs*, §. 4, n°. 18 et suiv., p. 53.

RECONNAISSANCE *d'acte sous signature privée*. Déclaration par un particulier qui reconnaît, devant un notaire ou en justice, que la signature apposée à un acte est la sienne. La reconnaissance d'écriture a lieu d'office sur le refus de la partie duement appelée.

1. Cette reconnaissance, par acte civil, est passible du droit fixe de 1 f. Article 68, §. 1er., n°. 39 de la loi du 22 frim. an 7.

2. Si elle est faite par jugement, il est dû sur l'expédition, le droit fixe de 1, 2 ou 3 f., suivant le tribunal dont le jugement émane. — V. *Actes judiciaires*, §. 5.

3. Dans tous les cas, l'acte sous seing-privé doit être préalablement enregistré.

RECONNAISSANCE *de scellés*. — V. *Levée de scellés*, p. 423.

RECONSTITUTION *de rente*. C'est une constitution de rente à prix d'argent par un particulier, qui emploie ce capital au remboursement d'une précédente constitution.

Il est dû 2 f. par 100 f. pour la constitution, et 50 c. par 100 f. pour la quittance donnée par le créancier remboursé.

Une reconstitution de rente par le détenteur de l'immeuble qui en est grevé, quoiqu'il n'ait pas été chargé de l'acquitter par son contrat d'acquisition, n'est passible que du droit fixe de 1 f. — V. *Détenteur*, n°. 4, p. 237.

RECONVENTION. Demande formée par le défendeur contre celui qui l'a actionné. L'exploit de cette demande doit le droit fixe de 1 f. — Voyez *Exploit*, §. 2, n°. 1, p. 289.

RECOURS *en cassation*. — V. *Cassation*, n°. 5 et suiv., p. 137, et *Instances*, §. 9, n°. 55 et suiv., p. 400.

RÉCUSATION *de juges*. Moyen d'empêcher qu'un juge ne connaisse d'une affaire portée à son tribunal, en proposant contre lui des raisons de parenté, d'intérêt ou d'autres causes déterminées par la loi.

1. La partie, s'il s'agit de la récusation d'un juge de paix, doit former la récusation et en exposer les motifs par un acte qu'elle fait signifier au greffier de la justice de paix, qui *vise l'original*. L'exploit est *signé* sur l'original et la copie, par la partie ou son fondé de pouvoir spécial. La *copie est déposée* au greffe, et communiquée immédiatement au juge par le greffier. Art. 45 du C. de P. C.

La récusation, s'il s'agit des juges d'autres tribunaux, est proposée par un *acte au greffe*, qui en contient les moyens, et est signée de la partie ou de son fondé de pouvoir. Art. 384 du même Code.

2. Le juge est tenu de donner au bas de cet acte, sa déclaration *par écrit*, portant ou son acquiescement à la récusation, ou son refus de s'abstenir, avec les réponses aux moyens de récusation. Art. 46 et 385.

3. L'acte de récusation du juge de paix, doit être enregistré au droit fixe de 1 f., avant qu'il soit signifié. Il est dû pareil droit pour la signification; mais, si l'exploit contenait dans son contexte l'acte de récusation, il n'y aurait lieu à la perception que d'un seul droit. (Art. 2469 du J.)

4. L'acte fait au greffe pour la récusation d'autres juges, est passible du droit fixe de 2 f. Art. 68, §. 1er., n°. 6 de la loi du 22 frim. an 7.

5. Le *visa* du greffier de la justice de paix, ayant pour objet de constater la remise de la copie de l'exploit de signification, n'opère pas de droit. Nomb. 8 et 32 de l'Inst. géu. du 4 juillet 1809, n°. 436.

6. La *signification* étant faite au greffier, afin que la copie en demeure déposée au greffe, il ne doit point être perçu de droit relativement à ce dépôt, s'il n'en est pas dressé acte. *Idem*.

7. Quant à la déclaration du juge, on doit la considérer comme un acte plutôt relatif aux fonctions du magistrat, que personnel à l'individu qui les exerce; soit qu'il y ait acquiescement à la récusation, ou refus d'y déférer, on ne peut pas exiger que la déclaration soit soumise à l'enregistrement; la transmission qui doit en être faite par le greffier au procureur impérial, ne peut également donner lieu à aucun droit. *Idem*.

8. Au surplus, l'expédition du jugement qui prononce la récusation, est assujettie au droit fixe de 3 f. *Idem*.

RÉDACTION *(droit de)*. — V. *Greffe*, §. 2, p. 309.

REDEVABLES *de droits*. — V. *Parties*, p. 485.

REDEVANCES. Charges annuelles dues par un propriétaire de biens fonds.

1. Pour la liquidation des droits relatifs à des actes faits, à la charge d'acquitter des redevances, voyez *Bail*, §. 2, n°. 3 et suiv., p. 110, et *Vente*.

2. Sur le mode d'évaluation de celles en denrées, voyez *Estimation*, n°. 14 et suiv., p. 271.

RÉFÉRÉ. Rapport fait à un juge, des difficultés relatives à l'exécution d'un acte exécutoire, d'un jugement, à *l'apposition* d'un scellé, à la confection d'un inventaire, et dans les autres cas d'urgence.

Les ordonnances de référé sont sujettes, sur la minute, au droit fixe de 2 f. : il doit être acquitté par les parties. Articles 7, 29 et 68, §. 2, n°. 6 de la loi du 22 frimaire an 7.

RÉGIE *des droits réunis*. Pour connaître quels sont les actes de cette régie qui doivent être sur papier timbré, voyez *Abonnement*, p. 38, et *Actes administratifs*, §. 4, n°. 15, p. 53.

Les actes extrajudiciaires que les préposés des droits réunis sont appelés à faire, doivent être enregistrés dans le délai de quatre jours, comme tous les actes d'huissiers et autres ayant pouvoir de faire des exploits et procès-verbaux. — V. *Exploit*, §. 1er., n°. 2, p. 288.

REGISTRE. Livre qui sert soit à écrire des actes en entier ou par extrait, soit à garder des notes et renseignemens, pour y avoir recours dans l'occasion, à l'effet de servir de preuves ou d'éclaircissemens dans des matières de fait.

§. 1er. *Registre de l'autorité judiciaire.*

1. L'art. 12, n°. 2 de la loi du 15 brum. an 7, a assujetti au droit de timbre de dimension, les *registres de l'autorité judi-*ciaire, où s'écrivent des actes sujets à l'enregistrement sur les minutes.

2. L'art. 16, n°. 2 de la même loi, déclare exempts de la formalité du timbre les registres des tribunaux, des procureurs impériaux et généraux, où il ne s'inscrit aucune minute d'actes soumis à la formalité de l'enregistrement.

3. Le Code de Procédure civile, art. 18 58 et 138, ayant indifféremment fait usage de l'expression de *feuille* ou de *registre d'audience*, il n'y a pas de contravention soit que les greffiers aient une feuille particulière pour chaque audience, soit qu'ils portent successivement, et par ordre, les jugemens de plusieurs audiences sur la même feuille ou sur un même registre. On ne peut douter que ces registres et feuilles ne soient assujettis à être tenus en papier timbré. Nomb. 2 de l'Inst. gén. du 6 avri 1808, n°. 373.

4. Le registre tenu au greffe, pour y inscrire les *renonciations* à succession, les déclarations *d'acceptation d'hérédité* sous bénéfice d'inventaire, et les renonciations à communauté, aux termes des art. 784, 793 794 et 1457 du C. N., et 997 du C. de P. C., doit être en papier timbré. Nomb. 1 de la même Inst.

5. Les registres des *productions*, ordonnés par l'art. 108 du Code de P. C. des *oppositions et appels*, établis par les articles 163 et 549; des *contributions* sur le prix des ventes ou deniers arrêtés, prescrits par l'article 658; de *transcription* au greffe pour enregistrer les *saisies immobilières*, en exécution de l'article 680 des *adjudications* ouverts au greffe, en vertu de l'art. 751, doivent aussi être tenus en papier timbré. Nomb. 3, 4, 5, 6 et 7 de la même Inst.

6. Le registre *d'écrou dans les prisons*, sur lequel le gardien ou geolier doit, aux termes de l'art. 790 du C. de P. C., transcrire le jugement qui autorise l'arrestation, et y porter les recommandations qui, d'après l'art. 792, sont faites par les créanciers du débiteur

débiteur qui auraient droit d'exercer contre lui la contrainte par corps , est assujetti à la formalité du timbre. Nomb. 8 de la même Instruct. (Art. 2803 du J.) Cependant, les droits de timbre ne peuvent être exigés qu'à compter du jour de la notification qui sera faite aux geoliers. Instruct. gén. n°. 373. Décis. du minist. des fin. , du 24 sept. 1808. (Art. 3035 du J.)

7. Pour connaître quels sont les registres des conseils des prud'hommes, qui sont assujettis au timbre ou qui en sont exempts , voyez *Prud'hommes* , n°s. 7 et 10 , page 527.

8. Dans les communes où la population est de vingt mille âmes et au-dessus, il doit, conformément à l'art. 925 du C. de P. C. , être tenu, au greffe du tribunal de première instance , un *registre* d'ordre pour les *scellés* , sur lequel sont inscrits , d'après la déclaration que les juges de paix de l'arrondissement sont obligés d'y faire parvenir , dans les vingt-quatre heures de l'apposition, 1°. les noms et demeures des personnes , sur les effets desquelles le scellé aura été apposé ; 2°. le nom et la demeure du juge qui a fait l'apposition; 3°. le jour où elle a eu lieu.

Les déclarations des juges de paix ne sont faites en faveur d'aucun individu à qui elles puissent servir de titre ou de décharge : elles n'ont pour objet que l'exécution d'une loi d'ordre intérieur et d'administration générale. Le registre qui les contient, ne peut, conséquemment, être soumis au timbre. Nomb. 9 de l'Inst. générale , du 6 avril 1808 , n°. 373. (Article 2673 du J.)

§. 2. *Registres des administrations publiques et des établissemens publics.*

1. Les registres des préfectures, souspréfectures et mairies , tenus pour objets particuliers, et qui n'ont point de rapport à l'administration générale , et ceux des receveurs des droits et des revenus des communes et des établissemens publics, sont soumis au timbre. Art. 12 , n°. 2 de la loi du 13 brum. an 7.

2. Mais, sont exempts de cette formalité, 1°. les registres de toutes les administrations publiques et des établissemens publics pour ordre ou administration générale ; 2°. ceux des receveurs des contributions publiques et autres préposés publics. Art. 16 , n°. 2 de la même loi.

3. Les registres des administrations , qui ne sont point sujets au timbre , sont ceux tenus pour les arrêtés et délibérations d'administration générale , ceux utiles à l'ordre intérieur des bureaux; et , parmi ces derniers , on doit ranger les registres qui servent à constater la remise des pétitions et autres pièces qui parviennent à l'administration. Décis. du ministre des fin. , du 22 germ. an 7. Circulaire de l'administrat. , du 2 prairial suiv. , n°. 1566. (Article 120 du J.)

4. Le registre à souche , sur lequel , aux termes de l'art. 5 du décret impérial du 27 octob. 1808, les minutes des permis de construire ou de réparer, et autres , en matière de grande et petite voierie , doivent être inscrites , et d'où les expéditions sont détachées , est dispensé du timbre pour *la partie réservée aux minutes* , et frappé du timbre de 75 c. *pour la partie destinée aux expéditions* , de manière que chaque expédition acquitte le droit de 75 c. ; les registres de recette des droits de voirie doivent être tenus en papier timbré. Déc. du min. des fin. , du 14 fév. 1809. (Article 5158 du J.)

5. *Les communes , les hospices , fabriques des églises , chapitres , et tous autres établissemens publics* , peuvent tenir, pour les actes relatifs à leur administration, deux registres , l'un pour les actes de *police intérieure , et sans aucun rapport avec des personnes étrangères à l'établissement* , et l'autre pour les actes d'administration *temporelle* et extérieure. Le premier registre est exempt du timbre : *aucun acte sujet à l'enregistrement ne peut être inscrit sur ce*

registre. Article 3 du décret impérial du 4 mess. an 13. Inst. gén. du 13 vend. an 14, n°. 293.

6. Si, au lieu de deux registres, les communes et établissemens publics n'en formaient qu'un seul, il devrait alors être tenu comme celui de l'administration temporelle et extérieure. Même Inst.

7. Les registres des receveurs des communes et établissemens publics, étant formellement assujettis au timbre par l'art. 12 de la loi du 13 brum. an 7, il s'ensuit que les registres tenus par les agens particuliers préposés à la recette des droits de pesage, jaugeage ou mesurage, et des emplacemens publics, doivent être en papier timbré. Décis. du minist. des fin. Nomb. 6 de l'Instruct. générale du 2 avril 1808, n°. 371.

8. Il en est de même des registres de recettes des *octrois* municipaux et de bienfaisance, qui sont des revenus des communes ou des hospices. Décis. du minist. des fin., des 22 vendém. an 8, 8 et 28 germ., 8 floréal et 8 thermid. an 9. Circul. de l'adm. du 9 frim. an 8, n°. 1705, 1er. prairial an 9, n°. 2006, et 29 fructid. suiv., n°. 2042. (Art. 898 du J.)

9. Il résulte d'une autre décision du ministre des finances, du 18 pluv. an 10,

1°. Que les registres d'octroi sujets au timbre, sont ceux à *souche*, dont la tenue est prescrite par l'art. 5 de la loi du 27 frimaire an 8, ainsi conçu :

« Il sera fourni aux préposés aux recettes, des *registres à souche* sur lesquels ils seront tenus de porter leurs recettes, jour par jour, article par article, et de suite, sans y laisser aucun blanc. »

Dans les grandes communes où il est tenu plusieurs registres à souche, par *matières*, telles que comestibles, liquides, combustibles, fourrages, matériaux, tous ces registres sont sujets au timbre.

2°. Que le timbre des registres à souche ne doit être réglé, eu égard à la dimension du papier, qu'en déduisant, sur cette di-

mension, la partie destinée aux quittances assujetties ou non au timbre ; et comme chacune des quittances au-dessus de 10 f. doit être frappée du timbre de 25 c., avant d'être délivrée, tandis que celles inférieures à cette somme n'y sont point soumises, le ministre observe que, pour l'avenir, il serait dans l'ordre que les registres à souche fussent de deux espèces, l'une pour les perceptions au-dessus de 10 f., et l'autre pour les perceptions de 10 f. et au-dessous.

3°. Que le registre général qui ne contiendrait que la réunion des objets portés distinctement sur ceux à souche et autres qui ne seraient tenus que *pour l'ordre*, est exempt de la formalité. Inst. gén. du 23 vent. au 10, n°. 46.

10. Le registre à souche pour les perceptions *au-dessus* de 10 f., doit, indépendamment du timbre, en raison de la dimension du papier qui sert de talon, en recevoir un autre de 25 c. à chacune des cases dans la partie qui doit être détachée du talon, et remise comme quittance au redevable. S'il n'était tenu qu'un seul registre, les quittances au-dessus de 10 f. devraient être délivrées en papier timbré. Décis. du minist. des fin., du 7 frim. an 8. Circul. de l'administration, du 9 du même mois, n°. 1705.

11. Un receveur de l'octroi de bienfaisance, s'étant servi, pour l'enregistrement de ses recettes, de feuilles volantes non timbrées, le ministre des finances a décidé, le 4 brum. an 11, que le contrevenant était dans le cas d'être poursuivi, sans ménagement, ainsi que tous les percepteurs d'octrois, contre lesquels il aurait été constaté des contraventions à la loi du 13 brumaire an 7 sur le timbre, et à celle du 27 frim. an 8, qui leur prescrit la tenue de registres de recettes à souches.

Il résulte de cette décision, 1°. que les receveurs des octrois contreviennent à la loi du timbre, soit en ne tenant pas des *registres à souches*, soit en les tenant sur *papier non timbré* ; 2°. que, désormais, les directeurs de l'administration devront faire ponrsuivre, avec activité, les contrevenans dans l'un ou l'autre cas, sans qu'il soit besoin d'en référer préalablement à l'administration, à moins que des difficultés imprévues ne rendent ce préalable nécessaire. Inst. gén. du 15 brum. an 11, nº. 96.

12. Les registres des octrois ne doivent point être timbrés en débet, comme les expéditions de la régie des droits réunis. Déc. du minist. des fin., du 9 déc. 1806. (Art. 2456 du J.)

13. Les registres de recettes de l'*octroi de navigation*, ne sont pas assujettis au timbre, parce que ces droits sont perçus pour le compte de l'Etat. Circul. du 10 frimaire an 12.

14. Les registres de l'*administration de l'enregistrement et des domaines*, ne peuvent être déplacés : cependant, les cours criminelles peuvent exiger l'apport des registres qui seraient nécessaires à l'instruction d'un procès. — V. *Dépôt*, nº. 19, p. 231.

15. Les registres et autres pièces de comptabilité qui intéressent le trésor public, et sur lesquels il a été commis des falsifications ou altérations, doivent continuer d'être déposés au greffe de la cour spéciale de la Seine, chargée exclusivement de réprimer les délits de cette espèce. Circ. du 26 décemb. 1806.

16. Les registres relatifs à la perception des droits d'enregistrement, ne doivent pas être mis au rang des registres *publics*, dont les dépositaires doivent, aux termes de l'art. 853 du C. de P. C., délivrer, sans ordonnance de justice, expédition, copie ou extrait à tous requérans ; les règles prescrites, à leur égard, par l'art. 58 de la loi du 22 frimaire an 7, doivent continuer d'être observées. Décis. du min. des fin., du 13 juin 1809. Nomb. 64 de l'Inst. gén. du 4 juillet suiv., nº. 436. — V. *Recherche*.

17. Suivant l'art. 21 du tit. 13 de la loi du 22 août 1791, dans le cas de décès ou

de débet d'un receveur des droits d'entrée et de sortie, les scellés doivent être apposés sur ses effets, papiers, et sur la caisse, mais non sur les registres courans de la recette. Cette disposition peut servir de règle relativement à tous autres percepteurs de deniers publics.

18. A l'égard des registres des hypothèques, voyez *Hypothèques*.

19. Les registres des rapports de navigation, tenus par les préposés des douanes, sont compris dans l'exception établie par la loi du 13 brumaire an 7, et ne sont pas soumis à la formalité du timbre. Déc. du min. des fin., du 26 pluv., an 11. (Article 1389 du J.)

20. L'*administration des postes* étant actuellement régie pour le compte du gouvernement, les registres de cette administration rentrent dans l'espèce de ceux que le nº. 2 de l'art. 16 de la loi du 13 brumaire an 7, exempte de la formalité du timbre, quoique, par l'art. 12 de cette même loi, les registres des postes soient assujettis au timbre. Circ. de l'adm., du 9 frim. an 8, nº. 1705.

§. 3. *Registres de l'état civil.*

1. Les registres tenus doubles par les maires, pour l'inscription des actes de naissances, mariages et décès, sont assujettis au timbre. Art. 2, tit. 2 de la loi du 20 sept. 1792.

2. Les papiers timbrés, nécessaires pour la formation des registres de l'état civil, sont remis annuellement à MM. les préfets : ils sont payés comptant par les communes qui peuvent le faire. Quant aux autres, les maires doivent remettre en paiement leurs mandats acceptés par les percepteurs, pour être acquittés le 31 mars qui suit la délivrance. Circul. des 8 novemb. 1806, 27 octob. 1807, 5 sept. 1808, 1er. déc. 1809, et 11 juillet 1810.

3. Sont également assujetties au timbre, les tables annuelles et décennales des actes

de l'état civil. — V. *Tables des actes de l'état civil.*

4. Les registres contenant les publications des actes d'adoption, de mariage et de divorce, ne sont pas des registres d'ordre et d'administration générale : ils doivent, dès-lors, être tenus sur papier timbré. Circ. du 9 germ. an 9, n°. 1983.

5. Ceux de baptèmes et de mariages, tenus par les ministres du culte catholique, ne constatent point l'état civil des citoyens. Ils ne sont pas sujets au timbre. (Art. 2502 du J.)

§. 4. *Registres des notaires, greffiers et autres officiers publics et ministériels.*

1. Sont sujets au timbre, les registres des notaires, huissiers et autres officiers publics et ministériels, et leurs répertoires. Article 12, n°. 2 de la loi du 13 brumaire an 7.

2. Les notaires ne peuvent plus, depuis la loi du 25 ventose an 11, recevoir les minutes de leurs actes sur des registres, sans contrevenir à l'art. 23 de la loi du 13 brumaire an 7. Lettre de Son Excellence le ministre de la justice, à M. le procureur impérial près le tribunal de première instance de Toulouse, du 15 fév. 1809. (Art. 3226 du J.)

3. Les registres des certificats de vie délivrés, par les notaires certificateurs, aux rentiers et pensionnaires de l'Etat, sont exempts du timbre. Déc. du min. des fin., du 7 fév. 1807. Circul. du 10 du même mois.

4. Les chambres de discipline des notaires et des avoués, doivent tenir des registres, les uns en papier timbré, les autres en papier libre. — V. *Délibération*, n°. 5 et 7, p. 224.

5. L'article 176 du C. de C., veut que les protèts soient inscrits sur un registre particulier tenu dans les formes prescrites pour les répertoires ; les notaires et les huissiers ne sont pas moins obligés d'inscrire les protèts sur le répertoire destiné aux autres actes de leur ministère ; mais ils sont dispensés de soumettre au visa des receveurs de l'enregistrement, leur registre de protèts. Déc. du minist. des fin. Nomb. 1 de l'Inst. gén. du 9 mars 1809, n°. 420. (Art. 2904 du J.)

6. Suivant l'art. 151 du décret impérial du 16 fév. 1807, les avoués doivent tenir un registre pour y inscrire, par ordre de date et sans aucun blanc, toutes les sommes qu'ils reçoivent de leurs clients : ce registre doit être formé en papier timbré, parce qu'il est dans le cas d'être produit en justice, et d'y faire foi. (Article 2608 du J.)

§. 5. *Registres des messageries et établissemens particuliers, des marchands, négocians, ouvriers, artisans et autres.*

1. Les registres des entrepreneurs des messageries ; ceux des compagnies ; ceux des receveurs des droits et des revenus des communes et des établissemens publics ; ceux des fermiers des postes et messageries ; ceux des compagnies et sociétés d'action ; ceux des établissemens particuliers et des maisons particulières d'éducation ; ceux des agens d'affaires, directeurs, régisseurs, syndics de créanciers et entrepreneurs de travaux et fournitures ; ceux des banquiers, négocians, armateurs, marchands, fabricans, commissionnaires, agens de change, courtiers, ouvriers et artisans ; ceux des aubergistes, maîtres d'hôtels garnis et logeurs, sur lesquels ils doivent inscrire les noms des personnes qu'ils logent ; et généralement tous livres, registres et minutes de lettres, qui sont de nature à être produits en justice, et dans le cas d'y faire foi, ainsi que les extraits, copies et expéditions qui sont délivrés desdits livres et registres, sont soumis au timbre. Art. 12, n°. 2 de la loi du 13 brum. an 7.

2. L'art. 4 du décret impérial du 28 août 1808, contient les dispositions suivantes :

« Les propriétaires et entrepreneurs des voitures publiques, se feront déclarer les noms et prénoms des voyageurs, leur profession, le lieu de leur domicile habituel, et en tiendront registre.

» Ils enregistreront également les ballots, malles et paquets dont le transport leur sera confié; ils donneront extrait de cet enregistrement aux voyageurs, avec le numéro de leur place.

» Les registres seront sur papier timbré, cotés et paraphés. (Art. 3142 du J.) — Au surplus, voyez *Messageries*, n°. 3, p. 436.

3. L'art. 29 d'un décret impérial du 12 juillet 1808, qui approuve le règlement de la *société d'assurance* contre la grèle, établie dans le département des Landes, dispense de la formalité du timbre, les registres contenant les déclarations des actionnaires, et tous registres de comptabilité de cette société. (Art. 3055 du J.)

4. Tout *commerçant* est tenu, aux termes des art. 8 et 9 du C. de C., d'avoir *un livre-journal* pour présenter, jour par jour, toutes ses opérations; un registre pour y copier les lettres qu'il écrit, et un autre registre pour y transcrire la copie de l'inventaire qu'il doit dresser, tous les ans, de ses effets mobiliers et immobiliers, et de ses dettes actives et passives. Suivant l'art. 10, le livre-journal et le livre des inventaires, doivent être cotés et paraphés; le *livre* des copies de lettres n'est pas soumis à cette formalité : tous ces livres doivent être tenus par ordre de dates, sans blancs, lacunes, ni transports en marge.

Ils sont, d'après la loi du 13 brumaire an 7, assujettis au timbre. Circulaire de l'administrat., du 26 du même mois, n°. 1419.

5. Les ouvriers et artisans, qui ne sont pas en même tems *marchands*, ne sont pas obligés de tenir des registres; mais s'ils en tiennent pour la solidité de leur profession et l'ordre de leurs affaires, ces registres doivent être timbrés, comme tous ceux des marchands, sans distinction, tant en gros qu'en détail. Déc. du min. des fin., des 24 nivose et 22 prairial an 7. Circ. de l'adm., du 3 messid. suiv., n°. 1598. (Article 45 du J.)

6. Les registres que les capitaines des navires tiennent, conformément à l'article 242 du Code de Commerce, pour y inscrire les résolutions prises pendant le voyage, la recette et la dépense du navire, tout ce qui concerne le fait de sa charge, et tout ce qui peut donner lieu à un compte à rendre et à une demande à former, sont évidemment soumis au timbre de dimension. Sol. de l'adm., du 2 juin 1808. (Art. 2923 du J.)

7. *Les préposés aux ponts à bascule* doivent tenir un registre en papier libre, pour y inscrire, par ordre de dates et de numéros, l'extrait de tous les procès-verbaux qu'ils sont dans le cas de rapporter pour contravention aux lois sur la police du roulage. Inst. gén. du 3 oct. 1807, n°. 345.

RELATION *de l'enregistrement*. Mention mise par le receveur, sur les actes qu'il a enregistrés.

1. Pour connaitre ce que cette mention doit contenir, voyez *Enregistrement*, n°. 6, p. 267.

2. Il faut que la relation de l'enregistrement soit transcrite littéralement dans les expéditions et extraits des actes enregistrés sur la minute et sur les secondes expéditions des actes judiciaires, lorsque le droit proportionnel a été perçu sur la première. — Voyez *Expéditions*, n°s. 7 et 8, page 277.

3. Il faut aussi qu'elle soit rapportée littéralement dans les minutes des actes publics, civils, judiciaires ou extrajudiciaires, qui se font en vertu d'actes sous seing-privé ou passés en pays étrangers, et sujets à l'enregistrement, à peine de 10 f. d'amende pour chaque contravention. Art. 44 de la loi du 22 frim. an 7.

REMBOURSEMENT. Rachat, amortissement, extinction d'une rente ou redevance, au moyen du paiement du capital constitué ou fixé d'après la loi.

1. Les remboursemens ou rachats de rentes, pensions et redevances de toute nature, opèrent le droit de 50 c. par 100 f. Art. 69, §. 2, n°. 11 de la loi du 22 frim. an 7.

2. Le droit se liquide sur le capital qui avait été constitué, quelque soit le prix stipulé pour l'amortissement. Art. 14, n°. 7 de la même loi.

3. Si la rente a été créée sans expression de capital, ou stipulée payable en nature, ce capital doit être formé ainsi qu'il est dit au mot *Estimation*, n°s. 4, 15 et 17.

4. La loi du 21 nivose an 8 ayant autorisé les débiteurs de rentes envers l'Etat, à les rembourser sur le pied de quinze fois le montant annuel de la rente, le minist. des fin. a décidé, le 1er. prairial an 8, que le droit d'enregistrement de 50 c. par 100 f. devait être perçu seulement sur le capital liquidé à raison de quinze fois la rente. Circul. de l'adm., du 23 mess. suiv., n°. 1849.

REMÉRÉ. Faculté stipulée par un contrat de vente, de retirer, dans un tems déterminé, un bien vendu, en remboursant à l'acquéreur le prix et les frais de son acquisition. — V. *Faculté de réméré*, p. 297; *Retrait* et *Vente*.

REMISE *de causes*. Renvoi d'une cause à une autre audience.

Les remises sur citations *en conciliation*, sont soumises à l'enregistrement *sur la minute* dans les vingt jours de leur date, à peine du double droit; mais les jugemens portant remise ou ajournement des causes pendantes devant la justice *de paix* pour y être jugées, ne doivent être enregistrés que *sur expédition*. Les remises de causes ne sont alors que des jugemens préparatoires. (Art. 5050 du J.)

REMISE *de dette*. — V. Acceptilation, p. 11.

REMISE *de droits et amendes*. Aucune autorité publique, ni la régie, ni ses préposés, ne peuvent accorder de remise ou modération des droits établis par la loi, ou des peines encourues, ni en suspendre ou faire suspendre le recouvrement, sans en devenir personnellement responsables. Art. 59 de la loi du 22 frim. an 7.

REMISE *de pièces*. — V. *Décharge*, §. 1er., n°. 1, et §. 2, n°. 5 et suiv.

REMPLACEMENT *de biens en France pour tenir lieu de ceux situés hors de l'empire*. — V. *Majorat*.

REMPLACEMENT *de conscrits*. — V. *Marché*, n°. 5 et suiv., p. 433.

REMPLOI. C'est le remplacement d'un bien aliéné ou d'une rente remboursée, qui doit être fait au profit de celui des époux qui en était propriétaire.

1. Le remploi est censé fait à l'égard du mari, toutes les fois que, lors d'une acquisition, il a déclaré qu'elle a été faite des deniers provenus de l'aliénation de l'immeuble qui lui était personnel, et pour lui tenir lieu de remploi. Article 1434 du Cod. Napol.

2. La déclaration du mari que l'acquisition est faite des deniers provenus de l'immeuble vendu par la femme, et pour lui servir de remploi, ne suffit point, si ce remploi n'a pas été accepté; elle a simplement droit, lors de la dissolution de la communauté, à la récompense du prix de son immeuble vendu. Art. 1435.

3. Si le remploi n'a pas été fait, l'article 1436 du même Code veut que la récompense du prix de l'immeuble appartenant à la femme, s'exerce sur les biens *personnels* du mari, en cas d'insuffisance des biens de la communauté.

4. Suivant l'art. 1595, le mari peut céder à sa femme des immeubles pour le remploi de ses biens aliénés.

5. Dans cet état de législation, S. Exc. min. des fin., a rendu, le 28 juin 1808, décision dont la teneur suit :

« 1°. Dans le cas prévu par l'art 1434, remploi étant consommé en faveur du mari, par le seul fait de sa déclaration que l'immeuble qu'il acquiert lui en tiendra lieu, il sera perçu sur cette clause particulière, comme étant indépendante de la mutation, le droit fixe de 1 f. établi par les numéros 23 et 51 de l'art. 68 de la loi du 22 frim. an 7.

» 2°. Aux termes de l'art. 1435, la simple déclaration du mari non acceptée par la femme, n'opérant pas le remploi, ne donne ouverture à aucun droit; mais elle produirait celui de 1 f. fixe si elle était acceptée, cette dernière disposition devant être considérée comme consentement ou décharge du remploi.

» 3°. Il n'est dû aucun droit pour l'affectation particulière d'un immeuble par le mari (*). Cette clause n'ajoute rien aux avantages assurés à la femme par l'article 1436 du Code, et n'a d'autre effet que de restreindre l'hypothèque légale que cet article donne à la femme sur les biens, non-seulement de la communauté, mais encore de son mari, pour sûreté du remploi de ses propres aliénés.

» 4°. Le droit proportionnel d'enregistrement de 4 pour 100, est exigible sur la cession faite par un mari à sa femme, d'immeubles, pour lui tenir lieu de remploi, en vertu de l'art. 1595 du Code.

» 5°. En cas de remploi consommé, l'immeuble ne faisant point partie de la communauté, les héritiers de celui qui a obtenu le remploi, doivent, à son décès, comprendre la totalité de l'immeuble dans leur déclaration (**).

» Si le remploi en faveur de la femme, n'a pas été accepté par elle, l'immeuble étant resté dans la communauté, les héritiers du prédécédé doivent déclarer la moitié de cet immeuble; et, dans le cas où la femme serait prédécédée, ses héritiers ont à déclarer en outre la récompense qui lui est due par la communauté pour le prix de son immeuble vendu. » Inst. gén. du 17 août 1808, n°. 392.

6. Au surplus, lorsque le remploi n'a pas été fait pendant la durée de la communauté, il y a lieu d'en exercer le prélèvement sur les biens de la communauté, et même sur les biens propres du mari, si le remploi est dû à la femme. — Voyez *Reprise.*

RENONCIATION. Abandon d'un droit acquis.

1. Les renonciations à succession ou à communauté, doivent être faites, au greffe du tribunal de première instance, sur un registre particulier tenu à cet effet. Articles 784 et 1457 du Code Napol. — Voyez *Registre.*

2. Il en est de même pour les renonciations des légataires universels ou à titre universel; néanmoins, l'administration doit admettre les renonciations qui seraient faites par actes civils. Décis. des minist. des finances et de la justice, des 20 avril et 7 mai 1808, portant que « le Code Napoléon ayant déterminé une forme pour les renonciations aux successions *ab intestat,* elle doit également s'appliquer aux renonciations que l'on a faites à toutes les espèces de successions testamentaires; mais qu'il n'y a que les personnes intéressées qui puissent faire valoir les droits qui peuvent résulter pour elles d'une renonciation faite dans une autre forme; que les renonciations faites chez les notaires, devant nécessairement être enregistrées et portées sur le répertoire, elles ne peuvent échapper à la surveillance des préposés; que, d'ailleurs, l'administration ayant incontestablement le droit de poursuivre soit l'héritier, soit le légataire, pour le paiement de ce qui peut être dû pour la succession, jusqu'à ce que la renonciation soit représentée, il est indifférent pour elle que cette renonciation soit faite au greffe ou pardevant notaire. »

(*) Faite par l'acte même de remboursement d'un capital de rente appartenant à la femme ou par le contrat de vente d'un de ses immeubles. (Articles 1655 et 2895 du J.)

(**) Art. 1725 du J.

Nomb. 27 de l'Inst. gén. du 29 juin 1808, n°. 386.

3. Les renonciations à succession, legs ou communauté, lorsqu'elles sont *pures et simples*, et qu'elles ne sont pas faites en justice, sont sujettes au droit fixe de 1 f. Il est dû un droit pour chaque renonçant et pour chaque succession à laquelle on renonce. Art. 68, §. 1er., n°. 1 de la loi du 22 frim. an 7.

4. Le droit fixe est de 2 f. pour chaque renonçant, si la renonciation est faite au greffe. Même article, §. 2, n°. 6. L'acte doit être enregistré sur la minute. Art. 7.

5. La renonciation à succession par un tuteur, donne ouverture à autant de droits qu'il y a de mineurs au nom desquels il renonce, parce que le tuteur agit dans ce cas individuellement pour chacun des mineurs. L'acte qu'il fait en leur nom, a le même effet pour l'application des droits, que s'ils avaient personnellement renoncé. (Art. 1483 du J.)

6. Lorsqu'en vertu de l'art. 781 du C. N., plusieurs co-héritiers d'un particulier à qui une succession est échue, et qui est décédé sans l'avoir acceptée expressément ou tacitement, renoncent *de son chef* à cette succession, il n'y a, dans le fait, qu'un seul renonçant, agissant par ceux qui lui ont succédé : ainsi il n'est dû qu'un seul droit. (Art. 2828 du J.)

7. La renonciation à un legs ou à une succession, en tems utile, et avant d'avoir fait acte d'héritier ou de légataire, dispense le renonçant, du paiement du droit que ces dons ou mutations eussent opéré.

8. Si la renonciation se fait après avoir accepté, ou lorsque les choses ne sont plus entières, ou après avoir accepté, on doit la considérer comme opérant cession.

9. Par la renonciation pure et simple à succession, il y a accroissement d'hérédité ou une dévolution au degré subséquent. Cet accroissement ne donne ouverture à aucun droit. — Voy. *Accroissement*, n°. 5, p. 12.

10. La donation, vente ou transport qu'un des co-héritiers fait de ses droits successifs, emporte, de sa part, acceptation de succession. Il en est de même de la renonciation gratuite, si elle n'est pas faite au profit de tous ses co-héritiers, ou si, étant faite indistinctement au profit de tous, il recevait le prix de sa renonciation. Article 780 du C. N. Cette acceptation n'opère que le droit fixe de 1 f. ; mais on doit percevoir pour la donation ou pour la renonciation gratuite au profit d'un ou plusieurs des co-héritiers, le droit proportionnel tel qu'il est réglé par la loi pour les donations entre-vifs ; et, s'il s'agit de la vente ou transport, ou de la renonciation au profit de tous, moyennant un prix, le droit proportionnel fixé pour les transmissions à titre onéreux, est exigible. (Art. 1480 du J.)

11. En fait de communauté, la part de celui qui renonce n'accroît pas à celui qui l'a acceptée, mais au mari. — V. *Accroissement*, n°. 9.

12. La renonciation pure et simple par une veuve, à la communauté qui a existé entre elle et son mari, produit un accroissement en faveur des héritiers de ce dernier : cet accroissement n'opère pas de mutation particulière ; mais les héritiers du mari, qui, dans le cas d'acceptation de la part de la veuve, n'auraient été tenus de déclarer que la moitié des biens dépendans de la communauté, doivent en déclarer la totalité si elle y a renoncé. (Art. 2588 du J.)

13. De même que la renonciation d'un héritier, faite en faveur de l'un de ses co-héritiers, emporte de sa part l'acceptation de la succession, parce que c'est une disposition ; de même aussi, et par la même raison, la renonciation que fait une femme à la communauté, en faveur de l'un des héritiers de son mari, préférablement aux autres, est une acceptation ; et il y a donation de la moitié des biens de la communauté, si la renonciation est gratuite, et vente si la renonciation est faite à titre onéreux. (Même art. du J.)

14. Il n'en est pas ainsi dans le cas où l'acte de renonciation porte qu'elle renonce au profit des héritiers de son mari indistinctement : car les termes, *en faveur des héritiers de son mari*, qui sont superflus dans cet acte, et qui ne produisent pas plus d'effet que s'ils ne s'y rencontraient pas, ne changent rien à la nature de l'acte qui n'est qu'une renonciation ordinaire. Les termes ajoutés mal à propos, ne font qu'exprimer l'effet naturel résultant de la renonciation d'une femme à la communauté, qui est d'accroître sa part aux héritiers de son mari : dans ce cas, ce qui a été dit ci-dessus, n°. 12, doit être suivi pour la perception des droits. (Même art. du J.)

15. Mais, si la femme, en renonçant au profit des héritiers de son mari, l'avait fait moyennant un prix stipulé, alors il y aurait de sa part acceptation : ce ne serait pas à cause des termes, *au profit des héritiers de son mari*, qui, comme on vient de le dire, ne produisent aucun effet particulier par eux-mêmes, mais à cause du prix convenu en faveur de la femme pour sa renonciation. Dans ce cas, la renonciation prend le caractère d'une vente. La femme ne répudie point ses droits : elle en dispose. Cette renonciation donne ouverture au droit de vente sur moitié des biens de la communauté, et les héritiers du mari doivent en outre le droit réglé pour les successions sur l'autre moitié dont ils ont hérité par le décès du mari. (Même art. du J.)

16. Si, dans le contrat de mariage, il y a clause de reprise d'apport, c'est-à-dire, s'il a été stipulé que la femme ou ses enfans renonçant, reprendraient tout ce qu'elle aurait apporté à la communauté, et s'il arrive que les uns renoncent et que les autres acceptent, il faut que tous les héritiers réunis déclarent la totalité des biens propres ; que ceux qui ont accepté la communauté déclarent la portion qui leur revient dans cette communauté, et que ceux qui ont renoncé déclarent les parts auxquelles ils ont droit dans les reprises. (Art. 2393 du J.)

17. Lorsqu'un usufruitier a déclaré les biens qu'il a recueillis à ce titre, il ne peut, sous prétexte d'une renonciation postérieure, se dispenser de payer le supplément en cas d'insuffisance dans la déclaration. L'acceptation doit, conformément à l'art. 778 du C. N., être considérée comme suffisamment constatée par la déclaration, et la renonciation ultérieure n'est, dans ce cas, qu'une rétrocession simulée pour éluder la perception. Déc. du min. des fin., du 13 janv. 1807. (Art. 2492 du J.)

18. La renonciation à une donation acceptée et devenue irrévocable, produit une nouvelle mutation sujette au droit proportionnel : c'est une résolution volontaire dont la libéralité est le principe. — V. *Donation entre-vifs*, §. 7, p. 251.

19. L'acte de renonciation à une adoption antérieure au Code Napoléon dans le cas prévu par l'art. 2 de la loi du 25 germ. an 11, est sujet, sur l'expédition, au droit fixe de 1 f. — Voyez *Adoption*, n°. 7, page 87.

20. Il n'est également dû que le droit fixe de 1 f. pour la renonciation faite par une veuve, dans un contrat de vente, au profit de l'acquéreur, à l'exercice de ses droits pour raison de son douaire sur les immeubles vendus et qui en étaient grevés. (Art. 1224 du J.)

RENTES. Revenus annuels.

1. Les rentes sont ou perpétuelles ou viagères ; elles sont constituées à prix d'argent ou pour aliénation d'immeubles ; les rentes perpétuelles ne s'éteignent que par le remboursement effectif de leurs capitaux ou par la prescription ; les rentes viagères s'éteignent à la mort des personnes sur la tête desquelles elles ont été créées.

2. Le droit d'enregistrement des constitutions de rentes, de leurs cessions et transports, est réglé à 2 f. par 100 f. par l'article 69, §. 5, n°. 2 de la loi du 22 frim. an 7. Il se liquide, quelque soit le prix du transport, sur le capital déterminé, ainsi qu'il est établi au mot *Estimation*. — V. *Ces-*

sion, nᵒˢ. 15 et 17, p. 151; *Constitution de rente*, p. 168; *Estimation*, nᵒˢ. 4, 15 et 17. S'il s'agit de rentes convenancières, voyez *Domaine congéable*, nᵒ. 6 et suiv., p. 245.

3. Néanmoins, la cession d'une rente dont le débiteur a été condamné, par jugement, à rembourser le capital, ne doit être considérée, le capital étant devenu exigible, que comme une cession de créance, et, comme telle, sujette seulement au droit proportionnel de 1 pour 100. (Article 875 du J.)

4. Il n'est dû que le droit fixe de 1 f. pour la conversion d'une rente viagère en une rente perpétuelle, ou d'une rente perpétuelle en une rente viagère. — V. *Conversion de rente*, p. 189,

RENTRÉE *et* RENVOI *en possession d'immeubles.* Retour des biens dans la main de celui qui en avait été dépossédé, ou de ses représentans.

Ce retour peut avoir lieu par la rétrocession de la part de celui qui était détenteur des fonds, ou par la résolution de l'acte, en vertu duquel il jouissait, ou par l'exercice de la faculté de retirer l'immeuble stipulé dans le contrat d'aliénation, etc. — Voyez *Résiliement*, *Résolution*, *Retour légal et conventionnel*, *Retrait de réméré*, *Rétrocession*.

RENVOI *de demande.* — V. *Actes judiciaires*, §§. 3 et 5.

RÉPARATION *civile.* Somme adjugée à la partie civile, pour la dédommager du tort qu'un crime ou un délit lui a causé. Elle participe de la nature d'une dette et d'une peine; elle se prononce au profit de l'accusé comme de l'accusateur; au profit de l'accusé, si l'accusateur succombe dans son accusation; au profit de l'accusateur, s'il réussit à la justifier.

La réparation civile est rangée dans la classe des dommages-intérêts qui se prononcent en faveur de l'une des parties. L'expédition du jugement qui la prononce opère le droit de 2 francs par 100 fr., aux

termes de l'art. 69, §. 5, nᵒ. 8 de la loi du 22 frim. an 7. — V. *Dommages-intérêts*, p. 247.

RÉPARATION *d'injures personnelles.* Satisfaction donnée à l'offensé par celui qui l'a injurié. — V. *Injure*, p. 592.

RÉPERTOIRE. Registre sur lequel les officiers publics inscrivent sommairement les actes par eux reçus, pour en faciliter la recherche ou l'indication.

Aussitôt que ces officiers ont été reçus et qu'ils ont prêté serment, ils doivent former un répertoire pour y porter les actes qu'ils recevront. (Art. 2155 du J.)

§. 1ᵉʳ. *Forme des répertoires. Par qui ils sont cotés et paraphés. Des intercallations.*

1. Les répertoires sont à colonnes; les officiers publics doivent y inscrire, jour par jour, sans blanc ni interligne, et par ordre de numéro, les actes qui sont dans le cas d'y être portés. Art. 49 de la loi du 22 frim. an 7.

2. Chaque article du répertoire doit contenir, 1ᵒ. son numéro; 2ᵒ. la date de l'acte; 3ᵒ. la nature; 4ᵒ. les noms et prénoms des parties, et leurs domiciles; 5ᵒ. l'indication des biens, leur situation et le prix, lorsqu'il s'agira d'actes qui auront pour objet la propriété, l'usufruit ou la jouissance de biens fonds; 6ᵒ. la relation de l'enregistrement.

3. Le numéro à donner à chaque article, peut s'écrire en chiffres. Décis. du minist. des fin., du 5 mai 1807. Inst. gén. du 18 fév. 1808, nᵒ. 363. Les officiers publics peuvent aussi constater, de la même manière, sur le répertoire, la date de leurs actes; y relater l'enregistrement, par la simple expression *en chiffres*, des droits perçus et de la formalité. Décis. du minist. des fin., du 10 mai 1808. Inst. gén. du 7 juin suiv., nᵒ. 382.

4. La forme des répertoires n'est point changée par la loi du 25 ventose an 11 sur l'organisation du notariat. Décis. des min.

de la justice et des fin., du 20 germ. an 12. (Art. 1712 du J.)

5. Le défaut d'une ou de plusieurs des indications prescrites par l'art. 50 de la loi, ne peut être considéré comme une omission, puisque l'officier public s'est conformé à l'art. 49 : c'est simplement un vice de rédaction que le préposé doit faire réparer, et la loi ne punit ces sortes de fautes d'aucune amende. (Art. 3364 du J.)

6. L'art. 53 de la loi du 22 frimaire an 7, porte que les répertoires seront cotés et paraphés ; savoir : ceux des notaires, huissiers et greffiers de la justice de paix, par le juge de paix de leur domicile ; ceux des greffiers des tribunaux, par le président, et ceux des secrétaires des administrations, par le président de l'administration.

7. Cette disposition a été changée à l'égard des répertoires des notaires, par l'art. 30 de la loi du 25 ventose an 11 sur l'organisation du notariat, qui veut que le visa, les cote et paraphe soient faits par le président du tribunal de première instance de l'arrondissement. Circulaire du 22 nivose an 12.

8. Les répertoires des secrétaires généraux de préfectures sont cotés et paraphés par les préfets.

9. *Les sous-préfets et les maires* sont chargés de coter et parapher eux-mêmes les répertoires dont ils auront délégué la tenue. Décis. des minist. des fin. et de l'intérieur, des 4 déc. 1806 et 19 fév. 1807. Inst. gén. des 26 déc. 1806 et 7 mai 1807, nᵒˢ 322 et 325.

10. Les répertoires doivent être cotés et paraphés avant qu'on puisse s'en servir. (Art. 2903 du J.)

11. Les intercallations faites par les officiers publics sur leurs répertoires, sont passibles des mêmes peines que les omissions, parce qu'elles sont une preuve que les actes intercalés n'ont pas été portés jour par jour sur le répertoire. (Art. 1998 du J.) Arrêt de la cour de cassation, du 19 déc. 1808, qui annulle un jugement du tribunal de Confolens, d'après les motifs qui suivent :

« La cour, vu l'art. 49 de la loi du 22 frim. an 7, qui dispose :

« Les notaires tiendront des répertoires » à colonnes, sur lesquels ils inscriront, » jour par jour, sans blanc ni interligne, » et par ordre de numéros, tous les actes » et contrats qu'ils recevront, même ceux » qui seront passés en brevet, à peine de » 10 francs d'amende pour chaque omis» sion » ;

« Considérant que toute intercallation dans le répertoire, annonce que les actes intercalés n'y ont pas été inscrits jour par jour de leurs dates ; qu'ainsi, sous ce rapport, les dispositions citées ont été méconnues et violées : casse, etc. » (Art. 3317 du J.)

§. 2. *Officiers publics qui sont obligés de tenir des répertoires. Actes qui doivent y être portés. Peines en cas d'omission.*

1°. *Notaires.*

1. Les notaires sont obligés de tenir des répertoires, et d'y inscrire tous les actes et contrats qu'ils reçoivent, même ceux qui sont passés en brevet, à peine de 10 f. d'amende pour chaque contravention. Art. 49 de la loi du 22 frim. an 7.

2. L'art. 29 de la loi du 25 ventose an 11, porte que les notaires tiendront répertoire de tous les actes qu'ils recevront.

Cette disposition comprend tous les actes sans en excepter aucun. Elle s'applique donc aux actes de ventes des biens des mineurs que les notaires dressent, conformément à l'art. 459 du C. N., en vertu de délégation des tribunaux. Décis. du grand-juge minist. de la justice., du 28 floréal an 12. Circul. du 8 prair. suiv.

3. Il en résulte aussi que ces officiers doivent porter sur leurs répertoires, *avant le décès des testateurs*, ainsi qu'il était prescrit, dans l'ancienne jurisprudence, par un

71 *

arrêt du Conseil d'Etat, du 23 juin 1772, les testamens qu'ils ont reçus : l'insertion de ces actes sur le répertoire, doit contenir leur date *et le nom des testateurs*. Décis. du minist. de la justice, du 6 vendémiaire an 13. (Article 1864 du J.)

Ce principe a été aussi consacré par un arrêt de la cour de cassation, du 19 déc. 1808, dont voici le dispositif :

« La cour, considérant que l'art. 14 de la loi des 5 et 19 décemb. 1790, imposait formellement aux notaires l'obligation de porter, jour par jour, sur leurs répertoires, la mention des testamens et actes de dépôt qu'ils passaient ou recevaient, à peine de 5o f. d'amende pour chaque omission, et que cette disposition n'a point été abrogée par l'art. 73 de la loi du 22 frimaire an 7 pour le passé, puisque, par la deuxième partie de cet article, elle en maintient l'exécution à l'égard de tous actes faits avant sa publication ; qu'ainsi, l'omission, sur le répertoire, des testamens antérieurs à cette date, ou leur intercalation subséquente, donnait lieu à l'amende fixée ; que l'art. 49 de la loi du 22 frim. an 7 renouvelle cette obligation, à la charge des notaires d'inscrire, jour par jour, sur leurs répertoires, tous les actes qu'ils passeront ou recevront, et que, dans cette généralité d'expression, les testamens et les actes de dépôts qui peuvent en être faits, sont nécessairement compris, puisqu'aucune exception n'y est mentionnée ; que si les lois de frimaire an 7 et 25 ventose an 11, exigent aussi la mention de l'enregistrement, elles n'ont point aboli l'obligation de l'inscription des actes, jour par jour, de leur date : c'est une obligation de plus qu'elles imposent pour être remplie à la date de l'accomplissement de cette formalité. (Art. 5317 du J.)

4. Les baux des biens des hospices, quoique soumis à l'approbation du préfet, doivent être portés sur le répertoire le jour de leur rédaction. — V. *Bail*, §. 8, n°. 2, p. 118.

5. En fait de vente, tous les actes anté-

rieurs au procès-verbal d'adjudication définitive, ne sont que des préliminaires de ce dernier procès-verbal qui forme leur complément ; mais il ne s'ensuit pas que ces actes antérieurs doivent n'être inscrits sur le répertoire qu'à la date de ce dernier procès-verbal. Chacun d'eux, à l'instant où il est revêtu des signatures des parties et du notaire, a acquis sa perfection : comme tel, il est soumis à l'enregistrement dans les délais de sa date, il doit être inscrit particulièrement sur le répertoire du notaire. Si la tenue du répertoire a un objet d'intérêt public, elle a aussi pour but de mettre le préposé de l'enregistrement à portée de vérifier, si tout acte notarié a acquitté le droit d'enregistrement auquel il est tarifé. Or, cette vérification ne peut jamais se faire mieux que par l'inscription particulière et isolée de chaque acte sur le répertoire. (Article 3o56 du J.)

6. Les copies collationnées et extraits délivrés par les notaires, sur pièces représentées et rendues, sont des certificats sujets à l'enregistrement. Dès-lors, le notaire qui les signe ne peut, sans contravention, se dispenser de les porter sur son répertoire. Déc. du minist. des fin., du 9 prair. an 12. Inst. gén. du 1er. messidor suiv., n°. 232. (Art. 1130 du J.)

7. On ne doit pas exiger qu'il soit fait sur le répertoire, une inscription particulière pour *chaque* vacation des inventaires. Circulaire de l'adm., du 14 nivose an 8, n°. 1737.

8. Les certificats de vie délivrés par les notaires certificateurs, aux rentiers viagers et pensionnaires de l'Etat, par les mêmes motifs qu'ils ont été exemptés de l'enregistrement, et que le registre où ils sont consignés, a été dispensé de la formalité du timbre, ne doivent pas être portés sur les répertoires. Décis. du minist. des finances, du 2 août 1808. (Articles 2525 et 2967 du J.)

9. Les états estimatifs d'effets mobiliers, annexés aux actes de donation, étant men-

tionnés dans ces actes qui ne seraient pas valides sans eux, leur existence se trouve suffisamment constatée, et les notaires peuvent ne pas les porter sur le répertoire qui a pour objet principal de procurer la connaissance des actes qui auraient été *soustraits* à l'enregistrement. Décis. du minist. des fin. Instruction gén. du 19 octob. 1807, n°. 551.

2°. *Huissiers*, *Commissaires priseurs*, *Gardes du commerce*, *Porteurs de contraintes*.

1. Les huissiers doivent également tenir des répertoires, et y porter tous les actes et exploits de leur ministère, sous peine d'une amende de 5 f. pour chaque omission. Article 49 de la loi du 22 frimaire an 7.

2. Quoique les significations d'avoué à avoué exigent de la célérité, et ne donnent lieu qu'à un salaire modique, les huissiers n'en doivent pas moins inscrire, sur le répertoire, les actes de cette nature. Décis. du grand-juge, du 19 janv. 1806, et du min. des fin., des 16 pluv. an 13, 19 frim. an 14, et 15 juillet 1806. (Art. 1936 et 2567 du J.)

3. Les huissiers des *cours de justice criminelle*, comme ceux des tribunaux civils, sont obligés d'inscrire sur leurs répertoires tous les actes de leur ministère soumis à l'enregistrement, soit qu'ils acquittent ou n'acquittent pas immédiatement les droits, soit enfin que la formalité ait lieu *gratis*. Décis. du minist. des fin., du 9 fév. 1808. Instruction générale, du 14 juillet suiv., n°. 588.

4. Les *commissaires priseurs* ne peuvent, sous aucun rapport, être dispensés de l'obligation imposée à tous les officiers publics et ministériels, de tenir un répertoire de leurs actes et procès-verbaux. Déc. du grand-juge et du minist. des fin., des 31 mai et 28 juin 1808. Inst. gén. du 14 juillet suiv., n°. 588.

5. La loi du 27 ventose an 9 établissant, en principe, que les officiers publics d'institution nouvelle, et qui ont reçu une partie des attributions confiées à des officiers dénommés dans la loi du 22 frim., doivent se conformer à ce que celle-ci prescrit, il en résulte que les *gardes du commerce*, dont les fonctions étaient précédemment exercées par les huissiers, ne peuvent être exempts de la tenue du répertoire. Déc. du min. des fin., du 20 juin 1809. (Art. 3279 du J.)

6. Les *porteurs de contraintes* sont obligés de tenir des répertoires. Décis. du min. des fin., du 13 nov. 1807. Inst. gén. du 18 fév. 1808, n°. 563.

7. Les officiers qui remplissent, auprès du conseil des *prud'hommes*, les fonctions d'huissiers, doivent, comme ceux-ci, tenir un répertoire. Déc. du min. des fin. et du minist. de l'intérieur, du 20 juin 1809. Instruction gén. du 5 juillet suivant, n°. 437.

3°. *Greffiers.*

1. L'obligation de tenir des répertoires, est aussi imposée aux greffiers qui doivent y inscrire tous les actes et jugemens soumis à l'enregistrement sur la minute, à peine d'une amende de 10 f. pour chaque omission. Même article 49 de la loi de frimaire an 7.

2. Ces officiers sont obligés de porter sur le répertoire, non-seulement les jugemens qu'ils font eux-mêmes revêtir de l'enregistrement, mais encore ceux pour lesquels, en vertu de l'art. 37 de la loi, ils délivrent des extraits aux préposés. Déc. du min. des fin., du 18 vendémiaire an 10. (Article 970 du J.)

3. Les secrétaires des conseils de prud'hommes, sont, ainsi que les greffiers de la justice de paix, assujettis à tenir un répertoire pour y inscrire les actes sujets à l'enregistrement sur la minute. Décis. des minist. des fin. et de l'intérieur, du 20 juin 1809. Instruct. gén. du 5 juillet suiv., n°. 437.

4. Les greffiers ne sont pas tenus de consigner, sur leurs répertoires, les ordonnances sur requête, parce que ces ordonnances se délivrent sans leur participation. (Art. 807 du J.)

4°. *Secrétaires de préfectures, sous-préfectures, mairies, et agens de la marine.*

1. Les secrétaires des préfectures, sous-préfectures et mairies, sont tenus de porter sur leur répertoire tous les actes des administrations qui doivent être enregistrés sur les minutes, à peine d'une amende de 10 f. pour chaque omission. Art. 49 de la loi du 22 frim. an 7.

2. Les secrétaires des administrations et des mairies, ne doivent pas perdre de vue les obligations que la loi leur impose pour la tenue d'un répertoire. Article 22 d'une Décision du minist. des fin., du 17 octob. 1809. Inst. gén. du 23 novemb. suiv., n°. 454.

3. On doit porter, sur le répertoire, les actes susceptibles de l'approbation des préfets ou des ministres, ainsi que ceux pour lesquels elle n'est pas nécessaire. On doit, en marge des articles de la première espèce, placer sur le répertoire ces mots : *Soumis à l'approbation du préfet,* et indiquer de même, soit en marge, soit dans une colonne qui sera ajoutée au répertoire, la date du jour où l'approbation sera parvenue. Décis. du min. des fin., du 27 frimaire an 13. Nomb. 5 de l'Instruct. gén. du 3 fruct. suiv., n°. 290.

4. Il est indispensable que, dans les bureaux de sous-préfecture, il soit tenu des répertoires des actes dont la loi du 22 frimaire a voulu que l'inscription fût faite sur ces sortes de registres, et que tout ce qui est prescrit par les art. 49, 50, 51 et 52 de cette loi, soit régulièrement observé par les secrétaires des sous-préfectures. Décis. du min. des fin., du 12 août 1806. (Art. 2572 du J.)

5. Les sous-préfets et les maires sont autorisés à nommer, par un arrêté *spécial,* un des employés de leurs bureaux, qui sera chargé de tenir, sous sa responsabilité personnelle, le répertoire de tous les actes de la sous-préfecture ou de la mairie, sujets aux droits d'enregistrement sur la minute ; la responsabilité personnelle de cet employé, ne sera établie qu'autant qu'il aura accepté *par écrit,* signé de lui au bas de l'arrêté, la délégation qui lui aura été faite de la tenue de ce répertoire. Une expédition de ces deux actes, dont la minute restera entre leurs mains, doit être adressée au directeur de l'enregistrement, et une autre au procureur impérial près le tribunal de l'arrondissement communal, afin de faire connaître à ces fonctionnaires, le préposé qui, près de chaque sous-préfecture ou mairie, sera soumis aux vérifications et à l'amende établie par la loi, en cas de négligence de sa part. Décis. du minist. de l'intérieur, des 4 décemb. 1806 et 19 fév. 1807. Inst. gén. des 26 déc. 1806, et 7 mai 1807, n°°. 322 et 325.

6. Dans les communes où la tenue des répertoires de la mairie n'a point été déléguée, les maires sont tenus, d'après l'art. 6 de la loi du 27 ventose an 9, de se conformer aux dispositions de celle du 22 frimaire an 7. Déc. du minist. des fin., du 9 sept. 1806. Inst. gén. du 9 oct. suiv., n°. 318.

7. Aux termes de la loi du 13 brumaire an 7, et de celle du 22 frimaire an 7, les secrétaires généraux de préfecture sont assimilés aux notaires, huissiers et greffiers, pour les actes assujettis au timbre et à l'enregistrement qu'ils reçoivent ; et, en cas de contravention à ces lois, ils ne sont pas fondés à décliner la compétence des tribunaux, sous prétexte de l'art. 75 de la constitution qui ne leur est pas applicable. Déc. du min. des fin., du 28 avril 1807. (Article 2570 du J.)

§. 5. *Visa des répertoires.*

1. Les notaires, huissiers, greffiers et se-

crétaires des administrations, sont obligés de présenter, tous les trois mois, leurs répertoires aux receveurs de l'enregistrement de leur résidence, qui les visent et qui énoncent, dans leur *visa*, le nombre des actes inscrits. Cette présentation doit avoir lieu chaque année, dans les dix premiers jours des mois de janvier, avril, juillet et octobre, à peine d'une amende de 10 f. par chaque décade de retard. Article 51 de la loi du 22 frim. an 7.

2. La disposition de la loi du 25 ventose an 11, qui porte que les répertoires seront *visés*, cotés et paraphés par le président du tribunal civil, ne déroge point à la loi de frimaire quant à l'obligation imposée aux notaires, de faire viser, par les receveurs de l'enregistrement, leur répertoire tous les trois mois : cette obligation reste dans toute sa vigueur. Déc. du min. des fin., des 14 prairial an 11, et 9 septemb. 1806, et du grand-juge, des 29 prairial et 30 thermidor an 11, et 13 vendém. an 12. Circul. du 22 nivose an 12. Inst. générale du 9 octobre 1806, n°. 318. (Article 1434 du J.)

3. Ce principe a été aussi consacré par un arrêt de la cour de cassation, du 24 avril 1809, qui annulle un jugement du tribunal de Riom, et dont voici le dispositif :

« La cour, sur les conclusions conformes de M. Pons, substitut du procureur général ;

» Vu les art. 51, 52 et 53 de la loi du 22 frim. an 7, et les art. 30 et 69 de la loi du 25 vent. an 11 ;

» Et attendu que la seule contrariété formelle des dispositions des lois, peut faire présumer l'abrogation implicite de la loi la plus ancienne, et donner lieu à l'application du principe *posteriora derogant prioribus* ;

» Attendu que cette contrariété n'existe pas entre l'art. 51 de la loi du 22 frimaire an 7, et celle du 25 ventose an 11 ; que, par le premier de ces articles, les répertoi-

res des notaires ont été périodiquement soumis à une mesure de surveillance, dont l'objet exprimé est la connaissance et l'énumération, par les préposés de la régie de l'enregistrement, des actes passés dans les divers notariats de leurs arrondissemens ; que, par le second de ces articles, les mêmes répertoires doivent être soumis au *visa*, cotés et paraphés des présidens des tribunaux, mesure qui, ne devant pas se renouveler périodiquement, tend évidemment à assurer, au moment de leur ouverture, l'état, la consistance des registres destinés à recevoir les répertoires ; que la distinction de ces mesures est constatée par la loi même de frimaire an 7, qui les prescrit simultanément ; savoir : le *visa* périodique par les agens de la régie, par l'art. 51, et les cote et paraphe d'un juge, par l'art. 53 ; que l'art. 30 de la loi du 25 ventose an 11, attribuant au président du tribunal d'arrondissement, le *visa*, cote et paraphe des registres destinés au répertoire, cette disposition peut bien être regardée comme dérogatoire à l'art. 53 de la loi de frimaire an 7, qui attribuait la même fonction au juge de paix ; mais cette dérogation n'a pas dû être étendue à une fonction dont la nature et l'objet sont essentiellement distincts, et qui est restée obligatoire d'après l'art. 51 de la loi de frim. an 7 ;

» Attendu qu'il résulte des dernières considérations, que l'art. 30 de la loi du 25 ventose an 11, n'a point abrogé la disposition de l'art. 51 de la loi du 22 frim. an 7 ; qu'en faisant résulter cette abrogation de l'art. 69 de la loi du 25 ventose an 11, le tribunal de Riom a fait une fausse application de cet article 69, et est contrevenu formellement audit article 51 de la loi du 22 frimaire an 7 ; casse, etc. » (Article 3287 du J.)

4. Une décision du ministre des finances, du 9 septembre 1806, porte ce qui suit :

« La présentation au *visa* du receveur, et la vérification qu'il fera des répertoires, seront désormais constatés par un enregistrement dans une case particulière à la date du jour de la présentation, comme il est prescrit pour les actes ; savoir : sur le registre des actes civils, pour les répertoires des fonctionnaires administratifs et des notaires ; sur le registre des actes judiciaires, pour ceux des greffiers, et sur le registre des exploits, pour ceux des huissiers.

» Cet enregistrement indiquera le nombre des actes passés, reçus ou faits depuis le dernier *visa*, les omissions, doubles emplois, renvois, intercallations et ratures, ainsi que la date des procès-verbaux s'il en a été rapporté. Les mêmes mentions seront faites dans le certificat du *visa* apposé au bas du dernier article inscrit au répertoire, avec indication du folio et du numéro de la case de l'enregistrement.

» A compter de l'année 1807, les receveurs près des tribunaux de première instance, constateront, par un procès-verbal, quels sont les notaires de l'arrondissement communal qui n'ont pas déposé le double de leurs répertoires, et ils remettront ce procès-verbal au procureur impérial.

» Les receveurs seront personnellement responsables du paiement des amendes résultant des contraventions qu'ils n'auront pas constatées. » Inst. gén. du 9 oct. 1806, n°. 318.

5. Le receveur, même après avoir visé un répertoire, peut encore constater, dans les deux ans de ce visa, les contraventions relatives à des omissions sur ce répertoire, d'actes passés dans le trimestre auquel se rapporte le visa. (Article 2184 du J.)

6. Le registre des protêts n'est pas soumis au *visa* des receveurs, mais les notaires et huissiers doivent inscrire les protêts sur leur répertoire ordinaire. — Voy. *Registre*.

7. Lorsqu'un officier public a laissé passer plusieurs trimestres sans présenter son répertoire au visa, les amendes ne se cumulent pas en raison des *visa* non requis ; ce n'est point le nombre de *visa* qu'il faut consulter, mais avoir égard seulement au nombre de fois dix jours qui se sont écoulés, à compter de l'époque que le premier *visa* aurait dû être mis. Au reste, les préposés devant, à l'expiration des dix premiers jours de chaque trimestre, rapporter des procès-verbaux et faire acquitter les amendes, il doit y avoir peu d'officiers publics qui laissent passer plusieurs trimestres sans faire viser leur répertoire. (Art. 2087 du J.)

8. Les officiers publics sont tenus de présenter leur répertoire au visa des receveurs, aux époques déterminées par la loi, quand même ils n'auraient reçu aucun acte depuis leur installation ou pendant tout un trimestre. (Art. 1982 et 2155 du J.)

§. 4. *Communication des répertoires.*

1. Indépendamment de la présentation ordonnée pour le *visa*, les notaires, huissiers, greffiers et secrétaires, sont tenus de communiquer leurs répertoires, à toute réquisition, aux préposés de l'enregistrement qui se présenteront chez eux pour les vérifier, à peine d'une amende de 50 f. en cas de refus. Le préposé, dans ce cas, doit requérir l'assistance du maire ou de l'adjoint du maire, pour dresser, en sa présence, procès-verbal du refus qui lui aura été fait. Article 52 de la loi du 22 frimaire an 7.

2. Lorsqu'un notaire, par des absences continuelles, se soustrait à la vérification de son répertoire, le préposé de l'administration doit d'abord l'inviter, par lettre, à lui indiquer le jour où il pourra procéder à son opération : si cette démarche reste sans effet, il doit demander au maire de la commune de la résidence de l'officier public, une injonction à cet officier, de se trouver dans son étude, aux jour et heure indiqués, à défaut de quoi son absence sera prise pour refus de communication de répertoire. Il requerra ensuite le juge de paix de s'y transporter à l'heure désignée ; et si l'officier public ne s'y trouve pas, ou refuse de communiquer ses minutes et son répertoire,

répertoire, il sera rapporté procès-verbal de son absence ou de son refus. (Art. 939 du J.)

§. 5. *Dépôt des répertoires.*

1. Dans les deux premiers mois de chaque année, les notaires doivent déposer un double de leurs répertoires au greffe du tribunal de première instance, à peine de 100 f. d'amende pour chaque mois de retard. Lois des 29 sept. 1791, art. 16, tit. 5, et 16 floréal an 4, art. 1er.

2. Arrêt de la cour de cassation, du 12 pluviose an 7, qui casse et annulle deux jugemens du tribunal civil du Cantal, des 2 et 25 prairial an 5, en ce qu'ils avaient déchargé plusieurs notaires publics de ce département, de l'amende de 100 f. qu'ils avaient encourue par chaque mois de retard, pour n'avoir point déposé un double de leur répertoire au greffe du tribunal civil, dans les deux premiers mois de l'an 5. Circul. de l'adm., du 28 messid. an 7, n°. 1617.

3. Le silence de la loi, du 25 ventose an 11, sur le dépôt des répertoires au greffe, n'est pas une raison de croire que les notaires en sont dispensés ; si cette loi ne prescrit point formellement cette formalité, elle n'abroge point les lois qui l'ont prescrite. Décisions des ministres de la justice et des fin., des 14 et 29 prairial an 11. Circul. du 22 nivose an 12. (Art. 1533 du J.)

4. Les notaires en exercice doivent déposer le double du répertoire des actes de l'année entière, sans distinction de leur exercice d'avec celui de leur prédécesseur : car, ou le notaire prédécesseur est décédé, ou il est démissionnaire : dans le premier cas il ne peut faire le dépôt ordonné, dans le second il n'a plus qualité pour le faire. (Art. 2465 du J.)

5. L'amende pour défaut de dépôt de répertoire, est encourue au *premier jour du troisième mois de l'année*, comme à la fin de ce même mois : il est évident que le législateur n'a entendu donner qu'un *délai de deux mois révolus ;* et ce serait en donner un réel de trois mois, que de ne faire courir la peine qu'à l'expiration du dernier jour du troisième mois. Décis. du ministre des finances, du 5 mai 1807. (Article 2571 du J.)

6. Le 1er. mars de chaque année, les receveurs près les tribunaux de première instance doivent constater, par un procès-verbal, quels sont les notaires de l'arrondissement communal qui n'ont pas déposé le double de leurs répertoires, et de remettre ce procès-verbal au procureur impérial.

Les préposés sont personnellement responsables du paiement des amendes résultant des contraventions qu'ils n'auraient pas constatées. Décis. du minist. des fin., du 9 sept. 1806. Inst. gén. du 9 oct. suiv., n°. 518.

7. Les lois des 29 septemb. 1791 et 16 floréal an 4, portant que le double à déposer sera *certifié* par les notaires, décident qu'il ne doit être déposé qu'une *copie* ou expédition, par eux *certifiée*, de leurs répertoires, et qu'ils ne sont pas obligés de tenir des répertoires en double original, ni par conséquent de faire viser le double qui doit être déposé. (Art. 649 du J.)

8. Les greffiers doivent dresser acte de la remise qui leur est faite, par les notaires, du double de leurs répertoires. — V. *Dépôt*, §. 5, n°. 20, p. 232.

§. 6. *Timbre des répertoires.*

1. Les répertoires des notaires, huissiers, greffiers et secrétaires des préfectures, sous-préfectures et mairies, sont assujettis au timbre, article 12, n°. 2 de la loi du 13 brum. an 7, à peine de 100 f. d'amende pour chaque contravention. Art. 26, n°. 5 de la même loi. Arrêt de la cour de cassation, du 19 déc. 1808, qui annulle un jugement du tribunal de Confolens. (Article 5317 du J.)

2. Les frais des répertoires sont à la charge de ceux qui sont obligés d'en tenir ; mais

rien n'empêche que les greffiers peu occupés ne les forment d'un petit nombre de feuilles qui n'exigera de leur part que des frais modiques. Déc. du min. des fin., du 22 germ. an 7. Circ. de l'adm., du 2 prair. suiv., n°. 1566.

5. Le double que les notaires sont tenus de déposer, chaque année, au greffe du tribunal de première instance, du répertoire des actes qu'ils ont reçus pendant l'année précédente, doit aussi être écrit sur papier timbré. Décis. du minist. des finances, du 14 vend. an 7. Circ. de l'adm., du 6 brum. suiv., n°. 1401.

4. La faculté de faire timbrer du papier à l'extraordinaire, n'est accordée qu'aux administrations publiques et individus désignés dans l'art. 7 de la loi du 13 brum. an 7, et elle est formellement interdite, par l'art. 18 de la même loi, aux notaires et autres officiers ou fonctionnaires publics : ces officiers sont expressément obligés de se servir du papier timbré débité par la régie, non-seulement pour leurs actes et les expéditions ou copies qu'ils en délivrent, mais encore dans tous les cas où ils doivent faire usage du papier timbré : ainsi, ils ne peuvent employer pour leurs répertoires, que du papier débité par la régie. Décision du minist. des fin., du 2 brum. an 8. Circulaire de l'administ. du 9 frim. suiv., n°. 1705. Lettre du grand-juge à MM. les procureurs impériaux près les tribunaux de première instance, du 28 mars 1810. Circ. de M. le directeur général, du 19 avril suiv.

5. Les porteurs de contraintes sont autorisés à tenir leurs répertoires en papier *visé pour timbre gratis*. Décis. du minist. des fin., du 19 avril 1808. (Article 2886 du J.)

REPRÉSENTATION *des actes*, est l'exhibition qu'on en fait. Les notaires, greffiers, secrétaires et autres dépositaires de titres ou minutes, sont tenus de les représenter aux préposés de l'enregistrement. — V. *Communication*, n°. 4 et suiv., p. 158, et *Répertoire*, §. 4.

REPRÉSENTATION *de personnes*. On représente une personne en la faisant paraître dans un lieu où il est nécessaire ou convenable qu'elle se trouve.

En matière criminelle, un prévenu, quoique mis en état d'arrestation, peut être chargé, sous caution, de se représenter lorsqu'il en sera requis.

Les cautionnemens de personnes à représenter en justice, sont sujets, sur la minute, au droit fixe d'enregistrement. Article 68, §. 1er., n°. 15 de la loi du 22 frim. an 7.

REPRÉSENTATION *en matière de succession*, est une fiction de la loi, dont l'effet est de faire entrer les représentans dans la place, dans le degré et dans les droits du représenté. Art. 739 du C. N.

1. La représentation a lieu à l'infini dans la ligne directe descendante.

Elle est admise dans tous les cas, soit que les enfans du défunt concourent avec les descendans d'un enfant prédécédé, soit que tous les enfans du défunt étant morts avant lui, les descendans desdits enfans se trouvent entre eux en degrés égaux ou inégaux. Art. 740.

2. La représentation n'a pas lieu en faveur des ascendans : le plus proche, dans chacune des deux lignes, exclut toujours le plus éloigné. Art. 741.

3. En ligne collatérale, la représentation est admise en faveur des enfans et descendans de frères ou sœurs du défunt, soit qu'ils viennent à sa succession, concurremment avec des oncles ou tantes, soit que tous les frères et sœurs du défunt étant prédécédés, la succession se trouve dévolue à leurs descendans en degrés égaux ou inégaux. Art. 742.

4. Dans tous les cas où la représentation est admise, le partage s'opère par souche : si une même souche a produit plusieurs branches, la subdivision se fait aussi par souche dans chaque branche, et les membres de la même branche partagent entre eux par tête. Art. 743.

5. On ne représente pas les personnes vivantes, mais seulement celles qui sont mortes naturellement ou civilement. On peut représenter celui à la succession duquel on a renoncé. Art. 744.

6. Il est important, pour les receveurs, de se bien pénétrer de ces dispositions, afin de diriger régulièrement les demandes des droits de succession.

REPRISE *d'instance*. Acte par lequel on déclare reprendre et continuer une instance à la place d'une personne décédée.

1. L'instance doit être reprise par acte d'avoué à avoué. Article 347 du Code de P. C.

2. Cet acte est assujetti au droit fixe de 25 c.

3. Avant le Code, la reprise d'instance avait lieu par acte fait au greffe : on l'enregistrait sur la minute, au droit fixe de 2 f.

REPRISES. Prélèvemens que les époux ont droit de faire lors de la dissolution de leur communauté.

1. Sur la masse des biens, chaque époux ou son héritier prélève,

1°. Ses biens personnels qui ne sont point entrés en communauté, s'ils existent en nature, ou ceux qui ont été acquis en remploi ;

2°. Le prix de ses meubles qui ont été aliénés pendant la communauté, et dont il n'a point été fait remploi ;

3°. Les indemnités qui lui sont dues par la communauté. Article 1470 du Code Napoléon.

Les prélèvemens de la femme s'exercent avant ceux du mari.

Ils s'exercent pour les biens qui n'existent plus en nature, d'abord sur l'argent comptant, ensuite sur le mobilier, et subsidiairement sur les immeubles de la communauté, dans ce dernier cas, le choix des immeubles est déféré à la femme et à ses héritiers. Art. 1471.

Le mari ne peut exercer ses reprises que sur les biens de la communauté.

La femme et ses héritiers, en cas d'insuffisance de la communauté, exercent leurs reprises sur les biens personnels du mari. Art. 1472.

2. Les liquidations de *reprises* contenues dans les partages de succession et communauté, et qui doivent précéder le partage dont ils font nécessairement partie, n'opèrent aucun droit particulier. Décision du min. des fin., du 8 décemb. 1807. Nomb. 4 de l'Instruct. gén. du 22 fév. 1808, n°. 366.

3. L'abandon de biens de la communauté, pour remplir les époux ou leurs héritiers, du montant de leurs reprises, se fait par délibation ou par distraction sur la masse, avant qu'elle soit partagée. On ne peut donc le considérer comme une cession, une vente, une licitation. C'est un simple assignat déclaratif et non translatif de propriété qui ne donne ouverture qu'au droit fixe de 3 f., s'il est fait par acte particulier, et qui n'opère même aucun droit lorsqu'il s'effectue par l'acte de partage des autres effets de la communauté. Solut. de l'administ., du 24 ventose an 11. (Articles 160 et 1428 du J.)

4. Si, pour remplir la femme de tout ou partie de ses reprises, il lui est abandonné des biens *propres du mari*, on perçoit le droit proportionnel, tel qu'il est réglé pour les ventes, d'après la nature des biens abandonnés.

5. Les héritiers du mari sont tenus d'acquitter les droits de succession sur la moitié de *tous* les biens de la communauté, sans avoir égard aux distractions qui s'opèrent par les *reprises* de la veuve.

Quand la communauté se dissout par la mort du mari, ses héritiers, aux termes de l'art. 724 du C. N., sont à l'instant saisis, de plein droit, de tous ses biens, sous l'obligation d'acquitter les charges de la succession.

Ces héritiers trouvant, dans la succession du mari, la moitié de la communauté qui en fait partie, ils en sont également saisis,

72 *

et sont seulement tenus de payer les reprises de la veuve, qui ne constituent qu'une charge purement éventuelle, et dont l'objet ne peut être que le résultat d'un compte ultérieurement réglé.

Enfin, la veuve n'est point propriétaire de ce qu'elle doit recouvrer dans la communauté sur la part de son mari; elle ne conserve à cet égard qu'une simple action. On ne peut, en effet, la placer dans la classe des associés ordinaires qui sont propriétaires au même titre que l'associé décédé, puisque le mari est le seul maître de la communauté, et qu'il peut, à son gré, en disposer en tout ou en partie.

Il est donc incontestable que les héritiers une fois saisis de la moitié de la communauté, doivent acquitter les droits d'enregistrement sur l'intégralité de cette portion, quoique susceptible d'être réduite par les reprises de la veuve, comme ils le devraient pour une succession dont la valeur serait affaiblie par le paiement des dettes. Décis. du min. des fin. et du grand-juge, du 24 sept. 1808. Nomb. 3 de l'Inst. gén. du 10 nov. suiv., n°. 405.

6. On entend encore par *reprises*, tout ce que la femme a droit de reprendre, *même en renonçant à la communauté*.

La femme peut stipuler qu'en cas de renonciation à la communauté, elle reprendra tout ou partie de ce qu'elle y aura apporté, soit lors du contrat de mariage, soit depuis, *même son préciput* : mais cette stipulation ne peut s'étendre au-delà des choses formellement exprimées, ni au profit de personnes autres que celles désignées.

Ainsi, la faculté de reprendre le mobilier que la femme a apporté lors du mariage, ne s'étend point à celui qui serait échu pendant le mariage.

Ainsi, la faculté accordée à la femme, ne s'étend point aux enfans; celle accordée à la femme et aux enfans, ne s'étend point aux héritiers ascendans ou collatéraux.

Dans tous les cas, les apports ne peuvent être repris que déduction faite des dettes personnelles à la femme, et que la communauté aurait acquittées. Art. 1514 et 1515 du C. N.

7. Dans le cas de renonciation à la communauté, il n'y a plus de partage à faire : tous les effets de la communauté appartiennent privativement au mari ou à ses représentans; la veuve ou ses héritiers deviennent, par la renonciation, absolument étrangers aux acquêts faits constant le mariage, et ils n'ont qu'une créance mobilière à exercer pour le montant de leurs reprises. On fait alors un acte de liquidation pour constater le montant de cette créance. C'est un arrêté de compte qui, s'il contient quittance, n'opère que 50 c. par 100 f. Article 69, §. 2, n°. 11 de la loi du 22 frim. an 7.

8. Si le paiement n'en est pas effectué de suite, et qu'il y ait simplement promesse de payer dans un délai convenu, le droit est dû sur le pied de 1 f. par 100 f. Même art., §. 3, n°. 5. — V. *Compte*, n°. 15, p. 163.

9. S'il est cédé des objets mobiliers, le droit est perceptible à raison de 2 f. par 100 f. Même art., §. 5, n°. 1.

10. Et il est dû 4 pour 100 s'il y a transmission de biens fonds, conquêts de la communauté ou propres du mari. §. 7, n°. 1. (Art. 603 du J.)

11. Le droit de reprise de l'apport de la femme à la communauté, est un droit divisible dans sa succession : ainsi, en supposant que la femme ait laissé quatre enfans, que trois d'entre eux renoncent à la communauté, et qu'un seul l'accepte, il est évident que chacun des trois héritiers qui ont renoncé à la communauté, ne peut exercer cette reprise que pour un quart. A l'égard du dernier quart, le quatrième héritier qui a accepté la communauté, en fait confusion.

D'un autre côté, Pothier (*Traité de la Communauté*, n°. 579) décide, avec raison, que l'enfant qui accepte la communauté, ne doit contribuer en rien dans la reprise qui est due aux trois renonçans; que le mari ou ses héritiers doivent la supporter seuls, et qu'en conséquence, la reprise ne doit pas en être faite, en ce cas, sur la masse des biens de la communauté, mais sur la part revenant au mari.

La raison est que l'enfant qui renonce à sa part dans la communauté, et demande la restitution de l'apport fait par la femme à cette communauté, abandonne au mari la part qu'il aurait eue dans les biens, pour celle qu'il a dans l'apport, à laquelle il se tient. Cette part dans l'apport, est, en quelque sorte, le prix ou l'indemnité de l'abandon fait au mari, de la part du renonçant dans les biens de la communauté; et, comme le mari profite seul de cette part du renonçant dans les biens, comme l'enfant qui accepte n'y prend rien, le premier doit supporter la reprise entière, le second n'y doit pas contribuer : c'est ce qui résulte d'ailleurs des dispositions de l'art. 1475 du C. N.

Ainsi, pour la mutation opérée par le décès de la femme, ses héritiers sont tenus de déclarer la totalité des biens propres; les trois qui ont renoncé doivent déclarer, en outre, les trois quarts auxquels ils ont droit dans la reprise, et celui qui n'a pas renoncé doit déclarer le quart de tous les biens de la communauté. (Article 2393 du J.)

12. À l'égard des abandons de biens aux femmes ou enfans d'individus dont les biens ont été confisqués, pour les remplir de leurs dots, de leurs propres aliénés ou de leurs douaires, voyez *Actes administratifs*, §. 3, n°^s. 6 et 7, p. 56.

REQUÊTE. Écrit ou mémoire présenté aux juges, à l'effet de demander ou requérir.

1. Les ordonnances sur requête sont assujetties à l'enregistrement sur la minute, à la réquisition des parties. Il y a néanmoins quelques exceptions. — V. *Ordonnance*, p. 471.

2. Quant aux mémoires présentés par l'administration ou par les parties, en cas de contestation sur la perception des droits, voyez *Instance*, §. 3, p. 395.

3. La simple présentation d'une requête tendant à l'expertise, ne suffit pas pour interrompre la prescription établie par l'art. 17 de la loi du 22 frim. an 7. — V. *Expertise*, §. 3, n°. 3, p. 284.

RÉQUISITION. Demande qu'une chose soit faite.

1. Le procès-verbal de réquisition pour la levée de scellés, est sujet au droit fixe de 2 f. — V. *Levée de scellés*, n°. 3, page 423.

2. Les greffiers de juges de paix ne doivent, aux termes de l'art. 16 du décret impérial du 16 fév. 1807, délivrer d'expédition entière des procès-verbaux d'apposition et de reconnaissance de scellés, qu'autant qu'ils en sont expressément requis par écrit. Cette réquisition doit rester déposée au greffe, et faire titre au greffier pour justifier la demande des frais de l'expédition *entière* qui a été requise : elle doit donc être rédigée sur papier timbré, et soumise à l'enregistrement du droit fixe de 1 f. (Art. 2839 du J.)

RÉQUISITOIRE. Acte des procureurs généraux et impériaux, par lequel ils demandent d'office la réforme d'un abus, l'observation d'une loi ou la répression des délits et des crimes. — V. *Actes judiciaires*, §§. 9, 10 et 11.

RESCISION. Cassation d'un acte ou d'un contrat, contre lequel on s'est pourvu en justice, à raison de la lésion qui en résultait. — V. *Résolution*.

RESCRIPTION. Mandat du trésor impérial sur la caisse de l'un de ses préposés, en paiement de quelque partie du service public, ou pour remise de fonds.

1. Ces rescriptions, leurs endossemens et acquits, sont exempts du timbre et de l'enregistrement. — V. *Exemption*.

2. Il a été décidé, par le ministre des finances, le 28 vendém. an 9, 1re. que les rescriptions sur capitaux de rentes appartenant

à l'Etat, aliénables en exécution de la loi du 21 nivose an 8, ainsi que celles sur domaines nationaux à vendre, sont cessibles par la voie de l'endossement; 2°. que les préposés de l'enregistrement ne doivent faire aucune difficulté de les recevoir en paiement de la part de ceux qui en sont propriétaires en vertu d'une semblable cession; 3°. que cette cession n'est sujette à aucune formalité ni à aucun droit. Circulaire de l'administ., du 19 brum. an 9, n°. 1912.

5. Les cessions par acte *authentique* de rescription de rentes déposées aux bureaux des directions des domaines par les porteurs, ne payent que le droit fixe de 1 f. pour la formalité seulement. (Art. 5095 du J.)

RESCRIPTION *entre particuliers*, est un mandement qu'on donne sur un fermier, régisseur, débiteur ou correspondant, de payer une somme y exprimée à celui qui en est porteur.

Cet acte est assujetti au droit d'enregistrement de 1 f. par 100 f., et doit être écrit sur papier du timbre proportionnel. — V. *Mandat*, p. 431.

RÉSERVE *d'usufruit ou de jouissance*. V. *Usufruit* et *Vente avec réserve d'usufruit*.

RÉSILIEMENT. Convention portant qu'un acte demeure comme non avenu et sans effet.

1. Les résiliemens *purs et simples*, faits *par acte authentique*, *dans les vingt-quatre heures*, opèrent le droit fixe de 1 f. Art. 68, §. 1er., n°. 40 de la loi du 22 frim. an 7.

2. S'il manque une de ces conditions, c'est-à-dire si le résiliement n'est pas fait, 1°. dans les vingt-quatre heures de l'acte résilié; 2°. par acte authentique; 3°. et s'il n'est pas pur et simple : par exemple, si les choses n'étaient pas remises au même état où elles étaient avant l'acte résilié, en laissant subsister en tout ou en partie quelques-unes des clauses et conditions particulières dans l'acte résilié, ou s'il était payé une somme à titre d'indemnité, le nouvel acte serait une rétrocession, et le droit serait dû comme tel.

3. Ce principe doit être suivi pour le résiliement d'un bail, quand même il aurait lieu avant l'entrée en jouissance du preneur, parce que cette jouissance lui ayant été irrévocablement transmise par le bail, elle ne peut revenir au bailleur que par une rétrocession, lorsque le bail n'est pas résilié dans les vingt-quatre heures.

4. On doit néanmoins faire une exception pour les baux de trois, six ou neuf ans, avec la clause que les parties pourront les résilier à l'expiration des trois ou six premières années, en s'avertissant trois ou six mois d'avance. En effet, un bail fait sous cette condition, ne transmet pour les six dernières années qu'une jouissance précaire; à la vérité, le droit se liquide sur le pied des neuf années, parce que la perception ne peut dépendre des événemens ultérieurs; mais les parties usant de la faculté qu'elles s'étaient réservée, l'acte qui contient leur détermination à cet égard, et fait cesser la jouissance à l'expiration des trois ou six premières années, n'est qu'un acte pur et simple : il n'est que l'exécution d'une clause du bail, et il doit être rangé dans la classe de ceux compris sous le nombre 6 du §. 1er. de l'art. 68 de la loi, s'il est passé avant le délai fixé pour l'avertissement, ou si, étant fait postérieurement, il est justifié d'un congé en bonne forme donné en tems utile. (Art. 854 du J.)

5. Un jugement portant résiliement d'un bail, faute du paiement du prix, et pour cause de détérioration, ne donne lieu qu'au droit fixe. Le preneur n'ayant pas rempli ces deux obligations, l'exécution du contrat cesse, et le propriétaire rentre purement et simplement dans sa propriété. (Art. 754 du J.)

6. Deux avis du Conseil d'Etat, des 4 thermid. an 8 et 21 ventose an 10, établissent en principe que, dans tous les baux de

fonds à portion de fruits, dans lesquels les clauses des actes caractérisent la réserve de la propriété au bailleur, ce bailleur doit être considéré comme saisi de la propriété, et que le preneur, ses héritiers et représentans, ne possèdent qu'au même titre et de la même manière que les fermiers, sauf la durée de la jouissance. L'Instruction générale du 5 pluviose an 11, n°. 118, par laquelle ces avis ont été transmis, porte d'ailleurs que la propriété est réservée aux bailleurs, soit que la réserve ait été exprimée, soit qu'elle dérive de la coutume ou d'une clause qui gênerait ou interdirait la disposition des biens de la part du preneur.

D'où il suit que, quand un bail à portion de fruits, fait à perpétuité, est résilié par jugement, il faut distinguer s'il avait transmis au preneur la propriété ou non : dans le premier cas, il y a rétrocession, et le droit proportionnel est exigible ; dans le second, c'est un simple résiliement soumis seulement au droit fixe. Solut. de l'administration, du 20 frim. an 13. (Article 2162 du J.)

Au surplus, voyez *Rétrocession.*

7. Dans le cas de résiliemens de contrats pour défaut de ratification du tiers dont on s'est porté fort, il ne doit être perçu que le droit fixe de 1 f. — V. *Résolution*, §. 1er., n°. 11.

8. Le droit proportionnel perçu pour les donations contenues dans un contrat de mariage *résilié* par les parties, est restituable. — V. *Contrat de mariage*, §. 25, p. 87.

RÉSOLUTION *de contrat.* Cassation d'un acte par l'autorité administrative, judiciaire, ou par le consentement des parties.

La résolution forcée d'un contrat de vente ou d'un bail de domaine de l'Etat, par le ministre des finances ou par une autorité administrative, est un acte d'administration publique, exempt de l'enregistrement, suivant l'article 70, §. 3, n°. 2 de la loi du 22 frimaire an 7. — Voyez *Restitution de droits.*

Quant aux résolutions judiciaires ou consenties par les parties, elles vont être traitées dans les §§. suivans.

§. 1er. *Résolutions pour cause de nullité radicale.*

1. Les expéditions des jugemens des *tribunaux civils* portant résolution de contrat ou de clause de contrat pour cause de nullité radicale, sont assujetties au droit fixe de 3 f. Article 68, §. 3, n°. 7 de la loi du 22 frim. an 7.

2. Par cette désignation des *tribunaux civils*, la loi n'a pas entendu exclure de la faveur du droit fixe les jugemens des *arbitres* : elle a, au contraire, compris tous les tribunaux qui connaissent des *matières* purement *civiles*, parmi lesquels doivent être rangés les tribunaux *d'arbitrage*. Décis. du min. des fin., du 22 nov. 1808. (Art. 3090 du J.)

3. Les nullités radicales sont celles qui vicient tellement le contrat, qu'il est nul à l'instant même où il est passé ; elles sont inhérentes à l'acte, et proviennent de la qualité des personnes, de la nature de l'objet, ou du dol et de la violence. Lorsque la vente est faite par celui qui n'est pas propriétaire des biens spécifiés au contrat, par celui qui est insensé, furieux, interdit, mineur, par un tuteur, sans autorisation spéciale du juge, sans avis de parens ni estimation d'experts, ou par d'autres qui n'ont pas la capacité de contracter, la nullité, dans ces cas, provient de la qualité des personnes. Lorsque l'objet vendu ne tombe point dans le commerce, que l'aliénation en est prohibée, ou qu'elle est faite sous un titre qu'elle n'a pas, la nullité naît de la nature de l'objet vendu ; enfin, lorsqu'on a employé la force ou la fraude et l'astuce, le contrat a été passé par dol ou par violence ; mais, pour ces deux derniers moyens, il faut qu'ils aient été invoqués en tems utile devant le juge.

4. La convention contractée par erreur, violence ou dol, n'est point nulle de plein droit : elle donne seulement lieu à une action en nullité ou en rescision. Art. 1117 du C. N.

D'où il suit que, quoique dans le consentement il y ait eu erreur, violence ou dol, il n'est pas moins vrai que le contrat existe avec un consentement apparent, et que dès-lors ce contrat conserve la même force que s'il était légitime, jusqu'à ce que ces exceptions aient été prouvées par celui qui les oppose. Ainsi, il faut que l'acte soit rescindé, c'est-à-dire déclaré nul par le juge.

Le jugement qui rescinde le contrat, n'est sujet qu'au droit fixe de 3 f. (Art. 1772 du J.)

5. Le Code Napoléon contient, sur la rescision des contrats pour cause de *lésion*, les dispositions suivantes :

Art. 1674. « Si le vendeur a été lésé de plus de sept douzièmes dans le prix d'un immeuble, il a le droit de demander la rescision de la vente, quand même il aurait expressément renoncé dans le contrat, à la faculté de demander cette rescision, et qu'il aurait déclaré donner la plus value.

1675. » Pour savoir s'il y a lésion de plus de sept douzièmes, il faut estimer l'immeuble suivant son état et sa valeur au moment de la vente.

1676. » La demande n'est plus recevable après l'expiration de deux années, à compter du jour de la vente.

» Ce délai court contre les femmes mariées et contre les absens, les interdits et les mineurs venant du chef d'un majeur qui a vendu.

» Ce délai court aussi et n'est pas suspendu pendant la durée du tems stipulé pour le pacte de rachat.

1677. » La preuve de la lésion ne pourra être admise que par jugement et dans le cas seulement où les faits articulés seraient assez vraisemblables et assez graves pour faire présumer la lésion.

1778. » Cette preuve ne pourra se faire que par un rapport de trois experts qui seront tenus de dresser un seul procès-verbal commun, et de ne former qu'un seul avis à la pluralité des voix.

1681. » Dans le cas où l'action en rescision est admise, l'acquéreur a le choix ou de rendre la chose en retirant le prix qu'il en a payé, ou de garder le fonds en payant le supplément du juste prix, sous la déduction du dixième du prix total.

» Le tiers possesseur a le même droit sauf sa garantie contre son vendeur.

1682. » Si l'acquéreur préfère garder la chose en fournissant le supplément réglé par l'article précédent, il doit l'intérêt du supplément, du jour de la demande en rescision.

» S'il préfère la rendre et recevoir le prix, il rend les fruits du jour de la demande.

» L'intérêt du prix qu'il a payé, lui est aussi compté du jour de la même demande ou du jour du paiement, s'il n'a touché aucuns fruits.

1683. » La rescision pour lésion n'a pas lieu en faveur de l'acheteur.

1684. » Elle n'a pas lieu en toutes ventes qui, d'après la loi, ne peuvent être faites que d'autorité de justice.

» Il résulte du rapprochement des art. 1668 et 1685, que, dans le cas où plusieurs ont vendu conjointement ou séparément, et dans celui où le vendeur a laissé plusieurs héritiers, chacun ne peut exercer l'action en rescision que pour la part qu'il y avait ou qu'il prend dans la succession ; mais l'acquéreur peut exiger que tous les co-vendeurs ou tous les co-héritiers soient mis en cause, afin de se concilier entre eux sur la demande qu'ils ont à former ; et, s'ils ne se concilient pas, il sera renvoyé de la demande.

1706. » La rescision pour cause de lésion n'a pas lieu dans le contrat d'échange. »

Voici l'application de ces dispositions à la perception des droits.

6. La résolution d'une vente pour cause de *lésion ultramédiaire*, n'engendre pas de mutation, puisque la lésion dont le contrat était vicié, en opérait la nullité radicale. A la vérité, cette nullité doit être prononcée, et l'effet du jugement dépend d'un événement ultérieur, c'est-à-dire de l'option déférée à l'acquéreur d'abandonner ou de garder l'immeuble, en payant la plus - value ; mais si, par le refus de l'acquéreur de parfaire le prix, le vendeur rentre en possession, il le fait forcément, et parce qu'il ne lui reste pas d'autre moyen pour obtenir la réparation du préjudice qu'il a éprouvé par la lésion : on ne peut voir de rétrocession dans cette hypothèse, car la rétrocession suppose nécessairement le consentement mutuel et la liberté des deux parties.

En conséquence, tout jugement qui prononce la cassation et rescision d'un contrat pour cause de lésion d'outre-moitié, n'est assujetti qu'au droit fixe de 3 f., sauf le droit proportionnel de 50 c. par 100 f. sur la quittance du remboursement que le vendeur fait à l'acquéreur évincé. Si l'acquéreur retient l'objet vendu en payant un supplément de prix avec les intérêts, à compter du jour de la demande, il se fait, en quelque sorte, un nouveau contrat sous de nouvelles conditions : le droit proportionnel de 4 pour 100 est dû sur ce supplément. Instruct. gén. du 9 thermid. an 12, n°. 245. Déc. du min. des fin., du 20 frim. an 13. Nomb. 63 de l'Instruction générale du 3 fructid. suiv., n°. 290. (Article 1854 du J.)

7. La rescision de la vente pour cause de lésion, ne pouvant avoir lieu qu'autant que la demande en a été *formée dans les deux années* de la vente, à compter du jour du contrat, et qu'elle a été *ordonnée par jugement*, d'après la preuve établie, par un *rapport de trois experts*, qu'il y a eu *lésion de plus des sept douzièmes* dans le prix de l'objet vendu, l'acte de renvoi en possession serait, à défaut d'une seule de ces conditions

dont le concours est nécessaire, réputé rétrocession volontaire de la part des parties, puisqu'il aurait dépendu de l'acquéreur de s'y soustraire, en invoquant les dispositions du Code ; et cet acte ou jugement devrait être assujetti au droit d'enregistrement de 4 pour 100 sur le montant du remboursement à faire à l'acquéreur, sauf la perception du supplément de droit qui pourrait résulter de l'insuffisance de l'évaluation provisoire des intérêts, s'il en était adjugé, et des frais et loyaux-coûts du contrat rescindé, ainsi que du montant des réparations et améliorations à restituer à l'acquéreur. Instruction gén. du 9 thermid. an 12, n°. 245.

8. D'après le Code, la rescision pour lésion étant interdite à l'acheteur, et pour les ventes qui ne peuvent être faites que d'autorité de justice, on doit considérer comme opérant une rétrocession sujette au droit de mutation, les jugemens portant renvoi en possession des vendeurs ou de leurs ayants-cause, dans le cas dont il s'agit. Même Inst.

9. Au surplus, dans le cas, spécifié par l'art. 1668 du Code, d'une vente consentie par plusieurs conjointement, et par un seul contrat, si l'un d'eux obtenait, en son nom et pour son compte personnel, la rescision du contrat et l'envoi en possession de l'héritage vendu, il devrait le droit de 50 cent. par 100 f. sur le remboursement de la portion pour laquelle il était fondé dans la vente collective, et celui de 4 pour 100 sur l'excédant représentant les portions de ses co-vendeurs. Il en serait de même dans le cas d'un retrait qui serait exercé par l'un des héritiers du vendeur, sans le concours de ses co-héritiers, parce que le résultat d'un pareil acte serait de lui attribuer la propriété des portions auxquelles il n'avait aucun droit. Même Inst.

10. Enfin, la rescision pour cause de lésion n'ayant pas lieu dans le contrat d'*échange*, il en résulte que la rescision qui serait prononcée par jugement, opérerait un

nouvel échange si elle rétablissait les parties dans leurs biens respectivement échangés; une vente, si l'un des échangistes, en rentrant en possession de l'objet par lui cédé, conservait la propriété des biens qui lui auraient été attribués en contre-échange; et un supplément à titre de soulte, si la partie contre laquelle la lésion aurait été jugée, restait propriétaire en payant la plus value. Même Inst.

11. On ne peut, en général, s'engager ni stipuler en son propre nom que pour soi-même; néanmoins, on peut se porter fort pour un tiers, en promettant le fait de celui-ci, sauf l'indemnité contre celui qui s'est porté fort ou qui a promis de faire ratifier, si le tiers refuse de tenir l'engagement. Art. 1119 et 1120 du C. N.

Il résulte de ces dispositions qu'à défaut de consentement, c'est-à-dire de ratification du tiers dont on s'est porté fort, l'acte doit être considéré comme n'ayant point existé, ou comme ne pouvant exister : ensorte que les deux parties qui ont contracté, peuvent le résilier *par acte*, puisqu'il n'est pas en leur pouvoir de lui faire produire son exécution, et que celle même des parties en faveur de laquelle l'engagement a été contracté, ne peut exiger qu'une indemnité ou des dommages-intérêts. Ce résiliement, par une suite nécessaire, est pur et simple, et ne donne ouverture qu'au droit fixe de 1 f., sauf le droit proportionnel de 50 c. par 100 f. sur l'indemnité qui serait payée ou promise, et sur le remboursement du prix s'il avait été acquitté par le premier contrat. Si le résiliement était prononcé en justice, l'expédition du jugement opérerait le droit fixe de 3 f. pour la résolution du contrat, et celui de 2 pour 100 sur la condamnation d'indemnité ou de dommages-intérêts. (Art. 819 et 1772 du J.)

12. Lorsque la vente d'un immeuble a été faite *avec indication de la contenance*, *à raison de tant la mesure*, s'il y a un déficit dans la contenance ou la mesure des biens vendus, l'acquéreur peut, suivant l'art. 1617 du C. N., ou exiger que le vendeur complète la contenance portée au contrat, ou se contenter d'une diminution proportionnelle dans le prix : ce dernier parti est même forcé, si le vendeur est dans l'impossibilité de remplir la contenance annoncée. Ainsi, la transmission est parfaite; l'acte qui serait fait soit pour délivrer une plus grande quantité de biens jusqu'à concurrence de celle vendue, soit pour constater la diminution de prix, n'opérerait que le droit fixe de 1 franc; et, si la résiliation du contrat avait lieu par acte ou par jugement, ce serait une véritable rétrocession passible du droit proportionnel, n'attribuant, dans ce cas, ni au vendeur, ni à l'acquéreur, la faculté de se désister du contrat.

S'il y a, au contraire, un excédant de mesure, et si cet excédant est d'un *vingtième au-dessus de la contenance déclarée*, l'acquéreur a le choix de fournir le supplément du prix, ou de se désister de son contrat. Dans le premier cas, le droit de 4 pour 100 est dû sur le supplément du prix; dans le second, il n'est dû que le droit fixe de 3 f., si l'action en résiliation du contrat, de la part de l'acquéreur, a été intentée *dans l'année*, à compter du jour du contrat. En effet, quoique l'acquéreur soit entré en possession, la délivrance n'a pas été parfaite, et d'ailleurs la résolution est prévue et autorisée par la loi. (Article 1823 du J.)

§. 2. *Résolutions pour défaut de paiement du prix.*

1. Les jugemens portant résolution de contrats de vente pour défaut de paiement quelconque sur le prix de l'acquisition, lorsque l'acquéreur ne sera point entré en jouissance, ne sont assujettis qu'au droit fixe de 3 f., tel qu'il est réglé par l'article 68 de la loi du 22 frimaire, §. 3, n°. 7, pour les jugemens portant résolution de

contrat pour cause de nullité radicale. Art. 12 de la loi du 27 vent. an 9.

2. L'application de cet article exige le concours de deux circonstances : que l'acquéreur n'ait payé aucune portion du prix du contrat dont la résolution est prononcée, et qu'il ne soit pas entré en jouissance.

Par conséquent, s'il a été fait un paiement quelconque sur le prix, ou si l'acquéreur a commencé à jouir, la résolution du contrat donne ouverture au droit proportionnel fixé pour les ventes. Circ. de l'adm., du 17 germ. an 9, n°. 1992.

3. Arrêt de la cour de cassation, du 7 mai 1806, rendu dans l'espèce ci-après :

Le sieur Saint-Aignan, acquéreur d'un immeuble, avait payé une partie du prix, et s'était mis en possession et jouissance. Faute de paiement du surplus du prix, le sieur Dumont Moncel obtint un jugement par défaut qui le renvoya en possession de l'immeuble par lui vendu. Ce jugement fut enregistré sur la minute, et le receveur perçut le droit de 4 pour 100. Cependant, le sieur Saint-Aignan paya : et ainsi, le jugement par défaut qui renvoyait Dumont Moncel en possession, demeura sans effet et comme non avenu.

Alors, Saint-Aignan a demandé, et le tribunal d'Argentan a ordonné la restitution du droit d'enregistrement perçu sur le jugement par défaut.

La régie s'est pourvue en cassation de jugement.

Sur quoi, « Ouï le rapport de M. Gandon, et les conclusions de M. Pons, substitut du procureur général;

» Vu les art. 7, 60 et 69, §. 7 de la loi du 22 frim. an 7, et l'art. 12 de celle du 27 vent. an 9;

» Considérant que les articles 7 et 69 ci-dessus cités, ne distinguent point entre les jugemens par défaut et les jugemens contradictoires; que leur disposition est générale; que le n°. 9 du §. 2 du même article 69,

assimile même expressément les jugemens par défaut et les jugemens contradictoires, pour un cas de perception assez analogue; qu'ainsi, le jugement du 14 nivose an 11 a dû être enregistré sur la minute, et payer le droit de 4 pour 100;

» Que, suivant l'article 60, tout droit d'enregistrement régulièrement perçu, ne peut être restitué, quels que soient les événemens postérieurs, sauf les cas prévus par ladite loi; que la résolution d'une vente par défaut de paiement, n'est point au nombre de ces cas prévus;

» Que, suivant l'art. 12 de la loi du 27 ventote an 9, la perception d'un simple droit fixe pour résolution d'un contrat de vente, n'a lieu que dans la réunion de deux circonstances, lorsqu'il y a défaut de paiement quelconque, et que l'acquéreur n'est pas entré en jouissance, ce qui forme une espèce différente de celle dans laquelle se trouvait Saint-Aignan;

» De tout quoi résulte que le jugement, qui ordonne la restitution d'un droit légitimement perçu, est en contravention à l'art. 60 de la loi du 22 frim. an 7;

» La cour casse et annulle le jugement rendu par le tribunal d'Argentan, le 18 frimaire an 13, etc. » (Art. 2450 du J.)

4. Les jugemens, même ceux par défaut, portant renvoi en possession de biens immeubles, faute de paiement des rentes et autres charges dont ils sont grevés, ou à défaut d'accomplissement des conditions de l'acte de mutation, sont soumis au droit proportionnel de 4 pour 100, sans attendre la prise de possession réelle de l'immeuble. Décis. du min. des fin., du 6 pluv. an 13. (Art. 1960 du J.)

5. Arrêt de la cour de cassation, du 24 therm. an 13.

Par acte sous seing-privé, du 18 vendémiaire an 7, les demoiselles Lemaire Bois-Guérin ont cédé à leur frère leurs droits immobiliers dans la succession de leur mère, moyennant 30,000 f. payables à diverses époques; et, à défaut de paiement à ces

73 *

époques, il fut convenu qu'il leur paierait 6,000 f. par forme de dédommagement.

Le 2 germinal an 7, seize jours avant
l'expiration du dernier terme, les demoiselles Lemaire ont rétrocédé leurs droits au
sieur Lemeûnier Lagirardière, moyennant
20,000 f.

Le sieur Lemaire n'ayant pas rempli les
conditions de l'acte du 18 vendémiaire an
7, Lemeûnier obtint, le 25 floréal an 7, un
jugement par défaut qui déclara l'acte de
cession résilié à son profit, et condamna
Lemaire à lui payer l'indemnité de 6,000 f.
et les dépens fixés à 1,813 f.

L'effet de ce jugement fut de convertir la
créance mobilière de 30,000 f. en droits
immobiliers dont Lemeûnier se trouva dès-
lors saisi, comme étant aux droits de ses cé-
dantes. Un pareil jugement devait être enregistré sur la minute, dans les vingt jours,
comme translatif de propriété.

Cependant, il ne fut présenté que le 11
vendémiaire an 9 à la formalité, et alors le
receveur perçut 2,400 f., y compris le double droit, et 78 f. 14 c. pour la condamnation de dommages et intérêts.

Le sieur Lemaire forma opposition; et,
le 11 ventose an 11, intervint un deuxième
jugement qui déclara la cession valable,
admit toutefois Lemaire à payer le prix des
droits immobiliers à lui cédés par ses sœurs,
dans le délai de huit mois, passé lequel délai le sieur Lemeûnier serait autorisé à
poursuivre l'envoi en possession des droits
à lui cédés, et qui ordonna, en outre, l'exécution du jugement du 28 floréal an 7, jusqu'au parfait acquittement des 30,000 f.

C'est sur le fondement de ce deuxième
jugement, que le sieur Lemeûnier a demandé la restitution du droit de 4 pour
100, perçu sur le premier jugement : il a
soutenu que ce jugement n'était pas translatif de propriété, puisqu'il avait été frappé
d'opposition.

L'administration prétendit, au contraire, que le jugement du 28 floréal an 7,
quoique par défaut, était susceptible d'être
enregistré sur minute, comme translatif de
propriété, puisqu'il avait résilié l'acte du
18 vendémiaire, et avait envoyé Lemeûnier en possession des immeubles cédés par
cet acte.

Néanmoins, le tribunal d'Alençon a déclaré nulle et illégale la perception faite sur
le jugement du 28 floréal an 7, par le motif
qu'un jugement prononçant un simple envoi en possession, ne transmet aucune propriété, puisque le débiteur peut se maintenir dans la propriété, en acquittant le montant de la condamnation, jusqu'au jugement d'homologation du procès-verbal de
prise de possession.

Pourvoi en cassation.

« La cour, considérant que le jugement
du ci-devant tribunal civil du département
de l'Orne, du 25 floréal an 7, quoique
rendu par défaut au profit du sieur Lemeûnier Lagirardière, n'en contenait pas moins,
en sa faveur, une transmission des mêmes
droits immobiliers qui avaient appartenu
aux demoiselles Lemaire-Bois-Guérin, sur
la succession de leur mère; qu'à ce titre,
ce jugement était du nombre de ceux qui
doivent être enregistrés sur la minute, aux
termes de l'art. 7 de la même loi, laquelle
ne fait, à cet égard, aucune distinction entre les jugemens par défaut et ceux rendus
contradictoirement, et que la mutation de
propriété immobilière, opérée par ce même jugement, avait donné ouverture à la
perception d'un droit d'enregistrement de
4 pour 100, aux termes de l'art. 69, §. 7
de ladite loi;

» Qu'il suit de-là que la perception d'un
semblable droit, ayant été régulièrement
faite sur ledit jugement du 23 floréal an 7,
la restitution n'en pouvait être ordonnée
sous le prétexte des événemens ultérieurs
qui ont pu résulter de l'opposition formée
audit jugement par le sieur Lemaire-Bois-
Guérin, sauf seulement l'effet tel que le
droit des offres de réduction faites par la
régie pour le cas spécifié par elle, qu'en ou-

onnant d'hors et déjà la restitution des
roits perçus, le tribunal civil de l'arrondissement d'Alençon a évidemment violé
l'art. 60 précité de la loi du 22 frim. an 7.
(Art. 2174 du J.)

6. Autre arrêt de la cour de cassation,
u 26 frim. an 14.

Adrien Thillard avait vendu à Jean Tho-
ot des biens fonds, à la charge d'une ren-
e; et l'acquéreur n'en ayant pas acquitté
es arrérages échus, le vendeur obtint, le
messid. an 11, un jugement qui le ren-
oie en possession du fonds, faute de paie-
ient de la rente.

Ce jugement n'a pas été présenté à l'en-
egistrement dans les vingt jours de sa date.
ontrainte contre Thillard, en paiement
'une somme de 600 f. pour le droit pro-
ortionnel d'enregistrement, à raison de la
mutation opérée par le même jugement.

Thillard a formé opposition devant le
ribunal de première instance de Coutance,
a prétendu que le jugement dont il s'a-
it, ayant pour objet l'exécution d'un acte
uthentique, ne constituait pas une muta-
on de propriété.

Le tribunal de Coutance a pensé qu'en
fet, ce jugement ne constituait pas la mu-
tion; qu'il n'en était tout au plus que le
réliminaire; que le débiteur pouvait em-
êcher l'effet de l'envoi en possession, en
ayant au créancier la somme due; que le
rocès-verbal de prise de possession était
seul titre constitutif de la mutation, et
ue c'est sur le même procès-verbal que le
roit de mutation devait être perçu, puis-
ue, jusque-là, il ne s'effectuait aucune
ansmission réelle.

En conséquence, ce tribunal a, par ju-
ement du 20 thermid. an 12, déchargé
hillard de la contrainte décernée contre
i.

L'administration s'est pourvue en cassa-
on contre ce jugement, pour contraven-
on à l'article 7 du tit. 1er. de la loi du 22
im. an 7, et à l'art. 69, §. 7, n°. 1 de la
ême loi.

Voici les propres termes dans lesquels
l'arrêt est rendu :

« Considérant, en droit, qu'un jugement
de renvoi en possession forme le titre de
transmission de la propriété; que l'acte de
prise de possession n'en est que l'exécution;

» Que l'art. 69, §. 7, n°. 1, assujettit
formellement au droit proportionnel, les
actes civils et judiciaires translatifs de propriété ou d'usufruit de biens immeubles,
tandis que, par l'art. 68, §. 1er., n°. 33,
elle n'assujettit qu'à un droit fixe les prises
de possession;

» Qu'ainsi, de la combinaison des articles cités, il résulte évidemment que la loi
affecte le droit proportionnel au jugement
portant transmission, et non à l'acte de
prise de possession, et que l'art. 12 de la
loi du 27 ventose an 9, ne peut recevoir
d'application dans l'espèce, l'acquéreur, débiteur de la rente, ayant été en jouissance
de l'immeuble;

» La cour casse, etc. » (Article 2260
du J.)

7. Peu importe que le renvoi en possession soit pur et simple ou conditionnel, le
jugement est également soumis à la formalité de l'enregistrement dans les vingt jours
de sa date.

Cependant, lorsque le jugement laisse
au débiteur l'option de se libérer, s'il ne
préfère d'être dépossédé des fonds affectés à
la rente, et que le débiteur a payé avant
que la rentrée en possession ait eu lieu, il
n'y a pas eu de mutation réelle et parfaite,
et le droit proportionnel perçu lors du jugement, est par conséquent restituable.
Solut. de l'adm., du 14 vent. an 13. (Art.
1963 et 2108 du J.)

8. Lorsqu'un jugement prononce la résolution d'une donation entre-vifs d'immeubles, il faut distinguer : si la résolution
est consentie volontairement, et paraît avoir
la libéralité pour principe, la quotité du
droit à percevoir est celle tarifée pour les
donations; si elle a lieu, au contraire, pour

défaut de paiement des arrérages d'une rente réservée par le donateur, ou faute d'exécution d'autres conditions de la donation, on doit percevoir le droit de 4 pour 100 (articles 747 et 804 du J.); enfin, si la donation est résolue pour cause d'ingratitude, il n'est dû que le droit fixe de 5 f. — V. *Ingratitude*, p. 391.

§. 3. *Résolutions consenties volontairement.*

1. Comme la loi ne désigne que les *jugemens* qui annullent une vente d'immeubles, et qu'elle ne leur assimile pas les résolutions consenties *par acte devant notaire*, il en résulte que toute rétrocession convenue *volontairement*, même pour cause de nullité radicale (sauf l'exception énoncée nomb. 5 ci-après), opère le droit de 4 pour 100. Sol. de l'adm., du 2 frim. an 10. (Art. 1028 du J.)

2. Arrêt de la cour de cassation, du 5 germ. an 15.

Le 18 pluviose an 8, le sieur Michaud et sa femme, alors mineurs, firent l'acquisition d'un immeuble.

Le 25 brumaire an 9, ils déclarèrent à leur vendeur que se trouvant lésés par cette acquisition, ils étaient dans l'intention de se pourvoir en justice, pour faire rescinder le contrat de pluviose précédent.

Le vendeur ne voulant pas courir la chance du procès dont il était menacé, consentit à la résiliation de ce contrat, et reprit en conséquence l'immeuble vendu.

Le receveur de l'enregistrement a pensé que cette résiliation constituait la rétrocession de cet immeuble par l'acquéreur a son vendeur. Il a donc réclamé les droits proportionnels fixés par l'art. 69, §. 7, n°. 1 de la loi du 22 frim. an 7.

Les sieur et dame Michaud se sont refusés au paiement de ces droits, prétendant que la résiliation du contrat d'acquisition étant fondée sur la nullité radicale de ce contrat, elle n'était passible que du droit fixe de 3 f., aux termes de l'art. 68, §. 3, n°. 7 de la même loi.

Le 3 brumaire an 11, le tribunal de l'arrondissement de Châtillon l'a jugé ainsi, sur le fondement qu'un contrat fait par des mineurs était radicalement nul; que c'est la minorité des acquéreurs qui avait donné lieu à la résiliation de la vente, et que cette résiliation ne pouvait être considérée comme une rétrocession, l'une étant un acte forcé, et l'autre un acte volontaire, et la rétrocession supposant nécessairement la validité de l'acte qui a précédé, tandis que la résiliation n'est que l'effet des vices de cet acte.

Pourvoi en cassation, pour fausse application de l'art. 68, §. 3, n°. 7 de la loi du 22 frim. an 7, et violation de l'art. 69, §. 7 n°. 1 de la même loi :

« La cour, de l'avis de M. Merlin, procureur général, vu ces articles;

» Considérant qu'il résulte des dispositions de l'art. 68, que, pour que la résiliation d'un contrat ne donne lieu qu'à la perception d'un droit fixe d'enregistrement, il faut non-seulement que cette résiliation soit prononcée par un jugement, mais aussi qu'elle ait pour cause une nullité radicale;

» Considérant que la résiliation du contrat de vente dont il s'agit, n'a point été prononcée par jugement, mais qu'elle s'est faite par le consentement volontaire des parties; que, d'ailleurs, l'acquisition faite en vertu dudit contrat de vente par les mariés Michaud, au tems de leur minorité n'était point radicalement nulle, mais seulement sujette à rescision; qu'ainsi, la résiliation de la vente qui s'est opérée dans l'espèce actuelle, ne peut être regardée que comme une nouvelle transmission à titre onéreux, sujette par conséquent aux droits proportionnels de 4 pour 100 établis par ledit art. 69; d'où il suit qu'en déboutant la régie de la demande en paiement des droits proportionnels, sur le motif qu'il n'est dû qu'un droit fixe, le tribunal d'arrondissement de Châtillon a faussement appliqué l'article 68, et violé en même tems l'article 69 de la loi du 22 frim. an 7; casse, etc. »

3. La condition de rentrer dans l'héritage vendu, si le prix n'en est pas payé, existe de droit dans tous les contrats; la stipulation expresse qui en serait faite dans l'acte de vente, n'ajoute rien au droit du vendeur; elle ne change ni le caractère, ni les effets du contrat d'aliénation; elle n'est point suspensive de la vente qui est parfaite, quoique résoluble sous condition. On ne peut donc voir dans la résolution volontaire d'un contrat de vente qui contient la réserve expresse de rentrer en possession à défaut de paiement du prix, qu'une rétrocession soumise au droit de 4 pour 100, comme le contrat de vente. (Art. 818 du J.)

4. Une vente d'immeubles reconnue nulle par les parties, n'en est pas moins susceptible de produire un droit d'enregistrement. — Voyez *Nullité*, nᵒˢ. 8 et 9, page 461.

5. Cependant, il faut faire une exception aux principes ci-dessus, relativement aux résolutions volontaires, lorsque la vente est faite par celui qui n'était pas propriétaire des biens, ou par celui qui s'est porté fort ou a promis de faire ratifier. — Voyez ci-devant, §. 1ᵉʳ., nᵒ. 11.

6. Quant aux donations entre-vifs, annullées volontairement, voyez *Donation*, §. 7, p. 251.

RESTITUTION *de droits.* Remise, aux parties, d'une somme que la loi n'autorisait pas à recevoir, ou qui n'avait été perçue que provisoirement.

§. 1ᵉʳ. *Principes généraux.*

1. Tout droit d'enregistrement perçu régulièrement, en conformité de la loi, ne peut être restitué, quels que soient les événemens ultérieurs, sauf les cas qu'elle a prévus. Article 60 de la loi du 22 frimaire an 7.

2. Les restitutions de droits ne peuvent,

dans tous les cas, s'opérer que sur les quittances des parties, ou celles de leurs fondés de pouvoir. Déc. du min. des fin., du 7 juin 1808. Nomb. 28 de l'Inst. gén. du 29 du même mois, nᵒ. 386.

3. Il n'est pas dû d'intérêts pour les sommes dont la restitution est ordonnée, même par un tribunal. Arrêts de la cour de cassation, des 25 therm. an 2, 2 flor. an 13, et 11 fév. 1806, dont le dispositif est rapporté au mot *Intérêts*, p. 403.

4. Les parties sont non recevables après deux années, à compter du jour de l'enregistrement, pour toute demande en restitution de droit, et cette prescription ne serait pas interrompue par des actes que ferait l'administration, parce que l'interruption civile de la prescription, ne profite qu'à celui qui la forme. — V. *Prescription*, §. 8, nᵒ. 8, p. 504.

§. 2. *Dans quels cas il y a lieu à la restitution des droits.*

1. La restitution doit s'effectuer lorsque la perception est irrégulière.

2. Toute perception faite *provisoirement,* est susceptible de restitution en tout ou partie. La nomenclature de ces sortes de perceptions, a été donnée à l'article *Perception provisoire,* page 488.

3. La restitution est fondée pour une adjudication de domaine de l'État, déclarée nulle par l'autorité administrative, *pour vice de forme.* Sol. de l'adm., des 19 frim. an 7 et 28 germinal an 8. (Article 523 du J.)

4. La loi, en exprimant que les parties sont non recevables, après le délai fixé, à demander la restitution des droits, n'a pu les priver de la faculté de profiter de ce délai, lorsqu'il s'agirait d'une erreur de fait telle que celle par laquelle des héritiers auraient déclaré des biens qui seraient légalement reconnus étrangers à la succession. Décis. du min. des fin., du 12 avril 1808. Nomb. 50 de l'Inst. gén. du 29 juin suiv., nᵒ. 386.

5. Les héritiers de biens *adjugés* à l'auteur de l'hérédité, peuvent demander la restitution des droits de succession qu'ils ont payés, lorsque, par suite d'appel, le jugement d'adjudication est annullé. Décis. du min. des fin., du 16 mai 1809.

6. Il a été établi au mot *Actes judiciaires*, §. 6, n°. 36, p. 35, que le droit payé sur les *adjudications d'immeubles faites en justice*, est restituable lorsque l'adjudication est légalement annullée; il en est de même des droits perçus comme *rétrocession* sur un jugement portant que le possesseur d'un immeuble sera tenu de le déguerpir, lorsque ce jugement est annullé sur appel. (Art. 1710 du J.)

7. Les *doubles droits* proportionnels perçus sur un jugement qui a été déclaré nul par la cour d'appel, sont susceptibles d'être restitués comme les droits principaux.

Dès que, par l'événement, il est reconnu que le droit simple est restituable, par une conséquence nécessaire, le double droit qui en dérive, ne peut subsister. Il serait contre toute règle de retenir l'accessoire, quand il n'y a plus lieu au principal. Déc. du min. des fin., du 27 juillet 1809. (Article 3315 du J.)

8. L'exécution des avis du Conseil d'Etat, remonte à celle des lois dont ils interprètent les dispositions : d'où il suit que tout droit qui ne serait pas *irrévocablement acquis* avant que les avis interprétatifs aient été approuvés par Sa Majesté, serait restituable si, d'après l'interprétation donnée à la loi, il n'était pas exigible. — V. *Avis du Conseil d'Etat*, p. 107.

9. Pour les restitutions relatives aux droits d'hypothèques, voyez *Hypothèques*.

§. 3. *Droits qui ne sont pas restituables.*

1. Tous droits régulièrement perçus ne sont pas restituables, sauf les exceptions énoncées au §. précédent et à l'article *Perception provisoire*.

2. Le droit d'enregistrement perçu pour la vente régulière d'un domaine de l'Etat, ne peut être restitué sous prétexte qu'un command refuse d'accepter la déclaration passée à son profit, et que, par cette raison, l'adjudication a été résiliée. Décis. du min. des fin., des 28 vent. et 12 fruct. an 7. (Art. 250 du J.)

3. Il n'y a pas lieu à restituer le droit perçu sur une adjudication, faite *avec les formalités nécessaires*, d'un domaine réputé national, dont la vente a été annullée *du consentement de l'adjudicataire*, par un arrêté subséquent du préfet, sur ce qu'il a été reconnu que ce domaine appartenait à une commune qui l'a revendiqué. Solut. de l'adm., du 9 fructid. an 13. (Article 2154 du J.)

4. On ne doit pas restituer le droit proportionnel perçu sur un jugement, même par défaut, portant renvoi en possession d'un immeuble, faute par l'acquéreur, qui était entré en jouissance, d'en payer le prix, mais devenu sans effet par le paiement de ce même prix. Arrêt de la cour de cassation, du 7 mai 1806, dont le dispositif est rapporté au mot *Résolution*, §. 2, n°. 5, p. 573.

5. Lorsqu'*un même bien* a été vendu par le propriétaire et son mandataire, à des personnes différentes, aucun des droits perçus sur les deux ventes, n'est restituable, quoique l'un des acquéreurs soit évincé, parce que chaque acte ayant tous les caractères d'une véritable vente, les droits sont régulièrement perçus. Jugement du tribunal de première instance de Paris, du 17 août 1807. (Art. 2786 du J.)

RETOUR (*droit de*). Réversion aux donateurs des biens par eux donnés.

Ce droit est légal ou conventionnel.

1. « Les ascendans *succèdent*, à l'exclusion de tous autres, aux choses par eux données à leurs enfans ou descendans, décédés sans postérité, lorsque les objets donnés se trouvent en nature dans la succession.

» Si les objets ont été aliénés, les ascendans

dans recueillent le prix qui peut en être dû.
Ils succèdent aussi à l'action en reprise que
pouvait avoir le donataire. » Art. 747 du
C. N.

C'est donc comme *héritiers* que les ascendans sont appelés par la loi à reprendre les
objets précédemment donnés aux enfans, ou
à en recevoir le prix, et c'est à titre de succession que la transmission s'opère. Cette
mutation donne par conséquent ouverture
au droit proportionnel d'enregistrement
fixé pour les successions. Déc. du min. des
fin., du 29 déc. 1807. Nomb. 18 de l'Inst.
gén. du 22 fév. 1809, n°. 366.

2. Aux termes de l'art. 951 du même Code, tout donateur peut stipuler le droit de
retour des objets donnés soit pour le cas
du prédécès du donataire seul, soit pour le
cas de prédécès du donataire et de ses descendans; mais ce droit ne peut être stipulé
qu'au profit du donateur seul.

Lorsque cette clause est formellement
exprimée dans la donation, le donateur
rentre dans le bien donné par une suite nécessaire de la première convention : ce retour à la propriété est un des cas prévus
par l'acte primitif qui a payé ce qui était
dû pour tous les effets qu'il devait produire.
Aucun droit n'est exigible pour la rentrée
en possession du donateur, lorsqu'elle s'effectue en conséquence de la réserve expresse qui en a été faite dans l'acte de donation.
Mêmes Décis. et Inst. qu'au nombre précédent.

3. Ainsi, il faut, pour le droit de retour,
établir cette distinction : s'il est légal, c'est-
à-dire si c'est uniquement en vertu de la loi
que la reversion des biens au donateur s'o-
père, le droit de mutation par décès est
exigible ; si, au contraire, il est conventionnel, c'est-à-dire s'il a lieu en conséquence d'une réserve expresse dans le contrat, il n'est dû aucun droit. Circ. de l'adm.,
du 23 brum. an 8, n°. 1689. (Art. 274 et
964 du J.)

RETRAIT *de réméré.* Exercice du droit
de retirer un immeuble aliéné, avec faculté d'y rentrer pendant un tems déterminé.

1. Les retraits exercés en vertu de réméré, par actes publics, dans les délais stipulés, ou faits sous signature-privée, et présentés à l'enregistrement avant l'expiration
de ces délais, opèrent le droit de 50 c. par
100 f. Art. 69, §. 2, n°. 11 de la loi du 22
frim. an 7.

2. Il résulte de cette disposition, que, si
le retrait est fait, *par acte public*, avant
l'expiration du délai de réméré, quoiqu'il
ne soit présenté qu'après ce délai, mais
dans celui fixé par la loi pour l'enregistrement, il n'est sujet qu'au droit de 50 c. par
100 f. ; il en est de même si le retrait,
étant fait *par acte sous signature-privée*,
est présenté à l'enregistrement *avant* l'expiration du délai de réméré, et, s'il est présenté *après* ce délai, il est sujet au droit de
4 pour 100. (Art. 2131 du J.)

3. Lorsque le vendeur est rentré en possession, *sans acte enregistré*, d'un immeuble qu'il avait aliéné à pacte de rachat, cette rentrée ne donne ouverture qu'au droit
de 50 c. par 100 f., *s'il a fait un acte public de propriété pendant la durée de la
faculté;* dans le cas contraire, elle est passible du droit de 4 pour 100. Arrêt de la
cour de cassation, du 2 août 1808, rendu
dans l'espèce ci-après :

Le 28 messid. an 10, le sieur Pierre
Jourdan vendit à Prosper Benoît, le domaine du Chapelas, moyennant 1,466 f.,
avec la faculté de réméré pendant un an.

Le 6 vendém. an 14, le même Pierre
Jourdan, prenant la qualité de propriétaire
du domaine du Chapelas, vendit à un sieur
Achard un petit domaine situé au terroir
de Saint-Paulet, moyennant 5,000 f., sous
le réméré de cinq ans.

Enfin, le 25 vendém. de la même année, le même Jourdan bailla à ferme, à
Louis Gourret et à Simon-Michel-Primo,
les deux domaines à lui appartenans, au
Chapelas et à Saint-Paulet, moyennant la
rente de 1,000 f.

Ce dernier acte constatant l'existence du retour dans la propriété des domaines vendus, il fut décerné contre Jourdan une contrainte à laquelle il forma opposition, et dont il fut renvoyé par jugement du tribunal d'arrondissement d'Uzès, en date du 2 juillet 1807.

Les motifs de ce jugement sont, 1°. que le sieur Jourdan n'ayant vendu ses deux domaines qu'avec faculté de réméré, c'est en vertu de ces clauses qu'il est censé être rentré en possession.

2°. Que, quant au domaine de Saint-Paulet, la chose ne peut pas être douteuse, puisque le bail n'est que de dix-neuf jours postérieur à la vente; que, quant à celui du Chapelas, quoique le bail ait été passé après le délai du réméré, ce n'est pas à l'époque de ce bail qu'il faut fixer son entrée en jouissance.

3°. Que l'exercice de la faculté de réméré ne donne pas ouverture à un nouveau droit de mutation, mais seulement au droit fixe de 1 f. porté à l'art. 68 de la loi de frim., pour les actes qui ne contiennent que l'exécution, le complément et la consommation d'actes antérieurs enregistrés.

L'administration s'est pourvue en cassation contre ce jugement, comme étant rendu en contravention aux lois sur la matière, qui assujettissent au droit de 50 c. par 100 f., les retraits exercés en vertu de réméré, dans le délai fixé par les actes, et au droit de 4 f. par 100 f. les retraits exercés après l'expiration des délais; et aux lois qui veulent aussi que le droit soit payé sur les mutations, quand même les possesseurs soutiendraient qu'il n'existe pas de conventions écrites à ce sujet.

Sur quoi : « Ouï le rapport de M. Brillat-Savarin, l'un des juges, et les conclusions de M. Jourde, substitut du procureur général;

» Vu le n°. 11, §. 2 de l'art. 69 de la loi du 22 frim. an 7, qui assujettit au droit de 50 c. par 100 f. les retraits exercés en vertu de réméré, par actes publics, dans les délais stipulés ou faits sous seing-privé, et présentés à l'enregistrement avant l'expiration de ces délais;

» Vu le n°. 6, §. 7 du même article, qui assujettit au droit de 4 pour 100 les retraits exercés après l'expiration des délais convenus par les contrats sous faculté de réméré;

» Et l'art. 4 de la loi du 27 ventose an 9, qui soumet aux dispositions de la loi du 22 frim., les mutations de biens immeubles, lors même que les nouveaux possesseurs prétendraient qu'il n'existe pas de conventions écrites entre eux et les précédens propriétaires;

» Attendu que la mutation est établie par les moyens indiqués par la loi; savoir : par les ventes faites par le sieur Jourdan; par le bail qu'il a passé postérieurement des mêmes immeubles, et par son inscription au rôle des contribuables;

» Que ledit sieur Jourdan était dans le cas du n°. 6, §. 7 de l'art. 69 de la loi du 22 frim., relativement au domaine du Chapelas, puisque sa rentrée en possession n'étant pas prouvée *par acte enregistré*, elle est censée avoir eu lieu après l'expiration du délai, et qu'il était dans le cas du n°. 11 du même article, relativement au domaine de Saint-Paulet; qu'ainsi le jugement attaqué a été rendu en contravention aux lois ci-dessus citées;

» La cour donne défaut contre Pierre Jourdan, non comparant, et, pour le profit, casse et annulle le jugement rendu par le tribunal civil de l'arrondissement d'Uzès, le 2 juillet 1807. » (Art. 3353 du J.)

4. Le droit des retraits se liquide sur le prix de la vente, et non pas seulement sur la somme remboursée à l'acquéreur, parce que, si l'acte emporte libération de la somme remboursée à l'acquéreur, celui-ci se trouve aussi déchargé et libéré de celle qui lui restait à acquitter d'après le contrat de vente. (Art. 1614 du J.)

5. Si le retrait de réméré est exercé en

exécution d'un transport de rente fait sous cette faculté, moyennant un prix inférieur au capital de la rente, l'on ne doit considérer que le capital constitué et aliéné, et percevoir le droit en conséquence, en ajoutant les loyaux-coûts. (Article 2347 du J.)

6. La faculté de rachat ou réméré, doit, aux termes de l'art. 1659 du C. N., être stipulée par le contrat de vente; d'où il suit que, si elle avait été convenue entre les parties, par acte séparé, fût-il authentique et passé le jour même de la vente, l'acte ultérieur qui remettrait le vendeur en possession, devrait, comme rétrocession, subir le droit de mutation. Inst. gén. du 9 therm. an 12, n°. 245.

7. Suivant les art. 1660 et 1661 du C. N., la faculté de rachat ne peut être stipulée pour un terme excédant cinq ans. Ainsi, pour tout acte de vente passé depuis la publication du tit. 6 du liv. 2 du Code, on doit, nonobstant la stipulation d'un plus long terme, ou la prorogation de celui stipulé, eût-elle été prononcée par un jugement, considérer comme rétrocession le prétendu retrait qui serait exercé, ou dont la demande en justice aurait été intentée après l'expiration des cinq années, à compter du jour de la vente à réméré. Même Inst.

8. Le vendeur à pacte de rachat, pouvant, d'après l'art. 1664 du Code, exercer son action contre un second acquéreur, quand même la faculté de réméré n'aurait pas été déclarée dans le second contrat, il n'y a lieu qu'au droit de 50 c. par 100 f. sur le retrait exercé soit par le vendeur, soit par ses héritiers, pourvu que la faculté du rachat ait été réservée par le vendeur originaire. Même Inst.

9. L'art. 1667 du même Code accorde à l'acquéreur, à pacte de réméré d'une partie indivise d'un héritage, et qui depuis s'est rendu adjudicataire de la totalité, sur une licitation provoquée contre lui, la faculté d'obliger son vendeur à retirer le tout, lorsque celui-ci veut user du pacte.

Le retrait exercé dans ce cas, tant de la portion vendue à pacte de rachat, que de celle licitée, n'est sujet qu'au droit de 50 c. par 100 f., déterminé par le nomb. 11, §. 2 de l'article 69 de la loi du 22 frim. an 7, parce que la licitation, ayant été faite sous l'influence de la condition résolutoire stipulée par le premier contrat, est réputée, par une fiction de droit, avoir été éventuellement faite au profit du vendeur, dans le cas où il userait de la faculté par lui réservée, et qu'il rembourse à l'acquéreur le droit de 4 pour 100 perçu pour la licitation.

Il y a d'autant moins lieu de distinguer, relativement à la quotité du droit à percevoir, entre la portion vendue à réméré, et celle licitée, et de considérer le retrait de celle-ci comme une cession opérant une nouvelle mutation, qu'il n'est pas volontaire de la part du retrayant. Même Instruction.

10. Dans le cas de vente, par un seul contrat, d'un héritage commun entre plusieurs, et dans celui où le vendeur d'un héritage a laissé plusieurs héritiers, chacun de ces co-vendeurs ou co-héritiers ne pouvant, aux termes des art. 1668 et 1669 du Code, user de la faculté de *rachat* que pour la part qu'il avait dans l'héritage ou qu'il prend dans la succession, il en résulte qu'il n'est dû que le droit proportionnel de 50 c. par 100 f. sur le montant du remboursement, fait par chacun, de sa portion personnelle; mais que celui de 4 pour 100 serait exigible sur l'excédant, si l'un exerçait le réméré pour des parts auxquelles il n'avait pas droit. Il faut encore remarquer que, si les co-vendeurs ou co-héritiers qui s'abstiennent d'exercer leur droit, en avaient fait la cession au retrayant, celui-ci devrait le droit de 4 pour 100 sur le prix de cette subrogation, dont l'art. 526 du C. N. classe l'objet parmi les immeubles. Même Inst.

11. Lorsque l'héritier du vendeur à pacte de réméré, exerce le retrait en tems utile, en vertu de la faculté réservée par celui

qu'il représente, il doit, indépendamment de l'acquit du droit d'enregistrement de 172 pour 100 sur le montant du remboursement, fournir, dans les six mois du retrait, au bureau de la situation des biens, la déclaration de ceux dont il est devenu propriétaire, en vertu du droit réel qui lui a été transmis à titre d'hérédité, et en payer le droit de mutation par décès.

Cette perception est fondée sur le principe général qui soumet à l'enregistrement toute mutation de propriété d'immeuble, à quelque titre qu'elle s'opère.

Or, dans l'espèce, on ne peut exiger, de l'héritier retrayant, le droit de mutation à son profit, par vente ou rétrocession, puisqu'il représente le vendeur dans l'exercice de la faculté réservée; et c'est précisément par ce motif qu'il doit acquitter le droit de mutation par décès, de même que s'il avait trouvé les biens dans la succession, car le résultat est le même, respectivement à la mutation. Même Inst. (Art. 1399 du J.) — Au surplus, voyez *Faculté de réméré*, n°. 4 et suiv., p. 297.

12. Il en serait de même quoique la réserve eût été stipulée dans le contrat, tant au profit du vendeur qu'en celui de son héritier retrayant. (Art. 1978 du J.)

13. Si le retrait de réméré est exercé après le délai stipulé *dans la vente*, quand même il aurait été prorogé par les parties ou par jugement, le droit de 4 pour 100 est exigible. Arrêt de la cour de cassation, du 16 germinal an 6. Jugement du tribunal de Paris, du 1er. nivose an 12. Arrêt de la cour de cassation, du 22 brum. an 14, dont voici le dispositif :

« La cour, sur les conclusions de M. Jourde, substitut du procureur général;

» Vu l'art. 69, §. 2, n°. 11 de la loi du 22 frim. an 7, sur l'enregistrement;

» Attendu que le droit de 50 c. par 100 f., dont parle cet article, ne s'applique qu'aux retraits ou rémérés exercés dans le délai convenu par le contrat de vente, tandis qu'au contraire les retraits exercés après

ce délai, doivent être considérés comme des rétrocessions sujettes au droit de 4 f. par 100 f. établi par le n°. 8 du §. 7 du même article;

» Que, dans l'espèce, le retrait exercé par le sieur Bosio, le 9 prairial an 12, l'a été après le délai d'un an porté au contrat de vente par lui consenti au profit du sieur Michelis, le 14 pluviose an 11;

» Qu'à la vérité, le sieur Bosio avait obtenu du tribunal civil de l'arrondissement de Coni, divers jugemens sous la date des 24 frimaire et 24 floréal an 12, portant prorogation de ce délai; mais qu'en supposant la régularité de ces diverses prorogations successives, les jugemens qui les ont ordonnées, ne peuvent avoir d'effet que dans le seul intérêt des parties, et ne peuvent porter aucun préjudice aux intérêts du fisc qui n'y est point intervenu, et auquel ils sont entièrement étrangers;

» Qu'il suit de-là qu'en réduisant, sous le prétexte de ces prorogations, à 50 c. par 100 f. le droit d'enregistrement perçu par la régie sur l'acte de réméré exercé par le sieur Bosio, le 9 prairial an 12, le tribunal civil de Coni a faussement appliqué l'art. 69, §. 2, n°. 11 de la loi du 22 frim. an 7, et violé les dispositions du n°. 6, §. 7 du même article;

» Casse, etc. » (Art. 3, 1026, 1644 et 2245 du J.)

14. On ne peut exercer de réméré qu'en retrayant tous les objets compris dans la vente faite sous cette faculté : sans cela, l'acquéreur ne peut être contraint à donner les mains au retrait. Ainsi, lorsque le vendeur ne rentre que dans une partie des biens aliénés, la convention est volontaire : elle est passible du droit de 4 pour 100 comme revente. (Art. 1637 du J.)

15. Le retrait conventionnel d'un immeuble, exercé en tems utile par les descendans du vendeur encore *vivant*, en vertu de la réserve expresse stipulée en leur faveur par la clause de réméré, doit être considéré, pour la perception du droit

d'enregistrement, comme opérant transmission de cet immeuble au profit des retrayans. Arrêt de la cour de cassation, du 5 août 1806, portant :

« La cour, vu l'article 4 de la loi du 22 frim. an 7;

» Considérant que la vente faite par la dame Marconnay, au sieur Ribaud, du domaine de Marconnay, avec réserve de réméré en faveur des descendans de son nom, a produit une mutation de propriété au profit du sieur Ribaud;

» Que l'exercice de la faculté de réméré par la dame Montbrun, fille de la dame Marconnay, du vivant de celle-ci, a produit une mutation de propriété à son profit;

» Que le n°. 11 du §. 2 de l'art. 69 de la même loi, ne peut s'entendre que des retraits exercés par le vendeur lui-même, en vertu de la réserve, qui n'emportent qu'un retour de propriété, ou de tous autres actes qui n'emportent pas mutation :

» Que, si le retrait eût été exercé par la dame Marconnay, venderesse, et eût produit le retour d'une ancienne propriété, le domaine de Marconnay n'eût pu devenir la propriété de la dame Montbrun, du vivant de sa mère, que par un acte d'aliénation, moyennant une valeur vénale, ou par une donation : deux sortes de dispositions qui sont soumises au droit proportionnel, comme transmissive de propriété ; savoir : la première au droit de 4 pour 100, et la seconde au droit de 2 f. 50 c. par 100 f., suivant le n°. 1 du §. 7, et le n°. 11 du §. 2 de l'art. 69 de la même loi;

» La cour casse et annulle, etc. »

16. Le retrait de réméré exercé par *un tiers*, en conséquence de la cession que le vendeur lui a faite de la faculté de réméré qu'il s'était réservée, est passible du droit de 4 pour 100. Arrêt de la cour de cassat., du 21 germinal an 12, conçu en ces termes :

« La cour, attendu, 1°. que, dans les vrais principes, la vente à faculté de réméré est translative de propriété et parfaite, quoique résoluble sous condition;

» Que, lorsqu'en vertu de cette clause, le vendeur exerce lui-même le retrait dans le délai fixé par la vente, l'acte par lequel s'opère ce retour de l'immeuble, aliéné dans les mains de l'ancien propriétaire, n'est qu'une simple résolution de la vente, et qu'il n'opère aucune mutation ;

» Que c'est par cette raison que le n°. 1, §. 2 de l'art. 69 de la loi du 22 frim. an 7, range cette espèce de contrat dans la classe des actes qui, ne portant qu'une simple libération de sommes et valeurs mobilières, ne sont assujettis qu'au droit fixe de 50 c. par 100 f. ;

» Attendu, 2°. qu'il n'en est pas de même lorsque le retrait est exercé par un *tiers*, en vertu de la cession que le vendeur lui a faite de la faculté de réméré qu'il s'était réservée; que, dans ce cas, la remise de l'immeuble, consentie en faveur de ce cessionnaire, doit opérer incontestablement le même effet que si le vendeur eût exercé lui-même le retrait conventionnel, et qu'il eût ensuite vendu les biens au tiers qui en est mis en possession; qu'ainsi, la transmission de propriété n'est point faite par l'acquéreur que le retrait exproprie, mais bien par le vendeur originaire au nom duquel le retrait est exercé;

» Attendu, 3°. que ces principes généralement reconnus et constamment suivis, n'ont point été changés ni modifiés par la loi du 22 frim. an 7; qu'ils doivent continuer à servir de règle pour distinguer le retrait proprement dit, c'est-à-dire celui qui est exercé par le vendeur lui-même, et auquel s'appliquent les dispositions du n°. 1, §. 2 de l'art. 69 de ladite loi, de celui qui, étant fait par un tiers cessionnaire de la faculté de réméré, opère de fait une nouvelle mutation dont le prix se compose tant de la somme stipulée pour le prix de la cession de la faculté de réméré, que de celle remboursée à ce premier acquéreur;

» Attendu, 4°. que le retrait dont il s'agit est de cette espèce; d'où il suit qu'en affranchissant la seconde vente, ou, pour mieux dire, l'acte d'exercice du retrait cédé au défendeur, du droit de mutation qui en était la suite nécessaire, les juges du tribunal de Gand ont fait une fausse application du n°. 1er., §. 2 de l'art. 69 de ladite loi;

» La cour casse et annulle ledit jugement. » (Art. 1398 et 1754 du J.)

RETRAIT *successoral ou de droits litigieux*. Exercice de la faculté accordée par la loi, 1°. aux héritiers de rentrer dans les droits successifs *indivis* cédés à un tiers par un des co-héritiers; 2°. à celui contre lequel on a cédé un droit litigieux d'en évincer le cessionnaire.

1. Toute personne, même parente du défunt, qui n'est pas son successible, et à laquelle un co-héritier aurait cédé son droit à la succession, peut être écartée du partage soit par tous les co-héritiers, soit par un seul, en lui remboursant le prix de la cession. Art. 841 du C. N.

2. Les retraits de l'espèce ne sont assujettis qu'au droit proportionnel de 1/2 pour 100 sur les sommes à rembourser au cessionnaire, pourvu que les droits soient encore indivis lors du retrait. Inst. gén. du 9 therm. an 12, n°. 245.

3. Ce principe s'applique au retrait exercé sur une cession *partielle*, où l'un des héritiers aurait cédé son droit aux immeubles dépendant de la succession indivise, exclusivement aux objets mobiliers, ou seulement la portion qui doit lui revenir dans ceux-ci. En effet, les lois existantes n'offrent, dans ce cas, aucun moyen d'interdire au cessionnaire la faculté de discuter ses droits lors du partage, et d'y représenter celui au nom duquel il les exerce. De cette faculté que la loi n'interdit pas au tiers acquéreur résulte, pour les autres héritiers, celle de l'écarter par l'exercice du retrait légal. Déc. du min. des fin., des 8 ventose et 11 floréal an 12. Circ. du 17 mess. an 12.

Inst. gén. du 9 therm. suiv., n°. 245. (Art. 1726 du J.)

4. On ne peut, quelle que soit l'époque de l'ouverture d'une succession, voir aucun effet rétroactif dans l'application des dispositions de l'article 841 du C. N., aux cessions consenties sous son empire, par un ou plusieurs des co-héritiers; mais il n'en est pas ainsi dans le cas où le cessionnaire de portion d'une succession indivise a acquis *antérieurement* à la promulgation de la partie du C. N., décrétée le 29 germin. an 11, parce qu'alors on ne peut lui en opposer les dispositions pour l'évincer d'un acquêt dont le titre n'était, à l'époque de la passation, grevé d'aucune faculté résolutoire, et que les lois existantes mettaient à l'abri de toute atteinte. Mêmes Décisions et Inst.

5. La faculté de *retrait*, autorisée par l'art. 841 du C. N., ne s'applique qu'à la vente de *droits successifs*, faite *avant* le partage, et non à celle qui aurait lieu *après* le partage d'une ou plusieurs portions dans un immeuble déterminé, resté indivis entre les successibles. Arrêt de la cour d'appel de Rouen, du 24 mars 1806, qui confirme un jugement du tribunal de Louviers. (Article 2340 du J.)

6. Il résulte même d'un arrêt de la cour de cassation, du 22 avril 1806, confirmatif d'un arrêt de la cour d'appel de Douai, qu'on ne peut exercer le retrait d'une portion indivise dans un *immeuble déterminé*, quand même la vente serait *antérieure* à tout partage : par conséquent, le retrait, s'il était consenti par l'acquéreur, serait assujetti au droit de 4 pour 100. (Art. 2935 du J.)

7. La faculté accordée par l'art. 1699 du C. N., à celui contre lequel on a cédé un droit litigieux, d'en évincer le cessionnaire en lui remboursant le prix réel de la cession, avec les frais et loyaux-coûts, et avec les intérêts, à compter du jour où le cessionnaire a payé le prix de la cession à lui faite, n'est autre que celle, donnée aux héri-

tiers avant partage, d'évincer un cessionnaire des droits d'un co-héritier, et n'a de caractère et d'effets que ceux d'un retrait légal qui ne donne ouverture qu'au droit de 50 centimes par 100 francs. (Article 1764 du J.)

8. Dans le cas d'une cession de portion d'immeuble indivis en deux familles qui ne succédaient pas à une hoirie commune, on ne peut considérer les droits acquis comme *litigieux*, si, depuis la cession, le partage de cet immeuble est devenu l'objet d'une contestation entre le cessionnaire et les autres co-propriétaires. Arrêt de la cour de cassation, du 19 août 1806, conçu en ces termes :

« La cour, attendu que les droits acquis par Jarnan, ne pouvaient pas être regardés comme litigieux, car la simple résistance d'un co-propriétaire, au partage qui lui est demandé, ne suffit pas pour constituer un acquéreur de droits litigieux : il faut que le litige ait précédé l'acquisition, ou que le droit acquis soit litigieux de sa nature par les circonstances de la cause et par les questions qu'elle présente : ce qui n'existe pas dans l'hypothèse, où il ne s'agit que d'un partage que rien ne doit empêcher ; qu'ainsi il y a eu fausse application des lois *per diversas et ab Anastasio ;* casse, etc. » (Art. 2524 du J.) D'où il suit que le retrait qui serait consenti dans l'espèce, serait passible du droit de 4 pour 100.

RÉTROACTIVITÉ. — V. *Effet rétroactif,* p. 268.

Les mutations de propriété d'immeubles opérées par actes sous signature-privée ou par conventions verbales, antérieurement aux lois sur l'enregistrement, sont, sous l'empire de ces lois, passibles des droits d'enregistrement. — V. *Actes sous seing-privé,* §. 3, p. 63.

RÉTROCESSION. Cession volontaire d'un objet à celui de qui on le tenait.

1. La quotité du droit d'enregistrement des rétrocessions, est la même que celle qui a été perçue sur les actes rétrocédés, à l'exception des rétrocessions de baux dont le droit se liquide seulement sur les années restant à courir. Il faut encore observer, pour les rétrocessions de baux limités ou à rente, *stipulés payables en nature,* que l'évaluation doit en être faite d'après les mercuriales, au moment de la rétrocession, et non d'après celles de l'époque de la passation du bail. (Art. 1629 du J.)

2. Le droit d'une rétrocession du domaine *utile* fait au propriétaire du domaine *direct,* moyennant une somme payée comptant par ce dernier, se liquide non-seulement sur cette somme, mais encore sur la rente dont le preneur se trouve déchargé. En effet, il est de principe incontestable, consacré notamment par arrêt de la cour de cassation, du 21 vendém. an 9, que le droit d'enregistrement des rentrées en possession par les anciens propriétaires, dans des biens qu'ils avaient précédemment aliénés à charge de *rentes,* est dû sur le capital des rentes qui, au moyen de la rétrocession, cessaient d'être exigibles. (Art. 3181 du J.)

3. Tout acte translatif de propriété, d'usufruit ou de jouissance d'immeubles, ne peut cesser de produire son effet qu'en vertu d'une convention volontaire ou d'un jugement qui en prononce la nullité : si la convention volontaire est faite devant notaire, le jour même du contrat, c'est un résiliement ; et, si elle n'est faite que depuis, c'est une rétrocession ; à l'égard des jugemens qui prononcent la nullité, soit *ab initio,* pour causes premières et inhérentes au contrat, soit pour l'avenir seulement, faute d'exécution des conditions ou du paiement du prix, c'est une résolution forcée ou volontaire. — V. *Baux,* §. 4, nᵒˢ. 7 et suiv. ; *Résiliement,* p. 570, et *Résolution,* p. 571.

4. La déclaration sous seing-privé, par un acquéreur, que la vente qui lui a été faite n'était pas sérieuse, doit être considérée comme une véritable rétrocession. — V. *Contre-Lettre,* nᵒ. 6, p. 188.

5. On doit également réputer rétrocession pure et simple, toute transaction sur jugement d'adjudication par suite de saisie immobilière, confirmé par arrêt rendu sur appel, et déféré à la cour de cassation, lorsque cette transaction remet le saisi en possession des biens qui avaient été aliénés. En effet, au moment où les parties ont passé la transaction, l'adjudicataire était réellement propriétaire des biens dont l'expropriation forcée avait été prononcée. Cet acte est purement volontaire : il n'est consenti que par des considérations relatives aux intérêts respectifs des parties, et il ne peut être assimilé à un arrêt par lequel la cour de cassation aurait annullé le jugement d'adjudication. Solut. de l'administration, du 12 prairial an 12. (Article 1757 du J.)

6. La répudiation d'une donation entrevifs, acceptée et devenue irrévocable, en opère la rétrocession. — V. *Donation*, §. 7, n°. 251.

RÉUNION *de l'usufruit à la propriété, ou de la propriété à l'usufruit.*

§. 1er. *Réunion d'usufrit, lorsque la transmission de la nue propriété a eu lieu à* TITRE GRATUIT *ou* PAR DÉCÈS.

1. Dans cette hypothèse, il n'est rien dû pour la réunion de l'usufruit à la propriété, lorsque le droit d'enregistrement a été *acquitté* sur la valeur entière de la propriété. Article 15, n°. 7 de la loi du 22 frim. an 7.

2. Cette disposition s'applique, non-seulement au cas où la réunion d'usufruit a lieu par décès, mais encore à celui où elle s'opère par acte de cession; et, quelque soit le prix de cette cession, il ne doit être perçu que le droit fixe de 1 f. pour la formalité, parce que le droit *acquitté* lors de la mutation de la propriété, frappe sur la valeur intégrale des biens, sans aucune division pour l'usufruit ni pour la propriété. Il en est autrement si la transmission de la propriété s'est opérée *à titre onéreux*, ainsi

qu'il sera établi au §. suiv. (Article 1077 du J.)

3. Il faut, pour qu'il y ait lieu à l'exception, que le droit ait été *acquitté* sur la valeur entière des biens. Il ne suffit pas que ce droit ait été dû, et qu'il soit *prescrit* : il est indispensable qu'il ait été payé. Solut. de l'adm., du 25 pluviose an 9. (Article 770 du J.)

4. Cependant, aucun droit proportionnel ne peut être exigé, lors même que le droit n'a pas été acquitté sur la valeur *entière* des biens, si le droit perçu l'a été d'après une déclaration devenue inattaquable par l'effet de la prescription. Arrêt de la cour de cassation, qui confirme un jugement du tribunal de Malines.

Dans cette affaire, l'administration soutenait que la prescription de trois ans, établie par l'art. 61, n'était pas applicable à l'espèce, parce qu'il ne s'agissait pas de revenir contre les erreurs ou omissions qu'elle aurait pu reprocher aux déclarations faites en l'an 9 et en l'an 10, ni de faire payer pour cet objet un supplément de droit.

Elle observait qu'il était question seulement de la perception à faire sur la réunion de l'usufruit à la propriété, et elle pensait que cette perception, autorisée par l'art. 4 de la loi de frimaire, qui assujettit au droit proportionnel toutes mutations d'usufruit, n'avait pu être interdite par l'art. 15, les droits n'ayant pas déjà été acquittés *intégralement*.

Voici le dispositif de l'arrêt :

« La cour, sur les conclusions conformes de M. Giraud, substitut du procureur général;

» Attendu que, dans l'espèce, la demande de la régie tendait à obtenir une nouvelle évaluation des biens provenant des successions de Jean-Baptiste-François Vaudeuvielle et Jean-Baptiste Athanas Scheppers, biens dont la déclaration avait été faite en tems utile, et que la perception établie par l'article 61 de la loi du 22 frim. an 7, ne permettait pas de revenir sur l'é-
valuation

valuation contenue dans ces déclarations ; qu'il suit de-là que les héritiers Vaudeuvielle et Scheppers étaient, aux yeux de la loi, pleinement libérés des droits dus pour la mutation de propriété opérée à leur profit, de la totalité desdites successions; et qu'ainsi, aux termes de l'art. 15 de la loi, il n'était rien dû pour la réunion de l'usufruit à cette propriété, opérée par la cession de la dame leur mère dans l'acte du 1er. octobre 1806; qu'ainsi, le tribunal de Malines a fait, dans l'espèce, une juste application des articles précités de la loi;

» Rejette, etc. » (Art. 5284 du J.)

5. Si la mutation de la nue-propriété s'est opérée à titre de succession en ligne *directe avant* l'établissement du droit d'enregistrement, il faut distinguer les réunions d'usufruit qui ont lieu par décès, de celles qui résultent de cessions volontaires.

Dans le premier cas, le propriétaire reprend simplement l'exercice entier de la propriété dont la jouissance avait été séparée pour un tems; il ne se fait à son profit aucune mutation; il ne jouit qu'en vertu de l'extinction naturelle et prévue d'une charge momentanée, et alors l'exemption du droit sur la propriété, peut tenir lieu de paiement effectif. Décis. du minist. des fin., du 16 septemb. 1806. (Art. 606 et 2412 du J.)

6. Mais, lorsque la réunion a lieu par acte entre-vifs et à titre onéreux, le propriétaire acquiert réellement une jouissance dont il n'avait que l'expectative; il y a en sa faveur une transmission effective; et, dès qu'il n'a pas payé antérieurement le droit sur la valeur entière du bien, il est tenu, comme le serait un tiers, d'acquitter le droit proportionnel d'enregistrement.

En thèse générale, les réunions qui s'opèrent par le rachat de l'usufruit, sont sujettes au droit proportionnel lorsque le propriétaire n'a pas acquitté le droit de propriété, parce qu'il acquiert une jouissance anticipée, volontaire et convention-

nelle. Décis. du min. des fin., du 11 avril 1809. Nomb. 5 de l'Instruction gén. du 5 juin suivant, n°. 452. (Article 5207 du J.)

7. Les héritiers de biens grevés d'usufruit, qui acquièrent l'usufruit avant la déclaration de la mutation de la nue propriété précédemment opérée en leur faveur, et sans en avoir acquitté les droits, doivent payer le droit proportionnel sur cette acquisition; mais, lors de la déclaration de succession, il y a lieu de leur restituer le droit perçu sur la cession d'usufruit.

Dans le cas contraire, lorsqu'ils ont, avant l'acquisition de l'usufruit, payé les droits sur la valeur entière de la propriété, sans distraction des charges, ils n'en doivent plus d'autre, pour cette acquisition d'usufruit, que celui fixe de 1 f., comme simple salaire de la formalité de l'acte.

Dans tous les cas, il ne doit être fait ni réserve, ni perception de droits supplémentaires sur la somme qui pourrait excéder, dans le contrat d'acquisition de l'usufruit, l'évaluation de cet usufruit, attendu qu'il s'agit de mutations par décès, dont les droits sont payés sur la valeur entière de la propriété, et non de mutations à titre onéreux, que le n°. 6 de l'art. 15 de la loi, paraît avoir particulièrement pour objet. Décision du minist. des fin., du 22 mars 1808. Nomb. 59 de l'Inst. gén. du 29 juin suivant, n°. 586.

8. Les jugemens qui, dans les cas prévus par l'art. 618 du C. N., prononcent l'extinction absolue d'un usufruit, ou sa conversion en une charge annuelle pécuniaire, ne sont passibles que du droit fixe de 3 f. (Art. 1704 du J.)

§. 2. *Réunion d'usufruit lorsque la transmission de la nue propriété a eu lieu à titre onéreux.*

1. Il n'est dû, dans ce cas, aucun droit

pour la réunion de l'usufruit à la propriété, *par le décès* de l'usufruitier.

2. Mais, si elle s'opère par un acte de cession, et si le prix est supérieur à l'évaluation qui en aurait été faite pour régler le droit de la translation de propriété, il est dû un droit par supplément sur ce qui se trouve excéder cette évaluation. Dans le cas contraire, l'acte de cession est enregistré pour le droit fixe de 1 f. N°. 6 de l'art. 15, et n°. 42 du §. 1er. de l'art. 68 de la loi du 22 frim. an 7.

§. 5. *Réunion de la propriété à l'usufruit.*

1. Lorsque l'usufruitier qui a acquitté le droit d'enregistrement pour son usufruit, *acquiert* la nue-propriété, il ne doit payer le droit d'enregistrement que sur la valeur de la nue propriété, sans qu'il y ait lieu d'y joindre celle de l'usufruit. Art. 15, n°. 8 de la loi du 22 frim. an 7.

2. La succession est réellement un des modes d'acquérir la propriété d'un immeuble : on n'est donc pas fondé à prétendre que cette disposition de la loi ne concerne que les *acquisitions à titre onéreux*, et à exclure du bénéfice qu'elle accorde, les réunions de la propriété à l'usufruit, qui s'opèrent *par décès*, quand l'usufruitier a payé le droit pour son usufruit. Solut. de l'adm., du 29 germ. an 13. (Article 1989 du J.)

REVENDICATION. Action de réclamer une chose qui nous appartient, afin d'en obtenir la restitution.

1. Les ordonnances portant permission de saisir-revendiquer, doivent le droit fixe de 2 f. Art. 68, §. 2, n°. 6 de la loi du 22 frim. an 7.

2. Dans les cas de revendication prévus par les art. 576 et suiv. du C. de C., l'acte par lequel on la fait, et celui qui l'admet *volontairement*, sont purs et simples, et ne donnent ouverture qu'au droit fixe de 1 franc, à moins qu'ils ne contiennent des

dispositions *particulières* passibles d'autres droits. Il n'est pas même nécessaire, pour la revendication *de remises en effets de commerce*, de faire enregistrer ceux de ces effets (les billets à ordre) qui, par leur nature, sont sujets à la formalité, parce qu'on n'en fait point usage en justice, devant notaire ou une autorité constituée, pour en exiger le paiement, et qu'ils ne sont pas produits par exception ou autrement. Si, sur contestation, la restitution des objets revendiqués est ordonnée en justice, le jugement qui la prononce est assujetti au droit fixe de 3 f. (Art. 5052 du J.)

REVENTE. Vente faite par un acquéreur, de l'objet qu'il avait acquis.

1. Une déclaration de command qui n'est pas faite ou notifiée dans les délais prescrits par la loi, est une revente sous le rapport des droits d'enregistrement. — V. *Déclaration de command*, §. 4, p. 201.

2. Les reventes de domaines nationaux, primitivement vendus aux municipalités, en vertu du décret du 14 mai 1790, faites, par actes non enregistrés, dans les quinze années accordées par ce décret, ne sont passibles que du droit fixe de 75 c. réglé par la loi du 19 décembre 1790. Le double droit ne peut être exigé. La loi du 9 vendémiaire an 6 est la première qui ait prononcé cette peine pour défaut d'enregistrement, dans un tems donné, des actes des autorités constituées. Déc. du min. des fin., du 18 brum. an 11. Nomb. 64 de l'Inst. gén. du 3 fruct. an 13, n°. 290.

3. Les reventes de domaines de l'État, faites par suite de déchéance, donnent ouverture aux mêmes droits que les premières ventes. — V. *Adjudication à la folle enchère*, n°. 5, p. 86.

4. Le droit des reventes de rentes ci-devant nationales, transférées en exécution de la loi du 21 nivose an 8, doit être liquidé sur le pied du capital au denier 20, quoique le prix exprimé au transport soit inférieur à ce capital. Ces rentes ayant re-

pris, entre les mains des acquéreurs et de leurs représentans, tous les effets résultant des titres constitutifs, la valeur doit, aux termes du nomb. 7 de l'art. 14 de la loi du 22 frim. an 7, être déterminée par le capital originairement constitué, sans avoir égard à celui formé de quinze fois la rente, tel qu'il a été évalué par l'acte de transfert consenti au nom du gouvernement. Décision du minist. des finances, du 4 complémentaire an 10. Nomb. 65 de l'Inst. gén. du 3 fruct. an 13, n°. 290. (Art. 1237 du J.)

REVENTE *à la folle enchère* est une nouvelle adjudication qui se fait aux risques, périls et fortune d'un précédent adjucataire qui n'a pas payé le prix de son adjudication, ou qui n'a pas satisfait aux autres conditions sous lesquelles elle lui avait été faite.

On peut procéder, sans contravention, à la revente sur folle enchère, quoique la première adjudication n'ait point été soumise à la formalité de l'enregistrement : c'est ce qui résulte de l'art. 68, §. 1er., n°. 8, et de l'art. 69, §. 5, n°. 1, et §. 7, n°. 1 de la loi du 22 frim. an 7, puisque le premier de ces articles règle au droit fixe de 1 f. l'enregistrement des reventes à la folle enchère, lorsque le prix n'est pas supérieur à celui de la précédente adjudication, *si elle à été enregistrée*, et que le second assujettit ces reventes au droit proportionnel, seulement sur ce qui excède le prix de la précédente adjudication *si le droit en a été acquitté*. (Art. 2106 du J.)

Quant aux droits exigibles, soit pour raison de la première adjudication, soit sur la revente, voyez *Adjudication à la folle enchère*, p. 85.

REVERSION (*droit de*). — Voyez *Retour légal et conventionnel*.

RÉVOCATION *d'actes*. Il y a des actes qui s'anéantissent par l'expression d'une volonté contraire à celle y énoncée. On révoque une procuration, un testament et autres semblables. Mais, s'il s'agit d'actes synallagmatiques, *ils ne peuvent être anéantis que par le concours de la volonté des parties entre lesquelles ils ont été passés*, ou par des jugemens qui les déclarent nuls ou qui en prononcent la résolution : ainsi, l'anéantissement de ces actes est un résiliement, une résolution ou une rétrocession. — Voyez ces mots sous leur dénomination particulière.

1. Les révocations de procuration sont sujettes au droit fixe de 1 franc. Article 68, §. 1er., n°. 41 de la loi du 22 frimaire an 7.

2. Si, par l'acte de révocation, on nomme un nouveau mandataire, il est dû, pour cette nomination, un autre droit fixe de 1 f., attendu qu'elle ne dérive pas nécessairement de la révocation. Art. 11 de la loi.

3. La perception des deux droits, dans ce cas, ne doit néanmoins avoir lieu, que quand la révocation dénomme le premier mandataire et l'acte par lequel il avait reçu ses pouvoirs : car, si elle exprimait seulement en termes généraux, que le constituant révoque tous pouvoirs qu'il aurait précédemment donnés, il ne serait dû qu'un seul droit, puisqu'aucun acte n'est formellement révoqué, et que cette clause peut être regardée comme de style.

4. La révocation d'un testament est un acte de dernière volonté qui ne doit être enregistré que dans les trois mois du décès. Si cet acte est pur et simple, et ne contient que la déclaration de mourir *ab intestat*, on ne peut le considérer comme un acte de libéralité : il n'opère que le droit fixe de 1 f. Solution de l'administration, du 14 nivose an 13. (Art. 1622 et 1900 du J.)

5. Dans un testament, la clause de révocation des testamens antérieurs, est, aux termes de l'art. 1036 du C. N., une disposition forcée, lorsque le testateur ne veut

pas les laisser subsister en tout ou en partie. Cette disposition se trouve tellement liée avec le testament, qu'elle ne forme avec lui qu'un même tout. L'action de disposer, et la déclaration que la disposition actuelle subsistera seule, forment véritablement le testament. Lorsqu'elles sont renfermées dans le même acte, elles ne peuvent être considérées comme deux dispositions indépendantes : par conséquent, la révocation ne donne pas ouverture à un droit particulier. (Art. 1899 du J.)

ROLE. Liste ou état nominatif d'individus, et indicatif des sommes qu'ils doivent payer pour contributions. Catalogue de toutes les personnes qui composent une entreprise. Registre sur lequel on inscrit, dans les tribunaux, les causes qui doivent y être plaidées.

1. Les rôles d'*abonnement* d'octrois sont comme les registres des octrois, susceptibles d'être timbrés, lors même que la perception en est confiée au receveur de la commune. (Art. 2306 du J.)

2. Les expéditions des rôles à l'*armement* et au *désarmement* des bâtimens de commerce, doivent être faites sur papier timbré, et ne peuvent plus être visées pour valoir timbre. Circul. de l'adm., du 9 frim. an 8, n°. 1705.

3. Les rôles des *causes* sont exempts de la formalité du timbre. Art. 16 de la loi du 13 brum. an 7.

4. Ceux des *contributions*, et les extraits qui en sont délivrés, sont dispensés de la formalité de l'enregistrement. Art. 70, §. 3, n°. 6 de la loi du 22 frim. an 7.

5. Les extraits des matrices des rôles des contributions directes, délivrés aux contribuables, pour être produits à l'appui de leurs réclamations en dégrèvement, sont exempts du timbre, parce que, dans ce cas, la production de l'extrait est forcée, et que d'ailleurs les matrices des rôles n'étant pas sujettes au timbre, les extraits qui en sont

délivrés ne doivent pas y être assujettis. Déc. du min. des fin., du 18 germ. an 11. Instruct. gén. du 22 prairial suivant, n°. 137.

6. Sont également exempts du timbre, les rôles de cotisations et contributions imposées sur les propriétaires qui se réunissent ou s'associent, à l'effet de pourvoir, en exécution de la loi du 14 flor. an 11, au curage des canaux et rivières non navigables, à l'entretien des digues qui y correspondent, et à la confection des ouvrages propres à contenir les eaux des fleuves dans leurs limites. Déc. du minist. des fin., du 7 juin 1808. Instruction générale du 7 juillet suivant, n°. 587. (Art. 2896 du J.)

7. Les rôles des contributions directes servent à établir les transmissions de propriété d'usufruit ou de jouissance. — Voy. *Mutation*, §. 1er., p. 443.

8. Les dépositaires de ces rôles sont tenus de les communiquer aux préposés de l'administration. — V. *Communication*, n°. 4, p. 158.

9. Les rôles d'*équipages* de la marine marchande, et des armemens en course, sont dispensés de l'enregistrement par l'art. 70, §. 3, n°. 13 de la loi du 22 frimaire an 7.

10. Mais sont assujettis au timbre les rôles d'équipage pour la pêche et le cabotage, déposés, dans les bureaux des classes, par les armateurs. Les expéditions qui en sont remises à ces derniers, ou autres particuliers, doivent être délivrées sur papier du timbre de 75 c. au moins. Les *duplicata* qui sont déposés dans les bureaux de la marine, ou remis au ministre, et qui portent la mention expresse de cette destination, jouissent de l'exemption du timbre. Déc. du min. des fin., des 2 therm. an 7, 19 août et 21 oct. 1806. Circul. de l'adm., du 12 therm. an 7, n°. 1629. Circ. de M. le direct. gén., du 28 août 1806. (Art. 2422 du J.)

11. Les permis de navigation sont de véritables rôles d'équipage ; d'ailleurs , ils rentrent implicitement dans la classe des passeports donnés aux voyageurs par terre : ils sont, en conséquence, assujettis au timbre. Déc. du min. des fin. , du 19 mai 1807. (Art. 2596 du J.)

12. Il n'est pas nécessaire que les rôles *d'introduction* présentés , et mentionnant les exploits des huissiers qui ont opéré en cause, contiennent la transcription littérale et entière de la quittance de l'enregistrement de l'acte énoncé ou produit : il suffit de rapporter la date de l'enregistrement, le folio , le montant du droit payé , et la signature du receveur. Décision du ministre des finances , du 25 sept. 1806. (Art. 2408 du J.)

S.

SAISIE-ARRÊT est celle qu'un créancier fait, entre les mains d'un tiers, des sommes et effets appartenant à son débiteur.

1. La saisie-arrêt est sujette au droit fixe de 1 franc. Il est dû autant de droits qu'il y a de parties saisies non solidaires, ou de tiers entre les mains desquels elle est faite. Dans le cas où un tiers intervenant paie entre les mains de l'huissier, avec subrogation, ou se rend caution de la dette, il est dû en outre le droit proportionnel.— V. *Exploit*, §. 2, n°. 1, et §. 3, n°. 8, 11 et 14.

2. Il ne doit être perçu qu'un seul droit sur une saisie-arrêt entre les mains d'une *seule* personne, à la requête d'*un* créancier contre *plusieurs* débiteurs, quoique non solidaires. (Art. 708 du J.)

3. La dénonciation de la saisie-arrêt ou opposition au débiteur saisi, et l'assignation en validité, n'opèrent qu'un seul droit lorsqu'elles sont contenues dans le même exploit.

4. Il est dû autant de droits qu'il y a de tiers saisis auxquels la demande en validité est dénoncée. (Art. 708 du J.)

5. La déclaration du tiers saisi n'est passible que du droit fixe de 1 f., quand même elle contiendrait reconnaissance d'une dette. On ne peut exiger le droit des actes produits au soutien; et, s'il s'agit d'une saisie-arrêt formée sur des objets mobiliers, l'état qui doit en être joint à la déclaration, est sujet au droit fixe de 1 f. — V. *Déclaration*, n°. 13, p. 198.

6. Les receveurs, dépositaires ou administrateurs de caisses ou deniers publics, entre les mains desquels il a été formé des saisies-arrêts ou oppositions, ne sont point, aux termes de l'art. 569 du C. de P. C., assignés en déclaration; mais ils délivrent un certificat constatant s'il est dû à la partie saisie, et énonçant la somme si elle est liquidée. Ce certificat ne peut être produit en justice sans avoir été enregistré au droit fixe de 1 f.

7. L'ordonnance du juge qui, d'après l'art. 558 du C. de P. C., permet, à défaut de titres, de saisir ou former opposition, est assujettie au droit fixe de 2 f. (Art. 2563 du J.)

8. Les droits dont la perception est attribuée à l'administration de l'enregistrement, ne sont pas saisissables. Décision du min. des fin., du 17 messid. an 10. Arrêt de la cour de cassation, du 16 therm. suiv., qui annulle un jugement du tribunal de Wissembourg, du 3 flor. précédent. (Art. 1359 du J.)

SAISIE-EXÉCUTION. Exploit par lequel un huissier, assisté de deux témoins, saisit les meubles et choses mobilières d'un débiteur, pour être ensuite vendus, et le prix en être remis au créancier saisissant, jusqu'à concurrence de sa créance et des frais.

1. Il y a lieu à deux droits pour les procès-verbaux de saisie-exécution, l'un pour la signification à la partie saisie, et l'autre pour la remise, au gardien, d'une copie du procès-verbal. Le gardien est garant des meubles confiés à sa surveillance; il peut même être poursuivi s'ils étaient enlevés : il a conséquemment un intérêt distinct de celui du saisi, ce qui suffit pour rendre légale la double perception. Déc. du minist. des fin., du 2 fruct. an 7. Circul. du 28 du même mois, n°. 1655.

2. Mais on ne doit percevoir qu'un seul droit lorsque, d'après l'art. 598 du C. de P. C., est établi gardien. Il n'y a alors qu'une seule signification.

3. Il n'est également dû qu'un seul droit sur les procès-verbaux d'établissement de

garnisaires pour recouvrement de contributions. Ces actes doivent être enregistrés *gratis* s'il s'agit de cotes non excédant 25 f. Déc. du min. des fin., du 2 fruct. an 7. Circ. du 28 du même mois, n°. 1655.

4. En cas de saisie d'animaux et ustensiles servant à l'exploitation des terres, le procès-verbal ou l'ordonnance du juge de paix, qui, aux termes de l'art. 594 du C. de P. C., porte établissement d'un gérant à l'exploitation, doit être enregistré, sur la minute, au droit fixe de 1 f. Nomb. 47 de l'Inst. gén. du 4 juillet 1809, n°. 436. (Art. 5024 et 3085 du J.)

5. On peut continuer de procéder par voie de saisie mobilière des fruits non recueillis, pourvu que la saisie soit faite dans un tems voisin de la récolte. — V. *Poursuites*, n°. 9.

6. Les préposés ne sont pas tenus d'élire domicile ailleurs que dans leur bureau ; la vente des effets qu'ils ont fait saisir, doit être faite dans le marché le plus voisin, dans l'arrondissement du tribunal de l'élection de domicile. — V. *Poursuites*, n°. 10, p. 494.

SAISIE *immobilière.* Procès-verbal d'un huissier constatant son transport sur les biens qu'il saisit, en vertu d'un jugement ou d'un titre exécutoire contenant la désignation, consistance et situation de ces immeubles.

1. Les procès-verbaux de saisie immobilière doivent être enregistrés par chaque vacation, dans le délai de quatre jours. — V. *Vacation.*

2. La transcription qui en est faite au greffe, est sujette au droit d'enregistrement sur la minute. Nomb. 49 de l'Inst. gén. du 4 juillet 1809, n°. 436.

3. L'extrait que le greffier doit, conformément à l'art. 682 du C. de P. C., insérer au tableau placé à cet effet dans l'auditoire, n'est pas susceptible d'enregistrement. Nomb. 50 de la même Inst.

4. On doit considérer comme certificat la signature de l'imprimeur apposée sur le journal qui contient l'insertion de l'extrait d'une saisie immobilière : il y a lieu à l'enregistrement avant la légalisation du maire. Cette formalité, qui ne peut avoir lieu *gratis*, est d'ailleurs indispensable pour assurer la date de l'insertion, en tems utile, prescrite à peine de nullité par l'article 683 du C. de P. C. Nomb. 51 de la même Inst.

5. Le cahier des charges doit être déposé au greffe, suivant l'art. 697 du C. de P. C., et l'art. 109 du déc. imp. du 16 fév. 1807, contenant le tarif des dépens. Le greffier ne peut, sans contravention, se dispenser d'en dresser *acte.* Nomb. 52 de la même Inst.

6. La note du cahier des charges que le greffier remet à l'huissier pour faire la publication, en exécution de l'art. 110 du déc. imp. du 16 fév. 1807, n'est passible ni du timbre, ni de l'enregistrement. (Art. 2843 du J.)

7. Une transaction sur jugement d'adjudication par suite de saisie immobilière, confirmé par arrêt rendu sur appel, et déféré à la cour de cassation, doit être réputée rétrocession, lorsqu'elle remet le saisi en possession des biens qui avaient été aliénés. — Voyez *Rétrocession,* n°. 5, pag. 586.

8. Le législateur, en interdisant au saisi, par l'article 692 du C. de P. C., la faculté d'aliéner, a seulement voulu conserver aux créanciers leur gage dans son intégrité ; mais il n'a point entendu que le débiteur cessât, avant l'adjudication, d'être propriétaire de l'immeuble : son intention, à cet égard, est suffisamment expliquée par l'art. 693 du C. de P. C., qui veut que l'aliénation, quoique faite contre les dispositions de l'art. 692, ait néanmoins son exécution, si, avant l'adjudication, l'acquéreur consigne, somme suffisante pour acquitter en principal, intérêt et frais, les créances inscrites, et signifie l'acte de consignation aux créanciers inscrits.

D'où il suit que, quand le saisi meurt

avant l'adjudication définitive et légalement consommée, les immeubles saisis doivent faire partie des biens à déclarer, et sont soumis au droit de mutation par décès. Cependant, dans le cas prévu par l'art. 693 du Code, la mutation à titre successif n'existe que pour le prix de la vente qui se trouve validée par la consignation de ce prix. Décision du minist. des finances, du 7 juin 1808. Nomb. 35 de l'Inst. gén. du 29 juin suivant, n°. 386. (Art. 2420 du J.)

SCÉLLÉ. — V. *Apposition*, p. 95; *Levée de scellés*, p. 425, et *Réquisition*, p. 569.

SECOURS. — Voyez *Ascendans* pour les actes qui accordent des secours aux ascendans ; *Tutelle officieuse* pour les actes par lesquels on pourvoit à la subsistance des pupilles après le décès du tuteur officieux ; et *Quittances*, n°s. 58 et 64, pour les secours accordés aux indigens et aux postillons.

SECRÉTAIRES *des préfectures, sous-préfectures et mairies*.

1. Ils doivent faire revêtir de la formalité, dans le délai de vingt jours de leur date, les actes administratifs sujets à l'enregistrement. Ce délai, pour les actes sujets à l'approbation des préfets ou des ministres, ne court que du jour où l'approbation est parvenue à la préfecture, sous-préfecture ou mairie. A défaut d'enregistrement dans le délai, la peine du double droit est encourue. Ils se préservent de la responsabilité du droit principal et de l'assujettissement personnel au double droit, en remettant au receveur, dans le délai, l'extrait prescrit par l'art. 37 de la loi du 22 frim. an 7. — V. *Actes administratifs*, n°. 11 et suiv., p. 50.

2. Aucun brevet, copie ou expédition d'actes soumis à l'enregistrement sur la minute ou l'original, ne peut être délivré par les secrétaires, ni aucun acte être par eux passé en conséquence, si le premier acte n'a été enregistré, quand même le délai pour l'enregistrement ne serait pas encore

expiré, à peine de 50 f. d'amende outre le paiement du droit. Art. 41 de la loi du 22 frim. an 7.

3. Les secrétaires ne peuvent passer des actes en conséquence d'actes sous seing-privé ou passés en pays étrangers, ni les recevoir en dépôt avant qu'ils aient été enregistrés. — V. *Actes sous seing-privé*, §. 6, p. 66.

4. Ils sont obligés de faire mention, sur les expéditions qu'ils délivrent d'actes sujets à l'enregistrement, de la quittance des droits, par la transcription littérale et entière de cette quittance. Ils doivent faire pareille mention dans les minutes des actes faits en vertu d'actes sous seing-privé ou passés en pays étranger. Chaque contravention est punie d'une amende de 10 f. Art. 44 de la loi du 22 frim. an 7.

5. Cette loi leur impose encore l'obligation,

1°. De tenir des répertoires ; de les faire viser tous les trois mois, et de les représenter à toute réquisition aux préposés de l'enregistrement. — V. *Répertoire*.

2°. De leur remettre tous les trois mois les notices de décès. — V. *Notices de décès*, p. 457.

3°. Et de leur communiquer tous les actes dont ils sont dépositaires. — V. *Communication*, p. 158.

6. Quant à leurs obligations relativement au timbre, voyez *Actes administratifs*, p. 51 ; *Registres*, §. 2, p. 549 ; *Répertoire*, §. 6, p. 565, et *Timbre*.

SÉNAT. — V. *Acquisition*, n°. 5, p. 14 ; *Bail*, §. 5, p. 117.

SENTENCE *arbitrale.* — V. *Arbitrage*, p. 96.

SÉPARATION *de corps ou de biens.*

1. L'époux qui veut se pourvoir en séparation de *corps*, est tenu de présenter au président du tribunal de son domicile, requête contenant sommairement le fait. Cette requête est répondue d'une ordonnance portant que les parties comparaîtront. Si, lors de la comparution, le président

dent ne peut parvenir à rapprocher les époux, il rend à la suite de la première ordonnance, une seconde portant qu'attendu qu'il n'a pu concilier les parties, il les *renvoie à se pourvoir*, et *autorise par la même ordonnance*, la femme à procéder sur la demande. C'est ce qui résulte des art. 875, 876 et 878 du C. de P. C.

Nul doute que ces deux ordonnances, successivement rendues à la suite l'une de l'autre, ne doivent être soumises à la formalité dans le délai de vingt jours. Quant aux dispositions contenues dans la seconde ordonnance, elles sont prescrites par la loi, dérivent les unes des autres, et n'opèrent qu'un seul droit d'enregistrement. Nomb. 68 de l'Inst. gén. du 4 juillet 1809, n°. 436.

2. Les jugemens portant séparation de corps, sont passibles du droit fixe de 15 f., parce que ces jugemens, aux termes de l'article 311 du C. N., emportent toujours séparation de biens. (Art. 2556 du J.)

Au surplus, voyez *Divorce*, p. 240.

3. Aucune demande en séparation de *biens*, ne peut être formée sans une autorisation préalable que le président du tribunal doit donner sur la requête qui lui est présentée à cet effet. Cette autorisation ne pouvant être considérée que comme une ordonnance sur requête, est sujette à l'enregistrement dans les vingt jours de sa date, au droit fixe de 2 francs. Nomb. 67 de l'Inst. gén. du 4 juillet 1809, n°. 436.

4. Les jugemens des tribunaux portant séparation de biens entre mari et femme, sont assujettis au droit fixe de 15 f. lorsqu'ils ne contiennent point de condamnation de sommes et valeurs. Art. 68, §. 6, n°. 2 de la loi du 22 frim. an 7.

5. S'il y a condamnation de sommes et valeurs, le droit est perceptible à raison de 50 c. par 100 f.; mais ce droit ne peut être moindre de 15 f. *idem*. Article 69, §. 2, n°. 9.

6. Il n'est dû que sur l'expédition. Art. 7 de la même loi.

7. Les séparations de biens par jugemens d'*arbitrage*, sont sujettes au droit de 15 f. comme celles prononcées par jugemens des tribunaux de première instance. Solut. de l'adm., du 22 vent. an 10.

8. Un extrait du jugement de séparation, contenant la date, la désignation du tribunal où il a été rendu, les noms, professions et demeures des époux, doit être inséré sur un tableau à ce destiné, et exposé pendant un an dans l'auditoire des tribunaux de première instance et de commerce du domicile du mari, même lorsqu'il n'est pas négociant; et, s'il n'y a pas de tribunal de commerce, dans la principale salle de la maison commune. Art. 872 du Code de P. C. L'acte qui constate le dépôt au greffe, doit être enregistré, sur la minute, au droit fixe de 2 f. Celui qui constate le dépôt au secrétariat de la commune, doit être enregistré au droit fixe de 1 f.; et les certificats délivrés par les greffiers et par les maires, constatant que les extraits sont restés affichés pendant un an, sont passibles du droit fixe de 1 f. (Art. 2840 du J.)

9. La dissolution de communauté opérée par la séparation soit de corps et de biens, soit de biens seulement, ne donne pas ouverture aux droits de survie de la femme; mais elle conserve la faculté de les exercer lors de la mort naturelle ou civile de son mari. Art. 1452 du C. N.

De cette disposition appliquée à la perception des droits de transmission, il résulte que, dans ce cas, ils ne sont exigibles qu'à la mort du mari, et seulement si la veuve exerce ses droits de survie. (Art. 1735 du J.)

10. Les expéditions délivrées au procureur impérial, des jugemens rendus à sa requête, portant que deux époux mariés dans les degrés prohibés par les art. 161, 162 et 163 du C. N., se sépareront, doivent être enregistrées en débet; mais les droits de timbre et d'enregistrement de ces jugemens et des actes qui les ont précédés ou suivis, doivent être recouvrés contre les

parties. D'après les art. 201 et 202 du même Code, le mariage annullé doit avoir son effet civil quand il a été contracté de bonne foi : il y a donc similitude entre le jugement en question et les actes de divorce et de séparation de biens; et c'est le cas d'appliquer la disposition de l'art. 11 de la loi du 22 frim. an 7, qui veut que la quotité des droits soit déterminée par l'article de la loi, dans lequel la disposition de l'acte se trouve classée, ou *auquel elle se rapporte*. Le jugement est conséquemment passible du droit fixe de 15 francs. (Article 3197 du J.)

SÉPULTURE. — V. *Actes de l'état civil*, et *Notices de décès*.

SÉQUESTRE. Main mise sur un bien. C'est aussi le dépôt d'une chose litigieuse entre les mains d'un tiers jusqu'à jugement définitif, ou jusqu'à ce qu'il ait été statué sur cet objet par une loi.

On comprend encore, sous le nom de séquestre, le commissaire nommé par les parties ou d'office, pour garder, régir et administrer le bien litigieux pendant le procès ou l'instance.

Les expéditions de jugemens des tribunaux civils, portant nomination de séquestre, sont passibles du droit fixe de 3 f. Art. 68, §. 3, n°. 7 de la loi du 22 frimaire an 7.

Au surplus, voyez *Dépôt*, §. 1er., n°. 8, p. 228.

SERMENT. — V. *Actes judiciaires*, §. 3, n°. 11, et §. 5, *Des actes judiciaires sujets au droit fixe de 2 f.*, n°. 8, p. 28; et *Prestation de serment*, p. 506.

SIGNIFICATION. Notification d'un acte ou jugement qu'on fait à une partie par la copie qui lui en est donnée et attestée par un officier ministériel, par un employé ou par le secrétaire d'une autorité constituée.

Voyez *Appel*, p. 94; *Exploit*, pour le droit d'enregistrement des significations, et *Copie*, n°. 1, p. 190, pour le droit de timbre des copies signifiées.

Il y a néanmoins encore lieu d'observer, relativement au timbre, 1°. que les significations peuvent être écrites à la suite du jugement et autres pièces dont il est délivré copie, art. 23 de la loi du 13 brum. an 7; 2°. que les significations de vente et récolement, tendant au recouvrement des droits, ne peuvent être timbrées à l'extraordinaire. Circ. du 5 vend. an 11.

Les dispositions de l'art. 67 du C. de P. C., qui obligent les huissiers de mettre à la fin de l'original et de la copie de l'exploit, le *coût* d'icelui, à peine de 5 f. d'amende payables à l'instant de l'enregistrement, ne s'appliquent pas aux significations d'avoué à avoué : en effet, les salaires de l'huissier sont acquittés par l'avoué, d'après une taxe uniforme pour toutes les significations de l'espèce, et ces mêmes salaires font partie des frais de l'acte de l'avoué, lesquels sont ensuite soumis à la taxe. (Art. 2527 du J.)

SOCIÉTÉ. Acte par lequel deux ou plusieurs personnes conviennent de mettre en commun tout ou partie de leurs biens ou industrie, pour partager le gain ou supporter entre eux la perte qui résultera de leur association.

1. Les actes de société qui ne portent ni obligation, ni libération, ni transmission de biens meubles ou immeubles *entre* les associés ou *autres personnes*, doivent le droit fixe de 3 f. Art. 68, §. 3, n°. 4 de la loi du 22 frim. an 7.

2. D'après cette disposition, on ne doit percevoir que le droit fixe de 3 f., 1°. pour les sociétés dont la mise de fonds est faite par un sociétaire, avec promesse par l'autre de faire la sienne dans le délai convenu; 2°. pour celles par lesquelles les sociétaires mettent en commun, l'un, des espèces, l'autre, des marchandises, celui-ci des meubles ou immeubles, et celui-là seulement son industrie.

3. Le droit fixe se perçoit également sur les actes dans lesquels les sociétaires conviennent d'ajouter à leur première mise, et

stipulent l'époque du versement de ces supplémens de fonds.

4. Il faut en effet distinguer les obligations contractées par les sociétaires envers
la société entière, de celles d'un ou plusieurs sociétaires en faveur d'un associé *individuellement :* les premières sont de l'essence même des actes de société; les secondes constituent ce que l'article cité de la
loi du 22 frimaire, a entendu sous la dénomination d'*obligation entre associés :*
en conséquence, l'administration a statué,
le 29 thermid. an 12, qu'il n'y a que les
transmissions, obligations et quittances,
par un ou plusieurs des associés, en faveur
d'un ou de plusieurs de leurs co-associés
individuellement, qui donnent ouverture
au droit proportionnel; et que toutes les
autres dispositions de cette nature, pour
le compte et dans l'intérêt général de la société, soit par l'acte de société même, soit
par des actes additionnels ou supplétifs,
n'opèrent que le droit fixe. Nomb. 9 de
l'Inst. gén. du 3 fruct. an 13, n°. 290. (Art.
1811 du J.)

5. Quant aux mises en société de biens
meubles ou immeubles, le ministre des finances, de concert avec Son Excellence
le ministre de la justice, a décidé, le 8 décembre 1807, que l'acte par lequel un associé transmet, par sa mise en commun,
des meubles ou des immeubles à la société,
ne donnant lieu qu'à une mutation éventuelle, n'est sujet, conformément à l'article
68 de la loi du 22 frimaire an 7, qu'au droit
fixe de 3 francs, quelles que soient les
clauses et les mises en commun de biens
fonds, de mobilier ou d'industrie, et
qu'il n'y a que les dispositions purement
personnelles soit à l'un, soit à quelques-uns
des associés stipulant respectivement entre
eux, soit à des étrangers intervenans, qui
puissent donner ouverture au droit proportionnel, si ces dispositions contiennent
obligation, libération ou transmission. Inst.
gén. du 22 décemb. 1807, n°. 360. Une solution de l'administration, du 6 fruct. an

10, avait posé le même principe. (Article
1267 du J.)

6. La disposition par laquelle, après la
fixation de la mise en commun de chaque
associé, l'un d'eux qui est commanditaire,
affecte des immeubles en garantie des opérations commerciales, doit être considérée
comme faisant essentiellement partie de
l'acte d'association; elle n'opère d'ailleurs
aucune obligation nouvelle d'un sociétaire
envers l'autre, ni des associés envers des
étrangers, et n'est, en conséquence, passible d'aucun droit particulier. (Art. 1758
du J.)

7. Les actes d'adhésion à une société déjà établie, forment, entre les anciens associés et celui qui se réunit à eux, en adhérant
à leurs statuts une nouvelle société, sujette,
comme la première, au droit fixe de 3 f.
Déc. du minist. des fin., du 28 frim. an 8.
(Art. 612 du J.)

8. Si un sociétaire s'associe, en conséquence de la faculté qui lui est accordée
par l'art. 1861 du C. N., une tierce personne pour la part qu'il a dans la société, cet
acte est passible du droit fixe de 3 f. (Art.
1781 du J.)

9. On doit considérer comme acte de société, passible seulement du droit fixe de 3
f., un acte sous seing-privé, par lequel il
serait convenu que, si Paul restait adjudicataire d'un domaine, il passerait déclaration de command, au profit d'Auguste, d'u-
ne portion déterminée de ce domaine, éva-
luée 1,200 f. de revenu, et que le surplus
dont le détail est également désigné, et
d'un produit de 6,000 f., resterait à Paul.
(Art. 1068 du J.)

10. L'art. 46 du C. de C. veut que toute
continuation de société soit constatée par
une déclaration des co-associés. L'effet de
cette déclaration étant de faire continuer
une société qui, d'après l'acte qui l'avait
établie, devait être dissoute, et cette déclaration étant d'ailleurs soumise, par la loi,
à toutes les formalités prescrites pour les ac-

tes de société, donne par conséquent ouverture au droit fixe de 3 f. (Art. 2757 du J.)

11. Lorsque, dans un acte de société, un des associés s'oblige, indépendamment de sa mise de fonds, de verser une somme quelconque, dont l'intérêt lui sera particulièrement payé, cette disposition constitue une véritable obligation sujette au droit proportionnel. Solut. de l'adm. (Art. 1546 du J.)

12. Indépendamment du droit fixe, il serait dû le droit de bail, si l'un des sociétaires fournissait une maison pour exercer le commerce ou l'entreprise qui ferait l'objet de la société, avec stipulation que le loyer lui en serait payé annuellement.

13. Il y aurait lieu aussi de percevoir le droit de 4 pour 100, si l'un des associés cédait un immeuble, non à titre de mise de fonds, mais à la charge que la société lui en paierait le prix, parce que, dans cette hypothèse, chaque associé devient actuellement propriétaire par indivis d'une portion de ces immeubles. Le droit, cependant, ne doit point être exigé sur la part que le cédant conserve dans la propriété de l'objet cédé.

14. Mais il n'est dû aucun droit particulier d'enregistrement pour la stipulation d'indemnité faite entre les contractans dans un acte de société, en cas d'inexécution des clauses qu'il contient. Décis. du minist. des fin., du 27 nov. 1810.

15. Si deux personnes ont acheté un immeuble *en commun*, sans autre explication, le titre donne un droit égal aux deux communistes : d'où il suit, 1°. que, si, lors du partage, l'un des acheteurs retient une portion plus grande que celle de son associé, le droit de 4 pour 100 est dû sur cet excédant. — Voyez *Partage*, n°. 50, p. 480. — 2°. Qu'au décès de l'un d'eux, avant partage, les droits de mutation par décès sont exigibles sur *moitié* de l'objet acquis en commun. — V. *Dissolution de société*, n°. 9, p. 259.

16. Un décret impérial, du 12 juillet

1808, a établi des exceptions aux règles générales sur les droits de timbre et d'enregistrement, relativement aux billets déposés par les actionnaires, et aux registres de la société d'assurance établie contre la grêle dans le département des Landes. — V. *Billet*, n°. 16, p. 130.

17. Il ne doit être perçu que le droit fixe de 1 f. sur l'acte par lequel des époux rétablissent entre eux la communauté de biens dissoute par la séparation, soit de corps et de biens, soit de biens seulement. — Voy. *Communauté*, n°. 5, p. 157.

18. Quant aux actes de dissolution de société, voyez *Dissolution*, p. 238.

SOLUTION. Celle des difficultés relatives à la perception des droits d'enregistrement, appartient à l'administration, sauf le recours des parties aux tribunaux. Art. 65 de la loi du 22 frim. an 7.

SOMMATION. Acte par lequel on interpelle quelqu'un d'agir ou de faire quelque chose. — V. *Exploit*, p. 288.

SOULTE. Ce qui est donné pour égaler les lots dans les partages, et la valeur des biens cédés respectivement dans les échanges. — V. *Echange*, p. 258, et *Partage*, n°. 41 et suiv., p. 482.

SOUMISSION. Offre de payer une certaine somme, ou de faire quelque chose.

1. En matière de cautionnement judiciaire, la caution présentée, soit qu'elle ait été admise par la partie, soit que celle-ci ne l'ait pas contestée dans le délai fixé par la loi, doit faire au greffe sa soumission qui est exécutoire sans jugement, même pour la contrainte par corps, s'il y a lieu à contrainte. C'est ce qui résulte des art. 519 et 522 du C. de P. C.

2. Les soumissions faites au greffe pour le cautionnement d'une condamnation mobilière, sont passibles du droit proportionnel, indépendamment de celui perçu sur le montant de la condamnation. Arrêt de la cour de cassation, du 3 prairial an 12, rapporté au mot *Cautionnement*, n°. 5, page 142.

3. Une soumission, faite par un particulier sur les registres d'un receveur de l'enregistrement, de payer les droits pour lesquels il est poursuivi, est valable, quoiqu'elle ne soit pas faite double. Arrêt de la cour de cassation, du 26 oct. 1808.—V. *Nullité*, n°. 11, p. 463.

4. Les actes de soumission et de cautionnement fournis par les *vélites* ou en leur faveur, pour sureté du versement annuel de 200 f. qui doit, en vertu de l'arrêté du gouvernement, du 30 nivose an 12, être fait pendant quatre ans à la caisse du corps, ne sont sujets qu'au droit fixe de 1 f. Décision du min. des fin., du 19 thermid. an 12. Nomb. 75 de l'Inst. gén. du 3 fruct. an 13, n°. 290.

5. Sont exemptes du timbre les soumissions fournies par les receveurs particuliers aux receveurs généraux, du montant des contributions directes. Circ. du 23 flor. an 8, n°. 1819.

6. A l'égard des soumissions sur des objets mis ou à mettre en adjudication ou en vente, ou sur des marchés à passer, voyez *Enchère*, p. 265.

7. Les expéditions de jugemens des tribunaux, portant *soumission à jugement*, doivent le droit fixe de 3 f. Art. 68, §. 3, n°. 7 de la loi du 22 frim. an 7.

SOUS-BAIL. Acte par lequel on loue ou on afferme à un tiers les biens dont on est soi-même fermier ou locataire.

Le droit d'enregistrement en est fixé sur le pied réglé pour les baux. — V. *Bail*, §. 4, n°. 6 et suiv., p. 116.

SOUSCRIPTION. Signature au bas d'un acte, pour l'approuver. On nomme encore *souscription* la somme donnée ou promise dans un délai, pour se procurer un exemplaire d'un ouvrage de littérature, d'art ou de science. On donne le même nom à la reconnaissance qu'on remet à celui qui souscrit.

Cette reconnaissance étant dans le nombre des écritures privées, pouvant faire titre ou être produite pour obligation ou demande, est sujette au timbre de dimension, aux termes de l'art. 12, n°. 1 de la loi du 13 brum. an 7; elle doit être enregistrée avant qu'il en soit fait usage par acte public ou en justice, ou devant toute autre autorité constituée; et, comme elle a pour objet le prix d'une mutation mobilière, on perçoit le droit de 2 pour 100.

SOUS-TRAITÉ. — V. *Adjudication*, n°. 7, p. 84.

STIPULATION. Clauses, conditions et conventions proposées et arrêtées dans un contrat ou acte quelconque. — Voyez *Actes contenant plusieurs dispositions*, page 71.

SUBDIVISION. C'est la division d'une partie d'un tout déjà divisé. — V. *Partage*, n°. 7, p. 477.

SUBROGATION de bail. — V. *Bail*, §. 4, n°. 6 et suiv., p. 116.

SUBROGATION en fait de créances. Substitution aux droits d'un créancier, au profit d'une tierce personne qui le paie. Il y en a de deux sortes, l'une conventionnelle et l'autre légale.

1. Elle est conventionnelle,

1°. Lorsque le créancier, recevant son paiement d'une tierce personne, la subroge dans ses droits, actions, priviléges ou hypothèques contre le débiteur : cette subrogation doit être expresse et faite en même tems que le paiement;

2°. Lorsque le débiteur emprunte une somme à l'effet de payer sa dette et de subroger le prêteur dans les droits du créancier. Il faut, pour la validité de cette subrogation, que l'acte d'emprunt et la quittance soient passés devant notaires; que, dans l'acte d'emprunt, il soit déclaré que la somme a été empruntée pour faire le paiement, et que, dans la quittance, il soit déclaré que le paiement a été fait des deniers fournis à cet effet par le nouveau créancier. Cette subrogation s'opère sans le concours de la volonté du créancier. Art. 1250 du C. N.

2. La subrogation, dans la première espèce de cet article, a lieu par le consentement du créancier, qui fait passer, à celui qui paie, tous ses droits, priviléges et hypothèques; elle produit les mêmes effets que le transport ou cession de créance, à la seule différence que le créancier qui a ainsi reçu son remboursement, n'est point tenu à la garantie de la créance; mais il n'y a pas moins transmission de cette créance, et changement de créancier : par conséquent, l'acte de paiement fait par un tiers, avec subrogation, est sujet au droit de 1 f. par 100 f.

3. Dans la seconde espèce, au contraire, c'est le consentement du débiteur seul qui est nécessaire : il acquitte lui-même la première créance avec les fonds qu'il a empruntés; et la déclaration qu'il fait, tant dans l'acte d'emprunt, que dans la quittance qui lui est donnée par l'ancien créancier, opère de droit la subrogation des priviléges et hypothèques de ce dernier, sans le secours de sa volonté. La contradiction formelle de celui-ci n'en empêcherait pas même l'effet : or, dès que la subrogation est de plein droit, nonobstant l'opposition du créancier, elle dérive nécessairement, et fait une partie intégrante de ces actes qui acquittent le droit dont ils sont passibles d'après leur nature. Ainsi, cette subrogation, fût-elle même consentie par le créancier, ne donne ouverture à aucun droit particulier. (Art. 1574 et 1749 du J.)

4. La subrogation a lieu de plein droit,

1°. Au profit de celui qui, étant lui-même créancier, paie un autre créancier qui lui est préférable à raison de ses priviléges ou hypothèques;

2°. Au profit de l'acquéreur d'un immenble qui emploie le prix de son acquisition au paiement des créanciers auxquels cet héritage était hypothéqué;

3°. Au profit de celui qui, étant tenu avec d'autres, ou pour d'autres, au paiement de la dette, avait intérêt de l'acquitter. Art. 1251 du C. N.

5. Dans le premier cas, le paiement n'éteint pas la dette; il n'a point pour objet la libération du créancier qui le fait; il forme, au contraire, le prix de l'acquisition d'une créance dont la subrogation opère, à son profit, la cession et transport. Il est dû incontestablement le droit de 1 f. par 100 f. s'il s'agit d'une créance à terme, et de 2 f. par 100 f. s'il s'agit d'une rente. (Art. 1574 et 1749 du J.)

6. Dans le second, il n'est dû que le droit de quittance, quoique ce paiement opère une double libération, à moins que le vendeur intervenant ne déclare décharger l'acquéreur. — V. *Quittances*, nᵒˢ. 10, 11 et 12, p. 534.

7. La subrogation, dans le troisième cas, ne donne ouverture à aucun droit, sauf l'exception énoncée au nombre suivant. En effet, le co-débiteur solidaire, ou la caution qui a acquitté la dette, doit nécessairement avoir son recours pour la portion de la dette qu'il ne devait pas personnellement, mais seulement comme co-obligé ou fidéjusseur. Il a payé tout, parce qu'il était tenu au paiement de la totalité : il n'a point payé comme acquéreur d'une créance ou portion de créance; la loi ne le considère point comme acquéreur, mais seulement comme ayant un droit de recours. (Article 1749 du J.)

8. Lorsque la caution du débiteur d'une rente, la rembourse volontairement, et que l'acte porte subrogation et décharge du cautionnement, il y a transmission de la rente. La caution, ne pouvant être forcée au remboursement, acquiert dans son seul intérêt une propriété à laquelle elle n'avait aucun droit. Quoique la subrogation soit de droit en pareil cas, elle n'en opère pas moins le transport de la rente, et ce transport est nécessairement passible du droit de 2 pour 100. Quant à la décharge du cautionnement, cette disposition est une suite nécessaire du remboursement de la rente : elle ne donne donc lieu à aucun droit particulier. Décision du minist. des

fin., du 17 nov. 1807. (Art. 2785 du J.)

9. Pour les quittances données à un tiers qui déclare qu'il paie de ses propres deniers, et est ou non subrogé, voyez *Quittances*, n°. 22, p. 536.

SUBSTITUTION. Institution d'héritier au second degré, par laquelle les biens devaient passer successivement aux institués.

Elles ont été abolies par les décrets des 25 octob. et 14 nov. 1792, et par l'art. 896 du C. N.

Néanmoins, il existe pour les biens affectés à un majorat, une espèce de substitution en faveur de la descendance masculine du titulaire. — V. *Majorat.*

SUBSTITUTION *de pouvoirs.* — Voyez *Procuration*, n°. 11, p. 520.

SUCCESSION. Institution civile par laquelle les biens d'un défunt passent en d'autres mains.

§. 1ᵉʳ. *De l'ouverture des successions et de la saisine des héritiers.*

§. 2. *Des qualités requises pour succéder.*

§. 3. *Principes généraux sur les divers ordres de succession.*

§. 4. *De la représentation.*

§. 5. *Des successions déférées aux descendans.*

§. 6. *Des successions déférées aux ascendans.*

§. 7. *Des successions collatérales.*

§. 8. *Droits des enfans naturels sur les biens de leur père et mère.*

§. 9. *Des successions des enfans naturels décédés sans postérité.*

§. 10. *Des successions dévolues à l'époux survivant.*

§. 11. *Des successions dévolues à l'Etat.*

§. 12. *Des successions vacantes.*

§. 13. *De l'acceptation, de la renonciation et du partage des successions.*

§. 14. *Déclaration à passer des mutations par décès. Par qui elle doit être faite. Sa forme. Estimation des biens.*

§. 15. *Délai pour passer déclaration. Bureaux où elle doit être faite.*

§. 16. *Biens qui doivent être déclarés.* EXCEPTIONS.

1°. *Par les héritiers légitimes, en général.*

2°. *Par les héritiers bénéficiaires.*

3°. *Par les héritiers des vétérans.*

4°. *Par les ascendans.*

5°. *Par les enfans naturels.*

6°. *Par les enfans adoptifs.*

7°. *Par les héritiers institués.*

8°. *Par les légataires.*

9°. *Par les tuteurs et curateurs.*

10°. *Par ceux qui recueillent une succession réputée en déshérence, ou à laquelle il a été renoncé par l'Etat.*

11°. *Par les créanciers autorisés à accepter une succession du chef de leur débiteur.*

12°. *Par le survivant des époux.*

13°. *Par l'usufruitier.*

§. 17. *Peines pour défaut de déclaration dans les délais.*

§. 18. *Des insuffisances d'estimation, et des déclarations rectifiées par les héritiers.*

§. 19. *Des omissions dans les déclarations.*

§. 20. *Qualité et liquidation des droits.*

§. 21. *Par qui les droits doivent être payés. Solidarité des co-héritiers. Action du trésor sur les revenus des biens.*

§. 22. *Des poursuites, de la compétence, et du recouvrement des droits.*

§. 23. *Prescription des droits.*

§. 24. *Restitution des droits.*

---

§. 1ᵉʳ. *De l'ouverture des successions et de la saisine des héritiers.*

1. « Les successions s'ouvrent par la mort naturelle et par la mort civile. » Art. 718 du C. N.

2. Quand la *mort naturelle* est prouvée, ainsi que le moment où elle a eu lieu, il n'y a aucune difficulté; mais il peut y avoir des doutes dans deux cas : 1°. lorsqu'on ignore si un homme est mort ou vivant, comme dans le cas d'absence, sans nouvelles (voyez *Absence*, p. 4, et ci-après, §. 15); 2°. et lorsque plusieurs personnes respectivement appelées à la succession l'une de l'autre, périssent dans un même événement, sans qu'on puisse reconnaître laquelle est décédée la première. — Voyez *Abstention*, n°. 6, p. 9.

3. La succession est ouverte par la *mort civile*, du moment où cette mort est encourue. Art. 719 du C. N.

Les condamnations *contradictoires* n'emportent la mort civile qu'à compter du jour de leur exécution, soit réelle, soit par effigie. Art. 26.

Et, suivant l'art. 27, les condamnations *par contumace* n'emportent la mort civile qu'après les cinq années qui suivent l'exécution du jugement par effigie, et pendant lesquelles le condamné peut se représenter. — V. *Délai*, §. 6, n°. 14, p. 217.

4. Les héritiers légitimes sont saisis de plein droit des biens, droits et actions du défunt, sous l'obligation d'acquitter toutes les charges de la succession. Article 724 du C. N.

Ainsi, lorsqu'un homme décède, la place qu'il laisse vacante est aussitôt remplie par ceux de ses parens qui sont appelés à la succession. A l'instant même où la mort lui enlève ses droits, la loi les confère à ses héritiers. Il n'y a pas de lacune, les biens, les droits d'un défunt ne pouvant pas rester en suspens. C'est ce que les coutumes avaient si énergiquement exprimé par cette maxime : *le mort saisit le vif.* Nulle différence sur ce point, entre la mort naturelle et la mort civile : c'est toujours à l'instant du décès que les héritiers sont saisis.

C'est par le seul effet de la loi que l'héritier est saisi, indépendamment de sa volonté, quelque part qu'il soit, et quoiqu'il ignore que la succession à laquelle il est appelé, est ouverte; et, s'il décède même dans cette ignorance, il transmet la succession à ses héritiers.

Ce principe ne contredit pas la maxime, *n'est héritier qui ne veut :* car il en résulte seulement qu'il peut renoncer ou répudier la succession; mais il suffit, pour être héritier, qu'il ne renonce pas : donc il est saisi.

5. A défaut d'héritiers légitimes, les successions passent à un autre ordre de personnes : d'abord aux enfans naturels, s'il y en a, sinon à l'époux survivant, enfin à l'Etat. Art. 723 du C. N. Mais, attendu qu'ils ne sont pas des héritiers légitimes proprement dits, ils ne sont pas saisis de plein droit, et ils doivent, suivant l'art. 724 du Code, se faire envoyer en possession par justice, dans les formes déterminées par les art. 767 et suiv.

A l'égard des *légataires universels*, ils sont saisis de plein droit par la mort, sans être tenus de demander la délivrance, lorsqu'au décès du testateur il n'y a pas d'héritiers auxquels une quotité de ses biens soit réservée par la loi. Art. 1006 du C. N.

§. 2. *Des qualités requises pour succéder.*

1. Il est de principe que la capacité ou l'incapacité de l'héritier se règle au tems où la succession est ouverte. Il faut donc, pour être habile à succéder, exister réellement à cette époque.

2. S'il s'ouvre une succession à laquelle soit appelé un individu dont l'existence n'est pas reconnue, elle est dévolue exclusivement à ceux avec lesquels il avait le droit de concourir, ou à ceux qui l'auraient recueillie à son défaut. Art. 136 du C. N.

5. Celui qui n'est pas encore conçu, est incapable de succéder. Art. 725.

Il n'est pas nécessaire que l'individu soit né pour être habile à succéder : il suffit qu'il soit conçu, parce que l'enfant existe réellement dès l'instant de la conception, et il est réputé né lorsqu'il y va de son intérêt, suivant

suivant la loi *Antiqui* 3 , §. *Si pars hæredit. petatur;* les lois 7 et 26 , §. *De statu hominum*, et la loi dernière, *De ventre in possessionem mittendo.*

On peut, en thèse générale, entendre par ces mots, *l'enfant non conçu*, celui qui est né plus de trois cents jours après la dissolution du mariage. Article 315 du C. N.

4. L'enfant qui n'est pas né viable, est également incapable de succéder. Même art. 725 du Code.

Lorsque l'enfant n'est pas vivant en sortant du sein de la mère, il est censé n'avoir pas vécu pour succéder; car c'était dans l'espoir de la naissance qu'on le regardait comme vivant dès l'instant de la conception : et, si cet espoir est trompé, la présomption qui le faisait regarder comme vivant, ne peut plus avoir de réalité.

La loi 3, au Code *De posthumis hœredibus instituendis*, exige que l'enfant naisse parfait : *Si vivus perfecte natus est;* c'est-à-dire qu'il ait atteint le terme auquel il est possible qu'il vive. L'art. 314 du C. N. fixe ce terme à cent quatre-vingts jours. D'où il suit que l'enfant qui vient au monde avant ce terme, n'a jamais été saisi de la succession, quand même il aurait vécu quelques jours; qu'il ne la transmet point, et qu'elle se défère alors comme si cet enfant n'eût jamais été conçu; mais, s'il est né à terme, pourvu qu'il naisse vivant, il n'importe qu'il vive plus ou moins long-tems : quand il n'aurait vécu que quelques heures et même que quelques momens, dès que sa vie est certaine, il a été saisi et transmet.

5. L'art. 725 du C. N. déclare encore comme incapable de succéder, celui qui est mort civilement.

On a indiqué au n°. 3 du §. précédent, l'époque où commence la mort civile. Si la succession s'ouvre avant cette époque, le condamné la recueille et la transmet. Si le contumace, qui est habile à succéder pendant les cinq ans que la loi lui accorde

pour se représenter, se représente ou est repris pendant ce tems, la mort civile ne s'opère que par l'exécution du second jugement, quoique semblable à celui de contumace : ainsi il recueille la succession ouverte antérieurement à l'exécution du second jugement, et la transmet; mais, sitôt que la mort civile a frappé le condamné, non-seulement il est incapable de succéder, mais sa succession s'ouvre au profit de ses héritiers.

A l'égard des biens acquis par le condamné, depuis la mort civile encourue, et dont il se trouve en possession au jour de sa mort naturelle, ils appartiennent à l'État par droit de déshérence.

6. Un étranger n'est admis à succéder aux biens que son parent, étranger ou Français, possède dans le territoire de l'empire français, que dans le cas et de la manière dont un Français succède à son parent, possédant des biens dans le pays de cet étranger. Art. 726 du C. N.

Cet article est conforme aux dispositions de l'art. 11 , qui porte que l'étranger jouira en France des mêmes droits civils que ceux qui sont ou seront accordés aux Français, par les traités de la nation à laquelle cet étranger appartiendra.

7. Mais, quoique l'on soit capable de succéder, on peut être exclu comme indigne. — V. *Indignes*, p. 391.

§. 3. *Principes généraux sur les divers ordres de successions.*

1. « Les successions sont déférées aux enfans et descendans du défunt, à ses ascendans et à ses parens collatéraux, dans l'ordre et suivant les règles ci-après déterminés. Art. 731 du C. N.

2. » La loi ne considère ni la nature ni l'origine des biens pour en régler la succession. Art. 732.

3. » Toute succession échue à des ascendans ou à des collatéraux, se divise en deux parts égales : l'une pour les parens de la

ligne paternelle, l'autre pour les parens de la ligne maternelle.

» Les parens utérins ou consanguins ne sont pas exclus par les germains; mais ils ne prennent part que dans leur ligne, sauf ce qui sera dit à l'article 752. Les germains prennent part dans les deux lignes.

» Il ne se fait aucune dévolution d'une ligne à l'autre, que lorsqu'il ne se trouve aucun ascendant ni collatéral de l'une des deux lignes. Art. 733.

4. » Cette première division opérée entre les lignes paternelle et maternelle, il ne se fait plus de division entre les diverses branches; mais la moitié dévolue à chaque ligne appartient à l'héritier ou aux héritiers les plus proches en degrés, sauf le cas de la représentation, ainsi qu'il sera dit ci-après. » Art. 734.

Au mot *Ligne*, p. 424, on a établi comment se forme la ligne de la parenté.

§. 4. *De la représentation.*

1. En général, la loi appelle à la succession les parens les plus proches, sur le fondement que le défunt est présumé avoir eu plus d'affection pour ceux-ci que pour les autres parens plus éloignés en degrés.

2. Cependant, cette règle générale reçoit une exception dans le sens même de la présomption qui lui sert de base; et, comme dans l'ordre des affections il existe une représentation réelle qui met les enfans à la place des pères décédés, et reporte sur eux toute la tendresse de la famille, la loi a dû suivre la même marche, et admettre la représentation. — V. *Représentation*, page 566.

5. Lorsque *tous les enfans* ou *tous les frères et sœurs* du défunt *sont décédés*, on pourrait croire que les petits-enfans ou les enfans des frères et sœurs sont appelés de leur chef à la succession, et par tête, c'est-à-dire *tous* par égales portions : néanmoins, les art. 740 et 742 du C. N. les appellent par représentation, et l'art. 743 ordonne, dans ce cas, le partage par souches. Mais,

suivant l'article 787, lorsque tous les successibles du premier degré ont renoncé, les enfans viennent de leur chef et succèdent par tête. Il ne faut point perdre de vue cette différence.

§. 5. *Des successions déférées aux descendans.*

Dans toutes les successions, la loi appelle d'abord les descendans.

« Les enfans ou leurs descendans (porte l'art. 745 du C. N.) succèdent à leurs père et mère, aïeuls, aïeules ou autres ascendans, sans distinction de sexe ni de primogéniture, et encore qu'ils soient issus de différens mariages.

» Ils succèdent par égales portions et par tête, quand ils sont tous au premier degré et appelés de leur chef : ils succèdent par souche, lorsqu'ils viennent tous ou en partie par représentation. »

Il n'y a d'exception, à ce principe, que pour les biens composant un majorat.

§. 6. *Des successions déférées aux ascendans.*

On a dit, au §. précédent, que la loi appelle d'abord les descendans.

1. La succession collatérale ne vient, en général, qu'après la succession ascendante et en troisième ordre. Il y a cependant des cas où ces deux successions ont réciproquement la préférence l'une sur l'autre. Il y a des cas où elles se mêlent, où les ascendans et les collatéraux concourent ensemble, ainsi qu'on le remarquera ci-après.

2. « Si le défunt n'a laissé ni postérité, ni frère, ni sœur, ni descendans d'eux, la succession se divise par moitié entre les ascendans de la ligne paternelle et les ascendans de la ligne maternelle.

» L'ascendant qui se trouve au degré le plus proche, recueille la moitié affectée à sa ligne, à l'exclusion de tous autres.

» Les ascendans au même degré succèdent par tête. » Art. 746 du C. N.

3. « Lorsque les père et mère d'une per-

sonne morte sans postérité lui ont survécu, si elle a laissé des frères, sœurs, ou des descendans d'eux, la succession se divise en deux portions égales, dont moitié seulement est déférée au père et à la mère, qui la partagent entre eux également.

» L'autre moitié appartient aux frères, sœurs ou descendans d'eux. Art. 748.

4. » Dans le cas où la personne morte sans postérité laisse des frères, sœurs, ou des descendans d'eux, si le père ou la mère est prédécédé, la portion qui lui aurait été dévolue conformément au précédent article, se réunit à la moitié déférée aux frères, sœurs, ou à leurs représentans. » Art. 749.

5. Les ascendans succèdent, à l'exclusion de tous autres, aux choses par eux données à leurs enfans ou descendans décédés sans postérité. — V. *Retour légal*, p. 580.

6. La loi ayant dit que le droit de succéder appartient à l'ascendant donateur, à l'*exclusion* de tous autres, il en résulte que, si c'est un aïeul qui a donné à son petit-fils mort sans enfans, c'est l'aïeul qui doit succéder à la chose par lui donnée, et non le père, quoique survivant.

7. Il est encore de principe que ce droit n'appartenant qu'à l'ascendant donateur, il faut qu'il survive au donataire, pour qu'il y ait lieu à cette succession qu'il ne transmet point à ses héritiers.

8. Si les enfans du donataire renoncent à sa succession, le droit de succéder à la chose donnée, accordé à l'ascendant donateur, doit-il avoir lieu ? Lebrun, *Des Successions*, et Dumoulin, sur la coutume de Berri, décident l'affirmative. En effet, disent-ils, c'est la même chose qu'il n'y ait point d'enfans, ou que ces enfans ne soient point héritiers.

9. Si les enfans du donataire meurent sans descendans, y a-t-il également lieu au droit de succéder à la chose donnée ? Oui. Ce principe, d'abord problématique, était devenu, par la jurisprudence, un point constant dans la coutume de Paris ; et le Code Napoléon ayant, sur cet objet, adopté la coutume de Paris, on doit suivre la même décision.

10. Lorsque l'ascendant donateur est héritier ordinaire, il n'y a pas confusion du droit particulier de succéder à la chose donnée : en sorte qu'il exerce les deux qualités ; qu'il reprend d'abord, toujours à titre de succession, la chose par lui donnée, et qu'il prend ensuite, comme héritier ordinaire, la portion qui lui est déférée en cette qualité, dans les biens du défunt.

§ 7. *Des successions collatérales.*

Voici le troisième ordre de successions qui, comme il a été observé au §. précédent, concourt quelquefois avec le second ordre, et lui est même quelquefois préféré.

1. En cas de prédécès des père et mère d'une personne morte sans postérité, ses frères, sœurs, ou leurs descendans, sont appelés à l'exclusion des ascendans et des autres collatéraux. Ils succèdent, ou de leur chef, ou par représentation, ainsi qu'il a été dit au mot *Représentation*, page 566, et ci-devant §. 4, n°. 3. Article 750 du C. N.

2. « Si les père et mère de la personne morte sans postérité lui ont survécu, ses frères, sœurs ou leurs représentans ne sont appelés qu'à la moitié de la succession. Si le père ou la mère seulement a survécu, ils sont appelés à recueillir les trois quarts. Art. 751.

3. » Le partage de la moitié ou des trois quarts dévolus aux frères ou sœurs, aux termes de l'article précédent, s'opère entre eux par égales portions, s'ils sont tous du même lit : s'ils sont de lits différens, la division se fait par moitié entre les deux lignes paternelle et maternelle du défunt ; les germains prennent part dans les deux lignes, et les utérins et consanguins chacun dans leur ligne seulement : s'il n'y a de frères ou sœurs que d'un côté, ils succèdent

77 *

à la totalité, à l'exclusion de tous autres parens de l'autre ligne. Art. 752.

4. » A défaut de frères ou sœurs ou de descendans d'eux, et à défaut d'ascendans dans l'une ou l'autre ligne, la succession est déférée pour moitié aux ascendans survivans; et pour l'autre moitié, aux parens les plus proches de l'autre ligne.

» S'il y a concours de parens collatéraux au même degré, ils partagent par tête. Art. 753.

5. » Dans le cas de l'article précédent, le père ou la mère survivant, a l'usufruit du tiers des biens auxquels il ne succède pas en propriété. Art. 754.

6. » Les parens au-delà du douzième degré ne succèdent pas.

» A défaut de parens au degré successible dans une ligne, les parens de l'autre ligne succèdent pour le tout. » Art. 755.

§. 8. *Des droits des enfans naturels sur les biens de leurs père et mère.*

1. » Les enfans naturels ne sont point héritiers : la loi ne leur accorde de droits sur les biens de leur père ou mère décédés, que lorsqu'ils ont été légalement reconnus. Elle ne leur accorde aucun droit sur les biens des parens de leur père ou mère. Art. 756 du C. N.

2. » Le droit de l'enfant naturel sur les biens de ses père ou mère décédés, est réglé ainsi qu'il suit :

» Si le père ou la mère a laissé des descendans légitimes, ce droit est d'un tiers de la portion héréditaire que l'enfant naturel aurait eue s'il eût été légitime : il est de la moitié, lorsque les père ou mère ne laissent pas de descendans, mais bien des ascendans ou des frères ou sœurs; il est des trois quarts lorsque les père ou mère ne laissent ni descendans ni ascendans, ni frères ni sœurs. Art. 757.

3. » L'enfant naturel a droit à la totalité des biens, lorsque ses père ou mère ne laissent pas de parens au degré successible. Art. 758.

4. » En cas de prédécès de l'enfant naturel, ses enfans ou descendans peuvent réclamer les droits fixés par les articles précédens. Art. 759.

5. » L'enfant naturel ou ses descendans sont tenus d'imputer sur ce qu'ils ont droit de prétendre, tout ce qu'ils ont reçu du père ou de la mère dont la succession est ouverte, et qui serait sujet à rapport. Art. 760.

6. » Toute réclamation leur est interdite, lorsqu'ils ont reçu, du vivant de leur père ou de leur mère, la moitié de ce qui leur est attribué par les articles précédens, avec déclaration expresse, de la part de leur père ou mère, que leur intention est de réduire l'enfant naturel à la portion qu'ils lui ont assignée.

• Dans le cas où cette portion serait inférieure à la moitié de ce qui devrait revenir à l'enfant naturel, il ne pourra réclamer que le supplément nécessaire pour parfaire cette moitié. Art. 761.

7. » Les dispositions des articles 757 et 758 ne sont pas applicables aux enfans adultérins ou incestueux.

» La loi ne leur accorde que des alimens. Art. 762.

8. » Ces alimens sont réglés, eu égard aux facultés du père ou de la mère, au nombre et à la qualité des héritiers légitimes. Art. 763.

9. » Lorsque le père ou la mère de l'enfant adultérin ou incestueux lui auront fait apprendre un art mécanique, ou lorsque l'un d'eux lui aura assuré des alimens de son vivant, l'enfant ne pourra élever aucune réclamation contre leur succession. » Art. 764.

10. Pour les formalités à observer par les enfans naturels, appelés à défaut de parens au degré successible, voyez ci-après, §. 11.

§. 9. *Des successions des enfans naturels décédés sans postérité.*

1. « La succession de l'enfant naturel dé-

cédé sans postérité, est dévolue au père ou à la mère qui l'a reconnu ; ou par moitié à tous les deux, s'il a été reconnu par l'un et par l'autre. Art. 765 du C. N.

2. » En cas de prédécès des père et mère de l'enfant naturel, les biens qu'il en avait reçus, passent aux frères ou sœurs légitimes, s'ils se retrouvent en nature dans la succession ; les actions en reprise, s'il en existe, ou le prix de ces biens aliénés, s'il est encore dû, retournent également aux frères et sœurs légitimes. Tous les autres biens passent aux frères et sœurs naturels, ou à leurs descendans. » Art. 766.

3. Il ne paraît pas que les frères et sœurs exercent ce droit de retour à titre de succession : la loi ne se sert pas du mot *succèdent* ; elle dit que les choses données par les père et mère à l'enfant naturel, *passent*, en cas de mort de celui-ci, sans descendans, aux frères et sœurs légitimes : c'est donc un véritable droit de retour que ces derniers exercent.

§. 10. *Des successions dévolues à l'époux survivant.*

1. « Lorsque le défunt ne laisse ni parens au degré successible, ni enfans naturels, les biens de sa succession appartiennent au conjoint non divorcé qui lui survit. » Art. 767 du C. N.

2. Cette disposition est conforme à celle du droit romain, au titre *Undè vir et uxor.*

3. Il est naturel de présumer que les conjoints se préféraient au fisc pour se succéder l'un à l'autre : mais cette présomption ou préférence ne pouvait plus exister lorsque les conjoints étaient divorcés. Le divorce les ayant rendus étrangers l'un à l'autre, le survivant ne peut pas plus avoir de droits que tout autre étranger quelconque, à la succession du prédécédé. En est-il de même s'il y a séparation de corps et de biens entre les époux ? Le survivant a-t-il droit à cette succession ? Le Code Napoléon, dit Gin dans son Commentaire, ne le décide pas :

mais c'est la conséquence de la loi romaine, que le nouveau Code adopte en son entier. Cette opinion ne paraît pas fondée. Le Code n'excepte que les époux divorcés et non les époux séparés de corps. Si le législateur eût voulu excepter ces derniers, il n'eût pas manqué de le dire formellement. Il existe d'ailleurs une différence sensible entre les époux divorcés et ceux qui sont seulement séparés de corps et de biens. Les premiers, comme on l'a dit plus haut, sont, par l'effet du divorce, étrangers l'un à l'autre : ils ne peuvent plus contracter ensemble un nouveau mariage. Les époux séparés de corps peuvent, au contraire, se réunir à leur volonté : ils n'ont pas besoin d'un nouvel hymen ; le premier subsiste toujours ; la femme continue de porter le nom de son mari : elle n'agit qu'en vertu de son autorisation.

4. Les formalités à observer par l'époux survivant et héritier, sont rappelées au §. suivant.

§. 11. *Des successions dévolues à l'Etat.*

1. Lorsque le défunt ne laisse ni parens au degré successible, ni enfans naturels, ni conjoint survivant non divorcé, la succession est acquise à l'Etat. Article 768 du C. N.

2. Les obligations de l'*Etat*, du *conjoint survivant* ou des *enfans naturels*, étant consignées dans les mêmes articles du Code Napoléon, voici les formalités qu'ils ont respectivement à observer.

« Le conjoint survivant et l'administration des domaines qui prétendent droit à la succession, sont tenus de faire apposer les scellés, et de faire faire inventaire dans les formes prescrites pour l'acceptation des successions sous bénéfice d'inventaire. Art. 769.

3. » Ils doivent demander l'envoi en possession au tribunal de première instance dans le ressort duquel la succession est ouverte. Le tribunal ne peut statuer sur la demande qu'après trois publications et affi-

ches dans les formes usitées, et après avoir entendu le commissaire du gouvernement. Art. 770.

4. » L'époux survivant est encore tenu de faire emploi du mobilier, ou de donner caution suffisante pour en assurer la restitution, au cas où il se présenterait des héritiers du défunt, dans l'intervalle de trois ans : après ce délai, la caution est déchargée. Art. 771.

5. » L'époux survivant ou l'administration des domaines qui n'auraient pas rempli les formalités qui leur sont respectivement prescrites, pourront être condamnés aux dommages et intérêts envers les héritiers, s'il s'en représente. Art. 772.

6. » Les dispositions des articles 769, 770, 771 et 772, sont communes aux enfans naturels appelés à défaut de parens. » Art. 773.

7. Les successions qui arrivent à l'enfant naturel, à l'époux survivant et à l'Etat, sont appelées irrégulières, parce que les appelés ne succèdent point à la personne; ils ne représentent point le défunt; ils ne succèdent qu'aux biens : de sorte qu'ils ne sont pas tenus des dettes comme héritiers, mais comme détenteurs des biens, et qu'en les abandonnant, ils sont déchargés des dettes.

§. 12. *Des successions vacantes.*

1. Il peut arriver qu'il ne se présente, pour recueillir une succession, ni parens, ni enfans naturels, ni époux survivant, ni même l'Etat : la succession est alors vacante. Il faut cependant que les personnes qui ont des droits à exercer contre elle, trouvent un contradicteur légitime de leurs prétentions : la loi leur en donne un dans la personne d'un curateur à la succession vacante.

2. « Lorsqu'après l'expiration des délais pour faire inventaire et pour délibérer, il ne se présente personne qui réclame une succession, qu'il n'y a pas d'héritier connu, ou que les héritiers connus y ont renoncé,

cette succession est réputée vacante. Art. 811.

3. » Le tribunal de première instance dans l'arrondissement duquel elle est ouverte, nomme un curateur sur la demande des personnes intéressées, ou sur la réquisition du commissaire du gouvernement. Art. 812.

4. » Le curateur à une succession vacante est tenu, avant tout, d'en faire constater l'état par un inventaire : il en exerce et poursuit les droits; il répond aux demandes formées contre elle; il administre, sous la charge de faire verser le numéraire qui se trouve dans la succession, ainsi que les deniers provenant du prix des meubles ou immeubles vendus, dans la caisse d'amortissement, pour la conservation des droits, et à la charge de rendre compte à qui il appartiendra. » Art. 813, et Avis du Conseil d'Etat, approuvé par Sa Majesté le 13 oct. 1809. Inst. gén. du 9 mars 1810, n°. 467.

§. 13. *De l'acceptation, de la renonciation et du partage de succession.*

Voyez *Acceptation*, p. 10; *Renonciation*, p. 555, et *Partage*, p. 476.

§. 14. *Déclaration à passer des mutations par décès. Par qui elle doit être faite. Sa forme. Estimation des biens.*

1. Les héritiers, donataires ou légataires, leurs tuteurs ou curateurs, sont tenus de passer déclaration détaillée des mutations de propriété ou d'usufruit, par décès, de biens meubles ou immeubles, et de la signer sur le registre. Art. 27 de la loi du 22 frim. an 7.

2. D'après cette disposition générale, sont tenus de passer déclaration et d'acquitter les droits de mutation par décès, 1°. les héritiers directs dans la ligne descendante et ascendante, même les enfans, du vivant de leurs père et mère, pour les biens qui leur sont dévolus lorsque ceux-ci divorcent par consentement mutuel; 2°. les enfans naturels; 3°. les enfans adoptifs; 4°.

les héritiers collatéraux ; 5°. les héritiers bénéficiaires ; 6°. les héritiers institués par
contrat de mariage ou par testament ; 7°.
les donataires, à l'ouverture de la donation
dont l'effet est soumis à l'événement du décès ; 8°. les légataires ; 9°. les tuteurs ou curateurs, leurs représentans, même ceux
nommés aux enfans conçus et à naître ; 10°.
les curateurs aux successions vacantes ; 11°.
les créanciers autorisés à accepter la succession du chef de celui qui a renoncé, au préjudice de leurs droits ; 12°. les étrangers
qui héritent de biens en France ; 13°. les
époux survivans, même ceux domiciliés en
pays étrangers, pour les biens qu'ils recueillent en France, en vertu de la loi, de leur
contrat de mariage ou de tous autres actes.

3. On peut énoncer dans la déclaration
des actes sous signature-privée, sans qu'ils
aient été enregistrés. — V. *Déclaration de
succession*, n°. 19, p. 209.

4. Une déclaration de succession, par
une partie des héritiers, ne suffit pas pour
faire présumer qu'il y ait eu cession de
droits par ceux qui ne comparaissent pas.
— Voyez *Mutation*, §. 6, n°. 27, page
450.

5. Quant à la forme des déclarations,
voyez *Déclaration de succession*, p. 208.

6. Pour faciliter la vérification de la déclaration des forêts, il faut y désigner chaque forêt ou bois par sa dénomination, sa
situation et sa consistance ; indiquer le nombre d'hectares de haute futaie, le nombre
d'hectares des taillis : cette distinction permet d'apprécier le revenu des bois. (Article
2754 du J.)

7. Un tribunal ne peut laisser à l'héritier
l'alternative de passer la déclaration des objets composant la succession, ou de payer
la somme énoncée dans la contrainte. —
V. *Contrainte*, n°. 7, p. 172.

8. Les règles générales d'estimation ont
été posées aux mots *Estimation*, n°. 5 et
suivans, p. 270, et *Expertise*, §. 2, pag.
281. On y remarque que les rentes doivent
être estimées d'après leurs capitaux, et que,

pour celles créées sans expression de capital, l'estimation doit être faite à raison d'un
capital formé de vingt fois la rente perpétuelle, et de dix fois la rente viagère.

Cependant, le sieur Stalpaert n'avait évalué, dans sa déclaration de la succession
Vanaertselaer, quatre capitaux de rentes
composant un actif, qu'à 1,740 f., tandis
que ces capitaux s'élevaient à 5,714 f. 28
cent.

Sur la demande formée en supplément
de droits, le sieur Stalpaert avait prétendu
qu'il n'était tenu qu'à la déclaration estimative des rentes par lui recueillies, et un jugement du tribunal de Malines l'avait déchargé de la demande, sur le motif que les
n°s. 6 et 7 de l'article 14 de la loi du 22 frimaire an 7, ne s'appliquent qu'aux créa-
tions, cessions, transports, amortissement
ou rachat de rentes, tandis que le n°. 8 concernant les transmissions à titre gratuit entre-vifs ou par décès, prescrit uniquement
la déclaration estimative des parties ; ce qui
se prouve par le n°. 9, puisqu'il règle le
mode d'évaluation des rentes et pensions
créées sans expression de capital.

L'administration s'étant pourvue contre
ce jugement, arrêt de la cour de cassation,
du 28 messidor an 13, dont voici le dispositif :

« La cour, vu l'art. 14, n°s. 7, 8 et 9 de
la loi du 22 frim. an 7 ;

» Considérant que, d'après des contrats
authentiques, les capitaux de rentes qui ont
été transmis au défendeur par décès, s'élèvent, en monnaie décimale, à la somme de
5,714 f. 28 c. ;

» Que, d'après le n°. 7 de l'article ci-
dessus cité, les contrats des constitutions
des rentes doivent servir de base à la liquidation du droit de mutation, tant pour les
cessions que pour les transports desdites
rentes ;

» Que le législateur veut, dans le n°. 9,
qu'en cas de transport de rentes originairement créées sans expression de capital, il
soit formé, pour le droit de mutation,

un capital de vingt fois la rente perpétuelle ;

» Que la loi ne fait, dans ses dispositions relatives spécialement aux rentes, aucune distinction entre les transports qui saisissent à titre onéreux, et ceux qui saisissent
à titre purement lucratif;

» Que le n°. 8, invoqué par le tribunal
dont le jugement est attaqué, est uniquement relatif aux meubles et effets mobiliers
proprement dits ;

» Que, si, à l'égard des meubles et effets mobiliers proprement dits, transmis à
titre gratuit, la loi se contente, pour la liquidation du droit, de la déclaration estimative des parties, ce n'est évidemment que
parce que, dans ce cas, il n'y a pas d'autre
base ;

» Que, lorsqu'au contraire le capital de
la constitution de la rente est établi par le
contrat, ou lorsque, d'après le taux de la
rente, on en fixe le capital d'après vingt fois
la rente, il y a des bases sures ;

» Qu'en adoptant, dans cette matière,
la déclaration estimative des parties, on
leur laisserait la faculté de fixer le droit,
tandis que la loi a prescrit des règles positives pour opérer la liquidation;

» Que le tribunal dont le jugement est
attaqué, a vainement observé que la régie avait la faculté de recourir à l'expertise ;

» Qu'il résulte, en effet, de la loi du 22
frimaire an 7, que la voie de l'expertise n'a
jamais lieu dans cette matière, et que, mé-
me à l'égard des immeubles, cette voie
n'est admise que lorsque le capital ne peut
pas être connu d'après les autres voies déterminées par cette loi ;

» Que, par conséquent, le tribunal dont
le jugement est attaqué, a fait une fausse
application du n°. 8 de l'article cité, et a
violé le n°. 9 du même article :

» La cour casse, etc. » (Article 2163
du J.)

9. On a vu également au mot *Estimation*, n°. 7, que les déclarations doivent indiquer le revenu des biens immeubles.

Lorsqu'elles énoncent simplement la valeur
en capital, elles sont nécessairement irrégulières ; indépendamment de ce qu'elles
peuvent, dans quelque cas, nuire aux produits, c'est qu'on laisse aux parties un
moyen à faire valoir pour se soustraire à la
peine résultant de l'insuffisance, puisque *le
revenu n'est pas déclaré*. A défaut de déclaration du revenu, il n'y a pas en effet de
contravention positive : elle ne peut être
que présumée, et l'application de la peine
dépend des circonstances particulières. Il
est donc très-important de ne point s'écarter
de la règle prescrite par la loi sur cette matière. (Art. 2276 du J.) Cependant, l'insuffisance d'évaluation dans une déclaration
faite de la valeur en capital, sans indication des revenus, peut être établie par les
baux courans au moment de l'ouverture de
la succession. — Voyez ci-après, §. 18.

10. Pour la fixation du revenu des forêts
et bois non affermés, il faut diviser les taillis et futaies par soles ou saisons, et réca-
pituler le produit total des coupes, *pendant
une révolution entière*, pour en former le
revenu *moyen* par chaque année. Ainsi, en
supposant qu'une futaie s'exploite tous les
quatre-vingts ans, il faut diviser le produit
de la coupe par quatre-vingts, et l'on aura
le revenu annuel présumé. Pour les taillis
qu'on suppose divisés en vingt-cinq coupes,
dont une s'exploite tous les ans, comme l'u-
ne peut être plus forte et l'autre plus faible,
le produit des vingt-cinq coupes serait divisé par vingt-cinq, pour avoir l'année
moyenne.

Ce mode est également applicable aux
étangs, c'est-à-dire que, si la pêche se fait
tous les trois ans, il faut en diviser le produit par trois, pour avoir l'année commune.

L'évaluation du revenu annuel doit ensuite être capitalisée au denier 20, sans
distration des charges. (Art. 2754 du J.)

§. 15. *Délai pour passer déclaration. Bureaux où elle doit être faite.*

1. Pour connaître le délai accordé par la
loi,

loi , à l'effet de passer déclaration , et le jour où ce délai commence à courir, voyez *Délai*, §. 6 , p. 214; *Faculté de rachat ,* n°. 7, p. 298; *Indignes de succéder*, n°. 2, p. 391 ; *Prescription*, §. 2 , n°ˢ. 2 , 4 , 6 , 7 , 8 , 9 et 12 , p. 497 et suiv.; *Retrait de réméré*, n°. 11, p. 583 ; et §. suivant, n°ˢ. 6 et 7 , pour les biens *incertains* ou *contestés*.

2. Le délai pour faire la déclaration des biens d'un prêtre déporté, inscrit sur la liste des émigrés, ainsi que pour demander les droits d'enregistrement, doit commencer du jour où ses héritiers ont été mis en possession de ses biens, si l'envoi en possession a été ordonné en exécution de la loi du 22 fructidor an 3; mais, si l'envoi en possession n'est que la conséquence et la suite d'une radiation provisoire, et si la radiation provisoire a été suivie d'une radiation définitive, telle que celle résultant d'un certificat d'amnistie délivré en exécution du sénatus-consulte du 10 floréal an 10, la prescription n'a pu courir qu'à partir de la mise en possession après l'amnistie. Déc. du min. des fin. , de concert avec le grand-juge, du 28 juin 1808. Nomb. 14 de l'Inst. gén. du 28 juillet suiv. , n°. 390.

3. Le délai de six mois, accordé aux héritiers pour faire leur déclaration , ne court pas contre les militaires absens pour cause de service. Arrêt de la cour de cassation , du 1ᵉʳ. frim. an 9 :

« Attendu que l'art. 2 de la loi du 5 brumaire an 5, dispose : *Aucune prescription,* aucune EXPIRATION DE DÉLAI *ou péremption d'instance , ne peut être acquise contre les défenseurs de la patrie en activité de service ;*

» Que cette disposition est générale ; que la loi qui a voulu défendre les militaires en activité, de toute expiration de délai, ne peut être supposée leur avoir refusé cet avantage , si l'expiration de délai les soumettait à une peine pécuniaire au profit du gouvernement;

» Qu'une exception de cette espèce aurait eu d'autant plus besoin d'être exprimée,

que la disposition de faveur est conçue dans les termes les plus généraux ;

» Que le demi-droit en sus exigé des héritiers , pour défaut de paiement du droit d'enregistrement dans les six mois, est une peine établie *à titre d'amende* par l'art. 39 de la loi du 22 frimaire an 7, et même une peine personnelle, puisque le même article en rend les tuteurs et les curateurs personnellement responsables ;

» Que la loi du 6 brumaire an 5 , constitutive d'une suspension générale de tous délais au profit des défenseurs de la patrie en activité de service, n'est point une loi sur la matière particulière de l'enregistrement , et qu'ainsi elle n'a point été abrogée par l'article 75 de celle du 22 frimaire an 7 ;

» Qu'en faisant jouir les défenseurs de la patrie du bénéfice de la loi du 6 brumaire an 5, il n'en résulte nullement que le trésor public ne pourra leur faire acquitter ce qu'ils doivent, mais seulement qu'il sera obligé de le recouvrer dans le délai accordé à tous les citoyens, ou de renoncer au demi-droit en sus , s'il n'en fait le recouvrement qu'après ce délai; rejette. »

4. A l'égard des bureaux où les déclarations doivent être faites, voyez *Bureau,* n°. 16, p. 134.

5. Le droit de mutation par décès est dû DIVISÉMENT dans chacun des bureaux de la situation des biens; et, lorsqu'un jugement rendu pour un de ces bureaux, a l'autorité de la chose jugée, on ne peut en exciper pour les autres bureaux. Arrêt de la cour de cassation, du 7 août 1807, portant :

« La cour, considérant que chaque bureau de la régie doit recevoir la déclaration des biens situés sous son arrondissement, et que les droits et les obligations respectifs de la régie et des héritiers, peuvent varier sur les délais, suivant la position des choses, sur l'arrondissement de chaque bureau , casse le jugement du tribunal de Charolles, du 5 prairial an 13 , qui avait rejeté la demande des droits du receveur de Lugny, sur le motif que celle du receveur de Trévoux, contre les héritiers de la même succession, avait été rejetée par jugement du tribunal de Trévoux, lequel avait acquis l'autorité de la chose jugée, l'administration ne s'étant pas pourvue en tems utile contre ce dernier jugement. » (Art. 2809 du J.)

§. 16. *Biens qui doivent être déclarés.* EXCEPTIONS.

1°. *Par les héritiers légitimes*, en général.

1. Les héritiers légitimes doivent, sauf les exceptions qui seront marquées ci-après, déclarer tous les biens qu'ils recueillent à titre successif. Ce principe général va se développer encore par les décisions particulières rendues sur cette matière.

2. Les héritiers, quel que soit leur domicile ou celui de la personne décédée, doivent déclarer tous les meubles et les immeubles *situés en France,* ainsi que les rentes et créances *payables en France,* et même le montant des traites et effets acceptés et *payables en France,* pour des créances originairement exigibles aux colonies ou dans les pays étrangers. Décis. du minist. des fin., des 14 pluviose, 21 messid., 12 thermid. an 12, 10 floréal et 25 thermid. an 13. Nomb. 56 de l'Inst. gén. du 3 fruct. an 13, n°. 290.

3. L'exemption réciproque stipulée dans la plupart des traités conclus entre la France et les autres états, de tous droits sur les biens meubles ou immeubles dont les habitans de l'une ou l'autre nation héritent, soit *ab intestat,* soit à titre particulier, ne doit s'entendre que de ceux d'aubaine, de déshérence ou autres de même nature : en conséquence, le ministre des finances et celui des relations extérieures, ont décidé de concert, le 5 prairial an 10, que cette exemption n'est point applicable aux droits que supportent les nationaux eux-mêmes, et que les mutations par décès des biens meubles et immeubles, situés sur le territoire européen de l'empire français, sont soumises à toutes les lois qui existent en France, sur les mutations de cette nature, à l'égard des Français. Nomb. 37 de l'Inst. gén. du 3 fruct. an 13, n°. 290. (Art. 1162 du J.)

4. Lors même qu'après avoir accepté, sous bénéfice d'inventaire, la succession de leur père, des enfans l'auraient abandonnée en totalité à leur mère, pour la remplir du montant des reprises qu'elle avait droit d'exercer contre la succession, par sa renonciation à la communauté, ils n'en seraient pas moins obligés de passer déclaration de tous les biens de la succession, parce qu'ils en ont été saisis, et qu'il y a eu mutation en leur faveur. (Art. 549 du J.)

5. L'héritier, tant qu'il ne s'est pas abstenu *par acte*, est saisi de la succession; et, s'il décède, il est dû deux droits de mutation par décès. — V. *Abstention*, n°. 4, p. 8.

6. Lorsque celui à qui une succession est échue, est décédé sans l'avoir répudiée ou sans l'avoir acceptée expressément ou tacitement, ses héritiers peuvent l'accepter ou la répudier *de son chef.* Article 781 du C. N.

L'acceptation consacre, dans l'espèce, la transmission effectuée au profit de l'héritier décédé; ceux qui, après lui, recueillent les avantages dont il pouvait profiter, ne les tiennent que de lui et non de celui dont la succession était ouverte avant son décès. Il s'opère donc en leur faveur une seconde transmission dont les droits sont également exigibles. (Art. 1628 du J.)

7. L'héritier commence à posséder au même instant que cesse la possession du décédé : il en résulte que, si, dans le cas de dissolution de communauté par décès, il a été procédé au partage avant la déclaration de succession, les héritiers du prédécédé doivent déclarer la moitié de tous les biens de la communauté, sans égard aux effets du partage. De même, lorsqu'un co-héritier,

pour un quart dans une succession, décé-de, et qu'on procède au partage avant la déclaration de sa succession, ses héritiers doivent déclarer le quart de tous les biens dépendant de la succession commune, sans avoir égard à ceux assignés dans leur lot. En effet, le partage n'étant que déclaratif et non attributif de propriété, ne peut porter aucune atteinte à la transmission qui s'était opérée par le décès; il ne peut influer ni sur la déclaration à passer de la portion des biens que cette transmission avait pour objet, ni sur la quotité des droits d'enregistrement, soit en plus, soit en moins, selon la nature des biens assignés dans le lot de celui dont la succession est déclarée. (Article 2735 du J.) Ces principes ont été reconnus par décision du ministre des finances, du 5 juillet 1810. Inst. gén. du 14 du même mois, n°. 484.

8. Les héritiers du mari sont tenus de déclarer la moitié de tous les biens de la communauté, sans avoir égard aux distractions qui s'opèrent par les reprises de la veuve. — Voyez *Reprises*, n°. 5, page 567.

9. Ils doivent déclarer la totalité des biens qui faisaient partie de la communauté, si la veuve y a renoncé. — V. *Renonciation*, n°. 12, p. 556.

10. L'un des époux qui était propriétaire d'une portion des biens acquis par eux, *à titre de licitation*, vient-il à décéder? ses héritiers doivent comprendre, dans leur déclaration, la totalité de ces biens. Si l'autre époux, au contraire, prédécède, ses héritiers ont à déclarer la moitié du prix dont l'autre époux leur doit récompense. Enfin, si le mari devient seul, et en son nom personnel, acquéreur ou adjudicataire de portion ou de la totalité d'un immeuble appartenant par indivis à la femme, celle-ci peut, suivant l'art. 1408 du C. N., retirer l'immeuble : si elle fait cette option, les héritiers du mari sont obligés de déclarer la moitié du prix dont il leur est dû récompense; si, au contraire, l'immeuble reste

dans la communauté, ils doivent en déclarer la moitié. (Art. 1719 du J.)

11. Les biens acquis avec déclaration de remploi, sont ou des propres ou des conquêts de communauté; et, selon les circonstances, il y a lieu ou non d'en passer la déclaration au décès de l'un des époux. — V. *Remploi*, n°. 5, p. 555.

12. Pour la distinction des propres de communauté, et pour savoir quand il y a lieu à passer déclaration de ces biens, ainsi que des récompenses ou indemnités y relatives, voyez *Propres de communauté*, p. 523.

13. A l'égard de la déclaration à passer, au décès, relativement aux immeubles *ameublis*, voyez *Contrat de mariage*, §. 18, p. 182.

14. L'accroissement, en matière de succession, legs ou communauté, donne, dans certains cas, ouverture au droit de mutation par décès. — Voyez *Accroissement*, p. 11.

15. Les biens *contestés* à l'héritier, mais dont il est en *possession*, doivent être compris dans sa déclaration, sous la réserve que le droit acquitté sera restitué, si, par le jugement de la contestation, l'héritier est définitivement exproprié. Solution de l'administration, du 18 niv. an 10. (Art. 1089 du J.)

16. Si l'héritier n'est pas en possession des biens qui lui sont *contestés*, il doit faire sa soumission d'en passer la déclaration dans les six mois de l'acte ou du jugement par lequel ses droits auront été définitivement reconnus. Déc. du min. des fin., du 22 avril 1806. (Art. 2296 du J.)

17. Lorsqu'il dépend de la succession un usufruit, sur la tête d'un tiers, ou une rente viagère, également sur une autre tête, les héritiers de l'auteur de l'hérédité, doivent en passer déclaration si le tiers n'a aucun droit d'en jouir; mais, si celui-ci doit en jouir, c'est à lui à faire la déclaration. — V. *Constitution de rente*, n°. 8 et suiv., p. 169.

18. Si, dans l'hérédité, il se présente un donataire contractuel d'une somme déterminée à prendre en biens de la succession, il faut suivre les règles établies pour les légataires. — V. *Legs*, n°. 19 et suiv., p. 415.

19. Les héritiers ne peuvent se dispenser de faire, dans les délais, leur déclaration des biens de l'hérédité, sous prétexte de difficultés sur les *réserves* ou *réductions* légales.

A l'égard des créances *plus ou moins certaines*, c'est aux parties à faire leur déclaration comme elles le jugent convenable, sauf à l'administration à en faire vérifier l'exactitude. On observe seulement que les créances comprises dans les inventaires sont dans le cas de la déclaration et même du paiement du droit, à moins que les héritiers ne déclarent expressément qu'ils renoncent à exiger celles devenues caduques par la prescription ou l'insolvabilité des débiteurs. Déc. du minist. des fin., du 12 août 1806. (Art. 2543 du J.)

20. Les principes reconnus par l'avis du Conseil d'État, du 22 octobre 1808, rapporté au mot *Actes judiciaires*, §. 6, n°. 56, p. 55, pour le paiement, dans les délais, des droits des adjudications d'immeubles faites en justice et attaquées par la voie de l'appel, s'appliquent aux droits des mutations par décès : en conséquence, les héritiers sont tenus, dans les six mois de l'ouverture de la succession, d'acquitter les droits d'enregistrement dus sur les biens adjugés à l'auteur de l'hérédité, soit que l'on ait, ou non, interjeté appel du jugement d'adjudication, sauf la restitution du droit de mutation dans les deux années de l'arrêt qui aurait prononcé l'annullation de l'acte d'adjudication, par les voies légales. Déc. du minist. des fin., du 13 juin 1809. Nomb. 57 de l'Inst. gén. du 4 juillet suiv., n°. 436.

21. Lorsque les baux emphytéotiques, faits pour un tems déterminé, ne transmettent au preneur qu'une simple jouissance des biens, et que, par cette raison, ils ne sont assujettis qu'aux droits réglés pour les baux à ferme ou à loyer, les héritiers du preneur ne doivent point comprendre ces biens dans leur déclaration, puisqu'en effet il ne s'est opérée en leur faveur aucune mutation d'immeubles : ainsi, le droit de succession doit seulement être acquitté par les héritiers du bailleur, d'après une évaluation à vingt fois le montant de la redevance *annuelle*, augmenté de la portion des charges qui portera sur *une année*, et qui devra être capitalisée de la même manière. (Article 1197 du J.)

22. La saisie d'un immeuble n'en dépouille pas le débiteur : cet immeuble doit donc être déclaré si la mort du débiteur précède l'adjudication. (Art. 2930 du J.) — V. *Saisie immobilière*, n°. 8, p. 595.

23. Il en est de même dans le cas d'abandon de biens par un débiteur à ses créanciers, pour les vendre en direction : s'il décède avant la vente, ses héritiers sont obligés de les déclarer. — V. *Abandonnement de biens*, n°. 14, p. 2.

24. Il résulte des dispositions de l'article 932 du C. N., que l'acceptation est de l'essence de la donation entre-vifs, qu'elle doit être faite *du vivant du donateur;* que, faite par acte séparé, elle ne peut produire d'effet que du jour où elle lui a été notifiée ; que, jusque-là, le donateur peut se repentir et rétracter sa libéralité : par conséquent, s'il meurt avant la notification de l'acceptation, il décède propriétaire, et l'objet donné passe incontestablement à ses héritiers. Ceux-ci doivent donc le comprendre dans leur déclaration, et en acquitter le droit de succession. Par une suite nécessaire, si le donataire vient à décéder avant la notification de l'acceptation, il n'a jamais été saisi de l'objet donné, il ne le transmet point à ses héritiers, qui, à cet égard, ne sont tenus d'aucune déclaration. (Article 1619 du J.)

25. Les ventes sous faculté de réméré, sont considérées par la loi comme translatives de propriété, quoique résolubles sous condition : l'acquéreur, à ce titre, est réel-

lement propriétaire, et son décès, pendant le cours du terme de réméré, opère une véritable mutation au profit de ses héritiers; et, comme le droit d'enregistrement est acquis au trésor public à l'instant du décès, quel que soit le délai accordé pour en effectuer le paiement, il y a lieu de l'exiger pour les mutations par décès des biens grevés de faculté de réméré, quoique le retrait en ait été exercé avant la déclaration fournie par les héritiers pour les autres biens de la même succession. Décis. du min. des fin., du 15 frim. an 13. Nomb. 34 de l'Inst. gén. du 5 fruct. suiv., n°. 290.

26. Si des héritiers cèdent une faculté de réméré qui leur est échue, il y a lieu à déclaration pour raison du prix qu'ils en ont retiré. — Voyez *Faculté de réméré*, n°. 7, p. 298. — Et, s'ils exercent eux-mêmes le retrait, ils sont tenus de déclarer l'immeuble. — V. *Retrait*, n°. 11, p. 583.

27. Dans le cas où des héritiers font annuller en justice des contrats d'aliénation consentis par l'auteur de l'hérédité, il faut consulter les principes développés au mot *Résolution*. Si le contrat est rescindé pour cause de vice radical, ou pour tout autre motif qui le fasse annuller dès son principe, alors les biens étant reconnus, par le jugement, faire partie de la succession dans laquelle ils rentrent, les héritiers doivent en passer déclaration dans le délai de six mois, à partir du jugement, époque où le droit est devenu exigible. (Art. 401 du J.) — Voyez, au mot *Délai*, §. 6, n°. 15, p. 218, l'arrêt de la cour de cassation, du 11 fév. 1807, qui peut être applicable à l'espèce. Dans le cas de rescision pour lésion, si l'acquéreur conserve les biens, art. 1682 du C. N., les héritiers doivent le droit sur le supplément de prix.

28. L'héritier, débiteur d'une somme envers la succession, doit la comprendre dans sa déclaration. En effet, cette créance forme un actif de la succession; si elle s'éteint par la confusion, c'est parce qu'il en a hérité; son propre patrimoine se trouve d'autant augmenté, et il suffit qu'elle lui ait été transmise par décès pour que le droit en soit exigible. (Art. 984 du J.) Mais cette règle ne s'applique point aux sommes reçues à titre de donation, et qui sont seulement susceptibles de rapport à la succession.

29. On doit déclarer l'intégrité des créances actives comprises dans les inventaires, lors même qu'elles ont éprouvé, depuis le décès, des réductions par suite de faillite ou autrement, parce que la transmission de la totalité s'est opérée au moment du décès, et que le droit est devenu exigible dès cet instant (article 1545 du J.), sauf l'application du principe établi n°. 17 ci-dessus.

30. La déclaration doit comprendre les domaines nationaux dont la déchéance aurait été prononcée postérieurement à l'ouverture de la succession. En effet, la propriété résidait sur la tête de l'acquéreur à son décès; les biens existaient dans la succession à son ouverture; et, dès que la résolution est postérieure, il y a eu une mutation en faveur de l'héritier, opérée par la transmission de l'hérédité. (Article 1015 du J.)

31. Les légitimaires dont la légitime a été fixée en argent, tant qu'ils n'ont pas usé de la faculté qui leur est accordée par l'article 16 de la loi du 18 pluviose an 5, de demander leur légitime en corps héréditaire, n'étant pas propriétaire, mais seulement créanciers, il n'y a pas lieu à faire distraction de leur légitime sur les biens immeubles de l'institué, dans la déclaration de sa succession, sauf la restitution du droit, d'après le principe établi n°. 18 ci-dessus, à raison des biens qui pourraient être ultérieurement délivrés aux légitimaires, vu l'effet rétroactif de cette délivrance. (Art. 1209 du J.)

32. Par suite du même principe, les héritiers d'un légitimaire, dont la légitime consistait en une rente, et qui ne l'a point demandée en corps héréditaire, ne doivent déclarer que la rente dont ils héritent,

sauf l'application du principe indiqué n°. 25. (Art. 977 du J.)

53. Voici les règles à suivre pour la déclaration des dots constituées. Par son contrat de mariage, une femme a été dotée de 150,000 f., dont 60,000 f. seulement ont été acquittés. Il a été stipulé qu'il en entrerait 20,000 f. en communauté, et que le surplus tiendrait nature de propres. La femme est décédée, et ses héritiers ont renoncé à la communauté. On demande quelle est la quotité de la dot à déclarer : cette question nécessite plusieurs distinctions. On va d'abord établir celles relatives aux 60,000 f. payés comptant ou reçus par le mari. Comme il a été stipulé qu'il en entrait 20,000 f. en communauté, à laquelle les héritiers de la femme ont renoncé, ils ne peuvent, dans le droit, répéter du mari que les 40,000 f. restant : ainsi, il n'y a, dans cette hypothèse, qu'une créance de 40,000 f. à déclarer. Mais, si le contrat de mariage laisse, à la femme et *à ses héritiers*, la faculté, même en renonçant à la communauté, de reprendre tout ce qu'elle y avait apporté ; les 60,000 f. devront être déclarés en totalité, puisque les héritiers de la femme ont droit de les réclamer du mari. A l'égard des 90,000 f. restant à acquitter, ou les père et mère, qui ont doté, étaient vivans au décès de leur fille, ou ils l'ont prédécédée. Dans le premier cas, cette somme de 90,000 f. doit être déclarée, soit qu'à défaut de postérité de leur fille donataire, les père et mère y succèdent en conséquence de l'art. 747 du C. N., soit que la donataire ait laissé des descendans pour héritiers, parce que ceux-ci peuvent réclamer de leurs aïeux le paiement de la dot constituée à leur mère, laquelle fait partie de sa succession, quoique non encore acquittée. Dans le second cas, c'est-à-dire dans celui où les père et mère seraient morts avant leur fille donataire, il faut encore distinguer : si la dot a été constituée *hors et avant partage*, les 90,000 qui en restent, doivent, pour tout ce qui n'excède

pas la portion disponible, être déclarés par les descendans de la donataire, parce qu'ils ont droit d'en faire le prélèvement hors et avant partage, dans la succession de ses père et mère ; et si la dot n'a pas été constituée hors et avant partage, elle est sujette à rapport : par conséquent, les représentans de la donataire ne pouvant pas réclamer ce qui reste dû, si ce n'est dans le cas prévu par l'art. 845 du C. N., ils n'ont plus à déclarer la créance du restant dû de la dot, mais la portion indivise dans la succession de celui qui l'a constituée. (Article 1768 du J.)

34. Les inscriptions sur le grand-livre de la dette publique, et les effets de la dette à inscrire, étant exempts de l'enregistrement, ne doivent pas être déclarés ; mais les ordonnances des ministres qui s'acquittent au trésor impérial, doivent être comprises dans les déclarations. (Art. 1667 du J.)

55. Tous arrérages de rentes ou intérêts d'obligation, dus au moment du décès du propriétaire, doivent être compris dans la déclaration de sa succession.

Mais on doit distinguer, pour les arrérages des rentes sur l'Etat, ceux échus qui se composent d'un semestre écoulé, et dont le paiement est ouvert à la trésorerie, et les arrérages non encore échus, c'est-à-dire formant moins d'un semestre dont le paiement n'est pas ouvert. Il n'y a pas lieu à déclaration dans ce dernier cas : il en est autrement dans le premier, parce que les arrérages d'un semestre échu, et dont le paiement est ouvert, ne suivent plus le sort de l'inscription ; et, comme ces arrérages ne peuvent être transmis *par transfert*, ils ne doivent pas jouir de l'exemption accordée par l'article 70, §. 3, n°. 5 de la loi du 22 frim. an 7. (Art. 2014 du J.)

56. Dans un contrat de vente, l'acquéreur déclare qu'il achète *tant pour* lui *que* pour un tiers dénommé, mais non présent, sans autre *désignation;* la moitié de l'objet acquis appartient à chacun des deux : par conséquent, si l'un d'eux décède, ses héri-

tiers doivent déclarer la moitié. (Art. 2557 du J.) — V. *Société.*

57. Lorsqu'il s'agit de la succession d'un membre d'une *compagnie de finances, de commerce ou d'industrie,* pour les biens de la société qui doivent être déclarés, voyez *Dissolution de société,* n°. 7 et suiv., p. 239.

58. Si l'héritier de biens *grevés d'usufruit,* acquiert cet usufruit *avant* ou *après la déclaration* relative à la transmission de la nue propriété, voyez *Réunion d'usufruit,* §. 1er., n°. 7, p. 589, pour les règles à suivre dans la liquidation des droits, soit de la déclaration de succession, soit de l'acquisition de l'usufruit.

59. Et si la réunion de l'usufruit à la propriété, a lieu *par décès,* voyez aussi *Réunion,* n°. 2 et suiv.

40. Les enfans d'époux divorcés par consentement mutuel, doivent déclarer la propriété de la moitié des biens de leur père et mère, qui leur est acquise par l'effet de leur divorce. — V. *Divorce,* §. 3, n°. 5, p. 242.

41. Quant aux déclarations à passer par les héritiers présomptifs des absens, voyez *Absence,* §§. 4 et 5, p. 6.

EXCEPTIONS.

42. Les mutations, par décès, de rentes sur l'Etat, et de tous effets de la dette publique, inscrits ou à inscrire définitivement, sont exemptes de l'enregistrement. Article 70, §. 5, n°. 3 de la loi du 22 frimaire an 7.

43. Les enfans des *émigrés amnistiés,* lors même que la communauté qui a existé entre leurs père et mère, n'a été dissoute par aucun acte de renonciation, ne sont point tenus, lors du décès de leur père émigré, mort postérieurement à l'amnistie, de comprendre, dans leur déclaration, la moitié des biens acquis par leur mère, dans l'intervalle de l'inscription à l'élimination de leurs maris. Ces biens sont des acquêts personnels aux femmes, et ne font point partie de la communauté. Décis. du minist. des fin. et du grand-juge, des 14 et 28 juin 1808. Nomb. 15 de l'Inst. gén. du 28 juill. suiv., n°. 390.

44. En fait de communauté, la part de celui qui renonce n'accroît pas à celui qui l'a acceptée, mais au mari : ainsi, il n'y a aucun droit à acquitter sur l'objet de cet accroissement. — V. *Accroissement,* n°. 9, p. 127.

45. Les fonds prêtés pour cautionnement, avec déclaration à la caisse d'amortissement, en conformité de l'art. 4 de la loi du 25 nivose an 13, ne doivent pas être compris dans l'actif mobilier à déclarer par les héritiers du fonctionnaire cautionné, parce que le bailleur de fonds en reste propriétaire, et que, dans aucun cas, le cautionné ne peut en disposer, ni la caisse d'amortissement les rembourser à d'autres qu'au prêteur pour lequel le prêt est un placement de fonds à la caisse d'amortissement, pour sureté de la gestion cautionnée, qui ne le dépouille pas plus de la propriété des fonds prêtés, qu'il ne le serait de sa propriété immobilière si le cautionnement était fourni en immeubles. (Art. 2836 du J.)

46. La déclaration, trouvée dans les papiers d'un défunt, qu'il est dépositaire de *tels effets* qui se trouvent dans son mobilier, opère un titre de propriété en faveur du déposant. Ainsi décidé par arrêt de la cour d'appel de Paris, du 21 thermidor an 11. D'où il suit que les héritiers du dépositaire ne doivent point comprendre, dans leur déclaration, les effets qui font l'objet du dépôt, quoiqu'ils soient compris parmi ceux qui dépendent de la succession. (Art. 1744 du J.)

47. Les héritiers de celui qui est mort en mer, ne doivent aucun droit d'enregistrement pour ses effets mobiliers qui se trouvaient dans le vaisseau sur lequel il était embarqué, quoiqu'il revint en France. Les perceptions de cette nature ne portent que sur les objets qui *se trouvent en France* au

moment de la mutation à titre successif.
Déc. du min. des fin., du 29 therm. an 10.
(Art. 1252 du J.)

48. Il n'y a lieu ni à déclaration, ni au
paiement des droits, en raison des créances
ou rentes sur l'étranger ou sur des colons,
quoique dépendantes de successions ouvertes en France, et échues à des régnicoles.
Décision du ministre des finances. Nomb.
56 de l'Inst. gén. du 5 fructid. an 13, n°.
290.

49. Les héritiers de celui qui a vendu à
réméré, et qui est décédé pendant que la
faculté dure, ne sont pas obligés de déclarer le droit qu'ils ont d'exercer ce retrait.
— Voyez *Faculté de réméré*, n°. 5, page
297.

50. Les immeubles dont l'héritier ne peut
obtenir la propriété, vu leur affectation
perpétuelle par le gouvernement, à un service public, ne donnent point ouverture au
droit fixé pour les immeubles, mais seulement à celui qu'opère le prix comme meu-
ble. Décision du ministre des fin., du 12
août 1806. (Article 2543 du J.)

51. Les biens donnés, par acte entre-vifs,
quoique sujets à rapport, ne sont pas dans
le cas d'être compris dans la déclaration de
succession des autres biens du donateur.
— Voyez *Rapport à succession*, p. 542.

52. On ne doit point déclarer le montant
des réductions de dons entre-vifs excédant
la portion disponible, parce que le donateur, en se dessaisissant de la propriété de
son vivant, a entendu la transmettre au
donataire en totalité, si, par l'événement,
elle n'excédait pas la portion disponible, et
seulement jusqu'à concurrence de cette portion, si elle excédait, et *à ses héritiers* pour
cet excédant. Ainsi, la transmission s'est
opérée par l'acte, tant au profit du donataire qu'en faveur des héritiers du donateur,
pour la portion excédant celle disponible,
et le droit payé sur la donation a été acquitté tant pour le donataire que subsidiairement pour les héritiers du donateur, s'il
devait y avoir un excédant à la portion dis-

ponible. Le décès du donateur n'opérant
pas une mutation nouvelle, il ne peut être
dû un nouveau droit, d'après les principes
développés au mot *Rapport à succession*,
p. 542, qui sont applicables à l'espèce actuelle. (Art. 1837 du J.)

53. Il n'y a aucune déclaration à passer
pour la rentrée en possession du donateur,
lorsqu'elle s'effectue en conséquence de la
réserve expresse qui en a été faite dans l'acte de donation. — V. *Retour (droit de)*, p.
580.

54. Quand un bail à vie est fait à des père et mère, et à leurs enfans, l'acte est relatif à tous : sa durée se trouve limitée à l'extinction de la troisième génération. Chacun
se succède bien, à la vérité, dans l'exercice
du droit de jouir de la chose, mais celui
qui précède ne transmet, à celui qui le suit,
aucune propriété ni jouissance directe de
cette même chose, puisque l'acte est pour
tous le titre de concession, et qu'aucun des
usufruitiers ne peut en empêcher l'exécution : par conséquent, il n'y a aucune déclaration à passer. (Art. 1298 du J.)

55. Lorsqu'une rente viagère a été créée
en faveur de deux particuliers, de leurs
deniers communs, pour être servie en
entier jusqu'au jour du décès du survivant, celui-ci ne doit passer aucune déclaration pour raison de la moitié de cette rente : en effet, il ne tient rien du décès du
prémourant, mais de l'acte constitutif qui
a été revêtu de toutes les formalités voulues
par la loi. (Art. 1179 du J.) — V. *Constitution de rente*, n°. 8, p. 169.

56. Quoique, lors de la mutation de la
nue propriété, il n'y ait pas eu de perception, aucun droit n'est exigible pour les
réunions, *par décès*, d'usufruit à la propriété d'immeubles dépendant de successions *directes*, ouvertes avant l'établissement du droit d'enregistrement. —V. *Réunion d'usufruit*, n°. 5, p. 589.

2°. *Par les héritiers bénéficiaires.*

57. Les héritiers bénéficiaires sont, comme

me les héritiers purs et simples, obligés de déclarer les biens qu'ils recueillent à ce titre, et d'en acquitter les droits. Arrêt de la cour de cassation, du 29 germ. an 11, portant :

« La cour, vu l'art. 32 de la loi du 22 frimaire an 7;

» Considérant qu'il résulte de cet article que les droits des déclarations des mutations par décès, sont à la charge des héritiers; qu'il en résulte, en outre, que les héritiers sont tenus solidairement du paiement de ces droits; que la loi ne distingue pas entre les héritiers purs et simples et les héritiers bénéficiaires;

» Que, d'ailleurs, l'obligation de l'héritier bénéficiaire est la même que celle de l'héritier pur et simple, relativement aux biens dépendans de la succession;

» Que le seul avantage de l'héritier bénéficiaire, est de n'être tenu des charges qu'à concurrence des forces de la succession, et de ne pas confondre ces droits;

» Que l'action récursoire que la loi donne à la régie pour le paiement des droits sur les revenus des biens, en quelques mains que ces biens se trouvent, ne porte aucune atteinte à l'action directe ouverte contre l'héritier;

» Que, néanmoins, le tribunal, dont le jugement est attaqué, décharge les défendeurs de la demande formée par la régie, sur le fondement du bénéfice d'inventaire;

» Que cette distinction entre l'héritier pur et simple, et l'héritier bénéficiaire, n'étant pas admise par la loi, et étant contraire aux principes, n'a pu être créée sans excès de pouvoir; que le motif qu'a déduit le tribunal de Meaux, de la circonstance de l'usufruit constitué en faveur de la veuve Valery, est en opposition avec la loi, qui, en donnant une action récursoire, laisse dans son intégrité l'action principale accordée contre l'héritier;

» Casse et annulle le jugement rendu par le tribunal civil de l'arrondissement de Meaux, le 2 thermidor an 9; renvoie les parties au tribunal civil d'arrondissement, séant à Coulommiers. » (Article 1531 du J.)

58. Quand l'héritier bénéficiaire refuse d'acquitter les droits de mutation de ses propres deniers, sauf son recours sur ceux de la succession, les préposés de l'administration doivent suivre le recouvrement sur les biens meubles et sur les revenus immobiliers de la succession; ils ne peuvent discuter l'héritier bénéficiaire dans ses biens personnels, qu'après avoir été mis en demeure de présenter son compte, et faute d'avoir satisfait à cette obligation. (Article 2407 du J.)

59. L'héritier bénéficiaire est propriétaire : par conséquent, les héritiers de celui qui a accepté une succession sous bénéfice d'inventaire, et qui est décédé depuis, doivent comprendre dans leur déclaration les biens dont il avait hérité à ce titre. (Article 1818 du J.)

3°. *Par les héritiers des vétérans, pour les biens reçus de l'Etat à ce titre.*

60. La loi du 1er. floréal an 11, portant concession de domaines de l'Etat aux vétérans qui s'établiront dans les 26e. et 27e. divisions militaires, fixe les conditions pour devenir propriétaire des objets concédés, et acquérir le droit de les transmettre.

Il résulte de l'art. 5, que ces propriétés ne pourront être engagées, cédées ni aliénées pendant l'espace *de vingt-cinq ans;* qu'elles ne seront transmissibles aux enfans des vétérans, qu'autant que ceux-ci seraient nés de mariages contractés sur le territoire de l'empire ou aux armées, avant l'époque de la formation du camp dans lequel ils auront été compris, ou de mariages contractés, depuis cette époque, avec des filles du pays où le camp a été établi.

Les enfans mâles des vétérans ne devront, aux termes de l'article 6, conserver la part héréditaire qui leur serait échue dans le partage de la portion de terre distribuée à leur père, qu'autant qu'ils rempliront eux-mêmes, jusqu'au laps de vingt-cinq ans, *depuis la formation du camp*, les conditions auxquelles leur père était soumis, en exécution des lois et arrêtés du gouvernement.

L'article 7 porte que, quand un vétéran mourra sans enfans, sa veuve conservera pendant sa vie l'usufruit de sa portion de terre; que, si elle épouse un militaire ayant dix ans de service, elle lui apportera en dot cette portion de domaine dont elle deviendra propriétaire incommutable ; enfin, qu'après la mort de la veuve qui n'aurait point été remariée à un militaire, l'État rentrera dans la propriété de cette portion.

La faveur accordée aux enfans et à la veuve, n'étant qu'une conséquence de la dotation faite aux vétérans, elle doit jouir de l'exemption dont celle-ci a été jugée susceptible : aussi, Son Exc. le ministre des finances a décidé, le 29 mars 1808, « qu'il n'y a lieu à la demande d'aucun droit pour les mutations par décès qui s'opèrent dans les biens composant la dotation des camps, par l'effet nécessaire des dispositions de la loi d'organisation, et que les droits ne seront exigibles que pour les transmissions qui s'effectueront lorsque les enfans ou la veuve seront, au moyen de l'accomplissement des conditions imposées, et l'expiration des délais fixés par les articles 6 et 7 de la loi du 1er floréal, devenus *propriétaires incommutables* du terrain concédé, qui, cessant dès-lors de faire partie du domaine de l'État, devra être soumis aux règles ordinaires. » Nomb. 6 de l'Inst. gén. du 30 sept. 1808, n°. 400. (Art. 2707 du J.)

4°. *Par les ascendans*.

61. Les ascendans doivent déclarer les biens qu'ils recueillent de la succession de leurs enfans ou descendans.

62. Comme ils *succèdent*, à l'exclusion de tous autres, aux choses par eux données à leurs enfans ou descendans, décédés sans postérité, même lorsque ceux-ci ont laissé un ou plusieurs frères et sœurs, ils sont également tenus d'en passer déclaration. (Art. 2172 du J.) — V. *Retour (droit de)*, n°. 1, p. 580.

63. Les père et mère n'ont pas de déclaration à faire pour la jouissance que la loi leur accorde des biens de leurs enfans, en vertu de la puissance paternelle.— V. *Ascendans*, n°. 3, p. 99.

5°. *Par les enfans naturels*.

64. L'art. 756 du Code Napoléon, porte que les enfans naturels ne sont pas héritiers. Cependant, comme la part que l'art. 757 leur accorde dans les biens de leurs père et mère, forme pour eux un droit réel qu'ils sont fondés à réclamer en nature , et dont les héritiers ne peuvent les priver en leur en payant la valeur, ils doivent en faire la déclaration. Décis. du min. des fin., du 7 messid. an 12. Inst. gén. du 29 du même mois, n°. 239.

65. Pour régler les droits de l'enfant naturel, il faut l'admettre *momentanément* et *figurativement* au nombre des enfans légitimes. Arrêt de la cour de cassation, du 26 juin 1809.

EXEMPLE : Le père d'un enfant légitime et d'un enfant naturel, meurt *ab intestat*. On doit diviser la succession par moitié; et, comme l'enfant naturel n'a droit, suivant l'art. 757 du C. N., qu'au tiers de la portion héréditaire qu'il aurait eue s'il eût été légitime, il lui revient un tiers dans une moitié. Le père, au contraire, a institué l'enfant légitime pour son héritier : la portion disponible, au moyen de ce qu'on doit compter l'enfant naturel, est du tiers : ainsi, dans cette hypothèse, ce dernier prend un tiers dans un des deux tiers restant, ou un neuvième au total de la succession. (Art. 3314 du J.)

6°. *Par les enfans adoptifs*.

66. L'adopté, aux termes de l'art. 351

du Code N., a, sur la succession de l'adoptant, les mêmes droits que ceux qu'y aurait l'enfant né en mariage, même quand il y aurait d'autres enfans de cette dernière qualité, nés depuis l'adoption. Il doit, comme les autres héritiers légitimes, passer déclaration des biens qu'il recueille à ce titre.

7°. *Par les héritiers institués.*

67. L'institution contractuelle ne transmet à l'institué aucune propriété à l'époque du contrat de mariage. La déclaration des biens qu'il recueille en vertu de son institution, doit donc être faite dans les six mois du décès des instituans. — Voyez *Contrat de mariage*, §. 25, nᵒˢ. 2, 6, 7 et 8, p. 185 et 186.

8°. *Par les légataires.*

Voyez *Legs*, nᵒˢ. 11 et suivans, page 415.

68. Sur la question de savoir si le droit des legs universels et particuliers, est exigible lorsque les légataires sont décédés avant d'avoir accepté ou demandé la délivrance de leur legs, voici les règles à suivre :

Lorsqu'au décès du testateur, il n'existe pas d'héritiers auxquels une quotité de ses biens soit réservée par la loi, le légataire universel est saisi de plein droit par la mort du testateur, si le testament est par acte public; mais il doit se faire envoyer en possession par ordonnance du président du tribunal de première instance, si le testament est olographe ou mystique. Art. 1006 1008 du C. N. Il doit demander aux héritiers la délivrance des biens compris dans la disposition, s'il est des héritiers auxquels la loi fasse une réserve; et, dans tous les cas, le légataire particulier doit demander la délivrance. Art. 1004 et 1014. Il y a cette différence entre le légataire universel, tenu à demander la délivrance, et le légataire particulier, que le premier a la jouissance à compter du jour du décès, s'il forme, dans l'année, sa demande en délivrance, et que le légataire particulier n'a la jouissance qu'à compter du jour de la demande en délivrance, ou du jour où cette délivrance lui est volontairement consentie. Art. 1005 et 1014. Cependant, d'après ce dernier article, *tout legs* pur et simple donne au légataire, du jour du décès du testateur, *un droit à la chose* léguée, droit *transmissible* à ses héritiers ou ayant cause.

En cas de décès après le testateur, le légataire universel, qui n'est point tenu de demander la délivrance, transmet à ses héritiers la chose léguée; le légataire universel, lorsqu'il est tenu de demander délivrance, et le légataire particulier, transmettent le droit à la chose. Mêmes art.

Ainsi, nul doute que l'on est fondé à réclamer les droits résultant d'un legs contre les héritiers du légataire, qui doivent en outre comprendre, dans la déclaration des biens qui leur sont échus par son décès, l'objet du legs qui leur est également transmis.

Mais l'héritier institué ou légataire universel, et le légataire particulier, peuvent répudier la disposition testamentaire faite en leur faveur, qui devient caduque. Art. 1043.

Ce droit passe aux héritiers des légataires.

D'où il suit que les héritiers des légataires peuvent renoncer au legs tant que les choses sont entières; qu'il n'y a eu aucune entrée en jouissance; qu'il n'a été fait aucune demande en délivrance, ou tout autre acte d'acceptation du legs.

Dans le cas de renonciation en tems utile, les héritiers du légataire sont affranchis du paiement des droits; mais cette renonciation laissant l'objet du legs dans la succession du testateur, ses héritiers doivent en passer la déclaration et en acquitter les droits, à moins que le legs ne consiste en une somme en numéraire qui ne se serait pas trouvée dans la succession. (Art. 2041 du J.)

69. Le légataire de deux legs particuliers d'une nature différente, comme de l'usufruit d'un immeuble, et d'objets mobiliers en toute propriété , peut renoncer à l'un et conserver l'autre. La renonciation peut être faite par acte devant notaire : de sorte qu'il n'y a pas lieu à déclaration pour le legs auquel il a été renoncé, mais seulement pour celui que le légataire conserve. (Art. 3396 du J.)

9°. *Par les tuteurs et curateurs.*

70. Les tuteurs et curateurs sont obligés de déclarer les biens échus par décès à ceux qu'ils représentent, en suivant les règles établies ci-devant pour les héritiers légitimes.

71. Ils doivent faire la déclaration des secours à payer au pupille , en exécution du règlement fait par le tuteur officieux. Décis. du min. des fin. , du 23 sept. 1806. Circ. de M. le directeur gén. , du 24 nov. suiv.

72. Une succession est réputée vacante lorsqu'après l'expiration des délais pour faire inventaire et pour délibérer, il ne se présente personne pour la réclamer ; qu'il n'y a pas d'héritier connu, ou que les héritiers connus y ont renoncé. Article 811 du Code Napol.

73. La loi assujettissant toutes les mutations par décès, sans exception, au droit proportionnel , celles qui , par la renonciation des héritiers , ne sont pas suivies de la saisine réelle des biens délaissés par le décédé , doivent, comme les autres , être soumises à la déclaration et au paiement du droit , indépendamment de la perception sur la vente ultérieure qui serait faite au profit des créanciers. Jugemens du tribunal de la Seine, des 16 prairial an 6 , 8 prairial an 9 , et 18 nivose an 10. Déc. du minist. des fin. , du 28 floréal an 9. (Art. 762, 866, 1244 et 1474 du J.) Arrêts de la cour de cassation, des 18 nivose an 12 , et 17 pluviose an 13, rapportés au mot *Délai*, §. 6, n°. 2 , page 215. Autre arrêt de la même

cour, du 9 prairial an 12 , qui , d'après les lois romaines 80 , *De legatis* 2°. , et 34 , *De acq. rer. dom.* , a décidé que le mot *hérédité* était corrélatif du mot *défunt*, et non du mot *héritier* , c'est-à-dire qu'il y a succession ouverte , et *mutation* par le seul fait du *décès*.

Autre arrêt du 3 nivose an 13 :

« La cour, vu les art. 4, 27 et 32 de la loi du 22 frim. an 7;

» Considérant qu'il résulte de ces dispositions de la loi , que le droit d'enregistrement est ouvert par le décès, puisque l'art. 24 fait courir le délai utile pour faire la déclaration et acquitter le droit du jour de l'addition de l'hérédité , et que l'art. 39 de la même loi atteint de la peine du demidroit en sus celui qui n'a pas satisfait dans ce délai à ce qu'exige l'art. 24;

» Considérant que le curateur à une succession vacante représente l'hérédité qui est un être moral , et au nom de laquelle il exerce toutes les actions actives et passives dont le défunt a été nécessairement dépouillé par l'événement de son décès ; qu'ainsi, il y a transmission de propriété du défunt à son hérédité;

» Considérant, enfin, que les dettes dont une hérédité est grevée, dettes qui sont presque toujours la cause de la répudiation ou de l'abstention des successions , ne peuvent en faire cesser le droit de mutation , ni en modifier la perception, puisque ce droit est dû sur la valeur brute des biens , sans distraction des charges ;

» Par ces motifs, casse et annulle, etc. »

74. Le curateur à une succession vacante, qui déclare n'avoir entre les mains aucuns deniers provenant de la succession, peut être condamné , en cette qualité , au paiement du droit de mutation , sauf le compte de son administration. Arrêt de la cour de cassation, du 4 avril 1807, portant :

« Vu les articles 4, 25 et 32 de la loi du 22 frimaire an 7 ;

» Considérant que , de ces dispositions de la loi de frimaire an 7, il résulte ,

» 1°. Que le droit proportionnel est dû sur toute succession, dès l'instant de son ouverture ;

» 2°. Que ce droit doit être acquitté, non-seulement par les héritiers donataires ou légataires, mais encore, et à leur défaut, par les tuteurs, curateurs ou autres administrateurs ;

» 3°. Enfin, que les revenus des biens, en quelques mains qu'ils se trouvent, sont affectés au paiement du droit ;

» D'où il suit que le curateur d'une succession vacante, est tenu, en cette qualité, du droit proportionnel échu pour l'ouverture de la succession, et que l'administration de l'enregistrement a, dans tous les cas, une action contre le curateur, sauf le compte de son administration, et sauf les droits que les autres créanciers pourraient être dans le cas d'exercer utilement ; qu'ainsi le jugement attaqué (en admettant que les juges aient de justes motifs pour ne pas condamner le curateur personnellement, soit à la peine du demi-droit, soit au droit principal) n'a pu néanmoins déclarer les administrateurs non recevables dans leur contrainte contre le curateur à l'hoirie, en cette qualité, sans contrevenir formellement aux articles précités de la loi du 22 frimaire an 7 ;

» La cour casse le jugement du tribunal de Thionville, du 27 juin 1806. » (Article 2931 du J.)

75. Le curateur au ventre doit passer déclaration, attendu que l'enfant est censé né pour recueillir la succession de son père. Le droit à acquitter est celui réglé pour la ligne directe ; mais, si l'enfant est mort-né, il est censé n'avoir jamais vécu ; conséquemment aucune mutation de son père à lui ne s'est opérée : ainsi, le droit payé des deniers de la succession doit être restitué, ou plutôt il doit en être tenu compte sur celui à acquitter par les héritiers collatéraux du père, qui doivent passer déclaration dans les six mois de l'accouchement, époque à laquelle ils ont été saisis des biens.

En supposant que le défunt ait laissé des enfans vivans, ceux-ci ayant fait la déclaration tant pour eux que pour le posthume, ne doivent aucun nouveau droit, quoique l'enfant soit mort-né, puisqu'ils ont acquitté l'enregistrement sur la totalité de la succession ; mais aussi aucune restitution ne doit leur être faite pour la portion censée payée pour l'enfant posthume. (Article 1057 du J.)

10. *Par ceux qui recueillent une succession réputée en déshérence, ou à laquelle il a été renoncé par l'État.*

76. Les successions en déshérence sont celles pour lesquelles il n'y a aucune personne capable d'hériter, et qui, en conséquence, sont déclarées acquises à l'État. Art. 768 du C. N. Inst. gén. du 24 germin. an 12, n°. 219.

77. L'État recueille aussi *par droit de déshérence,* les biens acquis par le condamné contumax depuis la mort civile encourue, et dont il se trouve en possession au jour de sa mort naturelle, sauf au gouvernement à en faire, au profit de la veuve, des enfans ou parens du condamné, telles dispositions que l'humanité lui suggérera. Art. 33 du C. N.

78. Il n'y a lieu ni à déclaration, ni au paiement du droit d'enregistrement des successions en déshérence. Loi du 24 juillet 1793, et art. 70, §. 3, n°. 1 de la loi du 22 frim. an 7. Mais, si le gouvernement, après avoir recueilli les biens, en donne une portion pour alimens, on ne peut considérer la disposition que comme un *don,* et il n'y a pas ouverture au droit de mutation par décès. (Art. 1474 du J.)

79. S'il se présentait un héritier pour une succession recueillie par le gouvernement, à titre de déshérence, cet héritier devrait acquitter les droits de mutation dans le délai de six mois, à partir du jour où il aurait été autorisé à prendre possession des biens,

Décision du minist. des fin., du 8 frimaire an 9.

11°. *Par les créanciers autorisés à accepter une succession du chef de leur débiteur.*

80. Les créanciers de celui qui a renoncé à une succession, au préjudice de leurs droits, peuvent, aux termes de l'art. 788 du C. N., se faire autoriser, en justice, à l'accepter du chef de leur débiteur. Dans ce cas, ils représentent l'héritier ; ils sont en son lieu et place, et dès-lors assujettis aux mêmes obligations dont il aurait été tenu sans sa renonciation ; ils doivent par conséquent passer déclaration, et acquitter, d'après la quotité que comporte la ligne directe ou collatérale, selon que l'hériter est dans l'un ou l'autre cas, les droits sur la valeur des biens, si elle n'est pas plus considérable que le montant de leurs créances. S'il y avait un excédant, le droit en serait dû par celui qui le recueillerait, ou par le curateur à la succession. (Art. 1602 et 1756 du J.)

12°. *Par le survivant des époux.*

81. Les avantages stipulés entre époux, au profit du survivant, sont, lors du décès de l'un des époux, passibles du droit d'enregistrement, même depuis la publication du titre du Code Napoléon, *sur le contrat de mariage et les droits respectifs des époux*. Arrêt de la cour de cassation, du 26 mai 1807, rendu dans l'espèce ci-après :

Par le contrat de mariage du sieur Kampenéers, du 19 août 1784, il avait été stipulé que les meubles et une maison appartiendraient à l'époux survivant, sans autre désignation.

Après le décès de la dame Kampenéers, arrivé en l'an 13, il a été décerné une contrainte contre le mari, pour le paiement du droit de mutation, à raison des biens qu'il avait recueillis par le prédécès de sa femme.

Opposition à la contrainte de la part du sieur Kampenéers, sur le fondement que les meubles et la maison lui appartenaient aux termes de son contrat de mariage, et que, par conséquent, il ne s'était opéré par le décès de sa femme aucune mutation en sa faveur.

Le troisième jour complémentaire an 13, le tribunal civil de Gand a jugé que ce droit n'était pas dû, en se fondant sur ce que, par la nature du douaire et la définition du préciput conventionnel, consacré par les articles 1515, 1516 et 1525 du C. N., la stipulation entre époux d'avantages au profit du survivant, n'était qu'une convention de mariage et entre associés, et qu'il ne s'opérait aucune mutation lorsque l'époux survivant ne renonçait pas à la succession de l'époux prédécédé.

Pourvoi en cassation. Arrêt dont voici le dispositif :

« La cour, sur les conclusions de M. Jourde, substitut du procureur général ;

» Vu l'art. 69, §. 6, n°s. 1 et 3 de la loi du 22 frimaire an 7 ;

» Considérant, 1°. que les avantages stipulés entre époux sont éventuels, et ne s'ouvrent au profit du survivant qu'au décès de l'autre époux ; que ce n'est donc qu'à cette époque que la transmission peut s'opérer ; que la loi ne porte aucune exception pour les gains de survie ou autres avantages du survivant ; qu'ainsi, elle devait recevoir son application dans l'espèce, la transmission stipulée n'ayant pu s'effectuer qu'au décès de la femme ;

» 2°. Que les dispositions des art. 1515, 1516 et 1525 du C. N., en réglant les conventions qu'elles rappellent, et en les exceptant des règles relatives aux donations, ne portent aucune dérogation à la loi citée, et ne peuvent recevoir aucune application relativement aux droits dus pour la transmission des avantages stipulés en faveur du survivant, dont l'art. 1517 fixe l'ouverture à la mort naturelle ou civile ;

» Qu'ainsi, il a été fait une fausse application de ces dispositions ;

» Casse, etc. » (Art. 2625 du J.)

82. Quelque précises que soient les dispositions de cet arrêt, on a encore élevé la question de savoir si la stipulation insérée dans un contrat de mariage, qui attribue, à défaut d'enfans, au survivant des époux la propriété ou l'usufruit de tous les biens qui composeront la communauté au jour du décès de l'un d'eux, peut être réputée un avantage sujet à déclaration, lors de l'événement prévu, et s'il y a lieu de percevoir le droit proportionnel d'enregistrement pour la moitié de cette communauté, qui, dans un partage égal, eût appartenu à la succession du prédécédé.

On oppose à la perception, que les époux peuvent convenir qu'ils auront des parts égales ou inégales dans la communauté ; que le survivant en aura la totalité, ou qu'il aura droit seulement à un *préciput ;* que de telles conventions ne constituent pas une donation ou un avantage de la part du premier mourant au profit du survivant ; qu'elles ne sont que les règles de la société et les conditions d'après lesquelles le droit de propriété de chacun pourra, suivant l'événement, être établi ; qu'ainsi c'est comme propriétaire, par suite de la convention insérée au contrat, que le survivant prend les biens de la communauté, et non comme donataire de la portion du premier mourant ; et on invoque à cet égard les articles 1516 et 1525 du C. N.

La stipulation qui confère la totalité de la communauté, soit au survivant des époux, soit à l'un d'eux seulement, ou la clause qui autorise l'époux survivant à prélever, à titre de préciput, avant tout partage, une certaine somme ou une certaine quantité d'effets mobiliers, n'est point, aux termes du Code, *réputée* un avantage sujet aux règles concernant les donations ; mais le législateur, par cette disposition, a eu pour but unique d'exempter les conventions de cette nature, des formalités exigées pour les donations ; la facilité qu'il accorde à cet égard n'empêche pas que les stipulations de l'espèce ne produisent, au profit du survivant, un avantage réel, et n'expriment un gain de survie.

L'intention de la loi, sur ce point, a été manifestée clairement lors de la discussion du Code devant le corps législatif ; les orateurs ont fait connaître, relativement au *préciput*, que cet *avantage* est une véritable *donation* de survie, qui seulement n'est point sujette aux règles auxquelles sont soumises les donations absolues.

D'ailleurs, la communauté devant, d'après le droit commun, se partager par moitié, il est évident que la clause qui confère à l'un des époux une portion supérieure à cette moitié, opère, pour celui qui obtient cet excédant, une donation qui, quoique dégagée de certaines formalités, ne reste pas moins rangée dans la classe des transmissions à titre gratuit, que la loi soumet, lors de l'événement, au droit proportionnel d'enregistrement.

Ces principes servaient de règle sous l'ancienne législation ; la déclaration du 25 juin 1729, et l'ordonnance de 1731, considéraient aussi les avantages dont il s'agit, moins comme de véritables donations que comme des conventions matrimoniales ; mais, en statuant que le défaut d'insinuation n'emportait pas la nullité de ces stipulations, elles assujettissaient aux droits et peines pécuniaires ceux qui, dans les délais prescrits, avaient négligé de soumettre le contrat à l'insinuation bursale.

Le Code n'a rien innové à ce sujet ; il a voulu faire revivre l'exemption des formalités dont jouissaient anciennement les conventions de mariage ; mais il n'a point entendu soustraire aux droits de mutation des transmissions qui ont été constamment soumises à ces droits.

D'après ces motifs, le ministre des finances a décidé, en thèse générale, le 22 août 1809, que les articles 1515, 1516 et 1525 du C. N., en exceptant les conventions y dénommées des règles relatives aux donations, ne dérogent pas à la loi du 22 frimaire an 7, et ne peuvent recevoir d'application relativement aux droits dus pour la transmission des avantages stipulés en faveur du survivant, et dont la mort du prédécédé détermine l'ouverture. Inst. génér. du 25 sept. 1809, n°. 451.

83. Le survivant des époux mariés avant le Code Napoléon, mais dont le prédécédé est mort depuis la publication de ce Code, a-t-il droit aux avantages réglés par les coutumes et statuts, ou convenus entre eux contractuellement? Il faut établir, à cet égard, les distinctions suivantes :

Si le mariage a été contracté *avant* la promulgation de la loi du 17 nivose an 2, le survivant des époux a droit aux avantages qui lui étaient assurés par les statuts et coutumes, et qui lui sont conservés par l'art. 13 de cette loi. Arrêts de la cour de cassation, des 27 floréal an 4, 29 nivose an 6, 29 germinal an 12, 8 et 24 prairial an 13, et 4 août 1806.

Si, au contraire, le mariage a eu lieu *depuis* la publication de cette loi, le survivant ne peut prétendre aux avantages statutaires qui ont été abolis pour l'avenir par l'art. 61 de la même loi. Arrêt de la cour de cassation, du 20 oct. 1807.

Enfin, si les avantages ont été stipulés *par le contrat de mariage*, qu'il ait été passé *avant* ou *depuis* la publication de la loi du 17 nivose an 2, ils obtiennent leur effet, et le survivant a droit de les réclamer, aux termes de l'art. 14 de cette même loi. (Art. 1934 et 2794 du J.)

84. Le divorce ne donne pas ouverture au gain de survie. — V. *Divorce*, §. 3, n°. 3, pag. 242.

Il en est de même de la séparation de corps ou de biens, parce qu'en suivant le droit commun, il ne peut y avoir ouverture au gain de survie que par la mort civile ou naturelle de l'un des deux époux.

85. Mais la séparation de biens donne ouverture au préciput, quand les époux ont stipulé, dans leur contrat de mariage, qu'il aurait lieu *dans tous les cas de dissolution de communauté*. Arrêt de la cour de cassation, du 26 janvier 1808. Dans cette hypothèse, la femme doit passer déclaration du préciput dans le délai de six mois, à partir de la date de l'acte de séparation. (Article 2868 du J.)

86. Il y a lieu à déclaration de la *totalité* du préciput, lorsque la veuve le prend, en vertu de la stipulation de son contrat de mariage, après avoir *renoncé* à la communauté.

87. Quant au préciput qui se prélève sur la communauté avant partage, on ne doit déclarer que l'excédant de part dont l'époux survivant se trouve réellement profiter. Décision du ministre des fin., du 29 août 1809.

88. Le douaire est acquis dès le jour de la mort du mari; la veuve et ses héritiers peuvent le réclamer tant que la prescription n'en est pas acquise : la veuve doit donc en passer déclaration, lors même qu'elle n'a fait aucun acte de propriété. Décis. des min. de la just. et des fin., du 18 vent. an 8. (Art. 630 du J.) — Au surplus, voyez *Douaire*, p. 255.

89. La veuve mariée sous l'autorité des coutumes de la Belgique, ne peut se dispenser de déclarer les biens qu'elle recueille à titre de douaire. Arrêt de la cour de cassation, du 19 août 1806, dont le dispositif est rapporté au mot *Douaire*, p. 255.

90. Le survivant des époux doit, dans les pays réunis à la France, acquitter les droits des avantages éventuels qu'il a recueillis en vertu des dispositions des coutumes locales, lorsque le mariage est antérieur à la réunion du pays à l'Empire français, et le décès postérieur à cette époque. Arrêt de la cour de cassation, du 23 floréal an 13, conçu en ces termes :

« La cour, vu les art. 4 et 27 de la loi du 22 frim. an 7;

» Attendu que les droits et avantages de survie accordés par la coutume de Luxembourg, ont été acquis à la veuve Neyers, seulement

seulement à l'événement du prédécès de son mari, et que la loi du 22 frimaire an 7 assujettit au droit proportionnel toute transmission de meubles ou d'immeubles, en propriété ou en usufruit, par décès;

» Attendu que le fait allégué devant le tribunal de Luxembourg, que la veuve Neyers ne possédait, du chef de son mari, aucuns meubles ni usufruit d'immeubles, ne pouvait la soustraire à la déclaration et au paiement du droit, ordonnés par la loi, puisque la propriété d'un mobilier, l'usufruit des immeubles de l'époux prédécédé, et la propriété de la moitié des acquêts lui étaient assurés par la loi municipale du pays; et n'étant pas supposable que, par le contrat de mariage des époux, qui n'a point été représenté, il ait été, par une convention spéciale, dérogé aux avantages et gains de survie stipulés en faveur des époux par les coutumes locales, la non jouissance actuelle de ces avantages et droit de survie, donnerait à induire que la veuve Neyers en aurait fait abandon et transmission ultérieure en faveur de ses enfans; qu'ainsi le juges dont le jugement est attaqué, en déclarant l'administration de l'enregistrement non recevable ni fondée dans ses demandes, ont contrevenu formellement aux dispositions de la loi du 22 frimaire an 7;

» Par ces motifs, la cour casse et annulle le jugement du tribunal de Luxembourg, du 30 nivose an 12. » (Article 2394 du J.)

91. Lorsque, par l'effet de la stipulation portant que la dot constituée conjointement et sans distinction par les ascendans aux futurs, sera imputable sur la succession du premier mourant des père et mère, et qu'il ne pourra être exigé, du survivant d'eux, aucun compte ni partage de la succession du prédécédé, qu'en rapportant la dot en entier, le survivant est appelé à la jouissance d'objets autres que ceux de la communauté, il doit en passer la déclaration, et acquitter le droit d'enregistrement; mais il n'est rien dû par le survivant si la clause n'a pour objet que des biens de la communauté. Déc. du min. des fin. Inst. gén. du 11 juillet 1810, n°. 481. (Art. 1517, 2206 et 3526 du J.)

92. Les droits d'enregistrement, d'après la décision du Conseil d'Etat, du 10 brumaire an 14, rapportée au mot *Actes passés en pays étrangers*, n°. 5, p. 78, étant établis, non sur les personnes, mais sur les biens, il en résulte qu'une femme, quoique étrangère, mariée en pays étranger, et sous les lois de son pays, doit acquitter les droits de mutation résultant des avantages qui lui ont été faits sur les biens de son mari, *situés en France* et vice versâ. Décis. du min. des fin., du 3 mars 1807. (Art. 2523 du J.)

93. Quant aux avantages éventuels recueillis par le survivant des époux, en vertu de leur contrat de mariage ou d'un don mutuel, fait et revêtu des formalités prescrites antérieurement à la loi du 19 décembre 1790, il faut distinguer : les *effets mobiliers* ne doivent point être déclarés, parce que les droits de contrôle et d'insinuation, payés au tems de la donation, représentaient toutes les impositions alors existantes sur les dispositions mobilières; il en est autrement des *immeubles* : ils n'étaient assujettis au centième denier et demi-centième denier, qu'à l'événement du décès : ils doivent donc acquitter le droit d'enregistrement lorsque le survivant les recueille. Décision du minist. des finances, du 8 fructidor an 9. (Article 916 du J.)

94. La question s'étant reproduite au sujet d'une somme d'argent recueillie par un époux survivant, en vertu de son contrat de mariage antérieur à la loi de 1790, et sur lequel les droits de contrôle et d'insinuation avaient été perçus, l'administration a, par une solution du 28 nivose an 10, statué qu'il n'y avait pas lieu à déclaration ni au paiement des droits d'enregistrement. Les motifs de cette décision sont que le droit d'enregistrement a remplacé les droits de contrôle, insinuation et centième denier, qui se percevaient avant la loi du 19

décembre 1790; que, d'après les anciennes lois, toutes les donations éventuelles de sommes et valeurs mobilières, acquittaient le droit d'insinuation sur l'acte même qui les contenait, sans qu'on attendît l'événement, à la différence des donations éventuelles d'immeubles en propriété ou usufruit, dont le centième denier ou demi-centième denier n'était exigible qu'à l'époque de la mutation ou de l'ouverture de l'usufruit; que les dispositions de la loi du 19 décembre 1790, et autres subséquentes, qui obligent les survivans des époux à faire leur déclaration, et à payer l'enregistrement des objets mobiliers qui leur sont échus, en vertu de leur contrat de mariage, donation éventuelle, etc., ne doivent point s'appliquer aux mutations mobilières opérées en vertu de celles de ces dispositions sur lesquelles les droits d'insinuation, qui étaient exigibles, ont été perçus en donnant la formalité à l'acte. (Art. 2258 du J.)

95. Lorsque les forces de la succession ne permettent au survivant des époux que de recueillir une partie des avantages qui lui ont été faits par l'autre époux, c'est pour cette partie seulement qu'il y a lieu à déclaration, et que le droit est dû; mais le survivant doit prouver, par actes authentiques, l'insuffisance de la succession. (Art. 1760 du J.)

96. Il en est autrement si c'est par le résultat d'un traité fait avec les héritiers du prédécédé, que le survivant ne conserve qu'une partie de ces avantages, quoique, d'après les forces de la succession, il pût en réclamer la totalité. Son acceptation ne peut être limitée à une partie; elle porte nécessairement sur le tout : dès-lors, il doit payer le droit pour la totalité, indépendamment de celui dû pour la portion qu'il transmet aux héritiers à titre onéreux ou gratuit. (Art. 797 du J.)

97. L'époux survivant, qui a l'usufruit légal des biens de ses enfans pendant leur minorité, n'est pas dispensé, pendant la durée de cette jouissance temporaire, de faire la déclaration, et d'acquitter les droits des avantages qui lui ont été faits, encore qu'ils portent sur ces biens. Quoiqu'il n'ait, quant à présent, aucun intérêt à faire liquider ces avantages, cela n'empêche point qu'ils ne lui soient assurés par les dispositions contractuelles, qu'ils ne lui soient acquis par la survie, que la mutation ne soit opérée, et par conséquent que l'enregistrement n'en soit exigible. (Art. 2558 du J.)

98. Si, dans un contrat d'acquisition faite par un mari et une femme, il a été stipulé que la totalité de l'objet acquis appartiendrait au survivant, celui-ci tient ses droits à la propriété, du contrat même d'acquisition, et ne doit point déclarer la moitié qu'il recueille par l'échéance de la condition aléatoire. Arrêt de la cour de cassation, du 11 germinal an 9 :

« Attendu qu'en décidant, comme ils l'ont fait par leur jugement du 7 nivose an 8, que Catherine Basset, veuve Jusserand, tenait la totalité de la maison de St.-Cyr, des dispositions de l'acte du 11 septembre 1777, et que, par conséquent, il ne s'était opéré aucune mutation dans la propriété de cet immeuble, par le décès dudit Jusserand, les juges du tribunal civil du département du Rhône, n'ont fait autre chose que de déterminer le sens, la nature et les effets dudit acte du 11 septembre 1777, en quoi ils n'ont expressément contrevenu à aucune loi, rejette. » (Art. 1298 du J.) — V. *Accroissement*, n° 11, p. 12.

13°. *Par l'usufruitier.*

99. Celui qui recueille par décès l'usufruit de biens meubles ou immeubles, doit, comme l'héritier de la nue propriété, en passer déclaration. (Art. 1090 du J.)

100. L'usufruitier, à titre successif, ayant, aux termes de l'art. 598 du C. N., le droit de jouir des mines et carrières qui sont en exploitation à l'ouverture de l'usufruit, mais non pas de celles non encore ouvertes,

doit passer déclaration des premières et non des secondes. (Art. 3214 du J.)

Au surplus, voyez ci-devant, n°s. 19 et 95.

§. 17. *Peines pour défaut de déclaration dans les délais.*

1. Les héritiers, donataires ou légataires qui n'ont pas fait, dans les délais prescrits, les déclarations des biens à eux transmis par décès, doivent payer, à titre d'amende, un demi-droit en sus du droit qui est dû pour la mutation. Art. 39 de la loi du 22 frim. an 7.

2. Ce *demi-droit* seul peut être exigé des héritiers qui, dans une déclaration passée après l'expiration des délais, ont fait une fausse énonciation de la date du décès, attendu que cette contravention n'a pas été prévue par la loi ; qu'elle n'a prononcé la peine du double droit que pour les omissions ou les insuffisances d'estimation, et que les peines ne doivent jamais s'appliquer par assimilation. Solution de l'administ., du 2 germinal an 8. (Articles 751 et 1605 du J.)

3. Les héritiers qui, par la renonciation d'un autre héritier, d'un donataire ou légataire universel, se trouvent n'avoir été saisis de l'hérédité qu'après l'expiration des délais accordés pour passer déclaration et acquitter les droits, n'en doivent pas moins payer, avec le droit principal, le demi-droit en sus. En effet, aux termes de la loi, le droit est dû à l'instant du décès : il doit être acquitté dans les six mois, et le paiement ne peut dépendre des délais que les héritiers peuvent mettre à accepter les successions, ou à y renoncer. Solut. de l'adm., du 12 frim. an 11. (Art. 1321 du J.)

4. Il n'y a pas lieu au demi droit en sus lorsque les biens ont été, par erreur, déclarés cumulativement à un autre bureau que celui de leur situation. Dès que la déclaration en a été faite dans les délais, la date utile est acquise aux héritiers, sauf la rectification de leur déclaration. (Art. 2152 du J.)

5. Les peines sont personnelles : si, à défaut de déclaration dans les délais, celle du demi-droit est encourue, l'héritier de l'héritier n'en est point passible ; il en serait autrement si, lors du décès de l'héritier, le délai pour passer déclaration n'était point encore expiré. — V. *Héritier,* n°. 3, page 325.

Au surplus, voyez *Délai,* §. 6, p. 214.

§. 18. *Des insuffisances d'estimation, et des déclarations rectifiées par les héritiers.*

1. La peine pour les insuffisances constatées dans les estimations des biens déclarés, est d'un droit en sus de celui qui se trouve dû sur le montant de la fausse estimation. Article 39 de la loi du 22 frimaire an 7.

2. Si l'insuffisance est établie par un rapport d'experts, les contrevenans doivent payer en outre les frais de l'expertise. Même article de la loi. Et il y a lieu au double droit sur le supplément de l'estimation. Art. 5 de celle du 27 ventose an 9. — V. *Expertise,* §. 8, p. 287.

3. Les insuffisances d'estimation, à défaut de baux ou autres actes qui établissent le revenu des biens, doivent être constatées par la voie de l'expertise, mais l'expertise ne peut être requise ni admise quand il existe des baux courans au moment du décès. — V. *Expertise.*

4. L'insuffisance d'évaluation dans une déclaration faite de la valeur en capital, sans indication des revenus, peut être établie par les baux courans au moment de l'ouverture de la succession. Arrêt de la cour de cassation, du 5 avril 1808, rendu dans l'espèce ci-après :

Les héritiers du sieur Garnier firent, le 7 messidor an 13, la déclaration des biens dépendans de sa succession, et déclarèrent, entre autres biens, une ferme qu'ils évaluèrent 4,000 f.

Cette ferme était louée 550 f. Le receveur, se fondant sur l'art. 15, n°. 7 de la

loi du 22 frimaire an 7, qui porte que *l'é-
valuation des biens transmis par décès,
doit être faite et portée à vingt fois leur
produit, ou le prix des baux courans*, décerna contrainte contre les héritiers Garnier, en paiement, pour supplément de
droit et droit en sus.

Sur l'opposition à cette contrainte, le tribunal civil du département de la Vienne,
par jugement du 31 août 1806, rejeta la
demande, sur le fondement que l'évaluation faite par les héritiers était exacte, la cote de la contribution foncière n'étant que
de 18 f. 80 c.; que le bail dont se prévalait
l'administration, avait été résilié après l'ouverture de la succession; qu'il n'existait plus
au moment où l'administration avait décerné la contrainte; que l'article 15 de la loi
du 22 frimaire an 7, laissait aux héritiers la
faculté d'estimer les biens à eux transmis,
soit d'après leur produit véritable, soit d'a-
près le prix des baux.

L'administration s'étant pourvue en cassation contre ce jugement, est intervenu
l'arrêt précité, dont le dispositif est rapporté au mot *Expertise*, §. 2, n°. 4, page
281.

5. Une affiche volontaire pour la vente
d'un immeuble, dans laquelle on annonce
un revenu double de celui déclaré pour le
paiement des droits de succession, sans indication d'aucuns baux, ne peut servir seule
à constater une insuffisance d'estimation :
c'est un renseignement utile à l'appui d'une
demande d'expertise. (Article 3404 du J.)

6. Les insuffisances d'estimation ne peuvent être constatées par le rapprochement
du prix résultant d'une vente d'immeubles
faite avant ou après le décès; mais, si ce
prix, comparé à l'estimation du revenu et
au produit ordinaire des ventes, présente
une différence considérable, cela peut être
un motif pour requérir l'expertise. (Art. 624
du J.)

7. Quand même le bien aurait été vendu
judiciairement après le décès, on ne doit
pas prendre pour base le prix de la vente.

En effet, l'évaluation des biens transmis par
décès, ne peut se faire qu'en multipliant
par 20 le produit de ces biens ou le prix
des baux courans, sans distraction des
charges. La loi est positive : on ne peut,
dans aucun cas, s'en écarter. (Article 1446
du J.)

8. On ne serait pas fondé à former la demande d'un supplément de droits, sous
prétexte qu'une étude de notaire, avoué,
huissier, agent d'affaires ou autres, aurait,
postérieurement à la déclaration, été cédée
avec les recouvremens à faire, moyennant
un prix supérieur au montant déclaré; mais
il en serait autrement si la cession était *antérieure* à la déclaration, parce que le prix
aurait dû être compris comme actif mobilier dans la déclaration de succession. (Art.
2566 du J.)

9. L'usufruitier qui a fait la déclaration
des biens qu'il a recueillis à ce titre, ne
peut, sous prétexte d'une renonciation postérieure, se dispenser de payer le supplément dans le cas d'insuffisance dans la déclaration. — V. *Renonciation*, n°. 17, p.
557.

10. L'héritier ou donataire qui *rectifie sa
déclaration dans le délai de six mois*, à
compter du décès, ne peut être passible
d'aucune peine, même dans le cas où,
avant l'expiration du délai, il aurait été
rapporté un procès-verbal ou décerné une
contrainte, ce délai étant établi en sa faveur pour se mettre en règle; mais, dès
que l'omission ou l'insuffisance d'estimation
existe, les déclarans ne peuvent plus, *après
l'expiration du délai*, être dispensés du
droit en sus, même lorsqu'ils offrent *volontairement* de rectifier leur déclaration.
Décis. du ministre des fin. Instruct. gén.
du 10 sept. 1807, n°. 338. (Article 2507
du J.)

§. 19. *Des omissions dans les déclarations.*

1. La peine pour les omissions qui sont
reconnues avoir été faites dans les déclara-

tions, est d'un droit en sus de celui qui se trouve dû pour les objets omis. Art. 39 de la loi du 22 frim. an 7.

2. Si, dans une déclaration, on avait omis de déclarer la totalité des meubles ou des immeubles, on ne serait pas fondé à prétendre qu'il n'y a lieu qu'au demi-droit, sous prétexte que la déclaration de cette nature de biens n'avait pas été faite, et était à faire. En effet, les héritiers sont tenus de déclarer tous les biens dont se composent les successions, meubles ou immeubles ; ils ne peuvent faire deux déclarations séparées des immeubles ou des meubles, sans qu'il y ait omission de l'une des deux natures de biens dans la première déclaration : par conséquent, le double droit est exigible. (Art. 2013 du J.)

3. Lorsqu'il est justifié, par titres, qu'il était dû au défunt des rentes ou autres créances qui n'ont pas été déclarées, le receveur doit, pour éviter des frais frustratoires, s'assurer, par des recherches, si le paiement a été effectué aux mains du défunt ; prendre, s'il est nécessaire, des renseignemens auprès des débiteurs eux-mêmes, et former la demande des droits si, en résultat, le remboursement ne paraît pas constant. (Art. 2513 du J.)

§. 30. *Quotité et liquidation des droits.*

1. Le droit d'enregistrement des mutations qui s'effectuent par décès en propriété ou usufruit de BIENS MEUBLES, est fixé, *en ligne directe*, à 25 c. par 100 f. Article 69, §. 1er., n°. 3 de la loi du 22 frimaire an 7.

Entre *collatéraux* et autres personnes non parentes, soit par succession, soit par testament ou autre acte de libéralité, à cause de mort, à 1 f. 25 c. par 100 f. Même art., §. 4, n°. 2.

Il ne doit être perçu que la moitié de ce droit pour celles qui ont lieu entre époux, c'est-à-dire 62 c. et demi par 100 f. *Idem.*

L'usufruit s'évalue à la moitié de la va-

leur entière de l'objet. Article 14, n°. 11.

2. Il est dû pour les mutations de BIENS IMMEUBLES, en propriété ou usufruit, qui ont lieu par décès en ligne directe, 1 f. par 100 f. §. 3, n°. 4.

Les transmissions *des mêmes biens* qui s'effectuent par décès, *entre époux*, sont sujettes au droit de 2 f. 50 c. par 100 f. §. 6, n°. 3.

Et les mutations de *biens de même nature*, en propriété ou usufruit, qui s'effectuent par décès entre *collatéraux* et personnes non parentes, soit par succession, soit par testament ou autre acte de libéralité, à cause de mort, sont assujetties au droit de 5 f. par 100 f. §. 8, n°. 2.

La propriété s'évalue au denier 20 du capital du revenu, et l'usufruit au denier 10. Art. 15, n°s. 7 et 8.

3. La perception suit les sommes et valeurs de 20 f. en 20 f., inclusivement et sans fraction, et il ne peut être perçu moins de 25 c. pour l'enregistrement des mutations dont les sommes et valeurs ne produiraient pas 25 c. de droit proportionnel. Art. 2 et 3 de la loi du 27 vent. an 9.

4. Comme il n'est dû qu'un seul droit pour une même succession, quoiqu'il se liquide d'après des quotités différentes selon la nature des biens, il suffit que les deux divisions de droits produisent 25 c., pour n'être autorisé à percevoir ce *minimum* ni sur l'une ni sur l'autre nature de biens. (Art. 1088 et 1178 du J.)

5. Ce *minimum* de droit de 25 c., n'est relatif qu'au droit principal, et il y a lieu, si la déclaration n'a pas été faite dans le délai, de percevoir en outre le demi-droit en sus, quand même le principal et le demi-droit ne s'élèveraient pas à 25 c. (Art. 2284 du J.)

6. Le droit à payer par les enfans naturels, est celui résultant d'une mutation par décès en ligne directe. Déc. du minist. des fin., du 7 mess. an 12. Inst. gén. du 29 du même mois, n°. 239.

7. L'enfant adoptif ne doit, pour les biens

qu'il recueille dans la succession de celui qui l'a adopté, que les droits fixés pour les mutations en ligne directe. Plusieurs solutions de l'administration l'ont ainsi décidé. (Art. 757 du J.)

8. Le droit est de 1 f. 25 c. par 100 f. sur les déclarations qui doivent avoir lieu, après le décès du *tuteur officieux*, des secours à payer au pupille, en exécution du règlement fait par le tuteur. Décis. du min. des fin., du 23 sept. 1806. Circ. du 24 nov. suiv.

9. Quand deux parens se sont mariés ensemble, il peut arriver qu'un ascendant succède tant en cette qualité qu'en celle de parent collatéral, ou en celle de collatéral seulement. Pour tout ce dont il hérite comme ascendant, le droit doit être liquidé sur le pied réglé pour la ligne directe; mais, dès qu'il ne succède pas en qualité d'ascendant, il ne peut invoquer la faveur accordée à la ligne directe; et, par la raison qu'il recueille tout ou partie en qualité de parent collatéral, il doit acquitter le droit dû pour la ligne collatérale. (Articles 1133 et 1881 du J.)

10. Par ces expressions de l'art. 69, §. 4, n°. 2, et §. 6, n°. 3 de la loi du 22 frimaire an 7 : *Les transmissions qui s'effectuent entre époux*, on doit entendre, non-seulement celles résultant des donations éventuelles portées dans leur contrat de mariage, ou faites par acte postérieur, mais encore celles qui s'opèrent lorsque le survivant, aux termes de l'art. 767 du C. N., recueille la succession du prédécédé qui n'a laissé ni parens au degré successible, ni enfans naturels. (Art. 1875 du J.)

Mais il faut considérer la mutation comme entre collatéraux, pour la liquidation des droits, quand le survivant succède à l'époux prédécédé, en qualité de parent au degré successible. Il succède en vertu des droits du sang : il était investi de ces droits antérieurement à son mariage; il en recueille l'effet, indépendamment et séparément des avantages résultant de ce mariage,

et avec lesquels ces droits ne peuvent être confondus; il a deux qualités bien distinctes, celle d'époux et celle de parent : c'est en cette dernière qualité qu'il succède; la qualité d'époux n'efface point celle d'héritier légitime : il se déshériterait lui-même, ce qui serait absurde : la mutation s'opère donc en collatérale et non entre époux. Solution de l'administ., du 30 mai 1806. (Art. 1424 et 2319 du J.)

11. Les créanciers qui ont été autorisés à accepter une succession du chef de leur débiteur, par une fiction de la loi, représentent l'héritier : ils ne sont donc tenus que des mêmes droits qu'aurait dû acquitter l'héritier sans sa renonciation. (Art. 1603 et 1756 du J.)

12. Si la succession, devenue vacante par la renonciation des *héritiers présomptifs*, s'est ouverte en ligne directe, il n'est dû que les droits auxquels cette ligne est imposée, à moins que, sur le refus des héritiers directs, des collatéraux ne se présentent pour recueillir. Nomb. 70 de l'Inst. gén. du 3 fruct. an 13, n°. 290.

13. On ne peut appliquer cette instruction aux successions qui ne passent aux héritiers du sang que par l'effet de renonciations faites par les *légataires* ou *donataires*, qui ne sont appelés à recueillir qu'en vertu de dispositions particulières, et non à titre d'*héritiers*. Si la loi modifie les droits d'enregistrement en faveur des hospices ou des époux survivans, ce n'est qu'autant que la succession leur reste; mais, si les commissions administratives ou l'époux survivant s'en démettent, la succession rentre dans l'ordre naturel, le curateur prend la place de l'héritier auquel la succession était dévolue, et la perception doit se régler comme s'il n'y avait eu ni testament ni donation. Décis. du min. des fin., du 7 juin 1806. Nomb. 33 de l'Inst. gén. du 29 du même mois, n°. 386.

14. Il faut encore observer que, si le droit, ayant été liquidé, comme en ligne

directe, sur la déclaration du curateur, un héritier collatéral se présentait pour accepter la succession, il devrait un supplément de droits. (Art. 1943 du J.)

15. Le droit se liquide, pour le *mobilier,* sur la déclaration estimative des parties, faite d'après l'inventaire, s'il en existe, sinon d'après l'état détaillé qu'elles doivent produire à l'appui de leur déclaration. Pour les *créances* et les *rentes,* d'après leurs capitaux, et pour les *immeubles,* à raison de vingt fois le produit des biens ou le prix des baux courans, s'il s'agit de la propriété, et de dix fois le produit s'il s'agit de l'usufruit, le tout sans distraction des charges, voyez *Déclaration,* p. 208; *Estimation,* p. 270; *Expertise,* §. 2, p. 281; et, ci-devant, §. 14.

16. On n'est pas fondé à porter en déduction de la valeur des biens, le montant du capital des rentes dont ils se trouvent grevés. Arrêt de la cour de cassation, du 13 nivose an 11, qui a annullé un jugement du tribunal de Falaise, du 7 ventose an 9. (Art. 1378 du J.)

17. En renonçant à la communauté, les héritiers de la femme n'ont qu'une action, une créance à exercer sur les biens du mari, pour le montant de leurs reprises, relativement aux sommes et effets mobiliers tombés dans la communauté, et au remploi des propres aliénés qui n'a pas été fait du vivant de la femme. Cette créance est purement mobilière : elle ne donne aucun droit pour réclamer *en nature,* soit des meubles, soit des immeubles, quand même il en existerait dans la communauté, et, par conséquent, le droit d'enregistrement de ces reprises ne doit être liquidé et perçu qu'au taux réglé par la loi, pour les transmissions par décès d'objets mobiliers. (Art. 1800 du J.)

18. Le droit n'est dû que comme mobilier pour une maison dont la démolition a été ordonnée, pour l'utilité publique, par un décret rendu *avant* le décès du propriétaire, parce que, au moment de ce décès, l'héritier n'avait que la faculté de vendre les matériaux, ou de toucher le prix qui a été ou qui sera évalué par le gouvernement. Solut. de l'administration, du 23 novemb. 1809. (Art. 3434 du J.)

19. Les objets mobiliers qui, aux termes de l'art. 524 du C. N., sont immeubles *par destination,* doivent acquitter le droit de mutation par décès, sur le pied réglé pour les immeubles. (Art. 2345 du J.)

20. Les machines, décorations, partitions de musique et autres effets mobiliers d'un théâtre, ne sont point réputés immeubles par destination; la perception du droit d'enregistrement ne doit avoir lieu sur ces objets, qu'à raison des quotités réglées pour les meubles. Décis. du min. des fin., du 4 mars 1806. Nomb. 12 de l'Inst. gén. du 22 fév. 1808, n°. 866. (Article 2251 du J.) Au surplus, pour la distinction des biens meubles et immeubles, voyez *Biens,* page 124.

21. La perception doit porter sur la valeur entière des biens échus aux héritiers, quoique le prix n'en ait pas été acquitté par l'auteur de la succession, et qu'il doive être payé aux vendeurs, des deniers des héritiers. Déc. du min. des fin., du 8 frim. an 9. (Art. 668 du J.)

22. L'usufruitier qui a payé l'enregistrement pour l'usufruit, ne doit acquitter le droit que sur la valeur de la nue propriété qu'il recueille par décès, sans y joindre celle de l'usufruit. — Voyez encore *Réunion,* §. 3, n°. 2, p. 590.

23. Le droit *fixe* perçu sur une disposition éventuelle, ne doit pas être déduit du droit proportionnel à recevoir sur la déclaration qui doit être faite lors de l'événement.

Mais on doit faire, sur les droits résultant des déclarations, la déduction du droit perçu à raison du quinzième du revenu, dans le cas où cette déduction était ordonnée par la loi du 19 décembre 1790, parce que cette perception était simplement provisoire : c'était un à-compte payé sur le droit que devait opérer la déclaration à passer lors de l'événement : la déduction en a été prescrite par la loi même qui en avait ordonné la perception ; on ne peut donc pas s'en écarter aujourd'hui. La loi du 22 frimaire an 7 se tait sur ce point, mais il faut conclure de son silence, qu'elle n'a apporté à cette règle aucun changement. (Article 207 du J.)

24. A l'égard des déductions à faire, pour la liquidation des droits, du montant des legs particuliers de sommes qui ne se trouvent pas dans la succession, ou des droits dont ces legs peuvent être susceptibles, voyez *Legs*, n°. 19 et suiv., p. 415.

§. 31. *Par qui les droits doivent être payés. Solidarité des co-héritiers. Action du trésor sur les revenus des biens.*

1. Les droits des déclarations des mutations par décès doivent être payés par les héritiers, donataires ou légataires. Art. 32 de la loi du 22 frim. an 7.

2. Les tuteurs et curateurs supportent *personnellement* la peine du demi-droit en sus, et du double droit, lorsqu'ils ont négligé de passer les déclarations dans les délais, ou qu'ils ont fait des omissions ou des estimations insuffisantes. Art. 39 de la même loi. De sorte que le recouvrement en peut être suivi sur leurs propres biens.

3. Si la nomination du tuteur ou curateur n'avait lieu qu'après l'expiration du délai accordé pour faire déclaration, et si la déclaration était fournie dans les six mois de la nomination, le demi-droit en sus ne serait pas exigible contre le tuteur ou curateur, mais seulement sur les biens de la succession. Nomb. 54 de l'Inst. gén. du 29 juin 1808, n°. 586. — Voyez *Délai*, §. 6, n°. 2, page 215.

4. Les *co-héritiers* sont solidaires. Art. 32 de la loi du 22 frim. an 7.

5. Ainsi, les héritiers du côté paternel, et ceux de la ligne maternelle, étant incontestablement co-héritiers, puisqu'ils recueillent concurremment la succession, sans aucune

distinction de l'origine des biens, sont solidaires. (Article 1455 du J.)

6. Mais il n'y a point de solidarité entre les *enfans naturels* ou les *légataires*, et les *héritiers légitimes* : ceux-ci ne sont tenus de passer déclaration que de la portion des biens qui leur sont échus, et d'en payer le droit suivant leur ligne directe ou collatérale ; les enfans naturels et les légataires doivent, de leur côté, fournir déclaration, les premiers, des biens que la loi leur accorde, et acquitter le droit résultant de la mutation par décès en ligne directe, et les seconds, de la portion disponible ou de celle qui leur a été attribuée par le testament. Décis. du minist. des fin., du 7 messidor an 12. Inst. gén. du 29 du même mois, n°. 239. (Art. 1611 du J.) Cependant, le légataire ou donataire particulier d'un immeuble en usufruit, peut, par la saisie des revenus, se trouver indirectement passible du droit dû par le propriétaire de la nue propriété. (Article 2811 du J.) — Voyez, ci-après, §. 22, n°s. 6 et 7.

7. L'Etat a action sur les revenus des biens à déclarer, en quelques mains qu'ils se trouvent, pour le paiement des droits dont il faut poursuivre le recouvrement. Art. 32 de la loi du 22 frim. an 7.

8. Les droits de mutation par décès sont privilégiés. Déc. du min. de la justice, du 23 nivose an 12. Inst. gén. du 5 vent. suiv., n°. 206. Arrêt de la cour de cassation, rendu dans l'espèce ci-après :

Le 17 vendémiaire an 10, il fut fait une saisie-arrêt entre les mains de deux locataires d'une maison de la succession d'*Antoine Leprétre*, à l'effet du paiement des droits de cette succession.

Auparavant, une semblable saisie avait été faite par un des créanciers, et il prétendait qu'elle devait avoir la préférence sur celle de l'administration.

Cette prétention fut rejetée par un jugement du tribunal civil de Lyon, du 9 messidor an 10. Il y a eu pourvoi en cassation, mais il a été rejeté par un arrêt du

9 vendém. an 14, conçu en ces termes :

« Attendu que le rapprochement et la combinaison des art. 15 et 32 de la loi du 22 frimaire an 7, assurent évidemment le privilége de la régie, consacré par le jugement attaqué, rejette, etc. » (Article 2275 du J.)

9. Il résulte des effets de l'action réelle donnée par la loi, sur les revenus des biens à déclarer, que, lorsqu'un bien dépendant d'une succession a été affermé, l'administration peut, quoique le fermier ait payé *d'avance* le prix entier de son bail, le contraindre à payer une seconde fois les fermages échus et à échoir depuis le décès de l'auteur de l'hérédité. Arrêt de la cour de cassation, du 5 janvier 1809, qui annulle un jugement du tribunal d'Uzès. (Art. 3202 du J.)

10. Sur la question de savoir si les revenus des biens d'une succession, passés entre les mains d'un *tiers acquéreur*, restaient affectés au paiement des droits de mutation par décès, la cour de cassation avait décidé, 1°. la *négative*, lorsque le tiers acquéreur avait payé son prix, d'après un ordre de collocation que l'administration de l'enregistrement n'avait point attaqué par les voies de droit. Arrêt du 15 avril 1807. (Art. 2640 du J.) 2°. Et l'*affirmative*, lorsque le tiers n'avait pas purgé son immeuble suivant le mode prescrit par les lois hypothécaires. Arrêt du 29 avril 1807. (Art. 2641 du J.)

11. Mais un avis du Conseil d'Etat, du 4 septembre 1810, approuvé par Sa Majesté le 21 du même mois, a statué que cette action ne peut, dans aucun cas, être exercée contre le *tiers acquéreur,* ni pour le droit principal, ni pour le demi-droit en sus.

Cet avis se trouve au mot *Détenteur*, p. 235.

Voyez, au surplus, le §. ci-après.

§. 22. *Des poursuites ; de la compétence, et du recouvrement des droits.*

1. Le premier acte de poursuites est une contrainte, même lorsqu'il a été rapporté procès-verbal ; on doit recevoir la somme y portée, sauf à en décerner une nouvelle : les juges ne peuvent laisser à l'héritier l'alternative de passer déclaration ou de payer le montant de la contrainte. — V. *Contrainte*, p. 171.

2. La contrainte doit être signifiée à personne ou domicile ; elle peut l'être *collectivement* aux associés et membres d'un établissement public, d'une société de commerce. — V. *Poursuites*, p. 492.

3. Les héritiers étant *solidaires*, les biens de la succession étant d'ailleurs spécialement affectés au paiement des droits d'enregistrement, et le titre d'hérédité étant indivisible, tout héritier contre lequel la contrainte est décernée, représente légalement la succession, et l'administration peut, conformément aux art. 1203 et 1204 du C. N., s'adresser à celui des héritiers qu'elle veut choisir, sans que les poursuites faites contre l'un d'eux, empêchent d'en exercer de pareilles contre les autres. La cour de cassation, par un arrêt du 29 germinal an 11, dans l'affaire des héritiers Vallery, a formellement reconnu ces principes. La contrainte pour le paiement des droits de succession, est donc régulière, quoiqu'elle n'ait été signifiée qu'à l'un des héritiers ; mais, pour déterminer plus sûrement le recouvrement des droits, il paraît convenable de signifier la contrainte à tous les héritiers qui sont sur les lieux ; et notamment à ceux qui auraient, par leur position aisée, plus de facilités pour satisfaire à la demande. Déc. du min. des fin., du 7 juin 1808. Inst. gén. des 29 du même mois, n°. 586 ; nomb. 36, et 29 oct. 1810, n°. 495.

4. Le plus proche parent du défunt est son héritier présomptif : la contrainte est donc régulièrement décernée contre lui, quoiqu'il n'ait encore fait aucun acte d'héritier ; si, par sa renonciation ultérieure, il est déchargé de la demande, l'administration n'en reste pas moins fondée à exercer l'action mobilière ou réelle sur les biens

de la succession : ainsi, le receveur peut, en vertu de la même contrainte, faire procéder à la saisie exécution du mobilier, et à la saisie arrêt, entre les mains du fermier des immeubles, en faisant du reste, à l'égard de ceux qui sont censés investis de la succession après la renonciation des premiers héritiers, les actes et dénonciations que l'usage et l'état des choses exigent. (Art. 1389 du J.)

5. La faculté donnée au trésor, de saisir les revenus des immeubles de la succession, n'est qu'une action secondaire qui ne détruit pas l'action principale et directe contre les héritiers; et, d'après cela, dans le cas même où les biens à déclarer seraient, avant que les droits de succession fussent acquittés, devenus la propriété légale de tiers acquéreurs, les préposés de l'administration n'en devraient pas moins poursuivre les héritiers dans leurs biens personnels mobiliers et immobiliers, pour le paiement des droits sur la succession recueillie. Inst. gén. du 29 octob. 1810, n°. 495.

6. La demande des droits de la nue propriété de biens recueillis par décès, peut être faite aux héritiers de cette nue propriété, nonobstant l'action que l'Etat a sur les revenus des biens à déclarer. Arrêt de la cour de cassation, du 29 germ. an 11, portant :

« Attendu que le second motif qu'a déduit le tribunal de Meaux, de la circonstance de l'usufruit constitué en faveur de la veuve Valéry, est en opposition avec la loi, qui, en donnant une action récursoire, laisse dans son intégrité l'action principale intentée contre l'héritier, casse. »

Autre arrêt de la même cour, du 21 mai 1806, dont voici le dispositif :

« La cour, vu l'art. 52 de la loi du 22 frimaire an 7;

» Considérant que les sieurs Charpentier, défendeurs, ont été héritiers de leur frère; que cette qualité les assujettit solidairement à payer les droits de la déclaration des immeubles laissés par leur frère, bien qu'ils n'aient que la nue propriété ;

» Considérant que l'action qui compète à la nation sur les revenus de ces immeubles, pour le paiement de ces droits, n'est qu'une action secondaire qui ne détruit pas l'action directe contre les héritiers;

» Considérant que le tribunal de première instance, séant à Château-Thierry, en prononçant en sens contraire, a fait une fausse application de l'art. 52 ci-dessus transcrit, et l'a formellement violé;

» Par ces motifs, la cour casse et annulle le jugement rendu le 15 nivose an 13, par le tribunal de première instance séant à Château - Thierry, etc. » (Article 2454 du J.)

Ce principe a été aussi confirmé par une Décis. du min. des fin., du 24 mars 1807. Nomb. 38 de l'Inst. gén. du 29 juin 1808, n°. 586.

7. L'usufruitier n'étant pas solidaire, on ne peut recourir sur lui par voie de saisie : dès-lors, s'il ne dépend de la succession que des bâtimens occupés par l'usufruitier, et si l'héritier est insolvable, il faut dénoncer la contrainte décernée contre lui à l'usufruitier, avec assignation au tribunal dans le ressort duquel se trouvent situés les biens, pour fixer contradictoirement, soit à l'amiable, soit par experts, le revenu des biens, et s'y voir condamner à en verser le montant successivement, et jusqu'à due concurrence des droits dus pour la transmission de la nue propriété. Si, après le jugement de condamnation, l'usufruitier ne paye point le montant de l'évaluation du revenu, aux termes fixés, l'administration ayant alors contre lui l'action personnelle, il y a lieu de le poursuivre par voie de saisie mobilière, et même, au besoin, par saisie immobilière. (Art. 176? du J.) On peut même, si ce sont des biens ruraux, saisir les fruits pendans par racines. Arrêt de la cour de cassation, du 5 janv. 1809. (Art. 5202 du J.)

8. Les tuteurs et curateurs ne peuvent pas, comme les héritiers purs et simples, être poursuivis dans leurs *propres biens*, pour le paiement du *droit principal* d'enregistrement de la succession à déclarer : la contrainte, à cet égard, ne doit être décernée contre eux qu'en *leur qualité* de tuteur et curateur, et sur les biens de ceux qu'ils représentent ; mais la contrainte doit être décernée personnellement contre le tuteur ou curateur, pour le demi-droit en sus, dont il serait individuellement redevable. Décis. du minist. des fin., du 7 juin 1808. Nomb. 54 de l'Inst. gén. du 29 du même mois, n°. 386. (Art. 2690 du J.)

9. La connaissance et la décision des contestations relatives au recouvrement des droits, sont attribuées aux tribunaux de première instance. — Voyez *Compétence*, p. 160. — Toute action à ce sujet doit être portée devant le tribunal de l'arrondissement dans lequel est situé le bureau de perception, sans égard au lieu où la succession s'est ouverte. — V. *Instance*, §. 2, n°. 7, p. 394.

10. On ne peut compenser les droits d'enregistrement dus pour une succession qui a été séquestrée, avec les loyers de maison perçus par l'État pendant le séquestre. Décis. du min. des fin., du 18 germ. an 8. (Article 457 du J.) La compensation ne peut également avoir lieu avec le prix reçu par le gouvernement, de la vente de biens dépendant de la même succession. Arrêt de la cour de cassation, du 28 vendém. an 14, dont le dispositif est rapporté au mot *Compensation*, page 159.

11. La renonciation de l'héritier n'exempte pas toujours du paiement des droits : en effet, ou les choses étaient encore entières, ou elles ne l'étaient plus. Dans le premier cas, l'héritier présomptif qui renonce sans avoir pris la qualité d'héritier, sans avoir fait aucun acte qui l'oblige, n'est tenu ni à la déclaration, ni au paiement des droits résultant de la mutation ; mais, s'il a accepté expressément ou tacitement la succession, sa renonciation est vaine, et ne le dispense pas des poursuites pour le paiement du droit, s'il refusait de l'acquitter. « L'acceptation est expresse quand on prend le titre ou la qualité d'héritier dans un acte authentique ou privé ; elle est tacite quand l'héritier fait un acte qui suppose nécessairement son intention d'accepter, et qu'il n'aurait droit de faire qu'en sa qualité d'héritier. » Art. 778 du C. N. — V. *Acceptation de succession*, n°s. 5 et 6, p. 10.

Mais les actes purement conservatoires de surveillance et d'administration provisoire, ne sont pas des actes d'addition d'hérédité, si l'on n'y a pas pris le titre ou la qualité d'héritier, art. 779 du même Code, tels qu'une inscription au nom de la succession, une signification pour interrompre la prescription, la vente d'objets dépérissans, des réparations urgentes et indispensables, faites après autorisation du tribunal, un inventaire : tous ces actes, où l'on n'aurait pas pris la qualité d'héritier, et où l'on n'aurait agi que comme conservateur de la chose, n'entraîneraient point l'acceptation de l'hérédité, et par conséquent ne suffiraient point pour autoriser, en cas de renonciation ultérieure, des poursuites contre celui que la loi avait appelé à recueillir. (Article 1557 du J.)

12. Les parties, lorsque leur déclaration n'a été *ni écrite ni signée* sur le registre, ne peuvent se refuser au paiement du droit de succession, en alléguant et même en justifiant qu'ils l'ont fait acquitter par un tiers, sauf à tenir compte du montant de la quittance dont il serait justifié. — V. *Déclaration de succession*, n°. 13, p. 208.

§. 23. *Prescription des droits de mutation par décès.*

V. *Prescription*, §. 2, p. 497.

81 *

§. 24. *Restitution des droits.*

1. Il y a lieu à restitution des droits pour les biens déclarés qui seraient légalement reconnus étrangers à la succession. — Voyez *Restitution*, §. 2, n°. 4, page 579.

2. Si la même rente a été déclarée au bureau du domicile du défunt, et à celui de la situation des biens sur lesquels cette rente est assise, le receveur de ce dernier bureau doit restituer le droit qu'il a perçu. Sol. de l'adm., du 25 therm. an 10. (Article 1254 du J.)

3. Les droits perçus pour la succession d'un absent, sont restituables s'il reparaît. — V. *Absence*, §. 8, p. 8.

SUPPLÉMENT *de droits.* 1. Il y a lieu de former la demande d'un supplément de droit contre le premier adjudicataire, quand le prix de la revente à sa folle enchère est inférieur à celui de l'adjudication qui lui avait été faite, et pour laquelle le droit n'avait pas été payé. — V. *Adjudication à la folle enchère*, n°. 3, p. 86.

2. Dans le cas de revente sur surenchère, l'acquéreur ou le donataire qui conserve l'immeuble mis aux enchères, en se rendant dernier enchérisseur, doit acquitter le supplément des droits d'enregistrement sur l'excédant du prix porté dans le premier contrat. Inst. gén. du 11 messidor an 12, n°. 233.

3. Il est dû un supplément de droits sur l'excédant de valeur constaté par la voie de l'expertise. — Voyez *Expertise*, §. 8, pag. 287.

4. On doit également percevoir un supplément de droits sur la cession d'usufruit, lorsque le prix de la cession est supérieur à l'évaluation qui en aurait été faite pour régler le droit de la translation de propriété. — Voyez *Réunion d'usufruit*, §. 2, page 589.

5. On ne doit pas considérer comme supplément du prix stipulé au contrat, le montant d'une surenchère dont le créancier qui

l'avait fait notifier, se serait désisté. — V. *Désistement*, n°. 4, p. 234.

6. Lorsqu'il s'agit de demander un supplément de droits sur un acte, le premier paiement n'est considéré que comme un à-compte; le supplément à payer n'est que le complément des droits résultant de l'acte, et doit être liquidé sur le même pied que l'à-compte, et conformément à la loi en vigueur lors de l'enregistrement de l'acte, sous l'empire de laquelle cette *formalité* a rangé la perception. Solut. de l'adm., du 2 germ. an 10. (Art. 1374 du J.)

7. Toute action en paiement d'un droit non perçu sur une disposition dans un acte, ou d'un supplément de perception insuffisamment faite, doit être dirigée contre les *parties.* Déc. du min. des fin, du 7 juin 1808. Nomb. 28 de l'Inst. gén. du 29 du même mois, n°. 386. (Art. 2911 du J.)

8. Il y a prescription après *deux ou trois années,* à compter du jour de l'enregistrement, pour la demande des supplémens de droits. — V. *Prescription*, §. 1er., n°. 1, p. 497.

SURCHARGES. — V. *Actes des notaires*, n°s. 6 et 11, p. 20.

SURENCHÈRE. — V. *Enchère*, p. 265; *Supplément de droits*, n°. 2.

SURSIS *aux poursuites.* — V. *Poursuites*, n°. 15, p. 495.

SUSCRIPTION *des testamens.* 1. Les actes de suscription des testamens mystiques ou secrets, dressés par les notaires, aux termes de l'art. 976 du C. N., ne sont point assujettis à la formalité de l'enregistrement *dans le délai de vingt jours* déterminé par l'art. 20 de la loi du 22 frimaire an 7. Cette suscription ne forme qu'un seul et même acte avec le testament, à la validité duquel elle est nécessaire, et doit être enregistrée à la même époque, c'est-à-dire *dans les trois mois du décès du testateur,* conformément à l'art. 21 de ladite loi, dont l'application aux suscriptions de l'espèce est d'autant plus naturelle, que le Code Napoléon, en permettant aux notaires de recevoir le dépôt des testamens mystiques sans en dresser l'acte, a voulu que, non-seulement leurs dispositions, mais leur existence même, pussent rester ignorées pendant la vie du testateur. Sol. de l'adm., du 12 germinal an 13. Nomb. 73 de l'Inst. gén. du 3 fruct. suiv., n°. 290.

2. L'art. 976 du C. N., prescrivant aux notaires de dresser *de suite* l'acte de suscription des testamens mystiques qui leur sont présentés, la contravention qu'ils commettent quand ils font cet acte sur une enveloppe non timbrée de ces testamens, n'est pas volontaire, et ne doit pas leur être imputée; seulement, lors de l'ouverture des testamens, cette enveloppe doit être visée pour timbre, l'amende encourue par le testateur étant éteinte par son décès. Déc. du min. des fin., du 3 nov. 1807. Inst. gén. du 24 du même mois, n°. 359.

T.

TABLES *des actes de l'état civil*. 1. L'art. 8 du tit. 2 de la loi du 25 septemb. 1792, prescrit la formation de tables annuelles et décennales des actes de l'état civil.

2. L'art. 16 de cette loi a ordonné que les tables *décennales* seraient faites sur papier timbré. Circ. de l'adm., du 17 vend. an 10, n°. 2051.

3. Mais le législateur ne s'étant pas expliqué relativement au timbre des tables *annuelles*, on avait douté qu'elles fussent soumises à cette formalité. Un décret impérial du 22 juillet 1807, a tranché toute difficulté; il porte, article 4, que les tables *annuelles* et *décennales* seront faites sur papier timbré.

4. Le droit de timbre de ces tables doit évidemment être réglé d'après la dimension du papier dont on se servira, et cette dimension sera la même que celle du papier qui a servi aux registres, puisque, suivant l'art. 2 du décret, ces tables doivent être annexées à chacun des doubles registres. Il convient, d'après cela, que le papier soit du même format; et, par la même raison, le droit de timbre doit être égal pour les doubles tables, comme il l'est pour les doubles registres, parce que le double restant entre les mains du maire, ne peut pas plus être considéré comme minute que celui déposé au tribunal; les actes de l'état civil étant rédigés en double minute, celle qui se dépose au greffe n'est pas l'expédition de celle qui reste chez le maire, c'est également une minute qui ne peut donner lieu à de plus forts droits de timbre que l'autre. Décis. du min. des fin., du 15 mars 1808. Nomb. 2 de l'Instruct. gén. du 17 mai suivant, n°. 577. (Art. 1091, 2674 et 2852 du J.)

TACITE *reconduction*. — V. *Bail*, §. 5, n°. 15, p. 116.

TÉMOINS. Personnes appelées en justice pour déposer d'un fait dont elles peuvent avoir connaissance, ou devant notaires, pour constater la présence et le consentement des parties contractantes.

1. Pour les droits résultant des assignations à témoins et des actes qui leur sont faits ou signifiés, voyez *Exploit*, §§. 1er. et 2, n°. 1.

2. La disposition dans un acte notarié, par laquelle deux témoins certifient l'identité des parties, n'opère aucun droit. — V. *Attestation*, n°. 3, p. 102.

TESTAMENT. Acte par lequel on dispose, pour le tems où l'on n'existera plus, de tout ou partie de ses biens. Le testateur peut le révoquer à volonté.

1. Les testamens et tous autres actes de libéralité qui ne contiennent que des dispositions soumises à l'événement du décès, doivent le droit d'enregistrement fixe de 3 f. Art. 68, §. 3, n°. 5 de la loi du 22 frimaire an 7.

2. Ce droit doit être acquitté par les héritiers, légataires et donataires, leurs tuteurs et curateurs, et les exécuteurs testamentaires. Art. 29 de la même loi.

3. Les testamens passés dans les pays réunis à la France, *avant* la réunion, et dont les testateurs sont décédés *depuis*, sont assujettis à la formalité de l'enregistrement. Sol. de l'adm., du 11 pluv. an 7. (Art. 48 du J.) — V. *Actes passés dans les pays réunis*, n°. 3, p. 76.

4. Ceux faits avant les lois des 17 nivose et 22 ventose an 2, ou pendant l'exécution de ces lois, dont les testateurs sont décédés depuis la publication du Code Napoléon, sont valides, arrêts de la cour de cassation, du 1er. brumaire an 13, et de la cour d'appel d'Agen, du 30 avril 1806, et, comme

tels, sujets à l'enregistrement. (Art. 3223 du J.)

5. Les testamens faits par des Français en pays étranger, ne peuvent être exécutés sur les biens situés en France, qu'après avoir été enregistrés au bureau du domicile du testateur, s'il en a conservé un, sinon au bureau de son dernier domicile connu en France; et, dans le cas où le testament contiendrait des dispositions d'immeubles qui y seraient situés, il devra être, en outre, enregistré au bureau de la situation de ces immeubles, sans qu'il puisse être exigé un double droit. Art. 1000 du Code Napoléon. Cette disposition déroge, pour ces testamens, à l'art. 26 de la loi du 22 frimaire an 7, qui permet de faire enregistrer dans tous les bureaux indistinctement les actes sous signature-privée et ceux passés en pays étranger; et il dispense, de tout droit, l'enregistrement qui doit être fait au bureau de la situation des immeubles délaissés par le testateur, car, par le mot *double droit*, il faut entendre qu'il n'est pas dû un second droit. (Art. 1805 du J.)

6. Dans un testament, la clause de révocation de testamens antérieurs, n'opère aucun droit particulier. — V. *Révocation*, n°. 5, p. 591.

7. Les testamens ne sont sujets qu'au droit fixe, à moins qu'ils ne contiennent des obligations ou reconnaissances; et les légataires ne sont tenus d'acquitter les droits des legs d'immeubles, sommes ou objets mobiliers, et en général des actes de libéralité dont l'acceptation ou l'exécution sont éventuelles, que dans les six mois du jour du décès. Nomb. 1 de l'Inst. gén. du 3 fruct. an 13, n°. 290. — V. *Legs*, n°. 12 et suiv., p 415.

8. C'est la date du décès d'un testateur, et non celle de l'ouverture d'un testament olographe ou mystique, qui détermine les obligations des héritiers relativement au paiement des droits proportionnels. Ainsi, il n'y a pas lieu d'exiger que les héritiers en ligne directe, en vertu d'un testament anté-

rieur à la loi du 22 frimaire an 7, mais ouvert depuis, fassent la déclaration des biens de leur père, décédé avant la publication de cette loi. (Art. 1259 du J.)

9. Les notaires peuvent, dans les testamens reçus par eux, faire mention d'actes ou billets sous seing-privé non enregistrés, sauf à percevoir les droits dans le cas où il serait fait quelque acte en conséquence, ou si, lors de la publicité des testamens, il était constaté que ces actes doivent être enregistrés dans un délai déterminé. Décis. du min. des fin., du 14 juin 1808. Nomb. 16 de l'Inst. gén. du 28 juillet suiv., n°. 390. (Article 1299 du J.)

10. Suivant l'art. 1036 du C. N., les testamens postérieurs qui ne révoquent pas, d'une manière expresse, les précédens, n'annullent dans ceux-ci que les dispositions qui sont incompatibles avec les nouvelles, ou qui y sont contraires. D'où il résulte que, lorsqu'un même testateur a fait plusieurs testamens, il faut, pour reconnaître s'ils sont ou non tous sujets aux droits, examiner si, à défaut de révocation expresse, les dispositions des testamens sont toutes incompatibles ou contraires à celles contenues dans le dernier. Les précédens testamens ne doivent point, dans ce cas, être soumis à la formalité.

Mais, s'il n'y a pas incompatibilité à l'égard de toutes les dispositions antérieures, ceux des testamens qui en renferment une ou plusieurs, sont, comme le dernier, soumis au droit fixe de 3 f., indépendamment du droit proportionnel à acquitter, dans les six mois, pour les libéralités que ces dispositions peuvent avoir pour objet. (Article 2434 du J.)

11. Les droits d'un testament cessent d'être exigibles du moment qu'il est anéanti en *totalité*, soit par un testament postérieur, soit par le prédécès des légataires, soit par leur renonciation par acte en forme, avant d'avoir formé aucune demande en délivrance, ou de s'être immiscés dans les biens. (Art. 1117 du J.)

12. Les notaires, dépositaires des minutes d'autres notaires décédés, ne peuvent refuser d'apporter au bureau de l'enregistrement, pour être soumis à la formalité, les testamens des personnes décédées, sous prétexte que les héritiers ou légataires ne leur ont pas payé préalablement les honoraires du notaire qui a reçu l'acte et les droits de garde-minute. (Art. 2266 du J.)

13. Ils sont autorisés, du vivant des testateurs, à leur délivrer des expéditions de leurs testamens, sans les avoir fait enregistrer. Décis. du minist. des fin., du 25 avril 1809 (Art. 3256 du J.) Mais les héritiers ne peuvent se servir de ces expéditions qu'après avoir soumis le testament à la formalité. (Art. 1516 du J.)

14. L'acte de publication ne peut être écrit à la suite du testament. — V. *Publication*, n°. 5, p. 528.

15. Les testamens *déposés* chez les notaires, ou par eux *reçus*, doivent être enregistrés dans les trois mois du décès des testateurs, à la diligence des héritiers, donataires, légataires ou exécuteurs testamentaires, art. 21 de la loi du 22 frim. an 7, à peine du double droit, art. 38.

16. Ces dispositions s'appliquent à tous les testamens, quelle que soit leur date, dont les testateurs sont décédés après la publication de cette loi. Mais, si le décès est antérieur, le double droit n'est exigible que dans le cas où le testament aurait été mis à exécution en tout ou en partie : cela résulte des art. 8 de la loi du 19 déc. 1790, et 3 de celle du 9 oct. 1791. (Art. 626 et 1117 du J.)

17. Par ces expressions de la loi : *Les testamens deposés*, on doit entendre ceux déposés par les testateurs eux-mêmes. — Voyez ci-après, n°°. 22 et 23.

18. Il n'y a pas de délai de rigueur pour l'enregistrement des testamens *olographes*, ni pour ceux *passés en pays étranger* : par conséquent, ils ne sont point passibles du double droit, quand même ils seraient présentés à la formalité plus de trois mois après le décès du testateur. (Articles 636 et 1803 du J.)

19. La révocation d'un testament ne doit être enregistrée que dans les trois mois du décès. — Voyez *Révocation*, n°. 4, page 591.

20. Il en est de même de l'acte de suscription d'un testament mystique ou secret. Il n'y a pas lieu à l'amende, quand même cette suscription serait faite sur papier non timbré. — V. *Suscription*, p. 641.

21. Les préposés sont autorisés à faire, sur les répertoires des notaires, la vérification et la recherche des *testamens clos* qui y sont inscrits, et à former, devant les tribunaux, toute action nécessaire pour faire ordonner l'ouverture des testamens clos, sur la preuve par eux fournie que les testateurs sont décédés depuis plus de trois mois. Déc. du min. des fin., du 6 ventose an 7. Jugement du tribunal de Tarbes, du 6 floréal an 7. Sol. de l'adm., du 26 vend. an 8. (Art. 283 du J.)

22. Les notaires ne peuvent recevoir aucun acte en dépôt, si cet acte n'a été enregistré. Art. 42 de la loi du 22 frimaire. Ils doivent dresser acte du dépôt. Sont exceptés les testamens qui leur sont déposés par les testateurs. Art. 43.

L'exception étant restreinte aux testamens déposés par les *testateurs*, on doit, avant le dépôt, soumettre à l'enregistrement les testamens qui, après le décès des testateurs, sont déposés *volontairement* par les parties intéressées; et, d'après cela, le délai de trois mois accordé par l'art. 21 de la loi, pour le paiement des droits, ne leur est pas applicable. Inst. gén. du 24 novemb. 1807, n°. 559.

23. Mais les notaires peuvent recevoir en dépôt, sans enregistrement préalable, les testamens et pièces qui s'y trouvent renfermées, lorsque la remise, aux termes de l'article 1007 du C. N., leur en est faite *en vertu d'ordonnance du juge*. Dans ce cas, ils doivent, dans les dix jours qui suivent l'expiration du délai de trois mois, à compter

ter du décès des testateurs, fournir au receveur de l'enregistrement, des extraits certifiés des testamens dont les droits ne leur ont pas été remis par les héritiers ou légataires. Décis. du min. des fin., du 29 sept. 1807. Même Inst., n°. 359.

24. Le notaire qui reçoit, après l'ouverture, le dépôt d'un testament mystique qui n'a point été écrit sur papier timbré, est tenu de soumettre le testament au timbre; mais il n'y a lieu qu'au paiement du droit de timbre, la peine attachée à la contravention étant éteinte par le décès du contrevenant. (Art. 2496 du J.)

25. La prescription de cinq ans, établie par la loi du 22 frimaire an 7, n'est pas applicable à la demande des droits d'enregistrement des testamens. — V. *Prescription*, §. 3, n°. 2, p. 501.

26. Le consentement à l'exécution du testament, et à la délivrance des legs y portés, en quelque nombre que soient les héritiers qui le donnent, n'opère qu'un droit fixe de 1 f. (Art. 308 du J.) — Voyez *Consentement*, p. 168; et *Délivrance de Legs*, p. 225.

TIERS *saisis*. — Voyez *Actes judiciaire*, §. 6, n°. 9, p. 52, et *Déclaration*, n°. 15, p. 198.

TIMBRE. Contribution établie sur les papiers destinés aux actes, aux écritures et aux registres assujettis, par la loi, à la formalité du timbre. Poinçon avec lequel on marque ces papiers.

On a rapporté, au mot *Papier timbré*, p. 475 et suiv., les dispositions des lois relatives à la dimension des papiers, au mode de les timbrer, à leur distribution et débit, aux papiers et parchemins qui peuvent être timbrés à l'extraordinaire, à l'échange des papiers marqués des anciens timbres, et à la quotité des droits de timbre : il reste à rappeler ce qui a pour objet les changemens de timbres, les époques auxquelles on a dû faire usage des papiers marqués des nouveaux timbres, l'assujettissement ou l'exemption des actes et pièces à cette for-

malité, les obligations des officiers et fonctionnaires publics et des particuliers, enfin les peines et amendes en cas de contravention.

§. 1er. *Changemens des timbres. Époques auxquelles on a dû faire usage des papiers aux diverses empreintes.*

1. La loi du 11 février 1791 avait établi des timbres qui portaient pour légende : *La Nation*, *la Loi*, *le Roi*. On a dû commencer à faire usage des papiers frappés de ces empreintes, à compter du 1er. avril suivant.

2. D'après les décisions du ministre des contributions publiques, des 25 avril et 28 mai 1793, et un décret de la convention nationale, du 4 juillet de la même année, on fit retrancher des empreintes des timbres, les mots : *le Roi*, les *fleurs de lys*, et tous autres attributs relatifs à la royauté; et les particuliers qui avaient du papier marqué des anciennes empreintes, durent le rapporter, dans les bureaux de la régie, pour être échangés. Circul. de l'adm., des 26 avril, 31 mai et 8 juillet 1793, n°s. 405, 415 et 452.

3. A compter du 20 nivose an 4, dans le département de la Seine, et du 10 pluviose suivant, dans les autres départemens, les empreintes ont été frappées *en rouge*, et les papiers timbrés en noir n'ont pu alors être employés qu'après avoir été contremarqués de la nouvelle empreinte. Art. 6 de la loi du 11 nivose an 4. Circ. de l'adm., du 16 du même mois, n°. 848.

4. Par l'art. 5 de la loi du 14 thermidor an 4, l'administration a été chargée de faire graver de nouveaux timbres. Chaque timbre portait distinctement son prix, et avait pour légende les mots *République française*. Ils n'étaient point distingués par département; ils étaient uniformes dans tout l'empire, frappés *en noir*, à l'exception des timbres *de droit proportionnel* qui étaient appliqués à sec, et servaient pour les papiers que fournit la régie, et

pour ceux que les particuliers faisaient timbrer eux-mêmes.

Suivant l'art. 6 de cette loi, ceux qui se trouvaient pourvus de papier timbré *en rouge*, soit en feuilles, soit en *registres*, n'ont pu les employer, passé le 1er. vendémiaire an 5, qu'après les avoir fait frapper du nouveau timbre. Circ. de l'adm., du 16 niv. an 4, n°. 848.

5. Des nouveaux timbres ont été établis par la loi du 13 brumaire an 7. Ceux du droit établi sur la dimension, étaient appliqués *en noir*, et portaient distinctement leur prix, ainsi que le nom du département où ils devaient être employés. Ceux pour le droit proportionnel étaient frappés *à sec*, et ne portaient point le nom du département; mais il était appliqué une autre empreinte *en noir*, qui indiquait la somme pour laquelle l'effet pouvait être tiré. Tous les timbres avaient pour légende les mots *République française*. C'est ce qui résulte des art. 4, 5 et 10 de cette loi.

Trois mois après sa publication, on n'a pu faire usage du papier marqué des anciens timbres dont on a été autorisé à faire l'échange pendant le mois qui a suivi ce délai. Art. 35.

6. Un arrêté du gouvernement, du 9 prairial an 9, a autorisé les administrateurs de l'enregistrement à faire fabriquer et timbrer à Paris tout le papier nécessaire pour le service dans les divers départemens de l'empire (il y a des timbres particuliers pour les départemens au-delà des Alpes : ils portent pour légende : *Piémont*. — V. *Papier timbré*, pag. 475, et, ci-après, n°. 13), et a ordonné que chaque feuille ou demi-feuille serait frappée de deux timbres uniformes pour tous les départemens, l'un à l'encre et l'autre à sec; que ces deux timbres auront pour légende les mots *République française*, et que le timbre à l'encre continuera d'indiquer la quotité du droit.

Il a été accordé jusqu'au 1er. nivose an 11 pour faire l'échange des anciens papiers du timbre de dimension, et jusqu'au 1er. nivose an 12 pour ceux frappés du timbre proportionnel; et, passé ce délai, il n'a pu être fait usage que des papiers frappés des nouveaux timbres, sous les peines portées par la loi du 13 brumaire an 7. Arrêtés du gouvernement, des 7 fructid. an 10, art. 6, et 16 messid. an 11, art. 4. Circ. du 19 fruct. an 10. Inst. gén. du 30 mess. an 11, n°. 145.

7. Enfin, les timbres actuellement en usage ont été établis en exécution du décret impérial du 17 avril 1806, dont les dispositions sont rapportées au mot *Papier timbré*, n°. 4, p. 475. Les nouveaux timbres de dimension *à l'extraordinaire*, ont été mis en activité le 1er. juillet 1806, et ceux de dimension *à l'ordinaire*, et de proportion, le 1er. janvier 1807 : ils ont pour type l'aigle impériale; le timbre à l'encre porte pour légende ces mots : *Empire français* ; et le timbre sec, ceux-ci : *Administration de l'enregistrement et des domaines*.

8. Avant la loi du 13 brumaire an 7, les empreintes des timbres étaient apposées au haut du milieu de chaque feuille, demi-feuille ou autre dimension du papier de la régie, et au *côté gauche* du haut de chaque feuille, demi-feuille ou autre dimension du papier que les particuliers présentaient au timbre. Art. 5 de la loi du 11 nivose an 4. Circ. de l'adm., du 16 du même mois, n°. 848.

Mais les articles 6 et 7 de la loi du 13 brumaire an 7, ont prescrit d'apposer l'empreinte sur les papiers que fournit la régie, au haut de la partie *gauche* de la feuille (non déployée), de la demi-feuille, et du papier pour effets de commerce; et l'empreinte sur les papiers et parchemins que les particuliers présentent au timbre, au haut du *côté droit* de la feuille.

9. Tout acte, soit public, soit sous signature-privée, et toutes écritures pour lesquelles le papier timbré doit être employé, qui, après le délai fixé pour faire usage des papiers au nouveau timbre, ont été faits

sur papier timbré des empreintes supprimées, sans avoir été préalablement soumis
au nouveau timbre, sont réputés avoir été
écrits sur papier non timbré, et dés-lors il
y a contravention à la loi. Art. 7 de celle
du 11 nivôse an 4. Circ. de l'adm., du 16
du même mois, n°. 848. Art. 55 de la loi
du 13 brumaire an 7. Art. 6 de l'arrêté du
gouvernement, du 7 fruct. an 10. Circ. du
19 du même mois. Déc. imp. du 17 avril
1806. Circ. du 12 déc. 1806.

10. Il ne s'agit pas ici des actes que l'art. 23
de la loi du 13 brum. an 7 permet de placer à la
suite les uns des autres, sur le même papier.
La disposition de ce dernier article a évidemment été déterminée par l'utilité de la réunion de ces différens actes : en conséquence, elle doit avoir son effet, nonobstant les
changemens de timbre; et il suffit que la
formalité ait été remplie, n'importe à quelle époque, même avant 1791, pour autoriser, dans les cas d'exception prévus par la
loi, la rédaction d'un nouvel acte à la suite
de celui écrit sur du papier frappé d'un
timbre devenu hors d'usage. Déc. du min.
des fin., du 4 brum. an 11. Inst. gén. du
22 prairial suiv., n°. 137. (Article 1293
du J.)

11. Il y a également lieu à l'application
de cette règle, lorsque le premier de ces
actes, passé dans les pays réunis, se trouve
sur une feuille de papier du timbre en usage *avant* la réunion; mais, s'il est écrit sur
papier libre, le second doit être rédigé sur
papier timbré. Décis. du ministre des finances, du 7 juillet 1807. (Article 2664
du J.)

12. Quoique les expéditions, délivrées
par le secrétaire général du Conseil d'Etat,
des décrets impériaux rendus sur les rapports de la commission du contentieux,
soient écrites sur du papier timbré à l'extraordinaire, néanmoins, les significations
qui en sont faites, peuvent être écrites à la
suite de ces expéditions, puisque la loi
permet de mettre les significations au bas des
pièces signifiées. (Article 3069 du J.) Ce

principe a été consacré par arrêt de la cour
de cassation, rapporté au mot *Contrainte*,
n°. 11, p. 172.

13. Les papiers timbrés ayant pour légende : *Départemens du Piémont*, ne peuvent être employés pour aucun acte quelconque, soit public, soit privé, sujet au
timbre proportionnel ou de dimension,
passé ou souscrit hors les départemens au-
delà des Alpes, auxquels ils sont exclusivement destinés, et où ils ne sont pas passibles du décime pour franc. Dans le cas de
contravention à cette disposition, il y a lieu
à l'application de celles des art. 24 et 25,
et des nombres 4, 5 et 6 de l'article 26 de
la loi du 13 brumaire an 7, qui défendent d'écrire aucun acte sur papier
frappé d'un timbre inférieur à celui auquel
il doit être assujetti, et à tous juges, fonctionnaires publics et officiers ministériels,
d'y avoir égard et d'y donner suite. Circulaires des 16 thermidor an 11, et 13 mars
1806.

§. 2. *Dépôt des empreintes des timbres.*

L'administration fait déposer (à chaque
changement de timbre), aux greffes des
tribunaux de première instance et de commerce, et à ceux des cours impériales,
les empreintes des nouveaux timbres. Ces
empreintes sont apposées sur papier à
son filigrane. Chaque dépôt est constaté,
sans frais, par un procès-verbal rédigé par
le greffier. Art. 38 de la loi du 13 brum. an
7. Art. 13 du déc. imp. du 17 avril 1806.
Circ. du 12 déc. suiv.

§. 3. *Des actes, écritures et registres assujettis au timbre : amendes en cas de
contravention.*

PRINCIPES GÉNÉRAUX.

1. La contribution du timbre est établie
sur tous les papiers destinés aux actes civils
et judiciaires, et aux écritures qui peuvent
être produites en justice et y faire foi. Il n'y
a d'exceptions que celles *nommément* ex-

primées dans la loi. Art. 1er. de la loi du 13 brumaire an 7.

2. Cette contribution est de deux sortes :

La première est le droit de timbre imposé et tarifé en raison de la dimension du papier dont il est fait usage.

La seconde est le droit de timbre créé pour les effets négociables ou de commerce, les billets et obligations non négociables, et les mandats à terme ou de place en place, et gradué en raison des sommes à y exprimer, sans égard à la dimension du papier. Art. 2 de la même loi, et art. 6 de celle du 6 prairial an 7.

3. Les tribunaux ne peuvent accorder la remise ou la modération de l'amende pour contravention à la loi du timbre, sous prétexte qu'il n'y avait pas intention de fraude de la part des contrevenans. — V. *Amende*, n°. 8, p. 92, et *Extrait*, n°. 1, page 295.

4. Tout acte fait et passé en pays étranger ou dans les îles et colonies françaises, où le timbre n'aurait pas encore été établi, est soumis au timbre avant qu'il puisse en être fait aucun usage en France, soit dans un acte public, soit dans une déclaration quelconque, soit devant une autorité judiciaire ou administrative. Art. 15 de la loi du 13 brumaire an 7. Il doit en être usé, à cet égard, comme pour les effets de commerce venant de l'étranger, c'est-à-dire que ceux de ces actes dont il sera fait usage hors du chef-lieu du département, pourront être *visés pour timbre* par le receveur de l'enregistrement. Circ. de l'adm., du 26 brum. an 7, n°. 1419.

5. Les écritures privées qui auraient été faites sur papier non timbré, sans contravention aux lois du timbre, quoique non comprises nommément dans les exceptions, ne peuvent être produites en justice sans avoir été soumises au timbre extraordinaire ou au *visa* pour timbre, à peine d'une amende de 30 f., outre le droit de timbre. Art. 30 de la loi du 13 brum. an 7.

6. Cette disposition comprend même les actes sous seing-privé, d'une date antérieure au 1er. avril 1791. Circ. de l'adm., du 26 brum. an 7, n°. 1419.

7. Indépendamment de l'assujettissement général au timbre que contient l'art. 1er. de la loi du 13 brumaire an 7, sauf les exceptions exprimées par l'article 16, le législateur a cru, pour ne laisser aucune incertitude, devoir présenter, par l'article 12, la nomenclature des actes, écrits et registres soumis au timbre, ainsi qu'il suit :

8. « Les actes des notaires, et les extraits, copies et expéditions qui en sont délivrés.

Voyez *Certificat de vie*, n°. 2 et suiv., p. 149; *Collation*, n°. 3, p. 154; *Expédition*, n°. 20 et 22, p. 278; *Extrait*, n°. 1, p. 295; *Minute*, n°. 3, p. 438.

9. » Les actes des *huissiers*, et les copies et expéditions qu'ils en délivrent.

Voyez *Copie*, p. 190.

10. » Les actes et les procès-verbaux des gardes et de tous autres employés ou agens ayant droit de verbaliser, et les copies qui en sont délivrées.

Plusieurs de ces actes doivent être visés pour timbre en débet, et d'autres sont exempts des droits. — V. *Procès-verbaux*, n°. 2 et suiv., p. 514.

11. » Les actes et jugemens de la justice de paix, des bureaux de paix et de conciliation, des tribunaux, des cours et des arbitres; les actes particuliers des juges de paix et de leurs greffiers; ceux des autres juges et des procureurs impériaux, et ceux reçus aux greffes ou par les greffiers, ainsi que les extraits, copies et expéditions qui s'en délivrent.

Voyez *Actes judiciaires*, §. 16, p. 47; *Adoption*, n°. 5, p. 87; *Affiches*, n°. 6, page 88; *Certificat*, n°. 7 et 13, p. 147; *Décharge*, §. 2, n°. 5, p. 195; *Déclaration*, n°. 3, p. 197; *Déclaration de grossesse*, n°. 1, p. 207; *Dépôt*, §. 3, n°. 9, p. 230; *Emancipation*, n°. 5, page 265;

Feuilles d'audience, pag. 299; *Prud'hommes*, p. 526.

La formalité du visa pour timbre est néanmoins autorisée pour certains de ces actes; quelques autres doivent être visés *gratis*.

Voyez *Actes judiciaires*, §§. 9 et 10, p. 40 et 42.

12. » Les actes des avoués et des défenseurs officieux près les tribunaux et les cours, et les copies ou expéditions qui en sont faites ou signifiées.

Voyez *Copie*, p. 190; *Feuilles de conclusions*, p. 500.

13. » Les consultations, mémoires, observations et précis signés des hommes de loi (avocats) et défenseurs officieux.

Voyez *Conseil d'Etat*, p. 167; *Consultation*, p. 170; *Mémoire*, p. 435.

14. » Les actes des autorités constituées administratives, qui sont assujettis à l'enregistrement, ou qui se délivrent aux particuliers, et toutes les expéditions et extraits des actes, arrêtés et délibérations desdites autorités, qui sont délivrés aux particuliers.

Nota. On comprendra également sous ce numéro, les actes des administrations publiques et des établissemens publics, sujets au timbre.

Voyez *Acquits, congés et passavants*, nᵒˢ. 2, 3 et 4, p. 15; *Actes administratifs et des administrations publiques*, p. 51; *Actes des établissemens publics*, page 54; *Actes de l'état civil*, nᵒ. 9 et suiv., p. 59; *Adjudication de coupes de bois de l'Etat*, nᵒˢ. 6, 11 et 12, p. 82; *Adjudication de coupes de bois des communes et établissemens publics*, nᵒ. 2, p. 83; *Certificat*, nᵒˢ. 5 et 18, p. 146 et 148; *Commission*, nᵒ. 3, p. 156; *Congé de cour*, p. 166; *Contrainte*, nᵒ. 12, p. 173; *Déclaration*, nᵒ. 5, p. 197; *Déclaration de naufrage*, nᵒ. 1, p. 207; *Défrichement*, nᵒˢ. 1 et 2, pag. 210; *Expédition*, nᵒ. 23, p. 279; *Inventaire*, nᵒ. 8, p. 405; *Main-levée*, nᵒ. 11 et suiv., p. 427; *Majorat*, nᵒ. 6, p. 429; *Mandat*, nᵒ. 8 et suiv., p. 431; *Marché*, nᵒ. 5, p. 433; *Marine*, p. 434; *Navigation*, p. 451; *Ordonnance*, nᵒ. 5, page 471; *Passedebout*, p. 486; *Passeport*, p. 486; *Patentes*, nᵒ. 5, p. 487; *Pêche*, nᵒ. 6, p. 487; *Procès-verbaux*, nᵒ. 15, page 516; *Rôle*, nᵒˢ. 1, 2, 10 et 11, page 592; *Tables annuelles et décennales des actes de l'état civil*, p. 642.

15. » Les pétitions et mémoires, même en forme de lettres, présentés aux ministres, à toutes autorités constituées, aux administrations ou établissemens publics.

Voyez *Pétition*, p. 490.

16. » Les actes entre particuliers, sous signature-privée, et le double des comptes (celui des comptables) de recette ou gestion particulière.

Voyez *Actes sous signature-privée*, §. 5, nᵒ. 9, p. 65; *Action*, nᵒ. 10, page 81; *Assurance*, nᵒ. 3, p. 100; *Aval*, p. 103; *Billets de loterie particulière*, page 132; *Bons de fournitures militaires*, page 132; *Cahier de charges*, nᵒ. 4, p. 156; *Certificat*, nᵒˢ. 3, 7, 12 et 14, pages 146 et 147; *Compte*, nᵒ. 19, p. 164; *Connaissement*, nᵒ. 4, p. 167; *Dessèchement*, page 234; *Devis*, nᵒ. 3, p. 237; *Etat*, nᵒ. 5, p. 272; *Extraits délivrés par les messageries*, p. 296; *Inventaire*, nᵒ. 3, p. 405; *Lettres de voiture*, nᵒ. 4 et suiv., p. 422; *Messageries*, p. 436; *Procès-verbaux*, nᵒˢ. 6, 13 et 30, p. 515 et suiv.; *Quittance*, nᵒ. 48 et suiv., p. 539.

17. » Et généralement tous actes et écritures, extraits, copies et expéditions, soit publics, soit privés, devant ou pouvant faire titre ou être produits pour obligation, décharge, justification, demande ou défense. »

18. » Dans le cas de contravention à cet article, l'amende est de 30 f. pour tout acte ou écrit sous signature-privée, et de 100 f. pour chaque acte public ou expédition, fait ou délivré sur papier non timbré, indépendamment de la restitution du droit de timbre. Nᵒˢ. 3 et 5 de l'art. 26 de la loi du 13 brum. an 7.

19. Il y a lieu de réclamer l'amende pour les actes sujets au timbre qui n'ont pas été rédigés en papier timbré, quoiqu'ils n'aient été ni produits en justice, ni présentés aux préposés de l'enregistrement. Déc. du min. des fin., du 24 septemb. 1808. (Art. 5054 du J.)

20. Lorsque deux actes, faits en France, sont écrits sur une même feuille de papier libre, hors des cas d'exception précisés par l'art. 23 de la loi du 13 brumaire, il est dû, outre la restitution du timbre de deux feuilles ou demi-feuilles, suivant l'étendue des actes, deux amendes de 30 francs chacune. (Art. 2471 du J.)

21. Le recouvrement de l'amende pour quittance non timbrée, doit être poursuivi, non contre le créancier, mais contre le débiteur. — Voyez *Quittance*, n°. 57, page 540.

Voyez *Lettre missive*, n°. 7, p. 421.

22. Avant la loi du 11 février 1791, les officiers publics qui rédigeaient un acte sur papier libre, encouraient l'amende de 300 f.; mais l'administration des domaines était autorisée à la modérer. Les préposés peuvent encore aujourd'hui constater les contraventions de cette espèce, si la prescription trentenaire n'est pas acquise, et les amendes pourraient être modérées par l'administration actuelle. Sol. de l'adm., du 25 germ. an 8. (Article 433 du J.)

REGISTRES.

Voyez *Registre*, p. 548, et *Répertoire*, §. 6, p. 565.

Lorsque les registres de l'état civil, d'une année, n'ont pas été totalement remplis, ils ne peuvent pas servir pour l'année suivante, Décis. du min. des fin., du 28 brum. an 9. (Art. 691 du J.)

ACTES ET EFFETS SUJETS AU TIMBRE PROPORTIONNEL.

Voyez *Billet*, n°. 8 et suiv., page 129; *Dépôt*, §. 1er., n°. 10, p. 228; *Effets négociables ou de commerce*, n°. 3 et suiv.,

p. 261; *Lettre de crédit*, n°. 2, page 421; *Mandat*, n°. 6, p. 431; *Obligation*, n°. 21, p. 466, et *Traites*.

§. 4. *Actes exempts de la formalité du timbre.*

Voyez *Exemption*, n°. 18 et suiv., pag. 275, et les renvois qui y sont indiqués; voyez aussi *Abonnement*, p. 3; *Actes judiciaires*, §. 11, n°. 9 et 16, p. 43, et §. 16, p. 47; *Actes de l'état civil*, n°s. 14 et 15, p. 60; *Attestation*, n°. 4, page 102; *Bons de fournitures militaires*, page 132; *Cahier de charges*, n°. 5, p. 136; *Cartes de sureté*, p. 137; *Certificat*, n°s. 11, 12 33, p. 147 et 149; *Commission*, n°. 5, p. 156; *Dépôt*, §. 3, n°. 16, p. 231; *Devis*, n°. 3, p. 237; *Diplôme et Dispense*, page 238; *Effets publics*, n°. 1, p. 262; *État*, n°s. 6 et 12, p. 272; *Expédition*, n°s. 20, 21 et 22, p. 278; *Extraits*, n°. 3, p. 295; *Extraits des matrices des rôles des contributions directes*, n°. 2, p. 296; *Feuilles de route des messageries*, pag. 301; *Inhumation*, p. 392; *Lettres de voiture pour transport d'effets militaires*, n°. 11, pag. 423; *Main-levée*, n°. 11 et suivans, page 427; *Majorat*, n°. 2, pag. 429; *Mandat*, n°. 15, p. 432; *Marché*, n°. 5, page 433; *Marine*, p. 434; *Mont-de-piété*, pag. 441; *Notes*, n°. 3, p. 457; *Ordonnance de décharge délivrée aux directeurs des contributions directes*, n°. 5, p. 471; *Pétition*, n°s. 5, 9 et 10, p. 490; *Plainte*, p. 492; *Procès-verbaux*, n°s. 5, 8, 12, 13 et 44, p. 515; *Prud'hommes*, p. 526; *Quittance*, n°. 58 et suiv., p. 540; *Récépissé*, n°. 3, p. 544; *Rescription*, p. 569; *Rôle*, n°. 5 et suiv., p. 592; *Vente de mobilier militaire*.

§. 5. *Les officiers et fonctionnaires publics doivent se servir du papier timbré débité par l'administration.*

1. La faculté accordée par l'art. 7 de la loi du 13 brumaire an 7, aux particuliers qui veulent employer d'autre papier que

celui fourni par la régie, en le faisant timbrer avant d'en faire usage, est interdite aux notaires, huissiers, greffiers, arbitres, avoués ou défenseurs officieux, et à tous autres officiers ou fonctionnaires publics : ils sont tenus de se servir du papier timbré débité par la régie, à peine de 100 f. d'amende.

Les administrations publiques, seulement, conservent cette faculté.

Les notaires et autres officiers publics peuvent néanmoins faire timbrer à l'extraordinaire du parchemin, lorsqu'ils sont dans le cas d'en employer. Art. 18 et 20, et n°. 5 de l'article 26 de la loi du 13 brumaire an 7.

2. Arrêt de la cour de cassation, du 15 messidor an 11, rendu dans l'espèce ci-après :

Le sieur Sarrazin, greffier du juge de paix de la division de la Butte des Moulins, à Paris, avait délivré l'expédition d'un acte de tutelle sur du papier timbré à l'extraordinaire. Procès-verbal de cette contravention. Jugement du tribunal de la Seine, du 19 frimaire an 11, portant : « Attendu qu'il n'est pas constaté par le procès-verbal que le papier dont il s'agit, revêtu du timbre de la régie, n'ait pas les caractères distinctifs de ceux fournis par ladite régie, le tribunal renvoie le sieur Sarrazin de la demande. » Ce jugement a été annullé par l'arrêt précité dont voici le dispositif :

« La cour, vu les art. 18 et 26 de la loi du 13 brum. an 7 ;

» Attendu qu'il est suffisamment constaté que l'acte de tutelle dont il s'agit était sur du papier timbré à l'extraordinaire, puisqu'indépendamment du procès-verbal dressé par le receveur de la régie, il ne fallait que jeter les yeux sur ce papier, pour voir qu'il ne portait pas le filigrane de la régie, et que le timbre était imposé sur le côté droit; vérification d'autant plus facile à faire, que cette expédition était produite, et que la régie, dans son mémoire, avait formellement insisté sur cette observation ;

» Et qu'ainsi, en déclarant que la contravention n'était pas suffisamment constatée, et, par suite, qu'il n'y avait pas lieu à l'amende de 100 f., le tribunal de première instance a violé la loi en refusant de l'appliquer ;

» La cour casse, etc. » (Article 1540 du J.)

3. Les préposés de l'administration peuvent dresser procès-verbal sur papier libre; décerner, à la suite, contrainte contre la partie, et faire timbrer le tout à l'extraordinaire. — Voyez *Contrainte*, n°. 11, p. 172.

Au surplus, voyez, ci-après, §. 11.

§. 6. *Papier dont il doit être fait usage pour expédition.*

1. Les notaires, greffiers, arbitres et secrétaires des préfectures, sous-préfectures et mairies, ne peuvent employer, pour les expéditions qu'ils délivrent des actes *retenus en minute*, et de ceux *déposés* ou *annexés*, de papier timbré d'un format inférieur à celui appelé *moyen papier*, et dont le prix est fixé à 75 c. la feuille, par l'art. 8 de la loi. Mais le droit ne serait pas moins dû sur ce pied, pour du papier ou parchemin employé pour expéditions, quoique la dimension fût au-dessous de celle du *moyen papier*.

Les huissiers et autres officiers publics et ministériels, ne peuvent non plus employer de papier timbré d'une dimension inférieure à celle du *moyen* papier, pour les expéditions des procès-verbaux de vente de mobilier. Art. 19 de la loi du 13 brumaire an 7.

2. L'amende, en cas de contravention à cet article, de la part des officiers et fonctionnaires publics y dénommés, est fixée à 50 f., outre la restitution du droit de timbre. Article 26, n°. 4 de la même loi.

3. Les expéditions des patentes, des certificats, des actes de naissance, mariage et décès, et de tous autres actes qui sont por-

tés sur des registres tenant lieu de minute, ne peuvent être écrites que sur du moyen papier, si elles sont faites sur le papier débité par l'administration ; mais, si elles sont sur des imprimés qui, dans ce cas, doivent être présentés au timbre extraordinaire avant d'être remplis, c'est le timbre de 75 c. qui doit être apposé sur chacun de ceux dont la dimension n'excède pas celle du papier moyen. Circul. de l'administ., des 29 pluviose et 2 prairial an 7, nos. 1496 et 1566.

4. L'indigence de ceux qui requièrent des extraits des actes de l'état civil, ne peut être un motif pour s'écarter des dispositions formelles de l'art. 19 de la loi. Il y a néanmoins des expéditions d'actes de l'état civil, qui peuvent être délivrées sur papier libre. — V. *Actes de l'état civil*, nos. 13, 14 et 15, p. 60.

5. Les extraits que les officiers publics délivrent, soit de leurs actes, soit de ceux qui leur sont déposés ou annexés, étant de véritables expéditions abrégées, doivent être délivrées sur moyen papier. — V. *Extrait d'actes*, n°. 2, p. 295.

6. Mais les extraits collationnés sur pièces *représentées et rendues*, peuvent être faits sur papier de toute espèce de dimension.

7. Il n'est pas nécessaire que les actes délivrés en brevet, quoique faisant alors l'office d'expédition, soient écrits sur le moyen papier du timbre de 75 c., parce que la loi ne prescrit de faire usage de ce papier que pour les *expéditions* des actes dont il est retenu *minute*. Décis. du min. des fin., du 12 ventose an 7. Circ. de l'adm., du 2 prair. suiv., n°. 1566.

§. 7. *Du nombre de lignes et de syllabes que doivent contenir les papiers employés pour expédition.*

Voyez *Expédition*, nos. 25, 26 et 27, p. 279.

§. 8. *L'empreinte du timbre ne doit point être altérée.*

1. L'empreinte du timbre ne peut être couverte d'écriture ni altérée, art. 21 de la loi du 13 brumaire an 7, à peine de 15 f. d'amende, si le contrevenant est un simple particulier, et de 25 f. s'il est officier ou fonctionnaire public, article 26, nos. 1 et 2 de la même loi.

2. Il n'y a pas de contravention, quoique le *verso* des empreintes du timbre noir et sec, soit couvert d'écriture ou de traits de plume. Décision du ministre des finances, du 16 juin 1807. (Article 2619 du J.)

§. 9. *Les papiers ne peuvent servir deux fois ; et il ne peut, sauf quelques exceptions, être écrit plusieurs actes sur la même feuille.*

1. Le papier timbré qui a été employé à un acte quelconque, ne peut plus servir pour un autre acte, quand même le premier n'aurait pas été achevé. Art. 22 de la loi du 13 brum. an 7.

2. Les particuliers et les officiers ou fonctionnaires publics qui contreviennent à cette disposition, encourent l'amende, les premiers de 50 f., et les seconds de 100 f., outre le droit de timbre. Nos. 3 et 5 de l'art. 26 de la même loi.

3. Arrêt de la cour de cassation, du 1ᵉʳ frimaire an 10, rendu dans l'espèce ci-après.

Le 17 vendémiaire an 9, le sieur Hureau, huissier priseur à Paris, a signifié un acte d'opposition, dont la copie était écrite sur une demi-feuille de papier timbré, au revers de laquelle il y avait quatorze lignes qui formaient le commencement d'un autre acte, et qu'on avait raturées.

Cette contravention ayant été constatée par un procès-verbal, en date du 26 frimaire suivant, l'administration de l'enregistrement a demandé au sieur Hureau la restitution du droit de timbre, et en outre

tre l'amende prononcée en pareil cas , par la loi du 13 brumaire an 7.

Le sieur Hureau a cru pouvoir s'excu-ser de la peine qu'il avait encourue, en adressant sa réclamation au tribunal de première instance de Paris ; et , effective-ment , par jugement du 13 pluviose an 9 , il a été déchargé de la demande formée contre lui , et l'administration de l'enregis-trement condamnée aux frais.

Les motifs de ce jugement étaient fondés sur ce que, d'après le résultat des faits, Hu-reau n'était pas *formellement contrevenu* à la loi, parce que la copie dont il s'agit ne renfermait *que quelques lignes*, et que l'ac-te commencé *avait été rayé*.

L'administration de l'enregistrement s'est pourvue en cassation , moins sans doute pour récupérer le droit modique d'une de-mi-feuille de papier timbré , que pour maintenir une base clairement établie par la loi , et empêcher une multitude de contra-ventions de cette nature , dont le nombre devait nécessairement porter préjudice au trésor public.

Elle a remis sous les yeux de la cour de cassation, les art. 22 et 26 de la loi du 13 brum. an 7.

Le sieur Hureau était évidemment soumis à l'application de ces articles.

Il n'était pas possible d'équivoquer sur les faits, lorsqu'ils étaient aussi constans.

La copie dont il s'agit contenait plusieurs lignes que l'on avait destinées *à composer un autre acte*. Il n'importait nullement que ces lignes eussent été raturées , car la rature *n'efface point la contravention*, et n'empêche point que la feuille employée n'ait eu d'abord *une destination étrangère* à l'acte confectionné.

Il n'importait pas davantage que l'acte projeté n'eût été que *commencé*, puisque l'article 22 de la loi du 13 brumaire dit po-sitivement que le papier timbré ne pourra servir pour un acte, quand même un pre-mier acte commencé *n'aurait pas été a-chevé*.

La cour de cassation a vu cette affai-re avec sa sagesse accoutumée ; la mo-dicité de l'objet réclamé n'a pas arrêté sa justice, parce qu'il ne dépend pas des tri-bunaux ordinaires de violer les lois dans leurs moindres parties, et de se permettre des interprétations arbitraires.

Le jugement du tribunal de première ins-tance de Paris, du 29 pluviose an 9, a été annullé. (Art. 1012 du J.)

4. Il ne peut être fait ni expédié deux actes à la suite l'un de l'autre sur la même feuille de papier timbré, nonobstant tout usage ou règlement contraire.

Sont exceptés les ratifications des actes passés en l'absence des parties, les quittan-ces de prix de ventes et celles de rembour-sement de contrats de constitution ou obli-gation, les inventaires, procès-verbaux et autres actes qui ne peuvent être consommés dans un même jour et dans la même vaca-tion, les procès-verbaux de reconnaissance et levée de scellés, qu'on peut faire à la sui-te du procès-verbal d'apposition, et les si-gnifications des huissiers qui peuvent éga-lement être écrites à la suite du jugement, et autres pièces dont il est délivré copie.

Il peut aussi être donné plusieurs quit-tances sur une même feuille de papier tim-bré, pour à-compte d'une seule et même créance, ou d'un seul terme de fermage ou loyer.

Toutes autres quittances qui sont don-nées sur une même feuille de papier tim-bré, n'ont pas plus d'effet que si elles étaient en papier non timbré. Art. 23 de la loi du 13 brum. an 7.

5. L'amende, en cas de contravention à ces articles, est de 30 f. si le contrevenant est un simple particulier, et de 100 f. s'il est officier ou fonctionnaire public, indé-pendamment de la restitution du droit de timbre. Article 26, nos. 3 et 5 de la même loi.

6. Les notaires ne peuvent recevoir les minutes de leurs actes sur des registres; ils doivent les inscrire sur des feuilles isolées.

Lettre du grand-juge à M. le procureur impérial près le tribunal de première instance de Toulouse, du 15 fév. 1809. (Art. 3226 du J.)

On ne peut écrire deux billets à la suite l'un de l'autre, quoique du même jour et remboursables au même terme. — V. *Billet*, n°s. 11 et 12, p. 130.

7. Les certificats fournis à l'appui des demandes en dégrèvement de contributions directes, ne peuvent être rédigés à la suite des pétitions. (Art. 1690 du J.)

La décision du juge, qui statue sur les oppositions, soit aux qualités des jugemens, soit à l'exposé des points de fait et de droit, ne peut être portée à la suite de l'original du jugement. (Art. 3036 du J.) — Voyez *Qualités*.

8. Les jugemens préparatoires, rendus dans les causes qui intéressent l'administration, ne peuvent être écrits à la suite des mémoires produits par ses directeurs. (Art. 2117 du J.)

9. Il y a contravention, si les procès-verbaux, constatant la comparution des parties qui demandent le divorce par consentement mutuel, sont portés à la suite les uns des autres. — V. *Divorce*, §. 1er., n°. 4, p. 242.

10. Il en est de même lorsqu'on rédige, à la suite des testamens, l'acte de publication qui en est faite. — V. *Publication*, n°. 5, p. 528.

11. Un acte de prorogation de délai, pour le remboursement d'une obligation, ne peut, sans contravention, être écrit à la suite de cette obligation. (Article 2455 du J.)

12. Le cautionnement souscrit au dos d'un billet à ordre, n'est autre chose qu'un aval, qui peut, sans contravention, être inscrit sur la même feuille que le billet auquel il est relatif. (Art. 1111 du J.)

13. On peut écrire à la suite des jugemens portant interdiction, le certificat qui constate l'inscription de ces jugemens sur le tableau qui doit être affiché dans la salle de l'auditoire du tribunal, et dans les études des notaires. — V. *Certificat*, n°. 16, p. 147.

14. Les codiciles peuvent être rédigés à la suite des testamens. — V. *Codicile*, p. 155.

15. Les décharges du prix des ventes à l'encan d'objets mobiliers, peuvent être mises à la suite ou en marge des procès-verbaux de vente. — V. *Décharge*, §. 1er., n°. 6, p. 194.

16. À la suite du protêt d'un effet de commerce, et sur la même feuille de papier timbré, on peut mettre la dénonciation qui en est faite à l'endosseur. Sol. de l'adm., du 22 octob. 1807. (Article 2738 du J.)

17. L'exception est également applicable aux procès-verbaux d'adjudication de baux de terreins militaires, quoique ces adjudications soient d'une date différente. Déc. du min. des fin., du 17 frim. an 8. (Art. 320 du J.)

18. Les actes ou extraits d'actes, et les *procurations* en vertu desquelles ils ont été passés, et qui doivent y demeurer annexés pour leur validité, peuvent être expédiés sur la même feuille de papier timbré de 75 c. Décis. du ministre des finances, du 11 octobre 1808. Instruction générale du 27 du même mois, n°. 403. (Art. 3010 du J.)

19. La ratification sous seing-privé, d'un acte authentique, peut être écrite sur l'expédition de cet acte. La loi ne le défend pas, et n'a pas distingué entre l'acte et l'expédition. (Art. 2246 du J.)

20. Les significations peuvent être mises au bas des pièces signifiées, quand même ces pièces seraient écrites sur papier qui ne serait plus en usage, ou qui aurait été timbré à l'extraordinaire. — Voyez, ci-devant, §. 1er., n°s. 10 et 12, p. 647.

§. 10. *Il ne peut être fait usage d'actes, registres ou effets de commerce non timbrés. Défense de les enregistrer.*

1. Il est fait défense aux notaires, huis-

siers, greffiers, arbitres et experts, d'agir;
aux juges, de prononcer aucun jugement,
et aux administrations publiques de rendre
aucun arrêté sur un acte, registre ou effet
de commerce non écrit sur papier timbré
du timbre prescrit, ou non visé pour
timbre.

Aucun juge ou officier public ne peut non
plus coter et parapher un registre assujetti
au timbre, si les feuilles n'en sont timbrées. Article 24 de la loi du 13 brumaire
an 7.

L'art. 26, n°. 5, prononce contre les officiers et fonctionnaires publics qui contreviennent à ces dispositions, l'amende de
100 f. et la restitution du droit de timbre.

2. Il est également fait défense à tout
receveur de l'enregistrement, 1°. d'enregistrer aucun acte qui ne serait pas sur papier frappé du timbre prescrit, ou qui n'aurait pas été visé pour timbre; 2°. d'admettre à la formalité de l'enregistrement, des
protêts d'effets négociables, sans se faire
représenter ces effets en bonne forme, art.
25 de la même loi, le tout à peine de 50 f.
d'amende, et de la restitution du droit de
timbre, art. 26, n°. 4.

3. L'administration a arrêté qu'un receveur qui avait enregistré un billet non timbré du timbre prescrit, paierait l'amende
de 50 f. Circ. du 30 déc. 1791, n°. 207.

§. 11. *Règles à suivre par les préposés,
dans le cas de contravention aux lois
du timbre.*

1. Les préposés de l'administration sont
autorisés à retenir les actes, registres ou effets en contravention à la loi du timbre,
qui leur sont présentés, pour les joindre
aux procès-verbaux qu'ils en rapportent, à
moins que les contrevenans ne consentent
à signer leurs procès-verbaux, ou à acquitter sur-le-champ l'amende encourue et
le droit de timbre. Art. 31 de la loi du 13
brum. an 7.

2. En cas de refus de la part des contrevenans, de satisfaire aux dispositions de
l'article précédent, les préposés de l'administration leur font signifier, dans les trois
jours, les procès-verbaux qu'ils ont rapportés, avec assignation devant le tribunal
de première instance. L'instruction se fait
ensuite sur simples mémoires respectivement signifiés. Les jugemens définitifs qui
interviennent, sont sans appel. Article 32.
— Voyez *Instances,* p. 393, et *Poursuites,*
p. 492.

3. L'art. 32 de la loi du 13 brum. an 7,
sur le timbre, qui fixe à trois jours le délai
pour signifier les procès-verbaux de contravention à cette loi, n'est applicable qu'à
ceux des contrevenans domiciliés dans l'arrondissement du bureau où les procès-verbaux ont été rapportés. Art. 1er. de la loi
du 25 germ. an 11.

Lorsque les contrevenans ont leur domicile hors de cet arrondissement, le délai est
de huit jours jusqu'à cinq myriamètres (dix
lieues) de distance, et d'un jour de plus par
chaque cinq myriamètres au-delà de cette
distance. Art. 2 de la même loi.

§. 12. *Timbre extraordinaire.*

1. Les particuliers qui veulent se servir
de papiers autres que ceux de la régie,
sont admis à les faire timbrer à l'extraordinaire avant d'en faire usage; les administrations publiques conservent cette faculté : elle est interdite aux officiers ou
fonctionnaires publics qui peuvent néanmoins faire timbrer du parchemin lorsqu'ils
sont dans le cas d'en employer. — V. *Papier timbré,* §. 2, p. 474, et, ci-devant,
§. 4.

Il y a exception à l'égard du papier pour
effets de commerce : il ne peut être timbré
à l'extraordinaire. — Voy. *Effets de commerce,* n°. 8, p. 261.

2. Les affiches *judiciaires* peuvent être
timbrées à l'extraordinaire. Décis. du min.
des fin., du 5 pluv. an 11. Inst. gén. du 22
prair. suiv., n°. 157.

3. Il en est de même pour les mémoires

imprimés des avoués. — V. *Mémoire*, n°. 435.

4. Les patentes délivrées aux parties, sont timbrées à l'*extraordinaire*. Décis. du min. des fin. Inst. gén. du 21 frim. an 10, n°. 23.

5. Les registres et impressions de l'administration des *douanes* et de celle des *droits réunis*, se timbrent à l'extraordinaire.

6. Au surplus, pour l'énumération des autres actes qui peuvent être timbrés à l'extraordinaire, voyez *Visa pour timbre*.

7. Nouvelles empreintes dont les papiers timbrés à l'extraordinaire, sont frappés à compter du 1er. juillet 1806. — V. *Papier timbré*, §. 4, n°. 4, p. 475.

8. Le receveur chargé de la recette du timbre extraordinaire, doit appliquer sur chaque feuille de papier présentée au timbre, une griffe portant les mots, *A timbrer à l'extraordinaire*; et, après avoir perçu le droit, il délivre un bulletin contenant la désignation de la quantité de feuilles, de la dimension du papier et de la quotité du droit. Le bulletin et le papier à timbrer sont ensuite présentés, par le porteur, au garde magasin qui, pour compléter la formalité, applique le timbre actuel, relatif à la quotité du droit perçu sur le papier soumis à cette formalité. Art. 10 de l'arrêté du gouvernement, du 7 fructidor an 10. Circ. du 19, et inst. gén. du 29 du même mois, n°. 73, par laquelle il a été expressément défendu de timbrer aucun papier, s'il n'est frappé de l'empreinte de la griffe. Autre Circ. du 4 frim. an 14.

9. Les papiers timbrés à l'extraordinaire dans le département de la Seine, sont dispensés de l'application de la griffe. Déc. du min. des fin., du 14 frim. an 12. Circ. du 25 niv. suiv.

§. 15. *Timbre des journaux, affiches et papiers musique.*

Un décret impérial du 22 brumaire an 14 a ordonné la confection de nouveaux timbres pour les journaux, affiches et pa-piers musique. Les timbres portent l'aigle impériale ; ils sont appliqués en noir comme tous les autres timbres. Circul. du 16 janv. 1806.

A l'égard des droits dus sur les papiers destinés aux journaux, affiches et musique gravée, voyez *Affiche*, p. 87 ; *Avis imprimés*, p. 105; *Journaux*, p. 408, et *Musique*, p. 441.

§. 14. *Peines contre ceux qui abuseraient des timbres.*

La peine contre ceux qui abuseraient des timbres pour timbrer et vendre frauduleusement du papier timbré, est la même que celle qui est prononcée, par le Code pénal, contre les contrefacteurs des timbres. Art. 28 de la loi du 13 brum. an 7.

TITRE. Acte qui établit la jouissance, la propriété ou un droit quelconque.

1. Il est *gratuit* lorsqu'il dérive de la libéralité. — Voyez *Donation entre-vifs* et *Testament*.

2. Il est *onéreux* lorsqu'on ne l'obtient qu'à prix d'argent, ou sous d'autres charges et conditions. — V. *Bail, Échange, Vente*, etc.

3. Le titre est authentique lorsqu'il est revêtu du caractère de l'autorité publique, tel qu'un jugement, un acte reçu par des notaires, ou autres officiers ayant un caractère public.

4. Le titre est exécutoire lorsqu'il est dans la forme voulue par la loi, pour être mis à exécution.

5. On peut faire les vérifications et recevoir les affirmations de créances *sur un failli*, sans que les titres représentés aient été préalablement enregistrés. — V. *Affirmation de créance*, n°. 2, p. 89.

6. Les titres et pièces produits à l'appui des déclarations des tiers saisis, ne doivent point être préalablement enregistrés. — V. *Déclaration*, n°. 13, p. 198.

7. Lorsqu'une condamnation est rendue sur une demande non établie sur un titre enregistré et susceptible de l'être, le droit

auquel l'objet de la demande aurait donné lieu, s'il avait été convenu par acte public, doit être perçu indépendamment du droit dû pour le jugement qui a prononcé la condamnation. — V. *Actes judiciaires*, §. 6, n°. 12 et suiv., p. 32.

8. A défaut d'énonciation de titres enregistrés, il y a lieu de percevoir le droit des délégations contenues dans un contrat de vente, quoique non acceptées. — V. *Délégation*, §. 3, n°. 5, p. 222.

TITRE *clérical*. Acte par lequel les parens d'un aspirant à la prêtrise, ou autres, constituent en sa faveur un certain revenu temporel, qui puisse lui assurer sa subsistance, jusqu'à ce qu'il soit nommé curé, vicaire ou desservant.

1. Nul ne peut être admis aux ordres ecclésiastiques, s'il ne justifie d'une propriété produisant au moins un revenu annuel de 300 f. Art. 26 de la loi du 18 germ. an 10, sur l'organisation du culte catholique.

2. Si ce revenu est constitué par un tiers, le droit de l'acte est dû sur le capital au denier 10 de la rente, à raison de 1 f. 25 c. si la constitution est faite gratuitement en ligne directe, et à raison de 2 f. 50 c. par 100 f. si elle est faite en ligne collatérale ou par un étranger. Solut. de l'adm., du 8 therm. an 10. (Art. 1245 et 1419 du J.)

TITRE *nouvel*, ou *reconnaissance de rente*. Acte consenti après un certain laps de tems, par le débiteur d'une rente, ses héritiers ou représentans, reconnaissant que la rente doit continuer d'être servie conformément au titre originaire. Cette formalité est nécessaire pour éviter la prescription et rendre le titre exécutoire contre les représentans du débiteur décédé.

1. Les titres nouvels ou reconnaissances de rentes dont les contrats sont *justifiés en forme*, sont assujettis au droit fixe de 1 f. Article 68, §. 1er., n°. 44 de la loi du 22 frimaire an 7.

2. Si le titre primitif n'est pas enregistré, le droit est exigible, d'après cet article,

comme constitution ou bail à rente, suivant que l'acte produit l'un ou l'autre de ces effets.

3. Cependant, un titre nouvel contenant reconnaissance d'une rente établie par un acte authentique, quoique passé il y a plus de quarante ans, dans un pays où l'enregistrement n'avait pas lieu, ne peut être considéré comme une constitution nouvelle, et n'est passible que du droit fixe de 1 f., lorsqu'il est fait entre les mêmes personnes et pour la même créance. Solut. de l'adm., du 25 juillet 1806. (Article 2571 du J.)

4. Il n'est dû qu'un seul droit fixe de 1 f., quoique le titre nouvel énonce plusieurs parties de rentes, pourvu qu'il n'y ait qu'un créancier et qu'un débiteur. Solut. de l'administration, du 9 frim. an 8. (Article 302 du J.)

5. Il doit être perçu un droit particulier de 50 c. par 100 f., comme quittance, sur le montant des arrérages de rentes payés, si le titre nouvel porte libération de ces arrérages.

6. Il en est de même lorsque le créancier déclare, dans l'acte, que les arrérages de la rente ne sont dus que depuis la dernière échéance, parce que cette déclaration établit suffisamment la libération du débiteur. Le droit doit être perçu sur le montant des intérêts des cinq dernières années, les précédentes étant censées prescrites, sauf la restitution s'il est justifié de quittances enregistrées. (Art. 718 du J.)

TRADUCTIONS *d'actes*, faites par un traducteur juré, doivent être rédigées sur papier timbré. Déc. du min. de la justice, du 30 floréal an 12. Elles peuvent être écrites sur papier de toute espèce de dimension. (Art. 1797 du J.)

TRAITES. — V. *Lettres de change*, p. 418.

1. Les traites, rescriptions et mandats tirés par la ci-devant agence des receveurs généraux, au profit des particuliers, avaient été déclarés assujettis au timbre propor-

tionnel, parce qu'étrangers à la comptabilité et au service du trésor, ils avaient uniquement pour objet une opération particulière de banque. Déc. du min. des fin., du 15 flor. an 11. Inst. gén. du 22 prair. suiv., n°. 137.

2. On a établi depuis, dans l'intérieur du trésor public, une *caisse de service* sous les ordres du ministre de cette partie. Les mandats des receveurs généraux et d'arrondissement, adressés à cette caisse, en paiement des contributions, et les *reviremens directs* entre la caisse et ses préposés, ne paraissent pas donner lieu au timbre proportionnel, comme effets de commerce, parce qu'il ne s'agit que du service du trésor public.

Mais les effets tirés par ou sur des particuliers, et transmis à la caisse par ses agens, sont incontestablement soumis au timbre; et, s'ils n'étaient pas revêtus de cette formalité, il paraît qu'on devrait au moins les faire timbrer *lors de leur réception*, et sans *attendre le protêt* : c'est la seule faveur qu'il semble que l'on puisse accorder pour ne pas retarder le paiement réclamé par la caisse de service du trésor public. (Article 2472 du J.)

3. Les traites des adjudicataires de coupes de bois, doivent être rédigées sur du papier du timbre proportionnel. Inst. gén. du 24 fruct. an 13, n°. 291. Circul. des 12 sept. 1808 et 4 août 1809.

TRAITÉ. — V. *Marché*, p. 432, et *Société*.

Le traité par lequel les pères de quatre jeunes gens de la conscription, se soumettent à faire, par égale portion, une masse de 4,000 f. pour être comptée à celui ou ceux qui partiront, doit être considéré comme une obligation passible du droit de 1 f. par 100 f. (Art. 3146 du J.)

TRANSACTION. Contrat par lequel les parties terminent ou préviennent une contestation.

1. Les transactions pouvant être faites sur toutes sortes d'objets, et étant susceptibles de conventions de toute espèce, les préposés doivent les lire avec beaucoup d'attention, pour en bien saisir les dispositions, et asseoir la perception sur toutes celles qui ne dérivent pas nécessairement les unes des autres.

2. Les transactions, en quelque matière que ce soit, qui ne contiennent aucune stipulation de somme et valeur, ni dispositions soumises par la loi à un plus fort droit d'enregistrement, doivent le droit fixe de 1 f. Art. 68, §. 1er., n°. 45 de la loi du 22 frim. an 7.

3. S'il en résulte libération, il est dû 50 c. par 100 f. Art. 69, §. 2, n°. 11 de la même loi.

4. Lorsque la transaction contient promesse de payer une somme ou cession de créance à terme, sans libéralité et sans que ce soit le prix d'une transmission de meubles ou immeubles, il est dû 1 f. par 100 f. Même art., §. 3, n°. 3.

5. Si elle renferme une transmission de meubles ou une constitution de rente, à titre onéreux, il est dû 2 f. par 100 f. Même art., §. 5, n°. 1.

6. Il doit être perçu 4 f. par 100 f., s'il y a translation de propriété ou d'usufruit d'immeubles. Même art., §. 7, n°. 1.

7. Quoique l'une des parties paie ou s'oblige de payer à l'autre une somme pour le désistement de ses prétentions sur un immeuble, la transaction peut n'être que *déclarative* et non pas *translative* de propriété. EXEMPLE : Paul est en possession d'un immeuble; la propriété lui en est contestée par Pierre. Il s'engage une instance : pour la terminer on transige. La transaction n'établit pas que la prétention de Pierre soit fondée en droit, et que la propriété de l'immeuble lui appartenait réellement : il ne peut dès-lors exister qu'une présomption sur ses droits de propriété, et aux yeux de la loi, Paul est considéré comme étant le seul véritable propriétaire, attendu sa possession. S'il paie ou s'il s'oblige de payer une somme à Pierre, c'est pour ache-

ter sa tranquillité, et non dans l'intention de faire une acquisition d'immeubles. Il n'est dû que le droit de 50 c. ou de 1 f. par 100 f., suivant que la somme est payée comptant ou qu'on s'oblige de la payer. (Art. 1827 et 1865 du J.)

8. Il en est de même dans l'espèce ci-après : Paul est, par jugement de première instance, maintenu dans la propriété d'un immeuble. Pierre interjette appel; et, avant le jugement sur appel, Paul, par transaction, paie ou s'oblige de payer à Pierre une somme. L'on ne peut, avec fondement, soutenir que ce soit une acquisition d'immeubles, et le droit n'est perceptible que d'après les quotités ci-dessus. (Même art. 1865 du J.)

9. Cependant, le droit serait dû comme pour vente, si la somme payée ou promise approchait de la valeur de l'immeuble, ou si l'immeuble était transmis par le propriétaire *véritable et reconnu pour tel.*

10. Si le *possesseur* de l'immeuble l'abandonne à celui qui n'en jouissait pas, il y a mutation soit à titre de vente, soit à titre de donation, selon les termes de l'acte, cependant, s'il était articulé que le véritable propriétaire a été mal à propos privé de sa possession par *usurpation, violence* ou *autre voie injuste*, et que le fait fût établi d'une manière incontestable, soit comme résultant d'un acte, d'un jugement, ou de l'état de la procédure avant la transaction, la perception du droit proportionnel né serait pas fondée.

11. La transaction par laquelle un particulier, pour mettre fin au procès existant entre lui, son frère et sa mère, à raison de la succession d'un autre frère, s'engage à leur payer 50,000 f. pour les remplir de leurs droits auxquels ils renoncent, doit être considérée comme une transmission de propriété, passible du droit de 4 pour 100, et seulement de 2 pour 100 s'il est déclaré n'y avoir aucun immeuble dans la succession. (Art. 1426 du J.)

12. Ce principe a été consacré par deux arrêts de la cour de cassation, des 19 brumaire an 14, et 22 fév. 1808, rendus dans l'espèce ci-après :

En sa qualité de curateur à la masse des créanciers de François *Helman*, mort insolvable, le sieur *Thysibaert* avait formé la demande en partage de la portion héréditaire qui revenait au défunt dans les biens de ses père et mère.

Les héritiers avaient soutenu le curateur non-recevable, attendu que les sommes reçues par François Helman, en avancement d'hoirie de ses père et mère, et dont il n'était pas en état de faire le rapport, absorbaient et au-delà sa portion héréditaire.

Le curateur prétendait que les sommes reçues par François Helman n'étaient pas sujettes à rapport, et un jugement de première instance l'avait ainsi jugé.

Sur l'appel, les parties ont transigé le 27 pluviose an 12.

Il est dit, dans cette transaction, que les frères et sœurs de François Helman paieront au curateur, en trois termes convenus, la somme de 52,000 florins.

Et il est ajouté : « Moyennant ce, seront éteintes toutes les prétentions de Thysibaert ès-nom sur les deux successions, de même que celles des frères et sœurs de François Helman contre la masse de la succession. »

Le droit de 4 pour 100 ayant été perçu sur cette transaction, Thysibaert a prétendu qu'il n'était dû que 1 pour 100, conformément au §. 3 de l'art. 69 de la loi du 22 frim. an 7.

Le tribunal de première instance de Bruxelles avait ordonné la restitution demandée par un jugement qui, sur le pourvoi de l'administration, a été cassé par arrêt de la cour de cassation, du 19 brumaire an 14, et la cause a été renvoyée au tribunal de Louvain.

Le 19 septembre 1806, jugement par lequel ce tribunal a, comme celui de Bruxelles, condamné l'administration à restituer ce qu'elle a perçu au-dessus de 1 pour 100, attendu que l'acte du 27 pluviose an 12 n'exprime ni vente, ni cession, ni transport, ni aucune disposition translative de propriété ou d'usufruit ; que cet acte, en portant que, par le paiement d'une somme fixe, les prétentions de Thysibaert ès-nom seraient éteintes, exprime, en d'autres termes, que le curateur a été admis au partage des successions auxquelles il prétendait, et que, moyennant la somme stipulée, il s'est trouvé rempli de sa part héréditaire, et que les transactions, surtout celles qui terminent un partage, renferment une renonciation à des droits, actions et prétentions, et que, si, sous ce prétexte, on les envisageait comme cession ou transport, la loi aurait vainement différencié les droits entre la transaction et la vente.

Nouveau pourvoi en cassation, fondé sur les mêmes moyens que le premier, c'est-à-dire pour contravention au §. 7, nº. 1 de l'article de la loi du 22 frim. an 7.

Thysibaert prétendait d'abord, comme il l'avait toujours fait, que l'acte du 27 pluviose an 12 n'était réellement qu'une transaction sur des droits incertains et litigieux, qui devait être rangée, quant à la perception du droit d'enregistrement, sous le §. 5, nº. 5 de l'art. 69 de la loi du 22 frimaire an 7, où elles ne sont tarifées qu'à 1 f. par 100 f., lorsqu'elles ne contiennent obligation que de sommes sur libéralité, *et sans que cette obligation soit le prix d'une transmission de meubles ou immeubles non enregistrée.*

Il disait ensuite que le premier acte entre co-héritiers étant toujours réputé partage, c'était avec raison que le tribunal civil de Louvain avait considéré comme tel l'acte dont il s'agit, et qu'il avait décidé que le droit le plus fort que la régie pût exiger, était celui de 1 pour 100, puisque le §. 3 de l'art. 68 de la loi du 22 frimaire an 7, n'assujettit les partages qu'au droit fixe de 3 f., lorsqu'il n'y a pas soulte, et qu'ici il n'y en avait pas.

L'administration répliquait que, si l'acte du 27 pluviose an 12 était une transaction, l'obligation de 52,000 florins était, pour se servir des expressions du §. 5 de l'art. 69 de la loi de frimaire, *le prix de la transmission des droits successifs* mobiliers et immobiliers de François Helman, ce qui empêchait qu'on ne la rangeât dans la classe des transactions tarifées dans ce §., et la plaçait dans le nombre des cessions et autres actes énoncés au §. 7, nº. 1 de ce même art. 69.

Elle ajoutait que, si, sous certains rapports, on pouvait considérer la transaction du 27 pluviose an 12 comme un partage, parce que c'était un premier acte entre co-héritiers, on n'y trouvait ni la nature, ni la valeur des objets composant la succession, ni *l'énonciation des sommes reçues par chacun des co-héritiers*, rien, en un mot, qui mît à portée de savoir si les 52,000 florins, au paiement desquels les héritiers s'étaient obligés envers François Helman, réunis aux sommes par lui reçues, en avancement d'hoirie, et dont la quotité n'était pas même indiquée, était égale ou supérieure au montant de la part héréditaire de François Helman ; qu'enfin, tout ce qui se trouvait clairement exprimé dans l'acte, c'est que, moyennant la somme de 52,000 florins qu'ils s'obligent *personnellement* à payer dans des termes convenus, les co-héritiers de François Helman avaient acquis sa part dans les meubles et immeubles de la succession, ce qui constituait (si l'acte était considéré comme partage) ou une véritable soulte, ou le prix d'une espèce de licitation volontaire, par laquelle ils auraient acquis la part d'Helman dans les immeubles de la succession, et ce qui, en considérant l'acte comme une transaction, formait le prix d'une cession de droits successifs.

D'où elle concluait que, sous aucun rapport, on ne pouvait affranchir cet acte du droit proportionnel de 4 pour 100.

Voici le dispositif de l'arrêt du 22 fév. 1808 :

« La cour, sur les conclusions conformes

mes de M. *Merlin*, procureur général;

» Vu l'article 69 de la loi du 22 frim. an 7 :

» Et attendu que, quelque qualification qu'on veuille donner à l'acte du 27 pluviose an 12, toujours est-il certain qu'il renferme *la cession à titre onéreux* des droits successifs de François Helman à ses co-héritiers; que toute cession de cette nature donne ouverture à un droit d'enregistrement de 4 f. par 100 f., aux termes de l'art. 69 de la loi du 22 frim. an 7;

» Qu'ainsi, le tribunal civil de Louvain a commis une contravention expresse à cette loi, en condamnant la régie qui avait perçu ce droit, à en restituer 3 f. par 100 francs;

» Casse, etc. » (Art. 2851 du J.)

TRANSCRIPTION *aux hypothèques*. — V. *Hypothèques*, §§. 9 et 21.

TRANSCRIPTION *de saisie immobilière*. — V. *Greffe (droits de)*, §. 2, n°. 85, page 515, et *Saisie immobilière*, n°. 2, p. 595.

TRANSFERT *d'inscription sur le grand-livre, d'effets de la dette publique, de créances à inscrire, et de rentes dues à l'Etat.*

1. Les transferts *d'inscriptions* sur le grand-livre de la dette publique, sont exempts de tous droits, à moins que ces inscriptions ne soient *immobilisées*. — V. *Inscription*, n°s. 1, 2 et 5, p. 393.

2. L'exemption a lieu lors même que le transfert est passé devant notaires. Si l'on en *requiert* l'enregistrement, cette formalité doit être donnée pour le droit fixe de 1 franc.

5. Il en est de même quoique le transfert soit fait en paiement d'une somme due par acte authentique : en effet, la loi ayant prononcé l'exemption pour tous les transferts d'inscription généralement, il en résulte que ceux dont le prix est payé par compensation, se trouvent dans le cas de l'exception comme les autres. La stipulation relative au paiement, est une simple condition

qui ne change rien à la nature de l'acte, laquelle le rend exempt de l'enregistrement. (Art. 592 du J.)

4. L'exemption s'étend aussi aux effets inscrits ou à inscrire définitivement sur le grand-livre de la dette publique. — V. *Inscription*, n°. 1, et *Actes sous seing-privé*, §. 5, n°. 9, p. 65.

5. Le transfert d'un effet de la dette publique fait dans le tems où ces sortes d'actes étaient assujettis à l'enregistrement, jouit aujourd'hui de l'exemption prononcée par la loi du 22 frim. an 7. (Article 1813 du J.)

6. Les transferts de rentes dues à l'Etat, faits en exécution de la loi du 21 nivose an 8, sont sujets au droit proportionnel. — V. *Cession*, n°. 17, p. 151.

7. Ceux faits par les directeurs de l'enregistrement aux porteurs de rescriptions de la trésorerie, en exécution de l'arrêté du gouvernement, du 27 prairial an 8, ne sont, suivant l'art. 5 de cet arrêté, sujets qu'au droit fixe de 1 f. Circ. de l'adm., du 14 mess. an 8, n°. 1845.

8. L'exception ne s'applique qu'aux transferts faits aux porteurs de rescriptions, et ne concerne point les ventes qui sont ultérieurement faites par les acquéreurs de ces rentes à d'autres particuliers. (Article 1664 du J.)

9. Les cessions de rescriptions sur capitaux de rentes ou sur domaines nationaux à vendre, ne sont passibles d'aucun droit. Si, néanmoins, on en requiert l'enregistrement, il doit être perçu 1 f. pour la formalité. — Voyez *Rescription*, n°s. 2 et 5, p. 569.

TRANSMISSIONS *verbales d'immeubles*. — V. *Mutation*, p. 442.

TRANSPORT. — V. *Cession de créance à terme*, p. 150, et *Rente*, p. 557.

TRAVAUX *publics*. — V. *Mutation*, n°. 4, p. 442.

TRIBUNAUX. Juridictions des magistrats nommés pour juger, conformément aux lois, les contestations des particuliers.

On comprend aussi sous cette dénomination, le lieu des séances de ces juges.

1. Les dispositions de la loi du 22 frim. an 7, relatives aux tribunaux lors existans, sont applicables à ceux qui les remplacent. Art. 6 de la loi du 27 vent. an 9.

2. En général, les jugemens des tribunaux et les extraits, copies ou expéditions qui en sont délivrés, sont soumis au timbre, en raison de la dimension du papier. Les greffiers ne peuvent, au reste, employer que du papier *moyen* ou de dimension supérieure pour leurs expéditions. — Voyez *Timbre*. — Et, quant au droit d'enregistrement, voyez *Actes judiciaires*.

3. L'introduction et l'instruction des instances relatives aux droits qui font l'objet de ce Dictionnaire, ont lieu devant les tribunaux de première instance. — V. *Instance*, §. 2, p. 394.

4. Lorsqu'il y a lieu, pour connaître la valeur des biens, de former une demande en expertise, elle doit être faite au tribunal de première instance de la situation des biens. — Voyez *Expertise*, §. 5, page 284.

Au surplus, voyez *Juges*, p. 411.

TUTELLE est l'autorité que la loi donne au tuteur, pour défendre ceux qui ne peuvent pas se défendre eux-mêmes, ni prendre le soin de leurs affaires.

1. Après la dissolution du mariage, arrivée par la mort naturelle ou civile de l'un des époux, la tutelle des enfans mineurs et non émancipés, appartient de plein droit au survivant des père et mère. Art. 390 du C. N.

Il n'y a, dans ce cas, aucun acte à dresser, ni droit à percevoir. (Article 1596 du J.)

2. Mais, suivant l'art. 391 du même Code, le père peut nommer à la mère survivante, un conseil spécial pour tout ou partie des actes de la tutelle.

Cette nomination, soit par acte de dernière volonté, soit par déclaration devant le juge de paix ou devant notaire, ne peut être considérée que comme un acte innommé passible du droit fixe de 1 f. (Même art. 1596 du J.)

3. Lorsqu'au décès du mari, la femme est enceinte, et que le conseil de famille nomme un curateur au ventre, l'acte de cette nomination doit être enregistré sur la minute, au droit fixe de 2 f. (Même article du J.)

4. Les actes du conseil de famille, qui, conformément à l'article 396 du Code, en conservant la tutelle à la mère, lui donnent pour *co-tuteur* le mari, sous la puissance duquel elle va passer, sont passibles du droit fixe de 2 f. Déc. du min. des fin., du 20 juin 1809. Nomb. 2 de l'Inst. gén. du 31 août suiv., n°. 449.

5. La nomination de tuteur que le dernier mourant des père et mère peut faire, dans les cas spécifiés par le Code, donne ouverture au droit fixe de 2 f. sur la minute, quel que soit l'acte par lequel elle est faite. (Art. 1596 du J.)

6. La tutelle dévolue aux ascendans, d'après les art. 402 et suiv. du C. N., a lieu de plein droit sans qu'il soit nécessaire d'en dresser acte. (Même article 1596 du J.)

7. La tutelle déférée par le conseil de famille, se fait par un acte dressé devant le juge de paix : cet acte est assujetti au droit fixe de 2 f. sur la minute. Les citations données pour la convocation du conseil, ne sont sujettes qu'au droit de 1 f., en quelque nombre que soient les parens et amis cités par un seul et même exploit. (Même art. du J.)

8. La nomination de subrogé tuteur aux tutelles *de droit*, est sujette au droit fixe de 2 f. sur la minute. Quant à la nomination de subrogé tuteur aux tutelles *qui ne sont pas de droit*, elle n'est assujettie au même droit qu'autant qu'elle est faite par acte séparé. (Même art. du J.)

9. L'acte de destitution d'un tuteur, qui contient en même tems nomination d'un

nouveau tuteur, n'est passible que d'un seul droit fixe de 2 f.

Si ces deux dispositions étaient faites par actes séparés, il serait dû pour la destitution 1 f., pour la nomination 2 f. (Article 2357 du J.)

10. La révocation de l'émancipation qui, dans le cas prévu par l'art. 485 du Code, peut avoir lieu par la simple déclaration du père, de la mère ou du conseil de famille, fait rentrer le mineur en tutelle jusqu'à sa majorité accomplie. Cet acte, soit qu'on le considère comme déclaration pure et simple en matière civile, ou comme révocation, ne doit être assujetti qu'au droit fixe de 1 f., suivant les nᵒˢ. 25 et 41, §. 1ᵉʳ. de l'art. 68 de la loi du 22 frim. an 7. (Art. 1588 du J.)

11. La délibération du conseil de famille, qui autorise le tuteur *acceptant* à conserver entre ses mains, pendant un nombre d'années convenu, une somme déterminée appartenant au mineur, à la charge d'en payer l'intérêt légal, est passible du droit proportionnel de 1 f. par 100 f.; mais il n'est dû aucun droit sur l'autorisation, parce qu'elle est indispensable pour qu'il y ait obligation. Déc. du min. des fin., du 20 juin 1809. Nomb. 1 de l'Inst. gén. du 31 août suiv., nᵒ. 449. (Art. 5262 du J.)

12. L'acte par lequel le conseil de famille règle, par *aperçu*, la somme à laquelle pourra s'élever la dépense annuelle du mineur, ainsi que celle d'administration de ses biens, n'opère que le droit fixe de 1 f. — V. *Avis de parens*, nᵒ. 2, p. 106.

TUTELLE *officieuse.* 1. Il est dû,

1ᵒ. Le droit fixe de 2 f. sur les actes de tutelle officieuse, par assimilation aux actes de nomination de tuteurs, qui sont tarifés au même droit par l'art. 68, nᵒ. 4, §. 2 de la loi du 22 frim. an 7;

2ᵒ. Le droit fixe de 3 f., sous la réserve du droit proportionnel de 1 f. 25 c. par 100 f., à l'ouverture de la succession, sur la disposition par laquelle le tuteur règle le secours à payer, après son décès, à son pupille;

3ᵒ. 25 c. par 100 f., par analogie avec les baux à nourriture de mineurs, sur les actes volontaires ou judiciaires, par lesquels les droits des pupiles sont réglés après le décès des tuteurs officieux, et à défaut par ceux-ci d'avoir fait ce règlement. Déc. du min. des fin., du 23 sept. 1806. Circul. du 24 nov. suiv.

2. La tutelle officieuse. aux termes de l'art. 364 du C. N., emportant avec soi, sans préjudice de toutes stipulations particulières, l'obligation d'élever le pupile, et de le mettre en état de gagner sa vie, il s'ensuit que l'acte, en énonçant la promesse du tuteur de pourvoir aux besoins du mineur, ne fait que rappeler une condition que le texte de la loi impose expressément à cette tutelle, et qu'ainsi la déclaration faite, à cet égard, par le tuteur, ne donne lieu à aucun droit particulier. Au surplus, si la promesse pure et simple du tuteur, de remplir les devoirs que la loi indique, était contenue dans un acte séparé, le droit fixe de 1 f. serait le seul qui dût être acquitté. Déc. du min. des fin., du 20 juin 1809. Nomb. 4 de l'Inst. gén. du 31 août suiv., nᵒ. 449.

TUTEUR. Celui qui est nommé pour prendre soin d'un pupile, d'un mineur, pour veiller à son éducation, et administrer ses biens.

1. Les procès-verbaux de nomination de tuteur, doivent être enregistrés sur la minute au droit fixe de 2 f. — V. *Nomination*, nᵒˢ. 26, 29 et 30, p. 453.

2. Le tuteur est tenu d'acquitter le droit d'enregistrement des testamens. — V. *Testament.*

3. Il doit passer déclaration des biens échus par décès à son pupille. — V. *Succession.*

4. Les états que les tuteurs sont obligés de remettre, de leur gestion, chaque année, aux subrogés tuteurs, sont exempts du timbre. Art. 470 du C. N. Mais cette exception ne concerne pas les comptes définitifs de tutelle qui demeurent sujets aux droits de timbre et d'enregistrement. (Art. 1488 du J.)

Au surplus, voyez *Tutelle.*

U.

UNION *de créanciers*. Contrat par lequel les créanciers d'un débiteur s'unissent pour parvenir au recouvrement de ce qui leur est dû, et empêcher que les biens de leur débiteur ne se consomment en frais par la multiplicité et la contrariété des procédures.

1. Par ce contrat, les créanciers nomment des *syndics* à qui ils donnent pouvoir de faire toutes poursuites et diligences nécessaires pour la conservation de leurs droits et pour leur intérêt commun, consentant que tout ce qu'ils feront ait son plein et entier effet, comme s'il avait été fait par tous les créanciers. Ils nomment aussi un *caissier* chargé de recevoir les sommes provenant de toute espèce de recouvrement. Art. 527 du C. de C.

2. Les unions et directions de créanciers sont assujetties au droit fixe de 3 f. Article 68, §. 3, n°. 6 de la loi du 22 frimaire an 7.

3. Si elles portent obligation de sommes déterminées par les co-intéressés envers un ou plusieurs d'entre eux, ou autres personnes chargées d'agir pour l'union, il doit être perçu un droit particulier comme pour obligation. Même art.

4. Les nominations de syndics et de caissier ne donnent lieu à aucun droit particulier, attendu qu'elles sont de l'essence du contrat, et faites par le même acte. Il en serait autrement si on allouait à ces agens un traitement ou des remises, ou tous autres avantages équivalens. (Art. 5375 du J.)

5. Les expéditions des jugemens portant homologation d'actes d'union, doivent le droit fixe de 3 f. Art. 68, §. 3, n°. 7 de la loi du 22 frim. an 7.

USUFRUIT. Droit de jouir d'un bien dont un autre a la propriété, aux charges de droit.

1. L'usufruit de *biens meubles* transmis *à titre gratuit*, s'évalue à la moitié de la valeur entière de l'objet, sur la déclaration estimative des parties, sans distraction des charges, s'il s'agit d'une transmission par acte entre-vifs, art. 14, n°. 8 et 11 de la loi du 22 frim. an 7, et d'après un état estimatif, article par article, s'il s'agit d'une mutation par décès. Article 27 de la même loi.

2. Pour les transmissions d'usufruit d'immeubles, soit entre-vifs, à titre gratuit, soit par décès, l'évaluation doit être portée à dix fois le produit des biens ou le prix des baux courans, aussi sans distraction des charges. Art. 15, n°. 8 de la même loi. — Au surplus, voyez *Estimation*, n°. 5 et suiv., p. 270.

3. Lorsque la transmission d'usufruit s'opère par acte à titre onéreux, le droit est assis sur le prix exprimé, et le capital des charges qui peuvent ajouter au prix. Art. 14, n°. 5, et art. 15, n°. 6.

4. Quant à la quotité du droit, voyez *Donation entre-vifs*, §. 1er., p. 248; *Legs*, p. 414; *Succession*, §. 20, si la transmission s'effectue à titre gratuit, et *Vente*, si elle a lieu à titre onéreux.

5. Les dons et les legs d'usufruit de choses fongibles, quoique l'usufruitier ou ses représentans aient la *faculté d'en payer la valeur* à la fin de l'usufruit, ne donnent ouverture qu'au droit réglé pour les transmissions d'usufruit. On ne pourrait exiger celui dû pour les mutations de la propriété, sans contrarier le vœu de l'art. 587 du C. N., qui a reconnu susceptibles d'usufruit les choses fongibles qui se consomment par l'usage qu'on en fait. Par cette disposition, le législateur a voulu maintenir un acte de bienfaisance, et il a sagement combiné l'intérêt de l'usufruitier et celui du proprié-

taire, en statuant que l'usufruitier se servirait des choses qui se consomment par l'usage, mais à la charge d'en rendre de pareille quantité et qualité, ou la valeur, à la fin de l'usufruit. D'ailleurs, il est incertain que l'usufruitier use de la faculté de payer la valeur plutôt que de rendre en nature ; et, si, sous le prétexte qu'il peut user de cette faculté, on pouvait considérer le legs ou le don comme translatif de la propriété, ce serait évidemment décider, contre le texte de la loi, que les choses qui se consomment par l'usage, ne sont pas susceptibles d'usufruit. (Art. 1692 du J.)

6. Les ascendans ne doivent aucun droit de mutation pour l'usufruit ou jouissance que l'art. 384 du C. N. leur accorde des biens de leurs enfans, jusqu'à l'âge de dix-huit ans accomplis ou jusqu'à leur émancipation. — V. *Ascendans*, n°. 5, p. 99.

7. L'usufruit finit par la mort naturelle ou civile de l'usufruitier, ou par l'expiration du terme auquel il est fixé; il n'est dû aucun droit pour cette consolidation de jouissance à la propriété.

Mais, si la réunion se fait par anticipation, au moyen de la cession que l'usufruitier fait de son usufruit au propriétaire, gratuitement ou moyennant un prix, il est dû soit le droit fixe de 1 f., soit le droit proportionnel. — V. *Réunion d'usufruit*, p. 588.

8. Quoique l'usufruit soit séparé de la propriété, le droit d'enregistrement est perceptible pour les mutations de propriété par acte entre-vifs à titre gratuit ou par décès, sur le pied de la valeur entière des biens, sans aucune déduction pour raison de l'usufruit. Art. 14 et 15 de la loi du 22 frim. an 7.

9. A l'égard des mutations par vente, avec rétention d'usufruit, le droit est dû sur le prix et les charges, en y ajoutant moitié en sus pour la valeur de l'usufruit. — V. *Vente avec réserve d'usufruit*.

10. L'usufruitier peut, par la saisie des revenus, au moyen de l'action que le trésor public a droit d'exercer sur les revenus, se trouver indirectement passible du droit de succession dû par le propriétaire de la nue propriété. — Voyez *Succession*, §. 21, n°. 6, page 636, et §. 22, page 638.

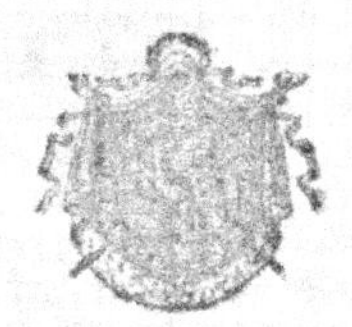

V.

VACATION. Espace de tems employé par des officiers publics, soit à une opération, soit à l'expédition de quelque affaire.

1. Il est dû, pour *chacune* des vacations employées aux procès-verbaux d'apposition, reconnaissance et levée de scellés, et aux inventaires, le droit fixe de 2 f. Article 68, §. 2, nᵒˢ. 1 et 3 de la loi du 22 frim. an 7.

2. Un décret impérial du 10 brumaire an 14, contient les dispositions suivantes :

Art. 1ᵉʳ. « Tous officiers ayant droit d'apposer des scellés, de les reconnaître et de les lever, de rédiger des inventaires, de faire des ventes ou autres actes dont la confection peut exiger plusieurs séances, sont tenus d'indiquer, à chaque séance, l'heure du commencement et celle de la fin.

ii. » Toutes les fois qu'il y a interruption dans l'opération, avec renvoi à un autre jour ou à une autre heure de la même journée, il en sera fait mention dans l'acte, que les parties et les officiers signeront sur-le-champ pour constater cette interruption.

iii. » Le procès-verbal est sujet à l'enregistrement dans le délai fixé par la loi.

iv. » Le droit d'enregistrement, fixé à 2 f. par vacation, est exigible par vacation, dont aucune ne peut excéder quatre heures. »

3. Les mentions exigées par les art. 1ᵉʳ. et 2 de ce décret, ayant pour objet de distinguer *chaque* vacation, et de constater la durée des séances employées à la confection des actes désignés dans l'art. 1ᵉʳ., les receveurs doivent être attentifs à ce que les officiers qui instrumentent, s'y conforment : dans le cas d'irrégularités, elles devraient être rectifiées ; si ces officiers s'y refusaient, ils en informeraient le directeur, pour qu'il pût y pourvoir, en se concertant avec le procureur impérial près le tribunal de première instance de l'arrondissement du fonctionnaire, et en rendre compte à l'administration. Inst. gén. du 30 frim. an 14, nᵒ. 296.

4. La durée de chaque vacation étant, par l'art. 8 de la loi du 27 mars 1791, et les art. 1ᵉʳ. et 168 du décret impérial du 16 fév. 1807, fixée à *trois heures*, cette base doit être adoptée pour la liquidation des droits d'enregistrement auxquels les inventaires et autres actes dont la confection exige plusieurs séances, peuvent donner ouverture. Décis. du min. des fin., du 25 oct. 1808. Nomb. 2 de l'Inst. gén. du 14 nov. suiv., nᵒ. 406, qui porte que les préposés pour liquider les droits avec régularité, devront, au moyen de l'indication de l'heure du commencement et de celle de la fin de chaque séance, que doit constater le procès-verbal, s'assurer du nombre effectif d'heures écoulées pendant la durée de l'opération, et percevoir autant de droits qu'il y aurait de vacations de trois heures employées par l'officier.

Ainsi, lorsque le nombre d'heures employées dans une séance peut se diviser exactement par trois, il est dû autant de droits fixes de 2 f. qu'il y a de fois trois heures.

Mais, lorsque ce nombre d'heures ne peut être exactement divisé par trois, comme, par exemple, lorsqu'il a été vaqué pendant quatre, cinq, sept, huit, dix, onze heures et plus, on doit, pour la règle à suivre, se reporter aux décrets ci-dessus relatés.

L'art. 1ᵉʳ. de celui du 16 fév. 1807, en fixant les honoraires de l'officier, porte que la vacation sera *de trois heures au moins*; d'où il suit qu'elle peut excéder trois heures.

Et, suivant l'art. 4 du décret du 10 brumaire an 14, aucune vacation ne peut excéder quatre heures.

En principe général, la vacation est de trois heures; mais, aux termes de ces décrets, elle ne peut être moindre de trois heures (à moins qu'il n'y eût qu'une seule vacation); elle ne peut excéder quatre heures.

Il en résulte que, pour une apposition de scellés, ou inventaire auquel il n'a été vaqué que pendant quatre heures, il ne doit être perçu qu'un seul droit de 2 f.

Pendant cinq heures, deux droits, attendu que la vacation excède quatre heures.

Pendant sept heures, deux droits pour une vacation de trois heures, et une de quatre.

Pendant huit heures, deux droits pour deux vacations de quatre heures.

Pendant dix heures, trois droits pour deux vacations de trois heures, et une de quatre heures.

Pendant onze heures, trois droits pour une vacation de trois heures, et deux de quatre heures.

Quelque soit le nombre d'heures que l'on ait vaqué pendant un même jour, l'on ne peut compter que quatre vacations : il n'en serait pas alloué en taxe un plus grand nombre à l'officier ; du moins tel est l'usage à Paris. (Art. 3105 du J.)

5. Le procès-verbal de *chaque vacation* doit être enregistré dans le délai et sous les peines portées par la loi. Déc. du min. des fin., du 18 germinal an 8. (Article 475 du J.)

6. Par ce mot, *procès-verbal*, employé art. 5 du décret du 10 brum. an 14, on doit entendre celui *de la vacation, signé des parties et de l'officier public*, et non pas *la réunion de toutes les vacations*, soit du même inventaire, soit de l'apposition ou de la levée des scellés. Déc. du minist. des fin., du 19 frim. an 14. Inst. gén. du 30 du même mois, n°. 296.

7. Cette règle s'applique aux procès-verbaux de ventes de meubles, à ceux de réceptions d'enchères d'immeubles qui n'ont pas été faites dans la séance où les biens ont été vendus, et généralement à tous actes qui ne peuvent être consommés que dans plusieurs séances. Même Inst.

8. Elle s'applique aussi aux procès-verbaux de saisie immobilière, et ne s'oppose point à l'exécution de l'art. 676 du Code de P. C., qui veut que copie *entière* du procès-verbal de saisie immobilière, soit, *avant l'enregistrement*, délivrée aux fonctionnaires qu'il désigne. Les enregistremens successifs des vacations, n'empêchent pas l'huissier de donner copie entière du procès-verbal, avant que la dernière vacation qui lui sert de clôture, ne soit enregistrée : il en résulte que la copie entière du procès-verbal se trouve délivrée avant que cet acte ait été, en son entier, revêtu de la formalité. Déc. du min. des fin. et du grand-juge, des 17 mai et 21 juin 1808. Nomb. 13 de l'Inst. gén. du 28 juillet suiv., n°. 590.

9. Si l'on requiert l'enregistrement de plusieurs vacations qui sont dans le délai, il n'est pas nécessaire de faire, pour chaque vacation, un enregistrement particulier ; on peut les comprendre toutes dans le même, en y énonçant la date particulière de chaque vacation, et ne donner la quittance des droits que par une seule et même relation. Circ. de l'adm., du 14 niv. an 8, n°. 1737.

10. A défaut d'enregistrement, il est dû une amende pour *chaque vacation* non présentée à la formalité dans le délai. Même Circ.

11. Arrêt de la cour de cassation, du 13 messid. an 13 :

» Vu les dispositions des art. 5, 6 et 7 de la loi du 22 pluviose an 7, concernant les ventes mobilières, portant : « Chaque
» séance de vente sera close et signée par
» l'officier public et deux témoins domi-
» ciliés ; le droit d'enregistrement sera per-
» çu sur le montant des sommes que con-
» tiendra cumulativement le procès-verbal

» des séances à enregistrer dans le délai
» prescrit par la loi sur l'enregistrement...
» Les contraventions contre la loi sur l'en-
» registrement, seront punies par les a-
» mendes et restitutions qu'elle pronon-
» ce » ;

» Vu aussi la loi du 22 frimaire an 7 sur
l'enregistrement, dont les art. 20, 29, 34,
35, fixent les délais dans lesquels les officiers publics doivent acquitter le droit d'enregistrement et les amendes pour défaut
d'enregistrement dans le délai ;

» Attendu que des expressions contenues aux art. 5 et 6 de la loi du 22 pluviose : « Chaque séance sera close et signée
» par l'officier public..... ; le procès-ver-
» bal des séances à enregistrer dans le dé-
» lai » , il résulte que chaque séance ou
vacation d'une vente mobilière, ainsi close
et signée, forme un procès-verbal qui est à
enregistrer dans le délai du jour de la date
de cette séance, ce qui exclut le système de
reporter à la dernière séance le départ du
délai fixé pour l'enregistrement ;

» Attendu que les juges du tribunal de
Guingamp, adoptant ce système, sont con-
trevenus aux dispositions de la loi du 22
pluviose an 7, et à ce qui s'observe en exécution de cette loi par les notaires, les greffiers et les huissiers, pour les actes de leur
ministère ;

» La cour casse et annulle. » (Art. 2086
du J.)

12. On ne doit pas exiger qu'il soit fait
sur le répertoire une inscription particulière pour chaque vacation. Circ. de l'adm.,
du 14 niv. an 8, n°. 1757.

13. Il y a exception aux principes ci-dessus pour les procès-verbaux des *experts*
commis en justice ou choisis à l'amiable.
Ils ne doivent qu'un seul droit, quel que
soit le nombre des vacations, et ils ne sont
pas sujets à l'enregistrement dans un délai
de rigueur. — V. *Procès-verbaux*, n°. 18,
p. 516.

14. Les inventaires, procès-verbaux et
autres actes qui ne peuvent être consommés
dans un même jour et dans la même vacation, peuvent être continués sur la même
feuille de papier timbré. Art. 23 de la loi
du 15 brum. an 7.

VALEUR. Sommes, prix stipulés dans les
actes.

1. Le droit proportionnel d'enregistrement est assis sur les valeurs qui se déterminent d'après les règles établies dans les
articles 14 et 15 de la loi du 22 frimaire
an 7.

2. Lorsque les sommes et valeurs ne sont
pas déterminées dans un acte ou jugement
donnant lieu au droit proportionnel, les
parties sont tenues d'y suppléer, avant l'enregistrement, par une déclaration estimative, certifiée et signée au pied de l'acte. Art.
16 de la même loi.

Au surplus, voyez *Estimation*, p. 270,
et *Expertise*, p. 280.

VÉLITES. — V. *Cautionnement*, §. 9,
n°. 9, p. 145.

VENTE. Aliénation ou cession d'une
chose mobilière ou immobilière, dont la
propriété passe de l'un à l'autre, moyennant un prix.

Les ordonnances sur requête des juges
des tribunaux de première instance, portant permission de vendre, sont assujetties
au droit fixe de 2 f. sur la minute. Articles
7 et 68, §. 2, n°. 6 de la loi du 22 frim.
an 7.

Les expéditions des jugemens des mêmes
tribunaux, portant injonction de procéder
à vente, doivent le droit fixe de 3 f. Art.
68, §. 3, n°. 7.

VENTE *de meubles*. On a fait connaître
au mot *Biens*, p. 124, en quoi consistent
les objets mobiliers ; il est nécessaire de faire encore ici des distinctions qui donnent
lieu à des perceptions différentes.

§. 1er. *Ventes d'objets mobiliers, assujetties au droit de 1 pour 100.*

1. Parmi les objets mobiliers sont nécessairement compris les obligations, promesses de payer, billets et toutes autres créances

ces à terme : les cessions et transports qui en sont faits, n'opèrent que le droit de 1 f. par 100 f. — V. *Cession de créance*, pag. 150.

2. Il en est de même des cessions d'étude d'avoué, de *clientelles* de bureaux d'affaires, de l'*achalandage* de boutique de marchand. (Art. 591 du J.) — V. *Cession*, n°. 11, p. 151.

§. 2. *Ventes d'objets mobiliers, sujettes au droit de 2 pour 100.*

1. Sont soumis au droit de 2 f. par 100 f., les adjudications, ventes, reventes, cessions, rétrocessions, marchés, traités et tous autres actes, soit civils, soit judiciaires, translatifs de propriété, à titre onéreux, de meubles, récoltes de l'année sur pied, coupes de bois taillis et de haute futaie, et autres objets mobiliers généralement quelconques, même les ventes de cette nature faites par l'Etat.

Les adjudications à folle enchère de biens meubles, sont assujetties au même droit, mais seulement sur ce qui excède le prix de la précédente adjudication, si le droit en a été acquitté. Art. 69, §. 5, n°. 1 de la loi du 22 frim. an 7. S'il n'y a pas d'excédant de prix, il n'est dû que le droit fixe de 1 f. Art. 68, §. 1er., n°. 8.

Nota. Il a été établi quelques exceptions. — V. le §. suiv.

2. La vente des bois saisis sur un adjudicataire, à défaut de paiement du prix de son adjudication, ne peut être considérée comme revente à la folle enchère pour l'acquit des droits. En effet, l'adjudication n'ayant pas été annullée, les bois dont l'acquéreur n'a point disposé, sont sa propriété mobilière ; la saisie qui en est faite est comme celle des meubles d'un débiteur pour toute autre cause ; et, par suite, leur vente rentre dans la classe des ventes ordinaires des meubles, et elle est passible des mêmes droits. (Art. 1486 du J.)

3. Ainsi, sont sujets au droit de 2 pour 100,

Les baux d'*arbres épars* ou des *bois* non en coupes réglées, faits à la charge de les couper en plusieurs années, et moyennant un prix pour chaque année. — V. *Baux*, §. 10, p. 118.

4. Les ventes de coupes de bois taillis et de haute futaie, lors même qu'elles sont faites plus de deux ans avant que les bois soient parvenus à l'âge où ils doivent être coupés. Sol. de l'adm., du 9 vend. an 14. (Art. 2144 du J.) Mais le droit de 4 pour 100 est dû lorsque les bois passent avec le fonds dans la main d'un nouveau propriétaire, soit par un même acte, soit par deux contrats séparés, pourvu que le fonds soit vendu avant l'exploitation des bois. — V. *Ventes d'immeubles*.

5. Les *cessions* de labours et semences, par un fermier sortant, à son successeur. (Art. 795 du J.)

6. Les *cessions* d'actions qui donnent droit de propriété dans l'établissement, et qui sont émises par des compagnies de finances, de commerce ou d'industrie, pourvu que les cessions aient lieu pendant la durée de la société. — V. *Action*, n°. 5 et suivans, p. 80.

7. Les *concessions à vie* de places dans les *bancs des églises*. — V. *Baux*, §. 12, n°. 1, p. 119.

8. Les *obligations* passées devant notaires ou sous signature-privée, et motivées pour *valeurs en marchandises*. — V. *Billet*, n°s. 4 et 6, p. 129, et *Obligation*, n°s. 2 et 3, p. 464.

9. Les *procès-verbaux* de délivrances de bois, faites à des entrepreneurs de la marine ou de travaux publics, et aux adjudicataires de scieries domaniales. — V. *Adjudication de coupe de bois*, n°s. 5, 6 et 7, p. 82.

10. Les *traités* de ventes de marchandises ou de bâtimens de mer, faites par des courtiers. Déc. du min. des fin., du 4 vend. an 12. Inst. gén. du 28 du même mois, n°. 173. — V. *Courtiers*, p. 191.

11. Les ventes de fruits pendans par racines, lorsque le fonds n'est pas aliéné en même tems. — Voyez *Biens*, n°. 28, pag. 127.

12. Celles de bâtimens et baraques, faites à la charge de les démolir. (Art. 1527 et 1863 du J.)

13. La vente des objets saisis par les préposés des douanes. Solution de l'administration, du 3 floréal an 7. (Art. 124 du J.)

14. Les ventes des objets saisis par les préposés des octrois qui ont été autorisés à procéder eux-mêmes sans le ministère d'un officier public, pourvu que la valeur de ces objets n'excède pas 200 f. Décis. du minist. des fin., du 15 novemb. 1808. (Article 3067 du J.)

15. Celles *de navires* français. Décision du minist. des fin., du 18 germinal an 10. Nomb. 77 de l'Inst. gén. du 3 fruct. an 13, n°. 290.

16. — de prises maritimes. Décision du min. des fin., du 18 germ. an 8. (Art. 425 du J.)

17. — des *mérinos* et laines provenant des bergeries nationales. Décision du min. des fin., du 27 oct. 1807. (Art. 2742 du J.)

18. Les ventes de chevaux provenant des *haras*, ainsi que celles des *effets des militaires* décédés dans les hôpitaux ou dans les prisons, ou qui s'en seraient évadés. Décis. du minist. des fin, du 23 juin 1807. Inst. gén. du 8 octob. suivant, n°. 349. (Article 2639 du J.) Autre décision du min., du 1er. septemb. 1807. (Article 2692 du J.)

19. Au surplus, voyez *Indemnité*, n°. 7, p. 291; *Quittance*, n°. 21, p. 536.

20. Sont aussi assujettis au droit de 2 f. par 100 f., les cessions, transports et délégations de rentes perpétuelles ou viagères. Le droit doit être liquidé sur le capital de la rente, quelque soit le prix du transport. — Voy. *Cession*, n°. 15 et 17, p. 151; *Domaine congéable*, n°. 6 et suiv., p. 245; *Subrogation*.

21. Le droit est dû sur le capital entier de la rente, lors même que le vendeur s'en est réservé l'usufruit. Arrêt de la cour de cassation, du 1er. sept. 1806 :

« Vu le n°. 7 de l'art. 14 de la loi du 22 frim. an 7;

» Attendu que, par cet article, le législateur a ordonné, d'une manière absolue, que, pour le transport d'une rente, le droit de mutation se percevrait sur le capital constitué, *sans égard au prix stipulé*, et n'a pas distingué le cas où le cessionnaire ne pourrait jouir de la rente qu'à une époque déterminée, de celui où il entrerait en jouissance sur-le-champ; que cette règle, ainsi posée sans distinction, est fondée sur ce que, dans l'un comme dans l'autre cas, la jouissance pleine et entière de la rente est assurée à l'acquéreur ou à ses ayans-cause;

» Par ces motifs, la cour casse et annulle le jugement rendu, en dernier ressort, le 2 germinal an 13, par la sixième section du tribunal civil du département de la Seine, comme contraire au n°. 7 de l'art. 14 de la loi du 22 frim. an 7. »

Nota. Ce tribunal avait jugé qu'il fallait distraire la valeur de l'usufruit réservé.

§. 3. *Ventes mobilières qui doivent être enregistrées* gratis, *ou qui sont exemptes de la formalité.*

1. Les ventes des *effets non réclamés* des marins et passagers morts en mer, faites par les administrateurs de la marine, sont exemptes du timbre lorsqu'elles n'excèdent pas 10 f., et doivent être enregistrées *gratis* lorsque le prix n'est que de 25 f. et au-dessous. Quant à celles de ces ventes qui seraient faites en mer ou dans les pays étrangers, les procès-verbaux qui en sont rédigés en papier libre, doivent être timbrés à l'extraordinaire ou visés pour timbre, si le produit excède 10 f., et être soumis à l'enregistrement soit gratuit, soit en payant les droits, lorsque la vente sera au-dessus de 25 f. dans les vingt jours qui suivront la rentrée des

bâtimens dans les ports de France à la fin du voyage.

Ces dispositions s'appliquent tant aux bâtimens de l'Etat qu'à ceux du commerce et des armemens en course, *pourvu que les ventes soient faites d'office et non à la requête des particuliers, par des administrateurs et préposés de la marine,* ainsi qu'à celles qui auraient lieu en mer et en pays étrangers, par les officiers des navires de commerce, et armés en course; *mais ces derniers officiers n'auraient pas le droit de procéder eux-mêmes aux ventes faites dans les ports de France.* Déc. du minist. des fin., du 8 germ. an 8.

Si ces ventes sont faites dans les ports de France, le délai de vingt jours dans lequel elles doivent être enregistrées, commence à partir de la date du procès-verbal. Circul. de l'adm., du 22 germ. an 8, n°. 1801 *bis.*

2. Les ventes de *mobilier militaire,* faites en exécution de l'arrêté du gouvernement, du 9 floréal an 9, sont exemptes de l'enregistrement. Déc. du min. des fin., du 25 fructidor au 9. Inst. gén. du 8 brumaire an 10, n°. 5. Cette exemption est également applicable aux droits de timbre des minutes de ces procès-verbaux et des expéditions qui en sont délivrées à des fonctionnaires publics; mais les expéditions ou extraits qui sont requis par les adjudicataires ou autres particuliers, doivent être écrits sur papier timbré. Décis. du min. des fin., du 25 niv. an 10. Inst. gén. du 5 pluv. suiv., n°. 38.

3. Celles des *approvisionnemens de siége,* faites en exécution de l'arrêté du 13 floréal an 10, dans les places frontières qui y sont désignées, sont également exemptes des formalités de l'enregistrement et du timbre. Même Inst. n°. 38.

4. Il en est de même des ventes des effets mobiliers et objets d'*approvisionnemens de la marine,* passées en exécution de l'arrêté du gouvernement, du 15 prairial an 10. Déc. du min. des fin., du 12 fruct.

an 11. Inst. gén. du 5e. jour complém. de la même année, n°. 166.

5. Les ventes, faites par les courtiers, des *marchandises* qui forment le gage des prêts que le gouvernement fait aux manufactures en souffrance, sont, par l'art. 5 du décret du 11 mai 1807, déclarées exemptes de tout droit de timbre et d'enregistrement. Circ. du 6 juin 1807.

6. Celles d'effets déposés aux monts-de-piété, jouissent de la même exemption. — V. *Monts-de-piété,* p. 441.

7. Les ventes de *poisson de mer,* qui ont lieu publiquement dans les marchés, ne sont sujettes ni aux formalités prescrites par la loi du 22 pluviose an 7, ni au droit d'enregistrement. Décis. du min. des fin., des 3 prairial an 7, et 8 prairial an 8. (Art. 474 du J.)

§. 4. *Délai pour l'enregistrement des ventes mobilières assujetties à la formalité.*

V. *Délai,* §§. 1er., 2 et 3, p. 212 et 213; *Vacation,* et le n°. 1 du §. précédent.

§. 5. *Liquidation des droits des ventes de meubles, et règles de perception pour les autres dispositions qu'elles peuvent contenir.*

1. Le droit proportionnel des ventes de *meubles,* se liquide sur le prix exprimé et le capital des charges qui peuvent ajouter au prix. Art. 14, n°. 5 de la loi du 22 frim. an 7.

2. On ne doit point ajouter au prix de vente des prises maritimes, le montant des droits de douanes et d'octrois *mis à la charge des acquéreurs,* par suite des dispositions de l'art. 87 de l'arrêté du gouvernement, du 2 prairial an 11; mais, si, par événement et nonobstant la faculté d'entrepôt accordée au capteur par cet arrêté, ces droits se trouvaient acquittés avant la vente des marchandises capturées, il n'y aurait pas lieu d'en faire déduction : la percep-

tion du droit d'enregistrement devrait alors porter sur la totalité du prix de vente. Déc. du minist. des fin. Circ. du 23 sept. 1807. (Art. 638 du J.)

3. Pour la liquidation des droits des ventes de bâtimens ou baraques, faites à la charge de les démolir, on ne doit point ajouter, au prix stipulé, les frais de la démolition qui, suivant l'acte, seraient supportés par l'acquéreur. (Article 1663 du J.)

4. Quoiqu'une vente de meubles, faite par un huissier, ne s'élève qu'à 40 f., on n'est point autorisé à exiger le droit fixe de 1 f. : la perception doit être restreinte au droit proportionnel que cette vente opère, en suivant les séries de 20 f. en 20 f., sans fraction. (Art. 3170 du J.)

5. Les dispositions de l'art. 69, §. 5, n°. 6 de la loi du 22 frimaire an 7, qui règle à 2 f. par 100 f. le droit à percevoir sur les *parts et portions* acquises *par licitation* de biens meubles *indivis*, ne concernent que les rentes, les coupes de bois et autres objets qui ne peuvent facilement se partager; elles ne s'appliquent pas aux meubles meublans dont la vente publique aux enchères ne peut être considérée comme licitation; les héritiers n'y figurent que comme acquéreurs étrangers : d'ailleurs, la forme des procès-verbaux de ces sortes de ventes, ne constate pas même ceux qui se rendent adjudicataires. (Art. 2053 du J.)

6. Le droit d'enregistrement des ventes à l'enchère d'objets mobiliers, se perçoit sur le montant des sommes que contient *cumulativement* le procès-verbal des séances à enregistrer dans le délai prescrit par la loi sur l'enregistrement. Art. 6 de la loi du 22 pluv. an 7. Circ. de l'adm., du 1er. vent. suiv., n°. 1498.

8. Ce mode de perception s'applique même lorsqu'il s'agit d'adjudication, en détail, de récoltes ou de coupes de bois, signée par chaque adjudicataire non solidaire. Arrêt de la cour de cassation, du 5 fév. 1808, confirmatif d'un jugement du tribunal de Montreuil-sur-Mer, du 25 juillet 1808, et

Décis. du minist. des fin., du 4 juin 1811.

9. Chaque opposition aux ventes de meubles, donne ouverture au droit fixe de 1 f., indépendamment de celui de la vente. Art. 68, §. 1er., n°. 30.

10. La décharge, donnée au gardien, des effets vendus, n'opère pas un droit particulier. — V. *Décharge*, n°. 5, p. 194.

11. Les décharges de prix de ventes à l'encan d'objets mobiliers, ne donnent ouverture qu'au droit fixe de 1 f. : elles peuvent être écrites en marge ou à la suite du procès-verbal de vente. — V. *Décharge*, n°. 6, p. 194.

12. On peut, dans une vente mobilière, *énoncer* un catalogue de livres ou de marchandises, sans qu'il ait été préalablement enregistré. — V. *Catalogue*.

§. 6. *Les ventes publiques de meubles ne peuvent être faites que par des officiers publics.* Exceptions. *Peines contre les particuliers qui vendent ou font vendre des meubles sans le ministère d'un officier public.*

1. Les meubles, effets, marchandises, bois, fruits, récoltes et tous autres objets mobiliers, ne peuvent être vendus publiquement et par enchères, qu'en présence et par le ministère d'officiers publics *ayant qualité pour y procéder.* Art. 1er. de la loi du 22 pluv. an 7. Circ. du 1er. vent. suiv., n°. 1498.

2. A Paris, les commissaires priseurs ont exclusivement le droit de procéder à ces ventes. Loi du 27 vent. an 9, art. 29.

3. Dans le reste de l'empire, les notaires, huissiers et greffiers, sont les seuls qui puissent les faire. Edit du mois de février 1771. Arrêtés du directoire exécutif, des 12 fructid. an 4, et 27 nivose an 5. Circul. de l'administration, des 25 vendém. et 9 pluviose an 5, et 1er. vent. an 7, n°s. 967, 1008 et 1498.

4. Tout autre individu, quand même il serait revêtu d'un caractère public, n'a pas le droit de procéder pour lui ou pour au-

trui, à une vente publique de meubles aux enchères. Circ. n°. 1498.

5. Arrêt de la cour de cassation , du 30 mess. an 10.

Le 7 pluviose an 9 , le sieur de Cook avait procédé , sans déclaration préalable et sans le ministère d'un officier public , à la vente publique et aux enchères d'arbres et bois , et n'avait point soumis à l'enregistrement le procès-verbal de cette vente.

Ce fait établi par la déclaration écrite de deux témoins , et par les registres de formalité et de déclaration, le receveur de Menin a constaté la contravention par procès-verbal du 29 pluv. an 9.

Sur les dénégations et défenses du sieur de Cook , le tribunal de Courtray avait, par un premier jugement du 11 germinal an 9, admis l'administration à faire la preuve testimoniale autorisée par la loi, et prorogé la cause au 21 du même mois.

A l'audience dudit jour, l'administration avait fait entendre deux témoins , et la preuve résultante de leurs dépositions ne laissait plus aucun doute sur la contravention; cependant, le tribunal, déférant à la demande du défendeur , d'un délai pour fournir la preuve contraire, avait prorogé la cause le 1er. floréal an 9.

Ledit jour , le tribunal , sans égard à la demande d'un nouveau délai , a condamné le sieur de Cook à l'amende de 1,000 f. , conformément à l'art. 7 de la loi du 22 pluviose an 7 , et au paiement de la somme de 200 f. pour tenir lieu des droits d'enregistrement de la vente par lui illégalement faite.

Le sieur de Cook s'étant pourvu contre ce jugement, l'arrêt précité a rejeté sa requête. (Art. 1272 du J.)

6. L'art. 7 de la loi du 22 pluviose an 7, porte que l'amende encourue par tout particulier, pour chaque contravention par lui commise , en vendant ou faisant vendre publiquement et par enchères , sans le ministère d'un officier public, sera déterminée en raison de l'importance de la contravention; qu'elle ne pourra cependant être au-dessous de 50 f. , ni excéder 1,000 f. pour chaque vente , outre la restitution des droits qui se trouveront dus.

7. Comme il est nécessaire de spécifier la somme dans la contrainte, pour qu'elle soit exécutoire, les directeurs sont autorisés à fixer le montant de cette amende dans la latitude marquée par la loi , et suivant les circonstances. Circulaire n°. 1498.

8. Ce règlement, lorsque les contrevenans s'y soumettent, dispense de faire prononcer la condamnation ; les directeurs peuvent même , étant mieux informés , diminuer le taux de la fixation faite par la contrainte, lorsqu'elle leur paraît trop considérable , en égard à la nature de la contravention. Sol. de l'adm. , du 25 niv. an 8. (Art. 365 du J.)

9. Les ventes de mobilier de l'Etat, sont, sauf les exceptions ci-après , faites par les préposés de l'enregistrement et des domaines. Arrêté du gouv. , du 23 niv. an 8. Circ. du 5 vent. suiv. , n°. 1220.

10. Celles d'effets mobiliers et objets d'approvisionnemens de la marine, qui ont lieu dans les ports et arsenaux maritimes , sont faites devant les officiers d'administration de la marine ; mais celles qui se font dans les lieux où il n'existe point d'administration de la marine, doivent être passées devant les receveurs de l'enregistrement. Arrêté du gouv. , du 13 prair. an 10. Inst. gén. du 12 therm. suiv. , n°. 66.

11. Les chevaux réformés dans les différens corps de troupes , sont vendus à l'enchère en présence des membres du conseil d'administration de chaque corps, et d'un inspecteur ou sous-inspecteur aux revues, qui en dresse procès-verbal. Arrêté du 13 pluviose an 11. Circulaire du 6 ventose suivant.

12. Les effets des militaires décédés dans les prisons et dans les hôpitaux civils ou militaires, ou qui s'en sont évadés, se vendent par les commissaires des guerres ou les fonctionnaires qui les remplacent. Inst.

du minist. direct. de l'adm. de la guerre, du 2 mai 1808. Inst. gén. du 4 août suiv., n°. 391.

13. Les ventes de mobilier communal peuvent être faites par les maires ou adjoints, ou autres personnes qu'ils ont chargé d'y procéder. Déc. du minist. des fin., des 16 germinal et 17 frimaire an 7. Circulaire de l'administ., du 11 nivôse an 8, n°. 1732.

§. 7. *Déclaration préalable à faire par les officiers publics qui doivent procéder à des ventes publiques de meubles. Exceptions. Bureau où elle doit être faite.*

1. Aucun officier public ne peut procéder à une vente publique et par enchère, d'objets mobiliers, qu'il n'en ait préalablement fait la déclaration au bureau de l'enregistrement dans l'arrondissement *duquel la vente a lieu.* Art. 2 de la loi du 22 pluviose an 7. Circul. du 1er. vent. suiv., n°. 1498.

2. Cette disposition de la loi est applicable aux courtiers de commerce pour les ventes publiques aux criées auxquelles ils doivent procéder. (Articles 2180 et 3286 du J.)

3. Parmi les objets mobiliers sont nommément compris les coupes *de bois, fruits et récoltes.* Circ. n°. 1498. Arrêt de la cour de cassation, du 23 janvier 1809, qui annulle un jugement du tribunal de première instance de Castres. Ce tribunal a pensé que, s'agissant de la vente d'une coupe de bois futaie et d'arbres qui, aux termes de l'art. 520 du C. N., ne deviennent *meubles* qu'au moment où ils sont abattus, et la loi de pluviose an 7 ne se référant qu'aux ventes de meubles et effets, la déclaration prescrite par cette loi n'était pas nécessaire. Voici le dispositif de l'arrêt :

« La cour, attendu que les dispositions des art. 1er. et 2 de la loi du 22 pluviose an 7, ne permettent pas de douter que les ventes publiques et sur enchères des bois, soit taillis, soit de haute futaie, ne peuvent être faites que par un officier public ayant caractère pour y procéder, et *après avoir fait la déclaration* au bureau d'enregistrement dans l'arrondissement duquel lesdites ventes doivent être faites; que le tribunal de Castres a erré en droit, en décidant le contraire. » (Art. 2109 et 3162 du J.)

4. S'il y a plusieurs bureaux dans la même ville, la déclaration est faite dans celui où s'enregistrent ordinairement les actes de la nature de ceux passés par l'officier public qui fait la vente. Circ. du 2 vent. an 7, n°. 1499. Inst. gén. du 15 mai 1807, n°. 326.

5. S'il doit être procédé, dans plusieurs communes, à la vente d'objets mobiliers appartenant à la même succession, la déclaration doit être faite dans *tous* les bureaux où la vente doit avoir lieu, attendu qu'il est dans l'intention de la loi que *chaque* receveur ait une connaissance exacte des ventes d'objets mobiliers faites dans l'arrondissement de son bureau, afin qu'il puisse les surveiller et assurer le paiement des droits qui doivent en résulter. (Article 310 du J.)

6. Lorsqu'un officier public suspend, par suite d'opposition ou autre motif, une vente de meubles, il n'est pas tenu, avant d'y procéder par continuation, de faire une nouvelle déclaration, quoiqu'il n'ait pas indiqué dans son procès-verbal le jour où il y procéderait de nouveau. En effet, la loi n'exige qu'une *seule* déclaration pour chaque vente, au bureau dans l'arrondissement duquel elle a lieu; elle ne prononce l'amende qu'*à défaut* de déclaration, et les peines ne peuvent s'étendre d'un cas à un autre. (Art. 2018 du J.)

7. Dans le cas où un officier public, qui a fait la déclaration préalable à la vente, ne peut y procéder pour cause de maladie ou autre empêchement, il peut être suppléé par un autre officier public, pour faire la vente le jour indiqué, sans que celui-ci soit tenu de faire une nouvelle déclaration. (Art. 508 du J.)

8. Des notaires ayant demandé d'être dispensés de faire eux-mêmes cette déclara-

tion, et réclamé l'autorisation de pouvoir déléguer pour cet effet des mandataires, le ministre des finances a décidé, le 15 décembre 1807, qu'on peut admettre les *officiers publics* à se faire suppléer par un mandataire, muni d'une procuration spéciale, signée et enregistrée, qui demeurera annexée au registre, et dans laquelle on mentionnera l'impossibilité où ils sont de remplir eux-mêmes la formalité. Il est défendu aux receveurs d'enregistrer des déclarations semblables, d'après de simples lettres ou avis d'officiers publics, quand bien même ils s'engageraient à signer ultérieurement sur le registre. Inst. gén. du 31 août 1808, n°. 596. (Art. 2773 du J.)

9. La déclaration ne peut être faite par lettre missive. Arrêt de la cour de cassation, du 24 nov. 1806, dont voici le dispositif :

« Vu les art. 2, 3, 4, 5 et 7 de la loi du 22 pluv. an 7;

» Attendu que le tribunal de l'arrondissement de Rochefort a déchargé le défaillant de la contrainte décernée contre lui pour inexécution des dispositions de la loi ci-dessus citée, sous prétexte que le défaillant avait averti le receveur de l'enregistrement de la vente qu'il se proposait de faire par une simple lettre missive; que cette lettre ne pouvait tenir lieu d'une déclaration inscrite sur le registre, signée du déclarant, et dont copie devait être transcrite en tête de son procès-verbal; que ce tribunal a ainsi violé la loi ci-dessus citée;

» Par ces motifs, la cour donnant défaut contre Philippe Pugeau, casse et annulle le jugement rendu le 28 messidor an 13, au profit du défaillant contre la régie de l'enregistrement, par le tribunal de l'arrondissement de Rochefort. » (Article 2654 du J.)

10. L'art. 7 de la loi du 22 pluviose an 7 prononce l'amende de 100 f. contre tout officier public qui a procédé à une vente sans en avoir fait la déclaration.

11. Sont dispensées de cette déclaration,

les ventes de mobilier national et celles des effets des monts-de-piété légalement établis. Art. 9 de la loi du 22 pluv. an 7. Circ. n°. 1498.

12. Celles de prises maritimes et autres, faites par les commissaires de la marine ou autres agens ou administrateurs qui les remplacent. Déc. du min. des fin., des 24 juin 1806 et 13 déc. 1808. (Art. 2528 et 3305 du J.)

13. Celles d'objets saisis, faites par les préposés des douanes. Solution de l'administration, du 3 floréal an 7. (Article 124 du J.)

14. A l'égard de celles faites par les préposés des octrois, voyez §. , n°. .

15. Celles de mobilier communal, faites par les administrateurs ou leurs délégués, qui ont droit d'y procéder. Décis. du min. des fin., des 26 germ. an 7, et 17 frim. an 8. Circ. du 11 niv. an 8, n°. 1732.

16. Enfin, le législateur n'ayant d'autre objet que de prévenir les abus qui s'étaient glissés dans les ventes d'objets mobiliers, et d'assurer la perception des droits, et ces abus ne pouvant exister dans les ventes faites par les fonctionnaires et officiers publics dénommés nombre 9 et suivans du §. précédent, la loi ne les a point assujettis à la formalité de la déclaration.

§. 8. *Forme de cette déclaration.*

La déclaration est inscrite sur un registre particulier *en papier non timbré*, et datée. Elle contient les noms, qualités et domicile de l'officier, ceux du requérant, ceux de la personne dont le mobilier doit être mis en vente, et l'indication de l'endroit où se fera la vente, et le jour de son ouverture. Elle est signée par l'officier public, et il en est fourni une copie, sans autres frais que ceux du papier timbré sur lequel elle est délivrée. Elle ne peut servir que pour le mobilier de celui qui y est dénommé. Art. 3 et 4 de la loi du 22 pluviose an 7. Circ. n°. 1498.

§. 9. *Transcription des déclarations en tête des procès-verbaux de vente. Rédaction de ces procès-verbaux.*

1. L'art. 5 de la loi du 22 pluviose an 7, porte : « Les officiers publics transcriront, en tête de leurs procès-verbaux de vente, les copies de leurs déclarations.

» Chaque objet adjugé sera porté de suite au procès-verbal ; le prix y sera écrit en toutes lettres.

» Chaque séance sera close et signée par l'officier public et deux témoins domiciliés.

» Lorsqu'une vente aura lieu par suite d'inventaire, il en sera fait mention au procès-verbal, avec indication de la date de l'inventaire, du nom du notaire qui y aura procédé, et de la quittance de l'enregistrement. »

2. Et l'art. 7 prononce les amendes ci-après :

De 25 f. pour défaut de transcription, en tête du procès-verbal, de la déclaration faite au bureau de l'enregistrement.

De 100 f. pour chaque article adjugé et non porté au procès-verbal de vente, outre la restitution du droit. Ces peines sont encourues même quand l'objet mis à l'enchère serait retiré par le propriétaire pour le prix de l'enchère ou de la prisée. Circ. du 9 pluviose an 5, n°. 1008. Sol. de l'administration, du 29 vendémiaire an 8. (Art. 555 du J.) Inst. gén. du 15 mai 1807, n°. 326.

De 100 f. aussi pour chaque altération de prix des articles adjugés, faite dans le procès-verbal, indépendamment de la restitution du droit et des peines de faux.

De 15 f. pour chaque article dont le prix ne serait pas écrit en toutes lettres au procès-verbal, indépendamment des amendes et restitutions prononcées par les lois de l'enregistrement pour les autres contraventions à ces lois, que peuvent commettre les officiers publics.

§. 10. *Bureaux où les procès-verbaux de vente publique de meubles doivent être enregistrés. Délai pour l'enregistrement.*

1. Ces procès-verbaux ne peuvent être enregistrés qu'aux bureaux où les déclarations ont été faites. Art. 6 de la loi du 22 pluv. an 7. Circ. n°. 1498.

2. Les procès-verbaux de vente ne pouvant être enregistrés qu'au bureau où la déclaration a été reçue, et la déclaration, d'après l'article 2, ne pouvant être faite qu'au bureau dans l'arrondissement duquel la vente a lieu, il en résulte qu'un notaire, greffier ou huissier qui aurait fait une vente hors de l'arrondissement du bureau dont il dépend pour l'enregistrement de ses actes, ne pourrait faire enregistrer le procès-verbal de cette vente au bureau où il fait enregistrer ses autres actes. Dans ce même cas, ceux des notaires qui n'ont que dix jours pour faire enregistrer leurs actes, en auraient quinze pour l'enregistrement de leurs procès-verbaux de ventes dans un autre bureau que celui de leur domicile. A l'égard des greffiers et des huissiers, le délai pour l'enregistrement de leurs actes est le même dans tous les cas ; savoir, de vingt jours pour les premiers, et de quatre pour les seconds, à compter de l'ouverture de la vente, et sauf à ne percevoir le droit, ainsi que le porte l'article 6, que sur les sommes que contiendra cumulativement le procès-verbal des séances qui seront enregistrées. Circul. n°. 1498.

§. 11. *Additions à vérifier, et perception du droit d'enregistrement.*

1. Il faut, avant l'enregistrement, vérifier avec soin les additions faites dans les procès-verbaux de vente. Circulaire n°. 1498.

2. Quant à la perception du droit d'enregistrement, voyez, ci-devant, §. 4, n°. 7.

§. 12. *Moyens accordés pour constater les contraventions.*

contraventions. Procès-verbaux à rap-
porter. Poursuites et instances.

1. Les préposés de l'administration de
l'enregistrement sont autorisés à se transporter dans tous les lieux où se font des
ventes publiques et par enchères, et à
s'y faire représenter les procès-verbaux
de vente et les copies des déclarations préalables.

Ils peuvent requérir l'assistance du maire
ou de l'adjoint de la commune où se fait la
vente.

La preuve testimoniale est admissible sur
les ventes faites en contravention à la loi.
Art. 8 de la loi du 22 pluv. an 7. Circ. n°.
1498.

Elle a été admise par un jugement du tribunal de Courtrai : la cour de cassation l'a
maintenue par arrêt du 30 messidor an 10,
rapporté, ci-devant, §. 5, n°. 5.

2. Les préposés de l'administration sont
tenus de dresser des procès-verbaux de toutes les contraventions qu'ils ont reconnues
et constatées. Art. 8 de la loi du 22 pluv.
an 7.

3. La contravention résulte de pièces
écrites, ou non.

Au premier cas, le projet de procès-verbal doit être soumis au directeur, ainsi qu'il
est prescrit par les ordres de régie : l'affirmation n'est pas nécessaire.

Dans le cas contraire, le procès-verbal
est rapporté de suite et affirmé, dans les
vingt-quatre heures, devant le juge de paix;
copie en est adressée au directeur, pour savoir s'il y a lieu d'y donner suite.

4. Si le préposé était assisté du maire ou
de l'adjoint, il devrait dresser procès-verbal sans délai, que la contravention résul-
tât ou non d'une pièce écrite, et le faire signer par ce magistrat, sauf à ne pas affir-
mer le procès-verbal, s'il y avait une pièce
écrite.

5. Si les préposés n'ont connaissance des
contraventions que par des déclarations des
acheteurs ou des témoins, il convient qu'ils

prennent des déclarations écrites, et qu'ils
en vérifient l'exactitude. Circulaire n°.
1498.

6. Enfin, dans tous les cas de contravention soit à la loi du 22 frimaire, soit à celle
du 22 pluviose, le receveur ne doit enregistrer la vente que sous la réserve de l'a-
mende résultant de la contravention, et ne
remettre l'acte qu'après en avoir tiré une
copie certifiée de l'officier public, ou une
collation en forme, à moins que le contrevenant n'acquitte le droit et l'amende encourue. Circ. n°. 1498.

7. Les poursuites et instances ont lieu de
la manière prescrite par la loi du 22 frimaire an 7. Art. 8 de la loi du 22 pluviose
an 7.

8. Ainsi, lorsque le directeur a approuvé
le procès-verbal, et fixé le montant de l'a-
mende s'il s'agit d'une contravention commise par un particulier, le receveur décer-
ne une contrainte, la fait viser par le juge
de paix, et en poursuit l'effet par commandement, saisie, etc.

9. Si le redevable forme opposition à ces
poursuites, avec assignation, l'instance
s'engage devant le tribunal de première instance, et le directeur la suit par mémoires
respectivement signifiés, et conformément
à l'art. 65 de la loi du 22 frim. an 7. Il n'y
a pas lieu à l'appel. Circ. n°. 1498. — V.
Instances, p. 393.

VENTES *d'immeubles.*

§. 1er. *Transmissions sujettes au droit de*
4 f. par 100 f. EXCEPTIONS.

1. Les adjudications, ventes, reventes,
cessions, rétrocessions, et tous autres actes
civils ou judiciaires, translatifs de propriété ou d'usufruit de *biens immeubles,* à titre
onéreux, sont sujets au droit d'enregistrement de 4 f. par 100 f. Art. 69, §. 7, n°. 1
de la loi du 22 frim. an 7.

2. Il en est de même des adjudications à
la folle enchère; mais le droit n'est exigible
que sur l'excédant du prix; et, s'il n'y en a
pas, il n'est dû que le droit fixe de 1 f. lors-

que *le droit a été acquitté sur la précédente adjudication.* Même article, et n°. 8 du
§. 1er. de l'art. 68. — Voyez *Adjudication,*
p. 85, et *Revente à la folle enchère,* page
591.

3. Les *acquisitions* d'immeubles, par
actes passés en conformité des ordres ou de
l'autorisation de Sa Majesté, pour effectuer
le remplacement, en France, de propriétés situées hors de l'empire, et formant la
dotation d'un *majorat,* sont assujetties aux
mêmes droits que les actes de même nature
entre particuliers. Décret du 24 juin 1808.
Instruction générale du 12 janv. 1809, n°.
413.

4. Le droit d'enregistrement, tel qu'il est
fixé par la loi du 22 frimaire an 7, pour les
contrats de vente entre particuliers, est dû
pour toutes les acquisitions faites pour le
compte des départemens, arrondissemens
et communes. Avis du Conseil d'Etat, du 12
fév. 1811. Inst. gén. n°. 512. Cet avis est
conçu en ces termes :

« Le Conseil d'Etat, qui, d'après le renvoi ordonné par Sa Majesté, a entendu le
rapport des sections des finances et de l'intérieur, sur celui du ministre de l'intérieur,
relatif à l'acquisition faite par le préfet du
département des Deux-Sèvres, d'une maison située à Bressuire, pour y établir la
sous-préfecture de ce nom, et tendant à
faire décider,

» 1°. Si les contrats d'acquisition de bâtimens destinés à loger les autorités administratives et judiciaires, ne doivent être
assujettis qu'au droit fixe de 1 f. pour l'enregistrement ;

» 2°. Si, dans les 34,000 f., prix de l'acquisition dont il s'agit, les 6,000 f. pour
les réparations mises à la charge du vendeur, ne doivent pas être déduits du capital
sujet au droit d'enregistrement ;

» Vu les art. 15 et 70 de la loi du 22 frimaire an 7, ainsi conçus :

« Art. 15. La valeur de la propriété, de
» l'usufruit et de la jouissance des immeu-
» bles, est déterminée, pour la liquidation

» et le paiement du droit proportionnel,
» ainsi qu'il suit :

» N°. 6. Pour les ventes, adjudications,
» etc.. à titre onéreux, par le prix exprimé,
» en y ajoutant toutes les charges en capi-
» tal, etc.

» Art. 70, §. 2. Actes à enregistrer *gra-
» tis :* les acquisitions et échanges faits par
» la république, etc. » ;

» Vu pareillement les autres articles de
la même loi, ensemble le décret impérial
du 4 messidor an 13, qui ordonne la communication des registres des communes et
des établissemens publics aux préposés de
l'enregistrement ;

» Considérant, sur la première question,
» Que la loi du 22 frim. an 7 n'a fait aucune distinction entre les acquisitions faites
par les départemens, arrondissemens ou
communes, et celles faites par les particuliers ; que, dans l'ancienne législation, les
états de provinces et les villes étaient également soumis au paiement du 100e. denier ;

» Que la disposition de l'art. 70 précité,
est exclusivement relative aux actes qui intéressent directement le gouvernement, et
aux acquisitions faites en son nom ;

» Qu'enfin l'art. 5 du décret impérial du
4 messidor an 13 susénoncé, en ordonnant
l'enregistrement des actes translatifs de propriété, d'usufruit ou de jouissance des biens
immeubles appartenant aux communes et
établissemens publics, n'a fait aucune exception aux règlemens antérieurs ;

» Considérant, sur la seconde question,
» Que l'art. 15 précité de la loi du 22 frimaire an 7 ordonne formellement que le
droit sera perçu sur le prix *exprimé dans
l'acte ;*

» Considérant enfin que les 17,000 f. que
Sa Majesté a accordés des fonds du trésor
public pour l'acquisition dont il s'agit, ne
peuvent être d'aucune considération dans
l'application des dispositions de la loi,
puisque cette acquisition n'est point faite au
nom et dans l'intérêt du gouvernement,

» Est d'avis, 1°. que le droit d'enregistrement, tel qu'il est fixé par la loi du 22 frim. an 7 pour les contrats de vente entre particuliers, est dû pour toutes les acquisitions faites pour le compte des départemens, arrondissemens et communes ;

» 28. Que, dans l'espèce, le droit est dû sur les 34,000 f. portés au contrat, sans aucune déduction. »

5. Quoiqu'une *adjudication* d'immeubles par publication devant notaire, contienne la clause qu'il en sera passé acte de vente séparé, elle n'en est pas moins passible du droit proportionnel. — V. *Adjudication*, n°. 3, p. 85.

6. Les *arrêtés* des préfets, contenant abandon de biens aux femmes ou aux enfans d'individus dont les biens ont été confisqués, sont, selon les circonstances, sujets au droit proportionnel ou exempts des droits. — Voyez *Actes administratifs*, n°. 6, p. 50.

7. La *cession* d'immeubles appartenans au mari, faite à la femme pour lui tenir lieu de *remploi*, en vertu de l'art. 1595 du C. N., est sujette au droit de 4 pour 100. Déc. du minist. des fin., du 28 juin 1808. Inst. gén. du 17 août suiv., n°. 392.

8. Celle de droits et actions qui tendent à revendiquer un immeuble, donne ouverture au droit de 4 pour 100. — V. *Action*, n°. 4, p. 80.

9. Il en est de même des *cessions* d'action ou intérêt dans une entreprise dont dépendent des immeubles, lorsqu'elles sont faites après la *dissolution* de la société, ou lorsqu'un actionnaire achète la part de tous ses co-sociétaires. — Voy. *Action*, n°. 9, p. 81.

10. Le droit proportionnel de 4 pour 100 est exigible pour les *cessions* du droit de congédier le colon, faites à un tiers par les propriétaires fonciers de domaines congéables ; il est aussi exigible si celui-ci aliène sa rente avec le fond, ou le fond sans la rente, ou si le colon vend les édifices et superfices. — V. *Domaine congéable*, n°. 5 et suiv., p. 243.

11. Ce droit est également dû pour la *cession* du domaine utile d'un bien tenu à emphytéose perpétuelle, même lorsque cette cession est faite avec condition que le cédant justifiera du consentement du propriétaire du domaine direct. (Article 746 du J.)

12. Les *cessions* de biens immeubles, faites par un donateur pour se libérer des sommes déterminées qu'il s'était réservé la faculté de payer soit en argent, soit en biens fonds, sont soumises au même droit. — Voyez *Contrat de mariage*, §. 14, n°. 1, p. 180.

Voyez aussi *Dation en paiement*, page 192.

13. La *constitution de dot*, faite sur la succession du prédécédé, par un père ou une mère survivant, à condition que l'enfant doté ne pourra lui demander aucun compte ni partage, opère une cession dont le droit proportionnel est exigible. — Voyez *Contrat de mariage*, §. 12, n°. 2, p. 179.

14. La *déclaration* sous seing-privé, par un acquéreur, que la vente qui lui a été faite *n'était pas sérieuse*, doit être considérée comme une véritable rétrocession. — Voy. *Contre-lettre*, n°. 6, p. 188.

15. Toute *déclaration de command* doit être considérée comme revente, lorsque le contrat de vente ne contient pas la réserve d'élire un command, lorsque la déclaration n'est pas faite par acte public, qu'elle n'est pas notifiée dans les vingt-quatre heures au receveur de l'enregistrement, ou qu'elle contient novation de clause, de condition ou de prix. Il en est de même de la déclaration au profit d'un tiers par le command élu. — V. *Déclaration de command*, p. 199 et suiv.

16. L'*échange* d'un héritage contre des meubles, donne, comme le contrat de vente, ouverture au droit de 4 pour 100. — V. *Échange*, n°. 13, p. 259.

17. Pour les *licitations*, le droit de 4

pour 100 n'est dû que sur les parts et portions acquises. — V. *Licitation.*

18. La *promesse de vente* vaut vente lorsqu'elle réunit ces trois conditions : *le consentement actuel, la chose* et *le prix,* et elle donne alors ouverture au droit proportionnel ; mais, toutes les fois qu'elle contient une stipulation *suspensive* qui peut, au gré du vendeur ou de l'acquéreur, n'être pas effectuée, il n'y a lieu qu'au droit fixe. — V. *Promesse de vente,* n°. 5 et suiv., p. 522.

19. Sont assujetties au droit de 4 pour 100, les *résolutions volontaires* de contrats d'aliénation d'immeubles, et même, dans plusieurs circonstances, celles prononcées *par jugement.* — V. *Résolution de contrat,* p. 571.

20. Le *retrait de réméré,* exercé par *un tiers,* en conséquence de la cession que le vendeur lui a faite de la faculté qu'il s'était réservée, est passible du droit de 4 pour 100. Il en est de même du retrait exercé par le vendeur ou ses héritiers, si la faculté n'en a pas été réservée, ou si ce retrait est fait *après le délai* fixé par le contrat, quand même la prorogation en aurait été prononcée par jugement, ou s'il a lieu pour des parts ou portions auxquelles on n'avait pas de droit. — V. *Retrait de réméré,* n°. 2 et suiv., p. 581, et *Retrait de droits litigieux,* n°. 8, p. 587.

21. Toute *transaction* sur jugement d'adjudication, par suite de saisie immobilière, confirmé par arrêt rendu sur appel, et déféré à la cour de cassation, doit être réputée rétrocession pure et simple, sujette au droit de 4 pour 100, lorsque cette transaction remet le saisi en possession des biens qui avaient été aliénés. — V. *Rétrocession,* n°. 5, p. 588.

22. Les *ventes* d'immeubles doivent, lors même que les parties les reconnaissent nulles, acquitter le droit proportionnel. — V. *Nullité,* n°s. 8 et 9, p. 461.

23. Lorsqu'une vente a été faite moyennant un prix à déterminer par des experts que les parties se sont réservé de nommer, et que, néanmoins, l'évaluation du bien vendu a été provisoirement fixée pour la perception du droit d'enregistrement, le refus que font ensuite les experts convenus de déterminer le prix de ce bien, n'annulle pas tellement la vente que le droit proportionnel ne puisse pas être exigé. Arrêt de la cour de cassation, du 14 avril 1807 :

« La cour, attendu que, si, par l'acte du 12 prairial an 12, le domaine dont il s'agit a été vendu suivant l'estimation de la valeur qui en serait faite par deux experts, les parties ont en même tems estimé elles-mêmes le fonds vendu à environ 5,000 f., et le mobilier en dépendant, à 800 f.; que, d'après cette estimation, la vente a été parfaite ; que la résolution que les parties en ont consentie depuis, n'a détruit ce contrat que pour l'avenir : d'où il suit que le jugement du tribunal de l'arrondissement de Marvejols, en relaxant les défendeurs des demandes à eux faites par la régie de l'enregistrement, et en la condamnant à rembourser la somme de 160 f. 50 c. perçu sur le prix fixé par la vente, a violé la loi ci-dessus citée ;

» Par ces motifs, la cour casse et annulle le jugement rendu par le tribunal de l'arrondissement de Marvejols, le 25 prairial an 15, ainsi que tous les actes qui ont été faits en exécution de ce jugement. »

24. La VENTE A FACULTÉ DE RÉMÉRÉ étant translative de propriété, et parfaite quoique résoluble sous condition, le droit d'enregistrement en est dû comme pour une vente ordinaire.

25. Une vente, *à titre d'antichrèse,* à *toujours rachetable,* doit être considérée comme vente à faculté de rachat, assujettie au droit de 4 pour 100, et non comme engagement d'immeubles seulement passible du droit de 2 f. par 100 f. Arrêt de la cour de cassation, du 4 mars 1807, rendu dans l'espèce ci-après :

Le 2 messidor an 11, contrat notarié, par lequel Laurent Manchaval « fait *vente,* à *titre d'antichrèse*, *à toujours rachetable*, à Durand Vincent, d'un pré......., moyennant la somme de 400 f., à compte de laquelle ledit Manchaval a reçu présentement celle de 100 f. Ledit Vincent promet de payer le surplus, savoir : 100 f. le 1er. frimaire an 12, jour de l'entrée en possession, et les autres 200 f. le 1er. germinal suivant, sans intérêts, qu'à défaut de paiement au terme, avec promesse, par ledit Manchaval, de faire valoir le présent jusqu'au parfait remboursement, qu'il ne pourra faire que trois ans après avertissement légal. »

Le 7 du même mois, cet acte est enregistré, moyennant 2 pour 100, c'est-à-dire comme simple antichrèse.

Mais, par contrainte du 26 prairial an 13, la régie demande un supplément de 2 pour 100, attendu, dit-elle, que le contrat n'est pas une antichrèse, mais une vente.

Opposition à cette contrainte de la part de Vincent; et, le 26 frimaire an 14, jugement du tribunal civil d'Espalion, qui annule la contrainte,

« Attendu que ledit acte n'est qu'une véritable antichrèse; qu'un acte d'antichrèse n'est point translatif de propriété; qu'il ne donne au preneur, sur les fruits, d'autres droits que d'en prendre jusques et à concurrence de l'intérêt légal de la somme formant le prix de l'antichrèse; que l'excédant est sujet à imputation; que l'acte d'antichrèse n'est de sa nature qu'un simple engagement; qu'un engagement n'est passible que du droit fixé au n°. 5 du §. 5 de l'art. 69 de la loi du 22 frimaire an 7, qui a été payé. »

Mais la régie s'est pourvue contre ce jugement.

« Vu le §. 5 de l'art. 69 de la loi du 22 frimaire an 7;

» Attendu que l'acte du 2 messidor an 11, quoiqu'énonçant une vente *à titre d'antichrèse*, ne contient néanmoins aucun des caractères qui constituent cette dernière espèce de contrat, et qu'il présente, au contraire, tous les caractères d'une vente d'immeubles proprement dite, faite seulement avec faculté de réméré ;

» Attendu que le droit d'enregistrement à percevoir sur les actes de ce dernier genre, est celui de 4 f. par 100 f. fixé par le n°. 1, §. 7 de l'art. 69 de la loi citée, et que c'est par une fausse application du n°. 5, §. 5 du même article, que le jugement attaqué a réduit la perception des droits d'enregistrement sur l'acte dont il s'agit, à la quotité de 2 f. pour 100 f. ;

» Par ces motifs, la cour casse et annulle..... »

26. De ce que la vente à faculté de réméré est translative de propriété, il s'ensuit que cette propriété réside sur la tête de l'acquéreur, et que, par conséquent, les droits proportionnels d'enregistrement doivent être payés pour les mutations qui arrivent de son chef pendant que la faculté dure. — Voyez *Faculté de rachat*, n°. 6, p. 297.

27. Lorsqu'un acte translatif de propriété ou d'usufruit comprend des *meubles* et *immeubles*, le droit d'enregistrement doit être perçu sur la totalité du prix, au taux réglé pour les immeubles, à moins qu'il ne soit stipulé un prix particulier pour les objets mobiliers, et que ces objets ne soient désignés et estimés article par article dans le contrat. Article 9 de la loi du 22 frimaire an 7.

28. Si même les choses mobilières, qui, d'après le Code Napoléon, sont immeubles par destination, sont estimées article par article dans le contrat d'aliénation du fond, le droit de 4 pour 100 n'en est pas moins dû. Il est également exigible lorsqu'elles sont vendues, par acte séparé, le même jour, ou à une époque rapprochée, *au même acquéreur du fond*. — V. *Biens*, n°. 22 et suiv., p. 126.

29. Cette règle ne s'applique pas aux rentes et créances, quoiqu'elles soient considérées comme meubles : le droit se liquide sur leur capital, quelqu'en soit le prix, tandis qu'il se règle sur le prix des meubles proprement

dits. Ainsi, lorsque la vente d'un immeuble et d'une rente ou créance, est faite moyennant un *seul* prix, il faut exiger la déclaration du prix attaché à l'immeuble, comme le prescrit l'art. 16, à défaut du prix stipulé, et percevoir le droit de 4 pour 100 sur cette ventilation, et celui de 1 ou de 2 pour 100 sur le capital de la créance ou de la rente. (Art. 1475 du J.)

30. A l'égard des ventes *de droits successifs*, le droit de 4 pour 100 doit également être perçu sur la totalité du prix stipulé, en y ajoutant les charges, quand bien même il s'agirait aussi de droits mobiliers vendus conjointement, dès que le contrat ne contient point de distinction de prix et de désignation des choses. — Voy. *Transaction*.

31. S'il s'agit de transmissions verbales d'immeubles, voyez *Mutation*.

32. Exceptions. les acquisitions faites au nom et pour le compte de l'Etat, celles pour Sa Majesté et ses ayant-cause, celles faites par le sénat, les sénatoreries et la légion d'honneur, pour l'administration de l'enregistrement, des douanes ou autres, doivent être enregistrées *gratis*. — V. *Acquisition*, p. 13.

33. L'adjudication faite, à un héritier sous bénéfice d'inventaire, d'immeubles dépendant de la succession qu'il a acceptée à ce titre, ne produit pas une nouvelle mutation de propriété : elle ne fait que confirmer celle opérée par le décès de l'auteur de l'hérédité, et ne donne par conséquent ouverture qu'au droit fixe de 1 f. (Article 307 du J.)

34. Quand la vente est faite sous une condition *suspensive*, il ne doit être perçu que le droit fixe de 1 f., sauf le droit proportionnel lors de l'événement. — V. *Obligation contractée sous une condition suspensive*, n°s. 5 et 6, p. 468.

35. Les ventes d'immeubles *situés* en pays étrangers ou dans les colonies, sont seulement assujetties au droit fixe de 1 f., soit que l'acte ait été passé en pays étrangers, dans les colonies ou en France. — V. *Actes passés en pays étrangers*, n°s. 5, 6 et 7, p. 78.

§. 2. *Liquidation des droits.*

1. Le droit d'enregistrement des ventes et autres actes translatifs de propriété ou d'usufruit de biens immeubles à titre onéreux, se liquide sur le prix exprimé dans l'acte, en y ajoutant toutes les charges en capital. Art. 15, n°. 6 de la loi du 22 frim. an 7.

2. Si l'acquéreur est tenu d'acquitter des contributions antérieures au jour du contrat, il faut ajouter, au prix, celles qui remontent au-delà de son *entrée en jouissance*. Par exemple, s'il ne doit jouir qu'à compter du 1er. juillet, et qu'il soit chargé de payer les contributions de l'année *entière*, on doit ajouter la moitié des contributions de cette année. (Article 1944 du J.)

3. Le cessionnaire de *droits successifs* est, sans stipulation expresse, passible des dettes de la succession, et on doit ajouter au prix de la cession, le montant de ces dettes. Arrêt de la cour de cassation, du 20 nivose an 12, dont voici l'espèce :

Par acte du 21 pluviose an 8, Louise-Félicité-Victoire d'Aumont, épouse divorcée Monaco, et seule héritière de Louise-Marie d'Aumont, sa mère, en qualité d'héritière sous bénéfice d'inventaire, avait cédé, moyennant 10,000 f., ses droits successifs à Soubeyran, pour les exercer soit activement, soit passivement.

Le 7 nivose an 9, Soubeyran fit rétrocession des mêmes droits et aux mêmes conditions, à Grimaldi-Monaco, fils de l'héritier bénéficiaire; et, le 25 ventose an 10, cette dernière les recouvra, par une nouvelle convention, moyennant la même somme et les mêmes charges.

Les droits proportionnels n'ayant été perçus que sur 10,000 f., l'administration de l'enregistrement a jugé qu'il y aurait lieu à réclamer un supplément de droit sur la somme de 200,000 f., montant approximatif des dettes, attendu que le transport de droits successifs n'avait pu être consenti qu'à la charge d'acquitter les dettes de la succession.

Mais, adoptant les moyens d'opposition, le tribunal de première instance du département de la Seine, avait débouté l'administration de la demande, par jugement du 9 nivose an 11, ainsi motivé :

« Attendu que la cession des droits successifs a été consentie moyennant la somme de 10,000 f. ; qu'outre cette somme, il n'y a été stipulé expressément aucune charge dont le capital ait été ajouté au prix exprimé ; qu'en effet, la charge de payer les dettes est bien une clause ordinaire dans les ventes de droits successifs, mais n'est pas tellement de l'essence de cette espèce de contrat, qu'il ne puisse exister sans elle, et que l'acquéreur doive nécessairement payer les dettes de la succession, lors même qu'il ne s'y est pas soumis ; déboute, etc. »

L'administration s'étant pourvue contre ce jugement, il a été établi dans son mémoire, qu'il contenait une violation manifeste de l'article 15 de la loi du 22 frim. an 7.

Cet article porte, en effet :

« La valeur de la propriété des immeubles est déterminée, pour la liquidation et le paiement du droit proportionnel pour les ventes, cessions et rétrocessions, par le prix exprimé, en y ajoutant toutes les charges en capital ; ou par une estimation d'experts. »

Les dettes sont une charge qu'il n'était pas besoin de stipuler dans l'espèce, puisque l'obligation de les acquitter résultait de la cession même de la faculté d'exercer les droits successifs activement et passivement. D'ailleurs, l'exigibilité du supplément de droit est encore justifiée par l'état de la succession : elle s'élève à 500,000 f. ; elle est grevée de 400,000 f. L'acquéreur n'a pu acheter une valeur de 500,000 f. pour 10,000 f., et s'affranchir des charges ; l'in-

duction, la stipulation et l'obligation de droit concourent donc également à justifier la prétention de l'administration de l'enregistrement, et à démontrer la violation dénoncée.

Sur ces moyens accueillis par la cour de cassation, nonobstant les défenses de la dame d'Aumont, basées sur les termes de l'acte, est intervenu, le 20 nivose an 12, le jugement suivant :

« Vu l'art. 15, n°. 4 de la loi du 22 frim. an 7 ;

» Considérant qu'il est incontestable, en droit, qu'un acquéreur de droits successifs est subrogé à l'héritier qu'il représente ; que l'actif de la succession devient la propriété de cet acquéreur ; que les dettes passives sont également à sa charge, comme elles l'auraient été à la charge de l'héritier ; que ces principes, conformes au droit commun, sont d'autant plus applicables à la cause, que la charge de payer les dettes de la succession, a été imposée aux cessionnaires des droits successifs ; que la régie a été conséquemment fondée à prétendre que la valeur des droits successifs cédés, devait être déterminée tant d'après le prix exprimé dans les divers contrats de cession, que d'après les charges qui formaient la plus forte partie de ce prix ; qu'en décidant le contraire, le tribunal, dont le jugement est attaqué, a violé l'article 15 de la loi du 22 frimaire an 7, et méconnu les principes généralement consacrés en matière de droits successifs ;

» La cour casse, etc. » (Art. 1477 et 1782 du J.)

4. Le capital des rentes foncières dont sont grevés les immeubles vendus à charge de les servir, doit être ajouté au prix stipulé. Arrêts de la cour de cassation, des 13 nivose et 19 prairial an 11. Inst. gén. du 16 brumaire an 12, n°. 178. Jugement du tribunal de première instance de Paris, du 13 frim. an 11. (Art. 1363 du J.)

5. Autre arrêt de la cour de cassation, du

o fruct. an 12, rendu contre le sieur Fier-
lauls, dont voici le dispositif :

« La cour, vu l'art. 15 de la loi du 22
frim. an 7;

» Vu aussi l'art. 25 de la loi du 21 vent.
an 7;

» Considérant que la vente de l'immeuble dont il s'agit au procès, a été faite pour
le prix de 5,501 f. 5 c., et à la charge par
l'acquéreur de continuer le service d'une
rente de 147 f., au capital de 4,573 f. 32
c., dont ledit immeuble était grevé; qu'ainsi, et aux termes des articles des lois ci-
dessus cités, le droit proportionnel de l'enregistrement, ainsi que celui de la transcription, devaient être réglés et perçus sur
la somme de 10,074 f. 37 c., formant la
valeur de l'immeuble, composée du prix
exprimé et du capital des charges;

» Qu'il importe peu que la rente de 147
f. ait été qualifiée foncière et inhérente à
l'immeuble vendu, puisque l'art. 15 de la
loi du 22 frimaire an 7, ci-dessus cité, ayant
voulu indistinctement que, pour la liquidation des droits de mutation, toutes les
charges fussent ajoutées au prix exprimé,
on ne peut, sans violer les dispositions de
cet article, soustraire à son application le
cas où les charges ne consisteraient que
dans des rentes purement foncières; que
cela se peut d'autant moins, que, d'après
les lois des 18 et 29 décembre 1790 (pu-
bliées dans le département où la mutation
s'est opérée dans l'espèce actuelle, en vertu
de l'arrêté du gouvernement, du 5 pluviose
an 5), et celle du 11 brumaire an 7, toutes
les rentes foncières quelconques ont été
respectivement déclarées rachetables et non
susceptibles d'hypothèque, ce qui les confond absolument avec les rentes constituées
et les charges ordinaires des immeubles;

» Que, néanmoins, et sous prétexte que
ladite rente de 147 f. était foncière, et
qu'elle était une charge inhérente à la chose
vendue, le jugement attaqué a décidé que
le capital de cette rente ne devait point être
ajouté au prix stipulé de 5,501 f. 5 c., et
qu'en conséquence, les droits de l'enregistrement et de la transcription de l'acte de
vente ne pouvaient être perçus que sur cette
dernière somme, en quoi il a manifeste-
ment violé les lois ci-dessus citées;

» Par ces motifs, la cour casse. » (Art.
1851 du J.)

6. Le droit d'une rétrocession du domaine *utile*, faite au propriétaire du domaine
direct, moyennant une somme payée comptant par ce dernier, se liquide non-seulement sur cette somme, mais encore sur la
rente dont le preneur se trouve déchargé.
— V. *Rétrocession*, n°. 2, p. 587.

7. C'est le capital de la rente, lorsqu'il
est déterminé, qui doit être ajouté au prix,
qu'il soit supérieur ou inférieur au capital
au denier 20. (Art. 2593 du J.)

8. Lorsqu'une vente *à pacte de rachat*
contient la condition de payer un supplément de prix, si la faculté de réméré
n'est pas exercée, le prix et les charges qui
représentent la valeur de l'immeuble, se
composant non-seulement de la somme
principale, mais encore de celle que l'acquéreur s'engage à payer éventuellement à titre de supplément, les droits sont exigibles
sur la totalité. Si, en effet, la perception
ne frappait que sur la première portion
du prix, il en résulterait qu'une partie essentielle des charges du contrat serait sous-
traite aux droits qui, aux termes de la loi,
doivent être acquittés à l'instant même où
l'acte reçoit la formalité. Il n'y aurait lieu,
en cas d'exercice de la faculté de rachat, à
aucune restitution. Décis. du min. des fin.,
du 7 juin 1808. Nomb. 40 de l'Inst. gén.
du 29 du même mois, n°. 386. (Art. 2841
du J.) Quand, au contraire, le vendeur
s'oblige, s'il exerce le réméré, de rendre à
l'acquéreur une somme plus forte que le
prix stipulé, le droit ne doit être assis que
sur ce prix; cependant il y aurait lieu de requérir l'expertise si ce prix ne représentait
pas la valeur vénale. Sol. de l'adm., du 5
germ. an 10. (Art. 1114 du J.) Enfin, si le
vendeur se réserve la jouissance de l'héritage

tage pendant le tems que doit durer la faculté de réméré, il faut ajouter, au prix stipulé, le montant des intérêts de la somme payée, si le bien n'est pas affermé, ou, s'il est affermé, le montant des fermages pour toutes les années du pacte de rachat. (Art. 2143 et 2833 du J.)

9. Dans le cas où la vente est consentie moyennant le prix à fixer par l'estimation qui en sera faite par experts, l'on doit exiger des parties une déclaration, et percevoir le droit en conséquence, sauf à augmenter ou à restituer d'après le rapport des experts qui n'empêche pas de requérir, si le cas y échoit, l'expertise autorisée par l'art. 17 de la loi. Solution de l'administ., du 25 germ. an 8. (Art. 422 du J.) On ne serait pas fondé à exiger le double droit si le procès-verbal des experts nommés par les parties, excédait le montant de leur déclaration. (Art. 822 du J.) Mais on pourrait l'exiger si les parties ne représentent pas le procès-verbal de leurs experts, l'administration avait requis l'expertise.

10. Les émolumens de l'avoué ou notaire enchérisseur, lorsqu'il s'agit d'un acte d'adjudication reçu par un notaire, doivent toujours être ajoutés au prix de la vente comme faisant partie essentielle des charges de l'adjudication, soit volontaire, soit judiciaire; et il en doit être de même des sommes que le notaire rédacteur de l'acte reçoit à *tout autre titre que pour ses honoraires*, telles, par exemple, que les sommes destinées à acquitter les frais d'affiches et de publication, qui sont aussi des charges de l'adjudication; quant aux *honoraires* du notaire *rédacteur*, en aucun cas le coût de l'acte ne doit entrer dans la *liquidation des droits d'enregistrement*, lorsqu'ils sont fixés distinctement; sauf à l'administration, lorsqu'elle a lieu de présumer la fraude, *à requérir l'expertise de l'immeuble vendu pour en constater le prix réel*, ou à faire *réduire*, si elle le juge convenable, *les honoraires du notaire qui a reçu l'acte d'adjudication*, au

taux *de la fixation faite par les réglemens.* Déc. du min. de la just., du 23 mai 1809. (Art. 5259 du J.)

11. Pour la liquidation des droits des adjudications sur surenchère, voyez *Actes judiciaires*, §. 6, n°. 38, p. 36.

12. Lorsque l'insuffisance de l'évaluation des charges d'une vente, est établie, l'administration est fondée à former la demande du droit en sus, avec celle du supplément. En effet, le prix se composant de la somme à payer au vendeur, et de celles à acquitter à sa décharge, il y a véritablement simulation de prix lorsque celles-ci ne sont pas exactement déclarées. (Art. 1895 du J.)

13. Par le mot *charges*, la loi n'a pu entendre que celles qui peuvent être réellement réductibles en argent, et non celles qui sont tellement inhérentes au fond, qu'elles sont indépendantes de toutes stipulations. Ainsi, les servitudes, telles que conduites d'eau, égouts, vues, droits de mitoyenneté, de passage, puisage, pacage, etc., ne doivent point être ajoutées au prix. (Art. 1828 du J.)

14. Quand même la quotité de l'intérêt convenu entre l'acquéreur et son vendeur, serait plus considérable que le taux commun, les receveurs ne doivent asseoir leur perception que sur le prix *principal* exprimé au contrat; mais, s'ils découvrent que ce prix est au-dessous de la valeur vénale du bien vendu, et si l'acquéreur se refuse à payer le supplément des droits, en raison de cette valeur établie par des actes authentiques, ils ne peuvent se dispenser de recourir à l'expertise; et, à cet effet, ils doivent prendre l'autorisation de l'administration. Déc. du min. des fin., du 28 mess. an 12. Nomb. 76 de l'Instruction générale du 3 fructidor an 13, n°. 290.

15. Pour une vente faite moyennant 200,000 f., et par laquelle le vendeur s'est chargé d'acquitter les droits d'enregistrement, d'hypothèques, et les honoraires du

notaire , le tribunal de première instance de Paris a jugé, le 29 floréal an 12, que le droit devait être liquidé et perçu seulement sur la portion du prix restant, déduction préalablement faite des droits d'enregistrement et d'hypothèques que le vendeur s'est chargé d'acquitter. L'administration s'est pourvue, et sa requête a été rejetée par un arrêt de la cour de cassation , du 29 pluviose an 13. Les motifs de cet arrêt sont : 1°. que le prix exprimé au contrat est de 200,000 f. , moins les droits d'enregistrement et de transcription hypothécaire, droits qui sont fixés par les lois ; 2°. et que l'art. 15 de celle du 22 frimaire an 7, dit bien que les droits d'enregistrement pour les ventes , seront fixés par le prix exprimé et le capital des charges qui peuvent ajouter au prix , mais qu'il ne dit pas qu'ils seront réglés sur le capital des charges qui peuvent diminuer ce même prix. (Art. 2287 du J.)

16. Le droit d'une vente dont le prix consiste en la somme de 5,000 f. , pour le paiement de laquelle l'acquéreur constitue 800 f. de *rente viagère*, ne doit être perçu que sur 5,000 f. , sauf, en cas de fraude , le recours à l'expertise. En effet, on ne doit rien induire d'une convention aléatoire et licite, et la conversion ne change rien à la stipulation du capital du prix de la vente qui y est énoncé, et qui, en cas de remboursement , serait le seul exigible. Solution de l'adm. , du 9 prair. an 6. (Art. 272 du J.)

17. Lorsqu'une vente est faite pour une somme déterminée qui est ou doit être payée avec une inscription sur le grand-livre de la dette publique, représentant, *au cours* du jour de la vente, le prix stipulé, le droit ne doit pas être liquidé sur le capital de l'inscription au denier 20 , mais seulement sur le prix porté au contrat. En effet , les inscriptions ayant un cours public, on ne peut, dans les transactions civiles , leur supposer une valeur supérieure. Déc. du min. des fin. , du 10 therm. an 13. (Art. 2095 du J.)

18. Le droit de la vente de la nue propriété, faite à un usufruitier qui a acquitté l'enregistrement pour son usufruit, ne doit être perçu que sur la valeur de la nue propriété , sans qu'il y ait lieu d'y joindre celle de l'usufruit. Art. 15 , n°. 8 de la loi du 22 frim. an 7.

19. La clause par laquelle le vendeur se réserve pour un tems quelconque, postérieur au paiement du prix de l'aliénation , la jouissance de l'immeuble vendu, doit être regardée comme une charge dont il faut ajouter l'évaluation, pour toutes les années cumulées, au prix exprimé dans le contrat, sans cependant qu'il puisse en résulter une perception plus forte que si elle était calculée d'après la règle indiquée. Il convient de faire une exception à ce principe, lorsque la réserve n'aura pour objet que le terme courant, au moment de la vente, des revenus à échoir ; cette stipulation n'ayant le plus ordinairement pour but que de prévenir les difficultés que pourrait faire naître , entre les parties , la fixation du prorata de revenus revenant à chacune d'elles , il semblerait rigoureux de la considérer comme une charge proprement dite, et qui dût influer sur les droits à percevoir. Déc. du min. des fin. , du 23 août 1808. Nomb. 12 de l'Inst. gén. du 30 septemb. 1808 , n°. 400.

20. Lorsque l'acte contient la déclaration du revenu des biens dont la jouissance d'une ou de plusieurs années a été réservée , c'est ce revenu qui doit être ajouté au prix principal , et non l'intérêt de la somme payée pour ce prix , sauf à requérir l'expertise. (Art. 3275 du J.)

21. Si l'usufruit est réservé par le vendeur, il sera évalué à la moitié de tout ce qui forme le prix du contrat, et le droit sera perçu sur le total ; mais il ne sera dû aucun autre droit pour la réunion de l'usufruit à la propriété : cependant, si elle s'opère par un acte de cession, et que le prix soit supérieur à l'évaluation qui en aura été faite pour régler le droit de la translation

de propriété, il est dû un droit, par supplément, sur ce qui se trouve excéder cette évaluation. Dans le cas contraire, l'acte de cession est enregistré pour le droit fixe. Art. 15, n°. 6 de la loi du 22 frim. an 7.

22. La loi ne parle que des réserves d'usufruit en totalité de la chose aliénée, et cette réserve peut néanmoins n'être que partielle. Dans ce cas, on ne doit pas ajouter au prix la moitié en sus, mais une quotité moindre, pour représenter la valeur de cette portion réservée. D'un autre côté, la loi considère comme une charge ajoutant au prix la réserve d'usufruit; mais il est bien entendu que le vendeur doit jouir et du prix et des fruits de l'héritage qu'il a aliéné, car, si le prix n'était stipulé payable qu'à l'époque où l'usufruit se réunira à la propriété, la réserve, dans cette hypothèse, n'ajoutant rien au prix, le droit ne doit être liquidé que sur ce prix seulement. Il est encore des circonstances où la réserve influe, et d'autres où elle n'influe pas sur la perception : c'est ce que l'on remarquera par les exemples que nous allons présenter.

Première question. — Vente moyennant 4,000 f., payables après la transcription : le vendeur s'est réservé l'usufruit. Sur quel pied doit-on liquider le droit?

Réponse. — Sur 6,000 f., aux termes de l'art. 15, n°. 6 de la loi du 22 frimaire an 7.

Deuxième question. — Autre vente, avec réserve d'usufruit, moyennant 4,000 f., payables sans intérêt aux héritiers du vendeur, après son décès. Sur quelle somme le droit doit-il être perçu?

Réponse. — Sur 4,000 f., prix stipulé, parce que ce prix n'étant payable qu'à l'époque où l'usufruit doit se réunir à la propriété, il représente la valeur entière du bien aliéné. (Art. 55 *bis* du J.)

Troisième question. — Si la vente qui fait l'objet de la précédente question, était faite en outre, moyennant 500 f. de rente

viagère, comment devrait-on liquider le droit?

Réponse. — L'on a vu qu'il n'y avait lieu à aucune augmentation à l'égard du prix principal de 4,000 f.; mais la rente devant courir du jour du contrat, l'acquéreur doit être considéré comme ayant payé comptant pour ce qui concerne cette rente. Elle représente un capital, au denier 10, de 5,000 f., auquel il faut ajouter moitié pour raison de la réserve d'usufruit. Ainsi, le droit est perceptible sur 8,500 f. (Même art.)

Quatrième question. — Autre vente sous la réserve d'usufruit, dont le prix ne doit être acquitté qu'au décès du vendeur, avec intérêt jusqu'au jour du paiement. Y a-t-il lieu d'ajouter moitié en sus au prix stipulé?

Réponse. — Oui, parce que le paiement d'intérêt produit le même effet que si le prix eût été payé comptant, puisque le vendeur doit jouir concurremment de ces intérêts et des fruits des biens qu'il a vendus.

Cinquième question. — Vente avec réserve d'usufruit, moyennant 4,000 f. payables dans cinq ans, à compter du jour de la vente, sans intérêts. Sur quelle somme le droit doit-il être exigé?

Réponse. — Sur 6,000 f., parce que le retard limité de paiement, ne balance point la charge de l'usufruit qui doit durer jusqu'à l'époque du décès du vendeur, qui est incertaine, et qu'il peut arriver qu'il jouisse en même tems et du prix et des fruits. Il suffit que cette circonstance puisse se rencontrer, pour autoriser la perception sur la moitié en sus du prix stipulé.

Sixième question. — Lorsque la réserve d'usufruit n'est qu'éventuelle, par exemple, dans le cas où il est stipulé que le vendeur et son fils jouiront de l'objet aliéné, s'ils survivent à l'acquéreur, comment doit-on liquider le droit?

Réponse. — Cette réserve, quoique éventuelle, n'en est pas moins une charge imposée, sans laquelle le prix principal eût été supérieur à celui stipulé ; et, dès que, par l'effet de cette réserve, il peut arriver que le vendeur jouisse en même tems du prix et du revenu des biens, il y a lieu d'ajouter moitié en sus au prix stipulé, ainsi que le prescrit la loi. (Art. 965 du J.)

Septième question. — Vente du droit de jouir d'une maison, dans le cas où l'acquéreur survivrait à un individu dénommé, moyennant 3,000 f. *payés comptant*. Le droit doit-il être perçu sur ce prix, sans aucune augmentation ?

Réponse. — C'est ici un contrat aléatoire ; et le prix stipulé, qu'il soit payé comptant ou à terme, est le seul sur lequel ce droit soit exigible. (Art. 1575 du J.)

Huitième question. — Vente avec réserve d'usufruit pendant la vie du vendeur, moyennant 12,100 f., et à la charge de payer à son décès une rente viagère de 800 f. à ses deux enfans. Quel droit percevoir ?

Réponse. — Il y a deux charges différentes, mais elles sont toutes les deux viagères. L'une d'elles est purement éventuelle : les enfans, s'ils survivent à leur père, ne jouiront de la rente qu'après que l'usufruit aura cessé ; ensorte que, soit que le vendeur jouisse de l'usufruit qu'il a réservé, soit que l'usufruit passe à l'acquéreur, et que, pour en tenir lieu, il paie une rente viagère de 800 f., tout cela ne forme qu'un usufruit sur plusieurs têtes. La valeur de cet usufruit est fixée par l'acte à 800 f. de rente viagère. Cette fixation étant supérieure à celle déterminée par la loi, elle doit être suivie. Il y a par conséquent lieu de percevoir le droit sur 20,100 f. (Art. 1082 du J.)

Neuvième question. — Dation d'un immeuble avec réserve d'usufruit, en paiement d'une créance de 10,000 f. Quel droit opère-t-elle ?

Réponse. — Le droit est dû sur 15,000 f., attendu qu'il n'y a aucune différence entre une vente dont le prix, pour la nue propriété, est payé comptant, et celle dont le prix a été payé précédemment, ou qui est dû à l'acquéreur, et dont il est fait compensation dans l'acte. (Art. 1445 du J.)

Dixième question. — Vente de la nue propriété d'un héritage, dont l'usufruit appartient à un tiers. Comment régler les droits de cet acte ?

Réponse. — Tout nouveau possesseur, à quelque titre que ce soit, devant, d'après les dispositions de la loi, payer le droit sur la valeur entière, peu importe que le vendeur réserve l'usufruit pour lui personnellement ou pour un tiers. Il est constant d'ailleurs que l'acquéreur de la nue propriété a, dans l'un et l'autre cas, l'expectative de l'usufruit, et que, lors de la réunion de l'usufruit à la propriété, il n'aura aucun droit à acquitter ; d'où il suit qu'il doit être ajouté au prix moitié en sus pour la réserve.

Onzième question. — Sur quelle somme le droit est-il dû pour la vente d'une maison, moyennant 18,000 f., avec réserve d'usufruit de la moitié ou de toute autre portion de cet immeuble ?

Réponse. — Le prix stipulé représente la valeur, non-seulement de la nue propriété, mais encore de la portion de l'usufruit non réservée. Ainsi, pour connaître la valeur de cette portion réservée, il faut nécessairement la déterminer par une règle de proportion. Voici le mode d'opérer : si la portion réservée est de moitié, du quart, du sixième ou de tout autre nombre pair, prenez pour dénominateur de la nue propriété, les nombres 8, 12, 16, 20, ou tout autre nombre pair ; supposez maintenant que la réserve porte sur la moitié, et prenez pour dénominateur de la nue propriété, le nombre 8

L'usufruit étant de la moitié, à porter le nombre 4

Intégralité 12

Il a été vendu,
1°. La nue propriété, ci 8
2°. Et moitié de l'usufruit . . . 2

Nombres ou portions aliénés . . 10

En faisant ensuite cette règle de division :
si 10 donnent 18,000 f., combien 12 ? vous
trouverez un capital de 21,600 f.; et c'est
sur cette somme que le droit est dû, comme représentant la valeur intégrale de la
propriété et de l'usufruit.

Si la portion réservée est impaire, il faut,
pour trouver le nombre dénominateur de
la nue propriété, doubler le nombre ou
quotité de l'usufruit réservé. Cette réserve,
par exemple, est du tiers :

Nue propriété	6
Usufruit	3
Intégralité	9
Il a été aliéné,	
1°. La nue propriété	6
2°. Et les deux tiers de l'usufruit.	2
Nombres ou portions aliénés.	8

Poser ensuite la règle de proportion ainsi
qu'il suit : si 8 donnent 18,000 f., combien
9? (Articles 1110 et 3228 du Journal, qui
contiennent plusieurs autres exemples.)

Douzième question. — Lorsque la réserve n'est pas d'une quotité quelconque, mais
qu'elle porte particulièrement sur tel ou tel
objet, quelle règle doit-on suivre?

Réponse. — Il faut alors exiger la déclaration de la somme pour laquelle l'objet
grevé d'usufruit est entré *dans le prix,* et y
ajouter la moitié de cette somme.

23. Le contrat par lequel un particulier
achète la *nue propriété,* et paie comptant,
et un autre acquiert *l'usufruit* du même
immeuble, produit évidemment deux transmissions d'usufruit : la première s'effectue
sur-le-champ au profit de celui qui l'acquiert
immédiatement; la seconde s'effectuera au
profit de l'acquéreur de la nue propriété,
au décès de l'acquéreur immédiat. L'acquéreur de la nue propriété jouira en vertu du
même contrat qui lui a transféré cette nue
propriété : il doit donc, indépendamment
du droit dû par l'acquéreur de l'usufruit,
acquitter le droit, non-seulement sur le
prix de la nue propriété, mais encore sur
celui de l'usufruit qu'il doit recueillir; lequel prix est représenté par l'intérêt de la
somme qu'il paie, sans avoir aucune jouissance avant l'ouverture de l'usufruit. En
cela, on ne s'écarte pas des principes
de justice, qui veulent que le droit soit
perçu sur le prix entier de l'objet vendu, d'autant mieux qu'il ne sera rien exigé pour la réunion de l'usufruit à la propriété. Solution de l'adm., du 9 frimaire
an 7. (Art. 128 du J.) Il en résulte qu'en
supposant que la vente soit faite moyennant
12,000 f. pour l'usufruit, et 12,000 f. pour
la nue propriété, le droit est dû, 1°. par
l'acquéreur de l'usufruit, sur 12,000 f.; 2°.
par l'acquéreur de la nue propriété, sur le
prix stipulé, en y ajoutant moitié en sus
pour l'expectative de la jouissance qu'il y
réunira par la suite, c'est-à-dire sur 18,000
f. (Art. 284 et 1320 du J.)

24. En supposant encore que la vente
soit faite moyennant 24,000 f. pour le tout,
mais sans désignation *particulière* du prix
de la nue propriété vendue à l'un, et de celui de l'usufruit vendu à un autre, comment alors liquider le droit? Il est dans les
principes de la loi du 22 frimaire an 7, que
l'usufruit *actuel* s'évalue à la *moitié* de la
propriété pleine, et que l'expectative de
jouissance à réunir un jour à la nue propriété, s'évalue au *tiers* s'il s'agit de transmission *à titre onéreux.* (Art. 1076 et 1077
du J.) En conséquence, et à défaut de ventilation, le droit doit être perçu, comme il
est dit au n°. précédent, sur 12,000 f. pour
l'usufruit, et sur 18,000 f. pour la propriété.

25. Mais ces règles ne peuvent s'appliquer au cas où deux vendeurs aliènent
au même acquéreur, l'un la nue propriété,
et l'autre l'usufruit, avec un prix particulier
pour chacun de ces objets. Ici, il y a une
transmission *entière* et *actuelle;* quoique
le prix soit divisé et payable à deux vendeurs différens, il ne cesse pas pour cela de

représenter la valeur entière, et il n'y a pas lieu de rechercher la valeur soit de la nue propriété, soit de l'usufruit, lorsqu'elle est déterminée par l'acte même : il faut donc s'en tenir à cet autre principe de la loi, qui veut que le droit des ventes soit perçu sur le prix *stipulé* sans fraude. (Article 1530 du J.) D'ailleurs, en semblable espèce, le double objet de la disposition du §. 2 du n°. 6 de l'art. 15 de la loi, se trouve simultanément rempli.

26. On doit considérer comme une convention purement aléatoire, la clause par laquelle deux particuliers, acquérant ensemble un domaine moyennant une somme de 12,000 f., dont 8,000 f. sont payés par l'un d'eux, et 4,000 f. par l'autre, stipulent que le premier jouira seul, pendant sa vie, de ce domaine, et que, s'il survit, la propriété lui en appartiendra également ; mais que, dans le cas où il prédécéderait, la jouissance et la propriété appartiendraient au second. En effet, ce contrat est intéressé de part et d'autre : chacun des contractans ne s'y propose que son propre intérêt, et n'entend point accorder un bienfait à l'autre ; l'immeuble que l'un d'eux doit avoir, n'est pas l'équivalent seulement d'une chose qu'il a donnée, mais l'équivalent et de ce qu'il a donné, et *du risque qu'il doit courir.* C'est, entre les parties, un jeu de loterie, et la stipulation, ne présentant ni don, ni libéralité, ni bienfaisance, ne donne point ouverture au droit fixe de 5 f. lors de l'enregistrement de l'acte, ni au droit proportionnel à l'événement. C'est en vertu du contrat d'acquisition que l'un et l'autre des contractans tiennent tout leur droit à la propriété; et, lorsque le sort décidera auquel des deux elle doit rester, il n'y aura pas de nouvelle mutation. Au reste, cette convention ne présente ni réserve d'usufruit, ni une acquisition de l'usufruit par l'un, et de la propriété par l'autre : par conséquent, il ne peut non plus rien être ajouté au prix stipulé. (Art. 717 et 753 du J.)

27. Si le prix énoncé dans un acte translatif de propriété ou d'usufruit de biens immeubles, à titre onéreux, paraît inférieur à leur valeur vénale, à l'époque de l'aliénation, par comparaison avec les fonds voisins de même nature, l'administration est autorisée à requérir une expertise, pourvu qu'elle en fasse la demande dans l'année, à compter du jour de l'enregistrement du contrat. Art. 17 de la loi du 22 frim. an 7. L'acquéreur est tenu d'acquitter le droit sur le supplément d'estimation, s'il y a une plus value constatée par le rapport des experts, art. 18, ainsi que le double droit et les frais de l'expertise, lorsque l'estimation excède d'un huitième au moins le prix énoncé au contrat. Même article, et art. 5 de la loi du 27 ventose an 9. L'expertise peut avoir lieu lors même que la vente est faite à faculté de réméré, avec réserve d'usufruit ou moyennant une rente viagère. — V. *Expertise.*

§. 3. *Dispositions particulières : droits qu'elles peuvent opérer.*

1. Dans le cas de transmission de biens, la quittance donnée ou l'obligation consentie par le même acte, pour tout ou partie du prix entre les contractans, n'opère point un droit particulier d'enregistrement. Art. 10 de la loi du 22 frimaire an 7.

2. Il en est de même de la compensation qui serait faite, par le contrat, de tout ou partie du prix, avec une somme due par le vendeur à l'acquéreur. L'acte est, jusqu'à concurrence de la compensation, une dation en paiement. Dans cette espèce de contrat, c'est l'acquéreur qui donne quittance, et cette quittance dérive nécessairement de l'acte, comme la quittance donnée par le vendeur, dérive de la vente ordinaire. (Art. 340 du J.)

3. Quand une vente est faite moyennant une rente viagère payable au vendeur et à un tiers, sans aucune condition ni restriction, la rente se divise de droit par moitié : il y a, par conséquent, donation *actuelle*

de la moitié, assujettie au droit proportionnel, et donation éventuelle de l'autre moitié, passible du droit fixe de 3 f., sauf le
droit proportionnel à l'événement. Il n'eût
été dû, en donnant la formalité à l'acte,
que le droit fixe de 3 f., si, par une clause
quelconque, on eût fait connaître que le
tiers ne devait avoir droit à la jouissance de
la rente qu'au décès du vendeur. (Art. 2205
du J.)

4. Dans un contrat de vente à rente viagère, à fonds perdu, ou avec réserve d'usufruit, faite à un successible en ligne directe, le *consentement* donné en exécution de
l'art. 918 du C. N., par les autres présomptifs héritiers du vendeur, étant nécessaire
pour faire prendre au contrat le caractère
parfait d'une vente, ne donne point ouverture à un droit particulier. Quoiqu'à défaut
de ce consentement, l'aliénation puisse,
sous certains rapports, être considérée, à l'é-
gard de tiers, comme donation, la perception serait irrégulière si l'on exigeait le droit
de donation : c'est celui de vente qui est
dû. (Art. 1886 du J.)

5. La réserve de nommer command, *avec
stipulation que l'acquéreur restera obligé
envers le vendeur,* n'opère aucun droit particulier; mais la déclaration de command
produit l'effet de rendre caution l'acquéreur
primitif. — Voyez *Déclaration de command,* §. 11.

6. La déclaration de command, faite au
profit du vendeur, dans le contrat même
d'adjudication, anéantit la mutation, et les
deux dispositions n'opèrent qu'un seul droit
fixe de 1 f. — Voy. *Adjudication*, n°. 4,
p. 85.

7. Il n'est également dû que le droit fixe
de 1 f. lorsque les parties, avant la signature du contrat, déclarent que la vente
n'aura aucune force ni valeur, *comme non
finie.* (Art. 1127 du J.)

8. On ne peut exiger le droit fixe de 3 f.
sur la déclaration que l'immeuble aliéné appartient au vendeur, suivant le partage
verbal qu'il a fait avec ses co-héritiers, par-

ce que cette déclaration, étant faite par un
seul, ne peut équivaloir à partage. (Article
5169 du J.)

9. La déclaration de remploi en faveur
du mari, et celle au profit de la femme,
lorsque celle-ci l'*accepte*, sont assujetties
au droit fixe de 1 f. — V. *Remploi,* n°. 5,
p. 554.

10. Si, dans une vente faite à une femme
non commune en biens, le mari s'oblige
solidairement avec elle au paiement du
prix, cette disposition produit l'effet d'un
cautionnement passible du droit de 50 c.
par 100 f. — V. *Cautionnement,* §. 2, n°.
3, p. 140.

11. La renonciation que fait une femme à
son hypothèque légale, dans un contrat de
vente, consentie par son mari, d'un bien propre de ce dernier, est sujette au droit fixe
de 1 f. Cette disposition, en effet, n'est pas
nécessaire pour la validité du contrat dont
elle est indépendante et elle est tout-à-fait
personnelle à la femme. (Art. 1955 du J.)

12. Lorsque le prix est, par le même
contrat, déposé entre les mains du notaire
qui l'a reçu, il est dû le droit fixe de 1 f.
pour cette disposition. — V. *Dépôt,* n°. 5,
p. 227.

13. La vente, par un co-propriétaire,
d'une portion plus considérable que celle
qui lui appartenait dans le bien indivis,
ne suffit pas pour prouver qu'il y ait eu
mutation en sa faveur. — V. *Mutation,* §.
6, n°. 26, p. 450.

14. Les minutes des ventes des biens de
mineurs, faites par un notaire, en vertu de
la délégation d'un tribunal, et en exécution
de l'art. 459 du C. N., doivent, non pas être
déposées au greffe du tribunal, mais rester
dans l'étude du notaire qui est tenu d'en acquitter les droits dans les délais fixés pour
les actes des notaires. Décis. des min. de la
just. et des fin., des 28 flor. an 12, et 2 juin
1807. Circ. du 8 prair. an 12. (Art. 1541
et 2666 du J.)

15. Les droits d'enregistrement des actes
civils et judiciaires, emportant translation

de propriété ou d'usufruit d'immeubles, doivent être supportés par les nouveaux possesseurs, à moins qu'il n'y ait stipulation contraire dans l'acte. Art. 51 de la loi du 22 frim. an 7.

VENTES *de domaines de l'Etat*. 1. La quotité du droit d'enregistrement des adjudications de domaines de l'Etat, sera réglée par des lois particulières. Art. 69, §. 7, n°. 1 de la loi du 22 frim. an 7.

2. Les droits des adjudications de biens de cette nature, qui n'ont pas été soumises à l'enregistrement, doivent être perçus suivant les lois en vigueur à l'époque des ventes. La loi du 22 frimaire an 7, ni celle du 27 ventose an 9, ne leur sont pas applicables; le double droit n'est pas même exigible pour celles de ces adjudications qui sont antérieures au 9 vendémiaire an 6, et le recouvrement du simple droit doit être poursuivi directement contre les acquéreurs. Circul. du 19 vend. an 6, n°. 1169. Déc. du min. des fin, du 18 brum. an 11. Solut. de l'adm., du 21 vent. an 13. (Art. 1501 et 1973 du J.)

3. Ainsi, comme les dispositions des lois diverses qui ont fixé la quotité des droits à percevoir sur ces adjudications, doivent continuer d'être suivies pour les actes de l'espèce que les secrétaires des administrations n'ont pas encore fait enregistrer, il est utile de rappeler ces dispositions.

4. « Toutes les acquisitions de domaines nationaux, faites par les municipalités, les ventes, reventes, adjudications et subrogations qu'elles en feront, ensemble les actes d'emprunts de deniers, pour parvenir auxdites acquisitions, avec affectation de privilége sur lesdits fonds, soit de la part des municipalités, soit de la part des particuliers, en faisant d'ailleurs la preuve de l'emploi réel et effectif des deniers en acquisitions de fonds nationaux, ainsi que les quittances relatives au paiement du prix des acquisitions, seront enregistrés sans être assujettis à autre droit que celui de 15 s.,

et ce, pendant les *quinze années* accordées par le décret du 14 mai 1790.

» Toutes les acquisitions des mêmes domaines, faites par des particuliers, la vente et cession qu'ils en feront, et les actes d'emprunts faits pour les causes et aux conditions portées ci-dessus, ne seront pareillement assujettis qu'au droit d'enregistrement de 15 s. pendant les cinq années accordées par les décrets des 25, 26 et 29 juin 1790. » Loi du 19 déc. 1790, tit. *des Exceptions*.

5. L'art. 18 de la loi du 17 nov. 1790, relative à la vente des biens nationaux, portant que les secrétaires de district délivreront, sans frais, aux adjudicataires, la première expédition de ces adjudications, il en résulte que la minute et la *première* expédition de ces adjudications, ne sont pas assujetties au timbre. Déc. du min. des contributions publiques, du 12 août 1791. Circ. de l'adm., du 19 du même mois, n°. 117.

6. Cette exemption s'étend aux procès-verbaux d'adjudication des biens confisqués. Circ. du 8 prair. an 5, n°. 767.

7. « Les acquisitions (de domaines nationaux de *toute origine*, qui seront faites, par des particuliers, dans le cours de l'année 1793), et la première vente ou cession qu'en feront les acquéreurs, pourvu que ce soit dans les cinq années de leur acquisition, ne seront assujetties qu'au droit d'enregistrement de 15 s. Loi du 8 janv. 1793. Circ. du 7 fév. suiv., n°. 376.

8. « Le procès-verbal de la vente (des biens de toute origine) consentie par la nation, ne sera assujetti qu'au droit d'enregistrement de 20 s.

» Les déclarations d'ami ou de command qui ne seront pas faites dans les vingt-quatre heures, et les reventes, seront assujetties à la perception du droit ordinaire. » Loi du 6 vent. an 3, art. 4. Circ. de l'adm., du 7 germ. suiv., n°. 752.

9. La fixation à 15 s. seulement du droit d'enregistrement des ventes et adjudications des biens nationaux, ordonnée par la loi du

du 25 juillet 1790, et autres postérieures, et à 20 s. par celle du 6 ventose de l'an 3, n'a dû avoir d'exécution que pendant cinq années, à compter dudit jour 25 juillet 1790. Aucune loi n'a prorogé ce délai : ainsi, ces cinq années étant expirées du mois de thermidor de l'an 3, toutes les ventes et adjudications des biens de cette nature, *de quelque origine qu'ils proviennent*, sont assujetties au droit proportionnel d'enregistrement. Déc. du minist. des fin., du 19 germ. an 4. Circ. du 15 floréal suivant, n°. 893.

10. « Les premières ventes et les reventes de biens nationaux de toute origine, sont soumises au droit proportionnel d'enregistrement, comme les autres aliénations d'immeubles réels entre particuliers.

» Continueront néanmoins d'être enregistrées pour 15 *s.* de droit fixe seulement, conformément aux dispositions de la loi du 8 janvier 1793, les premières reventes de domaines nationaux qui pourront être faites pendant les *cinq années* des adjudications, par ceux qui ont acquis de la nation dans le courant de ladite année 1793. » Loi du 14 therm. an 4, art. 9. Circ. du 15 du même mois, n°. 926.

11. « Les acquéreurs de domaines nationaux seront tenus d'acquitter en numéraire le droit d'enregistrement, à raison de 2 pour 100 de la *première mise.* » Loi du 16 brum. an 5, art. 19. Circ. du 29 frimaire suiv., n°. 990.

12. « Les adjudicataires (de bâtimens nationaux qui ne tiennent point à des propriétés rurales ou à des usines, ou qui ne servent pas à leur exploitation) seront tenus de payer dans les dix jours, en numéraire, le droit d'enregistrement qui demeure fixé à 20 c. ou 4 s. par 100 f., sur la *totalité du prix.* » Loi du 9 germ. an 5, art. 9. Circ. du 8 flor. suiv., n°. 1044.

13. Par suite des décisions rappelées au nomb. 2 ci-dessus, on doit, à l'égard des ventes assujetties au droit proportionnel, réduire en numéraire le prix stipulé en assignats, d'après la valeur de ce papier-monnaie au moment de la vente. Quant aux ventes sujettes seulement aux droits fixes de 75 c. ou de 1 f., il est sans difficulté que ces droits doivent être perçus en numéraire et sans réduction. (Art. 1066 du J.)

14. « Le droit d'enregistrement des contrats de vente de biens nationaux soumissionnés en vertu de la loi du 28 ventose an 4, qui ne sont point encore passés ou qui ne l'ont été que postérieurement à l'extinction du papier-monnaie, sera liquidé sur les trois quarts du prix payable en mandats, d'après la valeur des mandats à l'époque de la soumission, suivant le tableau de dépréciation arrêté par l'administration du département. » Loi du 9 vend. an 6, art. 14 et 15. Circ. du 19 du même mois, n°. 1109. Ce droit doit être liquidé d'après la loi du 9 germinal an 5, s'il s'agit de maisons, et d'après celle du 26 brumaire précédent, s'il s'agit de biens ruraux. Déc. du minist. des fin., du 3 frim. an 6. Circ. du 8 du même mois, n°. 1143.

15. « Le droit d'enregistrement des ventes (sans distinction de bâtimens et de fonds ruraux) est fixé à 10 c. (2 s. numéraire) pour 100 f. sur le prix entier de l'adjudication. » Loi du 16 frim. an 6, art. 2. Circ. du 8 niv. suiv., n°. 1169.

16. « Les actes de vente de biens nationaux, en vertu de la présente, seront sujets au droit d'enregistrement de 2 pour 100. » Loi du 26 vend. an 7, art. 14. Circ. de l'admin., du 24 brum. suiv., n°. 1417 *bis.*

17. « Les actes de vente des usines, maisons et bâtimens nationaux, servant uniquement à l'habitation, et non dépendant de fonds de terre, seront assujettis à un droit d'enregistrement de 1 pour 100 du montant de la première mise à prix : ce droit sera payé en numéraire et dans les formes ordinaires. » Loi du 27 brum. an 7, art. 15. Circ. du 14 frim. suivant, n°. 1441.

18. « Les adjudicataires (des fonds ru-

raux appartenant à l'Etat) seront tenus de payer le droit d'enregistrement dans les vingt jours de l'adjudication, à raison de 2 pour 100. » Loi du 15 flor. an 10, art. 6.

Le droit s'acquitte sur la totalité du prix. Inst. gén. du 6 mess. an 10, n°. 61.

19. « Les ventes des maisons, bâtimens et usines nationaux, seront faites aux mêmes conditions que les ventes des biens ruraux. » Loi du 16 flor. an 10, art. 2.

Le droit est, en conséquence, de 2 pour 100, et doit se payer sur le prix intégral de l'adjudication. Même Inst. n°. 61.

20. Les droits de timbre, tant des minutes que des expéditions délivrées aux particuliers, des procès-verbaux des ventes des biens de l'Etat, ne font point partie des frais qui, suivant l'art. 6 de la loi du 15 floréal an 10, sont à la charge du trésor public : ces droits, ainsi que celui d'enregistrement, doivent être payés par les adjudicataires. Art. 1er. de l'arrêté du gouvernement, du 23 flor. an 11. Inst. gén. du 22 prair. suiv., n°. 137.

21. La loi du 5 ventose an 12 n'ayant modifié celles des 15 et 16 floréal an 10, que relativement à la fixation de la mise à prix et aux intérêts résultant du prix des ventes, et l'art. 112 voulant que les autres dispositions des lois de floréal, continuent d'être exécutées, il en résulte que le droit de 2 pour 100 doit être perçu sur les aliénations faites en exécution de la loi de ventose ; qu'il doit porter sur le prix entier de la vente, et que les droits de timbre des minutes et des expéditions délivrées aux particuliers, doivent être supportés par les adjudicataires. Inst. gén. du 28 vent. an 12, n°. 215.

22. L'Etat ne cesse point d'être le véritable propriétaire de tous les biens formant la dotation du *sénat*, des *sénatoreries* ou de la *légion d'honneur*, et de ceux des *hospices* qui ne sont qu'usufruitiers, il ne doit donc être perçu sur les ventes de ces biens que les droits fixés pour celles des domaines de l'Etat. Déc. du min. des fin., des 28 mars

et 12 sept. 1806, et 23 juin 1807. Circ. des 1er. avril 1806 et 11 sept. 1807. Nomb. 14 de l'Inst. gén. du 22 fév. 1808, n°. 366.

23. Les *concessions* de domaines de l'Etat, sur estimation préalable, ne sont passibles, comme les adjudications aux *enchères* de ces biens, que du droit de 2 pour 100. (Art. 3614 du J.)

24. La même perception doit avoir lieu sur le procès-verbal de prise de possession d'un bâtiment concédé par décret impérial à un département, moyennant une somme à verser à la caisse du domaine. (Art. 2869 du J.)

25. Les arrêtés des préfets portant abandon, aux communes, des halles faisant partie du domaine public, sont sujets au droit de 2 pour 100. Inst. gén. du 25 juin 1806. n°. 508. — V. *Halles*, p. 325.

26. Les *engagistes* de domaines de l'Etat, soumissionnaires en vertu de la loi du 14 ventose an 7, doivent acquitter le droit de 2 pour 100 sur le montant du quart de l'estimation des biens. — V. *Domaines engagés*, p. 245.

Les arrêtés des préfets, portant subrogation en faveur d'un co-acquéreur, faute de paiement par l'acquéreur d'un domaine de l'Etat, ne sont passibles que du droit de 2 pour 100. Ils sont sujets à la formalité dans les vingt jours de leur date, et sur la minute. Ceux antérieurs à la décision ci-après datée, doivent être admis au paiement du droit simple, et ce droit doit être recouvré directement sur les parties. Déc. du minist. des fin., du 2 juillet 1811. Inst. gén. du 19 du même mois, n°. 552.

27. Pour savoir s'il y a lieu à restitution des droits perçus sur une adjudication *annullée*. — V. *Restitution*, §. 2, n°. 5, p. 579, et §. 3, n°s. 2 et 3, p. 580.

VENTILATION. Estimation distincte de la valeur locative ou capitale de chacune des choses louées, affermées ou vendues conjointement, moyennant un seul prix pour le tout : c'est la division de ce prix entre les diverses portions auxquelles il s'applique. — Voyez *Vente.*

Les procès-verbaux de ventilation doivent le droit fixe de 1 f. Article 68, §. 1er., n°. 51 de la loi du 22 frim. an 7.

VÉRIFICATION. Action d'examiner si une chose est véritable ou régulière.

VÉRIFICATION *de créance.* 1. Les procès-verbaux de vérification de créance, sont sujets à l'enregistrement sur la minute. Art. 7 de la loi du 22 frim. an 7.

2. Ces procès-verbaux n'étant pas dénommés parmi les actes assujettis à être enregistrés *par vacation*, ne sont passibles que du droit fixe de 2 f., quoique plusieurs séances aient été employées à leur confection. Sol. de l'adm., du 2 fév. 1809. (Art. 3265 du J.)

3. On ne peut procéder à la vérification de créances sur un *failli*, sans que les titres représentés aient été préablement enregistrés. — V. *Affirmation de créance*, n°. 2, p. 89.

VÉRIFICATION *d'écriture.* 1. Le jugement qui ordonne la vérification d'écriture, n'est sujet, sur l'expédition, qu'au droit fixe de 2 f. Art. 68, §. 2, n°. 6 de la loi du 22 frim. an 7.

2. Mais le jugement qui donne acte de la reconnaissance de l'écrit, ou le tient pour reconnu, est passible, aussi sur l'expédition, du droit fixe de 3 f. Même art., §. 3, n°. 7. — V. *Actes judiciaires*, §. 5, titre *des Tribunaux de première instance,* etc., 3e. partie, n°. 12, p. 30.

3. Si la pièce à vérifier n'est pas exempte de la formalité, elle doit être présentée à l'enregistrement avant d'être produite, et conséquemment avant de pouvoir être contestée et déposée. Les procès-verbaux de remise et de dépôt au greffe, prescrits par les art. 196 et 205 du C. de P. C., doivent être enregistrés sur la minute. Nomb. 19 de l'Inst. gén. du 4 juillet 1809, n°. 436.

4. Le *rapport* des experts devant être fait, dressé et clos au greffe, sous les yeux du juge ou du greffier, et, immédiatement

après sa clôture, être annexé au procès-verbal du juge, il suffit qu'on le soumette à la formalité en même tems que le procès-verbal du commissaire. Nomb. 20 de la même Inst.

5. Les *décharges* données au greffier par les dépositaires, sont passibles de droits particuliers d'enregistrement. *Idem.*

6. Les *exécutoires* délivrés aux experts pour leurs journées et vacations, sont sujets au droit proportionnel de 50 c. par 100. Nomb. 20 et 28 de la même Inst.

VÉTÉRANS. — V. *Succession*, §. 16, n°. 60, p. 621.

VINDICTE *publique.* Poursuite des crimes par le ministère public. Il conclut à la peine prononcée par la loi. La partie civile ne peut demander que la réparation du dommage que lui a causé le délit.

Tous les actes et procès-verbaux (excepté ceux des huissiers et gendarmes, qui doivent être enregistrés *gratis*), et jugemens concernant la police générale et de sureté, et la vindicte publique, sont exempts des formalités du timbre et de l'enregistrement. — V. *Actes judiciaires*, §. 11, n°s. 1 et 2, p. 43, et §. 16, n°. 3, p. 47.

VISA. Formalité prescrite pour constater l'existence ou la date d'un acte, d'un exploit, ou pour rendre exécutoire une contrainte.

1. Le visa des juges de paix, sur des pièces et poursuites préalables à l'exercice de la contrainte par corps, doit le droit fixe de 1 f. Art. 68, §. 1er., n°. 46 de la loi du 22 frim. an 7.

2. Le visa des contraintes pour le recouvrement des droits dont il est question dans ce Dictionnaire, n'est pas sujet à l'enregistrement : l'administration l'a ainsi décidé. D'ailleurs, ce visa est une simple formalité légale qui ne doit pas plus être assujettie au droit que la légalisation, qui en est exempte comme faisant la perfection de l'acte, et non un acte séparé.

3. Les art. 4, 45, 68, 601, 628, 673, 676, 681, 687 du Code, veulent que les citations, assignations, procès-verbaux et

dénonciations de saisie, les actes d'apposition de placards, etc., soient visés par les maires, soit en cas d'absence de ceux à qui on les signifie, soit pour suppléer aux témoins.

L'art. 459 du C. N. ordonne la même formalité pour constater l'apposition des affiches relatives à la vente des biens des mineurs : cette disposition est confirmée par l'art. 961 du Code de Procédure.

Les art. 69 et 1039 de ce dernier Code, exigent aussi, dans les cas qu'ils prévoient, le visa des procureurs impériaux, des juges de paix et autres.

Enfin, l'art. 967 porte qu'entre deux demandeurs en partage, la poursuite appartiendra à celui qui aura fait *viser* le premier l'original de son exploit par le greffier du tribunal ; il veut que le *visa* soit daté du jour et de l'heure.

On a prétendu que ces *visa*, pouvant être considérés comme des certificats, doivent être enregistrés.

Les *visa* qui sont donnés sur des actes d'huissiers, en exécution des Codes Napoléon et de Procédure, par les maires, les juges de paix, les procureurs impériaux, etc., en leur qualité de magistrats ou fonctionnaires, ont pour but de prévenir toute inexactitude de la part des huissiers; ils ont été prescrits dans l'intérêt des absens, des mineurs, du public ou du trésor de l'Etat, et ne peuvent donner ouverture à aucun droit d'enregistrement.

On a particulièrement fait remarquer que les *visa* donnés par le greffier, en exécution de l'art. 967 du Code Judiciaire, devant faire titre pour la priorité relativement aux poursuites, il semble qu'on ne peut se dispenser de les faire enregistrer.

Ce *visa*, qui n'a pour objet que de constater devant les juges quelle a été la partie la plus diligente, et conséquemment celle au nom de laquelle les poursuites seront dirigées, n'est qu'une mesure de précaution pour établir, dans la marche de la procédure, l'ordre nécessaire : c'est une pure formalité qui tient à la police intérieure du tribunal, et qu'il n'y a pas lieu d'assujettir à un droit d'enregistrement indépendant de celui auquel l'exploit est spécialement soumis. Décision du ministre des finances, du 13 juin 1809. Nombre 78 de l'Instruction générale du 4 juillet suiv., n°. 436. (Articles 355, 1493, 1598, 2384 et 2421 du J.)

4. Les répertoires des officiers publics doivent être soumis au *visa* des receveurs de l'enregistrement, dans les dix premiers jours qui suivent l'expiration de chaque trimestre. — Voyez *Répertoire*, §. 3, page 562.

VISA *pour timbre*. Mention faite et signée, par un préposé de l'administration de l'enregistrement, en tête d'un écrit, d'un effet de commerce ou de papiers destinés à certains actes et procès-verbaux des juges de paix, des procureurs impériaux, des gardes forestiers ou autres, pour tenir lieu de l'empreinte du timbre.

1. Ce *visa* se met en ces termes : *Visé pour valoir timbre au bureau de* ..., *le* ... *Reçu* ... ou *droit* en suspens ..., et le receveur signe.

2. Les particuliers qui veulent faire des effets négociables au-dessus de 20,000 f., sont tenus de présenter les papiers qu'ils y destinent, au receveur de l'enregistrement, et de les faire viser pour timbre en payant le droit à raison de 50 c. par 1,000 f., sans fraction. Art. 11 de la loi du 13 brum. an 7. Le *visa* du receveur doit énoncer la somme pour laquelle l'effet peut être tiré, le montant du *supplément de droit*, et la date de la perception. Circ. de l'adm., du 26 brum. an 7, n°. 1419 Ces expressions, *supplément de droit*, font suffisamment entendre que le papier à présenter au *visa*, est celui frappé des timbres prescrits pour les effets de 20,000 f.

3. Les effets négociables ne peuvent être faits sur papier frappé du timbre noir ou

de dimension, et les préposés de l'administration ne peuvent les enregistrer ni les viser, sans constater la contravention et faire payer l'amende. — V. *Effets de commerce*, n°. 8, p. 261.

4. A l'égard des effets négociables venant de l'étranger, de ceux venant des îles et colonies françaises, où le timbre n'aurait point encore été établi, ils doivent être frappés du timbre *sec* à Paris, ou visés pour timbre dans les départemens, avant qu'ils puissent être négociés, acceptés ou acquittés en France. — Voyez *Effets de commerce*, n°. 13 et suivans, page 262.

5. Les écritures privées, faites sur papier non timbré, *sans contravention aux lois du timbre*, même les actes sous signature-privée, d'une date antérieure au 1er. avril 1791, et les actes passés en pays étrangers et ceux faits dans les îles et colonies françaises où le timbre n'aurait point encore été établi, ne peuvent être produits en justice ou devant toute autre autorité constituée, sans avoir été préalablement soumis au timbre extraordinaire ou au visa pour timbre. — Voyez *Timbre*, §. 3, n°s. 4, 5 et 6. — Les actes doivent aussi être timbrés à l'extraordinaire, ou visés pour timbre avant l'inscription aux hypothèques. Circulaire de l'administration, du 2 prairial an 7, n°. 1566.

6. Les receveurs sont autorisés à viser pour timbre *en débet*, les feuilles de papiers destinés aux procès-verbaux et autres actes de poursuites, faits, en exécution de la loi du 22 mars 1806, par le directeur général de l'*administration forestière*, les administrateurs des forêts impériales, l'administrateur général des forêts de la couronne, et les conservateurs; aux procès-verbaux des *agens des ponts et chaussées;* à ceux des *gardes* établis par l'autorité publique, pour délits ruraux et forestiers; des gardes nommés par Sa Majesté, pour la conservation des bois qui font partie de la liste civile; des gardes des bois des communes, des hospices et des établissemens publics; des gardes du génie, pour délits commis dans les établissemens militaires; des gardes-pêche dans les fleuves et rivières navigables, établis par l'administration forestière; aux procès-verbaux des gendarmes, dans l'exercice de leurs fonctions; aux procès-verbaux sur les contraventions en matière de grande voirie, dressés par les maires, les ingénieurs des ponts et chaussées, ou autres; enfin, aux significations que les gardes forestiers font eux-mêmes de leurs procès-verbaux, le tout sauf le recouvrement des droits contre les parties condamnées. — V. *Procès-verbaux*, n°s. 2, 4, 23, 25, 26, 27, 31, 32, 33 et 47, p. 514 et suiv., et *Voirie*.

7. Les procès-verbaux de vente des effets non réclamés des marins et passagers morts en mer, peuvent être timbrés à l'extraordinaire ou visés pour timbre. Ils sont même exempts de la formalité, si le produit n'excède pas 10 f. — Voyez *Vente de meubles*.

8. On a fait connaître, au mot *Actes judiciaires*, §§. 9 et 10, p. 40, quels sont les actes et procès-verbaux des juges de paix, procureurs impériaux et commissaires de police, qui doivent être visés pour timbre *en débet* ou *gratis*.

9. Il y a lieu de viser pour timbre *en débet*, les papiers nécessaires pour les procédures instruites, à la diligence des préfets ou des procureurs impériaux, contre les communes, en conformité de la loi du 10 vendémiaire an 4, relative à la police intérieure des communes, sauf à recouvrer le montant du droit de timbre contre les communes, lorsqu'il y a condamnation. Décis. du min. des fin., du 28 therm. an 11. Instruction générale du 6 fructidor suiv., n°. 154.

10. Le visa pour timbre des répertoires des porteurs de contrainte, doit avoir lieu *gratis*. Décis. du min. des fin., du 19 avril 1808. Inst. gén. du 7 juin suiv., n°. 382. Ces agens sont maintenus dans l'usage de

faire imprimer, sur papier libre, les projets d'actes de leur ministère, et de ne faire timbrer à l'extraordinaire les impressions, que lorsqu'ils sont dans le cas de s'en servir. Déc. du min. des fin., du 17 germ. an 7. Circ. de l'adm., du 2 prairial suivant, n°. 1566.

11. Les contraintes pour le recouvrement des contributions directes, ne peuvent être visées pour timbre. — V. *Contrainte*, n°. 10, p. 172.

12. On ne peut viser pour timbre en débet, les actes de poursuites faites à la requête de l'administration pour le recouvrement des perceptions qui lui sont confiées. (Art. 1497 du J.)

13. Les actes, pétitions ou pièces qui, aux termes de la loi, doivent être écrits sur papier timbré, ne peuvent être admis au timbre extraordinaire ou au *visa*, sans acquitter l'amende. Circul. de l'admin., du 7 brum. an 7, n°. 1402.

14. Les préfets, sous-préfets et maires, ne sont plus autorisés, depuis la loi actuellement en vigueur, à expédier les actes délivrés aux particuliers, *sur papier libre*, même à la charge de le faire viser pour timbre. — V. *Actes administratifs (timbre des)*, n°. 11, p. 52.

15. On doit viser pour timbre *en débet*, les feuilles destinées aux bordereaux d'inscription de créances appartenant à l'État, ainsi que les papiers que les procureurs impériaux emploient pour les bordereaux des inscriptions qu'ils sont dans le cas de requérir, aux termes de l'art. 2158 du C. N., sauf le recouvrement du droit de timbre sur le grevé. Déc. du min. des fin., du 2 vent. an 7. Circ. de l'adm., des 4 et 15 vent., et 24 germ. an 7, n°s. 1501, 1506 et 1539. Instruct. gén. du 11 mess. an 12, n°. 233.

16. Les duplicata des quittances des droits d'inscriptions aux hypothèques, restés en suspens, doivent être délivrés sur des demi-feuilles de papier libre, visées pour timbre, et dont la destination sera énoncée au registre des *visa*. Circulaire de l'administration, du 29 ventose an 7, n°. 1521.

17. Les arrêtés des préfets portant autorisation de radier des inscriptions, sont visés pour timbre si les inscriptions ont été illégalement requises. Inst. gén. du 3 brumaire an 12, n°. 176.

18. Dans toutes les villes où il existe un ou plusieurs receveurs des actes civils, et un ou plusieurs receveurs des actes judiciaires, il est établi, dans *chacun* de ces bureaux, un registre du *visa* pour valoir timbre ; savoir : un au bureau des actes judiciaires, pour tous les papiers à timbrer *en débet*, destinés aux actes qui s'y enregistrent aussi *en débet*.

Et au bureau des actes civils, un registre du *visa* pour tous les autres papiers et actes susceptibles d'être visés pour timbre, moyennant le paiement des droits au *comptant*.

Les conservateurs des hypothèques tiennent aussi un registre du *visa* pour les bordereaux, états et certificats d'inscriptions qui, aux termes des lois et des instructions précédentes, et notamment des circulaires de l'administration, n°s. 1501, 1539 et 1676, et de l'inst. n°. 233, doivent être *visés pour timbre en débet*. Circ. du 7 juin 1806.

VISITE *de lieux*. — V. *Enquête*, n°. 2, p. 266.

VOIRIE. Les contraventions en matière de grande voirie, sont constatées concurremment par les maires ou adjoints, les ingénieurs des ponts et chaussées, leurs conducteurs, les agens de la navigation, les commissaires de police, et par la gendarmerie. Loi du 29 flor. an 10, art. 2.

Les procès-verbaux de ces fonctionnaires et employés, sont visés pour timbre *en débet*, et enregistrés aussi *en débet*. — Voyez *Procès-verbaux*, n°s. 47 et 48, p. 519. — Cette exception est étendue à *tous les actes* de poursuite en matière de grande voirie, et aux *expéditions* des arrêtés de condamnation : ainsi, les receveurs doivent viser, pour cet usage, les papiers qui leur sont présentés, et enregistrer les procès-ver-baux, les actes de poursuites, et les expéditions des arrêtés de condamnation, le tout *en débet*, sauf la répétition des droits contre les condamnés. Déc. du min. des fin., du 20 déc. 1808. Inst. gén. du 30 janvier 1809, n°. 415.

Les expéditions des permis d'alignemens, de construire, de réparer et autres, en matière de grande et petite voirie, sont soumises à l'enregistrement, sans délai déterminé, et seulement lorsque les parties auront besoin de les produire ou d'en faire usage dans un acte public, en justice ou devant l'autorité administrative. Déc. du min. des fin., du 14 fév. 1809. (Art. 3158 du J.) — Au surplus, voyez *Registres*, §. 2, n°. 4, p. 549.

www.ingramcontent.com/pod-product-compliance
Lightning Source LLC
LaVergne TN
LVHW010732060726

842527LV00002B/256